Die Chronik-Bibliothek des 20. Jahrhunderts

Chronik 1923

Chronik
Verlag

Abbildungen auf dem Schutzumschlag
(oben links beginnend)
Plakat zur Unterstützung des passiven Widerstands gegen die französische und belgische Besetzung des Ruhrgebiets
Die französische Schauspielerin Sarah Bernhardt
»Schönheit, dich will ich preisen« aus dem Mappenwerk »Ecce homo« von George Grosz
Charlie Chaplin und Jackie Coogan in dem Film »The Kid«
Der Stoßtrupp Hitler in München versucht den Putsch gegen die Reichsregierung in Berlin
0,42 Goldmark des Freistaates Preußen mit US-Dollarangabe, Banknote vom 3. November 1923

Herausgeber: Bodo Harenberg
Autorin: Hanna Vollmer
Lektorat: Ingrid Reuter
Anhang: Ludwig Hertel, Bernhard Pollmann, Karl Adolf Scherer
Bildredaktion: Traute Schürmann-Baetzel
Graphiken: Dieter Haf, Burkhard Wagner
Redaktionelle Abwicklung: Barbara Reppold-Hinz, Annette Retinski
Leihgeber für Zeitungen und Zeitschriften: Institut für Zeitungsforschung, Dortmund

Gesamtherstellung: Mohndruck Graphische Betriebe GmbH, Gütersloh
ISBN 3-611-00003-5

Inhalt

Der vorliegende Band aus der »Chronik-Bibliothek des 20. Jahrhunderts« führt Sie zuverlässig durch das Jahr 1923 und gibt Ihnen – aus der Sicht des Zeitzeugen, aber vor dem Hintergrund des Wissens von heute – einen vollständigen Überblick über die weltweit wichtigsten Ereignisse in Politik und Wirtschaft, Kultur und Sport, Alltag und Gesellschaft. Sie können das Jahr in chronologischer Folge an sich vorüberziehen lassen, die »Chronik 1923« aber auch als Nachschlagewerk oder als Lesebuch benutzen. Das Chronik-System verbindet eine schier unübersehbare Fülle von Artikeln, Kalendereinträgen, Fotos, Graphiken und Übersichten nach einheitlichen Kriterien und macht damit die Daten dieses Bandes mit jedem anderen Band vergleichbar. Wer die »Chronik-Bibliothek« sammelt, erhält ein Dokumentationssystem, wie es in dieser Dichte und Genauigkeit nirgends sonst zu haben ist.

Hauptteil (ab Seite 8)

Jeder Monat beginnt mit einem Kalendarium, in dem die wichtigsten Ereignisse chronologisch geordnet und in knappen Texten dargestellt sind. Sonn- und Feiertage sind durch farbigen Druck hervorgehoben. Pfeile verweisen auf ergänzende Bild- und Textbeiträge auf den folgenden Seiten. Faksimiles von Zeitungen und Zeitschriften, die im jeweiligen Monat des Jahres 1923 erschienen sind, spiegeln Zeitgeist und herausragende Ereignisse.
Wichtige Ereignisse des Jahres 1923 werden – zusätzlich zu den Eintragungen im Kalendarium – in Wort und Bild beschrieben. Jeder der 342 Einzelartikel bietet eine in sich abgeschlossene Information. Die Pfeile des Verweissystems machen auf Artikel aufmerksam, die an anderer Stelle dieses Bandes ergänzende Informationen zu dem jeweiligen Thema vermitteln.
Die sonst in den Chronikjahrgangsbänden übliche Umrechnung fremder Währungen in die deutsche Währung muß für 1923 aufgrund der Inflation entfallen.
614 zumeist farbige Abbildungen und graphische Darstellungen illustrieren die Ereignisse und Entwicklungen des Jahres 1923 und werden damit zu einem historischen Kaleidoskop besonderer Art.
Hinter dem Hauptteil (ab S. 208) geben originalgetreue Abbildungen einen Überblick über alle Postwertzeichen, die im Jahr 1923 im Deutschen Reich neu an die Postschalter gekommen sind.

Übersichtsartikel (ab Seite 24)

18 Übersichtsartikel, am blauen Untergrund zu erkennen, stellen Entwicklungen des Jahres 1923 zusammenfassend dar.
Alle Übersichtsartikel aus den verschiedenen Jahrgangsbänden ergeben – zusammengenommen – eine sehr spezielle Chronik zu den jeweiligen Themenbereichen (z. B. Film von 1900 bis 2000).

Anhang (ab Seite 211)

Der Anhang zeigt das Jahr 1923 in Statistiken und anderen Übersichten. Ausgehend von den offiziellen Daten für das Deutsche Reich, für Österreich und die Schweiz, regen die Zahlen und Fakten zu einem Vergleich mit vorausgegangenen und nachfolgenden Jahren an.
Für alle wichtigen Länder der Erde sind die Staats- und Regierungschefs im Jahr 1923 aufgeführt und werden wichtige Veränderungen aufgezeigt.
Die Zusammenstellungen herausragender Neuerscheinungen auf dem Buchmarkt sowie der Premieren auf Bühne und Leinwand werden zu einem Führer durch das kulturelle Leben des Jahres.
Das Kapitel »Sportereignisse und Rekorde« spiegelt die Höhepunkte des Sportjahres 1923.
Internationale und deutsche Meisterschaften, die Entwicklung der Leichtathletik- und Schwimmrekorde sowie alle Ergebnisse der großen internationalen Wettbewerbe im Automobilsport, Eiskunstlauf, Fußball, Gewichtheben, Pferde-, Rad- und Wintersport sowie im Tennis sind wie die Boxweltmeister im Schwergewicht nachgewiesen.
Der Nekrolog enthält Kurzbiographien von Persönlichkeiten, die 1923 verstorben sind.

Register (ab Seite 232)

Das *Personenregister* nennt – in Verbindung mit der jeweiligen Seitenzahl – alle Personen, deren Namen in diesem Band verzeichnet sind. Werden Personen abgebildet, so sind die Seitenzahlen kursiv gesetzt. Herrscher und Angehörige regierender Häuser mit selben Namen sind alphabetisch nach den Ländern ihrer Herkunft geordnet.
Wer ein bestimmtes Ereignis des Jahres 1923 nachschlagen möchte, das genaue Datum oder die Namen der beteiligten Personen aber nicht präsent hat, findet über das *Sachregister* Zugang zu den gesuchten Informationen.
Oberbegriffe und Ländernamen erleichtern das Suchen und machen zugleich deutlich, welche weiteren Artikel und Informationen zu diesem Themenfeld im vorliegenden Band zu finden sind. Querverweise helfen bei der Erschließung der immensen Informationsvielfalt.

Das Jahr 1923

Die junge Weimarer Republik erlebt 1923 das schwerste Jahr seit ihrer Gründung vor fünf Jahren. Mit der Besetzung des Ruhrgebiets durch Frankreich und Belgien eskaliert der Konflikt um die Reparationszahlungen. Putschversuche und Aufstände erschüttern das Deutsche Reich, die galoppierende Inflation führt schließlich zur Währungsreform.
Dreh- und Angelpunkt der Außenpolitik führender europäischer Staaten ist die Reparationsfrage und der damit zusammenhängende Ruhrkonflikt. Versuche der deutschen Reichsregierung unter Wilhelm Cuno, erneute Reparationsverhandlungen in Gang zu bringen, scheitern. Erst als der neue Reichskanzler Gustav Stresemann den gegen die Ruhrbesetzung gerichteten passiven Widerstand im September 1923 abbricht, können Frankreich Zugeständnisse abgerungen werden. Es werden zwei internationale Sachverständigenkomitees berufen, die einen neuen Reparationsplan ausarbeiten sollen. Besonders die Beteiligung der USA, vertreten durch den Finanzpolitiker Charles Gates Dawes, gibt Anlaß zur Hoffnung auf eine nun tragfähige Lösung der Reparationsfrage.
Während die Nachkriegsprobleme in Europa krisenhaft eskalieren, wird für den Nahen Osten eine Friedensregelung ausgehandelt. Der Vertrag von Lausanne (24. 7. 1923) beendet den Griechisch-Türkischen Krieg, die Türkei wird als unabhängiger Staat anerkannt.
Durch die Ruhrbesetzung und die katastrophale Wirtschaftssituation des Deutschen Reichs entsteht eine innenpolitische Krisenlage, die das Reich vor eine Zerreißprobe stellt und einen Bürgerkrieg in den Bereich des Möglichen rückt. Im Herbst 1923 erreicht die Krise ihren Höhepunkt: Die Schwarze Reichswehr unternimmt einen Putschversuch (Oktober); im Rheinland rufen Separatisten die Rheinische Republik aus (Oktober); in Hamburg kommt es zu einem Kommunistenaufstand (Oktober); Reichswehrtruppen rücken in Sachsen ein, dessen SPD-KPD-Regierung abgesetzt wird; zwischen Bayern und der Reichsregierung kommt es zu einem schweren Konflikt (Oktober); NSDAP-Führer Adolf Hitler putscht in München (November).
In dieser explosiven Lage wird Reichskanzler Stresemann nach dem Austritt der SPD aus der Regierung gestürzt (November). Gustav Stresemanns Nachfolger ist Wilhelm Marx.

Zudem erschüttert 1923 die verheerende Inflation die deutsche Wirtschaft in ihren Grundfesten. In zunehmendem Tempo verliert die Mark an Wert. Laufend gibt die Reichsbank neue Banknoten mit schließlich astronomischen Zahlen aus, die jedoch nur Pfennigwerte darstellen: Im November 1923 kostet ein Brot 470 Milliarden Mark. Durch die Währungsreform wird im November 1923 im Deutschen Reich die Rückkehr zu stabilen Währungsverhältnissen eingeleitet.
Mit dem Bau neuer Flughäfen (Berlin, Danzig, Leipzig) und der Eröffnung internationaler Flugverbindungen (z. B. Berlin–London) wird 1923 ein neues Verkehrszeitalter im Deutschen Reich eingeläutet. Neben dem Flugverkehr gewinnt der Autoverkehr zunehmend an Bedeutung. Die deutschen Hersteller präsentieren auf der Automobilausstellung in Berlin Spitzenprodukte der Technik. Allgemeines Aufsehen erregt die Jungfernfahrt des US-amerikanischen Luxusliners »Leviathan« (Juli), des im Jahr 1923 größten und luxuriösesten Schiffs der Welt.
Im Oktober 1923 nimmt der erste öffentliche Rundfunksender im Deutschen Reich seinen Betrieb auf, was eine regelrechte Radioeuphorie auslöst. Im Gegensatz zum Rundfunk schafft der von drei deutschen Erfindern 1923 präsentierte Tonfilm den Durchbruch nicht, weil die neue Technik von der deutschen Filmindustrie in ihrer Bedeutung verkannt wird.
Eines der wichtigsten Kino-Ereignisse des Jahres ist der Chaplin-Film »The Kid«, der im November 1923 in die deutschen Kinos kommt. Großen Beifall beim Publikum finden auch der historische Film »Fridericus Rex« mit Otto Gebühr in der Hauptrolle und Joe Mays »Tragödie der Liebe« mit Mia May, Emil Jannings und Marlene Dietrich, die hier in einer ihrer ersten Filmrollen zu sehen ist. Die Uraufführung von Bertolt Brechts Drama »Im Dickicht«, dessen Handlung nicht der logischen Kausalität folgt, provoziert einen Theaterskandal. Die Bedeutung des Bauhauses wird 1923 anläßlich seiner ersten Ausstellung im August in Weimar international gewürdigt.
Herausragende Ereignisse des Sportjahrs 1923 sind die Weltrekorde von Johnny Weissmuller und Paavo Nurmi, der Sieg Henri Pélissiers bei der Tour de France und der höchst dramatische Boxkampf zwischen Schwergewichtsweltmeister Jack Dempsey und dem Argentinier Luis Angel Firpo.

◁ »Die Wacht am Rhein«, eine Zeichnung von Jean Droit, symbolisiert die französische Machtpolitik gegenüber dem Deutschen Reich im Jahr 1923

Januar 1923

Mo	Di	Mi	Do	Fr	Sa	So
1	2	3	4	5	6	7
8	9	10	11	12	13	14
15	16	17	18	19	20	21
22	23	24	25	26	27	28
29	30	31				

1. Januar, Neujahr

Der französische Staatspräsident Alexandre Millerand kritisiert beim Neujahrsempfang des Diplomatischen Korps im Elysée-Palast in Paris das Deutsche Reich, das seinen Reparationsverpflichtungen nicht ausreichend nachkomme. Reichspräsident Friedrich Ebert (SPD) betont beim Neujahrsempfang in Berlin hingegen die deutsche Bereitschaft zum Abbau der außenpolitischen Spannungen (→S. 12; S. 13).

Das Goetheanum, anthroposophisches Zentrum in Dornach bei Basel, brennt in der Silvesternacht vollständig ab. Es wird Brandstiftung vermutet.

Das Fußball-Länderspiel in Mailand verliert die deutsche Nationalmannschaft 1:3 gegen die Italiener.

2. Januar, Dienstag

In Paris beginnt eine Konferenz der Alliierten über die Reparationszahlungen des Deutschen Reichs. Wegen der Uneinigkeit Großbritanniens und Frankreichs wird sie am 4. Januar ergebnislos abgebrochen (→4. 1./S. 14).

In Halle versucht eine Gruppe junger Männer aus politischen Motiven eine Denkmalsgruppe in die Luft zu sprengen, zu der auch ein Reiterstandbild des Kaisers Wilhelm I. gehört. Das Großdenkmal wird nur z. T. zerstört, weil ein Wächter die Zündschnur im letzten Augenblick entdeckt.

3. Januar, Mittwoch

US-Innenminister Albert Fall tritt zurück, nachdem seine korrupten Geschäfte mit Ölgesellschaften publik geworden sind. Sein Nachfolger ist Generalpostmeister Herbert Work. →S. 13

Der Dollarkurs steigt. Ein US-Dollar ist derzeit 7525 Mark wert (Ende 1922: 7350 Mark) (→18. 1./S. 18).

4. Januar, Donnerstag

Die Regierung des Deutschen Reichs unter Reichskanzler Wilhelm Cuno (parteilos) erklärt ihre Enttäuschung über den Abbruch der Pariser Konferenz, weil nur eine vernünftige Lösung der Reparationsfrage Europa vor dem sonst unvermeidlichen Ruin bewahren könne. →S. 14

In einer Nachschrift zu seinem Testament fordert der sowjetische Regierungschef Wladimir I. Lenin die Absetzung Josef W. Stalins als Generalsekretär des Zentralkomitees der Kommunistischen Partei. Lenin begründet seine Forderung mit den charakterlichen Schwächen von Stalin. →S. 22

Der Abbruch der Pariser Konferenz über die deutschen Reparationsleistungen führt zu einem weiteren Anstieg des Dollarkurses. Ein US-Dollar erreicht den Wert von 8800 Mark (→18. 1./S. 18).

5. Januar, Freitag

In Frankreich billigt die bürgerliche Presse die Haltung der Regierung auf der Pariser Reparationskonferenz und hält den Einmarsch in das Ruhrgebiet für sicher (→4. 1./S. 14; 11. 1./S. 15).

Bei einer schweren Munitionsexplosion in der Innenstadt Sofias gibt es 20 Tote und zahlreiche Verletzte. Die Munition war von der bulgarischen Regierung an die interalliierte Militärkommission abgeliefert und von dieser an Privatpersonen verkauft worden.

6. Januar, Sonnabend

Die Tragikomödie »Cagliostro« von Heinrich Lilienfein wird im Stadttheater Erfurt uraufgeführt. Am Deutschen Theater in Prag hat Franz Werfels »Schweiger« Premiere.

7. Januar, Sonntag

Der US-amerikanische Senat in Washington verlangt mit großer Mehrheit (57 gegen 6 Stimmen) die Rückkehr der US-amerikanischen Rheintruppen. Im Versailler Vertrag von 1919 ist die Besetzung der linksrheinischen Gebiete des Deutschen Reichs und der rechtsrheinischen Brückenköpfe bei Köln, Koblenz, Mainz und Kehl durch alliierte Truppen festgelegt, die innerhalb von 15 Jahren aufzuheben ist (→24. 1./S. 19).

Wegen der steigenden Kohlenpreise im Deutschen Reich wird das wöchentliche warme Bad zu einem teuren Vergnügen. Eine Alternative ist der Besuch öffentlicher Schwimmbäder, der in Hamburg z. B. für Erwachsene 60 Mark und für Kinder 30 Mark kostet. →S. 23

8. Januar, Montag

Reichskanzler Wilhelm Cuno (parteilos) spricht sich gegenüber US-amerikanischen Pressevertretern gegen eine gewaltsame Durchsetzung von Reparationsforderungen aus.

9. Januar, Dienstag

Reichspräsident Friedrich Ebert (SPD) und Reichskanzler Wilhelm Cuno (parteilos) richten einen Aufruf an die von der französischen Besetzung bedrohte Bevölkerung des Ruhrgebiets, in dem sie die »Gewaltpolitik« Frankreichs entschieden verurteilen.

Wegen der drohenden Ruhrbesetzung verlegt das Rheinisch-Westfälische Kohlensyndikat seinen Sitz von Essen nach Hamburg (→11. 1./S. 15).

Die politische Polizei Preußens verbietet die Großdeutsche Arbeiterpartei als Nachfolgeorganisation der am 15. November 1922 in Preußen verbotenen Nationalsozialistischen Deutschen Arbeiterpartei (NSDAP).

Die Reparationskommission stellt gegen den Einspruch Großbritanniens fest, daß das Deutsche Reich seine für das Jahr 1922 vorgeschriebenen Kohlenlieferungen »absichtlich« vernachlässigt habe.

Der Erstflug des von dem Spanier Juan de la Cierva konstruierten C. 4-Autogiros (Tragschrauber) verläuft erfolgreich.

10. Januar, Mittwoch

Der deutsche Außenminister Friedrich von Rosenberg (parteilos) erhält gleichlautende Noten Frankreichs und Belgiens: Infolge der deutschen Versäumnisse müsse eine Ingenieurskommission zur Kontrolle des Kohlensyndikats in das Ruhrgebiet entsendet werden, zu deren Schutz Besatzungstruppen notwendig seien (→11. 1./S. 15).

US-Präsident Warren G. Harding befiehlt den Rückzug der US-amerikanischen Truppen aus den linksrheinischen Gebieten (→24. 1./S. 19).

Litauische Truppen, die sich als Freischärler ausgeben, besetzen das Memelgebiet, das seit 1919 unter alliierter Verwaltung steht. Kampflos räumt die französische Besatzungstruppe das Gebiet. →S. 23

In Herakhpur (Britisch-Indien) werden in einem Mordprozeß von 228 angeklagten indischen Nationalisten 112 zum Tode verurteilt. Die Nationalisten hatten eine Polizeistation in Brand gesteckt, wobei 22 Polizisten getötet wurden. →S. 22

11. Januar, Donnerstag

Französische und belgische Truppen marschieren in das Ruhrgebiet ein. Mit der Besetzung des Ruhrgebiets wollen sich Franzosen und Belgier am Deutschen Reich, das aus ihrer Sicht seinen Reparationsverpflichtungen (u. a. Kohlenlieferungen) nicht ausreichend nachkommt, schadlos halten. →S. 15

In München demonstrieren die Nationalsozialisten (NSDAP) gegen die »Novemberverbrecher«. Dieses diffamierende Schlagwort bezieht sich auf die republikfreundlichen Parteien (SPD, Zentrum, DDP), die sich im November 1918 für die Ausrufung der Republik und die Unterzeichnung eines Waffenstillstandsvertrags einsetzten.

Die britische Regierung beschließt, auf den Einmarsch in das Ruhrgebiet abwartend zu reagieren und die britischen Rheintruppen nicht zurückzuziehen.

In Leipzig veröffentlicht der Religionsphilosoph Martin Buber sein Werk »Ich und Du«. →S. 27

12. Januar, Freitag

In ihrer Antwort auf die französische und belgische Note (10. 1.) verurteilt die deutsche Reichsregierung in Berlin den als Gewaltakt und Vertragsbruch bezeichneten Einmarsch in das Ruhrgebiet und weist auf die katastrophalen wirtschaftlichen Folgen hin.

Die Reichsregierung teilt der französischen und belgischen Regierung die Einstellung weiterer Reparationszahlungen und Sachlieferungen mit. Bereits am Vortag wurden die Ruhrzechen angewiesen, keine Kohle mehr an Frankreich oder Belgien zu liefern.

Wegen der Ruhrbesetzung werden der deutsche Botschafter in Paris, Wilhelm Mayer-Kaufbeuren, und der deutsche Gesandte in Brüssel, Otto Landsberg, unter Protest abberufen.

Im österreichischen Nationalrat hält Richard Weiskirchner eine Ansprache gegen die Besetzung des Ruhrgebiets, die durch den Sturz der Mark die Arbeitslosigkeit auch in Österreich verschärft.

13. Januar, Sonnabend

Die Parteien des Reichstags außer der KPD geben ein Vertrauensvotum für die Reichsregierung ab (283 gegen 12 Stimmen bei 16 Enthaltungen) und protestieren feierlich gegen die Ruhrbesetzung.

Reichskanzler Wilhelm Cuno (parteilos) verkündet im Reichstag den »passiven Widerstand« gegen die französische Besetzung des Ruhrgebiets. →S. 19

Über 800 m Freistil stellt Andrew Charlton (USA) mit 11:05,2 min in Sydney einen Weltrekord auf.

14. Januar, Sonntag

Mit zahlreichen Kundgebungen bringt die deutsche Bevölkerung am nationalen Trauertag ihren Protest gegen die Ruhrbesetzung zum Ausdruck (→S. 18).

In Riessersee wird Werner Rittberger als erster Deutscher zum siebten Mal Deutscher Meister im Eiskunstlauf. Deutsche Meisterin wird Ellen Brockhöft.

15. Januar, Montag

Das Reichskohlenkommissariat verbietet den Zechenbesitzern die Lieferung von Kohle und Koks an Frankreich und Belgien. Daraufhin verweigern die Zechenbesitzer die Befolgung des französischen Befehls, die Lieferung sofort wiederaufzunehmen (→24. 1./S. 20).

Die Franzosen besetzen weitere Städte des Ruhrgebiets (Bochum, Witten, Recklinghausen). In Bochum beschießen Franzosen deutsche Demonstranten und töten einen Schüler (→S. 18).

Die griechische Regierung verbietet, die Leiche des abgedankten, am 11. Januar in Palermo verstorbenen griechischen Königs Konstantin I. nach Griechenland zu überführen (→11. 1./S. 23).

Für sein Drama »Ein Geschlecht« erhält Fritz von Unruh in Wien den Grillparzerpreis. →S. 27.

16. Januar, Dienstag

Die Franzosen besetzen Dortmund. Durch Truppentransporte in das Ruhrgebiet wird die Besatzungsarmee laufend vergrößert.

Reichskanzler Wilhelm Cuno (parteilos) richtet ein Rundschreiben über die Bekämpfung des Alkoholmißbrauchs an die Landesregierungen. Entsprechende Gesetzesentwürfe liegen dem Reichsrat vor. →S. 23

Bereits zwei Tage nach dem Einmarsch der Franzosen und Belgier in das Ruhrgebiet erscheint die Pariser Zeitschrift »L'Illustration« am 13. Januar mit einem Bericht über die Besetzung des deutschen Industriezentrums

Ce numéro contient :
1° UNE GRANDE CARTE DE LA RUHR, double page hors texte non brochée.
2° LA PETITE ILLUSTRATION (Série Théâtre) : TERRE INHUMAINE, par François de Curel.

L'ILLUSTRATION

RENÉ BASCHET, directeur. SAMEDI 13 JANVIER 1923 — 81e Année. — N° 4167. Maurice NORMAND, rédacteur en chef.

L'OCCUPATION DE LA RUHR. — L'ingénieur et le douanier français.

Dessin de L. SABATTIER.

« La France ne songe pas, elle n'a jamais songé, elle ne songera pas plus demain qu'aujourd'hui à des expéditions de caractère militaire. Elle ne médite pas davantage d'infliger à l'Allemagne des châtiments ou des sanctions punitives. Elle veut seulement être payée dans toute la mesure où elle peut l'être, et elle croit qu'il faut saisir les richesses allemandes là où elles se trouvent réellement... De toutes façons, nous ne ferons jamais rien que pour le compte commun, et, si elle était amenée à installer quelque part ses ingénieurs ou ses douaniers, la France réserverait toujours la place des ingénieurs et des douaniers alliés... »

(DISCOURS DU PRÉSIDENT DU CONSEIL A LA CHAMBRE DES DÉPUTÉS, LE 15 DÉCEMBRE 1922.)

Mit drei Stimmen (Großbritannien enthält sich) stellt die Reparationskommission Verfehlungen des Deutschen Reichs hinsichtlich der Kohlen- und Viehlieferungen zu Reparationszwecken fest, womit sie sich auf den deutschen Lieferungsstopp vom 12. Januar bezieht.

17. Januar, Mittwoch

Ein französischer Erlaß fordert die Zechenbesitzer erneut unter Androhung von Sanktionen auf, die Kohlenlieferungen an Frankreich und Belgien wiederaufzunehmen. Die Zechenbesitzer bleiben bei ihrer ablehnenden Haltung (→24. 1./S. 20).

Nach dem Versuch der Franzosen, die »Einheitsfront« der Arbeitgeber und Arbeitnehmer zu sprengen, lehnen die Bergarbeiterorganisationen weitere Verhandlungen mit den Besetzern ab.

Wegen der drohenden Kohlenknappheit nimmt die Berliner Stadtverordnetenversammlung einen Dringlichkeitsantrag an, der u. a. die Einstellung der Lichtreklame fordert. →S. 25

In dem neu erbauten ersten Wiener Krematorium wird erstmals eine Einäscherungsfeier durchgeführt. →S. 25

Im Hamburger Thalia-Theater wird das Stück »Seitensprünge« von Curt Goetz uraufgeführt.

18. Januar, Donnerstag

Im besetzten Ruhrgebiet läßt die französische Besatzungsbehörde die Reichsbankstellen besetzen und Lohngelder privater Betriebe beschlagnahmen.

Die Rheinlandkommission (Interalliierter hoher Ausschuß für die Rheinlande) beschlagnahmt Kohlensteuer und Zölle in den besetzten Rheingebieten. Daraufhin erteilt Reichsfinanzminister Andreas Hermes den Beamten der deutschen Finanzverwaltung die Weisung, den französischen Anordnungen nicht nachzukommen.

19. Januar, Freitag

An die Beamten in den besetzten Gebieten an Rhein und Ruhr geht von seiten der deutschen Reichsregierung und der betroffenen Länderregierungen die Weisung, den Anordnungen der Besatzungsmächte Belgien und Frankreich keine Folge zu leisten, sondern sich ausschließlich an die Weisungen der eigenen Regierungen zu halten (→13. 1./S. 19).

20. Januar, Sonnabend

Wegen der Weigerung, Kohle zu liefern, werden der Zechenbesitzer Fritz Thyssen, die Zechengeneraldirektoren Ernst Tengelmann, Franz Wüstenhöfer und Wilhelm Kesten sowie der Direktor Walter Spindler und Bergassessor Hermann Olfe in Essen verhaftet (→24. 1./S. 20).

In Berlin findet eine Kundgebung gegen die Ruhrbesetzung mit einer halben Million Teilnehmer statt.

Wegen der Inflation sind die Droschkenfahrer in Hamburg berechtigt, den angezeigten Fahrpreis mit 1000 (Kraftdroschken) oder 800 (Pferdedroschken) zu multiplizieren. →S. 25

21. Januar, Sonntag

Aus dem seit 1920 von den Alliierten besetzten Rheingebiet werden die Beamten, die passiven Widerstand leisten, zusammen mit ihren Familien ausgewiesen. Die Franzosen besetzen die freigewordenen Stellen mit deutschen Separatisten, die mit französischer Unterstützung auf einen vom Reich unabhängigen Status des Rheinlands und der Pfalz hinarbeiten (→19. 5./S. 78; 21. 10./S. 164).

Das Fußball-Länderspiel in Genf zwischen der schweizerischen und der österreichischen Nationalmannschaft endet 2:0.

22. Januar, Montag

Die deutschen Gewerkschaften sprechen sich für den passiven Widerstand im besetzten Ruhrgebiet aus.

23. Januar, Dienstag

Die deutsche Reichsregierung richtet Protestnoten an die Regierungen in Paris, Brüssel, London und Rom. Sie weist in scharfem Ton auf die Unrechtmäßigkeit der Verhaftungen und Ausweisungen deutscher Beamter im Ruhrgebiet und im Rheinland hin.

Im Ufa-Theater am Kurfürstendamm in Berlin wird die Filmballade »Der steinerne Reiter« (nach einer Idee von Thea von Harbou) uraufgeführt. Unter der Regie von Fritz Wendhausen spielen Lucie Mannheim, Erika von Thellmann und Rudolf Klein-Rogge. →S. 27

Die Fußballfreunde werden vom Deutschen Fußball-Bund zu einer Ruhrspende für die Fußballvereine des besetzten Ruhrgebiets aufgerufen.

24. Januar, Mittwoch

Der am 20. Januar verhaftete Zechenbesitzer Fritz Thyssen und weitere Industrieführer werden vom französischen Kriegsgericht in Mainz zu hohen Geldstrafen verurteilt, weil sie dem Befehl der Kohlenrequisition nicht nachgekommen sind. Vor dem Gerichtsgebäude finden große patriotische Kundgebungen statt. →S. 20

Die US-amerikanischen Rheintruppen verlassen Koblenz. Französische Truppen rücken ein. →S. 19

Die italienische Regierung in Rom beschließt, die Luftwaffe als selbständige, dem Heer und der Marine gleichwertige Wehrmacht zu organisieren und bedeutende Mittel für ihren Ausbau aufzuwenden.

25. Januar, Donnerstag

Die britische Labour Party veröffentlicht ein Manifest, in dem sie die konservative britische Regierung wegen ihrer Duldung der französischen Besetzung des Ruhrgebiets angreift.

Der sowjetische Regierungschef Wladimir I. Lenin veröffentlicht in der »Prawda« den Artikel »Wie wir die Arbeiter- und Bauerninspektion reorganisieren sollen«, worin er Maßnahmen zur Reform der sowjetischen Bürokratie vorschlägt (→4. 1./S. 22).

26. Januar, Freitag

Die in Amsterdam tagende Konferenz des Internationalen Gewerkschaftsbundes (bis 27. 1.) protestiert gegen die Ruhrbesetzung durch die Franzosen und Belgier, die eine Folge des Imperialismus und kapitalistischer Profitgier auf Kosten der Arbeiter sei.

Der chinesische Parteiführer Sun Yat-sen vereinbart mit dem sowjetischen Diplomaten Adolf A. Ioffe die Zusammenarbeit der revolutionären Partei Sun Yat-sens (Kuomintang) mit der Sowjetunion. →S. 22

Französische und belgische Kavallerie attackiert in Trier und Duisburg Demonstranten, die gegen die Verhaftung von Beamten protestieren. Mehrere der demonstrierenden Deutschen werden getötet und viele verletzt.

27. Januar, Sonnabend

In München findet der erste Reichsparteitag der Nationalsozialistischen Deutschen Arbeiterpartei (NSDAP) statt (bis 29. 1.). Wegen umlaufender Putschgerüchte hat der bayerische Ministerpräsident Eugen Ritter von Knilling (BVP) vorsorglich den Ausnahmezustand für München erklärt. →S. 21

Die Uraufführung von Hans Gustav Wagners Kriegsdrama »Trotzdem« am Staatstheater Kassel gerät zu einer patriotischen Kundgebung. »Stehend und in tiefer Bewegung« singt das Publikum nach der Vorstellung die deutsche Nationalhymne.

28. Januar, Sonntag

Auf dem 8. Parteitag der Kommunistischen Partei Deutschlands in Leipzig (bis 1. 2.) verurteilt die Parteiführerin Clara Zetkin die französische und belgische Ruhrbesetzung als ein Werk der Kapitalisten und Imperialisten.

In einer Note teilt die Reparationskommission der deutschen Reichsregierung mit, daß ihr Antrag auf Zahlungsaufschub (14. und 27. 11. 1922) wegen des deutschen Lieferungsstopps abgelehnt worden sei.

In Wien wird Fritz Kachler zum dritten Mal Weltmeister im Eiskunstlauf der Herren, Herma Planck-Szábo gewinnt in der Konkurrenz der Damen zum zweiten Mal den Titel.

29. Januar, Montag

Um den Widerstand der Beamten zu brechen, verhängt der französische General Jean Marie Degoutte den verschärften Belagerungszustand im Ruhrgebiet.

Vor französischen Pressevertretern erklärt Ministerpräsident Raymond Poincaré, Frankreich habe nicht vor, das Ruhrgebiet zu annektieren. Es werde aber besetzt bleiben, bis das Deutsche Reich seine Reparationsleistungen vertragsgemäß erfülle.

30. Januar, Dienstag

Die sächsische Regierung (Koalition aus SPD und USPD) unter Ministerpräsident Johann Buck (SPD) tritt nach einem kommunistischen Mißtrauensantrag zurück (→29. 10./S. 165).

Der Oberbürgermeister von Duisburg, Karl Jarres, wird von der französischen Besatzungsbehörde ausgewiesen. Jarres kehrt, weil er die Ausweisung nicht anerkennt, am 2. Februar nach Duisburg zurück (→2. 2./S. 32).

Die neue Nord-Süd-Strecke der Berliner U-Bahn wird dem Publikumsverkehr übergeben. →S. 25

Das tragische Volksstück »Magdalena« von Ludwig Thoma hat im Berliner Künstlertheater Premiere.

31. Januar, Mittwoch

Ein preußischer Ministerialerlaß verbietet den Polizeibeamten im besetzten Ruhrgebiet das Grüßen der französischen und belgischen Offiziere und der Fahnen der Besatzungsmächte.

Die französische Regierung untersagt vollständig die Kohlen- und Kokstransporte aus dem besetzten Ruhrgebiet in das unbesetzte Deutsche Reich.

Der US-Dollar hat den Stand von 41 000 Mark erreicht. Im Januar ist ein US-Dollar durchschnittlich rund 18 000 Mark wert gewesen (→18. 1./S. 18).

Gestorben:

3. Lipnice nad Sázavou: Jaroslav Hašek (*24. 4. 1883, Prag), tschechischer Schriftsteller. →S. 27

9. Fontainebleau: Katherine Mansfield (eigentl. Kathleen Mansfield, *14. 10. 1888, Wellington/Neuseeland), britische Erzählerin.

11. Palermo: Konstantin I. (*2. 8. 1868, Athen), König von Griechenland, 1922 abgedankt. →S. 23

26. Kitzbühel/Tirol: Alfons Petzold (*24. 9. 1882, Wien), österreichischer Arbeiterdichter.

Geboren:

10. Berlin: Ingeborg Drewitz (†26. 11. 1986, Berlin), deutsche Schriftstellerin.

31. Long Branch/New York: Norman Mailer, US-amerikanischer Schriftsteller, Journalist und Essayist.

Das Wetter im Monat Januar

Station	Mittlere Lufttemperatur (°C)	Niederschlag (mm)	Sonnenscheindauer (Std.)
Aachen	3,3 (1,8)	80 (72)	– (51)
Berlin	2,2 (–0,4)	48 (43)	– (56)
Bremen	3,6 (0,6)	63 (57)	– (47)
München	0,3 (–2,1)	68 (55)	– (56)
Wien	– (–0,9)	– (40)	– (–)
Zürich	0,1 (–1,0)	42 (68)	29 (46)

( ) Langjähriger Mittelwert für diesen Monat
– Wert nicht ermittelt

Eine Karikatur zur fortschreitenden Inflation im Deutschen Reich ziert das Titelblatt der Ausgabe der »Meggendorfer Blätter« aus München zum Jahresbeginn 1923

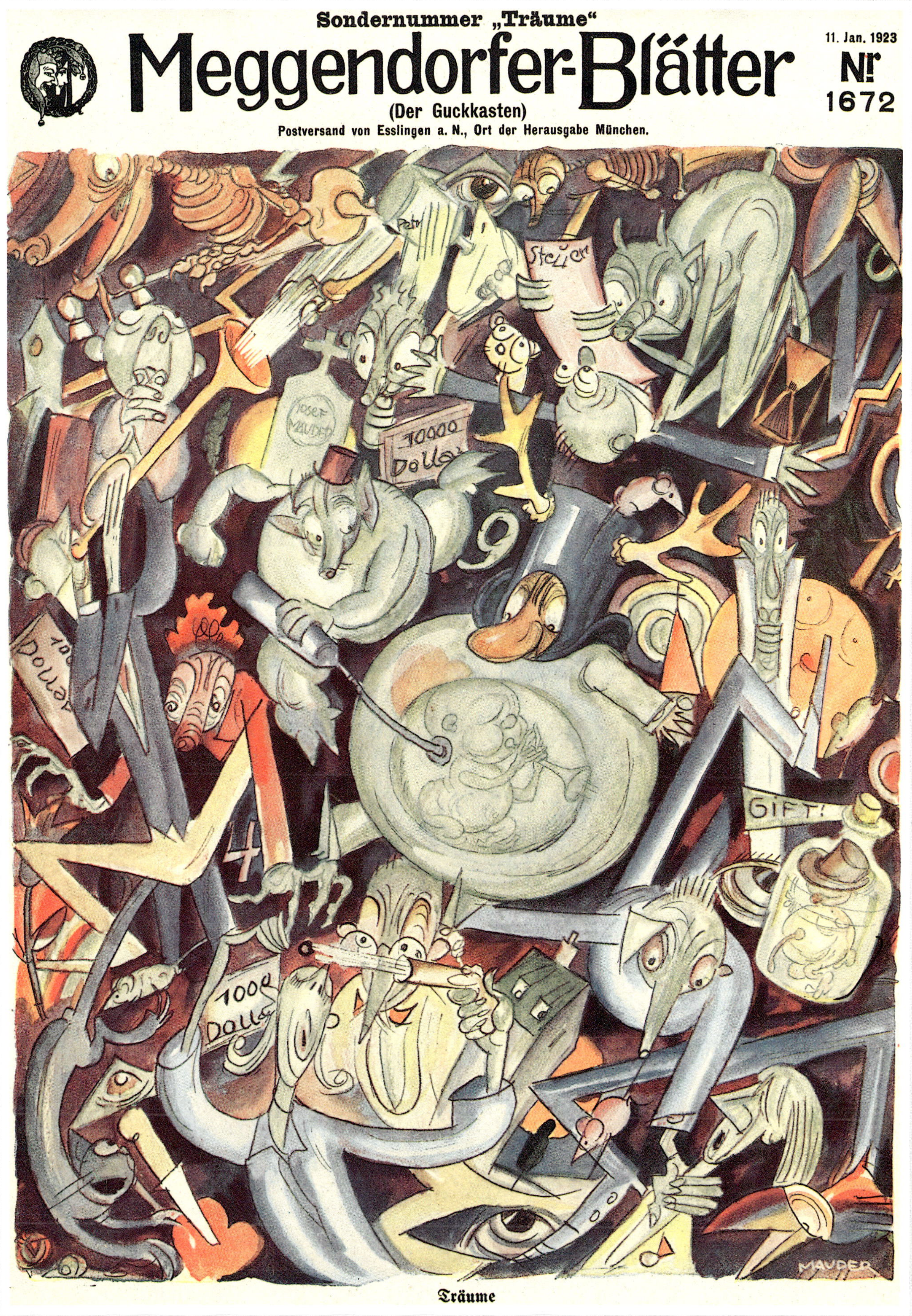
Sondernummer „Träume“
Meggendorfer-Blätter
(Der Guckkasten)
Postversand von Esslingen a. N., Ort der Herausgabe München.
11. Jan. 1923
Nr 1672
GIFT!
MAUDER
Träume

Währungskrise zur Jahreswende 1923 im Deutschen Reich

1. Januar. Bereits zum Jahresbeginn 1923 ist der Zustand der deutschen Währung und der Staatsfinanzen desolat.

Seit 1919 haben die Weimarer Regierungen die immensen Kriegsfolgekosten (nur zum kleineren Teil Reparationen) nicht durch eine rigorose Steuerpolitik, sondern auf dem Weg der rücksichtslosen Staatsverschuldung (die von 144 Milliarden Mark im Jahre 1919 auf 469 Milliarden angewachsen ist) und durch Erhöhung des Papiergeldumlaufs finanziert. Infolge dieser Finanzpolitik verliert die deutsche Währung zunehmend an Wert.

Schon Anfang 1920 war die Mark auf ein Zehntel ihres Vorkriegswerts gefallen, im Sommer 1922 war sie nur noch ein Hundertstel wert, und derzeit entsprechen 2500 Mark einer Vorkriegsmark.

Die Passivität der bisherigen Reichsregierungen in der Frage der Währungssanierung läßt sich einerseits mit der Scheu vor den innenpolitischen Folgen von Steuererhöhungen erklären; andererseits handelt es sich auch um eine Strategie in der Reparationspolitik, denn die Inflation verhindert die eindeutige Festlegung der deutschen Zahlungsfähigkeit. Ein weiteres, die Inflation beschleunigendes Problem sind die Reparationszahlungen selbst, die das Deutsche Reich durch Devisenkauf ermöglicht, der wiederum die Vermehrung der Geldmenge voraussetzt. Eine Kompensation der abfließenden Reparationssumme durch Exportsteigerung verhindern die Siegermächte durch ihre Weigerung, verstärkt deutsche Erzeugnisse aufzukaufen.

Daß der einseitige Transfer von Geld- und Sachleistungen in bedeutender Größenordnung auch das internationale Währungs- und Wirtschaftssystem beeinflussen würde – ein großer Teil der deutschen Zahlungen fließt in die USA, denen Frankreich und Großbritannien Kriegsschulden zurückzuzahlen haben – wurde bei den bisherigen Regelungen nicht berücksichtigt.

»Gutenberg und die Milliardenpresse« (Inflationskarikatur in der satirischen Wochenschrift »Simplicissimus«)

»Simplicissimus«-Karikatur zur inflationsbedingten Notlage der deutschen Bevölkerung: »Unser tägliches Brot«

Neujahrsempfang im Elysée-Palast

1. Januar. *Im Pariser Elysée-Palast empfängt der französische Staatspräsident Alexandre Millerand das Diplomatische Korps (Abb.: Vor dem Elysée-Palast).*

Zu diesem traditionellen Neujahrsempfang versammeln sich die Leiter aller diplomatischen Vertretungen in Paris und die führenden französischen Politiker in einer feierlichen Atmosphäre.

Der päpstliche Nuntius Paolo Ceretti bringt den Wunsch zum Ausdruck, das neue Jahr möge endlich »den völligen und wirklichen Frieden bringen«.

In der Ansprache Millerands kommen die wegen der Reparationsfrage im deutsch-französischen Verhältnis herrschenden Spannungen deutlich zum Ausdruck. Das Deutsche Reich wolle sich – so Millerand – seinen Reparationsverpflichtungen entziehen, indem es seine Schuld an dem Weltkrieg bestreite *(→ 1. 1./S. 13).*

Korrupter Minister in USA tritt zurück

3. Januar. Als seine korrupten Geschäfte mit zwei Ölgesellschaften publik werden, tritt US-Innenminister Albert Fall zurück. Sein Nachfolger wird Generalpostmeister Herbert Work.

Pressemeldungen über den plötzlichen Reichtum des US-Innenministers, der auf seiner Ranch in New Mexico ein Luxusleben zu führen begonnen hatte, das die Möglichkeiten seines regulären Einkommens bei weitem überstieg, haben zu entsprechenden Nachforschungen und zur Aufdeckung der Bestechungsaffäre geführt.

Auf Betreiben Falls waren die Ölfelder der US-Marine in Elk Hills/Kalifornien und Teapot Dome/Wyoming der Verwaltung des US-Innenministeriums unterstellt und zu ungewöhnlich günstigen Bedingungen an zwei Ölgesellschaften verpachtet worden. Der mit US-Präsident Warren G. Harding befreundete Fall – beide stammen aus Ohio – und seine Familie erhielten von den begünstigten Ölfirmen Darlehen und Geschenke im Wert von annähernd einer halben Million Dollar (fast 3,8 Milliarden Mark).

Da seine Verwicklung in diesen sog. Teapot-Dome-Skandal leicht nachzuweisen ist, wird US-Innenminister Albert Fall zu einer Gefängnisstrafe verurteilt. Die durch Bestechung zustande gekommenen Pachtverträge für die äußerst lukrativen Ölfelder der US-Marine werden umgehend rückgängig gemacht.

Präsident Warren G. Harding, Freund des korrupten Innenministers

Das Jahr 1923 – Europas Länder in der Krise

1. Januar. Hauptthema der Ansprachen führender europäischer Politiker zum Jahreswechsel 1922/23 ist die krisenhafte Lage in Europa. Die heikle Frage der deutschen Reparationsleistungen belastet die politischen Beziehungen zwischen dem Deutschen Reich und den Alliierten.

Insbesondere das deutsch-französische Verhältnis ist als äußerst gespannt zu bezeichnen.

Reichskanzler Wilhelm Cuno (parteilos) umreißt in seiner Rede vor Hamburger Wirtschaftsvertretern am 31. Dezember 1922 die deutsche Position in der Reparationsfrage:

»Deutschland braucht, um leisten zu können, internationale Anleihen, aber Deutschland hat nur dann Aussicht auf solche Anleihen, wenn seine Leistungspflicht endgültig klargestellt ist ...

Ohne auf Einzelheiten einzugehen, kann ich Ihnen ..., nicht verschweigen, daß das erneut gewonnene Bild von dem noch verbliebenen Reste unserer Leistungsfähigkeit trübe ist. Das kann die Welt nicht wundern ...

Unsere Leistungsfähigkeit kann am besten gemessen werden an dem Kredit, den die Finanzwelt Deutschland zu gewähren bereit ist. Kein Gläubiger der Welt aber wird Deutschland Kredit gewähren, ehe die Leistungsverpflichtung Deutschlands so bestimmt umschrieben ist, daß er über die Grundlagen seines Kredits ein völlig klares Bild hat.

Neben diesen Notwendigkeiten, die für Deutschland wie für seine Gläubiger gelten, steht das Bedürfnis vor allem Frankreichs, alsbald mit einer bestimmten Summe rechnen zu können. Auch dies Bedürfnis ist uns mit unseren Vertragsgegnern gemeinsam. Wir brauchen gleichfalls bestimmte Größen für die Gegenwarts- und Zukunftsberechnung unserer nationalen Wirtschaft. So sind wir entschlossen, eine feste erste Summe auf uns zu nehmen. Wir sind bereit, diese feste Summe in Anleihen durch Vermittlung eines internationalen Finanzkonsortiums aufzubringen und, soweit dies im Anleiheweg nicht gelingt, Zins und Tilgungsquote zu bezahlen ...

Am Ende des alten Jahres stehen wir vor der Frage, ob mit ihm die Politik der Gewalt zu Grabe getragen und das neue Jahr wirklichen Frieden bringen soll, den Europa und die ganze Welt dringend braucht ...

Wir glauben nicht besser als auf dem von uns betretenen Weg an der Erreichung dieses hohen Zieles mitarbeiten zu können. Daß das neue Jahr uns hierzu verhelfen wird, bleibt unsere Hoffnung.«

Reichspräsident Friedrich Ebert betont in seiner beim Neujahrsempfang des Diplomatischen Korps' in Berlin gehaltenen Ansprache die deutsche Bereitschaft zum Abbau der außenpolitischen Spannungen:

»Sie [gemeint ist der päpstliche Nuntius in Berlin, Eugenio Pacelli, der im Namen der versammelten Diplomaten dem Reichspräsidenten Neujahrsglückwünsche ausgesprochen und damit die Hoffnung auf eine Lösung der ›im internationalen Leben noch herrschenden Schwierigkeiten‹ verbunden hat] haben mit Ihrem heißen Wunsche nach Frieden, nach brüderlicher Liebe und nach Gerechtigkeit dem tiefsten Sehnen auch des deutschen Volkes Ausdruck verliehen, welches der Hoffnung lebt, daß die erhabenen Gedanken der Weihnachtskundgebung des Papstes dazu beitragen mögen, das Zusammenleben der Völker immer friedlicher und harmonischer zu gestalten. Seien Sie, meine Herren, versichert, daß das deutsche Volk und die aus seiner Mitte hervorgegangene Regierung alles tun werden, damit die immer noch getrennten Völker in wahrem Frieden und in gemeinsamer Arbeit für die der ganzen Welt so notwendige Neugestaltung des wirtschaftlichen und geistigen Zusammenlebens der Nationen wirken.«

Frankreichs Staatspräsident Alexandre Millerand kritisiert in seiner Ansprache bei dem traditionellen Neujahrsempfang im Pariser Elysée-Palast das Deutsche Reich, das die Herstellung eines dauerhaften Friedens verhindere, weil es seinen Reparationsverpflichtungen nicht ausreichend nachkomme:

»[Der] Frieden kann sich nur auf der Basis der Verträge und der Achtung vor den erworbenen Rechten und übernommenen Pflichten durchsetzen.

Ich werde, und davon bin ich überzeugt, durch keinen der Alliierten, die im Laufe des großen Krieges alle ihre materiellen und moralischen Hilfsmittel vereinigt haben, um die Angriffe zurückzuweisen, dementiert werden, wenn ich ihre besten Absichten proklamiere, sich an die Verträge zu halten, die den Feindseligkeiten ein Ende gesetzt haben. Aber ihr Friedenswille wäre doch zur Unfruchtbarkeit verurteilt, wenn er bei ihren früheren Gegnern nicht auf den ... Entschluß träfe, loyal die [unterzeichneten] Verträge zu erfüllen ...

Wie kann man sich dem Gedanken verschließen, daß diejenigen, die ihre Unterschrift unter ihre Verpflichtungen gesetzt haben, sich darauf versteifen, ihre Geständnisse zu widerrufen und gegen jede Wahrheit für ihre Nichtschuld [gemeint ist die im Versailler Vertrag festgeschriebene deutsche Kriegsschuld] zu plädieren, wenn sie nicht von dem Gedanken beseelt wären, daß dieser unhaltbare Sophismus [Scheinbeweis] ihnen erlauben könnte, den Folgen ihres Fehlers zu entgehen und sich den Reparationen, die auf ihren Schultern lasten, zu entziehen.

Die ehrenvolle Aufgabe, die heute alle Länder, die guten Willens sind, erwartet, besteht darin, diese ... Irrtümer, die heute noch das Urteil einer so großen Zahl von Menschen verdunkeln, zu zerstreuen und die öffentliche Meinung darauf vorzubereiten, eine gerechte Lösung der aus dem Kriege hervorgegangenen Probleme in Angriff zu nehmen und so die Herstellung eines wirklichen und dauerhaften Friedens zu sichern.«

Premierminister Andrew Bonar Law (M.) führt die britische Delegation bei der Pariser Reparationskonferenz (2.–4. l.)

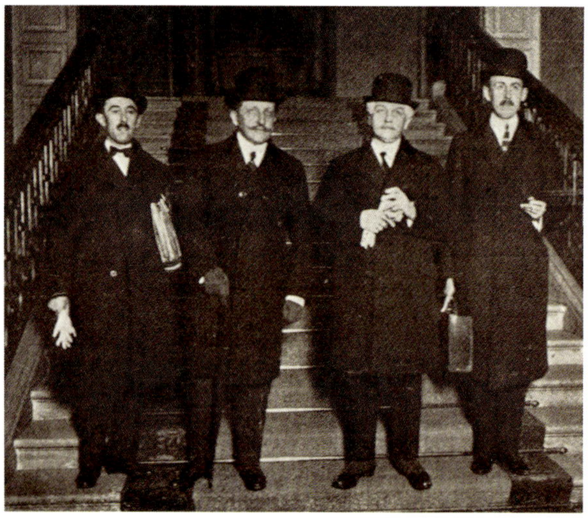

Belgiens Ministerpräsident Georges Theunis (2. v. l.) und Außenminister Henri Jaspar (3. v. l.) am 2. Januar in Paris

Die Reparationskonferenz ist gescheitert

4. Januar. Wegen der britisch-französischen Gegensätze wird die seit dem 2. Januar in Paris tagende Reparationskonferenz der Alliierten (deutsche Vertreter sind nicht zugelassen) ergebnislos abgebrochen. Die vom französischen Ministerpräsidenten Raymond Poincaré und vom britischen Premierminister Andrew Bonar Law vorgeschlagenen Maßnahmen gegenüber dem Deutschen Reich, das seine aus dem Versailler Vertrag (1919) herrührenden Reparationsverpflichtungen nicht erfüllen kann, sind unvereinbar.

Poincaré fordert als Vertreter eines antideutschen Kurses energische Zwangsmaßnahmen zur Sicherstellung der Geldzahlungen wie auch der Sachlieferungen, nämlich die Besetzung des Ruhrgebiets als produktives Pfand und die alliierte Kontrolle über das deutsche Finanzwesen. Dagegen schlägt Bonar Law vor, dem zahlungsunfähigen Deutschen Reich für volle vier Jahre einen Zahlungsaufschub zu gewähren. Da sowohl der britische Plan als auch der Kompromißvorschlag des italienischen Vertreters Pietro Paolo Tomaso Marchese della Torretta, Botschafter in London, von Poincaré und dem belgischen Ministerpräsidenten Georges Theunis abgelehnt werden, endet die Konferenz ergebnislos. Damit wächst für das Deutsche Reich die Gefahr der Ruhrbesetzung durch Frankreich (→ 11. 1./S. 15).

Reaktionen auf den Abbruch der Tagung

4. Januar. Die deutsche Reichsregierung erklärt ihre Enttäuschung über den Abbruch der Pariser Reparationskonferenz, die sie in der Hoffnung begrüßt hatte, »daß endlich, vier Jahre nach Beendigung des Krieges, das Reparationsproblem eine ausführliche Lösung finden ... könnte«.

Nach Auffassung der Reichsregierung kann »nur eine vernünftige und für Deutschland tragbare Lösung der Reparationsfrage Europa vor dem sonst unvermeidlichen Ruin bewahren«.

In Frankreich billigt die bürgerliche Presse die kompromißlose Haltung von Ministerpräsident Raymond Poincaré und hält den Einmarsch in das Ruhrgebiet für sicher.

Die britische Presse kommentiert das Scheitern der Pariser Konferenz mit der Feststellung, Großbritannien wolle das Deutsche Reich wiederaufbauen, Frankreich wolle es vernichten. Der »Daily Chronicle« kritisiert Poincarés Plan der Ruhrbesetzung, der auf eine Zerstückelung des Deutschen Reichs abziele.

Die USA kündigen den Rückzug der US-amerikanischen Besatzungstruppen an, falls das Ruhrgebiet besetzt würde (→ 24. 1./S. 19).

Die Reparationen – das Zentralproblem der Nachkriegszeit

Im Vertrag von Versailles (28. 6. 1919), der den Weltkrieg formell beendete, wird die Verpflichtung des Deutschen Reichs, den Alliierten Reparationen (Wiedergutmachungen) zu leisten, mit seiner alleinigen Kriegsschuld (Art. 231) begründet. Der Vertrag legte vorläufig bis zum 1. Mai 1921 zu erbringende Geld- und Sachleistungen im Wert von 20 Milliarden Goldmark fest, nicht aber die Gesamthöhe der Reparationen.

Bei der Festlegung der Gesamtsumme und der Zahlungsmodalitäten, über die bei zahlreichen Konferenzen verhandelt wurde, verfolgten die beteiligten Staaten vorwiegend Eigeninteressen. Zunächst soll das Deutsche Reich 40 Milliarden Goldmark aufbringen, damit die europäischen Entente-Mächte ihre Kriegsschulden vor allem bei den USA begleichen können. Die Deutschen dagegen versuchen, die Reparationsleistungen möglichst weit herunterzuhandeln.

Im Krisenjahr 1923 erreichen die Spannungen zwischen den Gläubigermächten und dem Deutschen Reich mit der Ruhrbesetzung ihren Höhepunkt (→ 11. 1./S. 15).

Schon im Londoner Ultimatum (5. 5. 1921) drohten die Alliierten mit der Besetzung des gesamten Ruhrgebiets, weshalb sich die Reichsregierung unter Reichskanzler Joseph Wirth (10. 5. 1921–14. 11. 1922) gezwungen sah, die von der alliierten Reparationskommission festgesetzte Gesamtschuld von 132 Milliarden Goldmark (zahlbar in jährlichen Zwei-Milliarden-Raten) zu akzeptieren.

Die Annahme des Londoner Ultimatums (11. 5. 1921) markiert den Beginn der sog. Erfüllungspolitik, mit der die Unerfüllbarkeit der Reparationsforderungen gerade durch die Zahlungsbereitschaft bis an die Grenze des Möglichen bewiesen werden soll.

Da die Alliierten die Erfüllungspolitik nicht als ernsthaften Lösungsversuch des Reparationsproblems anerkennen, scheiterte Wirth mit dieser Politik und trat am 14. November 1922 zurück.

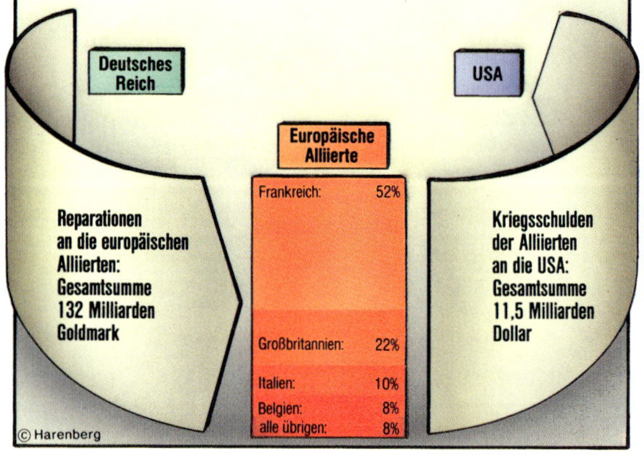

Mit den deutschen Reparationszahlungen – insgesamt sollen 132 Milliarden Goldmark gezahlt werden – begleichen die europäischen Alliierten zunächst ihre Kriegsschulden bei den USA. Trotz dieses Zusammenhangs blieben die USA den Reparationsverhandlungen bisher fern.

Franzosen und Belgier besetzen das Ruhrgebiet als Pfand

11. Januar. Zur Sicherstellung der Kohlenlieferungen, die zu den Reparationsverpflichtungen des Deutschen Reichs gehören, marschieren französische und belgische Truppenverbände in das Ruhrgebiet ein. Diese Sanktionsmaßnahme wird mit dem geringfügigen Rückstand der deutschen Holz- und Kohlenlieferungen begründet, der den Franzosen den Vorwand für die langfristig geplante Ruhrbesetzung liefert.

Der Weg zur Ruhrgebietsbesetzung

4. 1. 1923: Die Reparationskonferenz in Paris wird ergebnislos abgebrochen.

8. 1. 1923: Reichskanzler Wilhelm Cuno warnt vor einer gewaltsamen Durchsetzung der Reparationsforderungen.

9. 1. 1923: Die Reparationskommission stellt den Rückstand der deutschen Kohlenlieferungen fest. Reichspräsident Friedrich Ebert und Reichskanzler Wilhelm Cuno verurteilen in ihrem Aufruf an die Bevölkerung des Ruhrgebiets die französische »Gewaltpolitik«. Das Rheinisch-Westfälische Kohlensyndikat verlegt seinen Sitz von Essen nach Hamburg.

10. 1. 1923: Frankreich und Belgien teilen der Reichsregierung offiziell die bevorstehende Ruhrbesetzung mit. US-Präsident Warren G. Harding befiehlt den Rückzug der US-Truppen aus dem von den Alliierten besetzten Rheinland.

11. 1. 1923: Französische und belgische Truppen besetzen Essen und Gelsenkirchen.

Auf Betreiben des französischen Ministerpräsidenten Raymond Poincaré hat die Reparationskommission am 9. Januar 1923 (wie auch schon am 26. 12. 1922) die »Nichterfüllung« der deutschen Leistungspflichten hinsichtlich der geschuldeten Sachlieferungen (Kohlen, Holz) festgestellt, womit das Deutsche Reich gegen die Reparationsbestimmungen des Versailler Vertrages von 1919 verstoßen habe. Diese Entscheidung, die mit den Stimmen Frankreichs, Belgiens und Italiens – die einzige Gegenstimme ist die Großbritanniens – zustande kam, bedeutete die Androhung von Sanktionen, besonders der Besetzung des Ruhrgebiets.

Voller Empörung beobachten Essener Bürger den Einmarsch einer französischen Artillerie-Einheit in ihre Stadt

Mit der langfristig vorbereiteten Ruhrbesetzung verwirklicht Frankreich die Politik der »produktiven Pfänder«. Der Hauptgläubiger des Deutschen Reichs will sich auf diese Weise an dem aus französischer Sicht leistungsunwilligen Schuldner schadlos halten.

Neben diesen reparationspolitischen Zielen verfolgt Poincaré mit der Besetzung des Ruhrgebiets auch die Absicht, politische Voraussetzungen für die Zurückdrängung der deutschen Grenze an den Rhein zu schaffen, um so die – seiner Ansicht nach 1919 versäumte – dauerhafte Schwächung des Deutschen Reichs nachträglich durchzusetzen.

In der französischen Note vom 10. Januar, in der die Ruhrbesetzung offiziell angekündigt wurde, heißt es, die Besatzungstruppen dienten nur dem »Schutze« der bereits entsandten Ingenieurskommission, die für die strikte Einhaltung der Kohlenlieferungen zu sorgen habe. An eine militärische Operation sei »gegenwärtig« nicht gedacht.

Diese »Schutztruppe« besteht aus fünf französischen Divisionen und einer belgischen Division, insgesamt 60 000 mit Artillerie und Panzern ausgerüsteten Soldaten, die am 11. Januar in Essen und Gelsenkirchen einmarschieren. Innerhalb der folgenden Tage wird die Besetzung rasch auf zwei Drittel des Ruhrgebiets ausgeweitet.

Da sich ein bewaffnetes Vorgehen gegen diese Verletzung der territorialen Integrität des Deutschen Reichs angesichts seiner militärischen Schwäche verbietet, verkündet die Reichsregierung am → 13. Januar (S. 19) den »passiven Widerstand«. Sämtliche Reparationsleistungen an Frankreich und Belgien werden eingestellt.

Bereits am Vortag hat die Reichsregierung bei der französischen und belgischen Regierung gegen die Ruhrbesetzung protestiert, die sowohl gegen den Versailler Vertrag (1919) als auch gegen das Völkerrecht verstoße (→ 25. 2./S. 33).

Poincaré verharmlost die Ruhrbesetzung

10. Januar. In einer Note teilt der französische Ministerpräsident Raymond Poincaré der Reichsregierung mit, daß am folgenden Tag französische Truppen in das Ruhrgebiet einrükken werden:

R. Poincaré

»Aufgrund der ... von Deutschland begangenen Nichterfüllungen ... hinsichtlich der Lieferungen von Holz und Kohle an Frankreich ... hat die französische Regierung beschlossen, eine aus Ingenieuren bestehende und mit den erforderlichen Vollmachten zur Beaufsichtigung der Tätigkeit des Kohlensyndikats versehene Kontrollkommission ins Ruhrgebiet zu entsenden, um ... die strikte Anwendung der von der Reparationskommission festgesetzten Programme sicherzustellen ... Die französische Regierung legt Wert darauf zu erklären, daß sie gegenwärtig nicht daran denkt, zu einer militärischen Operation ... zu schreiten. Sie sendet einfach ins Ruhrgebiet eine Mission von Ingenieuren ... Sie läßt im Ruhrgebiet nur die zum Schutze ihrer Mission und zur Sicherstellung der Ausführung ihres Auftrags erforderlichen Truppen einrücken. Keine Störung und keine Veränderung im normalen Leben der Bevölkerung wird also erfolgen.«

US-General erlebt die Ruhrbesetzung mit

US-General Henry Tureman Allen, Oberbefehlshaber der US-amerikanischen Rheintruppen (laut Versailler Vertrag sind die linksrheinischen Gebiete des Deutschen Reichs sowie auf dem rechten Rheinufer gelegene Brückenköpfe bei Köln, Koblenz, Mainz und Kehl seit dem 10. 1. 1920 für 15 Jahre von alliierten Truppen besetzt zu halten), hält seine Beobachtungen und Einschätzungen während der Tage der Ruhrgebietsbesetzung schriftlich fest (Auszüge aus diesen Notizen Allens, später als »Mein Rheinland-Tagebuch« veröffentlicht):

»*7. Januar 1923.* Ein Brief von General [Jean Marie] Degoutte, der von der Truppenkonzentration vor dem Einmarsch in das Ruhrgebiet handelt, wurde mir heute ... übergeben ... Der Konzentrationsplan des französischen Oberkommandos geht dar-

US-General Henry T. Allen (r.)

auf hinaus, zwei Divisionen aus dem besetzten [Rhein]gebiet und drei Divisionen aus dem Innern Frankreichs ... in Marsch zu setzen. Die Konzentration wird im Gebiete von Düsseldorf, Duisburg und Ruhrort stattfinden ... Diese Bewegung der fünf Divisionen wird weitere Eingriffe in die Reparationen nach sich ziehen, wenn das Ruhrgebiet besetzt ist. Es ist unmöglich, daß Frankreich ohne eine große Anzahl von Truppen die Ruhrindustrien übernehmen und Zollgrenzen errichten kann ...

8. Januar. In der Abendausgabe der ›Coblenzer Zeitung‹ steht ein Artikel aus Berlin, der angeblich die Ansichten der Volkspartei [DVP] über die herrschende Krise ausdrückt. Die deutsche Regierung will den Vormarsch der Franzosen in das Ruhrgebiet als eine Verletzung des Versailler Vertrages ansehen, der von nun an als null und nichtig betrachtet werden solle ...

9. Januar ... Die Haltung von ganz Deutschland gegenüber dem Vorgehen Frankreichs ist äußerlich feindlicher als es Deutschland jemals bisher gezeigt hat ...

10. Januar ... Der 11. Januar 1923 wird meiner Meinung nach ein schicksalsreicher Tag für das Wohlergehen der Welt sein, denn die augenblickliche Lage verspricht für den Frieden und den europäischen Wiederaufbau sehr wenig.

11. Januar ... Die erste Phase der Ruhrbesetzung ging heute vor sich, indem die Truppen in das Gebiet von Essen eindrangen und innerhalb der Grenzen der Rheinprovinz auf Bochum zu Erkundigungen vorstießen. Die Proklamation an die Bevölkerung des Ruhrgebiets bezeichnet die Expedition als eine ›industrielle Mission‹, und in seiner offiziellen Mitteilung über die Truppenbewegung an mich sagt General Degoutte: ›Ich bin mit der Wahrung der Sicherheit der wirtschaftlichen Mission beauftragt worden.‹

12. Januar ... In Essen forderten die französischen Behörden heute die Direktoren der Krupp-, Stinnes- und Thyssen-Unternehmungen zu einer Konferenz auf, aber niemand erschien. Später wurden die Arbeiterführer zusammengerufen, um von ihnen Mitarbeit und Auskunft zu erhalten und so den Verlust der fortgebrachten Akten über die Kohlenverteilung auszugleichen, aber auch dieser Schritt war nutzlos. Sie weigerten sich alle, ... Auskunft über die Angelegenheit zu geben ...

13. Januar ... Täglich wird es deutlicher, daß das angekündigte milde Vorgehen der ›wirtschaftlichen Mission‹, gegen die im Ruhrgebiet passiver Widerstand geübt und im übrigen Deutschland heftig protestiert wird, der gewöhnlichen Besetzung durch Gewalt Platz macht ...

15. Januar ... Die Besetzung wird weiter ausgedehnt, die Reibungen sind zahlreicher, die Mark fällt und die Verhältnisse werden mit jedem Tag ernster« (→ 13. 1./S. 19; 24. 1./S. 19).

Die Präsenz der französischen und belgischen Besatzungstruppen prägt das Straßenbild in den Ruhrgebietsstädten; französisches Militär im Panzerwagen sichert den Essener Marktplatz (im Hintergrund die Krupp-Statue)

Szene vor dem Essener Rathaus; französischer Kommandeur der Truppen in Essen (r.) mit deutschem Unterhändler (l.)

Französischer Wachtposten mit Maschinengewehr vor dem Rheinisch-Westfälischen Kohlensyndikat

Französische Besatzungssoldaten mit Panzerwagen; bei der Ruhrbesetzung denke die französische Regierung »gegenwärtig« nicht an eine »militärische Operation«, sagt Ministerpräsident Raymond Poincaré am 10. Januar

Kurz nach dem Einmarsch in Essen am 11. Januar; französischer General mit Kavallerie-Patrouille und Radfahrer-Einheit auf dem Marktplatz

Deutsches Plakat in Dortmund über Ausführungen des früheren britischen Premierministers David Lloyd George zur französischen Rheinpolitik, das auf Anordnung der Besatzungsbehörde im ganzen Ruhrgebiet zu entfernen ist

Berittene französische Militärtrompeter vor dem Rathaus in Essen den Salut blasend; die Kavalleristen der Besatzungsarmee haben sich mit einem zusätzlichen Munitionsvorrat ausgerüstet: Ihre Pferde tragen Patronengurte um den Hals

Wachtposten vor allen öffentlichen Gebäuden der besetzten Städte an der Ruhr; Wachtwechsel vor einem Postamt

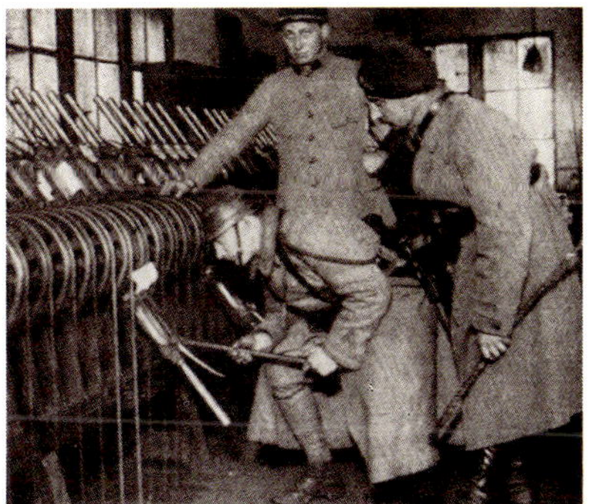

Deutsche Lokomotiven werden für den Kohlenabtransport benötigt; Franzosen reparieren ein zerstörtes Stellwerk

Im Ausland Ablehnung der Ruhrbesetzung

11. Januar. Auf die Besetzung des Ruhrgebiets durch französische und belgische Truppen wird international eher skeptisch bis ablehnend als zustimmend reagiert. Man fürchtet allgemein eine Eskalation des Konflikts und schwerwiegende politische und wirtschaftliche Folgen.
Die britische Regierung beschließt, eine abwartende Haltung gegenüber dem Einmarsch in das Ruhrgebiet einzunehmen und die britischen Besatzungstruppen im Rheinland (laut Versailler Vertrag sind die linksrheinischen Gebiete des Deutschen Reichs sowie einige rechtsrheinische Brückenköpfe seit dem 10. 1. 1920 von alliierten Truppen besetzt) nicht zurückzuziehen.
Dagegen hat US-Präsident Warren G. Harding bereits am 10. Januar den Rückzug der US-amerikanischen Rheintruppen als Protestmaßnahme gegen die Ruhrbesetzung angeordnet. Die oppositionellen Demokraten kritisieren am 23. Januar während der Senatsdebatte über die Ruhrfrage die Regierung, weil sie den Einbruch in das Ruhrgebiet dulde. In erster Linie seien die Vereinigten Staaten für die gerechte Behandlung Deutschlands verantwortlich.
In Italien schlägt die Meinung nach Beginn der Ruhrgebietsbesetzung um. Während die Sanktionsmaßnahme bisher unterstützt worden ist – Italien hat für den Beschluß der Reparationskommission vom 9. Januar über den Rückstand der deutschen Reparationslieferungen gestimmt, der Frankreich als Vorwand für den Einmarsch ins Ruhrgebiet diente – bedauert die im Ausland als offiziös geltende »Tribuna« nunmehr, daß Frankreich seiner Expedition einen vorwiegend, wenn nicht ausschließlich militärischen Charakter gegeben habe. Italien könne Frankreich daher keine weitere Gefolgschaft leisten, denn die italienische Zustimmung sei unter anderen Voraussetzungen gegeben worden.
Eine eindeutig profranzösische Haltung nimmt Polen ein, das seit 1921 mit Frankreich verbündet ist. Die polnische Presse befürwortet das französische Vorgehen im Ruhrgebiet und fordert gleichzeitig die rücksichtslose Liquidierung des deutschen Grundbesitzes und die Verminderung der Anzahl der Deutschen in Polen.
Als Rechtsbruch und Katastrophenpolitik verurteilt die deutsche Presse in der Schweiz den französischen und belgischen Einmarsch in das Ruhrgebiet.
In der französischen Presse wird die Möglichkeit diskutiert, das Rhein- und Ruhrgebiet vollständig vom Deutschen Reich abzutrennen. Während die Kommunistische Partei Frankreichs die Ruhrbesetzung entschieden ablehnt, verhöhnt der bekannte Publizist Gustave Hervé, seit dem Weltkrieg ein schroffer Nationalist, in der Zeitung »Victoire« den passiven Widerstand der Deutschen im Ruhrgebiet. Gustave Hervé schreibt u. a.:
»Man will uns den Streik der Eisenbahner an der Ruhr zwischen die Beine werfen, die so engen Linien des Industrienetzes blockieren? Und nachher? Entweder werden wir sie ... entblockieren oder ... die Arbeiterbevölkerung an der Ruhr [bekommt] keine Lebensmittel mehr und kann vor Hunger verrecken.«

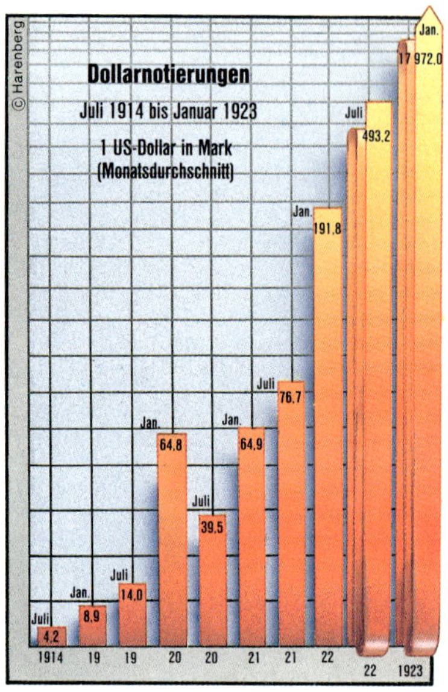

Kurs der Mark fällt immer schneller

18. Januar. Die wegen der Besetzung des Ruhrgebiets (→ 11. 1./S. 15) angespannte politische Lage hat einen weiteren Wertverfall der Mark mit dem entsprechenden Anstieg des Dollarkurses zur Folge. Der US-Dollar ist amtlich derzeit mit 23 000 Mark notiert.
Die Finanzierung des Weltkriegs und der gewaltigen Kriegsfolgekosten durch eine rücksichtslose Staatsverschuldung und die Erhöhung des Papiergeldumlaufs führte zu einer fortschreitenden Inflation und zur Zerrüttung der deutschen Währung. Ende 1922 entsprachen 2500 Mark dem Wert einer Vorkriegsmark, und ein US-Dollar war 7350 Mark wert.
Schon der Abbruch der Pariser Reparationskonferenz am → 4. Januar (S. 14), der die Hoffnungen der Deutschen auf eine tragbare Regelung der Reparationszahlungen vorerst zerschlagen hat, verursachte einen ersten, verglichen mit der späteren Entwicklung jedoch noch mäßigen Sturz der Mark an den Devisenbörsen. Für einen US-Dollar mußten am 4. Januar bereits 8800 Mark gezahlt werden.
Die deutschen Zahlungsverpflichtungen heizen zudem die Inflation weiter an, weil sie nur durch eine weitere Geldvermehrung finanziert werden können.
Erst die Ruhrbesetzung führt jedoch zu der rapiden Markentwertung die sich im Laufe des Jahres zu einer galoppierenden Inflation auswächst. Bis zum Monatsende steigt der Dollarkurs auf 41 000 Mark an.

Wegen der Ruhrgebietsbesetzung stehen die Flaggen auf halbmast

Mit erhobenen Fäusten das Deutschlandlied singend, demonstrieren Essener Bürger vor dem französischen Hauptquartier gegen die Ruhrbesetzung

Der deutsche Franzosenhaß flammt auf

Durch die Besetzung des Ruhrgebiets erhalten die in der deutschen Bevölkerung bereits verbreiteten Ressentiments gegen die Franzosen neuen Auftrieb. Unabhängig von der jeweiligen politischen Überzeugung wird der Protest gegen diesen »Gewaltakt« zu einem nationalen Anliegen, das in zahlreichen Massenkundgebungen am 14. Januar, der zum nationalen Trauertag erklärt wurde, zum Ausdruck kommt.
Die gegenseitigen Aggressionen führen im besetzten Ruhrgebiet wiederholt zu z. T. blutigen Zwischenfällen. Am 15. Januar provozieren deutsche Demonstranten die in Bochum einrückenden Franzosen mit dem Haßlied »Siegreich wollen wir Frankreich schlagen«. Als diese daraufhin in die Menge schießen, kommt ein 17jähriger Schüler ums Leben.
In Essen schneidet eine aufgebrachte Menschenmenge einer jungen Deutschen die Haare ab, weil sie mit zwei Franzosen ein Kino besuchte. Beide Zwischenfälle kennzeichnen die Stimmung.

US-Truppen räumen die Koblenzer Zone

24. Januar. Aus Protest gegen die Besetzung des Ruhrgebiets durch Franzosen und Belgier (→11. 1./S. 15) verlassen die US-Amerikaner das von ihnen seit dem 10. Januar 1920 besetzte Gebiet des Rheinlands um Koblenz. Französische Truppen rücken in diese Zone ein.

Die Besetzung der linksrheinischen Gebiete des Deutschen Reichs sowie der Brückenköpfe bei Köln, Koblenz, Mainz und Kehl auf dem rechten Rheinufer durch die Alliierten ist im Versailler Vertrag (1919) festgelegt. Eine stufenweise Räumung der besetzten Gebiete hat nach fünf, zehn und fünfzehn Jahren zu erfolgen. Der vorzeitige Rückzug der US-Amerikaner ist eine Reaktion auf die Ruhrbesetzung.

US-General Henry Tureman Allen, der Oberbefehlshaber der US-Rheintruppen, betont in seiner Abschiedsrede, die US-amerikanischen Streitkräfte hätten ursprünglich ihren Platz am Rhein an der Seite ihrer Verbündeten eingenommen, um den Frieden unter den festgesetzten Vertragsbestimmungen zu erhalten.

US-amerikanische »Wacht am Rhein« geht zu Ende, Abschiedsgruß auf dem Ehrenbreitstein für die abrückenden Rheintruppen der Vereinigten Staaten

Auf dem Ehrenbreitstein wird die US-Flagge eingeholt, die US-Truppen verlassen am 24. Januar das Rheingebiet

Nun weht die französische Flagge auf dem Ehrenbreitstein; die US-amerikanische Zone um Koblenz wird französisch

Ruhrgebiet leistet passiven Widerstand

13. Januar. Da ihr andere Abwehrmittel nicht zu Gebot stehen, verkündet die Reichsregierung im Reichstag den sog. passiven Widerstand gegen das französische und belgische Besatzungsregime im Ruhrgebiet.

Zu den Widerstandsmaßnahmen gehören die Einstellung aller Reparationsleistungen an Frankreich und Belgien (12. 1.), besonders jedoch die Anweisungen an deutsche Behörden (19. 1.) und die Zechenbesitzer (15. 1.), den Besatzungsmächten jede Art von Zusammenarbeit und Unterstützung zu verweigern, was zur Lahmlegung der gesamten Industrieproduktion führt.

Alle im Reichstag vertretenen Parteien außer der Kommunistischen Partei Deutschlands stimmen am 13. Januar einer Entschließung zu, in der sie »gegen den Rechts- und Vertragsbruch der gewaltsamen Besetzung des Ruhrgebiets feierlichen Protest« erheben.

Nach der Einstellung aller Reparationslieferungen an Frankreich und Belgien wird den Zechenbesitzern des Ruhrgebiets am 15. Januar jede Lieferung von Kohlen und Koks an die Besatzungsmächte verboten. Daraufhin verweigern die Industriellen die Befolgung des französischen Befehls, die Lieferungen sofort wiederaufzunehmen (→24. 1./S. 20). Die Arbeit in den Betrieben wird mit Zustimmung der Gewerkschaften bis zum 24. Januar niedergelegt.

Am 19. Januar weisen die Reichsregierung und die betroffenen Landesregierungen die deutschen Beamten im Ruhrgebiet an, den Befehlen und Anordnungen der Besatzungsbehörden keinerlei Folge zu leisten. Frankreich und Belgien reagieren auf diesen passiven Widerstand mit rücksichtslosen Sanktionen. Befehlsverweigernde Beamte werden verhaftet und in das unbesetzte Deutsche Reich ausgewiesen, Maßnahmen, die besonders Schutzpolizisten und Reichsbahnbeamte, aber auch die Spitzen der deutschen Verwaltung betreffen (→2. 2./S. 32). In den französisch besetzten Rheingebieten wird der auch hier geleistete passive Widerstand mit entsprechenden Maßnahmen geahndet.

Am 29. Januar verhängen die Franzosen den verschärften Belagerungszustand.

Deutsche Männer, die fürs Vaterland leiden: Verhaftung der Grubendirektoren durch die Franzosen. 1. Generaldirektor Tengelmann von den Essener Steinkohlen-Bergwerken; 2. Generaldirektor Kesten von der Bergwerksgesellschaft Dahlbusch; 3. Generaldirektor Wüstenhoefer von dem Essener Bergwerksverein „König Wilhelm"; 4. Fritz Thyssen, der Chef der gleichnamigen großen Werke.

Fritz Thyssen wegen Widerstand verurteilt

24. Januar. Das französische Kriegsgericht in Mainz verurteilt in einem sensationellen Prozeß den Zechenbesitzer Fritz Thyssen zu einer Geldstrafe in Höhe von 5100 Francs (rund sieben Millionen Mark), weil er dem Befehl der Kohlenbeschlagnahmung nicht nachgekommen sei. In demselben Prozeß werden fünf weitere Industrieführer ebenfalls zu Geldstrafen verurteilt.

Am 20. Januar wurden Thyssen, Wilhelm Kesten (Generaldirektor der Bergwerksgesellschaft Dahlbusch AG), Hermann Olfe (Vorstandsmitglied der Gelsenkirchener Bergwerks-AG), Walter Spindler (Generaldirektor der Stinnes-Zechen), Ernst Tengelmann (Generaldirektor der Essener Steinkohlenbergwerke AG) und Franz Wüstenhöfer (Generaldirektor des Essener Bergwerksvereins) wegen der Verweigerung von Kohlenlieferungen in Essen verhaftet.

Die Zechenbesitzer des Ruhrgebiets widersetzten sich der Anordnung der französischen Besatzungsbehörden, Reparationskohle zu liefern, gemäß einem Beschluß der zuständigen deutschen Behörde vom 15. Januar. Eine entsprechende Erklärung der Zechenbesitzer vom 17. Januar begründet ihre Haltung mit den Worten: »Niemand kann gezwungen werden, gegen sein Vaterland zu handeln.«

Das Verfahren gegen die Industriellen vor dem Mainzer Kriegsgericht steht wegen seiner politischen Bedeutung im Interesse der nationalen und internationalen Öffentlichkeit. Über 100 in- und ausländische Journalisten sowie rund 20 000 Menschen vor dem Gerichtsgebäude verfolgen in gespannter Erwartung den Prozeß am Tag der Urteilsverkündung. Da die Verhandlung gegen Thyssen und die anderen Angeklagten derartiges Aufsehen erregt, spricht das französische Kriegsgericht diese von der Hauptanklage der Verweigerung der Kohlenlieferungen frei (die ein wesentlich härteres Urteil erfordert hätte) und begnügt sich mit der Ahndung angeblicher Requisitionsverweigerungen.

Fritz Thyssen, geboren am 9. November 1873 in Mülheim-Styrum, ist nach seinem technischen Studium seit 1898 in dem von seinem Vater aufgebauten Thyssen-Konzern tätig. Der Zechenbesitzer ist einer der bedeutendsten Industrieführer im Deutschen Reich

»Die Ruhrbesetzung ist ein Unrecht«

Friedrich Grimm, bekannter Strafverteidiger vor allem in politischen Prozessen, führt in dem Mainzer Kriegsgerichtsprozeß gegen Fritz Thyssen und fünf andere Industrielle des Ruhrgebiets, der am →24. Januar (S. 20) stattfindet, die Verteidigung. Über diesen spektakulären Prozeß notiert Grimm in seinen Lebenserinnerungen:

»Nach feierlicher Ankündigung erschien das Gericht. Die Verhandlung begann mit der Vernehmung der Angeklagten. Sie nahmen alle eine wunderbare Haltung ein . . . In verschiedenen Worten, aber mit gleichem Nachdruck, erklärten sie alle ›Wir sind Deutsche. Wir beugen uns nicht. Die Ruhrbesetzung ist ein Unrecht. Wir wollen und werden dem Reich die Treue halten!‹«

[Während seines Plädoyers – Grimm betont die Unrechtmäßigkeit der Ruhrbesetzung und der Maßnahmen der Besatzungsmächte – bemerkt der Rechtsanwalt, daß seine Argumente wirken:] ». . . nicht nur auf die vielen Deutschen, die hier im Saal versammelt waren, sondern auch auf die vielen Ausländer und französischen Offiziere, die im Saale anwesend waren. Das Gericht zog sich zur Beratung zurück. Im Saal herrschte tiefe Stille, und dann geschah etwas Unerwartetes, Ergreifendes, das niemand vergessen wird, der das miterlebt hat. Von unsichtbarer Hand waren die Fenster geöffnet worden und von draußen drang zu uns der Gesang einer tausendköpfigen Menschenmenge: ›Deutschland, Deutschland über alles‹, ›Oh Deutschland hoch in Ehren!‹

Das Gericht kehrte in den Saal zurück. Unter dem Gesang der Menge wurde das Urteil verkündet! Das Urteil entsprach dem Antrag des Anklägers: Es wurden hohe Geldstrafen gegen die einzelnen Angeklagten verhängt. Die Verurteilung erfolgte wegen Nichtbefolgung von Requisitionsbefehlen, die selbst im Augenblick der Verhandlung den Angeklagten noch nicht einmal bekannt geworden waren . . .

Erst nach dem Urteil wurde den Verurteilten der Requisitionsbefehl zugestellt, gegen den sie verstoßen haben sollten!«

Demonstrative Veranstaltung im Rahmen des Reichsparteitags der NSDAP in München (27.–29. 1.); Präsentiermarsch während der Fahnenübergabe

Oberbayrische Ortsgruppen der Nationalsozialistischen Deutschen Arbeiterpartei (NSDAP) marschieren in ihrer ländlichen Tracht durch München

Erster NSDAP-Reichsparteitag in München

27. Januar. Bis zum 29. Januar hält die im Jahr 1919 gegründete Nationalsozialistische Deutsche Arbeiterpartei (NSDAP) in München ihren ersten Reichsparteitag ab, an dem neben Parteimitgliedern auch der etwa 5000 Mann umfassende politische Kampfverband der NSDAP, die Sturmabteilung (SA), teilnimmt.

Ziel des Parteitags ist es, in der Öffentlichkeit für die NSDAP zu werben und die Parteien der Linken zu provozieren.

Adolf Hitler, seit 1921 Parteivorsitzender, fordert auf dem Parteitag, den Versailler Vertrag (1919) für ungültig zu erklären. Seine Polemik richtet sich gegen das parlamentarische System der Weimarer Republik, dessen Sturz die Nationalsozialisten anstreben.

Am 28. Januar marschiert die im August 1921 gegründete Sturmabteilung (SA) auf dem Marsfeld in München auf, wo Hitler öffentlichkeitswirksam die erste Fahnen- und Standartenweihe zelebriert.

Für Unruhe in der Öffentlichkeit sorgt neben Hitlers Reden auf dem Parteitag die radikale, gegen die Weimarer Republik gerichtete Propaganda der NSDAP-Zeitung »Völkischer Beobachter«. Eine besondere Rolle in der Polemik der Nationalsozialisten spielt das Schlagwort »Novemberverbrecher«, mit dem in diffamierender Absicht, besonders die Sozialdemokraten (SPD-Führer Philipp Scheidemann rief am 9. 11. 1918 die Republik aus), aber auch andere republikfreundliche Politiker bezeichnet werden.

Angesichts der nationalsozialistischen Angriffe diskutiert die »Vossische Zeitung«, das führende liberale Blatt in Berlin, am 27. Januar die Frage, ob ein Hitlerputsch bevorstehe (→ 8./9. 11./S. 178).

Noch kurz vor seinem Beginn war die Durchführung des Parteitags der NSDAP in Frage gestellt. Wegen der Befürchtung eines nationalsozialistischen Putschversuchs und der Gefahr schwerer Zusammenstöße zwischen Sozialdemokraten und Kommunisten einerseits sowie der Nationalsozialisten andererseits hatte die bayrische Regierung am 26. Januar vorsorglich den Ausnahmezustand verhängt.

Diese Maßnahme, die für das gesamte bayrische Staatsgebiet gilt, macht alle Aufmärsche, Kundgebungen und Versammlungen von einer polizeilichen Erlaubnis abhängig. Eine teilweise Aufhebung dieser Einschränkungen erreichte Adolf Hitler, indem er sich gegenüber Reichswehrgeneral Otto von Lossow, Landeskommandant in Bayern, und Landespolizeichef Hans Ritter von Seisser für den »einwandfreien Verlauf des Parteitags« in München verbürgte.

Für das öffentliche Ansehen Hitlers bedeutet diese erzwungene Zusicherung des Wohlverhaltens seiner Parteianhänger und der SA eine schwere Belastung, denn im Widerspruch zu seinen verbalradikalen Behauptungen hat Hitler der Staatsgewalt keine Niederlage bereitet, sondern sich ihr beugen müssen.

Hauptsächlich auf die Verhängung des Ausnahmezustandes in Bayern, der am 6. Februar wieder aufgehoben wird, ist der gegen alle Erwartungen erstaunlich ruhige Ablauf des ersten Reichsparteitags der Nationalsozialisten in München zurückzuführen.

»Hitler sprach ... von Stürmen des Beifalls, des Gelächters getragen«

Der Historiker Karl Alexander von Müller verfolgt am 27. Januar im »Löwenbräu« in München zum ersten Mal einen öffentlichen Auftritt des NSDAP-Führers Adolf Hitler und berichtet darüber:

»Niemand beschreibt das Fieber, das in dieser Atmosphäre um sich griff. Plötzlich, am Eingang hinten, Bewegung. Kommandorufe.

Der Sprecher auf dem Podium bricht mitten im Satz ab. Alles springt mit Heilrufen auf. Und mitten durch die schreienden Massen und die schreienden Fahnen kommt der Erwartete [Adolf Hitler] mit seinem Gefolge, raschen Schritts, mit starr erhobener Rechten zur Estrade. Er ging ganz nah an mir vorbei, und ich sah ... die schmalen, bleichen Züge wie von einem besessenen Ingrimm zusammengeballt ...

Er sprach nur etwa eine Viertelstunde lang, mit demagogischer, höhnischer, sich überschlagender Ironie, fast von Satz zu Satz von Stürmen des Beifalls, des Gelächters getragen.

Und schon brach er wieder auf zur nächsten Versammlung, die nach ihm fieberte.«

Entwicklung der NSDAP seit 1919

Im Verlauf ihres fast dreijährigen Bestehens ist es Parteiführer Adolf Hitler gelungen, die Nationalsozialistische Deutsche Arbeiterpartei (NSDAP) als eine straff organisierte Partei bei gleichzeitiger Durchsetzung seines Führungsanspruchs aufzubauen.

Die NSDAP ging allmählich aus der am 5. Januar 1919 gegründeten Deutschen Arbeiterpartei, der Hitler seit September 1919 angehörte, hervor (Umbenennung im März 1920). Auf sein Betreiben wurde am 24. Februar 1920 das »unabänderliche« Parteiprogramm verkündet, eine Mischung nationaler und sozialrevolutionärer Forderungen auf antikapitalistischer, antibolschewistischer und antisemitischer Grundlage. Die Ziele reichen vom Anschluß Österreichs und der Großmachtstellung des Deutschen Reichs über die Verstaatlichung der Großunternehmen bis zur Ausbürgerung der Juden.

Gestützt auf die im August 1921 von ihm gegründete Sturmabteilung (SA) festigte Hitler (ab 29. 6. 1921 Parteivorsitzender) zielstrebig seine Führungsposition innerhalb der NSDAP.

Berufslose Soldaten, Freikorpsleute und sozial Entwurzelte treten in die NSDAP ein (1. 1. 1920: 64 Mitglieder, Januar 1922: 6000, November 1923: 55 000 Mitglieder).

Lenin fordert die Absetzung von Josef Stalin

4. Januar. In einer Nachschrift zu seinem »Brief an den Parteitag« (sog. Testament) fordert der sowjetische Regierungs- und Parteichef Wladimir I. Lenin die Abberufung Josef W. Stalins vom Amt des Generalsekretärs der Kommunistischen Partei Rußlands (später KPdSU). Stalin, der dieses Amt seit 1922 bekleidet, mangelt es nach Lenins Einschätzung an den bei der damit verbundenen Machtfülle notwendigen charakterlichen Eigenschaften.

Auch sieht der Regierungschef den Ende 1923 beginnenden Machtkampf zwischen Stalin und Leo D. Trotzki voraus (→15. 12./S. 198).

Dem an rasch fortschreitender Gehirnsklerose leidenden Lenin gelingt es jedoch nicht, den Rücktritt Stalins durchzusetzen.

In der Nachschrift zu dem sog. Testament, die der schwerkranke Lenin am 4. Januar seinem Sekretär diktiert, heißt es u.a.:

»Stalin ist zu grob, und dieser Fehler . . . kann in der Funktion des Generalsekretärs nicht geduldet werden. Deshalb schlage ich den Genossen vor, sich zu überlegen, wie man Stalin ablösen könnte, und jemand anderen an diese Stelle zu setzen, der sich in jeder Hinsicht vom Genossen Stalin nur durch *einen* Vorzug unterscheidet, nämlich dadurch, daß er toleranter, loyaler, höflicher . . . usw. ist. Es könnte scheinen, als sei dieser Umstand eine winzige Kleinigkeit. Ich glaube jedoch, unter dem Gesichtspunkt der Vermeidung einer Spaltung . . . ist das keine Kleinigkeit oder eine solche Kleinigkeit, die entscheidende Bedeutung gewinnen kann.«

Wie mit seinen Angriffen gegen Stalins Machtposition scheitert Lenin auch mit seinen einschneidenden Vorschlägen zur Reform des Staatsapparates und zum Abbau der Bürokratie, die er am 25. Januar in der »Prawda« unter dem Titel »Wie wir die Arbeiter- und Bauerninspektion reorganisieren sollen« veröffentlicht. Mit Sorge beobachtet Lenin, wie sich die Politik von seinen ursprünglichen Zielen entfernt.

Nach zwei Schlaganfällen ist der an Gehirnsklerose leidende sowjetische Partei- und Regierungschef Wladimir I. Lenin an den Rollstuhl gefesselt

Sun Yat-sen, Führer der Kuomintang (Nationale Volkspartei) in China

Sowjethilfen für Kuomintang in China

26. Januar. Sun Yat-sen, Führer der chinesischen Kuomintang, und der sowjetische Diplomat Adolf A. Ioffe unterzeichnen die »Gemeinsame Erklärung«, die als erstes chinesisch-sowjetisches Bündnisverhältnis von weitreichender Bedeutung ist.

Sun Yat-sen benötigt die Hilfe Moskaus für seine nationalrevolutionäre Bewegung und akzeptiert deshalb die bisher abgelehnte Zusammenarbeit mit der chinesischen KP.

112 Todesurteile gegen Nationalisten

10. Januar. In Herakhpur (Britisch-Indien) werden in einem Mordprozeß von 228 angeklagten indischen Nationalisten 112 zum Tode verurteilt. Die Nationalisten hatten am 5. Februar 1922 in Chauri Chaura, einem Dorf im nordindischen Bundesstaat Uttar Pradesh, 22 Polizisten ermordet.

Während einer gegen die britische Kolonialherrschaft in Indien gerichteten nationalistischen Demonstration in Chauri Chaura schossen Polizisten in die Menge und zogen sich dann in die Polizeistation zurück. Die erzürnte Menge legte ein Feuer, in dem alle, sich in der Station aufhaltenden Polizisten umkamen.

Nach dem Polizistenmord in Chauri Chaura wurde die seit 1920 von Mohandas Karamchand (genannt Mahatma) Gandhi mit gewaltlosen Kampfmethoden geführte Kampagne der Nichtzusammenarbeit mit den Briten abgebrochen.

Inder kämpfen für Unabhängigkeit von Briten

Die gegen die britische Kolonialherrschaft gerichtete indische Unabhängigkeitsbewegung nahm bereits im 19. Jahrhundert ihren Anfang. Der Indian National Congress (gegründet 1885) war zunächst nur eine um begrenzte Reformen bemühte, städtische Honoratiorenbewegung. Erst unter der Führung von Mohandas Karamchand Gandhi – ihm wurde 1915 der Ehrentitel Mahatma (große Seele) verliehen – entwickelte sich der Indian National Congress (INC) zu einer Massenbewegung, die seit 1920 mit wachsender Macht den indischen Freiheitskampf gegen die Briten führt.

Dabei werden die von Mahatma Gandhi entwickelten gewaltlosen Kampfmethoden – Verweigerung der Zusammenarbeit mit den Briten und bürgerlicher Ungehorsam – praktiziert.

Die erste nach diesen Methoden geführte Kampagne (6. – 18. 4. 1919), die gegen die »Rowlatt-Gesetze« (Pressezensur, Präventivhaft, Schnellgerichte gegen politische Täter) gerichtet war, wurde, als es zu Gewalttätigkeiten kam, abgebrochen.

Auch der zweite Feldzug der Nichtzusammenarbeit (seit 1. 8. 1920) mußte nach dem Polizistenmord in Chauri Chaura (5. 2. 1922) vorzeitig beendet werden (→10. 1./S. 22). Gandhi wurde verhaftet und am 18. März zu sechs Jahren Gefängnis verurteilt.

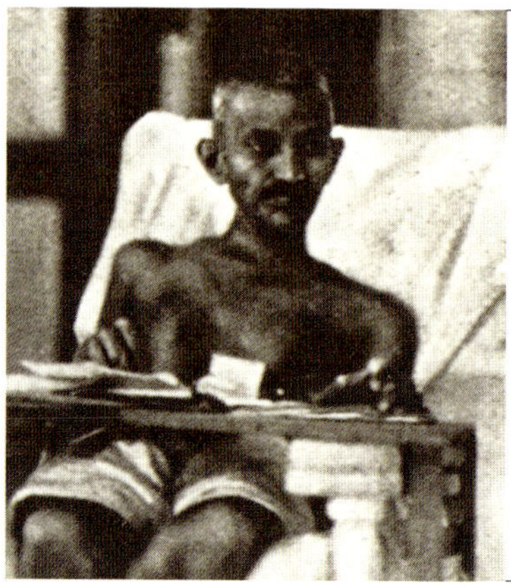

Indiens Freiheitskämpfer Gandhi

Am 2. Oktober 1869 wurde Mohandas Karamchand Gandhi (seit 1915 Mahatma genannt) in Porbandar geboren. Nach dem Jurastudium in London (1888–91) unterstützte Gandhi die Inder in Südafrika bei ihrem Kampf um politische Rechte. In den indischen Freiheitskampf, den er seither mit seinen gewaltlosen Kampfmethoden inspiriert und anführt, griff Mahatma Gandhi erstmals im April 1919 aktiv ein.

Litauen besetzt das Gebiet an der Memel

10. Januar. Litauische Truppen, die sich als Freischärler ausgeben, fallen in das Memelgebiet ein. Nach der fast kampflosen Besetzung des seit 1919 unter alliierter Verwaltung stehenden Gebiets – die französische Besatzung leistet keinen Widerstand – erkennt die Pariser Botschafterkonferenz die Herrschaft Litauens über das Memelgebiet am 16. Februar an.

Durch den Versailler Vertrag von 1919 wurde das zu Ostpreußen gehörende, überwiegend von Deutschen bewohnte Gebiet nördlich der Memel (Njemen) vom Deutschen Reich abgetrennt und als Memelgebiet (auch Memelland) vorläufig der alliierten Verwaltung und französischen Besatzung unterstellt. Damit hatten sich die Alliierten gegen die litauische Forderung – Abtretung des Memelgebiets an Litauen – gestellt, ohne daß endgültig über die Memel-Frage entschieden worden wäre.

Nunmehr setzt die litauische Regierung militärische Mittel ein, um die Alliierten zur Übergabe des Memelgebiets zu bewegen. Die am 10. Januar in das Gebiet einmarschierenden litauischen Truppen besetzen innerhalb weniger Tage das Memelland und errichten am 15. Januar in der Stadt Memel eine provisorische Regierung. Ohne Gegenwehr ziehen sich die französischen Besatzungstruppen in die Kasernen zurück.

Die alliierte Botschafterkonferenz in Paris entsendet am 17. Januar eine außerordentliche Kommission nach Memel, die eine vorläufige Regierung unter alliierter Autorität bilden soll, und erklärt, keine Änderung der Rechtslage anerkennen zu können. Der Protest der Botschafterkonferenz bleibt eine Formalität, denn besonders die Franzosen sind wegen der Besetzung des Ruhrgebiets (→ 11. 1./S. 15) nicht bereit, mit militärischen Maßnahmen gegen die Litauer vorzugehen.

Am 16. Februar erkennt die Botschafterkonferenz die von den Litauern geschaffene Lage an, indem sie die Auslieferung des Memelgebiets an Litauen beschließt. Die daran geknüpften Bedingungen – Errichtung einer autonomen Regierung, Gleichbehandlung aller Einwohner – werden am 20. Februar von der litauischen Regierung offiziell akzeptiert.

Die französischen Besatzungstruppen ziehen sich am 19. Februar aus dem Memelgebiet zurück.

Einzug der regulären litauischen Truppen in die Stadt Memel; die Litauer annektieren das seit 1919 unter alliierter Verwaltung stehende Memelgebiet

Griechischer Ex-König Konstantin I. im Exil in Italien gestorben

11. Januar. *Der seit seiner Abdankung am 28. September 1922 im italienischen Exil lebende griechische König Konstantin I. stirbt in Palermo. Da nicht nur die Person des ehemaligen Königs, sondern die Monarchie überhaupt in Griechenland äußerst umstritten ist, verbietet die griechische Regierung am 15. Januar die Überführung der Leiche Konstantin I. nach Griechenland. (Abb. rechts: Trauerzug auf dem Weg nach Neapel; Abb. links: Dem Zug voran wird die Krone Konstantin I. getragen.)*

Konstantin I., König seit 18. März 1913, versuchte während des Weltkriegs Griechenland neutral zu halten. Unter dem Druck der Alliierten und des liberalen Politikers Elftherios Weniselos dankte der König am 12. Juni 1917 ab und verließ das Land. Nach einer Volksabstimmung wurde Konstantin I. am 15. Dezember 1920 wieder eingesetzt, mußte aber nach der verheerenden Niederlage im griechisch-türkischen Krieg (→ 24. 7./S. 110) am 28. September 1922 endgültig abdanken (→ 17. 12./S. 199).

Initiative gegen den Konsum von Alkohol

16. Januar. Nach der Beratung hat die Reichsregierung dem Reichsrat den Entwurf eines Schankstättengesetzes zugeleitet, das möglichst rasch verabschiedet werden soll. Die in dem neuen Gesetz vorgesehenen Bestimmungen zielen auf eine Einschränkung des verbreiteten Alkoholkonsums ab.

Es sollen nicht nur die Bedingungen für die Erteilung einer Konzession für den Alkoholausschank verschärft werden, sondern der Gesetzentwurf bietet den zuständigen Behörden auch eine bessere Handhabe, bereits erteilte Konzessionen zu entziehen.

Wenig erfreut zeigt sich die Gastronomie über diese Gesetzesinitiative, zumal die Gesetzesvorlage auch die Befugnisse der Landesregierungen zur Einschränkung von Tanz- und ähnlichen Vergnügungsveranstaltungen erweitert.

Baden wird zu einem teuren Vergnügen

7. Januar. Die Hallenbäderpreise werden in Hamburg drastisch erhöht. Dennoch ist die Benutzung der öffentlichen Bäder noch immer billiger als das Baden in der eigenen Wanne, weil die Kohlenpreise enorm angestiegen sind.

Für viele wird das übliche, einmal wöchentliche warme Bad zu einem teuren Vergnügen. Wer statt den eigenen Badezimmerofen anzuheizen, um Kohlen zu sparen ein öffentliches Wannenbad aufsucht, hat nunmehr 300 Mark (1. Klasse) oder 250 Mark (2. Klasse) zu zahlen.

Auch das Schwimmen in den Hallenbädern ist teuer geworden. Für Erwachsene kostet es 60 Mark, für Kinder unter 14 Jahren 30 Mark. Lediglich die Benutzung einer öffentlichen Waage, die noch wie in Vorkriegszeiten zehn Pfennige kostet, ist von dem Preisanstieg verschont geblieben.

Allgemein wird der Verbrauch warmen Wassers eingeschränkt. In Häusern mit Sammelheizungen ist zwar die Bestimmung, nur einmal in der Woche die Badeeinrichtung benutzen zu dürfen, aufgehoben worden, aber auch hier legt man sich Beschränkungen auf, um den Kohleverbrauch so niedrig wie nur irgend möglich zu halten.

Gesundheit 1923:

Soziales Elend führt zur Verschlechterung der Gesundheit

Die während des Jahres 1923 infolge der Wirtschaftskrise zunehmende soziale Verelendung besonders der ärmeren städtischen Bevölkerungsschichten führt zu einer besorgniserregenden Zunahme der Tuberkulose und anderer Infektionskrankheiten.

Da Löhne und Gehälter nicht entsprechend der Preisinflation steigen, verschlechtern sich die Lebensbedingungen vieler Familien rapide. Mangelernährung und beengte Wohnverhältnisse erhöhen die Anfälligkeit für Tuberkulose. Nachdem besonders die Tuberkulosesterblichkeit seit 1920 deutlich zurückging, nimmt sie im Krisenjahr 1923 erneut zu (1923: 91 630 Todesfälle, 1922: 85 396 Todesfälle; Masern und Röteln, beide Krankheiten 1923: 8249 Todesfälle, 1922: 2844 Todesfälle).

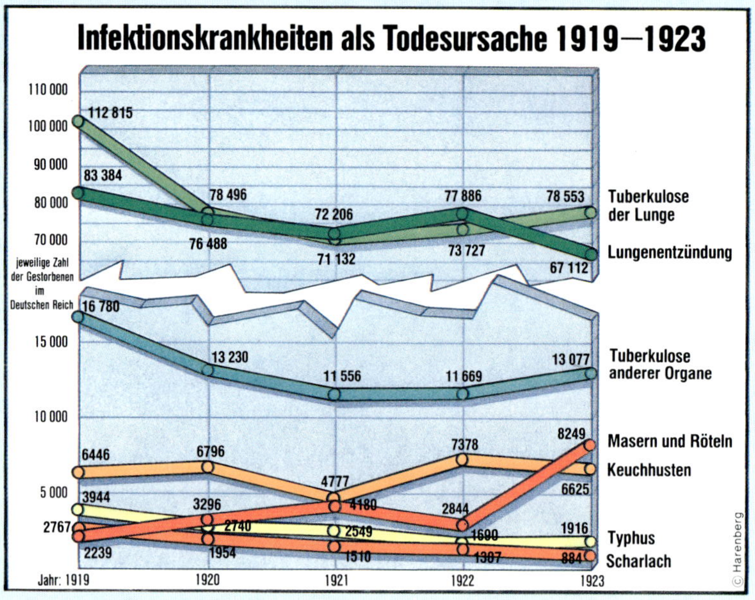

Ein plastisches Bild von den Gesundheitsverhältnissen im Deutschen Reich gibt ein Bericht des Reichsgesundheitsamts vom 20. Februar: »Nach der Umfrage bei den Ländern geht es in Deutschland damit [Gesundheit] leider abwärts, namentlich in der Massenbevölkerung der Städte verschlimmern sich die Verhältnisse fortgesetzt, besonders unter der Wirkung der Teuerung für Lebensmittel und Körperpflege. Der Fleischgenuß ist für viele sehr selten geworden. Die Wohnungen entsprechen vielfach nicht den bescheidensten hygienischen Anforderungen, es fehlt an Leibwäsche . . . Durch den Wegfall von Schulspeisungen hat sich herausgestellt, daß fünfzig Prozent der Kinder unterernährt sind. Den Kindern fehlt es vielfach an Leibwäsche und sonstiger Kleidung, namentlich an Strümpfen und Schuhen . . . Die Tuberkulose wird wesentlich gefördert durch das enge Zusammenpferchen der Menschen in den überfüllten Häusern. Mitverschuldet werden diese traurigen Zustände durch die Not an Krankenbehandlung und Ärzten. Die Krankenanstalten können ihre Aufgaben nicht mehr voll erfüllen, weil es an Mitteln fehlt. Eine Krankenanstalt braucht z. B. täglich für eine Million Mark Kohlen. Viele Kranke werden erst im Augenblick der letzten Gefahr ins Krankenhaus gebracht. Die Arzneiversorgung wird immer schwieriger, weil die Preise von Woche zu Woche steigen; die Rezepte werden nicht ausgeführt, weil sie zu teuer sind. Besonders schwer wird die Lage im Ruhrbezirk, weil die Truppen rücksichtslos Lebensmittel und Wohnung mit Beschlag belegen. Schulärzte sehen sich gezwungen, ihre Tätigkeit einzustellen, weil auch die Schulen beschlagnahmt sind.«

Angesichts der widrigen sozialen und hygienischen Verhältnisse, welche die Ausbreitung der Infektionskrankheiten begünstigen, führen die Ärzte einen relativ erfolglosen Kampf gegen diese Krankheiten. Der mit dieser Situation vertraute kanadische Thoraxspezialist Norman Bethune schreibt: »Wir Ärzte können nur wenig tun, um eine Umgebung zu ändern, die den Menschen der Infektion gegenüber anfällig macht und zu Rückfällen führt. Armut, Unterernährung, gesundheitswidrige Wohnungen, täglicher Kontakt mit Kranken, körperliche und geistige Erschöpfung sind Faktoren, die sich unserer Kontrolle entziehen.«

Des weiteren fehlt es vor der Einführung der Antibiotika (seit 1928) an Behandlungsmethoden, die über die häufig nicht mögliche Veränderung der Lebensverhältnisse der Patienten hinausgehen. So ist auch die hohe Sterblichkeitsrate dieser Krankheiten – 1923 sterben im Deutschen Reich z. B. 11 248 Personen infolge eines grippalen Infekts – zu erklären.

Ein in seiner Bedeutung ständig wachsendes und deshalb die medizinische Forschung zunehmend beschäftigendes Problem ist die Behandlung von Krebskranken. Jährlich sterben mehr Menschen an dieser Krankheit (1919: 52 414 Krebstote, 1920: 52 525, 1921: 55 056, 1922: 57 502, 1923: 58 291); Krebs nimmt 1923 bereits den zweiten Rang – nach der Tuberkulose – in der Liste der tödlich verlaufenden Krankheiten ein. So erhält das Institut für Krebsforschung der Berliner Charité am → 17. Juli (S. 120) eine neue Abteilung für experimentelle Zellforschung, deren Aufgabe die Erforschung von Krebsbehandlungsmethoden ist.

Bezüglich der Bevölkerungsentwicklung ist ein Trend zur Verlangsamung des Wachstums auszumachen. Nach dem kriegsbedingten Tiefstand des Geburtenüberschusses 1919 (282 120) ist dieser nach dem Anstieg bis 1921 (700 248) stark rückläufig. Gegenüber den 1922 immerhin noch 523 589 Mehrgeborenen sind 1923 nur 439 551 mehr Geborene als Gestorbene zu verzeichnen. Das entspricht einem Wachstum der Bevölkerung (62,45 Millionen) um 0,7% im Vergleich zum Vorjahr.

Kinderbehandlung zur Bekämpfung der Rachitis im Bestrahlungsraum eines Hamburger Krankenhauses. Um die Augen der Patienten vor Strahlen zu schützen, müssen diese während der Behandlung besondere Brillen tragen. Die Kinder laufen im Kreis, damit der Körper gleichmäßig bestrahlt wird

Inventurausverkauf ist 1923 umstritten

2. Januar. Im Deutschen Reich beginnt der jährliche Inventurausverkauf, an dem sich vorwiegend die Kaufhäuser beteiligen.
Der Ausverkauf findet diesmal gegen das Votum vieler größerer Firmen statt, die eine negative Wirkung auf die Käufer befürchten. Durch starke Preisreduzierungen könne der Eindruck entstehen, die regulären Preise seien weit überspannt gewesen. Auch sei nicht auszuschließen, daß bei der durch die inflationäre Preisentwicklung beunruhigten Käuferschaft der – wie betont wird – unberechtigte Verdacht aufkomme, die im Ausverkauf angebotenen umfangreichen Warenmengen seien absichtlich aus Gründen der Preisspekulation in den Lagern zurückgehalten worden.

Eröffnung der Nord-Süd-Strecke der Berliner U-Bahn; der erste offizielle Zug verläßt mit Behörden- und Pressevertretern den Bahnhof Hallesches Tor

Nord-Süd-U-Bahn in Berlin eröffnet

30. Januar. Nach der feierlichen Eröffnung am Vortag wird die neue Nord-Süd-Strecke der Berliner U-Bahn dem Publikumsverkehr übergeben. Die Vollendung des Streckenbaus wird allgemein begrüßt, nicht nur weil die Zeit, in der das Stadtinnere durch den U-Bahnbau verunstaltet wurde, endlich vorüber ist, sondern auch weil die neue U-Bahn die denkbar schnellste Verbindung des nördlichen mit dem südwestlichen Berlin schafft. Die Fahrzeit vom Halleschen Tor über Friedrichstraße bis zur Seestraße beträgt 16 Minuten.
Die Kosten für den 1912 begonnenen Streckenbau sind auf etwa drei Milliarden Mark angestiegen (ursprünglich veranschlagt: 80 Millionen Mark).

Droschkenfahrt zu 1000fachem Preis

20. Januar. Eine Verordnung der Hamburger Polizeibehörde zur Regelung der Droschkenfahrpreise tritt in Kraft, die für die Anpassung der Beträge auf dem Fahrpreisanzeiger an den derzeitigen Markwert sorgt. Kraftdroschkenfahrer sind nunmehr berechtigt, den 1000fachen Preis des Fahrpreisanzeigers zu nehmen, während für Pferdedroschken in Zukunft der Preismultiplikator 800 gilt.

Sparmaßnahmen aus Kohlenmangel

17. Januar. Einstimmig nimmt die Stadtverordnetenversammlung in Berlin einen Dringlichkeitsantrag zu dem der Stadt drohenden Kohlenmangel an. Der Antrag fordert die Einschränkung der Schaufensterbeleuchtungen und die Einstellung der Lichtreklame für die gesamte Dauer der Ruhrgebietsbesetzung (→ 11. 1./S. 15).
Um den vorhersehbaren Kohlenengpaß aufzufangen, stehen die Berliner Kohlengroßhändler zur Zeit in Verhandlungen mit den polnischen Zechen in Oberschlesien, wo 500 000 t Kohle auf Halde lagern (das Deutsche Reich mußte nach dem Weltkrieg etwa die Hälfte des oberschlesischen Kohlenreviers an Polen abtreten).

Erste Einäscherung im Wiener Krematorium

17. Januar. Im ersten Krematorium Wiens, der Bau wurde am 17. Dezember 1922 vollendet, wird erstmalig eine Einäscherungsfeier durchgeführt.
Bereits vor rund 50 Jahren begann in Wien die Diskussion über das »Projekt der fakultativen Leichenverbrennung«. Erst nach dem Weltkrieg jedoch wurde die Erbauung eines Krematoriums auf dem Wiener Zentralfriedhof beschlossen und dem Architekten Clemens Holzmeister übertragen.
Die Überfüllung der Friedhöfe und die wachsende Anhängerschaft der bisher unüblichen Feuerbestattung veranlaßten bereits im 19. Jahrhundert besonders Großstädte, Krematorien zu errichten (z. B. Mailand 1876).
Ein Augenzeuge berichtet über die erste Einäscherung in Wien:
»Leichenträger brachten den Sarg auf die Versenkungsplatte. Die elektrischen Lampen ... flammten plötzlich auf und übergossen die Halle mit märchenhaftem, künstlichem Sonnenlicht. Die hohe, riesige Kuppel wuchs ... ins Unendliche, eine geheimnisvolle Stimmung legte sich in den Raum. Das düstere Schwarz, das sonst in den Leichenhallen den Trauergasten ein Grauen vor dem Tod einjagt, fehlt in der Feuerhalle.«

In dem neu erbauten ersten Krematorium Wiens wird am 17. Januar erstmals eine Einäscherungsfeier durchgeführt

Schwitters gibt erstmals »Merz« heraus

Januar. Kurt Schwitters, der in Hannover lebende dadaistische Künstler, beginnt mit der Herausgabe der Zeitschrift »Merz«, in der er u.a. seine sog. Merzdichtung, eine spezifische Form des Dadaismus, veröffentlicht.

Seine Arbeiten in den verschiedensten Kunstgattungen (Gedichte u.a. »An Anna Blume«, Collagen, Objektkonstruktionen u.a. »Merzbau«) nennt Schwitters Merzkunst. Das Wort »Merz«, ein Kürzel aus »Kommerz«, deutet auf ein wichtiges künstlerisches Mittel Schwitters' und der anderen Dadaisten hin, nämlich die Verwendung vorgefundener Gegenstände (Objet trouvé) und Sprachfetzen (aus Zeitungen, Plakaten, Katalogen) für die Gestaltung ihrer Kunstwerke.

Der Dadaismus, eine internationale Kunst- und Literaturrichtung, entstand unter dem Eindruck des Weltkriegs 1916 in Zürich. Dort versuchten die Künstler Hans Arp, Hugo Ball, Richard Huelsenbeck, Marcel Janco und Tristan Tzara den »Wahnsinn der Zeit« (Arp) durch die optische und akustische Darstellung der Absurdität wahrnehmbar zu machen und zu beantworten. Zielgruppe des provozierenden Programms ihres »Cabaret Voltaire« in Zürich (bis 1918) war besonders das Bildungsbürgertum, das die Dada-Künstler für den Krieg, »die grandiosen Schlachtfeste und kannibalischen Heldentaten« (Ball) verantwortlich machten.

Kunst ist für die Dadaisten eine der Gegenwart nicht mehr angemessene, sinnlos gewordene Angelegenheit. Ausdruck dafür ist der Name »Dada«. »Dada heißt im Rumänischen Ja Ja, im Französischen Hotto- und Steckenpferd. Für Deutsche ist es ein Signum alberner Naivität und zeugungsfroher Verbundenheit mit dem Kinderwagen« (Ball).

Aufsehen erregen die mit ungewöhnlichen, »infantilen« Verfahrensweisen und Produktionsstoffen kreierten Kunstwerke (vor allem Collagen) und die auf Sprachregeln, z.T. auf Sprache überhaupt verzichtenden Gedichte der Dadaisten. Hugo Balls Lautgedichte bestehen aus Lautgruppen ohne normalsprachliche Bedeutung: »jolifanto bambla ô falli bambla« (Beginn des Gedichts »Karawane«). Nach dem Zufallsprinzip montieren Arp und Tzara ihre Gedichte aus Zeitungen und Gebrauchstexten entnommenen Sätzen oder Satzfragmenten: »WELTWUNDER sendet sofort karte hier ist ein Teil vom Schwein alle 12 teile zusammengesetzt flach aufgeklebt ...« (Beginn des Arp-Gedichts »Weltwunder«).

Nach dem Ende des Weltkriegs bilden sich verschiedene dadaistische Gruppierungen u.a. in Paris, Berlin und Köln. Zu den Pariser Dadaisten gehören einige spätere Surrealisten wie Louis Aragon, André Breton, Paul Éluard. Als Erfinder der Fotomontage gelten die Berliner Dadaisten Raoul Hausmann und John Heartfield (Helmut Herzfeld).

Schwitters in Finanzproblemen

Über die Probleme, die für ihn im Zusammenhang mit der Herausgabe der dadaistischen Zeitschrift »Merz« entstehen, schreibt Kurt Schwitters an Hannah Höch, die zum Berliner Dadaistenkreis gehört:

»17. 7. 23, Merz 4 hast Du wohl erhalten? Ich habe großes Deficit. Wer nicht abonniert, fördert die gute Sache, daß Merz fallit [zahlungsunfähig] geht. Also bitte saug mir Abonnenten aus deinen Fingernägeln. Steter Tropfen höhlt den Merz ... Gruß und Kuß Dein Kurtmerz Schwitters.«

»12. 9. 1923 ... Ich mußte das Setzen der Nummer [6] beeilen, weil die Druckerei sonst den Preis nicht halten wollte.«

MERZ
1
HOLLAND
DADA
JANUAR 1923
HERAUSGEBER: KURT SCHWITTERS
HANNOVER · WALDHAUSENSTRASSE 5

Erste Ausgabe von Kurt Schwitters' dadaistischer Zeitschrift »Merz«

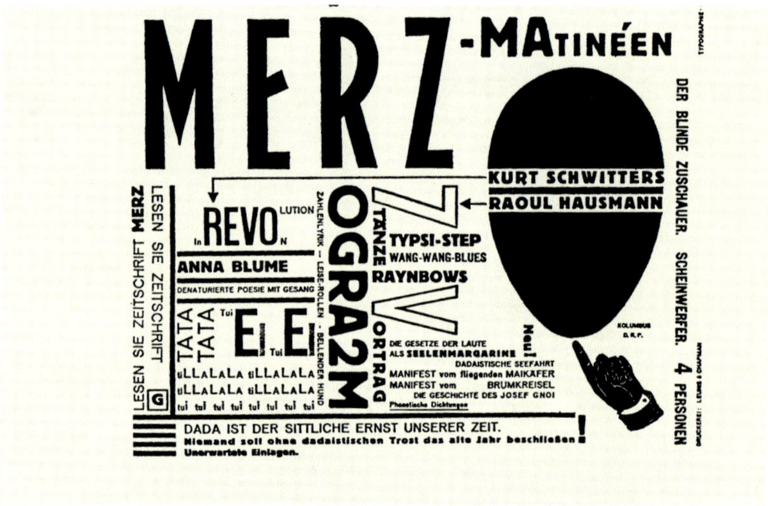

Das Veranstaltungsplakat für eine »Merz«-Matinee mit den Dadaisten Kurt Schwitters und Raoul Hausmann ist selbst ein dadaistisches Kunstwerk

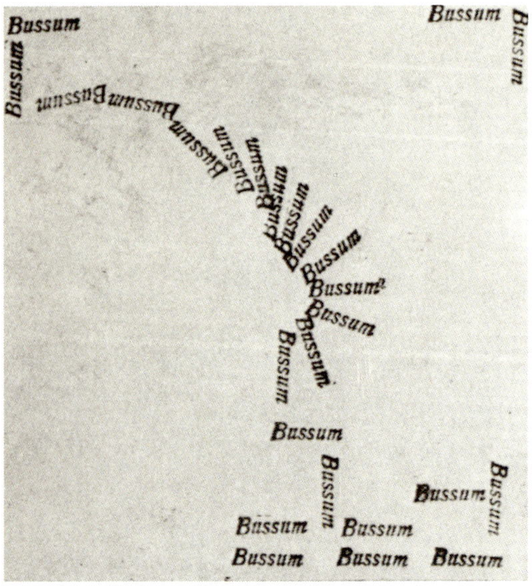

»Bussum« (Kurt Schwitters, 1923); scheinbar unsinnige Wortkombinationen sind typisch für Dada

Dadaistische Collage in der Zeitschrift »Merz«, aus vorgefundenem Material (u.a. eine Eintrittskarte)

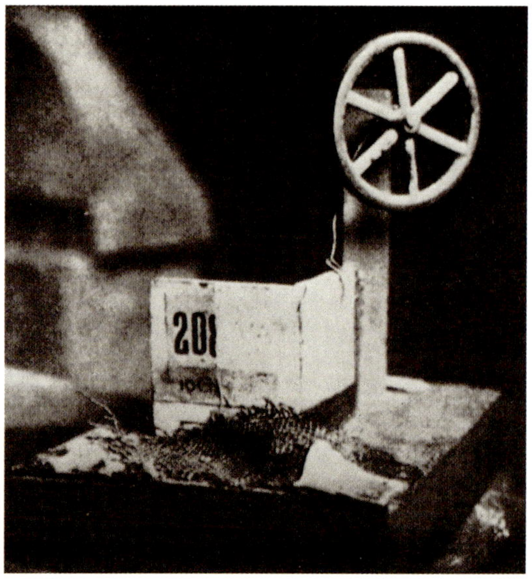

»Lustgalgen«, Merzplastik von Kurt Schwitters, seine sog. Merzkunst ist eine Spielart des Dada

Wendhausens Filmballade »Der steinerne Reiter« in den Kinos

23. Januar. *Im Ufa-Kino am Kurfürstendamm in Berlin wird die Filmballade »Der steinerne Reiter« von Fritz Wendhausen uraufgeführt. Rudolf Klein-Rogge (Abb. l.) und Lucie Mannheim (Abb. r.) spielen die Hauptrollen in dem Film, der nach einer Idee der bekannten Drehbuchautorin Thea von Harbou entstanden ist.*
Vergeblich erheben sich die Bauern gegen ihren Ausbeuter, den Herrn vom Berge. Um diesen zu erstechen, schleicht sich eine Hirtin in das Schloß, verliebt sich statt dessen in den Tyrannen (»Lieber verdammt mit ihm als allein selig!«) und verhilft ihm zur Flucht, als die Bauern das Schloß stürmen. Durch einen Blitz wird das fliehende Paar versteinert. Nach Ansicht des »Weltbühne«-Rezensenten Roland Schacht ist dem Regisseur Fritz Wendhausen der Versuch, den sagenhaften Stoff mit expressionistischen Mitteln zu gestalten, nicht geglückt.

»Schwejk«-Autor Jaroslav Hašek tot

3. Januar. Im Alter von 39 Jahren stirbt der tschechische Schriftsteller Jaroslav Hašek in Lipnice nad Sázavou (Ostböhmen). Er ist international bekannt geworden durch seinen satirischen Roman »Die Abenteuer des braven Soldaten Schwejk während des Weltkrieges«.
Der Beamtensohn Hašek trat während des Weltkriegs zunächst in die tschechische Legion ein, dann in die Rote Armee. Nach seiner Rückkehr in die Tschechoslowakei 1920 arbeitete er als Journalist und Reporter. Seine humoristisch-satirischen Artikel richten sich gegen die Monarchie, die Kirche und die bürgerliche Doppelmoral.
Unvollendet hinterläßt Hašek seinen erfolgreichen Antikriegsroman »Die Abenteuer des braven Soldaten Schwejk während des Weltkrieges«, ein vierbändiges ab 1920 erschienenes Werk, das später dramatisiert und verfilmt wurde. Die nur scheinbare Einfältigkeit der Hauptfigur setzt der Autor auf deftig komische Weise ein, um den Militarismus der Lächerlichkeit preiszugeben und die Unsinnigkeit der Kriege zu verdeutlichen.

»Ich und Du« veröffentlicht

11. Januar. Der jüdische Religionsforscher und -philosoph Martin (Mordechai) Buber veröffentlicht in Leipzig sein Werk »Ich und Du«, einen bedeutenden Beitrag zum dialogischen Denken.

Martin Buber

Nach Buber ist die wesentliche Grundlage der Beziehung des Menschen zu anderen Menschen und zu Gott das sog. dialogische Prinzip. Nicht das Ich für sich genommen, sondern das Ich im Verhältnis zu seinem Gegenüber ist Gegenstand seines Denkens.
Die in »Ich und Du« entwickelten Gedanken basieren auf der Annahme, daß grundsätzlich zwei Haltungen des Menschen möglich sind, denen zwei Verhältnisqualitäten zum Gegenüber entsprechen: Die Haltung des Ich zu einem Du und die Haltung des Ich zu einem Es (Er, Sie). Während das Ich-Du-Verhältnisses die Anerkennung eines personalen Gegenübers beinhaltet, wird das Gegenüber des Ich-Es-Verhältnisses aus einer Zuschauerperspektive objektartig in Augenschein genommen. Letzteres schließt personhafte Hinwendung aus, das Ich redet das Es nicht an, sondern über ein oder von einem Es. Nur im Ich-Du-Verhältnis kann eine gegenseitige Beziehung zwischen Personen bestehen, die das Ich konstituiert: »Ich werdend spreche ich Du.«
Bubers dialogisches Denken bezieht sich nicht nur auf den mitmenschlichen Bereich, denn in der Ich-Du-Beziehung verwirklicht sich für Buber auch die Gottesbeziehung, die Gottesbegegnung.
Eine intensive Beschäftigung Bubers mit den Philosophen Wilhelm von Humboldt, Johann Gottlieb Fichte, Ludwig Feuerbach und Sören Kierkegaard, aber auch mit den Zeugnissen chassidischer Frömmigkeit, hat die Entstehung von »Ich und Du« begleitet.

Grillparzerpreis für Unruh

15. Januar. Für seine Tragödie »Ein Geschlecht« erhält der deutsche Dramatiker Fritz von Unruh in Wien den Grillparzerpreis.

Fritz von Unruh

Seit 1875 vergibt ein Preisgericht der Akademie der Wissenschaften in Wien diesen anläßlich des 80. Geburtstages des österreichischen Dichters Franz Grillparzer gestifteten Literaturpreis an einen »lebenden Verfasser eines deutschsprachigen dramatischen Werkes von hervorragendem künstlerischem Werte«. Bisherige Preisträger waren u.a. Gerhart Hauptmann (1896, 1899 und 1905) und Arthur Schnitzler (1908).
In seiner preisgekrönten Verstragödie »Ein Geschlecht« (Uraufführung: Frankfurt am Main, 16. 6. 1918, Schauspielhaus) vertritt von Unruh einen alle nationalen Vorurteile sprengenden, kämpferischen Pazifismus. Unter dem Eindruck seiner Kriegserlebnisse – von Unruh entstammt einer alten preußischen Adelsfamilie und nahm als Offizier am Weltkrieg teil – ist der Schriftsteller zum erklärten Feind des Militarismus und der Monarchie geworden.
Die Hauptfigur des Stücks, eine Mutter von fünf Kindern, muß am Grab des gefallenen Sohns erleben, wie ihr Jüngster zum Kriegsdienst gezwungen wird und die verbliebenen Kinder unter der entmenschlichenden Wirkung des Kriegs einer alle Tabus durchbrechenden Raserei verfallen (u.a. planen sie den Mord an der Mutter).
Inmitten des durch den Krieg verursachten Chaos läßt Fritz von Unruh die Mutter die Vision einer neuen Welt und eines neuen Geschlechts verkünden.
Mit der orgiastisch-wilden Handlung und der ekstatischen Sprache sprengte von Unruh überkommene Bühnenkonventionen.

Februar 1923

Mo	Di	Mi	Do	Fr	Sa	So
			1	2	3	4
5	6	7	8	9	10	11
12	13	14	15	16	17	18
19	20	21	22	23	24	25
26	27	28				

1. Februar, Donnerstag

Vertreter der deutschen Gewerkschaften richten im Namen von zwölf Millionen Arbeitern einen Appell an den US-amerikanischen Kongreß, von dem sie sich Unterstützung in der Ruhrfrage erhoffen.

Da die Franzosen die Kohlentransporte aus dem besetzten Ruhrgebiet in das unbesetzte Deutsche Reich am 31. Januar verboten haben, entstehen für die deutsche Wirtschaft empfindliche Engpässe bei der Brennstoffversorgung. So muß z. B. der Zugverkehr im Deutschen Reich reduziert werden.

Von Papst Pius XI. werden öffentliche Gebete für die Vermeidung eines neuen Kriegs angeordnet.

Im Berliner Ufa-Palast am Zoo wird der Film »Ein Glas Wasser« uraufgeführt. Die Regie führt Ludwig Berger; in den Hauptrollen sind Lucie Höflich, Hans Brausewetter und Henry Stuart zu sehen. → S. 40

Als dritter Teil seiner Trilogie erscheint Artur Dinters antisemitischer Roman »Die Sünde wider die Liebe«. Bereits erschienen sind »Die Sünde wider das Blut« (1920) und »Die Sünde wider den Geist« (1921).

Das am 25. Januar 1922 abgebrannte Friedrich-Theater in Dessau wird wiedereröffnet.

2. Februar, Freitag

Der Oberpräsident der Rheinprovinz, Hans Fuchs, wird von der französischen Besatzungsbehörde in das unbesetzte Deutsche Reich ausgewiesen. Ebenfalls ausgewiesen werden am 12. Februar der Regierungspräsident von Wiesbaden, Konrad Haenisch, und am 18. Februar der Regierungspräsident von Düsseldorf, Walther Grützner. Die hohen Beamten haben sich im Rahmen des passiven Widerstands französischen Anordnungen widersetzt. → S. 32

Für die vergangene Nacht registriert die Berliner Polizei acht Fälle von tödlichen Gasvergiftungen. Als Grund für die Selbstmorde wird die Furcht vor dem Verhungern angegeben. → S. 34

Im Deutschen Theater Berlin wird Max Mohrs Stück »Improvisationen im Juni« mit Wilhelm Dieterle und Heinrich George in den Hauptrollen uraufgeführt.

Der norwegische Maler und Graphiker Edvard Munch wird Mitglied der Akademie der Künste in Berlin. → S. 41

3. Februar, Sonnabend

Reichskanzler Wilhelm Cuno (parteilos) tritt eine Informationsreise in das besetzte Ruhrgebiet an, wo er sich bis zum 5. Februar aufhält. Der Reichskanzler führt in verschiedenen Städten Gespräche mit Vertretern der Industrie, der Gewerkschaften und der Behörden. → S. 32

Großbritannien und die USA unterzeichnen einen Schuldvertrag. Die Briten akzeptieren eine Schuldsumme von rund vier Milliarden US-Dollar (umgerechnet rund 169 Billionen Mark). Es handelt sich um britische Kriegsschulden bei den Vereinigten Staaten. → S. 37

Der österreichische Nationalrat beschließt in einer turbulenten Sitzung eine Erhöhung der wöchentlichen Arbeitslosenunterstützung, die Unternehmer und Kommunen aufbringen sollen.

4. Februar, Sonntag

Die Franzosen dehnen ihr Besatzungsgebiet am Rhein weiter aus. Die außerhalb des Brückenkopfs Kehl liegenden oberrheinischen Orte Offenburg und Appenweier werden besetzt (→ 25. 2./S. 33).

Da keine Einigung zwischen den Alliierten und der Türkei erzielt werden kann, wird die Friedenskonferenz von Lausanne (seit 20. 11. 1922) abgebrochen. Der britische Delegationsleiter, Außenminister George Nathaniel Marquess Curzon of Kedlestone, reist sofort ab. → S. 37

Im Nationaltheater in Sofia wird eine Bombe auf die Ministerloge geschleudert, wo der bulgarische Ministerpräsident Alexandar Stamboliski der Vorstellung beiwohnt. Stamboliski, dessen einseitig die Bauern begünstigendes diktatorisches Regime von der übrigen Bevölkerung abgelehnt wird, entgeht unverletzt diesem Attentat (→ 9. 6./S. 97).

5. Februar, Montag

Im Saarland beginnt wegen Lohnkürzungen ein Generalstreik.

Im Zusammenhang mit der Machtkonsolidierung der Faschisten in Italien werden zahlreiche Kommunisten verhaftet.

Das Hochwasser der Brinitza (Oberschlesien) verursacht einen Dammbruch, wobei in mehreren Bergwerken erheblicher Schaden entsteht.

6. Februar, Dienstag

Die Regierungskrise in Sachsen – am 30. Januar war Ministerpräsident Wilhelm Buck (SPD) wegen eines kommunistischen Mißtrauensantrags zurückgetreten – hält an. Bei der Ministerpräsidentenwahl erhält kein Kandidat die Mehrheit (→ 29. 10./S. 165).

Der anläßlich des nationalsozialistischen Parteitags (27. 1.–29. 1.) in München erklärte Ausnahmezustand wird aufgehoben (→ 27. 1./S. 21).

Nach Abbruch der Konferenz von Lausanne (4. 2.) fordert die türkische Regierung die Alliierten ultimativ auf, ihre Kriegsschiffe aus dem Hafen von Smyrna (heute Izmir) zurückzuziehen, die andernfalls beschossen würden. Die Alliierten weigern sich zunächst, der türkischen Forderung nachzukommen, verringern aber dann doch am 27. Februar ihre militärische Präsenz bei Smyrna (→ 4. 2./S. 37).

Bei der Parlamentseröffnung in Rom bezieht die faschistische Nationalmiliz Wache am Quirinal und übernimmt die Funktionen der Guardia regia (Königsgarde), die am 31. Dezember 1922 aufgelöst wurde.

Der österreichische Kabinettsrat setzt das Beamtenabbaugesetz durch Verordnung in Kraft. Vom 1. Januar 1923 bis zum 30. Januar 1924 sollen mindestens 75 000 Beamte aus dem Bundesdienst ausscheiden. → S. 36

Ein neues Handelsluftfahrt-Unternehmen wird mit der Deutschen Aero Lloyd AG gegründet.

7. Februar, Mittwoch

Der französische Kammerausschuß für auswärtige Angelegenheiten fordert Ministerpräsident Raymond Poincaré auf, über die Außenpolitik (Orientfrage, Ruhrbesetzung) Bericht zu erstatten, was am 19. Februar geschieht. Die Angelegenheit wird als Opposition des Ausschusses gegen Poincaré aufgefaßt.

In 26 niederländischen Städten finden Protestveranstaltungen gegen die Ruhrbesetzung statt.

8. Februar, Donnerstag

Reichsinnenminister Rudolf Oeser teilt mit, daß die Ruhrbesetzung bisher zu einer erheblichen Verringerung des Kohlenexports in alliierte Länder geführt habe. Dies sei durch das deutsche Lieferungsverbot verursacht worden.

Der nationalsozialistische »Völkische Beobachter« wird zur Tageszeitung umgewandelt. Hauptschriftleiter ist Dietrich Eckart. → S. 36

Im Ruhrgebiet nehmen die Verhaftungen und Ausweisungen durch die französischen Besatzungsbehörden einen immer größeren Umfang und rigorosere Formen an. In Recklinghausen werden z. B. acht Schutzpolizeibeamte verhaftet, weil sie französischen Offizieren den Gruß verweigerten (→ 27. 2./S. 33).

Am Ende ihrer Konferenz in Washington, die am 4. Dezember 1922 eröffnet wurde, unterzeichnen Guatemala, El Salvador, Honduras, Nicaragua und Costa Rica einen Freundschaftsvertrag.

Die Tagesproduktion der deutschen Notenpresse soll im Laufe des Monats von 45 Milliarden Mark auf 75 Milliarden gesteigert werden. Mit dem Notendruck sind 33 Druckereien und zwölf Papierfabriken beschäftigt. Am Vortag gab die Reichsbank erstmals Scheine im Wert von 50 000 Mark aus.

Ein US-Dollar hat derzeit einen Kurs von 33 500 Mark.

Wegen französischer Eingriffe in die Eisenbahnverwaltung einerseits und des passiven Widerstands der deutschen Eisenbahner andererseits ist der Ablauf des Zugverkehrs im besetzten Ruhrgebiet stark beeinträchtigt. Als Folge davon treten Zugunglücke gehäuft auf. Auf der Strecke Düsseldorf–Kettwig stoßen z. B. zwei französische Militärzüge zusammen. Bei dem schweren Unglück kommen 28 Soldaten ums Leben.

9. Februar, Freitag

Das Oberhaupt der orthodoxen Kirche in Polen, Metropolit Georg, wird von einem exkommunizierten orthodoxen Geistlichen in Warschau erschossen.

»Die Flucht nach Venedig« von Georg Kaiser wird im Nürnberger Intimen Theater uraufgeführt. Kaiser ist der meistgespielte Dramatiker des Expressionismus.

10. Februar, Sonnabend

Ein Universitätsgesetz, das eine stärkere Finnisierung der Universität Helsinki bewirken soll, wird vom finnischen Reichstag mit großer Mehrheit verabschiedet.

In Sofia brennt das Nationaltheater ab, nachdem ein Feuer auf der Bühne ausgebrochen war.

11. Februar, Sonntag

Der Export von Metallprodukten aus dem besetzten Ruhrgebiet in das unbesetzte Deutsche Reich wird von den französischen und belgischen Besatzungsbehörden verboten. Am folgenden Tag wird das Verbot auf alle im Ruhrgebiet hergestellten Produkte ausgeweitet.

12. Februar, Montag

Reichspräsident Friedrich Ebert (SPD) bereist Süddeutschland (bis 13. 2.). In Karlsruhe warnt er vor dem Gedanken an ein militärisches Eingreifen gegen die Franzosen und plädiert für den begonnenen passiven Widerstand im Ruhrgebiet.

13. Februar, Dienstag

Die Rheinlandkommission verlegt die deutsche Zollgrenze von der westlichen Reichsgrenze an die Ostgrenze der besetzten Gebiete.

Belgische Truppen besetzen die niederrheinischen Städte Emmerich und Wesel, französische Einheiten marschieren in die westfälische Stadt Gelsenkirchen ein (→ 25. 2./S. 33).

In London eröffnet der britische König Georg V. das Parlament, in dem eine Debatte über die Konferenz von Lausanne, die Besetzung des Ruhrgebiets und die britische Arbeitslosigkeit beginnt (bis 20. 2.). Gegenüber der Kritik der oppositionellen Labour Party an der französischen Ruhrpolitik, betont Premierminister Andrew Bonar Law, die britisch-französische Freundschaft müsse aufrechterhalten werden.

Die Weigerung der Hotelbesitzer und Kaufleute im Ruhrgebiet, Angehörige der Besatzungsarmee zu bedienen, führt wiederholt zu Plünderungen und Zusammenstößen (→ S. 34).

In Bayern wird Englisch statt Französisch als Pflichtfach in den höheren Schulen eingeführt.

*Mit der Ruhrgebiets-
besetzung beschäftigt
sich auch das in
Frankfurt am Main
herausgegebene
»Illustrierte Blatt«
vom 20. Februar*

Preis Mk. 150.–

Nr. 8 XI. Jahrgang, 1923 Frankfurt a. M., 20. Februar

Das Illustrierte Blatt

Phot. R. Lennecke, Berlin.

Die Schwebebahn Barmen-Elberfeld, die im neubesetzten Vohwinkel endet.

Die Schwebebahn, das Wahrzeichen des industriereichen Wuppertals. folgt dem Lauf des Flusses.

14. Februar, Mittwoch

In Essen wird der Direktor des Rheinisch-Westfälischen Elektrizitätswerks, Karl Buchmann, verhaftet, weil am Vorabend das Hotel »Kaiserhof«, wo die französische Ingenieurskommission untergebracht ist, ohne Stromversorgung blieb.

15. Februar, Donnerstag

Reichspostminister Karl Stingl und der preußische Wissenschaftsminister Otto Boelitz besuchen das besetzte Ruhrgebiet, u. a. Essen, Bochum, Düsseldorf (→ 20. 2./S. 32).

Polen und Litauen werden vom Botschafterrat der Alliierten ermächtigt, die bisher »neutrale Zone« an der Grenze beider Staaten (Wilnagebiet) zu besetzen. Im Vollzug der Besetzung kommt es zu litauisch-polnischen Grenzkämpfen (→ 15. 3./S. 49).

Die »Essener Allgemeine Zeitung« wird wegen Artikeln, welche die Ehre und Würde der Besatzungstruppen verletzt haben sollen, bis zum 2. März verboten (→ 7. 3./S. 46).

16. Februar, Freitag

Reichskanzler Wilhelm Cuno (parteilos) fordert den Deutschen Landwirtschaftsrat auf, den passiven Widerstand im Ruhrgebiet zu unterstützen, und warnt vor Preisspekulationen bei den Grundnahrungsmitteln.

Die alliierte Botschafterkonferenz stimmt der Übergabe des Memelgebiets an Litauen zu, womit sie die von Litauen geschaffene Lage – das Memelgebiet wurde am 10. Januar von litauischen Truppen besetzt – anerkennt (→ 10. 1./S. 23).

Wegen des durch die Ruhrbesetzung verursachten Kohlenmangels schränkt die Schweiz den Bundesbahnbetrieb erheblich ein.

Am Berliner Staatstheater findet die Premiere von Friedrich von Schillers »Wilhelm Tell« in einer Inszenierung Leopold Jessners großen Anklang. → S. 40

17. Februar, Sonnabend

Der Duisburger Oberbürgermeister Karl Jarres wird vom belgischen Kriegsgericht in Aachen zu einem Monat Gefängnis verurteilt. Zusätzlich hat er die Kosten des Verfahrens zu tragen. Jarres hatte seine Ausweisung durch die französischen Besatzungsbehörden (30. 1.) nicht anerkannt und war am 2. Februar nach Duisburg zurückgekehrt (→ 2. 2./S. 32).

Zu einem blutigen Zusammenstoß zwischen Monarchisten und sozialdemokratischen Arbeitern kommt es im 14. Wiener Gemeindebezirk. Bei den Auseinandersetzungen stirbt ein Arbeiter, zwei werden verletzt. → S. 36

18. Februar, Sonntag

In der Schweiz wird in einer Volksabstimmung die Übernahme des wirtschaftlichen Hinterlands von Genf durch die französische Zollverwaltung abgelehnt, die im Versailler Vertrag (1919) vorgesehen ist. → S. 36

Ein US-Dollar ist derzeit an den Börsen 29 850 Mark wert.

19. Februar, Montag

Die irische Regierung unter William Thomas Cosgrave erläßt einen Aufruf zur Beendigung des Bürgerkriegs an die radikalen Republikaner, die gegen den angloirischen Vertrag vom 8. Januar 1922 kämpfen, weil er Irland nur einen eingeschränkt unabhängigen Status verleiht. → S. 37

Nachfolger des am 9. Februar zurückgetretenen australischen Premierministers William Mornes Hughes wird der Führer der Nationalisten, Stanley Melbourne Bruce.

Bei dem Brand der Staatlichen Irrenanstalt in New York kommen 22 Patienten und drei Schwestern ums Leben. Für viele der Patienten, die in den Isolierzellen verbrennen, kommt jede Hilfe zu spät.

20. Februar, Dienstag

General Jean Marie Degoutte, Oberbefehlshaber der französischen Besatzungstruppen, verbietet deutschen Ministern den Aufenthalt im besetzten Ruhrgebiet. Bei Zuwiderhandlung drohen Verhaftung und Verurteilung durch ein Kriegsgericht. → S. 32

Die Rheinlandkommission löst die deutschen Zollbehörden auf und entläßt das gesamte Zollpersonal im seit 1920 aufgrund des Versailler Vertrags besetzten Rheingebiet. Das neu errichtete Comité Directeur d'Importation et d'Exportation übernimmt die Regelung des Im- und Exports sowie der Zölle für das besetzte Gebiet. Diese Maßnahmen sind eine Reaktion auf den passiven Widerstand der deutschen Zollbehörden.

Der österreichische Nationalrat berät über die hohe Arbeitslosigkeit (zur Zeit rund 130 000 Arbeitslose in ganz Österreich) und die Straßenkämpfe zwischen Monarchisten und Sozialdemokraten am 17. Februar (→ 17. 2./S. 36).

21. Februar, Mittwoch

Der Verband Preußischer Polizeibeamter wird durch Zusammenschluß der bisher bestehenden zwei Polizeibeamtenverbände in Berlin gegründet. → S. 36

Vor dem Unterhaus erklärt der britische Premierminister Andrew Bonar Law, die Regierung habe französischen Truppentransporten durch die britische Rheinlandzone (Kölner Gebiet) grundsätzlich zugestimmt.

Die Lage im besetzten Ruhrgebiet ist nach wie vor angespannt. Fast täglich kommt es zu Auseinandersetzungen zwischen der deutschen Bevölkerung und den Besatzungstruppen. In Buer (Gelsenkirchen) erschlägt ein Hufschmied mit dem Hammer einen französischen Offizier, nachdem ihn dieser mit der Reitpeitsche mißhandelt hatte (→ S. 34).

22. Februar, Donnerstag

Die deutsche Reichsregierung in Berlin läßt einigen Regierungen (u. a. den USA und Italien) eine Denkschrift zukommen, in der sie die schon früher von deutscher Seite betonte Rechts- und Vertragswidrigkeit der französischen und belgischen Ruhrgebietsbesetzung im einzelnen darlegt.

In einer Protestnote an die alliierten Regierungen erhebt die Sowjetregierung gegen die von der Botschafterkonferenz am 16. Februar anerkannte litauische Einverleibung des Memelgebiets Einspruch. Der Frieden in Osteuropa sei durch sie bedroht (→ 10. 1./S. 23).

Reichswirtschaftsminister Johannes Becker appelliert eindringlich an die Spitzenverbände der Industrie, des Handels und des Handwerks, auf eine Senkung des im Januar sprunghaft angestiegenen Preisniveaus hinzuarbeiten.

In Berlin wird der Film »Erdgeist« uraufgeführt. Der Regisseur Leopold Jessner hat als Vorlage Frank Wedekinds gleichnamiges Bühnenstück benutzt. Eine der Hauptrollen, die Lulu, spielt Asta Nielsen.

23. Februar, Freitag

In Bochum verhaften die Franzosen zahlreiche Stadtverordnete und verhängen den Ausnahmezustand.

Der Reichstag in Berlin stimmt dem »Notgesetz« zu, das die Wucherstrafen bedeutend erhöht. Gleichzeitig wird die Reichsregierung ermächtigt, schärfere Verordnungen gegen die Preistreiberei, den Schleichhandel, den Verstoß gegen Preisbestimmungen und die Verletzung von Ein- und Ausfuhrverboten zu erlassen. → S. 34

Erbitterung ruft die Unterbringung des französischen 7. Kolonialregiments, das zur Hälfte aus Marokkanern besteht, in Privatquartieren in Velbert, Werden und Kupferdreh (heute Essen) hervor. Die »schwarze Schmach« erregt die deutsche Öffentlichkeit. → S. 33

Im US-amerikanischen Senat versuchen die Gegner der Vorlage zur Subvention der Handelsflotte, deren Beratung und Abstimmung zu verhindern, indem sie Tag und Nacht das Wort führen. Gespannt verfolgt die Öffentlichkeit dieses Redemarathon wie einen sportlichen Wettkampf. → S. 37

24. Februar, Sonnabend

Das US-amerikanische Repräsentantenhaus stimmt der Rückzahlung der kleineren ausländischen Vermögen, die während des Weltkriegs in den USA beschlagnahmt wurden, zu.

25. Februar, Sonntag

Französische Truppen besetzen die Gebiete zwischen den seit 1920 besetzten rechtsrheinischen Brückenköpfen von Mainz, Koblenz und Köln. Es handelt sich um die Bereiche von Lorch und Kaub sowie von Königswinter, Ober- und Niederdollendorf. → S. 33

Für einen US-Dollar müssen nach dem amtlichen Börsenkurs derzeit 22 750 Mark gezahlt werden.

26. Februar, Montag

Um den Kohlenabtransport aus dem besetzten Ruhrgebiet gegen die Dienstverweigerung der deutschen Eisenbahner und deutsche Sabotageakte zu sichern, erlassen die Franzosen drakonische Strafmaßnahmen gegen die Gefährdung des Eisenbahnverkehrs.

27. Februar, Dienstag

In einer Note an Paris und Brüssel protestiert die deutsche Reichsregierung gegen die Verhaftung und Ausweisung von Beamten und die Tötung von Privatpersonen in den besetzten Gebieten. Aus dem besetzten Rheingebiet sind bereits 550 Personen ausgewiesen worden.

Wegen ihrer Weigerung, Offiziere der Besatzungstruppen zu grüßen, löst General Jean Marie Degoutte, Oberbefehlshaber der französischen Besatzungstruppen im Ruhrgebiet, die in Essen konzentrierte preußische Schutzpolizei (Schupo) auf und verfügt ihre Ausweisung. → S. 33

Im französischen Senat wird die Verlängerung der Wehrdienstzeit auf 18 Monate (bisher ein Jahr) debattiert. Als Hauptargument der Befürworter wird die angebliche Feindschaft des Deutschen Reichs angeführt, das mit der Schutzpolizei und anderen Organisationen ein viel größeres Heer als die im Versailler Vertrag festgelegte Stärke von 100 000 Mann unterhalte.

28. Februar, Mittwoch

Während der Debatte über die Einführung des Amtes eines Staatspräsidenten kommt es im bayerischen Landtag zu einer Schlägerei, nachdem ein kommunistischer Abgeordneter die Antragsteller (Bayerische Volkspartei) als Hochverräter bezeichnete. Der Antrag erhält nicht die für die Verfassungsänderung notwendige Zweidrittelmehrheit. → S. 36

Während des vergangenen Monats ist ein US-Dollar durchschnittlich 27 900 Mark wert gewesen.

Gestorben:

1. Berlin: Ernst Troeltsch (*17. 2. 1865, Haunstetten/Augsburg), deutscher evangelischer Theologe.

10. München: Wilhelm Conrad Röntgen (*27. 3. 1845, Lennep/Remscheid), deutscher Physiker. → S. 38

Geboren:

12. Florenz: Franco Zeffirelli, italienischer Regisseur.

12. Wien: Reinhard Federmann (†29. 1. 1976, Wien), österreichischer Literat.

Das Wetter im Monat Februar

Station	Mittlere Lufttemperatur (°C)	Niederschlag (mm)	Sonnenscheindauer (Std.)
Aachen	4,6 (2,1)	101 (59)	— (74)
Berlin	–0,1 (0,4)	34 (40)	— (78)
Bremen	1,1 (0,9)	36 (48)	— (68)
München	2,3 (–0,9)	68 (50)	— (72)
Wien	— (0,6)	— (41)	— (—)
Zürich	3,7 (0,2)	80 (61)	49 (79)

( ) Langjähriger Mittelwert für diesen Monat
– Wert nicht ermittelt

Der »Simplicissimus« vom 5. Februar 1923 behandelt die Situation der Bevölkerung an der Ruhr unter dem französischen und belgischen Besatzungsregime

Stuttgart / München, 5. Februar 1923 — Preis 250 Mark — 27. Jahrgang Nr. 45

SIMPLICISSIMUS

Bezugspreis vierteljährlich 3000 Mark — Begründet von Albert Langen und Th. Th. Heine — Bezugspreis vierteljährlich 3000 Mark

Alle Rechte vorbehalten — Copyright 1923 by Simplicissimus-Verlag G. m. b. H. & Co., München

An das Weltgewissen

(Karl Arnold)

Über das Märchen von den abgehackten Kinderhänden hat sich die ganze Welt entrüstet. Aber die Wahrheit findet taube Ohren.

Ausgewiesen: H. Fuchs, Oberpräsident der Rheinprovinz

Rudolf Havenstein, Oberbürgermeister von Oberhausen

Walther Grützner, Regierungspräsident von Düsseldorf

Karl Jarres, Oberbürgermeister der Stadt Duisburg

Bernhard Adelung, Stadtverordneter von Mainz

Unbotmäßige Beamte aus dem Ruhrgebiet ausgewiesen

2. Februar. Der Oberpräsident der Rheinprovinz, Hans Fuchs, wird aus dem besetzten Rheingebiet ausgewiesen. Mit der Ausweisung der leitenden Beamten des besetzten Ruhr- und Rheingebiets verfolgt die französische Besatzungsmacht das Ziel, den passiven Widerstand der deutschen Verwaltung zu brechen.

Gemäß ihrer gegen die französische und belgische Besetzung des Ruhrgebiets gerichteten Strategie des passiven Widerstands (→ 11. 1./S. 15; 13. 1./S. 19) hatte die Reichsregierung am 19. Januar folgende Anweisung an die Beamten der Besatzungsgebiete erlassen: »Die Aktion der französischen und belgischen Regierung im Ruhrgebiet stellt eine schwere Verletzung des Völkerrechts und des Vertrags von Versailles dar. Infolgedessen sind Befehle und Anordnungen, die im Verfolg dieser Aktion an deutsche Beamten ergehen, rechtsunwirksam. Es ergeht daher seitens der Regierungen des Reichs, Preußens, Bayerns, Hessens und Oldenburgs die Anweisung, Anordnungen der besetzenden Mächte keinerlei Folge zu leisten, sondern sich ausschließlich an die Weisungen ihrer eigenen Regierung zu halten. Dies gilt auch für die Beamten des altbesetzten Gebietes [Rheingebiet] . . .«

Auf den passiven Widerstand der Beamten, zu dem diese durch den Erlaß vom 19. Januar amtlich verpflichtet sind, reagieren die Besatzungsbehörden mit der Beschlagnahme von Dienstgebäuden, Rohstoffen und Steuereinnahmen, mit immer härteren Kriegsgerichtsurteilen und vor allem mit der Ausweisung von Beamten in das unbesetzte Deutsche Reich.

Zunächst werden die hohen Beamten ausgewiesen, neben Hans Fuchs u. a. Konrad Haenisch (Regierungspräsident von Wiesbaden), Walther Grützner (Regierungspräsident von Düsseldorf), Karl Jarres (Oberbürgermeister von Duisburg) und Bernhard Adelung (Stadtverordneter von Mainz). Rudolf Havenstein, Oberbürgermeister von Oberhausen, wird zu drei Jahren Gefängnis verurteilt (16. 2.). Die Mehrzahl der Regierungspräsidenten, Oberbürgermeister und Polizeipräsidenten, ferner sämtliche Eisenbahndirektionspräsidenten und Oberpostdirektionspräsidenten, viele Landräte und Bürgermeister, Richter und Staatsanwälte werden aus den besetzten Gebieten ausgewiesen, weil sie den Anordnungen der Besatzungsbehörden nicht folgen.

Bis Ende Februar steigt die Zahl der ausgewiesenen Beamten des höheren, mittleren und unteren Dienstes auf über 1000 (→ 6. 3./S. 46).

Reichskanzler Cuno im besetzten Gebiet

3. Februar. Reichskanzler Wilhelm Cuno (parteilos) besucht das besetzte Ruhrgebiet. Die Informationsreise (3. 2.–5. 2.) beginnt in Essen, wo der Reichskanzler mit Vertretern der Industrie, darunter Hugo Stinnes, der Gewerkschaften und der Behörden die Gesamtsituation des Ruhrgebiets eingehend erörtert.

Die Vertreter des Ruhrgebiets bekunden ihre Entschlossenheit, durch die Politik des passiven aber entschiedenen Widerstands, die Besatzungsmächte davon zu überzeugen, daß mit der gewaltsamen Besetzung des Industriereviers keine Reparationen zu erzwingen seien.

Anschließend begibt sich Cuno nach Bochum und Dortmund, wo ähnliche Besprechungen stattfinden. Der Reichskanzler wird auf den Bahnhöfen von jubelnden Menschenmengen begrüßt.

Minister dürfen nicht mehr ins Ruhrgebiet

20. Februar. General Jean Marie Degoutte, Oberbefehlshaber der französischen Besatzungstruppen, erläßt gegen alle deutschen Regierungsmitglieder ein Einreise- und Aufenthaltsverbot für das Ruhrgebiet, um das besetzte Gebiet dem Einfluß der deutschen Zentralgewalt zu entziehen.

Nach Reichskanzler Wilhelm Cuno (3. 2.–5. 2.) haben Reichspostminister Karl Stingl, Reichsverkehrsminister Wilhelm Groener und mehrere preußische Minister das besetzte Ruhrgebiet besucht, um mit Vertretern der Industrie, Gewerkschaften und Behörden die durch die Besetzung entstehenden Probleme zu erörtern.

Am 1. März wird den deutschen Ministern auch die Einreise in das besetzte Rheinland verboten.

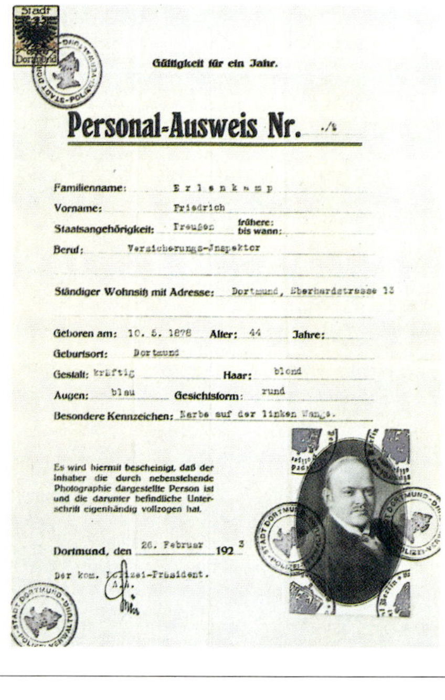

Stadt Dortmund

Gültigkeit für ein Jahr.

Personal-Ausweis Nr. ./.

Familienname: Erlenkamp

Vorname: Friedrich

Staatsangehörigkeit: Preußen frühere: bis wann:

Beruf: Versicherungs-Inspektor

Ständiger Wohnsitz mit Adresse: Dortmund, Eberhardstrasse 13

Geboren am: 10. 5. 1878 Alter: 44 Jahre:

Geburtsort: Dortmund

Gestalt: kräftig Haar: blond

Augen: blau Gesichtsform: rund

Besondere Kennzeichen: Narbe auf der linken Wange.

Es wird hiermit bescheinigt, daß der Inhaber die durch nebenstehende Photographie dargestellte Person ist und die darunter befindliche Unterschrift eigenhändig vollzogen hat.

Dortmund, den 26. Februar 1923

Der kom. Polizei-Präsident.
I. A.

Gustav Stresemann, Fraktionsvorsitzender der Deutschen Volkspartei im Reichstag und Vorsitzender des außenpolitischen Reichstagsausschusses, läßt sich für seine Rückreise aus dem besetzten Ruhrgebiet am 26. Februar einen Personalausweis auf den Namen Friedrich Erlenkamp ausstellen, weil er nach dem Ministerreiseverbot vom 20. Februar Schwierigkeiten befürchtet. Unter dem Decknamen Friedrich Erlenkamp gelangt Stresemann unbehelligt in den unbesetzten Teil des Deutschen Reichs. Stresemanns Vorsichtsmaßnahme ist nicht unbegründet, denn er gehört zu den führenden deutschen Politikern, wenn er auch kein Regierungsmitglied ist

Franzosen dehnen Besatzungsgebiet aus

25. Februar. Die Franzosen marschieren in die Gebiete zwischen den aufgrund des Versailler Vertrags (1919) besetzten rechtsrheinischen Brückenköpfen bei Mainz, Koblenz und Köln ein, um die Kontrolle der am 13. Februar von der westlichen Reichsgrenze an die Ostgrenze der besetzten Gebiete verlegte Zollgrenze zu erleichtern.

Damit gehören Lorch und Kaub, sowie Königswinter und Ober- und Niederdollendorf ebenfalls zum französischen Besatzungsgebiet.

Bereits am 4. Februar sind die außerhalb der Besatzungszone (Brückenkopf Kehl) liegenden oberrheinischen Orte Offenburg und Appenweier besetzt worden. Auf die Rechtswidrigkeit dieser Maßnahmen wird von deutscher Seite protestierend hingewiesen.

Belgier und Franzosen besetzten am 13. Februar auch noch Emmerich, Wesel und Gelsenkirchen.

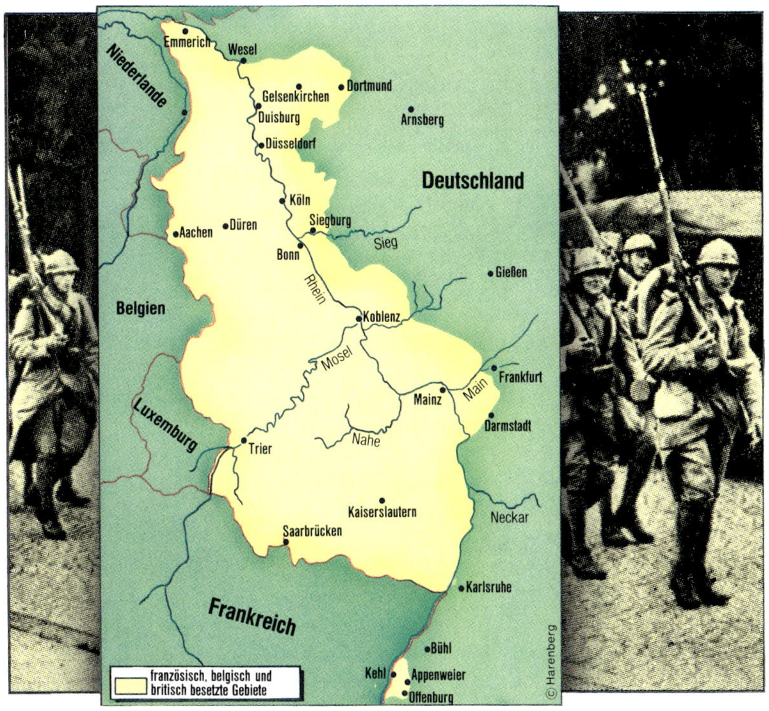

Empörung über die »schwarze Schmach«

23. Februar. Die Einquartierung des zum größten Teil aus Marokkanern bestehenden 7. französischen Kolonialregiments in Velbert, Werden und Kupferdreh (Essen) hat bei der Bevölkerung dieser Ortschaften große Entrüstung hervorgerufen.

In den von den Alliierten aufgrund des Versailler Vertrags (1919) seit 1920 besetzten Rheingebieten werden von den Franzosen u. a. farbige Truppen eingesetzt (etwa 35 000 Soldaten aus Marokko, Algerien, Tunesien und Madagaskar).

Die Reaktion der deutschen Bevölkerung ist auf die weit verbreiteten Vorurteile vor allem gegen nichteuropäische Ausländer gegründet.

Die Rheinische Frauenliga veröffentlicht z. B. eine Broschüre, die jeden von farbigen Besatzungstruppen ausgehenden sexuellen Angriff auf deutsche Frauen und Männer schildert. In der deutschen Öffentlichkeit kursiert das Schlagwort von der »schwarzen Schmach«.

Reichspräsident Friedrich Ebert (SPD) äußert sich in einer Rede in Darmstadt im Februar folgendermaßen zu dem Problem:

»Daß die Verwendung farbiger Truppen niederster Kultur als Aufseher über eine Bevölkerung von der hohen geistigen und wirtschaftlichen Bedeutung der Rheinländer eine herausfordernde Verletzung der Gesetze der europäischen Zivilisation ist, sei auch hier erneut in die Welt hinaus gerufen.«

Bewaffnete Polizei in Essen wird aufgelöst

27. Februar. Aufgrund ihrer Weigerung, die Offiziere der Besatzungsmächte entsprechend der französischen Anordnung zu grüßen, verfügt General Jean Marie Degoutte, Oberbefehlshaber der Besatzungstruppen im Ruhrgebiet, die vollständige Auflösung der in Essen konzentrierten preußischen Schutzpolizei (Schupo, allgemeine uniformierte Vollzugspolizei) und die Ausweisung der Schutzpolizisten (in Essen etwa 1000 Beamte) in das unbesetzte Deutsche Reich. Die polizeilichen Aufgaben soll nun eine unbewaffnete Gemeindepolizei von 600 Einheimischen wahrnehmen.

Den Franzosen ist die Nichtbefolgung ihrer Grußanordnung ein willkommener Vorwand, die bewaffnete Schutzpolizei aufzulösen und auszuweisen.

Die Grußfrage war Anlaß für z. T. auch handgreifliche Auseinandersetzungen zwischen der Schutzpolizei und den Franzosen. Am 30. Januar hatte der Chef der Schutzpolizei, der preußische Innenminister Carl Severing, dieser in »Anbetracht des völkerrechtswidrigen Vorgehens der Franzosen und Belgier ... verboten, die Offiziere und Fahnen fremder Heere zu grüßen.«

Französische Zollbeamte in Zivil (×) bei der Revision der Reisepässe und des Gepäcks der Insassen eines Autos. — Oben: Ein französischer Wachtposten verstellt an der Zollgrenze bei Scharnhorst die Weiche, um einen Zug zum Halten zu bringen.

Anrücken der Franzosen vor den Polizeibaracken in Essen zur Vornahme der Entwaffnung der Schutzpolizei. — Oben: Ein französisches Tankgeschwader vor dem Rathaus in Gelsenkirchen.

Die Franzosenherrschaft in den Rheinlanden und im Ruhrgebiet.

Ein plastisches Bild von der Lage im besetzten Ruhrgebiet geben die in der »Leipziger Illustrirten Zeitung« vom 8. März veröffentlichten Fotografien

Konflikt zwischen Deutschen und Franzosen

Ruhrgebiet unter der Franzosenherrschaft; Werkstätte des Bahnhofs Nord-Bochum nach der Plünderung durch französische Besatzungssoldaten

Mit zunehmender Härte des Besatzungsregimes im Ruhrgebiet reagieren die Franzosen und Belgier auf den von deutscher Seite geleisteten passiven Widerstand, was wiederum die Feindseligkeit der deutschen Bevölkerung steigert.
Die häufigen z. T. blutigen Zusammenstöße sind ein deutliches Anzeichen für die explosive Stimmung im besetzten Ruhrgebiet, die der Schriftsteller Thomas Mann mit höchster Besorgnis folgendermaßen kommentiert: »Der Ingrimm [gegen die Franzosen] ist fürchterlich. Man sieht nicht ab, was in Zukunft werden soll.«
Nach amtlichen Feststellungen der deutschen Behörden werden von den Besatzungsbehörden im Ruhrgebiet bis zum 23. Februar 270 Personen verhaftet, 97 verhaftet und dann ausgewiesen, 395 sofort ausgewiesen. Bei dieser Zählung werden nur namentlich bekannte Personen berücksichtigt. Opfer dieser Maßnahmen sind vorzugsweise Beamte, die sich den Anordnungen der Besatzungsbehörden gemäß der Anweisung der Reichsregierung vom 19. Januar widersetzen (→ 2. 2./S. 32). Drei Jahre Gefängnis erhält z. B. der Oberbürgermeister von Oberhausen, Rudolf Havenstein, weil die Stadtwerke dem Bahnhof den Strom absperrten, um den Kohlenabtransport nach Frankreich und Belgien zu verhindern.
Die Reichsregierung sorgt nach Möglichkeit für die Entschädigung der Opfer des Ruhrkampfes. Ausgewiesenen Beamten z. B. wird das Gehalt weitergezahlt.
Neun Personen werden laut deutscher Statistik bis zum 23. Februar von Besatzungssoldaten erschossen. So wird z. B. am 4. Februar ein siebenjähriges Mädchen tödlich verletzt, als betrunkene französische Soldaten in Düsseldorf auf eine Kindergruppe schießen. In Bochum feuern französische Soldaten, die mit der Beschlagnahme von Lokomotiven und Kohlenwaggons beschäftigt sind, auf eine feindselige Menschenmenge, wobei sie einen Arbeiter töten und mehrere Personen schwer verletzen (23. 2.). Derartige Fälle geben der franzosenfeindlichen Stimmung weiteren Auftrieb.
In Essen kommt es am 12. Februar zu wüsten Szenen wegen der Weigerung der Gastwirte, die Angehörigen der Besatzungstruppen zu bedienen. Die beiden vornehmsten Hotels der Stadt, »Kaiserhof« und »Handelshof«, werden beschlagnahmt, die Gäste und das Personal von Soldaten mit aufgepflanzten Bajonetten aus den Hotels getrieben.
Erfolglos protestiert Berlin gegen die »Beschlagnahmungen, Ausweisungen und Tötung von Privatpersonen«.

Geschäfte und Hotels im besetzten Ruhrgebiet verweigern den Truppen der Franzosen und Belgier ihre Dienste

Hindernis für den französischen Kohlentransport; Schiffsbesatzung versenkte Kohlenkahn (bei Bottrop)

Mit der Not steigt die Selbstmordrate

2. Februar. Aufgrund der schlechten wirtschaftlichen Lage wächst die Not der deutschen Bevölkerung, besonders in den Städten. Die Berliner Polizei registriert für die vergangene Nacht 13 Fälle von Gasvergiftungen, von denen acht tödlich verliefen. Als Grund für die Selbstmorde wird die Angst vor dem Verhungern angegeben.
Am stärksten von der Notlage betroffen sind die nicht erwerbstätigen Bevölkerungsgruppen – Kriegsinvaliden, Alte, erwerbunfähige Witwen – die auf staatliche Unterstützung oder Almosen der Hilfsorganisationen angewiesen sind. In Berlin müssen 128 000 Invaliden und Alte mit Renten auskommen, die wegen der Preisinflation nicht einmal mehr zur Deckung des Existenzminimums ausreichen. Besonders katastrophal ist in Berlin die Lage der rund 44 000 Sozialrentner mit einem Monatseinkommen von weniger als 1500 Mark. Vergleicht man damit die Preise – im Februar kostet ein Brot im Durchschnitt 389 Mark – so wird das Ausmaß der Not deutlich.

Notgesetz gegen Wirtschaftskrise

23. Februar. In zweiter und dritter Lesung nimmt der Reichstag das »Notgesetz« gegen die Stimmen der Kommunistischen Partei Deutschlands (KPD) endgültig an und gibt damit der Reichsregierung erweiterte Möglichkeiten, Maßnahmen gegen die Wirtschaftskrise und gegen das Treiben von Spekulanten zu ergreifen.
Der Artikel VI des »Notgesetzes« ermächtigt die Reichsregierung, unter Zustimmung des Reichsrats mit gesetzvertretenden Verordnungen die Preistreiberei, den Schleichhandel, die Verletzung von Ein- und Ausfuhrverboten, den Verstoß gegen die Preisbestimmungen und andere Handels- und Gewerbebeschränkungen sowie sonstige Auswüchse des Wirtschaftslebens wirksamer zu bekämpfen.
Außerdem werden die Wucherstrafen erheblich verschärft. Für schwere Fälle von Preistreiberei gilt nun eine Mindeststrafe von 100 000 Mark (vorher: 20 000 Mark).
Dem Reichstag obliegt die Kontrolle der Regierungsmaßnahmen.

Arbeit und Soziales 1923:

Die Arbeiter verlieren ihre Arbeit – die Bürger ihren Besitz

Bedingt durch die Wirtschaftskrise des Jahres 1923, ist die Situation der in der industriellen Produktion Beschäftigten durch ein drastisches Absinken des Lebensstandards und eine erheblich ansteigende Arbeitslosigkeit gekennzeichnet. Zudem wird der Achtstundentag, eine der bedeutendsten sozialstaatlichen Errungenschaften der Jahre 1918/19, zur Behebung der Wirtschaftskrise in vielen Bereichen der Industrie aufgehoben.

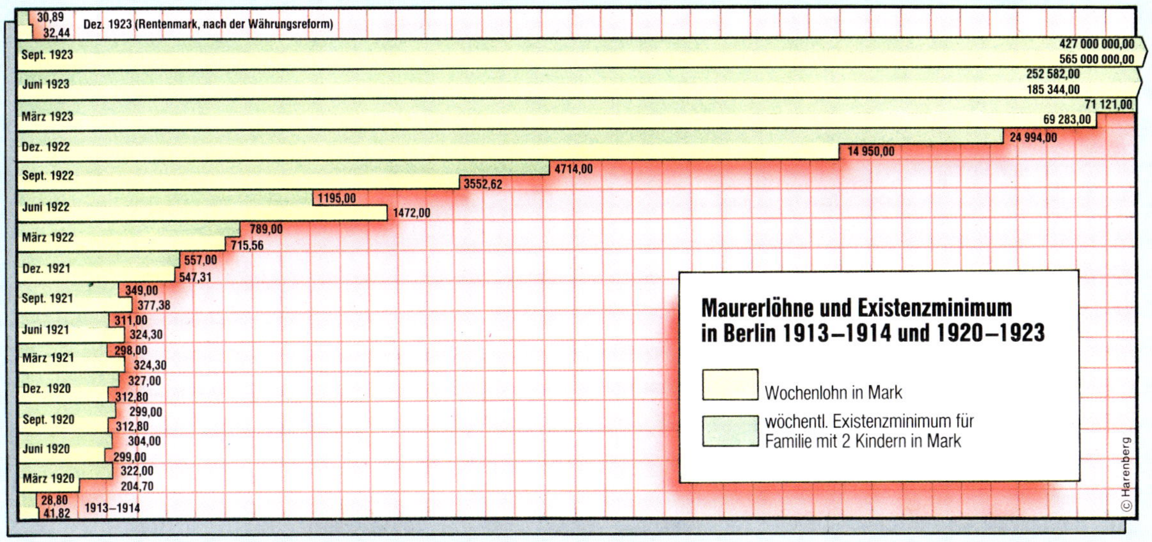

Ein weiteres, folgenschweres Ergebnis der Inflation ist die Auflösung und faktische Proletarisierung eines großen Teils des deutschen Mittelstands.

Der wirtschaftlich selbständige und über einen gewissen Besitz verfügende Mittelstand (mittlere und kleine Unternehmer, Handwerker, Bauern, Ärzte, Anwälte) verliert seine Kapitalwerte durch die seit dem Weltkrieg fortschreitende, 1923 ihren Höhepunkt erreichende Markentwertung (ein US-Dollar ist im Januar 1919 8,9 Mark wert, im Januar 1923 17972 Mark und erreicht im November 1923 den Höchststand von rund 4,2 Billionen Mark).

Durch die Vernichtung des Mittelstands entsteht eine für die innere Stabilität der Weimarer Republik gefährliche Sozialstruktur. Einer dünnen Schicht großen Reichtums steht eine Masse von Besitzlosen fast ohne Zwischenstufen gegenüber. Zudem führt die faktische Proletarisierung des bürgerlichen Mittelstands, besonders des Kleinbürgertums (Kleinbauern, Handwerker, Angestellte, untere Beamte), zu einer tiefen Bewußtseinskrise und politischen Orientierungslosigkeit im Bürgertum, das damit zu einem von rechten und rechtsradikalen Parteien mobilisierbaren Wahlerpotential wird. Dieser Umstand – erkennbar an den Wahlergebnissen des Jahres 1923 – wird sich während der Weltwirtschaftskrise von 1929/33 als verhängnisvoll für die Weimarer Republik erweisen.

Auch das Leben der zur Unterschicht gehörenden Industrie- und Landarbeiter, Handwerksgesellen, Knechte und Mägde, Hausangestellten, Arbeitslosen, Rentner und Invaliden (49,2% der Erwerbstätigen) ist von den Auswirkungen der Wirtschaftskrise des Jahres 1923 existentiell geprägt. Während die Lohnentwicklung seit Kriegsende bis Mitte 1922 etwa den wachsenden Lebenshaltungskosten entsprach, steigen die Löhne im Verlauf des Inflationsjahrs 1923 nicht gemäß der, besonders die Grundnahrungsmittel betreffenden, rasanten Preissteigerung. Die zu den bestbezahlten Arbeitern im Deutschen Reich gehörenden Berliner Maurer z. B. erhalten bis zur Währungsstabilisierung im November 1923 Wochenlöhne, die unter dem wöchentlichen Existenzminimum einer Familie mit zwei Kindern liegen (eine Ausnahme ist der September). Da die Preise in den Sommer- und Herbstmonaten täglich mehrmals steigen und eine kaum glaubhafte Höhe erreichen (1 kg Brot kostet im Juni 1253 Mark, im September 1,5 Millionen, im November 470 Milliarden), erwarten die Frauen ihre Männer am Zahltag vor den Fabriktoren, um mit dem Lohn sofort die notwendigen Einkäufe zu tätigen.

In einer noch größeren Notlage befinden sich die Arbeitslosen, deren Zahl seit September 1923 sprunghaft ansteigt. Im August sind 6,3% der Gewerkschaftsmitglieder arbeitslos, im Oktober 19,1% und im Dezember 28,2%. Am Ende des Jahres erreicht die Arbeitslosenzahl den höchsten Stand seit ihrer Erfassung: Die Reichsstatistik zählt am 1. Dezember 1,47 Millionen unterstützungsberechtigte Vollerwerbslose im unbesetzten Teil des Deutschen Reichs. Zusätzlich werden in den besetzten Gebieten rund zwei Millionen Arbeitslose unterstützt.

Im Zusammenhang mit der wegen des Ruhrkampfs eskalierten Wirtschaftskrise geht die deutsche Industrieproduktion im Vergleich zum Vorjahr um 34% zurück.

In zahlreichen Städten kommt es wiederholt zu Hungerunruhen und Plünderungen; staatliche Stellen und Wohlfahrtsverbände bemühen sich, mit Volksspeisungen die allgemeine Not zu lindern.

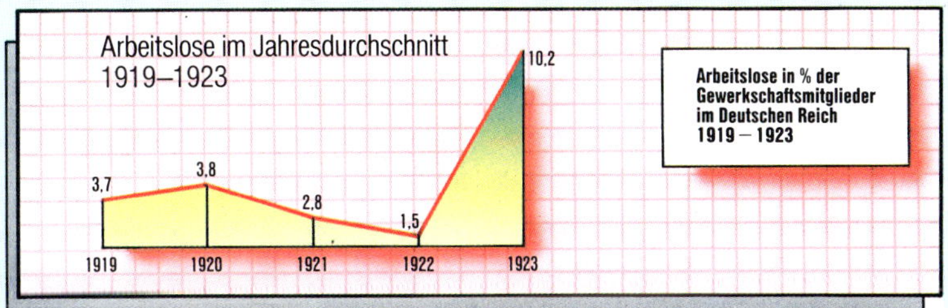

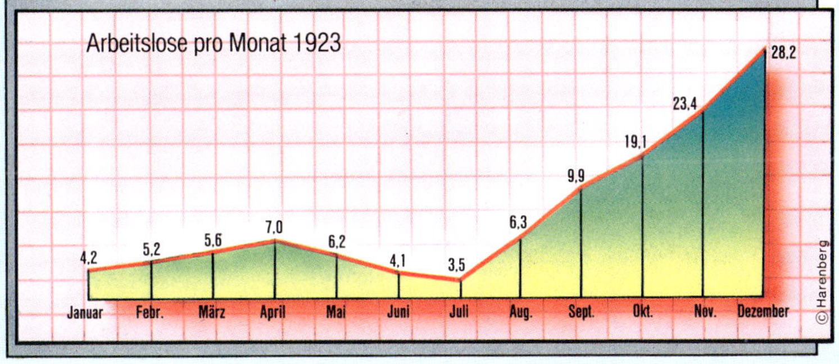

Zu den gegen Jahresende eingeleiteten Maßnahmen für die Wirtschaftskonsolidierung gehört u. a. die Verordnung über die Arbeitszeit vom → 21. Dezember 1923 (S. 195), mit der die Erweiterung des gesetzlichen Achtstundentags bis zum Zehnstundentag legalisiert wird. Da selbst die Gewerkschaften nicht bestreiten können, daß die Wirtschafts- und Finanzkrise nur durch die Steigerung der Arbeitsproduktivität zu überwinden ist, gelingt es der Reichsregierung unter Wilhelm Marx (seit 30. 11.) am 14. Dezember mit Arbeitgebern und Gewerkschaften eine Verständigung über die Verlängerung der Arbeitszeit in der Schwerindustrie zu erzielen (nun gilt die 54-Stunden-Woche für Schwerarbeiter und die 59-Stunden-Woche für andere Arbeiter).

Eine Schlägerei im bayrischen Landtag

28. Februar. Während der Debatte über die Einführung des Staatspräsidentenamts kommt es im bayrischen Landtag zu einer Schlägerei, nachdem die Antragsteller (Bayerische Volkspartei) von kommunistischer Seite als Hochverräter bezeichnet worden sind.
Für die regierende Bayerische Volkspartei (BVP), die sich besonders auf bürgerliche und bäuerliche Kreise stützt, begründet ihr Vorsitzender Heinrich Held den Antrag mit dem Argument, durch einen selbständigen Staatspräsidenten werde ein Damm gegen die weitere Zentralisierung im Reiche geschaffen. Auch könne der reine Parlamentarismus nur zu leicht zur reinen Parteiwirtschaft werden.
Sozialdemokraten und Kommunisten lehnen dagegen die Schaffung eines mit gewissen diktatorischen Befugnissen ausgestatteten Staatspräsidentenamts in Bayern ab, weshalb der Antrag nicht die notwendige Zweidrittelmehrheit erhält.

Polizeiverband in Preußen gegründet

21. Februar. Die am Vortag in Berlin zu einem Kongreß zusammengetretenen beiden Polizeibeamtenverbände Preußens beschließen die Vereinigung der beiden Organisationen zum Verband Preußischer Polizeibeamten.
Schon seit längerer Zeit führten die Vertreter des Verbands der Polizeibeamten Preußens, in dem die Kommunalpolizei organisiert ist, und des Verbands der 1920 gegründeten preußischen Schutzpolizei (Landespolizei) Verhandlungen über die Fusionierung der beiden Berufsverbände, die zusammen 80 000 Mitglieder umfassen.
Die Schutzpolizei war in den Ländern des Deutschen Reichs gegründet worden, weil wegen der im Versailler Vertrag festgelegten Heeresverminderung (auf 100 000 Mann) die Notwendigkeit entstanden war, den Schutz des Staates im Innern der Polizei zu übertragen. Die Schutzpolizei ist mit Säbel, Pistole und Handgranate bewaffnet.

Preis 100 Mark
Völkischer Beobachter
Kampfblatt der nationalsozialistischen Bewegung Großdeutschlands
Leiter: Dietrich Eckart
Ausgabe 11 — München (Donnerstag), den 8. Februar 1923 — 32. Jahrgang
Tagesspiegel
Die Blockade in Sicht!
Auch die englischen Eisenbahnpunkte in franz. Hand – Besetzung der Bahndirektion in Ludwigshafen
Frankreichs Wesen
Die Schicksalsfrage
Die Hand an der Gurgel
Blockade

NS-Tageszeitung

8. Februar. *Erstmals erscheint der »Völkische Beobachter«, das Zentralorgan der NSDAP (seit 1920), als Tageszeitung (Abb.: Ausgabe vom 8. 2.). Hauptschriftleiter des antirepublikanischen und antisemitischen Münchner Blatts ist Dietrich Eckart.*

Wien beunruhigt durch Schießerei

17. Februar. Im 14. Wiener Gemeindebezirk kommt es zu einem blutigen Zusammenstoß zwischen Monarchisten und sozialdemokratischen Arbeitern, bei dem ein Arbeiter getötet und zwei verletzt werden.
Das Ereignis löst in der österreichischen Öffentlichkeit eine allgemeine Beunruhigung über die Radikalisierung der Politik aus.
Während der Nationalratsdebatte am 20. Februar über die Arbeitslosenunterstützung weisen die Sozialdemokraten auf den Zusammenhang zwischen dem bewaffneten Zusammenstoß und der hohen Arbeitslosigkeit hin. Allein in Wien gebe es 95 000 Arbeitslose, in ganz Österreich zur Zeit 130 000, so daß von einem Krisenzustand gesprochen werden könne. Arbeitslose würden angeblich von den Monarchisten angeworben und bewaffnet.
Von rechtsgerichteten Politikern wird dagegen die Bewaffnung der sozialdemokratischen Arbeiter in Österreich kritisiert.

Genf bleibt unter dem Schweizer Zollrecht

18. Februar. Entgegen der Empfehlung des Bundesrats und der Bundesversammlung lehnt die Volksabstimmung der Schweizer mit 407 979 gegen 91 728 Stimmen das schweizerisch-französische Abkommen über die zollpolitische Zugehörigkeit des Genfer Hinterlands zu Frankreich (7. 8. 1921) ab.
Alle deutsch-schweizerischen Kantone und der Kanton Genf stimmen mit Nein, die welsch-schweizerischen mit Ja. Das Volksabstimmungsergebnis löst einen heftigen Notenwechsel zwischen Frankreich und der Schweiz aus.
Hintergrund der Auseinandersetzung ist die Bestimmung des Versailler Vertrags (1919), das wirtschaftliche Hinterland Genfs, bisher zollpolitisch der Schweiz zugehörig, der französischen Zollverwaltung zu unterstellen. Eine entsprechende Regelung sieht der von der schweizerischen und französischen Regierung ausgehandelte Vertrag vom 7. August 1921 vor, gegen dessen Ratifikation nun die Mehrheit der Schweizer stimmt.
Entschieden lehnt der Bundesrat die Forderung Frankreichs, den Vertrag trotz dieses Ergebnisses der Volksabstimmung zu ratifizieren, mit folgender Begründung ab:
»Den Bundesrat ersuchen, sich über den Volkswillen hinwegzusetzen, würde heißen, ihn einer Handlung für fähig zu halten, die mit seinen verfassungsmäßigen Pflichten und seiner Eigenschaft als Regierung eines demokratischen Landes in offenbarem Widerspruch stehen würde. Die Regierung der französischen Republik . . . wird nach reiflicher Überlegung verstehen, daß der Bundesrat zu einer derartigen Handlung weder die Hand bieten kann noch will.«
Auch die deutsche und die französische Presse der Schweiz protestieren gegen das Vorgehen der französischen Regierung (→ 10. 11./S. 187).

Karl Scheurer, Schweizer Bundespräsident, lehnt die zollpolitische Zugehörigkeit von Genf zu Frankreich ab

Der französische Ministerpäsident Raymond Poincaré will den Zollvertrag über Genf von 1921 durchsetzen

Zahl der Beamten in Österreich reduziert

6. Februar. Durch Verordnung setzt der österreichische Kabinettsrat das Beamtenabbaugesetz in Kraft, dem zufolge bis zum 30. Juni 1924 mindestens 75 000 Beamte aus dem Bundesdienst ausscheiden sollen. Die drastische Reduzierung der Bundesbeamten ist Teil der Sanierungspolitik des seit Mai 1922 regierenden Bundeskanzlers Ignaz Seipel (Christlichsoziale Partei).
Mit einer entschiedenen Spar- und Deflationspolitik bekämpft Seipels großdeutsch-christlichsoziale Koalitionsregierung, die seit Frühjahr 1922 immer beängstigendere Formen annehmende Inflation der österreichischen Währung. Seipel hat sich für seine Sanierungspolitik der Unterstützung der Alliierten versichert, die eine Garantie für eine österreichische Anleihe übernommen haben (Genfer Protokolle vom 4. 10. 1922). Österreich hat sich seinerseits verpflichtet, innerhalb von zwei Jahren den Staatshaushalt auszugleichen, was u.a. den Beamtenabbau notwendig macht.
Für die Währungsstabilisierung nimmt Seipel eine hohe Arbeitslosenziffer in Kauf (→ 17. 2./S. 36).

Großbritanniens Kriegsschulden in den USA

3. Februar. In Washington wird der britisch-US-amerikanische Schuldvertrag unterzeichnet, der die Höhe und den Rückzahlungsmodus der britischen Kriegsschulden bei den USA festlegt.
Nach zähen Verhandlungen – die Briten streben einen allgemeinen Schuldennachlaß an, während die US-Amerikaner in dieser Frage eine unnachgiebige Haltung einnehmen – akzeptieren die Briten eine Gesamtschuld in Höhe von rund vier Milliarden US-Dollar, die mit 3,3% Zinsen zurückzuzahlen sind.
Indem die Vereinigten Staaten auf ihren Schuldforderungen an die europäischen Alliierten (insgesamt 11,5 Milliarden US-Dollar, rund 40 Milliarden Goldmark) bestehen, verhindern sie eine realistische Lösung des Reparationsproblems, weil die Siegerstaaten, besonders Frankreich, ihre Kriegsschulden bei den USA nur bei entsprechenden deutschen Reparationsleistungen zurückzahlen können. Das verstärkt den Druck auf das Deutsche Reich.

Schatzkanzler Stanley Baldwin (M.) mit weiteren Mitgliedern der britischen Kommission, die in Washington einen Schuldennachlaß zu erreichen sucht

Irland noch immer vom Bürgerkrieg geprägt

19. Februar. William Thomas Cosgrave, irischer Ministerpräsident, erläßt einen Aufruf zur Beendigung des Bürgerkriegs, den der radikale Flügel der Sinn Fein-Bewegung seit Juni 1922 gegen den regierenden gemäßigten Flügel führt. Die Spaltung Sinn Feins und der Ausbruch des mit äußerster Härte geführten Bürgerkriegs gehen auf die unterschiedliche Haltung zum anglo-irischen Vertrag vom 8. Januar 1922 zurück.
Die von Eamon de Valera angeführten Vertragsgegner sehen das mit allen Mitteln (anglo-irischer Krieg 1919–1921) verfolgte Ziel der Sinn Fein-Bewegung – die von Großbritannien unabhängige Republik – durch den Vertrag verraten. Dieser gibt dem neuen Freistaat Irland einen Dominion-Status, d.h. er ist ein innenpolitisch völlig selbständiger Staat innerhalb des Britischen Commonwealth. Das bedeutet, daß die Mitglieder des irischen Parlaments einen Eid auf die britische Krone schwören müssen.
Diese Bestimmung und das im Vertrag vorgesehene freie Entscheidungsrecht der protestantischen Nordiren über den Anschluß an den Freistaat, das praktisch die Teilung Irlands bedeutet, haben den heftigen Widerstand der Republikaner provoziert.
Die Vertragsanhänger rechtfertigen das Abkommen mit dem Argument, daß es trotz gewisser Einschränkungen die Grundlagen für die Freiheit Irlands schaffe. Arthur Griffith, der den Vertrag 1922 ausgehandelt hat, betont, die irischen Unterhändler seien nicht als »republikanische Doktrinäre« nach London geschickt worden (→ 15. 8./S. 135).

Niedergebranntes Haus des irischen Ministerpräsidenten William Thomas Cosgrave; der irische Bürgerkrieg wird mit äußerster Härte geführt

Friedensvertrag mit Türkei gescheitert

4. Februar. Wegen allseitiger Unnachgiebigkeit wird die Friedenskonferenz von Lausanne (seit 20. 11. 1922) abgebrochen. In Lausanne haben die Alliierten – maßgeblich beteiligt sind Großbritannien und Frankreich – und einige Balkanländer mit der Türkei über einen Friedensvertrag (sog. Orientfrieden) Verhandlungen geführt.
Nicht nur die griechisch-türkischen Spannungen (griechisch-türkischer Krieg 1920–1922), sondern auch die divergierenden Wirtschaftsinteressen Großbritanniens und Frankreichs im Nahen Osten erschweren die Einigung über die im Friedensvertrag zu regelnden politischen und wirtschaftlichen Probleme. Obwohl eine der wichtigsten britisch-türkischen Streitfragen, nämlich der Anspruch auf die Ölquellen von Mosul, bereits aus den allgemeinen Verhandlungen ausgegliedert worden ist, scheitert zunächst die Verständigung über den Vertragsentwurf der Alliierten (→ 24. 7./S. 110).

Rede-Marathon im Senat in Washington

23. Februar. Der US-amerikanische Senat in Washington bietet seit einigen Tagen das Schauspiel einer systematischen Obstruktion von seiten der Gegner der Vorlage für die weitere Subvention der Handelsflotte. Um die Beratung und Abstimmung der Vorlage zu verhindern, führen die Subventionsgegner Tag und Nacht das Wort.
Die von Minderheiten im US-Senat geübte Praktik des Marathonredens – die Dauerredner werden als Filibuster bezeichnet – stößt auf großes Interesse in der US-amerikanischen Öffentlichkeit, die das Rede-Marathon wie einen sportlichen Wettkampf verfolgt.
Der bisher ausdauerndste Subventionsgegner hat 18 Stunden lang ununterbrochen geredet, so daß der bestehende Rekord von 23 Stunden noch ungebrochen ist.
Alle möglichen Themen, die nicht den geringsten Zusammenhang mit der Vorlage haben, werden von den Dauerrednern behandelt, so hat ein Senator z. B. stundenlang aus der Bibel vorgelesen.
Am 26. Februar wird die Vorlage vom Senat abgelehnt.

Physiker Röntgen gestorben

10. Februar. Wilhelm Conrad Röntgen, Träger des ersten Nobelpreises für Physik, stirbt im Alter von 77 Jahren in München. Mit der Entdekkung der nach ihm benannten Röntgenstrahlen (1895) hat der Physiker eine neue Ära der Physik und Medizin eingeleitet.
Bei Untersuchungen der Kathodenstrahlen mit einer Hittorfschen Röhre stieß Röntgen am 8. November 1895 durch Zufall auf Strahlen mit körperdurchdringender Eigenschaft. Als er seine Hand in der Nähe einer geladenen Röhre bewegte, bildete sich das Skelett seiner Finger auf einem dahinterstehenden beschichteten Pappschirm ab. Die Strahlen, deren Existenz bis dahin nicht bekannt war, entstehen bei der Abbremsung schneller geladener Teilchen (u. a. Elektronen) an Atomkernen. Röntgen selbst bezeichnete seine Entdeckung als X-Strahlen.

Für die Entdekkung der nach ihm benannten Röntgenstrahlen erhielt Wilhelm Conrad Röntgen 1901 den ersten Nobelpreis für Physik. Die Bedeutung der sehr kurzwelligen elektromagnetischen Strahlen, die der Physiker am 8. November 1895 während seiner Experimente mit Kathodenstrahlen im Physikalischen Institut der Universität Würzburg durch Zufall entdeckte, kann nicht überschätzt werden

Skispringender Thronprinz

Skispringender Kronprinz Olaf von Norwegen bei den diesjährigen Skiwettkämpfen am Holmenkollen

26. Februar. Der norwegische Kronprinz Olaf nimmt als Skispringer aktiv an den diesjährigen Holmenkollen-Skispielen (nach dem Berg Holmenkollen nördlich von Oslo) teil. Mit seinem ersten Sprung erreicht der sportbegeisterte junge Thronanwärter eine Weite von 38,1 m. In der zweiten Runde springt der Kronprinz erneut. Dieser Sprung geht jedoch nicht in die Bewertung ein, weil Prinz Olaf bei der Landung stürzt. Der prominente Skispringer hat die Gunst des Publikums auf seiner Seite, das seine Sprünge mit gespannter Erwartung verfolgt.
Die Holmenkollen-Skispiele, die ältesten internationalen Wettkämpfe im Langlauf, Springen und Nordischer Kombination, werden alljährlich ausgetragen.

Otto Gebühr als Fridericus Rex (r.) in dem gleichnamigen mehrteiligen Film von Arzen von Czerépy, der das Leben des Preußenkönigs Friedrich II. darstellt

Schauspieler Emil Jannings, erfolgreich mit großen Theater- und Filmrollen

Vom Theater zum Film gewechselt: Regisseur Ernst Lubitsch

Cecil B. De Mille verfilmt den Auszug der Israeliten aus Ägypten; technische Raffinessen in »Die Zehn Gebote« beeindrucken ein Millionenpublikum

Film 1923:

Entwertung der Mark läßt den Film florieren

Aufgrund der Nachkriegsinflation, die 1923 ihren Höhepunkt erreicht, erlebt der deutsche Film eine wirtschaftliche Scheinblüte: Die Markentwertung begünstigt den Filmexport außerordentlich, während sich für ausländische Filmproduzenten, vorrangig die US-Amerikaner, der Export ins Deutsche Reich nicht lohnt. Mit einer Jahresproduktion von 247 Filmen (1923) werden die deutschen Filmunternehmen – Branchenführer ist die 1917 gegründete Ufa (Universum Film AG) – nur noch von den US-amerikanischen Filmproduzenten übertroffen. Die erste Spitzenorganisation der deutschen Filmwirtschaft (Spio) wird gegründet.

Die wirtschaftliche Situation begünstigt auch die künstlerische Entwicklung des Mediums, weil Experimente ohne großes finanzielles Risiko gewagt werden können. Besonders die Decla-Bioscop (1923 mit der Ufa vereinigt) nimmt diese Chance wahr.

Wie viele der bedeutenden Regisseure der Nachkriegszeit leistet Arthur Robison mit seinem am 16. Oktober 1923 in Berlin uraufgeführten Film »Schatten – Eine nächtliche Halluzination« einen Beitrag zum expressionistischen Film, der großen Anklang findet. Die Empfindungen und Wahnvorstellungen der von bekannten Schauspielern (Fritz Kortner, Alexander Granach) dargestellten Protagonisten werden in typisch expressionistischer Manier durch Verzerrungen der äußeren Welt (Schatten) sichtbar gemacht (→16. 10./S. 173).

Weitere dem Expressionismus verpflichtete Filme des Jahres 1923 sind »Raskolnikow« von Robert Wiene (Regisseur des ersten anerkannten expressionistischen Films »Das Kabinett des Dr. Caligari« von 1919), »Sylvester« von Lupu Pick, Georg Wilhelm Pabsts Regiedebüt »Der Schatz« und Karl Grunes »Die Straße«. Grune tendiert mit größerer Wirklichkeitsnähe zur Neuen Sachlichkeit, eine die objektive und präzise Realitätswiedergabe anstrebende Kunstrichtung der 20er Jahre. Mit seinem Film »Die Straße« führt Grune in den deutschen Film das Subgenre des Straßenfilms ein. Personen der Mittelklasse werden durch die verlockenden und verbotenen Attraktionen der Straße aus der Monotonie ihres Alltagslebens herausgelockt.

Anders als der US-amerikanische Film ist der deutsche eng mit dem Theater verknüpft. Typisch für die Biographie vieler bedeutender Filmregisseure und -schauspieler ist der Wechsel vom Theater zum neuen Medium. So haben die Regisseure Friedrich Wilhelm Murnau, Paul Leni, Karl Grune, Ernst Lubitsch und der Schauspieler Emil Jannings früher an Max Reinhardts Berliner Theater gearbeitet, dessen Stil sie in ihre Filme einbringen.

Diesem Phänomen entsprechend spielen Literaturverfilmungen im deutschen Film der 20er Jahre eine wichtige Rolle. Herausragende Beispiele des Jahres 1923 sind Ludwig Bergers »Ein Glas Wasser« nach der gleichnamigen Komödie von Eugène Scribe (→1. 2./S. 40), Gerhard Lamprechts »Die Buddenbrooks« (→31. 8./S. 139), eine an Originalschauplätzen in Lübeck gedrehte Verfilmung von Thomas Manns Roman, Berthold Viertels Regiedebüt »Nora – Ein Puppenheim« nach dem Schauspiel »Ein Puppenheim« (1880) von Henrik Ibsen (erster Filmtriumph Olga Tschechowas als Nora) und der Film »Erdgeist« von Leopold Jessner mit Asta Nielsen in der Hauptrolle, dessen literarische Vorlage Frank Wedekinds Tragödie »Der Erdgeist« ist.

Großer Beliebtheit erfreuen sich die für den allgemeinen Trend bezeichnenden historischen Filme, deren Hauptfiguren besonders eindrucksvoll von Emil Jannings und Otto Gebühr dargestellt werden.

Zu dieser Filmgattung gehört »Fridericus Rex«, dessen dritter Teil »Sanssouci« und vierter Teil »Schicksalswende« im Jahr 1923 uraufgeführt werden. Ausführlich stellt der Regisseur Arzen von Cserépy das Leben des Preußenkönigs Friedrich II., den Otto Gebühr spielt, filmisch dar.

Emil Jannings verkörpert überzeugend den russischen Zaren Peter der Große im gleichnamigen Film des russischen Regisseurs Dimitri Buchowetzki.

Besonders wegen der Starbesetzung findet Robert Wienes Verfilmung der Passionsgeschichte (»I. N. R. I.«) großen Anklang. Henny Porten ist als Maria, Asta Nielsen als Maria von Magdala, Grigori Chmara als Jesus Christus, Werner Krauss als Pontius Pilatus und Alexander Granach als Judas Ischariot zu sehen.

Die im Vergleich zu Henny Porten exotischere Dänin Asta Nielsen wird von Kritik und Publikum gleichermaßen als Star gefeiert.

Eine ihrer ersten Rollen spielt Marlene Dietrich in Joe Mays Film »Tragödie der Liebe«, der am →6. November (S. 189) in Berlin uraufgeführt wird.

Greta Garbo spielt Gräfin Dohna in »Gösta Berling« von Mauritz Stiller

Asta Nielsen und Albert Bassermann in »Erdgeist« von Leopold Jessner

Szene aus Karl Grunes Film »Die Straße« (uraufgeführt am 29. November im Ufa-Theater am Kurfürstendamm in Berlin); Regisseur Grune führt das Genre Straßenfilm in den deutschen Film ein und bemüht sich um größere Wirklichkeitsnähe

Die »Duineser Elegien« von Rilke erscheinen

Rainer Maria Rilkes Gedichtzyklen »Duineser Elegien« und »Die Sonette an Orpheus« erscheinen 1923 in Leipzig. Sie gehören zu den Meisterwerken der deutschen Dichtkunst des 20. Jahrhunderts. Während eines Aufenthaltes auf dem an der Adriaküste bei Triest gelegenen Schloß Duino, das seiner mütterlichen Freundin, der Fürstin Marie von Thurn und Taxis gehört, begann Rilke mit der Arbeit an den »Duineser Elegien« (1911/12). Zehn Jahre lang blieb das Werk unvollendet, das den durch den Weltkrieg zutiefst verstörten Dichter als eine fast übermenschliche Forderung belastete. Bis 1922 – Rilke selbst empfand diese Phase als Krise seiner Produktivität – entstand etwa die Hälfte der insgesamt zehn Elegien. Zwei für den Dichter bedeutende Reisen (Ende November 1910 bis Ende März 1911 nach Nordafrika und November 1912 bis Februar 1913 nach Spanien) und der Weltkrieg (1914–1918) prägten diesen Lebensabschnitt. Während der Kriegsjahre lebte Rilke, abgesehen von seinem Kriegsdienst in Wien (1916), hauptsächlich in München, von einer inneren Erstarrung, die ihm künstlerisches Schaffen unmöglich machte, gequält.

An Marthe Hennebert, eine Freundin aus Paris, schrieb der Dichter darüber im Sommer 1915:

»Sie werden mir glauben, wenn ich Ihnen sage, daß ich mich seit einem Jahre Schritt um Schritt durch eine Wüste von Nicht-begreifen-können und Schmerz fortschleppe; ich leide, nichts sonst, es fehlt mir die geringste Erleichterung durch Tätigsein, denn ich, ich könnte nur für alle, gegen keinen kämpfen. Wird jemals ein Gott genug Linderung haben, um diese ungeheure Wunde zu heilen, zu der ganz Europa geworden ist?«

Nach Kriegsende war Rilke in die Schweiz übergesiedelt und hatte 1921 den Schloßturm Muzot bei Siders bezogen. Das zurückgezogene Leben dort bewirkte die langersehnte Sammlung der schöpferischen Kräfte. Rilke erlebte im Februar 1922 eine Phase intensivster Produktivität. Innerhalb von knapp 14 Tagen schrieb er nicht nur »Die Sonette an Orpheus« sondern vollendete nun auch die »Duineser Elegien«.

In freien Rhythmen vorwiegend daktylischen, aber auch jambischen Grundmaßes (antike Versfüße) handeln die »Duineser Elegien« gedanklich und gefühlshaft von Themen, die auch das bisherige Werk Rilkes umkreist hat: Grundfragen der menschlichen Existenz in der Vergänglichkeit und im Sein.

Arbeitszimmer Rainer Maria Rilkes im Schloß Muzot (Schweiz), wo der Dichter seit dem Jahr 1921 in großer Zurückgezogenheit lebt und arbeitet

Der Dichter Rainer Maria Rilke, Schöpfer der »Duineser Elegien«

Daten zur Biographie von Rilke

4. 12. 1875: Geburt Rilkes in Prag
1894: Erste Buchveröffentlichung, »Leben und Lieder«
1901: Rilke heiratet die Worpsweder Künstlerin Clara Westhoff
1906–1908: Vortragsreisen durch das Deutsche Reich und Österreich
1910 und 1912: Aufenthalte in Duino
1916: Militärdienst im Kriegsarchiv in Wien
1921: Werner Reinhardt stellt Rilke Schloß Muzot als Wohnsitz zur Verfügung
1922: Rilke vollendet die »Duineser Elegien« und die »Sonette an Orpheus«

Nur wahrhaft liebende Menschen und Helden erfüllen – nach Rilke – die Forderung des Seins, nämlich alles ins Innere aufzunehmen und im Bezug wesentlich werden zu lassen. Rilke versucht, in dem »Elegien«-Zyklus Leben und Tod in Eins zu schauen, um so »sagend« die menschliche Gespaltenheit zu überwinden.

Das von den »Duineser Elegien« Geforderte verwirklichen die »Sonette an Orpheus«: Das alle vom Bewußtsein gezogene Grenzen zwischen Leben und Tod überschreitende Singen. Höchstes Symbol des Sonettenzyklus ist der Sänger Orpheus.

»Wilhelm Tell« ist wieder aktuell

16. Februar. Die Premiere von Friedrich von Schillers Schauspiel »Wilhelm Tell« (1804) im Berliner Staatstheater unter der Regie von Leopold Jessner wird ein voller Erfolg.

Die Aufführung gerät zu einer patriotischen Kundgebung, das Publikum identifiziert sich lebhaft mit dem Freiheitskampf der Schweizer gegen die habsburgische Fremdherrschaft in den Waldstätten zwischen 1291 und 1315. Der Vergleich mit dem französischen und belgischen Besatzungsregime im Ruhrgebiet liegt nahe.

Mehrfach unterbricht das Publikum mit anhaltend stürmischem Beifall die Aufführung, z. B. an den Stellen »Ans Vaterland, ans teure schließ Dich an« und »Nein, eine Grenze hat Tyrannenmacht«.

Prominente Politiker, u. a. Reichspräsident Friedrich Ebert, Reichskanzler Wilhelm Cuno, Reichstagspräsident Paul Löbe, wohnen der Premiere bei.

Beifall und Kritik für »Glas Wasser«

1. Februar. Im Berliner Ufa-Palast am Zoo wird der neue Film von Ludwig Berger (eigentl. Ludwig Bamberger), »Ein Glas Wasser«, uraufgeführt. Berger, der sich als Theaterregisseur bei Max Reinhardt einen Namen gemacht hat, erhält für seinen Film viel Anerkennung von seiten der Kritik.

Der Premierenreporter der »Neuen Illustrierten Filmwoche« berichtet über die Uraufführung des Films »Ein Glas Wasser«, in dem es um die Intrigen am Hof der britischen Königin Anna zur Zeit des Spanischen Erbfolgekriegs (1701–1713/14) geht, folgendermaßen:

»Selten ist ein Film so begeistert aufgenommen worden. Mady Christians, die mit wundervoller Innigkeit die Königin war, Lucie Höflich, die bisweilen groteske, brutale und intrigante Haushofmeisterin Marlborough, und der Meister des Spiels, Dr. Ludwig Berger, konnten sich nicht oft genug an der Rampe bedanken.« Dagegen hat der Rezensent der »Weltbühne«, Roland Schacht, für den Film, der nur »sorgfältig präparierte[n] Anschauungsunterricht über ... [damalige] Hofsitten« biete, nur wenig Beifall übrig.

»Die Mädchen auf der Brücke« (Gemälde des Norwegers Edvard Munch, 1905; Wallraf-Richartz-Museum, Köln)

Würdigung Munchs durch die Akademie

2. Februar. Die Akademie der Künste in Berlin nimmt den norwegischen Maler und Graphiker Edvard Munch als Mitglied auf, was einer Anerkennung seines bisher äußerst umstrittenen Werks durch den offiziellen Kulturbetrieb gleichkommt.

Deprimierende Kindheitserinnerungen (früher Tod der Mutter) lassen die Gefährdung des Menschen durch Krankheit und Tod zur persönlichen Thematik Munchs werden, für die der Maler einen adäquaten künstlerischen Ausdruck entwickelt hat, den er selbst als expressionistisch bezeichnet.

Das Werk Munchs, der als Wegbereiter und Begründer des Expressionismus gilt, provozierte in Berlin zunächst heftige Kontroversen (1892 wurde eine große Ausstellung wegen seiner Bilder geschlossen) und führte zur Gründung der Berliner Secession, einer gegen den offiziellen, akademischen Kunstbetrieb gerichteten Künstlergruppe.

Detektiv Hercule Poirot begeistert Agatha Christies Leser

Unter dem Sammeltitel »The Grey Cells of Monsieur Poirot« (»Die grauen Zellen von Monsieur Poirot«) veröffentlicht die britische Zeitschrift »Sketch« eine Reihe von Detektivgeschichten der jungen Autorin Agatha Christie. Lesepublikum und Rezensenten sind gespannt auf die neuen Abenteuer des Hercule Poirot, der durch den ersten, 1921 in Großbritannien erschienenen Detektivroman »The Mysterious Affair at Styles« (»Das fehlende Glied in der Kette«) von Agatha Christie bekannt wurde.

Der Autorin ist mit der Detektivfigur Hercule Poirot, einem belgischen Polizeioffizier im Ruhestand, der klug und intuitiv verwickelte Fälle löst, aber auch mit einem aufgeblasenen Charakter, lächerlicher Affektiertheit, einem üppigen Schnurrbart und einem seltsam eiförmigen Kopf ausgestattet ist, ein großer Wurf gelungen. Die »London News« preist ihn als den neuen Helden des Detektivromans und hält ihn gar für einen Konkurrenten des berühmten Meisterdetektivs Sherlock Holmes von Sir Arthur Conan Doyle.

Zu ihrer eigenen Zerstreuung hatte Agatha Christie während des Weltkriegs begonnen, einen Detektivroman zu schreiben. Nachdem mehrere Verlage »The Mysterious Affair at Styles« abgelehnt hatten, veröffentlichte der Verlag The Bodley Head den ersten Poirot-Roman (1920 in den USA, 1921 in Großbritannien erschienen).

Agatha Christie studierte Musik und Gesang in Paris und ist seit 1914 mit Archibald Christie verheiratet. Um sich von ihrer anstrengenden Arbeit im Lazarett in Torquay – sie arbeitete während des Krieges beim Freiwilligen Hilfskomitee – zu erholen, schrieb sie »The Mysterious Affair at Styles«, wofür sie ihre äußerst erfolgreiche Detektivfigur Hercule Poirot erfand

Hercule Poirot, ein »Porträt« des belgischen Meisterdetektivs von William Smithson Broadhead

März 1923

Mo	Di	Mi	Do	Fr	Sa	So
			1	2	3	4
5	6	7	8	9	10	11
12	13	14	15	16	17	18
19	20	21	22	23	24	25
26	27	28	29	30	31	

1. März, Donnerstag

Die Rheinlandkommission untersagt allen deutschen Regierungsmitgliedern wie allen Beamten die Einreise in das besetzte Rheinland, sofern sie nicht die entsprechende Erlaubnis der Besatzungsbehörde haben.

Mit der Régie des Chemins de Fer des Territoires Occupés richten die Franzosen eine eigene Instanz zur Kontrolle des Eisenbahnverkehrs in den besetzten Gebieten ein.

Im Deutschen Reich ist für den Autoverkehr in Ortschaften ab sofort eine Geschwindigkeit von 30 km/h (bisher 15 km/h) erlaubt.

Thomas Manns »Von der Republik« erscheint im Fischer Verlag (Berlin) in sechster Auflage.

2. März, Freitag

Bei der Rheinlandkommission geht ein deutscher Protest gegen die Einschränkung der Pressefreiheit im besetzten Rheingebiet ein. Über 100 Zeitungen seien bereits verboten, heißt es in der Note (→7. 3./S. 46).

Den Vorschlag der norwegischen Regierung, eine neue Volksabstimmung über das Alkoholverbot durchzuführen, lehnt das Parlament in Christiania (heute Oslo) mit großer Mehrheit ab. Diese Niederlage führt am 5. März zur Bildung einer neuen Regierung (→5. 3./S. 51).

Die »Berliner Illustrirte Zeitung« stellt »Tutanchamun-Tänze« vor, die der Begeisterung über die Entdeckung des Pharaonengrabes in Ägypten (5. 11. 1922) Ausdruck verleihen (→6. 4./S. 68).

Die Operette »Madame Pompadour« von Leo Fall wird in Wien uraufgeführt. Mit »Madame Pompadour« übertrifft Fall seine bisherigen Erfolge.

3. März, Sonnabend

Reichspräsident Friedrich Ebert erläßt die Verordnung über Spionage, welche die verräterische Zusammenarbeit Deutscher mit den französischen und belgischen Besatzungsbehörden unter schwere Zuchthausstrafen stellt. →S. 48

Vom Deutschen Eisenbahnerverband werden die Eisenbahner der besetzten Gebiete aufgerufen, trotz der angedrohten Todesstrafe (26. 2.) an der Dienstverweigerung festzuhalten (→6. 3./S. 46).

Französische Truppen besetzen die großen Eisenbahnwerkstätten von Darmstadt und die Mannheimer und Karlsruher Hafenanlagen. Dies sei, so die französische Note, eine Vergeltungsmaßnahme für die deutsche Sabotage am Rhein-Herne-Kanal, wodurch dieser gesperrt worden ist.

Mit 49 gegen 42 Stimmen verwirft der US-amerikanische Senat in Washington den Vorschlag des Präsidenten Warren G. Harding, die Vereinigten Staaten sollten sich am Internationalen Gerichtshof (Den Haag) beteiligen.

4. März, Sonntag

Bei Nachwahlen in zwei Londoner Bezirken unterliegen die Kandidaten der regierenden Konservativen Partei ihren Gegnern. Das eine Mandat gewinnt ein Liberaler, das andere der Kandidat der Labour Party.

Bei einem nächtlichen Einbruch in die deutsche Botschaft in Rom wird ein deutscher Attaché im Kampf mit den Einbrechern verletzt. Akten und Chiffren gehen nicht verloren. Zwei der Einbrecher werden festgenommen. Die ungenügende polizeiliche Bewachung der Botschaft hat nach deutscher Ansicht den Einbruch ermöglicht.

5. März, Montag

Als Maßnahme gegen die deutschen Sabotageakte gegen den Eisenbahnbetrieb in den besetzten Gebieten, die zahlreiche Zugunfälle verursachen, gehen die Franzosen dazu über, verhaftete Reichsbahnbeamte als Geiseln auf den Lokomotiven mitzuführen.

Ein US-Dollar ist derzeit an der Börse 22 767,5 Mark wert.

6. März, Dienstag

Reichskanzler Wilhelm Cuno protestiert in seiner Reichstagsrede erneut gegen die Gewaltmaßnahmen der Besatzungsmächte im besetzten Rheinland und Ruhrgebiet. Die vorbehaltlose Räumung des Ruhrgebiets sei die Voraussetzung für Verhandlungen mit Frankreich. Bis dahin werde der passive Widerstand fortgesetzt. →S. 46

Der Kohlen- und Kokstransport nach Frankreich hat sich nach deutschen Angaben in den ersten beiden Monaten der Ruhrbesetzung drastisch verringert. Statt der in diesem Zeitraum sonst gelieferten 2,1 Millionen Tonnen konnten nur 74 000 Tonnen (= 3,5%) abtransportiert werden. Der Rückgang ist durch den passiven Widerstand und die Sabotage an Schienen- und Wasserwegen verursacht worden.

Johnny Weissmuller (USA) stellt in Newhaven mit 4:57,0 min einen Weltrekord über 400 m Freistil auf. Damit ist erstmals die Fünf-Minuten-Schallmauer durchbrochen. →S. 52

7. März, Mittwoch

Reichspräsident Friedrich Ebert besucht die Leipziger Frühjahrsmesse, die zwar mit 155 000 Besuchern einen Rekord, aber sehr schwache Geschäftsabschlüsse zu verzeichnen hat. Ebert wohnt auch der feierlichen Eröffnung des »Weltflughafens« Leipzig bei. →S. 51

Mit einer Verordnung zur Regelung des Pressewesens in den besetzten Gebieten verschärft die französische Regierung die Zensur deutscher Zeitungen. →S. 46

Von der türkischen Nationalversammlung in Angora (heute Ankara) wird der von den Alliierten in Lausanne unterbreitete Friedensvertragsentwurf abgelehnt. Der Wiederaufnahme der Verhandlungen stimmen die Abgeordneten unter der Bedingung zu, daß der türkische Anspruch auf das Mosul-Gebiet anerkannt werde (→4. 2./S. 37; 24. 7./S. 110).

8. März, Donnerstag

Schärfsten Protest erhebt die deutsche Reichsregierung in gleichlautenden Noten an Paris, London und Brüssel gegen die Verordnung der Rheinlandkommission (26. 2.), die deutschen Eisenbahnern schwerste Strafen bei Widerstand gegen die Besatzungsbehörden androht.

Mit der Errichtung weiterer Zollposten haben die Franzosen das von ihnen besetzte Gebiet mit einer von Emmerich bis zur Schweizer Grenze durchgehenden Zollgrenze vom unbesetzten Deutschen Reich getrennt. →S. 46

Die französische Kammer in Paris debattiert über die Marinevorlage, die einen erheblichen Ausbau der Seestreitkräfte vorsieht (→9. 3./S. 51).

9. März, Freitag

Der bayerische Landtag (München) stimmt mit 92 gegen 26 Stimmen (SPD/KPD) einer Abfindung des bayrischen Königshauses der Wittelsbacher zu. Der letzte regierende Wittelsbacher, König Ludwig III., dankte am 8. November 1918 ab. →S. 48

Im britischen Unterhaus wird das Verteidigungsbudget beraten, das wegen der französischen Luftüberlegenheit erhebliche Mittel für die Vergrößerung der britischen Luftwaffe bereitstellt. →S. 51

Wladimir I. Lenin, sowjetischer Regierungschef, erleidet seinen dritten Schlaganfall. →S. 49

10. März, Sonnabend

Alfred Rosenberg, nationalsozialistischer Publizist und Politiker, wird Hauptschriftleiter des NSDAP-Organs »Völkischer Beobachter« (→8. 2./S. 36).

Die chinesische Regierung informiert die japanische Regierung über ihren Entschluß, den chinesisch-japanischen Vertrag vom 25. Mai 1915 außer Kraft zu setzen. Das damals militärisch schwache China hatte mit dem Vertrag die japanischen »21 Forderungen« akzeptieren müssen. →S. 49

11. März, Sonntag

In Buer (Gelsenkirchen) werden zwei französische Offiziere erschossen. Die französischen Behörden verhängen sofort den Ausnahmezustand. Der Bürgermeister wird verhaftet, und die Bevölkerung ist den Mißhandlungen der Franzosen ausgesetzt. Am 12. März stellt sich heraus, daß französische Soldaten die Offiziere getötet haben.

Der italienische Ministerrat nimmt das Gesetz über die Durchführung des Achtstundentags an. Danach darf ein normaler Arbeitstag der Arbeiter und Angestellten aller privaten Betriebe und des öffentlichen Dienstes acht Stunden täglich oder 48 Stunden wöchentlich an effektiver Arbeitszeit nicht überschreiten.

Großbritannien und Frankreich schließen ein Abkommen über den Eisenbahnverkehr durch das von den Briten aufgrund des Versailler Vertrags (1919) seit 1920 besetzte Rheingebiet (Kölner Zone). Das Abkommen begrenzt den französischen Zugverkehr durch die britische Zone, der Frankreich und das besetzte Ruhrgebiet verbindet, auf zehn Züge pro Tag.

Das schweizerisch-ungarische Fußball-Länderspiel in Lausanne endet 1:6.

12. März, Montag

Der Reichstag (Berlin) genehmigt den Regierungsantrag, US-Dollarschatzanweisungen (Staatsanleihen) auszugeben. Bis zum 24. März können diese Schatzanweisungen des Deutschen Reichs gezeichnet werden. Die Reichsregierung reagiert mit dieser Maßnahme auf die finanzielle Misere des Reichs.

Die österreichische Regierung bringt eine neue Wahlordnung für die Wahlen zum Nationalrat ein. Die Gesetzesvorlage sieht eine Verminderung der Mandatszahl von 183 auf 165 vor.

Ein Zyklon von ungewöhnlicher Heftigkeit sucht die USA heim. In Tennessee werden 50 Häuser zerstört, wobei 20 Personen getötet und 75 verletzt werden.

13. März, Dienstag

In Marburg diskutiert der Religionsphilosoph Martin Buber mit dem Philosophen Paul Natorp über sein gerade im Insel Verlag (Leipzig) erschienenes Buch »Ich und Du« (→11. 1./S. 27).

14. März, Mittwoch

Der Staatsgerichtshof in Leipzig bestätigt die in den meisten norddeutschen Ländern verfügte Auflösung der verfassungsfeindlichen NSDAP. Die bayrische Regierung dagegen lehnt ein Verbot der Partei Adolf Hitlers ab.

Mit knapper Mehrheit verabschiedet der Reichstag (Berlin) die Novelle zum Gesetz über die Wohnungsbauabgabe. Damit wird die Wohnungsbauabgabe bis zum 31. Dezember 1924 auf 1500% des Nutzungswerts festgelegt.

15. März, Donnerstag

Reichsverkehrsminister Wilhelm Groener teilt mit, bisher seien im besetzten Ruhrgebiet 142 Eisenbahner verhaftet, 73 ausgewiesen und 52 schwer mißhandelt worden.

Ein Sabotageakt, für den Gruppen des aktiven Widerstands im besetzten Ruhrgebiet verantwortlich sind, unterbricht den Eisenbahnverkehr auf der Strecke Dortmund–Duisburg bei Kalkum für einige Tage (→7. 4./S. 61).

Die »Woche« aus Berlin berichtet in ihrem Heft vom 31. März über eine Rede des Reichspräsidenten Friedrich Ebert, dem die Einreise ins besetzte Ruhrgebiet verweigert wurde, in Hamm

Die Woche

Bilder vom Tage

Phot. Graudenz

„Zähneknirschend ertragen Sie brutale Gewaltakte, ohne sich durch alle diese rohen, geradezu sadistischen Quälereien zu Unbesonnenheiten hinreißen zu lassen. So haben Sie mit der Macht des eisernen Willens den Erfolg erkämpft. Nichts hat der Gegner erreicht, alle seine Methoden sind fehlgeschlagen. Das dankt ihnen heute mit bewundernder Anerkennung das ganze deutsche Volk! Das ganze Volk, das einig und geschlossen hinter seinen Brüdern im Ruhrgebiet steht!" — „Auf euch vertraut Deutschland. Haltet aus, seid wie bisher tapfer, fest, ruhig und besonnen! Dann ist unserer gerechten Sache der Erfolg sicher."

Der Reichspräsident spricht in Hamm vor den Delegierten des Ruhrgebiets

Die Souveränität Polens über das Wilnagebiet, auf das auch Litauen Anspruch erhebt, wird vom alliierten Botschafterrat anerkannt. Auch weiterhin kommt es zu offenen Zusammenstößen an der polnisch-litauischen Grenze. →S. 49

16. März, Freitag

Bisher sind im besetzten Rhein- und Ruhrgebiet 445 Zeitungen verboten worden. Die Dauer der Verbote bewegt sich zwischen drei Tagen und drei Monaten (→7. 3./S. 46).

Der französische Senat stimmt mit 268 gegen 4 Stimmen für das Militärgesetz, das die 18monatige Dienstzeit einführt.

Hugo Hofmannsthals Drama »Der Unbestechliche« wird im Wiener Raimund-Theater uraufgeführt. Die Hauptrolle spielt der Komiker Max Pallenberg.

Das Klavier-Konzert Es-Dur op. 31 von Hans Pfitzner wird durch den Pianisten Walter Gieseking uraufgeführt.

17. März, Sonnabend

In Köln wird auf den rheinischen Separatistenführer Joseph Smeets ein Attentat verübt. Smeets wird lebensgefährlich verletzt, kann jedoch gerettet werden. Hinter dem Anschlag stehen vermutlich Gruppen des aktiven Widerstands gegen die französische Besatzungsmacht, die den Separatismus fördert.

Bevollmächtigte der sowjetischen Regierung und der Firma Fried. Krupp unterzeichnen in Berlin einen Vertrag über Landkonzessionen, die der deutschen Firma erteilt werden.

Eine hochoffiziöse Meldung der Nachrichtenagentur Reuter zur Ruhrbesetzung bestreitet jede britische Interventionsabsicht. Es sei die Aufgabe der deutschen Reichsregierung, direkt mit den Besatzungsmächten Frankreich und Belgien zu verhandeln.

18. März, Sonntag

In Hamm findet eine Besprechung zwischen Reichspräsident Friedrich Ebert und den Gewerkschaften sowie den Arbeitgeberverbänden des Ruhrgebiets statt. Ebert spricht Arbeitern und Unternehmern den Dank für den von ihnen geleisteten passiven Widerstand gegen die französische und belgische Besetzung des Ruhrgebiets aus.

Ein französischer Soldat wird in der Nacht im Essener Hauptbahnhof erschossen. Die Besatzungsbehörde verhaftet einige Essener Bankdirektoren als Geiseln. Der Buchdruckereibesitzer Karl Schulte wird von einem französischen Soldaten erschossen, obwohl er als Täter nicht in Frage kommt.

In Frankfurt am Main beginnt der Kongreß der Kommunistischen Internationale (bis 20. 3.).

Das Wiesbadener Staatstheater wird durch ein Feuer vollständig zerstört. Als Brandursache wird eine Explosion der defekten Gasleitung vermutet. Da das Feuer erst nach der Vorstellung ausbricht, werden Menschenleben nicht gefährdet. Allerdings entsteht erheblicher Sachschaden. →S. 49

»Olympia«, ein Drama von Ernst Weiß, wird im Charlottenburger Renaissance-Theater (Junge Bühne) in Berlin uraufgeführt. Regie führt Karl-Heinz Martin, die Titelrolle spielt Agnes Straub.

19. März, Montag

Im New Yorker Garrick Theatre wird das von dem US-amerikanischen Schriftsteller Elmer Rice verfaßte Drama »Die Rechenmaschine« (»The Adding Machine«) uraufgeführt.

20. März, Dienstag

Der Deutsche Reichstag verabschiedet den Notetat. Das Defizit für 1922 beträgt 7,1 Billionen Mark.

Vom bayerischen Innenminister Franz Schweyer wird der Antrag der SPD und DDP (Deutsche Demokratische Partei), die nationalsozialistischen Sturmtrupps und -abteilungen aufzulösen, abgelehnt. SPD und DDP begründen ihren Antrag mit den Schlägereien zwischen den Sturmtrupps der NSDAP und anderer Parteien in Ingolstadt und Immenstadt.

21. März, Mittwoch

Mit 49 Stimmen gegen 46 Stimmen der bürgerlichen Parteien wählt der sächsische Landtag den bisherigen Justizminister Erich Zeigner (SPD) zum Ministerpräsidenten. Zeigner bildet ein sozialistisches Kabinett, in das später Kommunisten eintreten (→29. 10./S. 165).

22. März, Donnerstag

Reichskanzler Wilhelm Cuno wird bei der bayrischen Staatsregierung in München offiziell empfangen. In den während seiner Süddeutschlandreise bis 23. März gehaltenen Reden bekräftigt Cuno den Willen zum passiven Widerstand im Ruhrgebiet und wiederholt sein schroffes »Nein« gegenüber Verhandlungen mit Frankreich vor einer Räumung des Ruhrgebiets. →S. 48

Der preußische Innenminister Carl Severing (SPD) verfügt das Verbot und die Auflösung der Deutschvölkischen Freiheitspartei (DVFP), die in enger Verbindung mit der verbotenen NSDAP steht. Nach Auskunft Severings plante die Partei einen nationalen Putsch.

Der Physiker Albert Einstein tritt aus der Völkerbundskommission für intellektuelle Zusammenarbeit aus. Zur Begründung sagt Einstein, der Völkerbund erfülle seine Aufgabe, die Sicherung des Weltfriedens, nicht.

23. März, Freitag

In Sevilla wird »Meister Pedros Puppenspiel«, ein Marionettenspiel nach Miguel de Cervantes' Roman »Don Quijote«, uraufgeführt (konzertant). Das von Manuel de Falla komponierte Stück findet großen Anklang.

Herbert Heinrich (Leipzig) stellt in Magdeburg mit 5:26,6 min den deutschen Rekord über 400 m Freistil auf. Am folgenden Tag gelingt Heinrich über 200 m Freistil ein weiterer deutscher Rekord (2:26,8 min).

24. März, Sonnabend

Reichsschatzminister Heinrich Albert legt dem Reichstag eine Denkschrift über die Kosten der alliierten Rheinlandbesetzung vor, für die das Deutsche Reich laut Bestimmungen des Versailler Vertrags (1919) vom 20. Januar 1920 an aufzukommen hat. Bis Ende des Jahres 1922 seien 4,5 Milliarden Goldmark gezahlt worden.

In Kiel wird in Anwesenheit des preußischen Ministerpräsidenten Otto Braun (SPD) der 75. Gedenktag der schleswig-holsteinischen Erhebung gegen Dänemark gefeiert.

Fritz Kortner spielt am Berliner Staatlichen Schauspielhaus die Titelrolle in Henrik Ibsens Drama »John Gabriel Borkmann«.

25. März, Sonntag

In Santiago de Chile beginnt der Panamerikanische Kongreß (bis 3. 5.), an dem alle nord-, mittel- und südamerikanischen Staaten außer Mexiko, Bolivien und Peru teilnehmen. Der Kongreß soll u. a. einer Verständigung über die Frage der Seeabrüstung, den amerikanischen Völkerbund und die Monroe-Doktrin dienen. Am 3. Mai unterzeichnen die Kongreßteilnehmer den sog. Gondra-Vertrag.

26. März, Montag

Hohe katholische Geistliche werden in Moskau zum Tode verurteilt, weil sie sich weigerten, Kirchengut an den Staat abzutreten. Später werden die aufsehenerregenden Todesurteile in Gefängnisstrafen umgewandelt. →S. 49

Der Allgemeine Deutsche Gewerkschaftsbund (ADGB) und der Allgemeine freie Angestelltenbund (AfA) gründen die Deutsche Kapitalverwertungsgesellschaft mbH, dessen Aufsichtsratsvorsitzender Theodor Leipart, der Leiter des ADGB, wird.

27. März, Dienstag

Vor dem Finanzausschuß der französischen Kammer gibt Ministerpräsident Raymond Poincaré zu, daß die wirtschaftlichen Ergebnisse der Ruhrbesetzung bisher unbedeutend seien. Um das Ausbeutungsprogramm verwirklichen zu können, müsse die Besetzung verlängert und stabilisiert werden.

28. März, Mittwoch

Während der Ruhrdebatte im britischen Unterhaus fordert James Ramsey MacDonald (Labour Party) die britische Regierung auf, gegen die französische Ruhrpolitik vorzugehen. Der britische Premierminister Andrew Bonar Law nimmt wegen Erkrankung nicht an der Parlamentsdebatte teil.

Die Sowjetregierung stellt das Autorenrecht unter das Staatsmonopol. Auch die Autoren, deren Autorenrechte bereits vor der Oktoberrevolution (1917) erloschen waren, sind von dieser Maßnahme betroffen.

29. März, Donnerstag

Aufgrund von Vereinbarungen zwischen der US-amerikanischen und japanischen Regierung wird das Lansing-Ishii-Abkommen vom 2. November 1917 aufgehoben. In dem Abkommen hatten die USA die japanischen Sonderinteressen in China anerkannt (→10. 3./S. 49).

30. März, Karfreitag

Ludwig Wolffs Film »Der Absturz – Ein Drama aus dem Künstlerleben« wird in Düsseldorf uraufgeführt. Asta Nielsen in der Hauptrolle spielt virtuos eine alternde Sängerin.

31. März, Sonnabend

Zu einem schweren Zwischenfall kommt es in den Essener Krupp-Werken. Mit Maschinengewehrfeuer gehen französische Soldaten gegen die Arbeiter vor, die gegen die Beschlagnahme von werkseigenen Pkw demonstrieren, wobei 13 Arbeiter getötet werden. →S. 47

Für den März beträgt der Durchschnittswert eines US-Dollars 21 200 Mark.

In Berlin werden der dritte und vierte Teil des Films »Fridericus Rex« mit den Titeln »Sanssouci« und »Schicksalswende« uraufgeführt. Die Hauptrolle spielt Otto Gebühr.

Gestorben:

8. Amsterdam: Johannes Diderik van der Waals (*23. 11. 1837, Leiden), niederländischer Physiker, Nobelpreisträger (Physik) 1910.

26. Paris: Sarah Bernhardt (eigentl. Henriette Rosine Bernard, *22. 10. 1844, Paris), französische Schauspielerin. →S. 53

Geboren:

7. Budapest: Milo Dor (eigentl. Milutin Doroslavic), österreichischer Schriftsteller serbischer Herkunft.

8. Hamburg: Walter Jens, deutscher Schriftsteller, Literaturkritiker und -historiker.

15. Berlin: Willy Semmelrogge (†10. 4. 1984, Berlin/West), deutscher Schauspieler.

22. Straßburg: Marcel Marceau, französischer Pantomime.

26. München: Gert Bastian, deutscher General und Politiker.

Das Wetter im Monat März

Station	Mittlere Lufttemperatur (°C)	Niederschlag (mm)	Sonnenscheindauer (Std.)
Aachen	6,6 (5,5)	50 (49)	– (125)
Berlin	5,6 (3,9)	15 (31)	– (151)
Bremen	6,0 (4,0)	23 (42)	– (117)
München	5,3 (3,3)	33 (46)	– (142)
Wien	– (4,9)	– (42)	– (–)
Zürich	5,2 (4,2)	40 (69)	99 (149)

( ) Langjähriger Mittelwert für diesen Monat
– Wert nicht ermittelt

Zwischenmenschliche Beziehungen karikiert die Münchener Illustrierte »Meggendorfer Blätter«

Meggendorfer-Blätter
(Der Guckkasten)
Postversand von Esslingen a. N., Ort der Herausgabe München.
22. März 1923
Nr
1682
E. H. Nunes
Rücksichtsvoll
– „Das hab' ich kommen sehn zwischen Meta und Vetter Max. Aber wenn sie sich jetzt küssen, schrei' ich Hurra."
– „Untersteh' dich, Paul! Meta hat mir schon immer gesagt, sie wünschte sich so sehr, heimlich verlobt zu sein."

Passiver Widerstand weiter ungebrochen

6. März. Reichskanzler Wilhelm Cuno tritt in seiner Reichstagsrede entschieden für die Fortsetzung des passiven Widerstands im besetzten Rhein- und Ruhrgebiet, »der Waffe der Gewaltlosigkeit und des Friedens im Kampfe gegen Unrecht und Gewalt«, ein. Solange die Besetzung des Ruhrgebiets andauere, könne es keine Verhandlungen mit Frankreich und Belgien geben.

Trotz der hohen Kosten (die Reichsregierung leistet Entschädigungen, Arbeitslosenunterstützungen und Lohnzahlungen) plädiert der Reichskanzler uneingeschränkt für die Fortsetzung der Widerstandspolitik, die den Kohlenabtransport durch die Besatzungsmächte bislang weitgehend verhindert hat. Der bisherige Abtransport entspricht nach Cunos Angaben 3,5% der Kohlenmenge, die das Deutsche Reich seit Beginn der Ruhrbesetzung als Reparationen geliefert hätte.

Ungebrochen in ihrem Widerstandswillen zeigen sich auch die Unternehmerverbände und Gewerkschaften des Ruhrgebiets. Der Deutsche Eisenbahnerverband forderte am 3. März die Eisenbahnbediensteten der besetzten Gebiete auf, trotz der französischen Strafandrohungen die Dienstverweigerung beizubehalten. Am 14. März betont die Vereinigung der Deutschen Arbeitgeberverbände ihre Bereitschaft, die Wirtschaft des Ruhrgebiets zu unterstützen. Im Gegensatz dazu fordern die Sozialdemokraten die Aufnahme von Gesprächen mit Paris, sobald Frankreich seine Verhandlungsbereitschaft signalisiere.

Beschlagnahmung von Kohle im besetzten Ruhrgebiet; französische und polnische Arbeiter beladen Kokswaggons für den Abtransport nach Frankreich

Franzosen machen Zollgrenze dicht

8. März. Mit einer weiteren Ausdehnung des besetzten Gebiets und der Errichtung zusätzlicher Zollposten schaffen die Franzosen eine durchgehende Zollgrenze von Emmerich bis zur Schweizer Grenze, die das französisch und belgisch besetzte Ruhr- und Rheingebiet vom übrigen Deutschen Reich trennt.

Nachdem am 3. März die große Eisenbahnwerkstatt von Darmstadt sowie die Mannheimer und Karlsruher Hafenanlagen besetzt worden sind, sichern weitere Vormärsche (am 5. März werden Remscheid und Wipperfürth, am 7. März das Zollamt Maxau bei Karlsruhe besetzt) die Kontrolle der Franzosen über die einheitliche Zollschranke.

Nun können die Besatzungsmächte das Verbot vom 31. Januar, Kohle aus dem Ruhrgebiet in das unbesetzte Deutsche Reich zu liefern, wirksam kontrollieren. Die Brennstoffversorgung der deutschen Wirtschaft wird empfindlich gestört. Der Import britischer Kohle belastet die knappen Devisenreserven.

Zeitungsverbote und Zensur in den Besatzungsgebieten

7. März. General Jean Marie Degoutte, Oberbefehlshaber der französischen Truppen im besetzten Ruhrgebiet, erläßt eine Verordnung zur Regelung des Zeitungswesens im Besatzungsgebiet. Sie bildet die Grundlage für die Verschärfung der bisherigen gegen die deutsche Presse gerichteten Zensur- und Verbotspraxis der Besatzungsmächte.

Nunmehr sind alle Veröffentlichungen in Wort, Schrift und Bild, »die geeignet sind, die öffentliche Ordnung zu gefährden und die Sicherheit und die Würde der Besatzungsbehörden ... zu beeinträchtigen« verboten und unter Strafe gestellt. Urheber der beanstandeten Artikel werden von Militärgerichten verfolgt und mit Gefängnis bis zu fünf Jahren und/oder Geldstrafen bis zu zehn Millionen Mark belegt. Dieselben Strafen drohen den Verkäufern, Ausstellern und Verteilern von verbotenen Zeitungen.

Außerdem verpflichtet die Verordnung die verantwortlichen Redakteure zur Veröffentlichung der offiziellen Bekanntmachungen und Befehle der Besatzungsbehörden.

Eine deutsche Zusammenstellung über die »Knebelung« der Presse zählt 445 Zeitungen auf, die seit Beginn der Ruhrbesetzung bis zum 16. März im besetzten Ruhr- und Rheingebiet auf unterschiedliche Dauer (drei Tage bis drei Monate) verboten worden sind. Die Zeitungen hatten Erklärungen der deutschen Behörden und der Reichsregierung gegen die Ruhrbesetzung veröffentlicht.

Die Reichsarbeitsgemeinschaft der deutschen Presse hat gegen diese »Vergewaltigungen der Presse« protestiert (8. 2.).

Das französische Besatzungsregime im Rhein- und Ruhrgebiet zensiert und verbietet die deutsche Presse; Verbrennung beschlagnahmter Zeitschriften

Beobachter an der Ruhr

FREIE STIMME DES VOLKES AN RUHR UND RHEIN

Nr. 1 | 29. August 1923 | Erscheint nach Bedarf

Trotz alledem!

Das „freie“ Volk der Franzosen hat das freie Wort an Ruhr und Rhein zum Verstummen gebracht. Fast täglich erfolgen Zeitungsverbote. Die fadenscheinigsten Gründe müssen für die Knebelung der Presse herhalten. Natürlich kann es auch einem deutschen Blatte einmal passieren, daß es eine unrichtige Nachricht bringt. Aber so bewußt gelogen wie der französische Nachrichtendienst hat gewiß noch kein einziges deutsches Blatt. Was die Besatzung nicht vertragen kann, ist die Wahrheit! Deshalb unterdrückt sie die Freiheit der Presse, und alle sonstigen Gründe sind nur nichtige Vorwände.

Die Schädigung der Zeitungen durch Verbote bringt es mit sich, daß die Presse an Ruhr und Rhein nicht alles bringen kann, was die Bevölkerung bedrückt und bewegt. Deshalb hat sich ein kleiner Kreis von Männern aller Schichten entschlossen, diese **freie Tribüne** als Sprachrohr der leidenden Bevölkerung an Ruhr und Rhein zu schaffen. Lediglich diesem Ziel soll sie dienen, nicht etwa einer einzelnen Partei oder Richtung. Es ist Vorsorge dafür getroffen, daß sie in großer Zahl im ganzen Gebiet verbreitet wird. Keiner französischen Spürnase wird es gelingen, sie aufzuheben oder gar zu unterdrücken. Zuverlässige Mitarbeiter sind in allen Orten und Schichten gewonnen.

Ein Schutz- und Trutzblatt ist der „Beobachter an der Ruhr“. Wie er die Gemeinheiten der Besatzung beim richtigen Namen nennen wird, so wird er sich auch nicht scheuen, diejenigen ehrvergessenen Deutschen an den Pranger zu stellen, die unter Sabotage der passiven Abwehr mit der Besatzung in Verbindung treten. Wer in dieser Zeit des schwersten Schicksalskampfes unseres Vaterlandes seine persönlichen Interessen dem allgemeinen Ganzen nicht unterordnen will, muß sich gefallen lassen, für alle Zeiten als erbärmlicher Wicht festgenagelt zu werden.

So senden wir dieses Blatt hinaus als Notschrei der unterdrückten und nach Freiheit lechzenden Bevölkerung an Ruhr und Rhein. Daß bald der Tag der Befreiung komme — dafür wollen wir unermüdlich arbeiten, trotz alledem und alledem!

Verlag und Schriftleitung.

Der belgische General Beaurain — ein Mann ohne Ehre.

Der Düsseldorfer Regierungspräsident sah sich zu folgendem Schreiben an den General Beaurain genötigt:

„Aus Anlaß des Unglücksfalles auf der Duisburg-Hochfelder Eisenbahnbrücke haben Sie sich veranlaßt gesehen, eine Reihe angesehener deutscher Bürger aller Stände als Geiseln in Anspruch zu nehmen. Ich will an dieser Stelle nicht untersuchen, ob Sie hierzu überhaupt berechtigt waren, da Ihre Untersuchungen und diejenigen der deutschen Kriminalpolizei bisher nicht den geringsten Anhalt dafür ergeben haben, daß der Unglücksfall auf deutschem Verschulden beruht. Das gegenwärtige Schreiben bezweckt vielmehr lediglich, auf Grund eines einwandfreien Berichtes einer der Geiseln den schärfsten Protest gegen die Art und Weise der Behandlung der Geiseln vornehmlich während der Dauer der Geiselhaft vom 30. Juni bis 14. Juli 1923 zu erheben. Ich bemerke, daß die Glaubwürdigkeit der betreffenden Geisel wie auch der übrigen Geiseln außer allem Zweifel steht und auch von Ihnen und Ihren Organen nicht wird in Zweifel gezogen werden können, wenn Sie berücksichtigen, daß Sie die Auswahl der Geiseln gerade nach den Grundsätzen vorgenommen haben, Persönlichkeiten der Duisburger Bevölkerung in die Hand zu bekommen, für die ein Zweifel an ihren Worten eine ebenso große Beleidigung sein würde, wie wenn man in Ihre Worte, Herr General, Zweifel setzen würde.

Der Bericht der Geisel ergibt, Herr General, daß entweder Sie aus eigener Initiative oder auf Vorschlag Ihrer Berater selbst die Durchführung der

unmenschlichen Geiselhaft

geregelt haben und hierbei systematisch das Ziel verfolgten, die Geiseln moralisch auf das tiefste zu demütigen, ihnen ohne Rücksicht auf Krankheit, vorgerücktes Alter und körperliche Gebrechen empfindlichste Entbehrungen aufzuerlegen, sowie sie auch äußerlich in einen Zustand der Verwahrlosung und Erniedrigung zu versetzen. Ich muß feststellen, daß Ihr Zweck, Herr General, erreicht worden ist, da alle Geiseln auf längere Zeit unter den Nachwirkungen der erlittenen Folterung leiden werden und ein erheblicher Teil von ihnen infolge Verschlimmerung und Wiederausbruch früherer Krankheiten infolge ihrer Behandlung als Geiseln längere Zeit seine berufliche Tätigkeit wird aussetzen müssen. Daß die getroffenen Maßnahmen lediglich auf Ihren Befehl zurückzuführen sind, ergibt sich schon daraus, daß die die Geiseln überwachenden belgischen Gendarmen, die mitunter in einem menschlichen Gefühl ihre ihnen anbefohlenen Maßnahmen zu mißbilligen schienen, sich dauernd darauf beriefen, daß alle Anordnungen gegenüber den Geiseln von Ihnen, Herr General, ausgingen.

Im einzelnen hat sich mein Protest gegen folgende Ihrer Handlungen gegenüber den Geiseln zu richten:

»Beobachter an der Ruhr« (29. 8.) gegen die »Knebelung der Presse«

Die Ehrenkompagnie der Bergarbeitergewerkschaften. Dr. Krupp v. Bohlen u. Halbach. Die kirchlichen Vereinigungen mit ihren Bannern im Trauerzuge.

Unsern toten Kameraden.

Von Artur Zickler.

Dreizehn Tote. Gefallen durch Frevlerhand.
Männer der Arbeit – gestorben fürs Land!
Ade, Kameraden!
So wie ihr standet am Letzten des März,
Drückt euch die rote Erde ans Herz:
Friedlich und stark!

Daß frei die Arbeit und frei der Mann,
Euer Blut in westfälische Erde rann –
Ade, Kameraden!
In Treue verbunden, im Schicksal vereint,
Ganz Deutschland um euch, seine Söhne, weint:
Gestorben fürs Volk!

So lange der deutsche Hammer noch klingt,
Er das Lied vom Sterben der Dreizehn singt:
Von Euch, Kameraden!
Eure tote Hand in die Zukunft weist:
Mit euren Herzen, in eurem Geist
Wird Deutschland bestehen!

Weinender Stolz unsre Seelen erhebt:
Ihr seid gestorben, daß Deutschland lebt –
Ade, Kameraden!
Die ihr vom bittersten Kelche trankt –
Von siebzig Millionen sei's euch gedankt
In Ewigkeit, Brüder!

Blick auf den Essener Ehrenfriedhof während der Feier. Oben: Generaldirektor Wendt (×) hält im Namen der Krupp-Werke die Gedächtnisrede.

Die Beisetzung der von den Franzosen erschossenen Kruppschen Arbeiter in Essen am 10. April.

Das Essener »Blutbad« vom 31. März – französische Soldaten erschossen 13 Krupp-Arbeiter bei der Beschlagnahmung von werkseigenen Personenkraftwagen – löst im Deutschen Reich eine gegen die Franzosen gerichtete Woge der Empörung aus. Allgemein werden die Erschossenen als nationale Märtyrer angesehen, was in dem von der »Leipziger Illustrirten Zeitung« abgedruckten Gedicht von Artur Zickler (Abb.) zum Ausdruck kommt. Eine entsprechende Ausrichtung hat die große Begräbnisfeier am 10. April, die einer massenhaften Kundgebung gegen das französische und belgische Besatzungsregime im Rhein- und Ruhrgebiet gleichkommt (Abb.)

13 Erschossene bei den Krupp-Werken

31. März. Bei Requisitionen in den Essener Krupp-Werken gehen französische Truppen mit Maschinengewehrfeuer gegen die passiven Widerstand leistenden Arbeiter vor. Dabei sterben 13 Arbeiter und über 30 werden verletzt. In der französischen Version des Zwischenfalls wird das Vorgehen der Truppen als legitime Notwehr gegen die Provokationen, Drohungen und Angriffe von seiten der deutschen Arbeiter gerechtfertigt.

Zwecks Beschlagnahmung von werkseigenen Personenkraftwagen besetzt ein französisches Kommando die Pkw-Halle der Essener Krupp-Werke. Die Werksleitung läßt daraufhin die Arbeit einstellen; die Arbeiter versammeln sich in großer Menge in der Umgebung der besetzten Halle, um gegen das Vorgehen der Franzosen zu demonstrieren. Während der Verhandlungen des Betriebsrats mit den Franzosen verliert deren Kommandeur die Nerven und läßt ohne Vorwarnung das Feuer auf die Menge eröffnen. Anschließend verlassen die französischen Soldaten die Krupp-Werke.

In der am 4. April in Paris überreichten Protestnote der Reichsregierung gegen diese Aktion wird betont, daß die Franzosen das »Blutbad« angerichtet hätten »ohne jede Herausforderung durch die Arbeiter«, die sich »trotz ihrer begreiflichen Erregung zu keiner Tätlichkeit oder Drohung« hätten hinreißen lassen.

Dagegen schiebt die französische Regierung die Schuld an den Ereignissen den Direktoren der Krupp-Werke zu, denn die Werksleitung habe die Arbeiter gegen die Franzosen aufgehetzt. Aufgrund der Angriffe und Drohungen von seiten der Krupp-Arbeiter habe sich das Requisitionskommando in dringender Gefahr und im Zustand legitimer Notwehr befunden, als es das Feuer auf die Menge eröffnete.

Wegen angeblicher Aufhetzung der Arbeiter gegen das Requisitionskommando stellen die Besatzungsbehörden den Aufsichtsratsvorsitzenden der Krupp-Werke, Gustav Krupp von Bohlen und Halbach, sowie einige Krupp-Direktoren und Werksleiter unter Anklage (→ 8. 5./S. 77). Bei der Beerdigung der Opfer des Essener Blutbads (10. 4.) kommt es zu heftigen antifranzösischen Protesten.

Kronprinz Rupprecht von Bayern (l.) in Begleitung seiner jungen Frau

Entschädigung für Ex-Bayernkönige

9. März. Mit 92 Stimmen gegen die 26 Stimmen der Sozialdemokraten und Kommunisten nimmt der bayrische Landtag die Vorlage über die Abfindung des ehemaligen bayrischen Königshauses der Wittelsbacher in Höhe von 50 Millionen Goldmark (nach dem derzeitigen Währungsstand 250 Millionen Mark) an.
Der letzte regierende Wittelsbacher, König Ludwig III., dankte am 8. November 1918 ab. Damit ging ein großer Teil der Besitzungen des Königshauses in staatlichen Besitz über, wofür die Wittelsbacher nunmehr abgefunden werden.

Zusammenarbeit mit Franzosen strafbar

3. März. Reichspräsident Friedrich Ebert (SPD) erläßt eine Verordnung gegen Spionage. Zur Stärkung der Bevölkerung und der Behörden im besetzten Rhein- und Ruhrgebiet im passiven Widerstand gegen die französischen Besatzungsbehörden stellt die Verordnung über Spionage die verräterische Zusammenarbeit Deutscher mit den Franzosen unter hohe Freiheitsstrafen (Zuchthaus nicht unter zehn Jahren). Bereits am 22. Februar hatte die Reichsregierung erklärt, wer die Besatzungsbehörden unterstütze und ihre Anordnungen befolge, begehe Landesverrat.
Mit der Spionage-Verordnung reagiert die deutsche Seite auf die französischen Strafandrohungen gegen den passiven und aktiven Widerstand von seiten der deutschen Bevölkerung.
Um den Kohlenabtransport gegen die Dienstverweigerung der deutschen Eisenbahner und gegen Sabotage zu sichern, hatte die Rheinlandkommission am 26. Februar eine Verordnung erlassen, die jedem, der den Eisenbahntransport so gefährdet, daß dadurch ein tödlicher Unfall verursacht wird oder werden könnte, die Todesstrafe androht. Handlungen, die geeignet sind, den Eisenbahnverkehr schwerwiegend zu unterbrechen, werden mit bis zu lebenslänglichem Zuchthaus geahndet.
Die französische Verordnung richtet sich besonders gegen die Aktionen der Gruppen des aktiven Widerstands, die zu schweren Störungen des seit 1. März von der Régie des Chemins de Fer des Territoires Occupés, der französischen Verwaltungseinrichtung für das Eisenbahnwesen in den besetzten Gebieten, kontrollierten Eisenbahnbetriebs führen. So wird z. B. die Eisenbahnstrecke Duisburg–Dortmund bei Kalkum am 15. März durch einen Sabotageakt unterbrochen.
Am 8. März protestiert die Reichsregierung in Paris, London und Brüssel gegen diese Strafverordnung, die deutsche Eisenbahnbeamte in den Dienst der Besatzungsmächte zwingen solle (→ 7. 4./S. 61).

Ebert erläßt Verordnung gegen Spionage

3. März. Im Vollzug der allgemeinen Verlautbarung der Reichsregierung in Berlin vom 22. Februar, jede Zusammenarbeit mit den französischen und belgischen Besatzungsbehörden im Rhein- und Ruhrgebiet sei als Akt des Landesverrats strafbar, erläßt Reichspräsident Friedrich Ebert (SPD) die Verordnung über Spionage, aufgrund des Artikels 48 der Weimarer Verfassung (Auszüge):

»§ 1. Mit Zuchthaus nicht unter zehn Jahren oder mit lebenslangem Zuchthaus wird bestraft, wer während der in Friedenszeit erfolgten Besetzung deutschen Gebiets durch eine fremde Macht dieser in wirtschaftlichen, politischen oder militärischen Angelegenheiten als Spion dient oder Spione dieser Macht aufnimmt, verbirgt oder ihnen Beistand leistet. Bei milderen Umständen wird als Strafe Zuchthaus bis zu zehn Jahren oder Gefängnis nicht unter zwei Jahren verhängt.
§ 2. Neben Freiheitsstrafen ist auf Geldstrafe bis zu 500 Millionen Mark zu erkennen. Neben Gefängnis kann auf Verlust der bekleideten öffentlichen Ämter, sowie der aus öffentlichen Wahlen hervorgegangenen Rechte erkannt werden.
§ 3. § 93 des Strafgesetzbuches über die Beschlagnahmung des Vermögens gilt entsprechend.
§ 4. Für die Aburteilung ist das Reichsgericht zuständig!«
Ergänzend zu dieser Verordnung erläßt der Reichspräsident am 17. April die Verordnung über Freiheitsbeschränkungen, die deutsche Behörden ermächtigt, gegen Personen, von denen eine Unterstützung der an der Ruhrbesetzung beteiligten Mächte zu befürchten ist, freiheitsbeschränkende Maßnahmen zu ergreifen, um sie an der Einreise in die besetzten Gebiete zu hindern.
Beide Verordnungen werden aufgrund des Artikels 48 der Weimarer Verfassung erlassen, der den Reichspräsidenten ermächtigt, im Falle erheblicher Störung oder Gefährdung der »öffentlichen Ordnung« die »nötigen Maßnahmen« zu treffen.

Cuno bekräftigt den Widerstand

22. März. *Anläßlich seines Besuchs in München bekräftigt Reichskanzler Wilhelm Cuno den Willen der Reichsregierung, an der Politik des passiven Widerstands in den besetzten Gebieten festzuhalten. Wie bereits am 6. März in seiner Reichstagsrede macht Cuno die vorbehaltlose Räumung des Ruhrgebiets zur Voraussetzung für Verhandlungen mit Frankreich. Wörtlich sagt Cuno: »Solange übrigens das Regime der Gewalt und der Rechtlosigkeit nicht endgültig aufgegeben ist, ist ein Regime der vertragsgemäßen Erfüllung undenkbar.« (Cuno, 1. v. l., auf der Fahrt ins bayrische Außenministerium).*

Brandkatastrophe im Wiesbadener Staatstheater führt zu einem Schaden in Milliardenhöhe

18. März. *Aus bisher ungeklärter Ursache – vermutet wird eine Explosion der Gasleitung – bricht nach der Vorstellung im Wiesbadener Staatstheater, der 1893/94 errichteten früheren Königlichen Hofoper, ein Feuer aus, das sich rasch ausbreitet. Obwohl die Feuerwehr sofort alarmiert wird und zügig mit den Löscharbeiten beginnt, ist nach einer knappen Stunde das Theater einschließlich des Kulissenhauses bis auf die Grundmauern abgebrannt.*
Als Glück im Unglück bezeichnet die Theaterleitung die Tatsache, daß der Brand erst nach Beendigung der Vorstellung, als die Zuschauer das Theater bereits verlassen haben, ausbricht. So wird durch die Brandkatastrophe niemand verletzt oder getötet. Es entsteht jedoch ein unermeßlicher materieller Schaden, besonders durch den Verlust des Kulissenhauses, dessen Inhalt auf einen Wert in Milliardenhöhe geschätzt wird (Abb. l.: Höfischer Prunkbau des im historisierenden Stil errichteten Wiesbadener Staatstheaters vor dem Brand; Abb. r.: In einen wüsten Trümmerhaufen verwandelte Versenkbühne).

China kündigt den Vertrag mit Japan

10. März. Die chinesische Regierung unter Präsident Li Yüan-hung übermittelt der japanischen Regierung unter Ministerpräsident Tamosaburo Kato ihre Entscheidung, den chinesisch-japanischen Vertrag vom 25. Mai 1915 außer Kraft zu setzen. Das militärisch geschwächte China hatte damals die »21 Forderungen« Japans akzeptieren müssen, die Japan einen weitgehenden Einfluß auf China sicherten.

Tamosaburo Kato

Hauptpunkte der »21 Forderungen« sind die Verpachtung der südlichen Mandschurei auf 99 Jahre an Japan, Anerkennung des japanischen Einflusses in Schantung und der östlichen Mongolei, japanische Kontrolle der Rüstungsindustrie und des Bergbaus in China sowie die Verpflichtung Chinas, keiner dritten Macht einen Teil des chinesischen Küstengebiets abzutreten.
Da die Westmächte, besonders die USA, seit Ende des Weltkriegs bestrebt sind, Japans Machtstellung zurückzudrängen, verbessert sich Chinas Position gegenüber Japan.

Wilnagebiet wird Polen zugesprochen

15. März. Von der alliierten Botschafterkonferenz in Paris wird der polnisch-litauische Grenzstreit zugunsten Polens entschieden, dem damit Wilna, die alte Hauptstadt des Großfürstentums Litauen, zugesprochen wird. Damit sind jedoch die wegen des Wilnagebiets seit 1919 bestehenden tiefen Spannungen zwischen Litauen und Polen nicht behoben. Auch weiterhin kommt es zu offenen Zusammenstößen im Grenzgebiet.

Jósef K. Piłsudski

Obwohl sie im Vertrag von Suwałki (7. 10. 1920) die Ansprüche Litauens auf Wilna und die umliegenden Kreise anerkannt hatte, ließ die polnische Regierung unter Staatspräsident Jósef Klemens Piłsudski zwei Tage später das Wilnagebiet besetzen und errichtete einen von Warschau abhängigen, Mittellitauen genannten, Pufferstaat.
Der polnische Plan einer Föderation beider Staaten stößt in Litauen auf Ablehnung, weil es argwöhnt, polnische Vorherrschaftsbestrebungen seien Hintergrund dieses Plans.

Kirchenverfolgung in der Sowjetunion

26. März. In Moskau werden hohe katholische Geistliche zum Tode verurteilt, weil sie sich geweigert haben, Kirchengut an den Staat abzutreten. Die Todesurteile werden später zu langen Haftstrafen umgewandelt.
Seit der Oktoberrevolution von 1917 und dem Beginn der bolschewistischen Herrschaft befinden sich die kirchlichen Gemeinschaften, besonders die Geistlichen, wegen der scharfen Frontstellung der neuen Machthaber gegenüber allen religiösen Lebensformen in Bedrängnis.

Patriarch Tichon

Den Geistlichen wurden die staatsbürgerlichen Rechte aberkannt, der Religionsunterricht von Jugendlichen wurde 1921 verboten. Der Widerstand der Geistlichkeit, besonders die offene Feindschaft des zur Zeit inhaftierten russisch-orthodoxen Patriarchen Tichon, führte zur Verschärfung des Kirchenkampfes. Zahlreiche Geistliche werden verhaftet, der Grundbesitz der Kirchen wird enteignet, Kultgegenstände werden konfisziert.

Lenin erleidet den dritten Schlaganfall

9. März. Der an rasch fortschreitender Gehirnsklerose leidende sowjetische Regierungs- und Parteichef Wladimir I. Lenin wird durch einen dritten Schlaganfall halbseitig gelähmt und ist seitdem nicht mehr in der Lage zu sprechen.
Seit seinem ersten Schlaganfall im Mai 1922 ist der Gesundheitszustand Lenins dermaßen schlecht, daß er nur noch hin und wieder in die Regierungsgeschäfte eingreifen kann.

Wladimir I. Lenin

Trotz seiner Krankheit hat Lenin bis in die letzten Tage angestrengt gearbeitet, um sich auf den Parteitag der Kommunistischen Partei Rußlands (später KPdSU) vorzubereiten, der am →17. April (S. 64) stattfinden soll. Die unermüdlichen, wenn auch vergeblichen Anstrengungen des Todkranken richten sich gegen die wachsende Bürokratisierungstendenz in der kommunistischen Partei und die Machtstellung des Generalsekretärs Josef W. Stalin, dessen Absetzung Lenin in der Nachschrift zum sog. Testament vom 4. Januar gefordert hat (→4. 1./S. 22).

Straßen und Verkehr 1923:

Verkehrsmittel der Zukunft – das Auto und das Flugzeug

Kennzeichnende Entwicklungen für das Verkehrswesen im Jahr 1923 sind der Ausbau der zivilen Luftfahrt und die zunehmende Motorisierung des Straßenverkehrs. Damit deutet sich eine grundlegende Veränderung des Personen- und Gütertransports in den kommenden Jahren an.

In allen Bereichen des motorisierten Straßenverkehrs zeigen die Statistiken erhebliche Zuwachsraten. So sind im Deutschen Reich 1923 insgesamt 100 340 Pkw (1922: 82 692) zugelassen. Zumeist wohlhabende Großstädter leisten sich den Luxus eines Autos, der für einen Großteil der Bevölkerung unerschwinglich ist. Rund 15% der deutschen Pkw sind in Berlin gemeldet, die z. T. den angestammten Pferdedroschken als Taxen (Kraftdroschken) Konkurrenz machen.

Auf den Straßen des Deutschen Reichs verkehrt neben den Pkw auch eine wachsende Zahl von Motorrädern (1921: 26 666, 1923: 59 389) und Lkw (1921: 30 267, 1923: 51 736).

Die unaufhaltsame Motorisierung des Straßenverkehrs macht diesbezügliche Regelungen notwendig. So setzt das Reichsverkehrsministerium am 1. März die Geschwindigkeitsbegrenzung für den Autoverkehr in Ortschaften auf 30 km/h (bisher 15 km/h) fest und führt am 15. März eine Regelung für die Zulassung von Lkw ein.

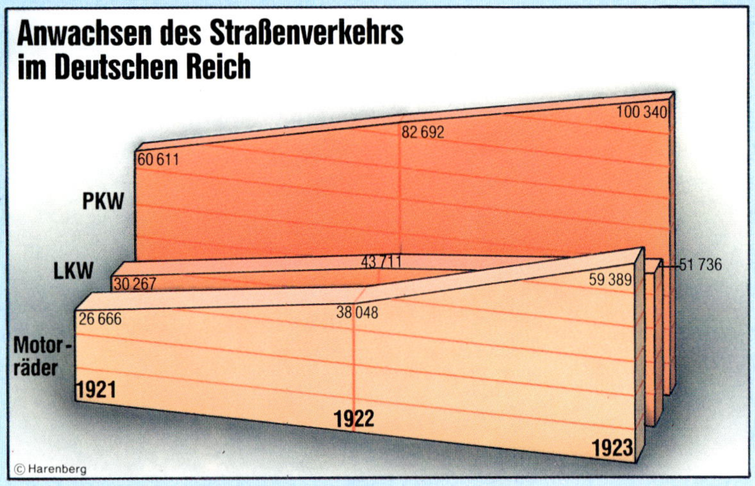

Gegenüber anderen Ländern, besonders den USA, befindet sich die deutsche Entwicklung des Autoverkehrs erheblich im Rückstand. Bereits 1919 gab es in den Vereinigten Staaten 6,75 Millionen Kraftfahrzeuge, und im Jahr 1923 sind 13 479 608 Pkw sowie 1 612 569 Lkw registriert. Aufgrund der erstmals von dem Automobilhersteller Henry Ford eingesetzten billigen Produktionsmethoden – das erfolgreiche Modell T ist das erste in Großserie hergestellte Automobil – ist das Auto in den Vereinigten Staaten auch für die Durchschnittsfamilie erschwinglich geworden.

In Chicago werden die ersten Parkplätze eingerichtet, die sog. Freiluft-Garagen. Pferdedroschken verkehren in US-amerikanischen Städten so gut wie gar nicht mehr, während sie aus dem Straßenbild deutscher Städte kaum wegzudenken sind.

Trotz der allgemein schwierigen Betriebsbedingungen und der gravierenden Eingriffe von seiten der Alliierten, gemäß dem Versailler Vertrag (1919), bauen die deutschen Luftfahrtgesellschaften seit 1919 ein laufend expandierendes Liniennetz für den zivilen Luftverkehr auf, wobei der nationale Flugverkehr zunächst Vorrang hat.

Mehr noch als das Verbot von Fliegertruppen und Luftschiffen für militärische Zwecke (Art. 198) und die Auslieferung oder kontrollierte Zerstörung sämtlichen militärischen Luftfahrtgeräts (Art. 202) behindert der Artikel 201 des Versailler Vertrags den Aufbau der zivilen Luftfahrt im Deutschen Reich. Diese Bestimmung verbietet die Herstellung und Einfuhr von Luftfahrzeugen und Flugmotoren. Zwar war dieses Verbot auf sechs Monate nach Vertragsabschluß befristet. Das Londoner Ultimatum vom 5. Mai 1921 erneuerte jedoch die Bestimmungen gegen den deutschen Flugzeugbau: Einstellung des gesamten Flugzeugbaus, Zerstörung der im Bau befindlichen Maschinen. Um diesen Bestimmungen, die bis zum 5. Mai 1922 bestehen blieben, dann durch Baubeschränkungen ersetzt wurden, zu entgehen, errichteten deutsche Herstellerfirmen Produktionsstätten im Ausland, so z. B. Junkers in Danzig, Reval und Moskau-Fili.

Nachdem seit 1919 ein dichtes nationales Flugliniennetz entstanden ist, werden 1923 wichtige internationale Linien eingerichtet. Am 3. Mai beginnt der regelmäßige Flugverkehr zwischen Berlin und London, die Linie München–Wien wird am 14. Mai eröffnet (Gründung der Österreichischen Luftverkehrs AG am 3. Mai), und am 16. Juli wird die Verbindung München–Budapest eingerichtet. Bereits seit dem 1. Mai 1922 sind Königsberg und Moskau durch regelmäßigen Flugverkehr verbunden, eine wegen der ungünstigen Witterungsverhältnisse allerdings nur während der Sommermonate beflogene Linie.

Der zivile Luftverkehr im Deutschen Reich wird von zwei Luftverkehrsunternehmen kontrolliert, die sich auf denselben Strecken einen harten Konkurrenzkampf liefern. Auf der einen Seite steht die am 6. Februar in Berlin gegründete Deutsche Aero Lloyd AG, eine Vereinigung des größten Luftverkehrsunternehmens Deutsche Luft Reederei (DLR) mit den kleineren Unternehmen Deruluft und Lloyd Luftdienst. An diesem Verkehrsunternehmen sind auch 20 Industriefirmen, vier Handelsgesellschaften, zwei Schiffahrtslinien und 39 Banken beteiligt.

Das Konkurrenzunternehmen Junkers-Werke, Abteilung Luftverkehr, dessen Wettbewerbsfähigkeit u. a. auf der Leistungsfähigkeit der Junkers-Maschinen beruht, wurde am 1. Januar 1922 gegründet.

Die Zunahme des Autoverkehrs schafft neuartige Probleme; erste öffentliche »Freiluft-Garage« in Chicago

Mit dem Flugzeug zur Messe in Leipzig

7. März. Unter einem wahren Kreuzfeuer der Fotografen besteigt Reichspräsident Friedrich Ebert auf dem provisorisch zum Flugplatz umfunktionierten Tempelhofer Feld (Berlin) eine Maschine der Junkers-Flugzeugwerke, um anläßlich der Frühjahrsmesse nach Leipzig zu fliegen. Nach einem Flug ohne Zwischenfälle trifft das Staatsoberhaupt in Leipzig ein.
Da sein Besuch auch der Eröffnung des »Weltflughafens« Leipzig gilt und er die wachsende Bedeutung des Flugverkehrs (→S. 50) unterstreichen will, hat sich der Reichspräsident demonstrativ für das neue Verkehrsmittel entschieden.
Die trotz der Ruhrbesetzung am 4. März eröffnete Leipziger Frühjahrsmesse hat zwar einen Rekordbesuch von 155 000 Menschen, aber sehr schwache Geschäftsabschlüsse zu verzeichnen. Allgemein werden als Grund für die Zurückhaltung der inländischen Einkäufer die inflationsbedingt hohen Preise angegeben. Erschwerend kommt hinzu, daß die rheinischen Firmen keine festen Bestellungen entgegennehmen, weil die Ausfuhr aus den besetzten Gebieten durch die Besatzungsbehörden erschwert wird. In seiner Messeansprache weist Ebert (SPD) auf die Bedrohung des Wirtschaftslebens durch die Ruhrbesetzung hin.
Nach der Reduzierung der Preise am dritten Messetag um bis zu 40%, tritt ein gewisser Tendenzumschwung ein. Die Messebilanz bleibt jedoch insgesamt negativ.
Bemerkenswert ist die Zunahme der ausländischen Einkäufer, besonders der Finnen und Polen. Daneben wird auch mehr Besuch aus dem südöstlichen Europa und außereuropäischen Staaten wie China, Japan und Argentinien beobachtet. Da die Preise für die Ausländer höher als entsprechend der Devisenbewegung erwartet sind, fällt das Urteil der ausländischen Käufer über die Messe nicht sehr befriedigend aus.
Wegen der Besetzung des Ruhrgebiets seit dem →11. Januar (S. 15) hat das Leipziger Messeamt Franzosen und Belgier vom Besuch der Messe ausgeschlossen.

Das Staatsoberhaupt (M.) »demonstriert« für den Flugverkehr; Reichspräsident Friedrich Ebert (SPD) verläßt nach dem Flug Berlin–Leipzig die Maschine

London und Paris beschließen Aufrüstung

9. März. Dem britischen Unterhaus liegt der Verteidigungshaushalt zur Beratung vor, dem zufolge die Ausgaben für Heer und Marine gesenkt werden sollen, während das Luftwaffenbudget deutlich höher als im Vorjahr angesetzt ist.
Der geplante Ausbau der Luftwaffe – bis 1925 sollen 15 neue Geschwader in Dienst gestellt werden – wird mit der Luftüberlegenheit Frankreichs begründet, das über 1260 Flugzeuge verfüge, während Großbritanniens Luftwaffe nur aus 408 Flugzeugen bestehe.
Frankreich will seine Luftwaffe ebenfalls vergrößern. In dem am 8. und am 30. März der Kammer vorgelegten Budget ist außerdem der Ausbau der Marine (bis 1933 sollen u.a. sechs leichte Kreuzer und 30 U-Boote gebaut werden) vorgesehen.

Die Bedeutung der Luftwaffe wächst; eine aus der Luft zu Übungszwecken abgeworfene Bombe trifft das Schlachtschiff »Alabama« (britisches Manöverfoto)

Regierungswechsel wegen Alkoholverbot

5. März. In Norwegen kommt es wegen des umstrittenen Imports portugiesischen Weins zum Rücktritt der Linksregierung unter Ministerpräsident Otto Albert Blehr. Am 5. März bildet Otto B. Halvorsen eine neue Regierung der Rechten.
Seit sich eine Volksabstimmung im Oktober 1919 für das Alkoholverbot aussprach, wird es heftig diskutiert. Das Verbot hat wegen seiner außenpolitischen Konsequenzen eine hohe Bedeutung für die norwegische Politik erlangt.

Internationales Problem Alkohol
Türkei: Am 4. April wird ein Alkoholverbot erlassen. Zuwiderhandelnden drohen 30 Stockschläge auf die Fußsohlen.
Deutsches Reich: Das Gesetz über das Verbot der Absinthherstellung wird am 11. April vom Reichstag genehmigt.
Großbritannien: Mit 236 gegen 14 Stimmen lehnt das Unterhaus am 21. April ein Alkoholverbot ab.
USA: Um den Alkoholschmuggel zu unterbinden – seit 1920 sind durch Bundesgesetz alle alkoholischen Getränke verboten – beabsichtigt die Regierung, jedes Schiff innerhalb der Dreimeilenzone durchsuchen zu lassen (Mai).
Schweiz: Am 3. Juni lehnt die Volksabstimmung die auf die Einschränkung des Schnapskonsums und der Obstbrennerei abzielende Gesetzesänderung ab.

Da Frankreich, Spanien und Portugal Maßnahmen gegen den norwegischen Klippfischhandel androhten, sah sich Ministerpräsident Blehr gezwungen, trotz des Verbots den Alkoholimport aus diesen Ländern zuzulassen.
Am 2. März lehnte jedoch das norwegische Parlament (Storting) den von der Regierung vorbereiteten Handelsvertrag mit Portugal, dem zufolge Norwegen 850 000 l Wein importieren müßte mit 119 gegen 28 Stimmen ab, weshalb die Regierung Blehr zurücktritt.
Der neuen Regierung unter Halvorsen (seit 5. März) gelingt es am 19. März, eine Abschwächung des Alkoholverbots (Zulassung von Weinen mit maximal 24% Alkoholgehalt) durchzusetzen.

Weissmuller – 400 m unter fünf Minuten

6. März. Als erster Schwimmer der Welt hat der 18jährige US-Amerikaner John Weissmuller, genannt Johnny, die 400 m in weniger als fünf Minuten zurückgelegt. Auf der 25-yards-Bahn in Newhaven erreicht Weissmuller 4:57,0 min und überbietet damit seinen Weltrekord vom 22. Juni 1922, den er in einem Meerwasserbassin in Honolulu auf Hawai mit 5:06,6 min aufgestellt hat, um 9,6 Sekunden.

Johnny Weissmuller, der für den Illinois Athletic Club startet, nutzt in Newhaven die weltweit einmalige Einrichtung der Hallenbahn. Die Wand für die Wende kann hydraulisch verschoben werden, so daß die Bahnen auf verschiedene Längen eingestellt werden können.

Der breiteren Sportöffentlichkeit ist Johnny Weissmuller am 26. Mai 1922 bekannt geworden, als er in Honolulu den Weltrekord über 200 m auf 2:15,6 min verbesserte und damit gleich um sechs Sekunden schneller war als der dreifache US-amerikanische Olympiasieger von 1920, Norman Ross, der in Antwerpen die 400 m, 1500 m und mit der US-Staffel die 4 × 200 m Freistil gewonnen hat.

Seinen ersten ganz großen Erfolg feierte Weissmuller am 9. Juli 1922 in Alameda/Kalifornien, als er die 100 m Kraul in 58,6 sec zurücklegte – der erste Mensch unter einer Minute für die 100 m.

Was 1922 für die 100 m galt, ist nun auch für die 400 m zu sagen: Das Unterbieten der Minutengrenze hier wie da ist weniger eine physische denn eine psychologische Anstrengung. Das heißt, ein Schwimmer muß sich wie Johnny Weissmuller zutrauen, von Anfang an das Tempo so stark anzusetzen, daß am Ende die Traumzeiten erreicht werden.

Johnny Weissmüller, der erst relativ spät, und zwar mit 16 Jahren, zum Schwimmsport fand, hat in William (»Big Bill«) Bachrach beim Illinois Athletic Club einen Trainer gefunden, der ihn zum größten Schwimmer der 20er Jahre macht.

Johnny Weissmuller, geboren am 2. Juni 1904 in Freidorf (bei Temeschburg) im Banat, wurde nach der Auswanderung seiner Eltern in die USA (1907) US-amerikanischer Staatsbürger. 1921 begann die steile Karriere des nun 18jährigen begnadeten Schwimmers, dessen Naturtalent allgemein als Ausnahmeerscheinung gilt

Trainer William (»Big Bill«) Bachrach vom Illinois Athletic Club perfektionierte Johnny Weissmullers natürlichen Kraulstil

Weissmuller – eine Ausnahme

Seit dem vergangenen Jahr gilt Johnny Weissmuller als die große olympische Hoffnung des US-Schwimmsports. Weissmuller startet für den Illinois Athletic Club und hat mit seinen erst 18 Jahren bereits einen eigenen Trainer, William (»Big Bill«) Bachrach.

Am 2. Juni 1904 wurde Johnny Weissmuller als Janos Weissmueller in Freidorf (bei Temeschburg) im Banat geboren und ist wahrscheinlich ungarischer Abstammung. Drei Jahre später wanderten seine Eltern in die Vereinigten Staaten von Amerika aus, wo sie sich in Chicago niederließen.

Um Sohn Johnny sofort die US-amerikanische Staatsbürgerschaft zu sichern, wurde sein Geburtsort entweder mit Windber in Pennsylvania, mit Windsor in Connecticut oder mit Chicago angegeben.

Da Johnny Weissmuller keine High School besuchte, widmete sich der Jugendliche seiner Lieblingsbeschäftigung, nämlich dem Schwimmen, wobei er dem Trainer des Illinois Athletic Club, Bachrach, auffiel.

Bei seinem ersten offiziellen Wettkampf am 6. August 1921 wurde der 1,87 m große und 85 kg schwere Weissmuller gleich US-Meister über 50 yards Freistil. Am 27. September desselben Jahres stellte der 17jährige Schwimmer seinen ersten Weltrekord auf: Er schwamm die 150 yards Freistil in 1:27,4 min.

Der Weltrekordler und US-Meister liegt, wie sein Trainer Bachrach schon vor drei Jahren erkannte, sehr viel höher im Wasser als alle seine Konkurrenten. Weissmuller trainiert heute bis zu 5000 yards täglich, das sind 4,5 Kilometer.

Trainer Bachrach perfektionierte Weissmullers natürlichen Kraulstil und lehrte ihn, durch Drehen des Kopfes nach beiden Seiten zu atmen. Dadurch kann Weissmuller seine Gegner im Wasser besser beobachten.

Daß seine Rekorde erst sehr viel später gebrochen werden, beweist, wie sehr Weissmuller seiner Zeit voraus ist.

Sarah Bernhardt 1869 als Zanetto in »Le Passant«

Adrienne Lecouvreur von der Bernhardt verkörpert (1887)

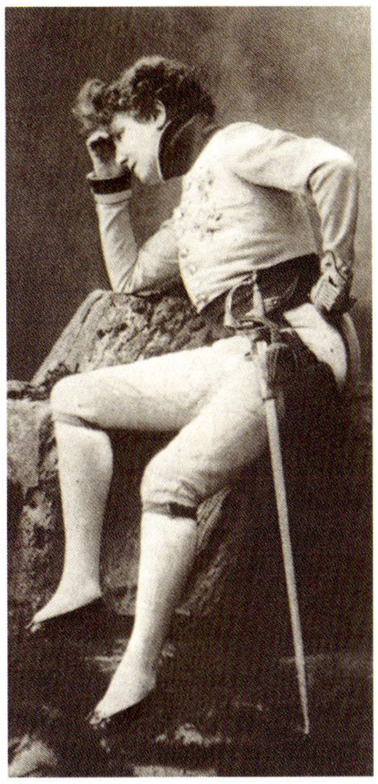

Madame Sarah als Herzog von Reichstadt (1900)

Victorien Sardou und die Bernhardt auf der Bühne (1904)

Sarah Bernhardt (r.) in »La Nuit de Mai« im Jahr 1909

Paris in Trauer um Diva Sarah Bernhardt

26. März. Die Schauspielerin Sarah Bernhardt (eigentl. Henriette Rosine Bernard) stirbt im Alter von 78 Jahren in Paris. Der Tod des Theaterstars löst unter Freunden und in der Pariser Öffentlichkeit Bekümmerung und Trauer aus.

An dem mit Satin ausgeschlagenen Rosenholzsarg, in dem die zierliche Sarah Bernhardt aufgebahrt ist, gehen am nächsten Tag rund 30 000 Menschen vorüber. Neben den Theaterleuten und Künstlern folgen am 29. März unzählige Trauernde dem mit Kränzen und Sträußen überhäuften Leichenwagen durch die Pariser Innenstadt. Vor dem Théâtre Sarah-Bernhardt verharrt der feierliche Zug eine Minute in stummem Gedenken. Die Beerdigung findet auf dem berühmten Friedhof Père Lachaise statt.

Mit Erstaunen wird vermerkt, daß die französische Regierung für Sarah Bernhardt, eine der größten Schauspielerinnen ihrer Zeit, kein Staatsbegräbnis angeordnet hat.

Das Leben der Bernhardt war eine einzigartige Bühnenkarriere. Nachdem der temperamentvollen, verführerischen, attraktiven und unberechenbaren Schauspielerin 1872 als Königin in »Ruy Blas« von Victor Hugo der Durchbruch gelungen war, wurde sie zum gefeierten Star der Comédie Française. Einen ihrer größten Triumphe erzielte die von ihren Bewunderern die Göttliche genannte Bernhardt in der Rolle der Phädra in Jean Racines gleichnamigem Stück. Auch außerhalb Frankreichs, u. a. in den USA, begeisterte Sarah Bernhardt, die sich sicher auf dem Grat zwischen Kunst und Trivialität bewegte, das Publikum.

Nicht nur auf der Bühne setzte die männerumschwärmte Diva ihre außergewöhnliche Weiblichkeit in Szene. Sie wählte ihre Liebhaber unter den attraktivsten Männern Frankreichs (u. a. der Schauspieler Jean Mounet-Sully) aus. Die Bernhardt setzte sich über die Konventionen ihrer Zeit hinweg und galt als die typische Femme fatale.

Sarah Bernhardt, geboren am 22. Oktober 1844, war seit 1872 der Star der Comédie Française, bis sie sich 1880 mit deren Direktor überwarf. Im selben Jahr unternahm sie die erste von insgesamt acht triumphalen USA-Tourneen. Unglücklich verlief ihre 1882 geschlossene Ehe mit dem Attaché an der griechischen Botschaft in Paris, Jacques Damala. In ihrem eigenen Theater Sarah-Bernhardt (seit 1899) interpretierte die gefeierte Schauspielerin bis 1915 mehr als 40 Rollen.

Huldigungen an »die Göttliche«

Der französische Dichter Victor Hugo (1802–1885) zählte zu den großen Bewunderern Sarah Bernhardts. Anläßlich der hundertsten Aufführung seines Stücks »Ruy Blas«, in dem die Bernhardt die Königin spielte, sagte Hugo:

»Sie ist mehr als schön, sie ist etwas größeres als eine Königin, sie ist eine Frau.«

Der Kritiker Jules Lemaître schrieb 1874 über die Phädra-Darstellung Sarah Bernhardts:

»Sie hat nicht nur ihre Seele, ihren Geist und ihre körperliche Anmut in die Rolle gelegt, sondern auch ihre Sexualität. Bei jeder anderen Schauspielerin würde ein so herausforderndes Agieren abstoßend wirken, doch die Natur, die ihr so wenig Fleisch gegönnt hat, verlieh ihr dafür das Aussehen einer Märchenprinzessin, und ihre leichte durchgeistigte Anmut läßt auch die herausforderndsten Gesten ganz köstlich erscheinen.«

Nach der Premiere seines Stücks »Hernani« (1877) schrieb Victor Hugo an Sarah Bernhardt:

»Madame, Sie waren großartig und charmant; Sie haben mich, mich altes Schlachtroß, gerührt, und in einem gewissen Augenblick . . . habe ich geweint.«

Großer Sieg über die Wüste

6. März. Mit der Rückkehr nach Tuggurt (heute in Algerien) endet die fast drei Monate dauernde spektakuläre Sahara-Durchquerung einer französischen Expedition mit fünf Raupenfahrzeugen.
Die Fahrt wird als ein Sieg über die Wüste gefeiert, denn weite Teile des höchst unwegsamen Gebiets sind bislang noch nie von einem Fahrzeug durchquert worden.

Die Stationen der Expedition
17. 12. 1922: Fünf Raupenfahrzeuge verlassen Tuggurt (heute in Algerien) und erreichen die erste Zwischenstation Ouargla.
21. 12. 1922: Die französische Expedition trifft nach Durchquerung einer felsigen Berglandschaft in In-Salah ein.
24. 12. 1922: Nach kurzer Erholung erfolgt der Aufbruch aus In-Salah, um die Sandwüste Tanezrouft zu durchqueren.
2. 1. 1923: Erschöpft erreichen die Expeditionsteilnehmer Kidal, das sie am folgenden Tag hinter sich lassen.
5. 1. 1923: In Bourem am Nigerbogen wird die anstrengende Fahrt kurz unterbrochen.
7. 1. 1923: Mit Timbuktu (heute in Mali) ist das Ziel der Expedition nach dreiwöchiger, strapaziöser Reise durch die westliche Sahara erreicht.
1. 2. 1923: Nach einer längeren Erholungspause verlassen der Expeditionsleiter Georges-Marie Haardt und seine Begleiter Timbuktu, die Oasenstadt am Nigerbogen, um nach Tuggurt zurückzufahren.
6. 3. 1923: Die Expedition trifft wieder in Tuggurt ein.

Am 17. Dezember 1922 begann in Tuggurt (Algerien) die Raupenfahrzeug-Expedition durch die westliche Sahara unter der Leitung von Georges-Marie Haardt und Louis Audouin-Dubreuil.
Nach dreiwöchiger, äußerst mühseliger Fahrt in südwestlicher Richtung erreichte sie am 7. Januar 1923 die am Nigerbogen liegende Oasenstadt Timbuktu (heute in Mali). Am 1. Februar trat die Expedition die Rückfahrt nach Tuggurt an.
Gespannt verfolgte die französische Öffentlichkeit die Fortschritte der Expedition, die in der Presse, gestützt auf Funkberichte und beeindruckendes Fotomaterial der Expeditionsteilnehmer, dokumentiert wurden. Vielen erschien vorher die motorisierte Durchquerung dieses schwierigen Geländes unmöglich.
In der Tat stellte die rund 3200 km lange Strecke von Tuggurt nach Timbuktu höchste Anforderungen an Fahrzeuge und Fahrer. Besonders die 450 km lange Strecke durch die ausgedehnte Sandwüste Tanezrouft (Land des Durstes) bewältigte die Expedition wegen eines starken Sandsturms nur unter größter Anstrengung. Da die von der französischen Automobilfirma Citroën hergestellten Autos an den Hinterrädern mit Raupenketten ausgestattet sind, liefen sie allerdings nicht Gefahr, im Wüstensand zu versinken. Dieses neuartige Fahrzeug bestand die harte Bewährungsprobe jedoch auch bei der schwierigen Passage der felsigen Berglandschaft um In-Salah den Ausläufern des Gebirgsmassivs Ahaggar.
Die Karawane der Raupenfahrzeuge führte ausschließlich durch französisches Kolonialgebiet. Algerien ist seit 1830 französische Kolonie und Mali (Französischer Sudan) seit 1883. Von der in den wenigen Siedlungen des riesigen Gebiets lebenden europäischen Bevölkerung wurde die Expedition enthusiastisch empfangen. Die erfolgreiche motorisierte Durchquerung der Sahara weckte bei den bisher in großer Isolation lebenden Europäern die Hoffnung auf eine schnellere Verbindung mit Europa.
Tatsächlich erwiesen sich die Raupenfahrzeuge als ein dem Kamel weitaus überlegenes Transportmittel, da sie die Strecke Tuggurt–Timbuktu 30mal schneller als die Kamel-Karawanen bewältigt haben.
So scheint sich als Resultat der Raupenfahrzeug-Expedition eine praktische Lösung des Transportproblems in der Sahara anzubahnen. Der regelmäßige Autoverkehr durch die Wüste hätte allerdings die Einrichtung von Tankstellen entlang der Wegstrecke und den Bau von Pisten zur Voraussetzung.
Für die Kolonialmacht Frankreich ist der erfolgreiche Verlauf der Expedition bedeutsam, weil sie zeigt, daß durch den Einsatz von der Wüste angepaßten Fahrzeugen die Versorgung und Verbindung der isolierten Militärposten effektiviert werden kann.

Erste motorisierte Sahara-Durchquerung ist gelungen; die französische Expedition

trifft mit fünf Raupenfahrzeugen nach rund 3200 Wüstenkilometern in Timbuktu ein, Eingeborene umringen die Fahrzeuge, die in drei Wochen die Strecke bewältigten

△ Expeditionsleiter Georges-Marie Haardt (M.) und Louis Audouin-Dubreuil (r.) lassen sich zusammen mit einigen Beduinen fotografieren. Im Hintergrund eins der Kettenautos

◁ Die Expeditionsteilnehmer und ihre neuartigen Kettenfahrzeuge haben eine harte Bewährungsprobe bei der Durchquerung dieser felsigen Berglandschaft zu bestehen

▷ Kurz nach dem Aufbruch aus In-Salah; bei glühender Hitze bahnen sich die französischen Kettenautos (die Ketten verhindern das Einsinken) den Weg durch die Sahara

Die Erforschung der Sahara

Bereits im Mittelalter erkundeten arabische Forschungsreisende den nördlichen Teil Afrikas, wobei sie entlang der Karawanenrouten die Sahara durchquerten. Einer von ihnen, Abu Abd Allah Muhammad Ibn Battuta, kam im 14. Jahrhundert bis Timbuktu (heute in Mali).

Die europäische Erforschung der Sahara begann erst im 19. Jahrhundert. Als erster Europäer erreichte der britische Forschungsreisende Alexander Gordon Laing 1826 Timbuktu, wo er von Eingeborenen ermordet wurde (24. 9.).

Im folgenden Jahr brach der französische Afrikaforscher René Auguste Caillié als Ägypter verkleidet nach Timbuktu auf, wo er 1828 eintraf. Caillié gelang es, durch die westliche Sahara zurückzukehren.

Im März 1850 begann die große Afrikaexpedition des britischen Forschers James Richardson in Tripolis, an der die deutschen Afrikaforscher Heinrich Barth und Adolf Overweg teilnahmen. Allein Barth überlebte die Expedition.

Weitere bedeutende Saharareisen unternahmen die deutschen Afrikaforscher Gerhard Rohlfs (1865–67) und Gustav Nachtigal (1869–74).

April 1923

Mo	Di	Mi	Do	Fr	Sa	So
						1
2	3	4	5	6	7	8
9	10	11	12	13	14	15
16	17	18	19	20	21	22
23	24	25	26	27	28	29
30						

1. April, Ostersonntag

In Warschau kommt es zu großen antirussischen Demonstrationen, die sich gegen die Verurteilung hoher katholischer Geistlicher in Moskau (26. 3.) richten (→26. 3./S. 49).

Streikende Fischer in Aberdeen (Schottland) gehen gewaltsam gegen deutsche Fischerboote vor, die durch ihre Lieferungen den Streik in seiner Wirksamkeit beeinträchtigen.

Thomas Mann befindet sich auf einer Vortragsreise über »Okkulte Erlebnisse«, die ihn von Wien über Budapest nach Prag führt.

2. April, Ostermontag

Um die auf Halde lagernde Kohle abzutransportieren, besetzen die Franzosen mit großem militärischem Aufgebot zwei staatliche Zechen in Buer (Gelsenkirchen) und eine private Zeche in Recklinghausen. Bis zum 11. April werden insgesamt 22 Zechen besetzt.

Auf dem Wiener Exelberg werden 90 Mitglieder des Republikanischen Schutzbundes von 300 Nationalsozialisten unter der Führung eines Münchener Kommandanten angegriffen. Während dieser sog. Schlacht auf dem Exelberg werden zwei Nationalsozialisten verletzt.

3. April, Dienstag

Der französische Kriegsminister André Maginot rechtfertigt in seiner Rede vor dem Kongreß der Kriegsbeschädigten die Besetzung des Ruhrgebiets. Nur so könne die deutsche Reparationsleistung an Frankreich sichergestellt werden.

Im Königsberger Neuen Schauspielhaus wird »Die Verfolgung« von Anton Dietzenschmidt (eigentl. Anton Schmidt), Empfänger des Kleistpreises 1919, uraufgeführt.

4. April, Mittwoch

Die deutsche Reichsregierung protestiert bei der französischen Regierung gegen die Vorgänge in den Essener Krupp-Werken am 31. März. Das französische Requisitionskommando habe, ohne angegriffen oder bedroht zu sein, in die Menge friedlich demonstrierender Arbeiter hineingeschossen und ein entsetzliches Blutbad mit 13 Toten angerichtet (→31. 3./S. 47).

Als Ersatz für nicht erbrachte deutsche Reparationsleistungen ordnet die alliierte Rheinlandkommission die Beschlagnahmung von Waren und Erzeugnissen aller Art an.

Die türkische Regierung erläßt ein Alkoholverbot. Der Genuß alkoholischer Getränke wird mit einer Bastonade (orientalische Stockprügelstrafe auf die Fußsohlen) von 30 Schlägen bestraft. Lediglich ausländische Militärpersonen sind von diesem Verbot ausgenommen.

Bei der Innung in Potsdam besteht die erste Frau in Preußen die Gesellenprüfung als Kunstmöbeltischler.

In Brooklyn stellt die US-amerikanische Schwimmerin Gertrude Caroline Ederle einen Weltrekord über 200 m Freistil in 2:45,2 min auf. →S. 71

5. April, Donnerstag

Der erste Vertretertag des Evangelischen Reichselternbunds in Braunschweig fordert ein Reichsschulgesetz, das die evangelische Schule und eine christliche Erziehung garantieren soll.

6. April, Freitag

Französische Besatzungstruppen beschlagnahmen in einer mit dem Banknotendruck beauftragten Druckerei in Mülheim a. d. Ruhr verschiedene Druckplatten und einen großen Posten fertiger und unfertiger Banknoten (insgesamt zwei Milliarden Mark). →S. 60

Die schwedische Regierung unter dem Sozialdemokraten Hjalmar Branting tritt zurück. Am Vortag hatte ihr der Reichstag mit der Ablehnung einer neuen Unterstützung der Arbeitslosen das Vertrauen entzogen. Der schwedische König Gustav V. beauftragt den Konservativen Ernst Trygger mit der Regierungsbildung (13. 4.), was am 19. April geschieht.

In Berlin wird die erste Organisation der Rundfunkamateure, der Deutsche Radio-Club, gegründet. →S. 65

7. April, Sonnabend

In Essen verhaftet die französische Militärpolizei den ehemaligen Freikorpsoffizier Albert Leo Schlageter wegen seiner mutmaßlichen Beteiligung an dem Sprengstoffanschlag auf die Eisenbahnstrecke Dortmund–Duisburg bei Kalkum am 15. März. →S. 61

Durch einen Sabotageakt wird der für den Kohlentransport bedeutende Rhein-Herne-Kanal stillgelegt. Die deutschen Saboteure sprengen den Kanal bei Henrichenburg (Emscher-Düker). Erst kürzlich war der wichtige Verkehrsweg durch die Hebung eines versunkenen Kahns wieder befahrbar geworden. →S. 61

Die »Bremen« (10826 BRT), das erste große Passagierschiff der Bremer Schiffahrtsgesellschaft Norddeutscher Lloyd seit dem Ende des Weltkriegs, wird in Dienst genommen.

Das Königsberger Neue Schauspielhaus zeigt die Uraufführung der Groteske »Dollar« von Fritz Gottwald.

8. April, Sonntag

Reichspräsident Friedrich Ebert und Reichsverkehrsminister Wilhelm Groener appellieren an die Eisenbahner im besetzten Rhein- und Ruhrgebiet, ihren »Heldenkampf« gegen die Besatzer durchzuhalten (→15. 4./S. 61).

9. April, Montag

Die französischen Besatzungsbehörden lassen den ehemaligen preußischen Ministerpräsidenten Adam Stegerwald, den früheren Reichspostminister Johann Giesberts und den Staatssekretär der Reichskanzlei, Eduard Hamm, in Dortmund-Scharnhorst verhaften. Die drei Politiker befinden sich auf dem Weg zur Trauerfeier für die Opfer des »Essener Blutbads« am →31. März (S. 47). Am 10. bzw. 11. April werden Stegerwald, Giesberts und Hamm wieder auf freien Fuß gesetzt.

Aufgrund des katholischen Widerstands gegen die von der spanischen Regierung angestrebte liberale Verfassungsreform wird die Deputiertenkammer (Cortes) aufgelöst. Die Katholiken befürchten, ihre Religion könne den Status der Staatsreligion verlieren.

Der US-amerikanischen Firma Ottoman-American Development Company gewährt die türkische Nationalversammlung eine Konzession zum Eisenbahnbau in Anatolien und Armenien.

10. April, Dienstag

In Essen werden die von französischen Soldaten am 31. März erschossenen Krupp-Arbeiter beerdigt. Der Reichstag hält eine Trauerfeier für die Essener Opfer ab, an der auch Reichspräsident Friedrich Ebert teilnimmt (→31. 3./S. 47).

Erich Zeigner (SPD), sächsischer Ministerpräsident seit dem 21. März 1923, fordert in seiner Regierungserklärung die Arbeiterverbände auf, Abwehrorganisationen zum Schutz der Republik zu bilden (→29. 10./S. 165).

Aufsehen erregt die formale Niederlage der britischen Regierung im Unterhaus (London). Zwar wird nur ein einfacher Geschäftsordnungsantrag abgelehnt, jedoch gibt diese Niederlage den Stimmen Auftrieb, die an der Regierungsfähigkeit des kranken Premierministers Andrew Bonar Law zweifeln (→20. 5./S. 82).

Der polnische Ministerpräsident Władysław Eugeniusz Sikorski proklamiert in Posen den Kampf gegen die im westlichen Teil Polens (ehemalige preußische Provinzen Westpreußen und Posen, die das Deutsche Reich nach dem Weltkrieg an Polen abtreten mußte) lebenden Deutschen. →S. 64

11. April, Mittwoch

Nach der Niederlage der radikalen Verfechter der irischen Unabhängigkeit unter Eamon de Valera bei Tipperary bahnt sich das Ende des irischen Bürgerkriegs an. Mehrere Führer der Republikaner geraten in Gefangenschaft (→19. 2./S. 37; 15. 8./S. 135).

In Berlin wird der Verband der Funkindustrie gegründet (→29. 10./S. 170).

12. April, Donnerstag

Die Schriftleiter der nationalsozialistischen Zeitungen »Völkischer Beobachter« und »Miesbacher Anzeiger« weigern sich, vor dem Staatsgerichtshof in Leipzig zu erscheinen, der gegen sie wegen öffentlicher Beleidigung früherer Minister zu verhandeln hat.

Der Republikanische Schutzbund wird vom österreichischen Innenministerium genehmigt. Als bewaffnete Organisation der Sozialdemokratischen Partei tritt der Schutzbund die Nachfolge der 1922 gegründeten Arbeiterwehren an. Julius Deutsch und General Theodor Körner leiten den Schutzbund.

Im Abbey Theatre (Dublin) wird die Tragikomödie »Der Schatten eines Rebellen« (»The Shadow of a Gunman«) von Sean O'Casey uraufgeführt. O'Casey setzt sich in dem Stück kritisch mit der irischen Unabhängigkeitsbewegung gegen Großbritannien auseinander. →S. 70

Zum Abschluß der 21. Session des Internationalen Olympischen Komitees (IOC) in Rom (seit 7. 4.) geben die Franzosen bekannt, daß die deutschen Sportler, die auch 1920 keine Einladung nach Antwerpen erhalten hatten, noch nicht das moralische Anrecht auf eine Olympiateilnahme hätten. Das IOC vertagt die Entscheidung über den Wunsch der Exilrussen, an den Olympischen Spielen 1924 in Paris teilzunehmen.

13. April, Freitag

Im Anschluß an das preußische Verbot der Deutschvölkischen Freiheitspartei (22. 3.) werden das Berliner Büro der Parteizentrale und die Geschäftsräume der Reichstagsabgeordneten dieser Partei polizeilich durchsucht und geschlossen.

14. April, Sonnabend

Bei der Eröffnung des provisorischen Berliner Flughafens auf dem Tempelhofer Feld kommt es zu einem für drei Stadtverordnete tödlich endenden Flugzeugabsturz. →S. 71

Um Verhandlungen über ein geplantes Gastspiel zu führen, reist Max Reinhardt, Berliner Theaterregisseur und -leiter, in die USA, wo er mit dem Theaterproduzenten Morris Gest eine Übereinkunft erzielt. →S. 70

15. April, Sonntag

Bisher sind mehr als 20000 Personen von den Besatzungsbehörden aus den besetzten Gebieten an Rhein und Ruhr ausgewiesen worden. Besonders betroffen sind Reichsbahnbeamte, die den Anweisungen der französisch-belgischen Eisenbahnregie nicht folgen. Die Zahl der Ausweisungen nimmt ständig zu. →S. 61

Seit Anfang Februar sind 340000 t Kohle und Koks aus dem besetzten Ruhrgebiet nach Frankreich und Belgien transportiert worden. Das ist weniger als 10% der Menge, die als Reparationen geliefert worden wäre.

Der Italiener Ugo Sivocci gewinnt auf Alfa Romeo das sizilianische Autorennen Targa Florio, das weltweit schwerste und älteste Langstreckenrennen des Automobilsports (seit 1906).

Mit der Verbesserung der Wirtschaftslage in Großbritannien unter Schatzkanzler Stanley Baldwin beschäftigt sich die »Illustrated London News« in ihrer Ausgabe vom 21. April

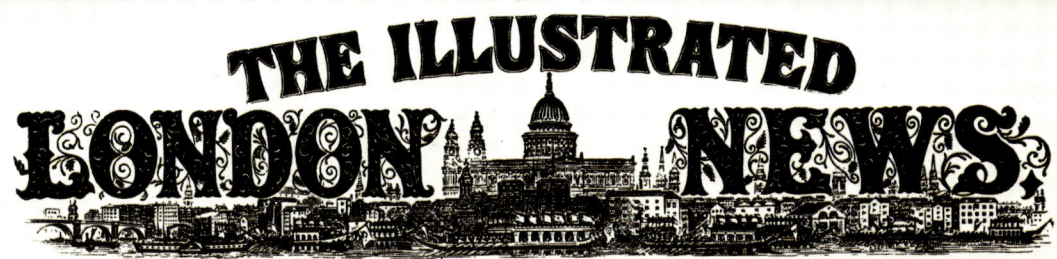

THE ILLUSTRATED LONDON NEWS,

REGISTERED AS A NEWSPAPER FOR TRANSMISSION IN THE UNITED KINGDOM AND TO CANADA AND NEWFOUNDLAND BY MAGAZINE POST.

SATURDAY, APRIL 21, 1923.

The Copyright of all the Editorial Matter, both Engravings and Letterpress, is Strictly Reserved in Great Britain, the Colonies, Europe, and the United States of America.

AUTHOR OF A SOUND AND SATISFACTORY BUDGET: THE RIGHT HON. STANLEY BALDWIN, P.C., M.P., CHANCELLOR OF THE EXCHEQUER, WITH HIS WIFE, AT CHEQUERS.

Mr. Baldwin's Budget, which he introduced in the House of Commons on April 16, has been commended as a piece of sound finance which strengthens the national credit, while affording welcome relief to the taxpayer in several directions. Its main proposal is to allot £40,000,000 this year to the Sinking Fund for the reduction of the National Debt. The Income Tax has been reduced from 5s. to 4s. 6d. in the pound, and the price of beer by a penny a pint. Among other reductions are those in the rates for postage and telephone calls. The suggested tax on bets is to be inquired into by a Select Committee. Mr. Baldwin, who sits, as a Conservative, for the Bewdley Division of Worcestershire, became Joint Financial Secretary to the Treasury in 1917 and again in 1919, President of the Board of Trade in 1921, and Chancellor of the Exchequer last year. Last January he visited the United States for the settlement of the British debt. In 1892 he married Miss Lucy Ridsdale, daughter of the late Mr. E. L. J. Ridsdale, of Rottingdean. She is an O.B.E. Our photograph was taken at Chequers, where Mr. and Mrs. Baldwin took up residence last December until the Premier should be ready to take possession. They have two sons and four daughters.

16. April, Montag

In seiner Reichstagsrede signalisiert Reichsaußenminister Friedrich von Rosenberg die deutsche Bereitschaft zur Wiederaufnahme der wegen der Ruhrbesetzung eingestellten Reparationsleistungen, was auf einen Kurswechsel in der Ruhrpolitik schließen läßt. → S. 62

Der britische Schatzkanzler Stanley Baldwin legt dem Unterhaus das mit einem Überschuß abgeschlossene Budget des vergangenen Haushaltsjahrs vor. Die wirtschaftliche Lage Großbritanniens habe sich gebessert, kommentiert Baldwin die Vorlage.

Die österreichische Regierung unter Bundeskanzler Ignaz Seipel tritt aus Spargründen zurück. Am folgenden Tag bildet Seipel die neue Regierung. → S. 64

17. April, Dienstag

Reichspräsident Friedrich Ebert erläßt die zweite auf deutsche Kollaboration im besetzten Ruhrgebiet bezogene Notverordnung, die erste stammt vom 3. März. Der Zusammenarbeit mit den Besatzern verdächtige Personen können nun durch Inhaftierung an der Einreise in die besetzten Gebiete gehindert werden (→ 3. 3./S. 48).

Der Vertreter der deutschen Interessen im besetzten Rheinland, Reichskommissar Hermann Graf von Hatzfeldt-Wildenburg, wird von der alliierten Rheinlandkommission ausgewiesen. → S. 61

In Moskau beginnt der XII. Parteitag der Kommunistischen Partei Rußlands (bis 25. 4.), an dem Regierungschef Wladimir I. Lenin aus Krankheitsgründen nicht teilnimmt. Leo D. Trotzki, Volkskommissar für Verteidigung, kritisiert die wirtschaftliche Situation. → S. 64

Auf der Strecke Hamburg–Kopenhagen wird der Flugverkehr aufgenommen.

18. April, Mittwoch

In Mülheim a. d. Ruhr kommt es zu schweren Ausschreitungen und Plünderungen unter kommunistischer Führung. Am 20. April wird der Aufruhr niedergeschlagen, wobei acht Personen ums Leben kommen.

19. April, Donnerstag

Infolge des plötzlichen Sturzes des Markkurses kommt es zwischen Vertretern der Reichsregierung und der Reichsbank zu Gesprächen über die wirtschaftliche Lage des Deutschen Reiches. → S. 60

Vor dem Reichstag weist Reichswirtschaftsminister Johannes Becker auf die wirtschaftlichen Schwierigkeiten des Deutschen Reichs hin. Angesichts dieser Lage seien Devisenspekulationen scharf zu verurteilen. → S. 62

Der französische General Maxime Weygand wird zum Hochkommissar für Syrien und Libanon ernannt, die seit 1920 als Völkerbundsmandate unter französischer Herrschaft stehen.

Mit der neuen von König Fuad I. unterzeichneten Verfassung wird in Ägypten die Staatsform der konstitutionellen Monarchie eingeführt.

20. April, Freitag

In seiner Oberhausrede rät der britische Außenminister George Nathaniel Marquess Curzon of Kedlestone der Reichsregierung, einen Verhandlungsvorschlag zur Reparationsfrage zu unterbreiten (→ 16. 4./S. 62).

Polen setzt den Freistaat Danzig (seit 15. 11. 1920 dem Völkerbund unterstellt) wirtschaftlich unter Druck, um langfristig das Gebiet unter seine Kontrolle zu bringen. Der Warenexport nach Danzig wird gesperrt.

Mit der Premiere des »König Lear« von William Shakespeare läuft im Großen Schauspielhaus Berlin die letzte Theaterinszenierung an. Das Haus soll anschließend Operetten- und Revuevorstellungen dienen. → S. 70

21. April, Sonnabend

Anstelle der durch Regierungsbeschluß am 19. April abgeschafften Erste-Mai-Feiern wird in Italien der Gründungstag Roms zum ersten Mal als nationaler Tag der Arbeit mit Paraden und Kundgebungen gefeiert.

Mit 236 gegen 14 Stimmen lehnt das britische Unterhaus die Einführung eines Alkoholverbots ab.

22. April, Sonntag

Nach der Meldung des Wolffschen Nachrichtenbüros (Berlin) hat die deutsche Reichsregierung die Rede des britischen Außenministers George Nathaniel Marquess Curzon of Kedlestone (20. 4.) positiv aufgenommen. Lord Curzon hatte sich in seiner Rede kritisch zur französischen Ruhrpolitik geäußert, die »Saat für die Revanche« sei.

In Paris endet das Fußball-Länderspiel Frankreich gegen die Schweiz 2 : 2.

23. April, Montag

In einer vorläufigen Entscheidung stellt der Staatsgerichtshof in Leipzig fest, daß das Verbot politischer Parteien nach dem Republikschutzgesetz (21. 7. 1922) zulässig ist und bestätigt damit die bisherige Verbotspraxis. → S. 62

Die am 4. Februar abgebrochene Konferenz von Lausanne wird wiedereröffnet (bis 24. 7.). Großbritannien, Frankreich, Italien, Japan, Griechenland, Rumänien, das Königreich der Serben, Kroaten und Slowenen (heute Jugoslawien) einerseits und die Türkei andererseits verhandeln in Lausanne über einen Friedensvertrag (→ 24. 7./S. 110).

24. April, Dienstag

Der hessische Staat wird nach der Einstweiligen Verfügung vom 3. April endgültig dazu verurteilt, dem ehemaligen Großherzog Ernst Ludwig 300 Millionen Mark Entschädigung zu zahlen.

Nach der antifaschistischen Erklärung ihres Parteitags in Turin (8. 4.–13. 4.) treten die Popolari-Minister (Partito Popolare Italiano) zurück. Ministerpräsident und Duce Benito Mussolini hatte von ihnen die unbedingte Anerkennung des Faschismus gefordert. → S. 65

25. April, Mittwoch

Nach einer Mitteilung der alliierten Reparationskommission hat das Deutsche Reich 1922 Sachlieferungen im Wert von 695 606 800 Goldmark erbracht. Frankreich erhielt Lieferungen im Wert von 209 064 100 Goldmark, Großbritannien im Wert von 167 851 700 Goldmark.

Ohne Debatte genehmigt der Deutsche Reichstag einen Nachtragsetat von 4,5 Billionen Reichsmark, mit dem die immensen, durch die Ruhrbesetzung entstandenen Ausgaben (Kredite an Ruhrunternehmen, Kohlenimporte u. a.) gedeckt werden sollen.

Per Verordnung löst die württembergische Regierung die militärischen Verbände jeder politischen Richtung (Proletarische Hundertschaften, Sturmtrupps, Saalschutz) auf.

Im Stadttheater Hildesheim wird »Der Franzosen-Narr« von Ludwig Holberg uraufgeführt.

Das satirische Mappenwerk »Ecce homo« (1922) des Malers und Graphikers George Grosz wird wegen angeblich unzüchtiger Darstellungen in Berlin beschlagnahmt. → S. 70

26. April, Donnerstag

Zwischen Anhängern der SPD, KPD und NSDAP kommt es in München zu handgreiflichen Auseinandersetzungen. Vergeblich fordert der Nationalsozialist Adolf Hitler die bayerische Regierung auf, die Maifeiern zu verbieten, weil angeblich ein Linksputsch geplant sei.

In der Londoner Krönungskirche Westminster Abbey werden Prinz Albert, Herzog von York und zweiter Sohn des britischen Königs Georg V., und Lady Elizabeth Bowes-Lyon in feierlicher Zeremonie getraut. → S. 66

Die Oper »Belfagor« von Ottorino Respighi wird in Mailand uraufgeführt.

27. April, Freitag

In einer Erklärung warnen die Bergarbeiterverbände im besetzten Ruhrgebiet vor dem von den Kommunisten propagierten Generalstreik.

Im Internationalen Psychoanalytischen Verlag erscheint »Das Ich und das Es« des Österreichers Sigmund Freud. Dieses Werk hat eine grundlegende Bedeutung für die psychologische Forschung des 20. Jahrhunderts.

28. April, Sonnabend

Beim Stapellauf des Hapag-Dampfers »Deutschland« (22 000 BRT) in Hamburg hält Reichspräsident Friedrich Ebert die Taufrede. → S. 65

Im Breslauer Lobetheater wird Leo Weismantels Drama »Totentanz 1921 – Ein Spiel vom Leben und Sterben unserer Tage« uraufgeführt.

Fußballfans stürmen das bereits überfüllte Londoner Wembley-Stadion, wo das englische Pokalfinale zwischen Bolton Wanderers und Westham United ausgetragen wird. → S. 71

29. April, Sonntag

In Hessen wird die NSDAP wegen ihrer verfassungsfeindlichen Bestrebungen verboten.

Einstimmig lehnt der Landesrat des Saargebiets die Vorlage der Reparationskommission ab, in der die Einführung der französischen Währung als Zahlungsmittel vorgesehen ist.

Der polnische Ministerpräsident Władysław Eugeniusz Sikorski legt den Grundstein für einen Hafen bei Gdingen (heute Gdynia), der eine Konkurrenz zum Danziger Hafen werden soll.

30. April, Montag

Die von dem Oberbefehlshaber der französischen Besatzungstruppen, Jean Marie Degoutte, eingeleitete Untersuchung des »Essener Blutbads« (31. 3.) kommt zu dem Ergebnis, daß sich die französischen Truppen in Gefahr und im Zustand legitimer Notwehr befunden hätten, als sie auf die demonstrierenden Krupp-Arbeiter schossen (→ 31. 3./S. 47).

Im April war ein US-Dollar im Durchschnitt 24 500 Mark wert.

Gestorben:

4. Schömberg/Landkreis Calw: L. Martow (eigentl. Juli O. Zederbaum, * 24. 11. 1873, Konstantinopel/Istanbul), sowjetischer menschewistischer Politiker.

6. Kairo: George Edward Stanhope Molyneux Herbert Earl of Carnarvon (* 26. 6. 1866, Highclere/Berkshire), britischer Ägyptologe. → S. 68

16. Mödling bei Wien: Dagobert Peche (* 3. 4. 1887, St. Michael/Salzburg), österreichischer Zeichner und Kunstgewerbler.

30. Wien: Ernst von Plener (* 18. 10. 1841, Eger), österreichischer Politiker.

Geboren:

5. Phan Rang: Nguyên Văn Thiêu, südvietnamesischer Politiker.

28. Berlin: Horst-Eberhard Richter, deutscher Psychoanalytiker.

Das Wetter im Monat April

Station	Mittlere Lufttemperatur (°C)	Niederschlag (mm)	Sonnenscheindauer (Std.)
Aachen	8,2 (8,8)	43 (63)	— (178)
Berlin	7,3 (8,3)	60 (41)	— (193)
Bremen	7,5 (8,2)	19 (50)	— (185)
München	5,8 (8,0)	91 (59)	— (173)
Wien	— (9,6)	— (54)	— (—)
Zürich	8,3 (8,0)	86 (88)	154 (173)

( ) Langjähriger Mittelwert für diesen Monat
– Wert nicht ermittelt

Mit einem Bericht über die Rhein-Ruhr-Kundgebung anläßlich eines Konzerts des Sängerbundes vor dem Reichstagsgebäude in Berlin macht die Familienzeitschrift »Daheim« am 28. April auf

59. Jahrg. Nr. 31/32 — 28. April 1923

Aus der Zeit für die Zeit

Noch immer schlägt das Herz Deutschlands an der Ruhr und am Rhein. Kaum daß wir etwas anderes denken können, wir, die wir wahrhafte Deutsche sind. Und wir sollen auch nichts anderes denken, wir sollen immer wieder davon sprechen; jämmerlich sind die, die den Gedanken an die bedrängte Westmark beiseite schieben wollen, die für Tanz und

300 000 Menschen vor dem Reichstagsgebäude. Rhein-Ruhr-Kundgebung anläßlich eines Konzertes, das der Berliner Sängerbund mit 4000 Sängern veranstaltete. (Aufnahme R. Sennecke, von der Siegessäule aus.)

Bemühungen um eine stabilere Währung

19. April. Vertreter der Reichsregierung und der Reichsbank führen in Berlin Krisengespräche anläßlich des plötzlichen Marksturzes von 21 200 Mark (pro US-Dollar) am 17. April auf 29 500 Mark.

In dem anschließend veröffentlichten Kommuniqué bekundet die Reichsregierung ihren entschlossenen Willen, die Markstützungsaktion der Reichsbank mit allen Mitteln fortzusetzen. Geplant sei auch eine gegen die Devisenspekulation gerichtete weitgehende Einschränkung der Deviseneinfuhr und die Einführung einer Anmeldepflicht für den Besitz an Devisen.

Der plötzliche Marksturz ist, wie der Untersuchungsausschuß des Reichstags später feststellt, vom Stinnes-Konzern ausgelöst worden, der am 18. April große Mengen fremder Währungen aufgekauft hat (→ 22. 6./S. 96).

Die Verbraucher, besonders in den Großstädten, haben unter der Misere der fortlaufenden Preissteigerung und Lebensmittelverknappung zu leiden. So bilden sich in Berlin vor den wenigen Läden, die noch über Buttervorräte verfügen, lange Schlangen. Wer es sich leisten kann, zahlt auf dem grauen Markt für ein Pfund Butter 10 800 Mark (amtlicher Preis 8800 Mark). Mit der Inflation geht ein außerordentlicher Bedarf an Zahlungsmitteln einher. Derzeit werden 350 Milliarden Mark täglich gedruckt (1922: 1200 Milliarden Mark Jahresproduktion).

Warteschlange an der Hauptkasse der Reichsbank; die Papiergeldmilliarden der Inflationszeit sind nur noch in Säcken und Taschen zu transportieren

Beschlagnahme von Reichsbanknoten

6. April. Französische Besatzungstruppen besetzen die Druckerei Ernst Marks in Mülheim a. d. Ruhr, die zur Zeit mit der Produktion von Reichsbanknoten beauftragt ist. Verschiedene Druckplatten und ein großer Posten fertiger (1,5 Milliarden Mark) und unfertiger (0,5 Milliarden Mark) Banknoten werden beschlagnahmt.

Mit der Begründung, die Beschlagnahme sei »irrtümlich« erfolgt, werden die meisten Druckplatten am folgenden Tag zurückgebracht, jedoch fehlt, wie die Reichsbank der Reichsregierung am 13. April mitteilt, eine besonders wichtige Schriftplatte für die 20 000-Mark-Note. Die Reichsbank vermutet daher, daß die Franzosen Abdrucke nehmen und die Note in den Verkehr bringen wollen. Diese Banknote mit den Kennbuchstaben M. X. wird für ungültig erklärt. Am 13. April protestiert die Reichsregierung in Berlin entschieden gegen die Geldbeschlagnahmungen.

Hilfe für notleidende Kinder aus dem besetzten Ruhrgebiet

28. April. Ungefähr 1000 Kinder aus Herne und dem Kreis Hörde, die stark unterernährt sind, treffen auf dem Husumer Bahnhof ein, von wo aus sie auf Bauernfamilien im westlichen Schleswig-Holstein verteilt werden.

Es handelt sich um eine der im großen Stil durchgeführten Kinderlandverschickungen, die aufgrund der Notlage in den besetzten Gebieten an Rhein und Ruhr, aber auch in den Großstädten des Deutschen Reichs für zahlreiche Kinder notwendig geworden sind.

Das Einkommen vieler Familien liegt unter dem Existenzminimum. Nach dem Bericht des Reichsgesundheitsamts vom 20. Februar sind im Deutschen Reich 50% der Kinder unterernährt.

Durch die Landverschickung der dafür von den Schulärzten vorgeschlagenen Kinder versuchen die Jugend- und Gesundheitsämter, diesem Zustand abzuhelfen. Bevorzugt wird die Unterbringung der Kinder in Einzelpflegestellen, weil sie von den Bauern fast kostenlos zur Verfügung gestellt werden, während ein Heimplatz pro Tag mindestens 2000 Mark kostet.

Ruhrkinder in Berlin, deren Eltern ausgewiesen oder verhaftet sind

Abreise von 260 Ruhrkindern aus einem Erholungsheim bei Cuxhaven

Sabotageakte im Ruhrgebiet mehren sich

7. April. Eine Gruppe des deutschen aktiven Widerstands gegen die Besetzung des Ruhrgebiets hat in den frühen Morgenstunden den für den Kohlentransport bedeutenden Rhein-Herne-Kanal bei Henrichenburg, wo der Kanal über die Emscher führt, gesprengt. Innerhalb weniger Stunden sind weite Strecken des Kanals bis einschließlich des Herner Hafens leergelaufen.
Durch diesen Sabotageakt wird der Rhein-Herne-Kanal, der längere Zeit durch einen erst kürzlich gehobenen Kahn versperrt war, wieder unbefahrbar. Den Besatzungsmächten im Ruhrgebiet ist damit vorerst die Möglichkeit genommen, größere Kohlenmengen abzutransportieren, weil sich auch der Betrieb der militarisierten (von den Besatzungstruppen kontrollierten) Eisenbahnstrekken, die ebenfalls das Ziel von Sabotage-Handlungen sind, bisher als äußerst schwierig erwiesen hat. So wurde die Eisenbahnstrecke Duisburg–Dortmund durch einen Anschlag deutscher Saboteure am 15. März unterbrochen.
In nicht geringem Maß ist der weit unter dem Soll liegende Kohlenabtransport durch die Franzosen und Belgier (bis 15. 4. weniger als 10%) das Ergebnis der Sabotageakte an Schienen- und Wasserwegen der besetzten Gebiete.
Führend an diesen Widerstandsgruppen sind die ehemaligen Freikorpsoffiziere Heinz Oskar Hauenstein, Gerhard Roßbach und Albert Leo Schlageter (→7. 4./S. 61; 26. 5./S. 76) beteiligt.

Infolge des Sabotageanschlags vom 7. April leergelaufener Rhein-Herne-Kanal (bei der Schachtanlage Friedrich der Große 5 nahe der Stadt Herne)

Reichskommissar wird ausgewiesen

17. April. Mit der Ausweisung des Reichskommissars Hermann Graf von Hatzfeldt-Wildenburg verliert die deutsche Bevölkerung im besetzten Rheinland ihre Beschwerdeinstanz gegenüber der Rheinlandkommission.
Als Vertreter der deutschen Interessen in dem seit 1920 aufgrund des Versailler Vertrags (1919) von den Alliierten besetzten Rheingebiet ist Hatzfeldt-Wildenburg der französischen Besatzungsmacht, besonders seit Beginn der Ruhrbesetzung, zunehmend unbequem geworden.
In seiner Note an Hatzfeldt-Wildenburg erklärt der Präsident der Rheinlandkommission, Paul Tirard, die Mission des Reichskommissars müsse als beendet betrachtet werden, weil die Aufrechterhaltung des Reichskommissariats die Autorität der Rheinlandkommission und die Ausführung ihrer Verordnungen beeinträchtige.
Hatzfeldt-Wildenburg erhebt unmittelbar nach Empfang der Note Einspruch gegen seine Ausweisung. Er weist darauf hin, daß die Rheinlandkommission nicht zu diesem Schritt berechtigt sei.

Eisenbahner abgeschoben

15. April. Insgesamt sind bisher im besetzten Rheingebiet 4042 Personen, im besetzten Ruhrgebiet 816 Personen ausgewiesen worden. Das sind mit den Angehörigen rund 20 000 Menschen.
Mit diesen Ausweisungen, die sich nunmehr besonders gegen Eisenbahnbeamte richten, versuchen die französischen Besatzungsbehörden, den passiven Widerstand der Eisenbahner zu zermürben, die, den Weisungen der Reichsregierung folgend, den Dienst in der französischen Eisenbahnverwaltung verweigern. Um den Kohlenabtransport zu steigern, sind die Franzosen darauf angewiesen, den Eisenbahnverkehr in Gang zu bringen.
Empört reagiert die deutsche Öffentlichkeit auf die Ausweisungen, die sich häufig unter für die Betroffenen entwürdigenden Umständen abspielen.

Massenausweisung deutscher Eisenbahner aus dem besetzten Ruhrgebiet; Verpflegung in Limburg a. d. Lahn, der Durchgangsstation für Ausgewiesene

Albert Leo Schlageter, am 7. April wegen Eisenbahnsabotage verhaftet

Saboteur Schlageter in Essen verhaftet

7. April. Wegen seiner mutmaßlichen Beteiligung an dem Sprengstoffanschlag auf die Eisenbahnstrecke Dortmund–Duisburg bei Kalkum am 15. März wird der ehemalige Freikorpskämpfer Albert Leo Schlageter im »Union-Hotel« in Essen von der französischen Militärpolizei verhaftet. Die Umstände, die zur Festnahme Schlageters geführt haben, sind umstritten.
Zwar hat die Ortspolizeibehörde Kaiserswerth am 5. April einen Steckbrief erlassen, der Personalangaben und Personalbeschreibungen über die mutmaßlichen Attentäter, so auch über Schlageter, enthielt. Jedoch wird dieser Steckbrief erst nach der Festnahme Schlageters im Fahndungsblatt veröffentlicht (12. 4.). Wahrscheinlich ist der französischen Militärpolizei die Aufspürung Schlageters nicht aufgrund der Ermittlungsarbeiten der Kaiserswerther Behörden, sondern mit Hilfe der in die Gruppen des aktiven Widerstands eingeschleusten deutschen Spitzel gelungen.
Auf deutscher Seite besteht Uneinigkeit über die Haltung, die von der preußischen Polizei im besetzten Ruhrgebiet gegenüber den deutschen Sabotagegruppen einzunehmen ist. Während der Bürgermeister von Kaiserswerth, Karl Rißdorf, in der Bekanntmachung vom 15. März den Anschlag bei Kalkum als ein Verbrechen verurteilt und der französischen Anordnung, die Täter zu ermitteln, folgt, wird dies von den übergeordneten Behörden abgelehnt (→26. 5./S. 76).

Ein Kurswechsel in der Ruhrgebietspolitik

16. April. Da sich die für das Deutsche Reich wirtschaftlich verheerenden Folgen der Ruhrpolitik (passiver Widerstand) abzuzeichnen beginnen, unternimmt die Reichsregierung einen außenpolitischen Vorstoß, der die Verständigungsbereitschaft signalisieren soll.

So deutet Reichsaußenminister Friedrich von Rosenberg (parteilos) in seiner im Rahmen der Haushaltsdebatte vor dem Reichstag abgegebenen Erklärung die Möglichkeit der Wiederaufnahme der deutschen Reparationsleistungen an. Diese waren am 12. Januar als Reaktion auf die Ruhrbesetzung durch die Franzosen und Belgier eingestellt worden (→ 11. 1./S. 15).

Das Deutsche Reich sei bereit, seinen Reparationspflichten im Rahmen der Erfüllbarkeit nachzukommen. Rosenberg bekräftigt frühere deutsche Vorschläge zur Lösung der Reparationsfrage: Eine unabhängige Finanzkommission solle die deutsche Leistungsfähigkeit feststellen, dann werde die deutsche Wirtschaft für die neu festgesetzten Reparationszahlungen garantieren.

Abweichend von der bisherigen Position macht Rosenberg die Räumung des Ruhrgebiets nicht zur Vorbedingung für den Eintritt in neue Verhandlungen, sondern zu einem Verhandlungsziel (→ 6. 3./S. 46).

Mit der Politik des passiven Widerstands versucht die Reichsregierung, das Ausland – vorrangig Großbritannien und die USA – von der Unsinnigkeit des französischen Vorgehens zu überzeugen und zum Eingreifen zu bewegen. Bei gleichzeitiger Verständigungsbereitschaft hofft die Reichsregierung, so dem außenpolitischen Ziel, einer für das Deutsche Reich günstigen Neuregelung der Reparationen, näher zu kommen.

Am 20. April fordert der britische Außenminister George Nathaniel Marquess Curzon of Kedlestone vor dem Oberhaus (London) ein deutsches Verhandlungsangebot.

Die Reichsregierung schlägt daraufhin am 2. Mai die Festlegung der deutschen Reparationsschuld auf insgesamt 30 Milliarden Goldmark vor, eine Offerte, die von den Alliierten jedoch als undiskutabel abgelehnt wird. Verhandlungen über die Reparationsfrage kommen deshalb vorerst nicht zustande.

Adolf Hitler, Vorsitzender der fast überall im Deutschen Reich (nicht in Bayern) verbotenen NSDAP

Rosenberg deutet Zahlungsbereitschaft an

16. April. Um die Briten für die Einleitung neuer Verhandlungen über eine endgültige Lösung der Reparationsfrage zu gewinnen, sagt Reichsaußenminister Friedrich von Rosenberg in seiner Reichstagsrede u. a.:

»Deutschland bleibt bereit und gewillt, zur Erfüllung seiner Reparationspflicht zu arbeiten, zu opfern und zu zahlen, was immer in seiner Kraft steht. Dies ist der Inhalt, aber auch die Grenze seiner Verpflichtung. Sie wird erfüllt werden. Die Frage, um die der Streit geht, ist eine Tatfrage und lautet, welches die Beträge sind, die Deutschland leisten kann. Wer will heute, solange der französische Vernichtungskrieg gegen die deutsche Wirtschaft nicht zum Stillstand gekommen ist, das Wagnis unternehmen, zahlenmäßig die Leistungsfähigkeit Deutschlands festzulegen oder auch nur abzuschätzen? ...

Nach Ansicht der Regierung sollte [eine] internationale Kommission von Geschäftsleuten oder ein ähnliches sachverständiges und unparteiisches Gremium, an dem Deutschland und Frankreich mit voller Gleichberechtigung teilnehmen, möglichst bald zusammentreten und folgende Fragen beantworten: 1. Was hat Deutschland bisher geleistet? 2. Was kann und soll Deutschland gerechterweise noch leisten? 3. Auf welche Weise können diese Leistungen bewerkstelligt werden?

Wird dieser oder ein ähnlicher Weg beschritten, so wäre die Reichsregierung bereit, an den internationalen Kapitalmarkt wegen Bewilligung einer möglichst großen Anleihe heranzutreten, die von Deutschland mit jeder von dem Anleihekonsortium als nötig bezeichneten Sicherheit auszustatten und an Frankreich oder die Alliierten als sofortiger barer Vorschuß zu behändigen sein wird.

Die Regierung ist überzeugt und würde erforderlichenfalls durch geeignete Maßnahmen auch auf gesetzlichem Wege dafür sorgen, daß die deutschen Industrie- und Wirtschaftskreise ihre Kraft in den Dienst der so auf das Erfüllbare zurückgeführten deutschen Reparationspflicht stellen.«

Friedrich von Rosenberg (parteilos), Außenminister des Deutschen Reichs

Am 20. April reagiert der britische Außenminister George Nathaniel Marquess Curzon of Kedlestone in seiner Oberhausrede folgendermaßen auf die Ausführungen Rosenbergs:

»Ich kann nicht umhin, zu glauben, daß wenn Deutschland irgendein Anerbieten seiner Bereitschaft und seiner Absicht zu zahlen machte und seinen Wunsch kundgäbe, die Summe durch eigens mit dieser Aufgabe betraute Autoritäten festsetzen zu lassen, und wenn ferner dieses Anerbieten gleichzeitig genaue Bürgschaften für die Festsetzung der Zahlungen enthielte, ein Fortschritt erzielt werden könnte ... Es liegt im allgemeinen Interesse, daß ein solcher Vorschlag gemacht wird. Früher oder später muß es dazu kommen, und ich meine, je früher, desto besser. Das ist ... der Rat, den ich der deutschen Regierung eindringlich gegeben habe und an dessen Richtigkeit zu zweifeln ich keinen Grund sehe ... Ich bin nicht ohne Hoffnung, daß auf dieser Grundlage eine Lösung noch gefunden werden könnte. Ich sehe die Türe nicht als geschlossen an.«

Verbot von Parteien ist »unbedenklich«

23. April. Der Staatsgerichtshof zum Schutze der Republik in Leipzig stellt in seiner vorläufigen Entscheidung fest, das Verbot politischer Parteien nach dem Republikschutzgesetz (21. 7. 1922) sei »unbedenklich«. Damit wird die bisherige gegen verfassungsfeindliche Parteien gerichtete Verbotspraxis bestätigt.

Am 22. März ist die Deutschvölkische Freiheitspartei als Nachfolgeorganisation der NSDAP – wie diese bereits im Sommer 1922 – in Preußen verboten worden.

Spekulation mit Devisen verurteilt

19. April. Reichswirtschaftsminister Johannes Becker wendet sich in einer Reichstagsrede scharf gegen die »Maßnahmen spekulativer Kreise«, die zu dem Marksturz der letzten Tage beigetragen hätten.

Wer über das notwendige Maß Devisen kaufe, begehe »zur Zeit ein Verbrechen an der deutschen Nation« und die Reichsregierung werde »auch vor schärfsten Maßnahmen dagegen nicht zurückschrecken«.

Becker führt weiter aus, daß die Wirtschaft des Deutschen Reichs durch den Ruhrkampf, für den das Reich täglich Hunderte von Milliarden Mark (Kredite für die Ruhrwirtschaft) aufzubringen habe, ohnehin stark belastet sei (→ 19. 4./S. 60).

Wohnen und Design 1923:

Wohnungsmangel – aber Ansätze zu modernem Bauen

Das Jahr 1923 bringt keine Entspannung für den deutschen Wohnungsmarkt. Durch massive staatliche Maßnahmen (Wohnungszwangswirtschaft, Mietpreisbindung) kann die Wohnungsnot der Nachkriegsjahre allenfalls gelindert, aber nicht behoben werden, da die Bautätigkeit aufgrund der ungünstigen wirtschaftlichen Verhältnisse weit hinter dem Bedarf zurückbleibt.

Gleichzeitig sind unter dem maßgeblichen Einfluß der funktionalen Bauhaus-Architektur (→15. 8./S. 140) die Anfänge des modernen Wohnungsbauprogramms der folgenden Jahre zu verzeichnen.

Vorreiter dieser Kampagne ist die Stadt Wien, deren Senat am 21. September beschließt, in den nächsten fünf Jahren Gemeindebauten mit insgesamt 25 000 Wohnungen errichten zu lassen. Für die geplanten Großsiedlungen sind die Prinzipien der neuen Architektur (Zweckmäßigkeit und Sachlichkeit) maßgeblich. Kennzeichen dieser Bauten ist neben den äußeren Merkmalen (Flachdächer, Rechtwinkligkeit) ihr sozialer Aspekt. Durch wirtschaftliche Baumethoden sollen die Mieten niedrig gehalten werden, großzügige Gartenanlagen und Balkons steigern die Wohnqualität.

Im Deutschen Reich ist das erste bahnbrechende Projekt dieser Art die von Otto Haesler gebaute Siedlung Italienischer Garten in Celle bei Hannover.

Wohnung einer Arbeiterfamilie; aufgrund der schlechten wirtschaftlichen Lage herrscht erhebliche Wohnungsnot

Beeinflußt von dem funktionalen Stil entsteht auch ein modernes Industriedesign, das zweckmäßige Lösungen für das propagierte neue Wohnen zu entwickeln beginnt.

Diese zukunftsweisenden Impulse und Projekte haben 1923 noch keine Auswirkung auf die Masse der deutschen Bevölkerung. Besonders in den Großstädten lebt ein Großteil der Bevölkerung aufgrund der Wohnungsnot in äußerst beengten Verhältnissen.

Dem wachsenden Bedarf, der u. a. durch die Zunahme der Eheschließungen (1913: 513 283, 1920: 894 978) entstanden ist, steht die niedrige, weit unter dem Vorkriegsstand liegende Bautätigkeit, die durch inflationierende Baukosten gehemmt wird, gegenüber. Im Jahr 1913 wurden im Deutschen Reich 200 000 Wohnungen fertiggestellt, bis 1922 stieg die Zahl nach dem Tiefpunkt im Jahr 1919 (60 000) auf 154 000 an, sinkt jedoch im Inflationsjahr 1923 auf 118 000 ab.

Um der aus dem Mißverhältnis zwischen Angebot und Nachfrage resultierenden Notlage entgegenzuwirken, führte der Staat am 23. September 1918 die Wohnungszwangswirtschaft ein, die am 26. Juli 1923 durch das Reichswohnungsmangelgesetz wegen der Proteste der Hausbesitzer gelockert wird. Danach dürfen die Wohnungsämter keine Zwangseinweisungen mehr vornehmen, außerdem werden Neubauten von der öffentlichen Verteilung der Wohnungen ausgenommen.

Das Reichsmietengesetz (24. 3. 1922) legt niedrige gesetzliche Höchstmieten fest.

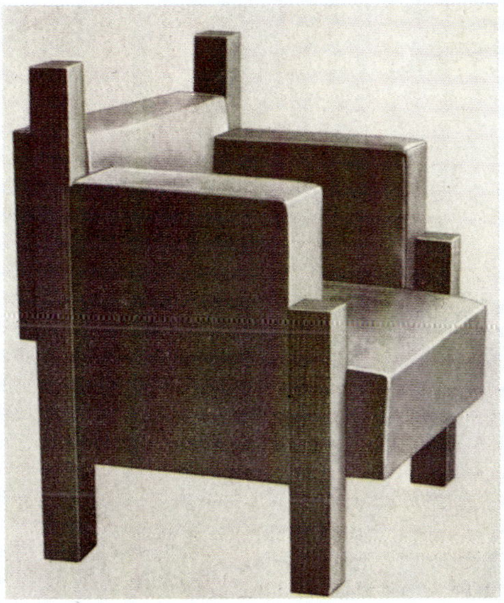

Von Bauhausstudent Marcel Lajos Breuer entworfener konstruktivistischer Klubsessel (1923)

Teetisch von Erich Brendel; das Tischchen mit herunterklappbaren Flügeln ist ein Beispiel für das neue funktionalistische Design

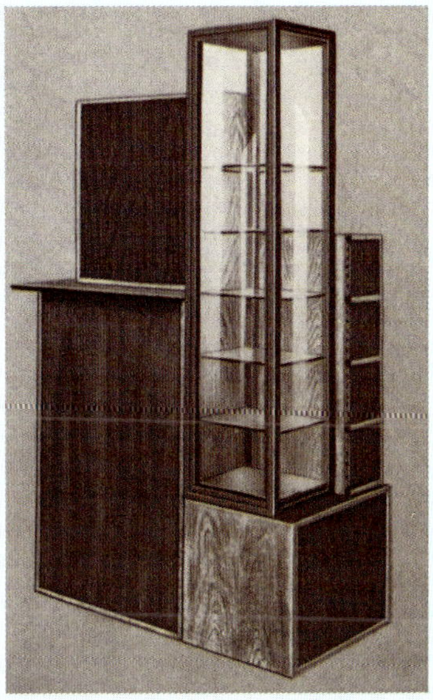

Wohnraumschrank mit vitrinenartiger Ecklösung (M. L. Breuer)

Der sowjetische Volkskommissar für Verteidigung, Leo D. Trotzki (Mitte), kritisiert die sowjetische Wirtschaftslage

Moskauer Parteitag zu Wirtschaftsthemen

17. April. Hauptthema des bis zum 25. April in Moskau tagenden XII. Parteitags der Kommunistischen Partei Rußlands (später KPdSU) sind die wirtschaftlichen Probleme der Sowjetunion. Aus Krankheitsgründen nimmt Wladimir I. Lenin, der sowjetische Partei- und Regierungschef, zum ersten Mal nicht an dem Parteitag teil (→ 9. 3./S. 49).

Leo D. Trotzki, Volkskommissar für Verteidigung, stellt seine wirtschaftspolitischen Thesen zur Diskussion: Um der drohenden Absatzkrise der sowjetischen Industrie entgegenzuwirken, die durch steigende industrielle und sinkende landwirtschaftliche Preise (»Scheren«-Krise) verursacht werde, müsse in die Neue Ökonomische Politik (seit März 1921) die Industrie stärker einbezogen werden.

Trotzki fordert mehr Planung zugunsten der Industrie, die wegen der immensen Wiederaufbaukosten – der Bürgerkrieg (1918–1921) ließ die sowjetische Industrieproduktion auf ein Siebtel der Vorkriegsleistung absinken – mit ungenügender Rentabilität wirtschafte.

Einstimmig werden Trotzkis Thesen vom Parteitag angenommen.

Ebenfalls einstimmig billigt der Parteitag die von Politbüromitglied Grigori J. Sinowjew vorgetragenen Richtlinien des Zentralkomitees der Kommunistischen Partei Rußlands, die u.a. den Export der Getreideüberschüsse vorsehen.

Dieser Beschluß läßt den Erfolg der Neuen Ökonomischen Politik erkennen, die auf eine Erhöhung der Agrarproduktion abzielt und dafür die zum Programm Lenins gehörende Kollektivierung der Landwirtschaft zunächst zurückstellt. Die teilweise Rückkehr zu marktwirtschaftlichen Gepflogenheiten (mit relativ freiem Binnenmarkt, privatem Kleinunternehmertum, ausländischen Kapitalinvestitionen u.a.) hat sich als Lösung der Versorgungskrise, die in der Hungersnot 1921/22 gipfelte, erwiesen.

In seiner Schlußrede betont Sinowjew die Geschlossenheit innerhalb der Kommunistischen Partei bezüglich der Wirtschaftspolitik und bezeichnet sie als von Leninschem Geist durchdrungen. Der Parteitag habe dem Proletariat die Aufgabe gestellt, die Großindustrie, die ein Bollwerk der proletarischen Diktatur sei, zu fördern.

Lenin verliert seinen politischen Einfluß

17. April. Da Wladimir I. Lenin, sowjetischer Partei- und Regierungschef, seit seinem dritten Schlaganfall am → 9. März (S. 49) nicht mehr imstande ist, sich zu bewegen oder zu sprechen, muß der XII. Parteitag (bis zum 25. 4.) der Kommunistischen Partei Rußlands (später KPdSU) in Moskau ohne ihn abgehalten werden. Von seinem ersten Schlaganfall (26. 5. 1922) erholte sich Lenin bis zum Oktober 1922 so weit, daß er die Regierungsgeschäfte wiederaufnehmen konnte. Seit sich der Zustand des unter fortschreitender Gehirnsklerose leidenden Lenin im Dezember 1922 erneut verschlechterte (zweiter Schlaganfall), hielt er die Verbindung zu den leitenden Instanzen schriftlich und telefonisch aufrecht. Die Ärzte gestatteten ihm, täglich fünf bis zehn Minuten zu diktieren.

Wladimir I. Lenin, Regierungs- und Parteichef der Sowjetunion

In der Zeit seiner Krankheit führen Generalsekretär Josef W. Stalin und die Politbüromitglieder Grigori J. Sinowjew sowie Lew B. Kamenew die Parteigeschäfte. Geschickt taktierend baut Stalin seine Machtposition aus – Lenin kann die Absetzung des Generalsekretärs, die er im Januar empfohlen hat, nicht mehr durchsetzen (→ 4. 1./S. 22).

Schwere Zeit für Deutsche in Polen

10. April. In Posen kündigt der polnische Ministerpräsident Władysław Eugeniusz Sikorski den verschärften Kampf gegen die im westlichen Teil Polens lebenden Deutschen an.

Die Politik Sikorskis – wie auch der vorangegangenen nationalbetonten Regierungen Polens – richtet sich gegen die deutsche Bevölkerung der ehemaligen preußischen Provinzen Westpreußen und Posen, deren größter Teil aufgrund des Versailler Vertrags (1919) vom Deutschen Reich an Polen abgetreten wurde.

Zahlreiche Deutsche sehen sich aufgrund dieser Verdrängungs- und Benachteiligungspolitik gezwungen, das Land zu verlassen. Durch Konzessionsentzug oder die Annullierung von Ansiedlerpachtverträgen (Agrargesetz vom 14. 7. 1920) wird den Deutschen die wirtschaftliche Grundlage genommen.

Ferner wurde im Zuge der angestrebten »Entdeutschung« das Polnische als Amtssprache für deutsche Anwälte eingeführt (24. 3.).

Sparmaßnahmen in Österreichs Kabinett

16. April. Im Rahmen ihrer Spar- und Deflationspolitik tritt die österreichische Regierung unter Bundeskanzler Ignaz Seipel zurück, um so vier Ministerien und zwei Ministerposten einsparen zu können.

Ignaz Seipel

Am folgenden Tag wählt der Nationalrat das neugebildete Kabinett. Bundeskanzler Seipel übernimmt zusätzlich das Innenministerium, Vizekanzler Felix Franz das Justizministerium, das Außenministerium wird in eine Abteilung der Bundeskanzlei umgewandelt, und das Ministerium für Volksernährung wird abgeschafft. Die Ministerien Handel und Verkehr werden zu einem Ressort vereinigt.

Nach wie vor handelt es sich um eine großdeutsch-christlichsoziale Koalitionsregierung, die mit drastischen Maßnahmen auf die Währungssanierung hinarbeitet (→ 6. 2./S. 36).

Duce Mussolini

Seit dem 30. Oktober 1922 regiert Benito Mussolini in Italien. An seinem Kabinett sind vier Faschisten, zehn Nationalisten, Liberale, Demokraten und Popolari beteiligt (Abb.: Mussolini (l.) nimmt am 21. 4. mit Kriegsminister General Armando Diaz die Parade der Nationalmiliz ab).

Popolari legen Ämter nieder

24. April. Nachdem der italienische Ministerpräsident und Duce Benito Mussolini von den vier Popolari-Ministern (Partito Popolare Italiano) die unbedingte Anerkennung des Faschismus gefordert hat, legen diese ihre Ämter nieder.

Mussolini nimmt den vorausgegangenen Parteitag der Popolari in Turin (8.–13. 4.), auf dem besonders von seiten des linken Flügels um Generalsekretär Luigi Sturzo deutliche Kritik am Faschismus geäußert worden war, zum Anlaß, um gegen den unbequem werdenden Koalitionspartner vorzugehen.

Auf dem Popolari-Kongreß wurde hauptsächlich die Frage diskutiert, ob ein Bündnis mit den Faschisten weiterhin zu befürworten sei (seit Oktober 1922 ist die katholische Popolari-Partei an der Koalitionsregierung Mussolinis beteiligt). Generalsekretär Don Sturzo, der die Partei seit Anfang 1923 auf antifaschistischen Kurs führt, agitierte gegen ein derartiges Bündnis, weil die Popolari dadurch Gefahr liefen, ihren demokratisch-konstitutionellen Charakter zu verlieren. Die Partei würde jede Selbständigkeit aufgeben. An der Bündnisfrage spaltet sich der politische Katholizismus in Italien. Nur mühsam setzte sich Don Sturzo auf dem Parteitag durch.

Luigi Sturzo, Generalsekretär der Partito Popolare Italiano (PPI)

Amateure gründen ersten Radio-Club

6. April. In Berlin wird die erste Vereinigung der Rundfunkamateure, der Deutsche Radio-Club, gegründet. Die Begeisterung für das bisher im Deutschen Reich noch nicht etablierte Medium wächst.

Seit dem Weltkrieg haben die Aktivitäten der von dem neuen Medium faszinierten Funkamateure – bastelfreudige Zeitgenossen und ehemalige Nachrichtensoldaten – so zugenommen, daß sich das Reichspostministerium bereits 1920 veranlaßt sah, eine gesetzliche Regelung des Funkempfangswesens in Angriff zu nehmen.

Dieses wegen der rechtlichen und sicherheitspolitischen Implikationen komplizierte Unterfangen ist jedoch bislang noch nicht zu einem Abschluß gekommen.

Meist stillschweigend geduldet und nur selten Teil mit postalischer Genehmigung empfangen die Amateure u.a. die Musikübertragungen des reichseigenen Senders Königs Wusterhausen, der seit 1920 in Betrieb ist (→ 29. 10./S. 170).

Telefonieren nun auch im fahrenden Zug

Wie der Versuchsbetrieb auf der Eisenbahnstrecke Berlin–Hamburg gezeigt hat, sind die technischen Schwierigkeiten des Zugtelefons weitgehend bewältigt. Da die Versuche derartig gute Ergebnisse erzielt haben, ist zu erwarten, daß dieser besonders für Geschäftsleute attraktive Service allgemein eingeführt werden wird. Das Zugtelefon ist ein großer technischer Erfolg, der auch dem Eisenbahnbetrieb selbst zugute kommen wird.

Von einer Telefonzelle im Zug aus können Reisende Gespräche mit jedem beliebigen Teilnehmer des Fernsprechnetzes führen. Für die Herstellung der Verbindung ist ein mitreisender Beamter zuständig, der in einer Kabine neben der Telefonzelle sitzt (rechts auf der Abb.). Die Übermittlung des drahtlosen Fernsprechverkehrs erfolgt durch Wagenantennen.

Dampfer »Deutschland« läuft vom Stapel

28. April. *Vor seinem Stapellauf auf der Hamburger Werft Blohm und Voss wird der neue Hapag-Dampfer von Reichspräsident Friedrich Ebert auf den Namen »Deutschland« getauft. Der Reichspräsident schließt seine kurze Taufansprache mit den Worten: »Dieses neue Schiff soll den Namen führen, der uns allen am höchsten steht: es soll ›Deutschland‹ heißen.«*

Die 22 000 Registertonnen große und 191,2 m lange »Deutschland« ist für den Wochendienst zwischen Hamburg und New York bestimmt und soll sowohl dem Passagier- als auch dem Frachtverkehr dienen. Trotz seiner Ausmaße zeichnet sich der Ozeanriese durch elegante Formen aus.

Zahlreiche Zuschauer verfolgen z. T. von Booten aus mit großer Spannung den Stapellauf der »Deutschland« im Hamburger Hafen (Abb.).

Hochzeitspaar mit den Eltern; v. l.: Graf und Gräfin von Strathmore, Herzogin und Herzog von York, Königin Mary und König Georg V. von Großbritannien

Die Hochzeitsfeier eines britischen Prinzen

26. April. In vollem königlichem Glanz wird die Trauung von Prinz Albert, Herzog von York und zweiter Sohn des britischen Königs Georg V., und Lady Elizabeth Bowes-Lyon in der Londoner Krönungskirche Westminster Abbey vollzogen. Der Erzbischof von Canterbury und Primas der anglikanischen Staatskirche, Randall Davidson, leitet die feierliche Zeremonie, der neben den Familien des Brautpaars der britische Adel und das Diplomatische Korps in London beiwohnen.

Riesige Zuschauermengen säumen den Weg des Hochzeitszugs von Westminster Abbey zum Buckingham Palace. Überall wird das strahlende Brautpaar mit tausendfachem Jubel begrüßt. Für rund 250 000 Personen sind entlang der Strecke Sitzplätze errichtet worden; Fensterplätze wurden zu horrenden Preisen vermietet.

Die Briten nehmen begeisterten Anteil an der Hochzeit des populären Herzogs von York, der wegen seines sozialen Engagements »Arbeiterprinz« genannt wird. Prinz Albert, der spätere König Georg VI. (1936), hat sich während seines Studiums in Cambridge intensiv mit historischen und ökonomischen Fragen befaßt. Große Hoffnung setzt der Herzog von York auf die Überwindung der Barrieren zwischen den sozialen Schichten. So initiierte er 1921 ein gemeinsames Sommerlager für Jungen unterschiedlicher sozialer Herkunft. Auch hat Prinz Albert zahlreiche Fabriken besucht (z.T. inkognito), um sich ein Bild von den Arbeitsbedingungen der Fabrikarbeiter zu machen.

In streng dynastischem Sinn ist die Verbindung des Herzogs von York mit Lady Elizabeth Bowes-Lyon nicht standesgemäß. Zwar gehört die Familie der Braut zum ältesten schottischen Uradel – Lady Elizabeth ist die Tochter des Grafen von Strathmore –, jedoch zählt sie nicht zu den Adelsfamilien »königlichen Geblüts«. Dennoch wird die Herzogin von York ohne den bei morganatischen Ehen der Prinzen von Großbritannien sonst üblichen Thronfolgeverzicht zum berechtigten Mitglied der königlichen Familie erhoben. Ebenfalls sensationell wirkt das Gerücht, die hübsche Braut habe dem Prinzen vor ihrem Jawort drei Körbe gegeben.

Die Braut: Lady Elizabeth Bowes-Lyon (Porträt von John St. Helier Lauder)

Herzog Albert von York, Porträt von J. St. Helier Lauder für die »London News«

Künftiger König Großbritanniens

Anläßlich seiner Hochzeit mit der schottischen Adligen Lady Elizabeth Bowes-Lyon am → 26. April (S. 66) steht der bei den Briten beliebte Prinz Albert, Herzog von York und zweiter Sohn des britischen Königs Georg V., im Mittelpunkt des öffentlichen Interesses.
Nebenstehend einige Abbildungen aus dem Leben des 27jährigen Prinzen und künftigen Königs Großbritanniens (1936 besteigt er nach der Abdankung seines ältesten Bruders Eduard VIII. als Georg VI. den Thron); v. l.: Der Herzog von York bei einem Yachtausflug, als Offizier der Royal Air Force, bei der Jagd und als »typischer junger Engländer« mit Melone und Schirm.

Carnarvon – Opfer des Pharaonenfluchs?

6. April. Der seit einigen Wochen an einer schweren Infektionskrankheit leidende Ägyptologe George Edward Stanhope Molyneux Herbert Earl of Carnarvon aus Großbritannien stirbt im Alter von 56 Jahren in Kairo. Gerüchte über merkwürdige Begleitumstände seines Todes werden mit einem angeblich vom Grab des Tutanchamun ausgehenden Fluch in Verbindung gebracht.

Carnarvon hat durch Finanzierung der Ausgrabungen im Tal der Könige bei der oberägyptischen Stadt Luxor maßgeblich zur aufsehenerregenden Entdeckung des Tutanchamun-Grabs am 5. November 1922 beigetragen. Zusammen mit dem Entdecker Howard Carter, dem nach vieljähriger Ausgrabungsarbeit dieser einzigartige Fund gelungen war, öffnete Lord Carnarvon am 26. November 1922 das fast unversehrte Pharaonengrab.

In der Sensationspresse kursieren Gerüchte über den Fluch des Pharaos, der den Tod Carnarvons verursacht habe. Zum Zeitpunkt seines Dahinscheidens sei in Kairo aus unerklärlichen Gründen der Strom ausgefallen und der Lieblingshund Carnarvons habe zu eben diesem

Der britische Ägyptologe Earl of Carnarvon kurz vor seinem Tod 1923

Zeitpunkt laut aufgeheult und sei tot umgefallen. Diese Spekulationen ergeben sich aus einer Inschrift, die man auf dem Keramiksockel der Kerze vor dem Schrein der Anubis fand: »Ich verhindere, daß Sand die geheime Kammer füllt. Ich bin zum Schutze der Toten da.«

Besonders Anhänger der okkultistischen Modeströmung greifen die Vermutungen über den angeblichen Pharaonenfluch lebhaft auf. In Großbritannien geraten Hunderte von Lesern dieser Berichte in Panik und entledigen sich ihrer angeblichen und echten ägyptischen Antiquitäten, die sie dem ratlosen Britischen Museum zuschicken.

Die sehr viel näherliegendere Erklärung für den tödlichen Verlauf der durch einen Moskitostich verursachten Infektionskrankheit Carnarvons, nämlich seine geschwächte körperliche Verfassung, geht in der allgemeinen Hysterie unter.

Der angebliche Fluch des Pharaos wird beinahe ebenso berühmt wie Tutanchamun selbst und die einzigartigen Schätze seines Grabes. Carnarvon und Carter haben u. a. den Thronsessel des vermutlich im Jahre 1337 v. Chr. ermordeten ägyptischen Königs der 18. Dynastie, die Goldmaske der Mumie und den Goldsarg des Königs in völlig erhaltenem Zustand vorgefunden. Außerdem entdeckten sie in den Grabkammern einen Schatz an vergoldeten Schreinen und Holzsärgen, Betten, Stühlen, Vasen, Statuen und Geräten.

Zur Geschichte der Ägyptologie

Die wissenschaftliche Erforschung des ägyptischen Altertums begann 1789 mit dem Einmarsch Napoleon Bonapartes, dessen Heer von einer Gruppe von Wissenschaftlern begleitet war. Als wichtigster Fund erwies sich der »Stein von Rosette«, der 1824 zur Entzifferung der ägyptischen Hieroglyphen durch Jean-François Champollion führte.

Die Popularität der ägyptischen Altertümer in Europa führte bald zu unkontrollierten Ausgrabungen und Plünderungen.

In den 30er Jahren des 19. Jahrhunderts mehrten sich die Proteste gegen diesen Kunstraub. Aufgrund dessen wurde 1858 der Franzose Auguste Ferdinand Mariette zum Konservator der ägyptischen Altertümer ernannt. Er gründete 1863 das Ägyptische Museum in Kairo.

In den 80er Jahren des 19. Jahrhunderts brachten vor allem die Forschungen von Gaston Maspero und Sir Flinders Petrie die Ägyptologie voran.

Eingang zur Grabkammer Tutanchamuns mit dem kunstvoll geschnitzten Sarg

Reichverzierte Rückenlehne des Throns mit Tutanchamun und seiner Frau

Bildungswesen 1923:

Aufstiegschancen bleiben weiterhin wenigen vorbehalten

Trotz der bildungs- und schulreformerischen Bestrebungen der Nachkriegsjahre sind die Strukturen des deutschen Schulsystems – schichtenspezifische Auslese und Konfessionsgebundenheit – weitgehend unangetastet geblieben. Allerdings hat sich die Exklusivität der Hochschulbildung zugunsten des Mittelstands gelockert.

So ist die gegenüber dem Vorkriegsstand deutliche Zunahme der an deutschen Universitäten immatrikulierten Studenten (Sommersemester 1913: 60 061, Sommersemester 1923: 85 394) auf den wachsenden Anteil der Studentinnen (von 3368 im Sommersemester 1913 auf 8763 im Sommersemester 1923), besonders jedoch auf die neue soziale Zusammensetzung der Studentenschaft zurückzuführen.

Während sich vor dem Weltkrieg ein beträchtlicher Teil der Studenten aus der Oberschicht rekrutierte, stellt nun der Mittelstand die überwiegende Mehrheit des akademischen Nachwuchses. Damit zusammenhängend ist auch das neuartige Phänomen des sog. Werkstudenten entstanden. Infolge der wirtschaftlichen Schwierigkeiten der Nachkriegsjahre, die nicht zuletzt den Mittelstand belasten, ist ein großer Teil der Studenten gezwungen, das Studium selbst zu finanzieren (60 000 Werkstudenten im Sommersemester 1922).

Am 13. April schildert Preußens Kultusminister Otto Boelitz im Hauptausschuß des preußischen Landtags die schwierige Lage der Studenten. Hunger und Entbehrung seien das Los des weitaus größten Teils der akademischen Jugend. Eine Reihe von Studenten müßte oft mitten im Studium aus Not die Universität verlassen. Ferner weist Boelitz auf die Gefahr des Brotstudiums hin: Die Beschäftigung mit dem, was nicht für das Examen nötig sei, trete zurück.

Schulreformerische Initiativen, besonders der Länder mit sozialdemokratischer Regierungsbeteiligung (Preußen u. a.), konnten die zugunsten der Einheitsschule angestrebte Aufhebung der schichtenspezifisch vertikalen Dreigliedrigkeit des Schulsystems – Volksschule, Mittelschule, Höhere Schule – bislang nicht durchsetzen. Zwar wurde im Jahre 1920 die vierklassige gemeinsame Grundschule eingeführt, jedoch besucht die Masse der Schüler nach wie vor die Volksschule (1921/22: 8 930 070). Rund 40% dieser Schüler erreichen das ohnehin niedrig gesteckte Schulziel der öffentlichen Volksschulen jedoch nicht, was u. a. auf die ungünstigen Unterrichtsbedingungen zurückzuführen ist. Hohe Klassenfrequenzen – 1921/22 sind 55,6% der Klassen mit mehr als 40 Schülern besetzt – und die mangelhafte Ausstattung mit Lehrkräften – auf eine Lehrkraft kommen 1921/22 durchschnittlich 45,4 Schüler – prägen die Situation an den öffentlichen Volksschulen.

Nur eine kleine Minderheit der Schüler (rund 6,5%) besucht eine Mittelschule (1921/22: 329 344) oder eine der Höheren Schulen (1921/22: 751 442). Lediglich 4% der Schülerpopulation an den Höheren Schulen stammen aus Arbeiterfamilien, die überwältigende Mehrheit rekrutiert sich aus Ober- und Mittelschicht.

Das dreigliedrige Schulsystem bietet nach Durchlaufen der Grundschule nur wenigen eine Aufstiegsmöglichkeit und zementiert damit die gesellschaftliche Schichtung.

Auf den energischen Widerstand der evangelischen und katholischen Elternschaft stoßen die Bestrebungen zur Entkonfessionalisierung besonders der preußischen Schulpolitik, die eine weltliche Regelschule anstrebt. Am 10. April 1923 werden in Berlin die ersten acht weltlichen Schulen eröffnet. Diese sog. Sammelschulen stehen Kindern offen, die nicht an dem ansonsten obligatorischen Religionsunterricht teilnehmen wollen. Die Bekenntnisschulen beherrschen jedoch nach wie vor das Feld (im Deutschen Reich gibt es 1921/22 29 439 evangelische, 15 009 katholische und 207 jüdische Bekenntnisschulen).

Otto Boelitz von der DVP, seit 1921 preußischer Kultusminister

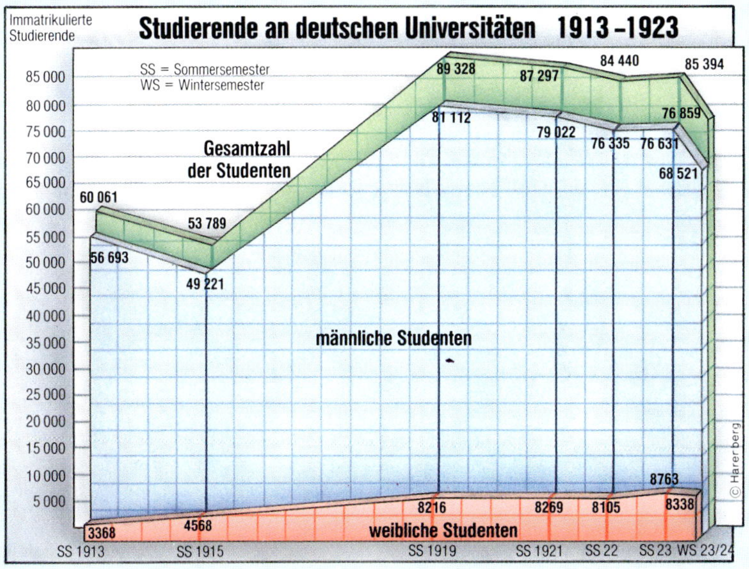

Im Krisenjahr 1923 ist die Zahl der deutschen Studenten stark rückläufig, weil das Studium für viele junge Menschen zu viele Kosten verursacht

Unterricht in einer deutschen Volksschulklasse; das Klassenzimmer ist nur mit wenig Lehrmaterial ausgestattet; die Schülerzahl pro Klasse beträgt rund 40

Werkstudent, der sich als Gepäckträger seinen Unterhalt verdient

Vorwurf der Pornographie für »Ecce homo«

25. April. Mit der Begründung, es handle sich um ein »pornographisches Machwerk«, wird in Berlin »Ecce homo«, ein satirisches Mappenwerk des Malers George Grosz von 1922, beschlagnahmt.

Mit 16 Aquarellen und 84 Zeichnungen zeigt Grosz in »Ecce homo«, einem seiner Hauptwerke, die Auswüchse der Inflationszeit. Wegen Verbreitung unzüchtiger Darstellungen sowie der Verletzung der öffentlichen Moral und der inneren Werte des deutschen Volkes werden Grosz und Wieland Herzfelde, dessen Malik-Verlag »Ecce homo« herausgebracht hat, später zu Geldstrafen in Höhe von 6000 bzw. 500 Mark verurteilt.

Von George Grosz, der seine gegen den deutschen Militarismus gerichtete Einstellung u. a. durch die Anglisierung seines Namens (eigentl. Georg Groß) während des Weltkriegs deutlich gemacht hat, gehen wichtige künstlerische Impulse aus. Im Jahre 1917 gründete er zusammen mit John Heartfield, der durch seine Fotomontagen bekannt ist, und dessen Bruder Wieland Herzfelde die Berliner Dada-Gruppe (→ S. 26). Während der folgenden Jahre entwickelte Grosz, einer der schärfsten Satiriker der deutschen Kunst, einen unerbittlich kritischen Malstil, der die Härte und Häßlichkeit der Wirklichkeit mit sozialkritischer Intention schonungslos darstellt. Neben zahlreichen Buchillustrationen stammen von Grosz u. a. die Mappenwerke »Gott mit uns« (1920) und »Das Gesicht der herrschenden Klasse« (1921).

»Vor Sonnenaufgang« (Graphik von Grosz aus der Mappe »Ecce homo«)

»Schönheit, dich will ich preisen« (George Grosz, aus »Ecce homo«)

Irischer Konflikt wird Bühnenthema

12. April. Die Tragikomödie »Der Schatten eines Rebellen« (»The Shadow of a Gunman«) des irischen Dramatikers Sean O'Casey wird im Abbey Theatre (Dublin) uraufgeführt. Der große Erfolg des Stücks bewahrt das Theater vor dem drohenden Bankrott. O'Casey setzt sich in dem Zweiakter mit der irischen Unabhängigkeitsbewegung Sinn Fein (→ 19. 2./S. 37) auseinander. Protagonist Donal Davoren läßt sich die falsche Unterstellung der hübschen Minnie Powell, die ihn als vermeintlichen Sinn-Fein-Kämpfer bewundert und liebt, gern gefallen. Minnie erweist sich bei einer Razzia britischer Soldaten – sie versucht, eine Tasche mit Handgranaten zu verstecken – als die eigentliche Heldin des Stücks.

Sean O'Casey

Kein Theater mehr im Schauspielhaus

20. April. Mit der Premiere des »König Lear« von William Shakespeare läuft in dem unter der Leitung Max Reinhardts stehenden Großen Schauspielhaus in Berlin die letzte Theaterinszenierung an, bevor der Riesenbau seiner neuen Bestimmung (Operetten- und Revuevorstellungen) übergeben wird.

Die Hoffnung Max Reinhardts, in dem Großen Schauspielhaus ein neues dramatisches Genre, das Theater der Fünftausend, zu etablieren, hat sich nicht erfüllt.

Zwar avancierte Reinhardt durch seine Inszenierungen (u. a. Maxim Gorkis »Nachtasyl« 1903, William Shakespeares »Sommernachtstraum« 1905) zum maßgeblichen deutschen Regisseur und Intendanten der Vorkriegszeit. Seine auf breite Publikumsschichten abzielenden Großrauminszenierungen werden jedoch von der Berliner Presse hartnäckig kritisiert. In Anspielung auf das 1919 eröffnete Schauspielhaus, den ehemaligen von Hans Poelzig umgestalteten Zirkus Schumann, spricht die Kritik vom »Zirkus Reinhardt«.

Zuschauerraum im Großen Schauspielhaus in Berlin, das Architekt Hans Poelzig durch Umbau des ehemaligen Zirkus Schumann 1919 gestaltet hat

Max Reinhardt verhandelt in USA

14. April. Max Reinhardt (eigentl. Max Goldmann), Berliner Theaterregisseur und -direktor österreichischer Herkunft, reist in die Vereinigten Staaten von Amerika (bis 19. Mai), um in New York mit dem Theaterproduzenten Morris Gest und dem Mäzen Otto H. Kahn über ein Gastspiel zu verhandeln.

Als Ergebnis dieser Besprechungen wird – wie wenig später aus der Presse verlautet – vereinbart, daß Reinhardts Regiedebüt in den USA Karl Gustav Vollmoellers Pantomime »Das Mirakel« sein wird, mit deren Inszenierung im Zirkus Busch Reinhardt 1914 weltweit Furore machte. Für die »Mirakel«-Aufführung (Premiere 15. 1. 1924) wird der Innenraum des New Yorker Century Theatre unter hohem Kostenaufwand zu einer gotischen Kathedrale umgebaut.

Max Reinhardt

Wembley-Stadion wird gestürmt

28. April. *Der Andrang von über 200 000 Fußballfans, die das englische Pokalfinale zwischen Bolton Wanderers und Westham United sehen wollen, übersteigt selbst die Kapazitäten des neueröffneten riesigen Wembley-Stadions in London, das maximal 127 000 Zuschauer faßt.*

Nicht mehr eingelassene Fans klettern über die Absperrungen und stürmen das Stadion, wo infolgedessen ein furchtbares Gedränge entsteht. Nachdem der britische König Georg V. im Stadion eingetroffen ist, beruhigt sich die chaotische Situation allmählich. Berittene Polizisten räumen das Spielfeld, auf dem sich die Menge der Zuschauer ohne Sitz- oder Stehplatz drängt (Abb.). Beim Ansturm auf das überfüllte Stadion kommt es zwar in etwa 900 Fällen zu mehr oder weniger schweren Verletzungen, es geschieht jedoch kein tödlicher Unfall. Das Pokalfinale endet mit einem 2:0-Sieg für die Bolton Wanderers.

16jährige Ederle schwimmt Rekord

4. April. Gertrude Caroline Ederle stellt in Brooklyn (heute New York) einen Weltrekord über 200 m Freistil in 2:45,2 min auf.

Die vielversprechende erst 16jährige US-Amerikanerin hat bereits in den vergangenen Jahren eine Reihe ähnlicher Erfolge erzielt.

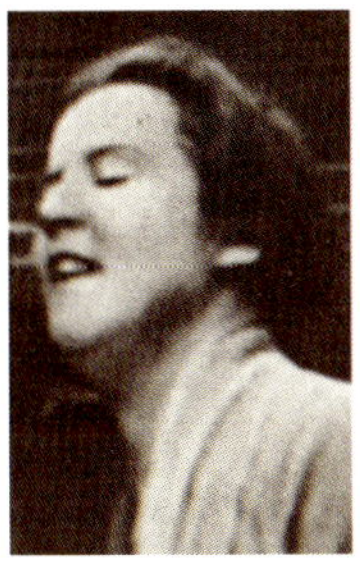

Gertrude Ederle

Den ersten Weltrekord stellte Ederle am 17. August 1919 in Indianapolis über 800 m Freistil in 13:19,0 min auf. Zwei weitere Weltrekorde erreichte Gertrude Caroline Ederle im Jahre 1922, nämlich über 400 m in 5:53,2 min und über 500 m Freistil in 7:22,2 min.

Für die Olympischen Spiele, die im kommenden Jahr in Paris stattfinden werden, setzt man in den Vereinigten Staaten große Hoffnungen in die Schwimmerin, deren Karriere in der breiteren Sportöffentlichkeit mit Aufmerksamkeit verfolgt wird.

Flugzeugabsturz auf dem Tempelhofer Feld

14. April. Bei der Einweihung des provisorischen neuen Berliner Flughafens auf dem Tempelhofer Feld kommen während des Eröffnungsflugs drei Berliner Stadtverordnete ums Leben.

Aus bisher noch ungeklärter Ursache stürzt eine der zu den Eröffnungsflügen gestarteten Maschinen – es handelt sich um einen umgebauten Kriegsdoppeldecker der Deutschen Luft-Reederei (DLR) – aus einer Höhe von 30 bis 40 m beim Nehmen einer Rechtskurve plötzlich ab und zerschellt vor den Augen der entsetzten Zuschauer.

An dem Flug der Unglücksmaschine haben außer dem Piloten drei Berliner Stadtverordnete teilgenommen, die ihren Mut, sich auch selbst in die Lüfte zu wagen, mit dem Leben bezahlen, während der Pilot den Absturz trotz seiner schweren Verletzungen überlebt.

Zahlreiche der zur Eröffnung des provisorischen Flughafens erschienenen Besucher geraten beim Absturz des Flugzeugs in Panik.

Das Unglück ist ein erschütternder Auftakt zu den großen Plänen, von denen in der Eröffnungsansprache die Rede war. Trotz seiner eher bescheidenen Anfänge – gegenwärtig besteht der provisorische Flughafen nur aus einem planierten Platz mit Flugzeugschuppen und hölzernem Stationshäuschen – werden große Hoffnungen in die Ausbaumöglichkeiten des Flughafens und des Flugverkehrs gesetzt. Geplant ist ein großzügiger Verkehr nach München, London (am 3. Mai eröffnet), Belgrad und Moskau (u. a.). Erst am → 8. Oktober (S. 169) wird der Berliner Zentralflughafen auf dem Tempelhofer Feld nach umfangreichen Bauarbeiten regulär eröffnet.

Abgestürztes Flugzeug auf dem Tempelhofer Feld (Berlin); das Unglück ereignet sich bei der Eröffnungsfeier für den neuen Flughafen in der Reichshauptstadt

Mai 1923

Mo	Di	Mi	Do	Fr	Sa	So
	1	2	3	4	5	6
7	8	9	10	11	12	13
14	15	16	17	18	19	20
21	22	23	24	25	26	27
28	29	30	31			

1. Mai, Dienstag

Nur die Präsenz von Reichswehreinheiten und Landespolizei hindert die Nationalsozialisten daran, die große Mai-Demonstration der Linken in München gewaltsam zu stören. Adolf Hitlers Aufgebot umfaßt etwa 1 200 Mann (hauptsächlich Mitglieder der Sturmabteilung), zu deren Bewaffnung auch Maschinengewehre gehören (→ 11. 5./S. 80).

Gustav Krupp von Bohlen und Halbach, Aufsichtsratsvorsitzender der Firma Krupp, wird von den Franzosen in Essen verhaftet (→ 8. 5./S. 77).

Im Verlauf des britisch-sowjetischen Konflikts über Fischereirechte werden britische Fischkutter an der Murmanskküste beschlagnahmt. London erhebt scharfen Protest bei der sowjetischen Regierung und entsendet ein Kanonenboot in das Gebiet (→ 13. 5./S. 82).

Der fürstbischöfliche Delegat und Propst von St. Hedwig, Joseph Deitmer, wird zum Bischof geweiht und damit der erste Weihbischof Berlins seit der Reformation. → S. 79

2. Mai, Mittwoch

Die deutsche Reichsregierung übermittelt den Signatarstaaten des Versailler Vertrags (1919) einen neuen Vorschlag zur Reparationsfrage. Sie bietet an, insgesamt 30 Milliarden Goldmark zu zahlen.

Ein US-Dollar hat derzeit einen Kurs von 31 700 Mark.

3. Mai, Donnerstag

In einem gemeinsamen Aufruf wenden sich die deutschen Parteien, Gewerkschaften, Wirtschaftsverbände und Frauenverbände entschieden gegen die französischen Bestrebungen, eine autonome Rheinische Republik zu errichten, die der »Loslösung vom Reich« gleichkomme (→ 19. 5./S. 78).

Die direkte Flugverbindung Berlin–London wird aufgenommen. Bisher flogen die deutschen und britischen Flugzeuge jeweils nur bis Amsterdam, wo die Passagiere umsteigen mußten. Der Flug dauert etwa neun Stunden. → S. 83

Der erste Nonstopflug über den amerikanischen Kontinent ist gelungen.

4. Mai, Freitag

Die Mehrheit des preußischen Landtags lehnt den Mißtrauensantrag der Deutschnationalen gegen Innenminister Carl Severing (SPD) ab. Als den Kommunisten die Erklärung ihrer Unterstützung Severings verwehrt wird, kommt es zu einer Prügelei zwischen KPD- und SPD-Abgeordneten. Weitere Tumulte führen zum vorübergehenden Ausschluß von 17 Kommunisten. Polizei schützt die Sitzungen des Landtags. → S. 79

Nach einer nationalsozialistischen Versammlung in den Wiener Rosensälen treffen die Nationalsozialisten auf die sozialdemokratischen und kommunistischen Arbeiter, die von der Polizei an der Störung der Versammlung gehindert worden waren. Bei dem Zusammenstoß wird ein Arbeiter erschossen, und 50 Personen werden verletzt.

5. Mai, Sonnabend

Reichsfinanzminister Andreas Hermes erklärt das wachsende Haushaltsdefizit – für Januar bis März stehen sechs Billionen Mark Ausgaben den Einnahmen von nur 1,7 Billionen Mark gegenüber – mit der durch den Ruhrkampf verursachten »ungeheuren Geldentwertung«. → S. 79

Nach Angaben der Reichsbank haben die Franzosen in den besetzten Gebieten an Rhein und Ruhr bisher ca. 30 Milliarden Mark beschlagnahmt.

Max Liebermann, der Präsident der Akademie der Künste in Berlin, eröffnet die Frühjahrsausstellung.

6. Mai, Sonntag

Schroff ablehnend beantworten die französische und belgische Regierung das deutsche Angebot vom 2. Mai, 30 Milliarden Goldmark Reparationen zu zahlen.

Im Renaissance-Theater Berlin-Charlottenburg wird das Drama »Esther Gobseck« von Theodor Tagger (Vorlage von Honoré de Balzac) uraufgeführt.

In Wien tragen Österreich und Ungarn ein Fußball-Länderspiel aus. Das Spiel, das von etwa 50 000 Zuschauern verfolgt wird, endet 1:0.

7. Mai, Montag

Gegen die Beschwerde der Deutschvölkischen Freiheitspartei (DVFP) stellt der Reichstag mit 203 gegen 116 Stimmen fest, daß die DVFP-Abgeordneten durch die polizeiliche Schließung ihrer Büros (13. 4.) in ihrer Tätigkeit nicht beeinträchtigt seien.

8. Mai, Dienstag

Das französische Kriegsgericht in Werden verurteilt Gustav Krupp von Bohlen und Halbach, Chef des Krupp-Unternehmens, zu 15 Jahren Gefängnis. Acht Direktoren und Werksleiter erhalten ebenfalls Gefängnisstrafen. Die Verurteilten werden für schuldig an dem blutigen Zwischenfall in den Essener Krupp-Werken (→ 31. 3./S. 47) befunden. → S. 77

Wegen Geheimbündelei, Spionage für deutsche Behörden und Sabotage an Eisenbahnanlagen wird der Freikorpskämpfer Albert Leo Schlageter vom französischen Kriegsgericht in Düsseldorf zum Tode verurteilt (→ 26. 5./S. 76).

Mit dem Abbruch der Handelsbeziehungen droht die britische Regierung der Sowjetunion, wenn diese nicht ihre antibritische Propaganda in Persien, Indien und Afghanistan aufgebe. Am 13. Mai gibt die Sowjetunion nach (→ 13. 5./S. 82).

9. Mai, Mittwoch

Der Reichstag protestiert gegen das Urteil im Krupp-Prozeß (→ 8. 5./S. 77), das den Haß zwischen dem deutschen und dem französischen Volk vertiefen werde. Am Vortag hat Reichspräsident Friedrich Ebert das Urteil als einen »jeder Menschlichkeit Hohn sprechende[n] Gewaltakt« bezeichnet.

Inszeniert von Erich Engel wird Bertolt Brechts »Im Dickicht der Städte«, ein Drama in zehn Bildern, im Münchener Residenztheater uraufgeführt. Massive Proteste sorgen für die Entlassung des Dramaturgen Jakob Geis und die rasche Absetzung des Stücks, das nur sechsmal aufgeführt wird. → S. 86

10. Mai, Christi Himmelfahrt

Die Einreise in das besetzte Rheingebiet ist laut Verordnung der Rheinlandkommission nur noch mit einem besonderen Visum erlaubt. → S. 77

In Lausanne wird Waclaw W. Worowski, Leiter der sowjetischen Delegation bei der Konferenz von Lausanne, ermordet. Unmittelbar nach der Tat wird der Mörder Moritz Conradi, ein Rußlandschweizer, verhaftet. Der Mord verursacht einen scharfen Notenwechsel zwischen der Schweiz und der Sowjetunion. → S. 82

Die deutsche Fußballnationalmannschaft spielt in Hamburg gegen die Niederlande 0:0.

11. Mai, Freitag

Die bayrische Regierung erläßt eine Verordnung, die eine scharfe Kontrolle von Aufmärschen und Versammlungen unter freiem Himmel ankündigt und die Aufforderung zu Gewalttätigkeiten mit verschärften Strafen bedroht. → S. 80

Die Mark verliert laufend an Wert. Derzeit entsprechen 40 500 Mark einem US-Dollar.

12. Mai, Sonnabend

Nach der Debatte über das Verbot der Deutschvölkischen Freiheitspartei, in deren Verlauf die Reichsregierung von den Rechtsparteien z. T. scharf angegriffen wird, lehnt der Reichstag die von den Deutschnationalen (DNVP) beantragte Aufhebung des Republikschutzgesetzes vom 21. Juli 1922 ab.

In Preußen werden die Proletarischen Hundertschaften, die militärähnlichen Kampfverbände unter kommunistischer Führung, verboten, weil diese sich am 1. Mai mit der Durchführung von Straßenpatrouillen staatliche Hoheitsrechte angemaßt hatten. → S. 79

Der Internationale Frauenstimmrechtskongreß beginnt in Rom (bis 19. 5.). Delegationen aus 40 Ländern nehmen an der Tagung teil. → S. 83

13. Mai, Sonntag

Großbritannien und Italien lehnen das deutsche Verhandlungsangebot vom 2. Mai als indiskutabel ab, weil es die Bereitschaft zur Erfüllung der Reparationspflichten nicht erkennen lasse. Die angebotene Summe (30 Milliarden Goldmark) liege weit unter den Erwartungen.

Erstmals wird im Deutschen Reich der Muttertag allgemein gefeiert. → S. 83

Der posteigene Radiosender Königswusterhausen beginnt seine regelmäßigen Sonntagskonzerte.

14. Mai, Montag

Die Fluglinie München–Wien wird eröffnet, nachdem am 3. Mai die Österreichische Luftverkehrs-AG (ÖLAG) gegründet wurde.

15. Mai, Dienstag

Die Franzosen besetzen die Badische Anilin- und Sodafabrik (BASF) in Ludwigshafen und die Farbwerke in Höchst, um Farbstoffe zu beschlagnahmen und abzutransportieren. → S. 77

In Texas hat ein Wirbelsturm erheblichen Schaden angerichtet. Elf Personen verlieren in dem Unwetter ihr Leben.

16. Mai, Mittwoch

Zur Förderung des republikanischen Bewußtseins in der Öffentlichkeit gründen die Politiker Otto Wels (SPD), Joseph Joos (Zentrum), Otto Nuschke (DDP) u. a. im Berliner Reichstagsgebäude die gemeinnützige Aktiengesellschaft für Buch und Presse, die aus Staatsmitteln finanziert wird. → S. 85

Der schwedische Reichstag beschließt, Frauen grundsätzlich zu allen Staatsämtern zuzulassen.

17. Mai, Donnerstag

Der Vorstand der sächsischen SPD beschließt, auch offiziell proletarische »Abwehrorganisationen« mit der KPD zusammen zu bilden. Gleichzeitig überträgt die sächsische Regierung diesen Proletarischen Hundertschaften halbamtliche hilfspolizeiliche Funktionen.

Gegen die Ausweisung der Eisenbahnbeamten aus dem besetzten Rhein- und Ruhrgebiet erhebt die deutsche Reichsregierung Protest in Paris, Brüssel und London. Die Eisenbahner werden mit ihren Familien in das unbesetzte Deutsche Reich ausgewiesen, weil sie den Anordnungen der französischen Eisenbahnregie nicht Folge leisten (→ 15. 4./S. 61).

Allmählich steigern die Franzosen und Belgier den Kohlenabtransport aus dem besetzten Ruhrgebiet. In der ersten Maiwoche sind es durchschnittlich 12 500 t Kohlen und Koks täglich (= 35% des Solls). Die Auswirkungen des passiven Widerstands fangen die Besatzungsmächte durch die eigene Kontrolle der Eisenbahn und die Anwerbung von freiwilligen Arbeitskräften auf.

Auf der 400 km langen Telefonversuchsleitung Berlin–Stolp wird eine neue Technik mit Hochfrequenzgeräten erfolgreich erprobt. → S. 85

Frühlingsstimmung erzeugt das Mai-Heft der US-amerikanischen Zeitschrift »Motor«

Bei Cassirer (Berlin) erscheint das Buch »Geist der Utopie« von dem Philosophen Ernst Bloch.

18. Mai, Freitag

In der Frankfurter Paulskirche findet die Gedenkfeier zur Eröffnung des ersten deutschen Parlaments (18. 5. 1848) vor 75 Jahren statt, an der Reichspräsident Friedrich Ebert und Vertreter der deutschen Länder außer Bayern teilnehmen. → S. 79

Mehrere Mannheimer werden schwer verletzt, als französische Soldaten in der Nacht ohne erkennbaren Anlaß auf Passanten zu schießen beginnen.

Die Tagung der Grenz- und Auslandsdeutschen beginnt in Flensburg und Hamburg. Sie dauert bis zum 24. Mai.

19. Mai, Sonnabend

Bewaffnete Separatisten, die für eine autonome Rheinische Republik kämpfen, unternehmen in Trier einen Putschversuch, der am Widerstand der Bevölkerung und der deutschen Polizei scheitert. Die rheinischen Separatisten stehen unter der Protektion der französischen Besatzungsmacht. → S. 78

»Julius Cäsar und seine Mörder«, ein Trauerspiel von Martin Langen, wird im Berliner Theater in der Kommandantenstraße uraufgeführt.

20. Mai, Pfingstsonntag

Eine kommunistisch-unionistische Betriebsrätekonferenz proklamiert für den Bergbau und die Metallindustrie im Ruhrgebiet den Generalstreik, um eine 50%ige Lohnerhöhung durchzusetzen. Am 28. Mai kommt es zu einer Einigung des Arbeitgeberverbands und der Arbeitnehmerverbände des Ruhrbergbaus. Blutige Auseinandersetzungen in mehreren Städten gehören zu den Begleiterscheinungen des Streiks (→ 29. 5./S. 77).

Der britische Premierminister Andrew Bonar Law (Konservative Partei) tritt wegen einer schweren Kehlkopferkrankung zurück. Sein Nachfolger im Amt ist der bisherige Schatzkanzler Stanley Baldwin (Konservative Partei), der am 22. Mai die Regierung übernimmt. → S. 82

21. Mai, Pfingstmontag

In Hamburg wird der Internatinale Sozialistenkongreß eröffnet (bis 25. Mai). Über 400 Delegierte aus 30 Ländern nehmen an dem Kongreß teil. Als ständige Exekutivorganisation des Kongresses wird die Sozialistische Arbeiterinternationale (SAI) gegründet. Eine der Forderungen des Kongresses ist der achtstündige Maximalarbeitstag.

22. Mai, Dienstag

Der ehemalige britische Premierminister David Lloyd George (1916–1922) greift den am 20. Mai zurückgetretenen Premierminister Andrew Bonar Law wegen seiner »schwache[n] Behandlung der Ruhrfrage« an, die »Europa von neuem in Unordnung, Krisen und Konflikte« stürze und fordert außenpolitische Initiativen der britischen Regierung zur Lösung des Konflikts.

Die Börsennotierung für den US-Dollar ist derzeit 53 000 Mark.

23. Mai, Mittwoch

Die Tagung des Evangelisch-Sozialen Kongresses wird in Iserlohn eröffnet (bis 25. 5.).

Der Ministerpräsident des Königreichs der Serben, Kroaten und Slowenen, Nikola Pašić, lehnt die kroatischen Autonomieforderungen ab.

»Der arme Vetter« von Ernst Barlach hat in der Inszenierung von Jürgen Fehling Premiere im Staatstheater zu Berlin (→ 24. 5./S. 87).

24. Mai, Donnerstag

Vorsitzender der Sozialistischen Jugendinternationale, die ihre Gründungsversammlung bis zum 26. Mai in Hamburg abhält, wird Erich Ollenhauer.

Der französische Senat als Staatsgerichtshof lehnt die Anklage gegen den kommunistischen Abgeordneten Marcel Cachin ab. Cachin und anderen Kommunisten wird ein angeblicher Komplott gegen die Sicherheit des Staates vorgeworfen. Ministerpräsident Raymond Poincaré reagiert auf den Senatsbeschluß mit der Einreichung seiner Demission, die Präsident Alexandre Millerand aber nicht annimmt.

Während der Ruhrdebatte der französischen Kammer sagt Ministerpräsident Raymond Poincaré, Frankreich sei entschlossen, die restlose Eintreibung seiner Forderungen zu betreiben. Davon könne es nur abgehen, wenn die USA Frankreich bei der Rückzahlung der Kriegsschulden Erleichterung gewähre. Poincaré bestreitet Eroberungs- und Annexionsabsichten.

Mit 183 gegen 109 Stimmen beschließt der französische Senat, die Sommerzeit einzuführen.

Nach schweren Niederlagen des radikalen Flügels der Sinn Fein-Bewegung befiehlt deren Führer Eamon de Valera die Feuereinstellung, womit der seit Juni 1922 mit äußerster Härte geführte irische Bürgerkrieg beendet wird (→ 19. 2./S. 37; 15. 8./S. 135).

Großen Beifall erntet die Premiere des Dramas »Der tote Tag« von Ernst Barlach an der Berliner Volksbühne, der besonders der schauspielerischen Leistung von Agnes Straub, Aribert Wäscher und Fränze Roloff gilt. → S. 87

25. Mai, Freitag

In einer Denkschrift an Reichskanzler Wilhelm Cuno bietet der Reichsverband der deutschen Industrie eine Garantie für die Reparationszahlungen des Deutschen Reichs an. Gleichzeitig fordert der Reichsverband, daß sich Grundbesitzer und Arbeitnehmer an der Garantie beteiligen sollen. → S. 80

Die Interalliierte Rheinlandkommission weist 585 passiven Widerstand leistende Beamte der deutschen Eisenbahnverwaltung aus dem besetzten Rheinland aus. (→ 15. 4./S. 61).

Zur Regelung der deutschen Reparationszahlungen sollten nach einem Vorschlag der belgischen Regierung von der Reparationskommission zu kontrollierende Staatsmonopole für Alkohol, Zukker, Tabak und den Eisenbahnbetrieb eingerichtet werden. Der Ertrag dieser Monopole wird auf zwei Millionen Goldmark geschätzt.

Transjordanien wird zu einem unabhängigen Staat proklamiert und damit völlig von Palästina abgesondert. Nach dem Weltkrieg kamen Transjordanien und Palästina unter britisches Mandat.

26. Mai, Sonnabend

Der wegen Spionage und Sabotage vom französischen Kriegsgericht in Düsseldorf zum Tode verurteilte Freikorpskämpfer Albert Leo Schlageter (8. 5.) wird trotz zahlreicher Gnadengesuche auf der Golzheimer Heide bei Düsseldorf standrechtlich erschossen. Es ist das einzige vollstreckte Todesurteil gegen deutsche Saboteure → S. 76

Die polnische Regierung unter Ministerpräsident Władysław Eugeniusz Sikorski wird gestürzt. Mit der Ablehnung des Dispositionsfonds für den Ministerpräsidenten und das Außenministerium erzwingen die Rechtsparteien, die Minderheiten und die Bauernpartei den Rücktritt der Regierung Sikorski.

Zum ersten Mal findet das 24-Stunden-Rennen von Le Mans statt, das zwei Franzosen gewinnen → S. 87

27. Mai, Sonntag

In Bochum kommt es zu schweren Kämpfen zwischen Kommunisten und Einheiten der Feuerwehr und des Selbstschutzes der Gewerkschaften. Letzterer übernimmt die Aufgaben der von den Franzosen aufgelösten Schutzpolizei (→ 29. 5./S. 77).

Der Oberbefehlshaber der französischen Besatzungstruppen, Jean Marie Degoutte, droht allen verbliebenen Eisenbahnern im besetzten Ruhrgebiet ultimativ die Ausweisung an, wenn sie sich nicht innerhalb von zwei Tagen der französischen Eisenbahnverwaltung zur Verfügung stellen (→ 15. 4./S. 61).

Für den Parteiausschluß der Juden stimmt die Mehrheit des Hamburger Landesparteitags der Deutschen Volkspartei (DVP).

28. Mai, Montag

Wincenty Witos, der Nachfolger des am 26. Mai gestürzten polnischen Ministerpräsidenten Władysław Eugeniusz Sikorski, bildet eine neue Regierung, die einen Sieg der Nationalisten bedeutet.
derzeit 62 020 Mark.

29. Mai, Dienstag

Die streikenden Arbeiter im Ruhrgebiet akzeptieren die angebotene Lohnerhöhung von 50%, der auch die Kommunisten zustimmen. → S. 77

Der vom Reichstag eingesetzte Ausschuß zur Untersuchung des Marksturzes tritt zusammen. → S. 80

Nachdem der französische Ministerpräsident Raymond Poincaré die Abstimmung über Kredite für die Ruhrbesetzung mit der Vertrauensfrage verbunden hat, werden diese von der französischen Kammer mit großer Mehrheit (505 gegen 67 Stimmen) gebilligt.

30. Mai, Mittwoch

Marschall Józef Klemens Piłsudski, der Chef des Generalstabs in Polen, legt aus Protest gegen die Durchsetzung der Nationaldemokratie seine Ämter nieder.

31. Mai, Donnertag

In Köln sprechen sich Vertreter der SPD und des Allgemeinen Deutschen Gewerkschaftsbundes (ADGB) für die Fortsetzung des passiven Widerstands im besetzten Ruhrgebiet aus.

Der kommunistische Mißtrauensantrag gegen die SPD-Regierung Thüringens scheitert, weil die bürgerliche Opposition, um die von den Kommunisten angestrebte Regierungsbeteiligung zu verhindern, den Antrag ablehnt.

In Parchim/Schwerin fällt Walter Kadow, Mitglied der rechtsradikalen Deutschvölkischen Freiheitspartei, einem Fememord zum Opfer. → S. 80

In der britischen Presse wird betont, daß die gründliche Abschätzung der deutschen Leistungsfähigkeit die Vorbedingung jeder künftigen Reparationsleistung sein müsse.

Mit durchschnittlich 47 700 Mark ist der US-Dollar im Mai notiert gewesen.

Gestorben:

26. Golzheimer Heide bei Düsseldorf: Albert Leo Schlageter (*12. 8. 1894, Schönau im Schwarzwald), deutscher Offizier und Freikorpskämpfer. → S. 76

29. München: Adolf Oberländer (*1. 10. 1845, Regensburg), deutscher Karikaturist und Maler.

Geboren:

7. Michigan City: Anne Baxter (†12. 12. 1985, New York), US-amerikanische Schauspielerin.

27. Fürth: Henry Alfred Kissinger, US-amerikanischer Politikwissenschaftler und Politiker deutscher Herkunft.

Das Wetter im Monat Mai

Station	Mittlere Lufttemperatur (°C)	Niederschlag (mm)	Sonnenscheindauer (Std.)
Aachen	11,0 (12,8)	110 (67)	– (205)
Berlin	12,0 (13,7)	67 (46)	– (239)
Bremen	11,1 (12,8)	70 (56)	– (231)
München	13,8 (12,5)	41 (103)	– (217)
Wien	– (14,6)	– (71)	– (–)
Zürich	12,8 (12,5)	94 (107)	235 (207)

( ) Langjähriger Mittelwert für diesen Monat
– Wert nicht ermittelt

Die Leipziger »Illustrirte Zeitung« berichtet ausführlich über die Feierlichkeiten anläßlich des 75jährigen Jubiläums der Eröffnung der ersten deutschen Nationalversammlung am 18. Mai 1848

Illustrirte Zeitung

Von der 75-Jahr-Feier der Eröffnung der ersten deutschen Nationalversammlung in der Paulskirche zu Frankfurt a. M. am 18. Mai 1848: Die allgemeine Feier auf dem Römerberg in Frankfurt a. M. am 18. Mai.

Auf dem Balkon des Römers: Die Vertreter der Reichsregierung, der preußischen Regierung, des Reichstags, des preußischen Landtags, des österreichischen Nationalrats, der Stadt Frankfurt a. M. Im Hintergrund: Das Rathaus.

Schlageter wegen Sabotage gegen Frankreich erschossen

26. Mai. Auf der Golzheimer Heide bei Düsseldorf wird der am 8. Mai von dem französischen Kriegsgericht in Düsseldorf wegen Sabotage an Eisenbahnanlagen, Geheimbündelei und Kundschaftsdienst für deutsche Behörden zum Tode verurteilte Albert Leo Schlageter von einer französischen Einheit durch Erschießen hingerichtet.
Das Urteil selbst, besonders aber seine Vollstreckung (es ist das einzige während der französischen Ruhrbesatzung vollstreckte Todesurteil), löst empörte Reaktionen in der deutschen Öffentlichkeit und offizielle Proteste aus.

Die »Leipziger Illustrirte Zeitung« veröffentlicht diese Zeichnung von der Erschießung Albert Leo Schlageters am 26. Mai mit folgendem Kommentar, der einen deutlichen Eindruck von der Stilisierung des Nationalsozialisten Schlageter zum nationalen Helden vermittelt: »Die letzten Augenblicke eines deutschen Helden: Erschießung Albert [Leo] Schlageters, des Opfers französischer Gewaltherrschaft im Ruhrgebiet, in der Golzheimer Heide bei Düsseldorf. Nach Angaben von Augenzeugen für die ›Leipziger Illustrirte Zeitung‹ gezeichnet von Fritz Grotemeyer. Als Dreißigjähriger starb Albert [Leo] Schlageter mutig wie ein Mann mit dem Bewußtsein, für Deutschland zu fallen, dem er sein ganzes Leben geweiht hatte. Sein Grab wird zur heiligen Stätte werden, um das sich alle Deutschen scharen, denen die Befreiung des Vaterlandes von fremder Gewaltherrschaft eine heilige Pflicht ist. Das Bild zeigt den letzten Moment der Tragödie ... ein abkommandierter Marokkaner mußte durch einen Nahschuß das traurige Werk vollenden.«

Karl Radek würdigt Schlageter

Im folgenden wird aus der berühmten Schlageter-Rede des Kommunisten Karl Radek vor der Komintern in Moskau (20. 6.) zitiert:

»Die Geschicke dieses Märtyrers des deutschen Nationalismus sollen nicht verschwiegen, nicht mit einer abwerfenden Phrase erledigt werden ... Schlageter, der mutige Soldat der Konterrevolution, verdient es, von uns Soldaten der Revolution männlich-ehrlich gewürdigt zu werden ... Wir werden alles tun, daß Männer wie Schlageter, die bereit waren, für eine allgemeine Sache in den Tod zu gehen, nicht Wanderer ins Nichts, sondern Wanderer in eine bessere Zukunft der gesamten Menschheit werden, daß sie ihr heißes, uneigennütziges Blut nicht verspritzen [für] die Profite der Kohlen- und Eisenbarone ...«

In der Protestnote der Reichsregierung heißt es: »Die deutsche Regierung sieht sich neuerlich gezwungen, die Aufmerksamkeit der nicht an der Ruhr-Aktion beteiligten fremden Regierungen auf die unheilvollen Gewaltakte zu lenken, mit denen die französisch-belgischen Besatzungstruppen gegen die Bevölkerung des alt- und neubesetzten Gebietes vorgehen ... In dieser Hinsicht braucht nur auf folgende Tatsachen hingewiesen zu werden: Am 26. 5. wurde der Kaufmann Schlageter wegen angeblicher Sabotageakte auf Grund eines Urteils des französischen Kriegsgerichts erschossen, obwohl bei der französischen Regierung dringende Vorstellungen erhoben worden waren, die Lage nicht durch die Vollstreckung des Urteils weiter zu verschärfen.«

Bereits wenige Tage nach der Hinrichtung beginnt der Personenkult um den besonders von den Nationalsozialisten zum nationalen Märtyrer stilisierten Schlageter, der sich als Mitglied des Freikorps Hauenstein führend an den Sabotageaktionen der Organisation Heinz (nach dem Freikorpsführer Heinz Oskar Hauenstein) beteiligt hat (→7. 4./S. 61). Die Franzosen legen Schlageter u. a. den am 15. März bei Kalkum verübten Sprengstoffanschlag auf die Eisenbahnstrecke Dortmund–Duisburg zur Last.
Verehrer des »deutschen Helden« leiten die Überführung der Leiche Schlageters nach seinem Geburtsort Schönau/Baden in die Wege. Überall, wo der mit Schlageters Sarg nach Schönau fahrende Zug hält, kommt es zu großen Kundgebungen. Die franzosenfeindliche Stimmung entlädt sich in Haßliedern und flammenden Protestreden.
Sensationell wirkt die Schlageter-Rede des kommunistischen Politikers Karl Radek vor der Kommunistischen Internationale in Moskau (20. 6.), in der Radek dem von der deutschen Rechten gefeierten Schlageter seine Reverenz erweist. Obwohl er ein Faschist sei (Schlageter war seit 1922 Mitglied der NSDAP), verdiene der »mutige Soldat der Konterrevolution« die Würdigung der Kommunisten.
Radek versucht, indem er den Nationalbolschewismus propagiert, eine Brücke zwischen dem rechten und linken Radikalismus zu schlagen. Erst nach heftigen parteiinternen Auseinandersetzungen – bisher wurden die Nationalsozialisten von der KPD bekämpft – schwenken die deutschen Kommunisten auf diese Moskauer Linie ein.
Neben der Radek-Rede bleiben auch die Umstände, die zur Verhaftung Schlageters am →7. April (S. 61) führten, Gegenstand heftiger politischer Kontroversen.
Während die Rechtsparteien behaupten, die Ermittlungen der deutschen Ortspolizeibehörden hätten die französische Militärpolizei in die Lage versetzt, Schlageter in Essen zu verhaften, wird ansonsten, namentlich von seiten der Sozialdemokraten, ein Verrat durch von den Franzosen in die Sabotagegruppen eingeschleuste deutsche Spitzel für wahrscheinlich gehalten.

Plakat zum Ruhrkampf; der Arbeiter, der trotzig den französischen Besatzungssoldaten entgegentritt, zeigt sich bereit zum Widerstand; das Plakat soll den Widerstandswillen stärken

Streik an der Ruhr beendet

29. Mai. Die Kommunisten, auf deren Initiative der umfangreiche Bergarbeiterstreik im besetzten Ruhrgebiet am 20. Mai zustande gekommen ist, stimmen der am 28. Mai zwischen dem Arbeitgeberverband und den vier Arbeitnehmerverbänden des Ruhrbergbaus ausgehandelten Vereinbarung über Lohnerhöhungen zu. Die Arbeit wird am 30. Mai wiederaufgenommen.

Eine kommunistisch-unionistische Betriebsrätekonferenz hat am 20. Mai für den Bergbau und die Metallindustrie des Ruhrgebiets den Generalstreik proklamiert, um durch eine 50 %ige Lohnerhöhung eine Anpassung der Mai-Löhne an die Lebenshaltungskosten durchzusetzen.

Obgleich der Streik von den Gewerkschaften abgelehnt wird, befinden sich am 26. Mai rund zwei Millionen Bergarbeiter und Zehntausende von Metallarbeitern im Ausstand. Die Ursache dafür liegt in dem von kommunistischer Seite auf die arbeitswillige Mehrheit z. T. mit Waffengewalt ausgeübten Druck. In mehreren Städten (Dortmund, Gelsenkirchen, Bochum) kommt es zu blutigen Tumulten, als die Polizei, Feuerwehreinheiten und der bürgerliche Selbstschutz gegen die bewaffneten kommunistischen Streikagitatoren vorgehen. Bei einem derartigen Zusammenstoß am 23. Mai in Gelsenkirchen werden zwei Personen getötet und über 20 verletzt. Geschäfte werden geplündert oder zu Preisnachlässen gezwungen.

Die am 28. Mai getroffene Vereinbarung der Arbeitgeber- und Arbeitnehmervertreter sieht eine Lohnerhöhung um durchschnittlich 10 000 Mark (52,3% pro Schicht und Mann) vor.

Besetzung der BASF, französische Spahi-Patrouille verläßt die Fabrik

Franzosen besetzen Chemiefabriken

15. Mai. Während der vergangenen Nacht haben französische Besatzungstruppen die Badische Anilin- und Sodafabrik (BASF) in Ludwigshafen und die Höchster Farbwerke besetzt.

Militärposten bewachen die Zufahrten der Werke und verwehren den Arbeitern den Zutritt.

In einer französischen Pressemitteilung wird als Zweck der Besetzungen die Beschlagnahmung von Farbstoffen angegeben, auf die Frankreich gemäß der Reparationsvereinbarungen Anspruch hätte.

Kriegsgericht verurteilt den Krupp-Chef zu 15 Jahren Gefängnis

8. Mai. *Im Zusammenhang mit der Erschießung von 13 Arbeitern in den Essener Krupp-Werken durch französische Besatzungstruppen (→ 31. 3./S. 47) wird der Aufsichtsratsvorsitzende der Krupp-Werke, Gustav Krupp von Bohlen und Halbach, von dem französischen Kriegsgericht in Werden zu 15 Jahren Gefängnis und 100 Millionen Mark Geldstrafe verurteilt. Der Prozeß (Abb.: Französisches Kriegsgericht in Werden während des Krupp-Prozesses) erregt internationales Aufsehen; zahlreiche Korrespondenten sitzen auf den Zuschauerbänken. Die Franzosen schieben der Werksleitung die Schuld an dem blutigen Zwischenfall zu, denn diese habe die Krupp-Arbeiter gegen das französische Requisitionskommando aufgehetzt. Acht weitere Direktoren und Werksleiter erhalten Gefängnisstrafen zwischen zehn und 20 Jahren. Am 10. Mai protestiert die Reichsregierung gegen das Urteil.*

Visumzwang für die besetzten Gebiete

10. Mai. Die Verordnung der Interalliierten Rheinlandkommission Nr. 157 über die Einreise, den Verkehr und den Aufenthalt in den besetzten Rheingebieten schreibt für Bewohner des unbesetzten Deutschen Reichs bei Reisen in das besetzte Rheinland besondere Visa vor.

Von nun an müssen diese Reisen bei den zuständigen Besatzungsbehörden unter Angabe des Zwecks, der Route und des Ziels der Reise und mit beigefügtem Personalausweis beantragt werden.

Bewohner des besetzten Rheingebiets benötigen ab 20. Mai für Reisen in das unbesetzte Deutsche Reich einen besonderen Stempel im Personalausweis.

Derartige Regelungen werden wenig später auch im besetzten Ruhrgebiet eingeführt.

Trierer Separatistenputsch

19. Mai. Größere Abteilungen bewaffneter Separatisten besetzen das Elektrizitätswerk in Trier. Ihre Absicht, radikale Teile der Arbeiterschaft aufzuputschen, um dann mit deren Hilfe sich der öffentlichen Gebäude zu bemächtigen und die Rheinische Republik auszurufen, wird durch die rasch herbeigeeilte Polizei vereitelt.

Nachdem von seiten der französischen Behörden die Behauptung der Separatisten – es handelt sich um Anhänger des Separatistenführers Joseph Smeets –, im Auftrag der Franzosen zu handeln, bestritten worden ist, verlassen die Aufrührer das Elektrizitätswerk.

Obgleich diese erste Aktion der Smeets-Leute erfolglos verlaufen ist, sind die Nachrichten aus Trier für die deutsche Öffentlichkeit beunruhigend. Seit der französischen Ruhrbesetzung lebt der Separatismus dank der französischen Unterstützung – die Separatisten haben die Protektion des Oberbefehlshabers der Besatzungstruppen im Ruhrgebiet Jean Marie Degoutte – wieder auf. Ziel der »Los-von-Berlin«-Bewegung ist eine vom Reich weitgehend unabhängige Rheinische Republik (→ 21. 10./S. 164).

General Jean Marie Degoutte, Oberbefehlshaber der Besatzungstruppen

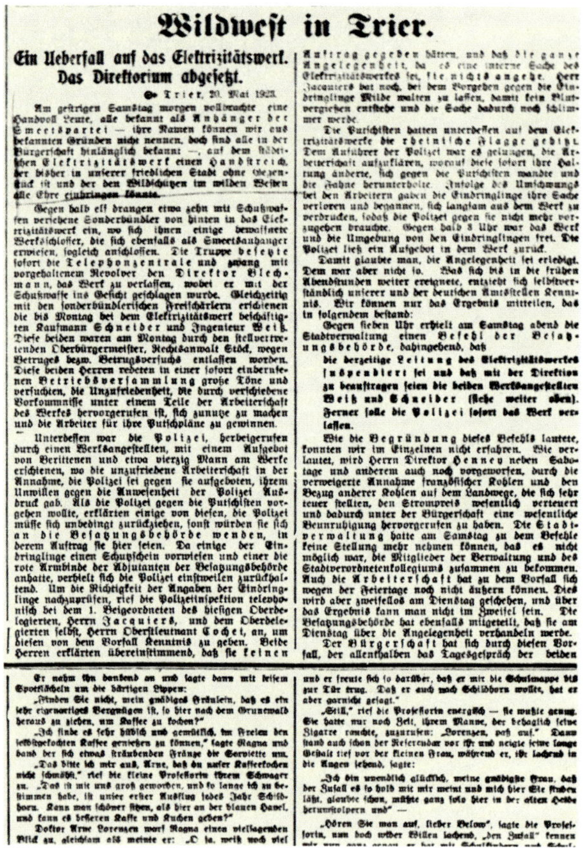

Wildwest in Trier.

Ein Ueberfall auf das Elektrizitätswerk. Das Direktorium abgesetzt.

Trier, 20. Mai 1923.

Am gestrigen Samstag morgen vollbrachte eine Handvoll Leute, alle bekannt als Anhänger der Smeetspartei — ihre Namen können wir aus bekannten Gründen nicht nennen, doch sind alle in der Bürgerschaft hinlänglich bekannt —, auf dem städtischen Elektrizitätswerk einen Handstreich, der bisher in unserer friedlichen Stadt ohne Gegenstück ist und der den Wildschützen im wilden Westen alle Ehre einbringen könnte.

Gegen halb elf drangen etwa zehn mit Schußwaffen versehene Sonderbündler von hinten in das Elektrizitätswerk ein, wo sich ihnen einige bewaffnete Werksschlosser, die sich ebenfalls als Smeetsanhänger erwiesen, sogleich anschlossen. Die Truppe besetzte sofort die Telephonzentrale und zwang mit vorgehaltenem Revolver den Direktor Blechmann, das Werk zu verlassen, wobei er mit der Schußwaffe ins Gesicht geschlagen wurde. Gleichzeitig mit den sonderbündlerischen Freischärlern erschienen die bis Montag bei dem Elektrizitätswerk beschäftigten Kaufmann Schneider und Ingenieur Weiß. Diese beiden waren am Montag durch den stellvertretenden Oberbürgermeister, Rechtsanwalt Stöck, wegen Betruges bezw. Betrugsversuchs entlassen worden. Diese beiden Herren redeten in einer sofort einberufenen Betriebsversammlung große Töne und versuchten, die Unzufriedenheit, die durch verschiedene Vorkommnisse unter einem Teile der Arbeiterschaft des Werkes hervorgerufen ist, sich zunutze zu machen und die Arbeiter für ihre Putschpläne zu gewinnen.

Unterdessen war die Polizei, herbeigerufen durch einen Werksangestellten, mit einem Aufgebot von Berittenen und etwa vierzig Mann am Werke erschienen, wo die unzufriedene Arbeiterschaft in der Annahme, die Polizei sei gegen sie aufgeboten, ihrem Unwillen gegen die Anwesenheit der Polizei Ausdruck gab. Als die Polizei gegen die Putschisten vorgehen wollte, erklärten einige von diesen, die Polizei müsse sich unbedingt zurückziehen, sonst würden sie sich an die Besatzungsbehörde wenden, in deren Auftrag sie hier seien. Da einige der Eindringlinge einen Schutzschein vorwiesen und einer die rote Armbinde der Adjutanten der Besatzungsbehörde anhatte, verhielt sich die Polizei einstweilen zurückhaltend. Um die Richtigkeit der Angaben der Eindringlinge nachzuprüfen, rief die Polizeiinspektion telephonisch bei dem 1. Beigeordneten des hiesigen Oberdelegierten, Herrn Jacquiers, und dem Oberdelegierten selbst, Herrn Oberstleutnant Cochet, an, um diesen von dem Vorfall Kenntnis zu geben. Beide Herren erklärten übereinstimmend, daß sie keinen Auftrag gegeben hätten, und daß die ganze Angelegenheit, da es eine interne Sache des Elektrizitätswerkes sei, sie nichts angehe. Herr Jacquiers bat noch, bei dem Vorgehen gegen die Eindringlinge Milde walten zu lassen, damit kein Blutvergießen entstehe und die Sache dadurch noch schlimmer werde.

Die Putschisten hatten unterdessen auf dem Elektrizitätswerke die rheinische Flagge gehißt. Dem Anführer der Polizei war es gelungen, die Arbeiterschaft aufzuklären, worauf diese sofort ihre Haltung änderte, sich gegen die Putschisten wandte und die Fahne herunterholte. Infolge des Umschwungs bei den Arbeitern gaben die Eindringlinge ihre Sache verloren und begannen, sich langsam aus dem Werk zu verdrücken, sodaß die Polizei gegen sie nicht mehr vorzugehen brauchte. Gegen halb 3 Uhr war das Werk und die Umgebung von den Eindringlingen frei. Die Polizei ließ ein Aufgebot in dem Werk zurück.

Damit glaubte man, die Angelegenheit sei erledigt. Dem war aber nicht so. Was sich bis in die frühen Abendstunden weiter ereignete, entzieht sich selbstverständlich unserer und der deutschen Amtsstellen Kenntnis. Wir können nur das Ergebnis mitteilen, das in folgendem bestand:

Gegen sieben Uhr erhielt am Samstag abend die Stadtverwaltung einen Befehl der Besatzungsbehörde, dahingehend, daß

die derzeitige Leitung des Elektrizitätswerkes suspendiert sei und daß mit der Direktion zu beauftragen seien die beiden Werksangestellten Weiß und Schneider (siehe weiter oben). Ferner solle die Polizei sofort das Werk verlassen.

Wie die Begründung dieses Befehls lautete, konnten wir im Einzelnen nicht erfahren. Wie verlautet, wird Herrn Direktor Henney neben Sabotage und anderem auch noch vorgeworfen, durch die verweigerte Annahme französischer Kohlen und den Bezug anderer Kohlen auf dem Landwege, die sich sehr teuer stellten, den Strompreis wesentlich verteuert und dadurch unter der Bürgerschaft eine wesentliche Beunruhigung hervorgerufen zu haben. Die Stadtverwaltung hatte am Samstag zu dem Befehle keine Stellung mehr nehmen können, da es nicht möglich war, die Mitglieder der Verwaltung und des Stadtverordnetenkollegiums zusammen zu bekommen. Auch die Arbeiterschaft hat zu dem Vorfall sich wegen der Feiertage noch nicht äußern können. Dies wird aber zweifellos am Dienstag geschehen, und über das Ergebnis kann man nicht im Zweifel sein. Die Besatzungsbehörde hat ebenfalls mitgeteilt, daß sie am Dienstag über die Angelegenheit verhandeln werde.

Der Bürgerschaft hat sich durch diesen Vorfall, der allenthalben das Tagesgespräch der beiden

---

Er nahm ihn dankend an und sagte dann mit leisem Spottlächeln um die bärtigen Lippen:

„Finden Sie nicht, mein gnädiges Fräulein, daß es ein sehr eigenartiges Vergnügen ist, so hier nach dem Grunewald heraus zu ziehen, um Kaffee zu kochen?"

„Ich finde es sehr hübsch und gemütlich, im Freien den selbstgekochten Kaffee genießen zu können," sagte Ragna und band der sich etwas sträubenden Fränze die Serviette um.

„Das bitte ich mir aus, Arne, daß du unser Kaffeekochen nicht schmähst," rief die kleine Professorin ihrem Schwager zu. „Das ist mit uns groß geworden, und so lange ich zu bestimmen habe, ist unser erster Ausflug jedes Jahr Schildhorn. Kann man schöner sitzen, als hier an der blauen Havel, und kann es besseren Kaffe und Kuchen geben?"

Doktor Arne Lorenzen warf Ragna einen vielsagenden Blick zu, gleichsam als meinte er: „O ja, weiß noch viel

und er freute sich so darüber, daß er mir die Schulmappe bis zur Tür trug. Daß er auch nach Schildhorn wollte, hat er aber garnicht gesagt."

„Still," rief die Professorin energisch — sie wußte genug. Sie hatte nur noch Zeit, ihrem Manne, der behaglich seine Zigarre rauchte, zuzurufen: „Lorenzen, paß auf." Dann stand auch schon der Referendar vor ihr und neigte seine lange Gestalt tief vor der kleinen Frau, während er, ihr lachend in die Augen sehend, sagte:

„Ich bin unendlich glücklich, meine gnädigste Frau, daß der Zufall es so hold mit mir meint und mich hier Sie finden läßt, glaubte schon, müßte ganz solo hier in der alten Heide herumstolpern und" —

„Hören Sie man auf, lieber Below", sagte die Professorin, nun doch wider Willen lachend, „den Zufall" kennen

Unter der Überschrift »Wildwest in Trier« schildert der »Trierische Volksfreund« vom 22. Mai die Besetzung des Elektrizitätswerks durch die bewaffneten Separatisten. Sie hissen die rheinische Flagge, müssen sich jedoch bald zurückziehen, da ihre Aktion keine Unterstützung in der Bevölkerung findet. Zu tätlichen Auseinandersetzungen zwischen der Polizei und den Separatisten kommt es in Trier nicht; nach dem Rückzug der Putschisten bleibt Polizei im E-Werk zurück

Franzosen fördern die Autonomiebestrebungen im Rheinland

Durch die belgisch-französische Besetzung des Ruhrgebiets (→ 11. 1./S. 15) hat der rheinische Separatismus, der 1918/19 mit seinem Versuch, eine autonome Rheinische Republik zu errichten, gescheitert war, neuen Auftrieb erhalten.

Die an der Errichtung eines autonomen rheinischen Pufferstaats interessierte französische Besatzungsmacht fördert materiell und propagandistisch die Abfallbewegung im besetzten Rhein- und Ruhrgebiet. Aufgrund internationaler Rücksichten verhindern die einflußreichen Protektoren der Separatisten, der Vorsitzende der Rheinlandkommission Paul Tirard und der Oberbefehlshaber der Besatzungstruppen im Ruhrgebiet Jean Marie Degoutte, zunächst deren offene Machtergreifung in den besetzten Gebieten (→ 21. 10./S. 164).

Vor Strafverfolgung wegen Hochverrats von seiten der deutschen Behörden durch die Franzosen wirksam geschützt, versuchen die Separatisten, ihre Organisationen laufend zu verstärken. Zwar wird die Abfallbewegung von der großen Mehrheit der deutschen Bevölkerung in den besetzten Gebieten abgelehnt, dennoch hat sie unter den Bedingungen der Wirtschaftskrise einen wachsenden Zulauf.

Die von dem ehemaligen Kölner Sozialdemokraten Joseph Smeets geführte separatistische Rheinisch-Republikanische Volkspartei umfaßt derzeit ungefähr 9 000 Mitglieder. Die Smeets-Anhänger sind bewaffnet: Mit der rot-weiß-grünen Parteimitgliedskarte werden auch Waffenschein, Revolver und Munition ausgehändigt.

Joseph Friedrich Matthes, Redakteur beim von den Besatzungsbehörden herausgegebenen »Nachrichtenblatt«, ist der Führer der im Düsseldorfer Raum agitierenden Rheinischen Unabhängigkeitspartei. Die dritte separatistische Bewegung im Rheinland ist die Rheinische Volksvereinigung, geleitet von Hans Adam Dorten.

Seinen Höhepunkt erreicht der Separatismus mit der Ausrufung der Rheinischen Republik am → 21. Oktober (S. 164), eine schwere Belastung für das krisengeschüttelte Deutsche Reich.

Der Journalist Joseph Smeets, 1893 in Aachen geboren, ist seit 1920 Führer der militanten separatistischen Bewegung Rheinisch-Republikanische Volkspartei, die im Köln-Aachener Raum 1923 erheblichen Zulauf hat. Der frühere Sozialdemokrat Smeets gibt in Köln das Wochenblatt »Rheinische Republik« heraus. Am 17. März wurde in Köln von Gruppen des aktiven Widerstands ein Attentat auf Joseph Smeets verübt, der dabei schwere Verletzungen erlitt.

Der 1886 in Würzburg geborene Journalist Joseph Friedrich Matthes führt in Düsseldorf die separatistische Rheinische Unabhängigkeitspartei, nachdem er 1920 aus der SPD ausgeschlossen wurde. Matthes, der mehrfach wegen verleumderischer Angriffe gegen Bürgermeister verschiedener Städte vorbestraft ist, gibt das Wochenblatt »Das freie Rheinland« heraus. Im Oktober wird Matthes »Präsident« der in Koblenz ausgerufenen Rheinischen Republik (→ 21. 10./S. 164).

Nach dem Scheitern seines Putschversuchs im Jahre 1919 (Proklamation einer Rheinischen Republik am 1. 6. in Wiesbaden) agitiert der ehemalige Staatsanwalt Hans Adam Dorten mit seiner Rheinischen Volksvereinigung weiter für die »Los-von-Berlin«-Bewegung. Als ihm die radikaler vorgehenden Separatisten Joseph Smeets und Joseph Friedrich Matthes Konkurrenz machen, schließt Dorten ein Bündnis mit Matthes (15. 8.) und den Smeets-Anhängern (29. 7.)

Das pfälzische Pendant zu den rheinischen Separatistenführern ist der Landwirt Franz Josef Heinz aus Orbis (genannt Heinz-Orbis), der seit 1919 mit der Organisation Frei-Pfalz auf eine Pfälzische Republik hinarbeitet. Heinz-Orbis' Aktivitäten werden von den französischen Militärbefehlshabern in der Pfalz, u. a. General Adalbert François Alexandre de Metz, aktiv unterstützt. Im November ruft Heinz-Orbis die autonome Pfälzische Republik aus (→ 12. 11./S. 181).

Preußen geht gegen die Kommunisten vor

12. Mai. In Preußen werden die Proletarischen Hundertschaften, die der Kommunistischen Partei Deutschlands angeschlossene militärähnliche Kampforganisation, verboten, weil sich die Hundertschaften bei den Kundgebungen am 1. Mai mit der Durchführung von Straßenpatrouillen staatliche Hoheitsgewalt angemaßt hätten.

Unter dem zunehmenden Druck von seiten der Rechten geht der sozialdemokratische Innenminister Preußens, Carl Severing, erstmals gegen die radikale Linke vor. Anläßlich der Tumulte im preußischen Landtag am → 4. Mai (S. 79) waren bereits kommunistische Landtagsabgeordnete von den Sitzungen ausgeschlossen worden.

Die Maßnahmen Severings stehen im Zusammenhang mit den Vorwürfen von seiten der Deutschnationalen Volkspartei, der Innenminister gehe einseitig gegen die radikale Rechte vor – am 22. März wurde die Deutschvölkische Freiheitspartei in Preußen verboten – und verschone gleichzeitig die Linke.

Während der Landtagsdebatte vom 20. bis 24. April hatte Severing noch den Vorwurf der Einseitigkeit mit dem Hinweis auf die verglichen mit den rechten Kampfverbänden geringere Gefährlichkeit der Proletarischen Hundertschaften zurückgewiesen und die Kommunisten verharmlosend als »politische Kinder« bezeichnet (→ 4. 5./S. 79).

SPD und KPD prügeln sich im Landtag

4. Mai. Im Anschluß an die Ablehnung des deutschnationalen Mißtrauensantrages gegen Innenminister Carl Severing (SPD) kommt es im preußischen Landtag zu Schlägereien zwischen kommunistischen und sozialdemokratischen Abgeordneten.

Nachdem den Kommunisten die Möglichkeit, ihr Abstimmungsverhalten zu begründen – sie haben den KPD-Prinzipien widersprechend Severing unterstützt –, aus Geschäftsordnungsgründen verweigert worden ist, provoziert der kommunistische Abgeordnete Iwan Katz durch seine Beschimpfungen die Sozialdemokraten zu Handgreiflichkeiten. Der »Faustkampf« zwischen sozialdemokratischen und kommunistischen Abgeordneten führt zu einem allgemeinen Tumult.

Katz wird für acht Tage von den Sitzungen ausgeschlossen. Da sich die Störungen in den folgenden Tagen fortsetzen, werden 16 weitere KPD-Abgeordnete ausgeschlossen, die mit polizeilicher Gewalt aus dem Sitzungssaal entfernt werden müssen, weil sie sich weigern, den Saal zu verlassen.

Berliner Bischof

1. Mai. *In der Berliner Hedwigskirche findet die Konsekration des fürstbischöflichen Delegaten Joseph Deitmer, Probst zu St. Hedwig, zum Weihbischof statt (Abb.: Deitmer, mit ×, verläßt nach der Weihe St. Hedwig).*

Gedenkfeier für das erste Parlament

18. Mai. Zum Gedenken an das vor 75 Jahren am 18. Mai 1848 in der Frankfurter Paulskirche eröffnete erste deutsche Parlament (Frankfurter Nationalversammlung) findet ebendort eine Feier statt, an der neben Reichspräsident Friedrich Ebert (SPD) Vertreter der Länder des Deutschen Reichs (außer Bayern) und des österreichischen Nationalrats (Österreich war in der Frankfurter Nationalversammlung repräsentiert) teilnehmen.

Aufsehen erregt die Ablehnung der bayerischen Regierung, sich an der Erinnerungsfeier in der Paulskirche zu beteiligen. Die Regierung Bayerns – eine Koalition der Bayerischen Volkspartei (BVP) und den als Bayerische Mittelpartei firmierenden Deutschnationalen – unter Ministerpräsident Eugen Ritter von Knilling signalisiert mit ihrer Nichtbeteiligung eine skeptisch-ablehnende Haltung nicht nur gegenüber den liberalen Bestrebungen der Frankfurter Nationalversammlung, sondern mehr noch gegenüber der Weimarer Verfassung und Republik.

Da die Weimarer Verfassung (1919) in der Tradition der liberalen Frankfurter Reichsverfassung (1848/49) steht, gilt die Gedenkfeier indirekt auch den von rechter und rechtsradikaler Seite angefeindeten bestehenden staatlichen Verhältnissen.

Bezeichnend für die republikfeindliche Haltung Bayerns ist auch die Untätigkeit der Landesregierung in München gegenüber rechtsradikalen Organisationen wie z. B. der NSDAP.

Der Reichspräsident sagt bei der Gedenkfeier u. a.:

»Dieser ersten Nationalversammlung gelang es, die Grundrechte des deutschen Volkes und die Verfassung des einigen Deutschen Reiches zu schaffen, aber es gelang ihr nicht, das Reich selbst aufzurichten ... So wurde die Arbeit der Paulskirche nicht Wirklichkeit; sie ist aber ein Denkstein geworden ... Dann ... später, im Winter 1918/19 ... führte uns die Arbeit von Weimar zur Frankfurter Paulskirche zurück, zu den Leitgedanken, die einst an dieser Stätte geboren sind.«

Festzug zum Gedenken an die Frankfurter Nationalversammlung verläßt die Paulskirche; voran wird die erste schwarzrotgoldene Fahne von 1848 getragen

Finanzminister in Sorge um die Mark

5. Mai. Reichsfinanzminister Andreas Hermes (Zentrum) berichtet im Haushaltsausschuß des Reichstags über die besorgniserregende Finanzlage des Deutschen Reichs, die auf die durch den Ruhrkampf verursachte ungeheure Geldentwertung zurückzuführen sei.

Nach Angaben Hermes' haben die Ausgaben des Deutschen Reichs von Januar bis März sechs Billionen Mark betragen, von denen nur 1,7 Billionen durch Einnahmen gedeckt werden konnten. Infolge der Inflation brauchte die Reichsbahn einen Zuschuß von 1,7 Billionen Mark, und das Reich mußte die Länder und Gemeinden wegen des Mehraufwands für Personalkosten mit über einer Billion Mark bezuschussen.

Durch die Besetzung des Ruhrgebiets und die Unterbrechung des Warenverkehrs (Kohlen u. a.) aus den besetzten Gebieten an Rhein und Ruhr habe sich, so Hermes, die »schon vorher unerträgliche Lage der deutschen Wirtschaft« noch mehr verschlimmert. Ein erhöhter Importbedarf sei entstanden (das Deutsche Reich importiert z. B. britische Kohle), der die Devisenreserven weiter belaste.

Fememorde der geheimen Kampfverbände

31. Mai. Wegen der Unterschlagung von 5 000 Mark wird das Mitglied der rechtsradikalen Deutschvölkischen Freiheitspartei, Walter Kadow, in Parchim/Schwerin von seinen Gesinnungsfreunden auf brutale Weise ermordet.

Während des Sommers 1923 treten derartige Fememorde gehäuft auf. Sie werden als eine Form der Selbstjustiz von Verbänden der Schwarzen Reichswehr (von der Reichswehr unter Umgehung der Entwaffnungsbestimmungen des Vertrags von Versailles gebilligte und militärisch ausgerüstete geheime Reservearmee) und anderen geheimen Kampfeinheiten, die z. B. als Sportklubs und Turnerschaften der Deutschvölkischen Freiheitspartei getarnt sind, verübt. Häufig werden die Fememordopfer von ihren »Kameraden« des Verrats verdächtigt.

Erst durch die spektakulären Enthüllungen in der Zeitschrift »Die Weltbühne« im Jahre 1925 werden der Öffentlichkeit die Einzelvorgänge bekannt. »Die Weltbühne« (1925, Nr. 46) berichtet über Walter Kadow, der sich wie die meisten der Opfer ahnungslos in die Hände seiner Mörder begab:

Die Schwarze Reichswehr rekrutiert sich u. a. aus Freikorpsmitgliedern

»Der 25jährige Junglehrer Walter Kadow gehörte der Völkischen Freiheitspartei, Ortsgruppe Parchim, als Mitglied an. Geldnöte brachten ihn in ein Abhängigkeitsverhältnis zu seinen Gesinnungsfreunden. Mit einer Unterschlagung von 5 000 Papiermark . . . verließ er seine Formation.

Einige Tage später, am 31. Mai 1923, besuchte er den Parchimer Sekretär der deutschvölkischen Gruppe, Marsolle. Dieser nahm ihn mit in den Luisenhof, rief eine Anzahl Freunde herbei, und es entwickelte sich eine heftige Sauferei. Nach der Polizeistunde bestiegen die Teilnehmer an dem Gelage einen Jagdwagen . . .

In der Nähe der Ziegelei Neuhof mußte Kadow vom Wagen steigen und wurde mit Gummiknüppeln und Holzscheiten fürchterlich zerschlagen. Wiemeier durchschnitt dann dem Halbtoten mit dem Taschenmesser die Kehle, Hößt und Zabel gaben ihm den Gnadenschuß. Die Leiche wurde verscharrt, nachdem sie ausgeraubt worden war.«

Industrie bestimmt über deutsche Presse

24. Mai. »Die Weltbühne«, führendes publizistisches Organ der linken Intelligenz mit republikanischer Grundhaltung, veröffentlicht einen Hintergrundbericht über »Die Korrumpierung der Presse«, d. h. den planmäßigen Aufkauf von Zeitungsverlagen und Presseagenturen durch die Großindustrie. Im folgenden wird der Bericht in Auszügen zitiert:

»Im engern Sinne korrupt sind die Journalisten der großen deutschen Blätter vor dem Kriege nicht gewesen und sind es auch heute nicht. Geldgebern außerhalb des Verlagshauses sind sie auch jetzt noch unzugänglich.

Umso betrübender ist der Prozeß, der sich innerhalb der Verlage in den letzten Jahren abgespielt hat. Die deutschen Journalisten haben fast widerstandslos vor der Korrumpierung der Verlage durch die Schwerindustrie kapituliert . . . Den Beginn kann man etwa vom Jahre 1916 datieren, als Herr [Alfred] Hugenberg, damals noch Vorsitzender des Krupp-Direktoriums, sich auf den Ankauf von Zeitungen und Korrespondenzen warf. Das erste große Blatt, das zu Fall kam, war der ›Berliner Lokal-Anzeiger‹ . . .

Der andre entscheidende Einbruch der Schwerindustrie in die Berliner Presse war im Sommer 1920 . . . der Ankauf der Norddeutschen Verlagsanstalt und damit der ›Deutschen Allgemeinen Zeitung‹ durch Hugo Stinnes . . . Zugleich . . . gingen die . . . ›Industrie- und Handelszeitung‹ und der ›Kladderadatsch‹ in den Besitz von Stinnes über . . .

Die Allianz zwischen Stinnes und Hugenberg ist . . . so eng, daß es nicht mehr viel besagt, wenn es heißt: die ›Münchner Neuesten Nachrichten‹ gehören Hugenberg, die ›Frankfurter Nachrichten‹ gehören Stinnes . . .

Das Bedenklichste der neudeutschen Preßkorruption . . . ist die Art, wie sie [die Geldgeber] Preßpolitik treiben. Die Preßpolitik . . . ist . . . von einem entsetzlichen Dilettantismus . . . [geprägt]. Verwirrung im Innern, Mißtrauen und Deutschenhaß im Ausland: das ist das Resultat der schwerindustriellen Preßpolitik.«

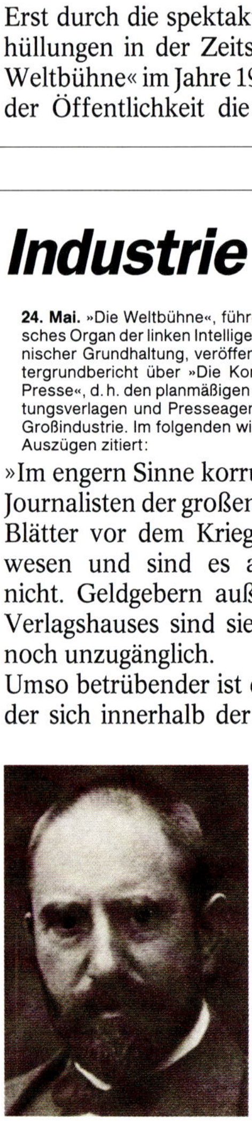

Hugo Stinnes

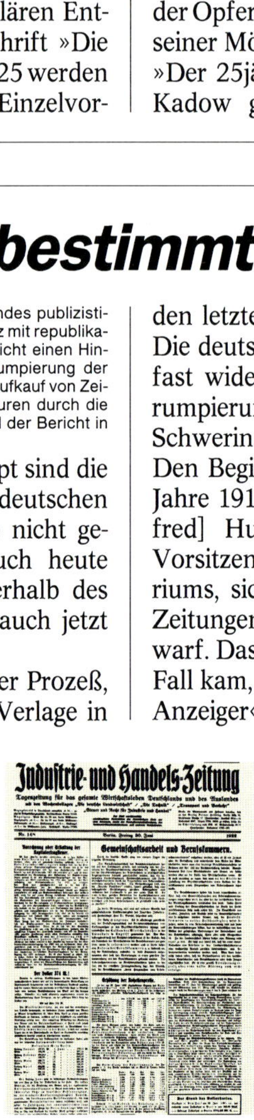

Industrie- und Handels-Zeitung

Stinnes-Zeitung

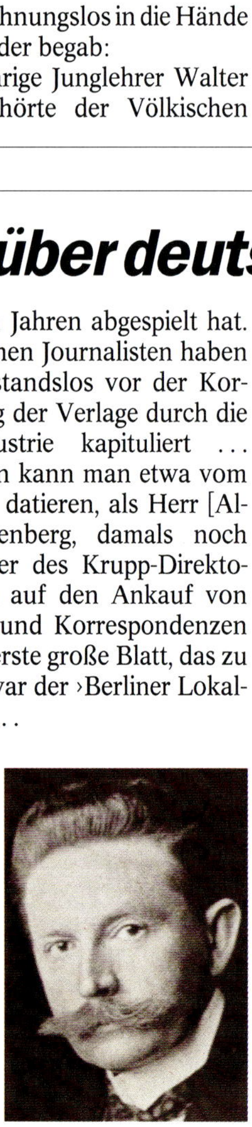

Alfred Hugenberg

Notverordnung gegen Radikalismus

11. Mai. Die bayrische Regierung erläßt eine Notverordnung, mit der u. a. für Versammlungen unter freiem Himmel und Aufmärsche auf öffentlichen Straßen die Erlaubnispflicht eingeführt wird. Die Notverordnung richtet sich gleichermaßen gegen rechts- und linksgerichtete Kampfverbände.

Die Vorgänge am 1. Mai – der Nationalsozialist Adolf Hitler wurde durch ein massives Reichswehr- und Polizeiaufgebot an der Verwirklichung seiner Ankündigung, die Mai-Demonstration der Linken gewaltsam zu stören, gehindert – sind der Anlaß für die Notverordnung.

Stabilisierung der Währung unmöglich

29. Mai. Reichsbankpräsident Rudolf Havenstein erklärt im Untersuchungsausschuß des Reichstags, der die Ursachen des Marksturzes seit Mitte April (→ 19. 4./S. 60) aufklären soll, weitere Markstützungsaktionen der Reichsbank seien aussichtslos. An eine Stabilisierung der Mark sei erst nach Fortfall der politischen Schwierigkeiten (Ruhrbesetzung) zu denken.

Bis Mitte April war es der Reichsbank gelungen, den Wechselkurs bei etwa 22 000 Mark pro US-Dollar zu stabilisieren. Gerüchte über Devisenspekulationen führten zur derzeitigen Untersuchung.

Industrie bietet Zahlungsgarantie an

25. Mai. In einer Denkschrift an Reichskanzler Wilhelm Cuno bietet der Reichsverband der deutschen Industrie die Übernahme einer Garantie für die jährlichen Zins- und Tilgungsraten einer künftigen Reparationsanleihe an.

Dieses und entsprechende Angebote des Reichslandbunds und des Zentralverbands des deutschen Großhandels ermöglichen eine neue Initiative hinsichtlich der festgefahrenen Reparationsfrage. Am 7. Juni bietet die Reichsregierung den Alliierten u. a. Garantien für die Reparationszahlungen durch die Übernahme von Hypothekenpfandrechten auf den Besitz der deutschen Gesamtwirtschaft an.

Wirtschaft 1923:

Galoppierende Inflation verursacht eine Wirtschaftskrise

Nachdem sich die Wirtschaftssituation im Deutschen Reich seit Ende des Weltkriegs 1918 in den Jahren 1920 bis 1922 relativ günstig entwickelt hat, führt die galoppierende Inflation des Jahres 1923 zu einem wirtschaftlichen Tiefpunkt. Mit der im November 1923 durchgeführten (→16. 11./S. 182) Währungsreform wird die Voraussetzung für den Wirtschaftsaufschwung des folgenden Jahres geschaffen.

Der Verfall der deutschen Währung erreicht zwar im Jahr 1923 bei zunehmender Geschwindigkeit ein kaum zu glaubendes Ausmaß, er hat jedoch bereits während des Ersten Weltkriegs begonnen und sich in den Nachkriegsjahren fortgesetzt, wie an der Entwicklung des US-Dollarkurses zu erkennen ist: Im Juli 1914 war ein US-Dollar 4,2 Mark wert, im Juli 1919 14,0 Mark, im Januar 1921 64,8 Mark, im Juli 1922 493,2 Mark, im Januar 1923 17972,0 Mark und im November 1923 entsprechen 4,2 Billionen Mark einem US-Dollar.

Entscheidend hat die inflationistische Finanzpolitik der deutschen Regierungen zur Zerrüttung der Währung beigetragen. Der bereits zu Beginn des Jahres 1923 hochverschuldete Staat deckt sein durch die Kosten des Ruhrkampfes wachsendes Defizit mit der Erhöhung des Banknotenumlaufs, wodurch die Inflation weiter angeheizt wird. Schon im April läßt sich durch die regulären Einnahmen nur ein Siebtel der Staatsausgaben bestreiten.

Das Ausmaß der Währungskatastrophe wird durch folgende Zahlen des Reichsbanknotenumlaufs verdeutlicht:

- ▷ 1913: 2,1 Milliarden Mark
- ▷ Januar 1922: 115,4 Milliarden
- ▷ Dezember 1922: 1,3 Billionen
- ▷ Juni 1923: 17,291 Billionen
- ▷ Oktober 1923: 2,496 Trillionen

Im Verlauf der galoppierenden Inflation büßt die deutsche Währung ihre Funktion als Wertmesser ein. Der Handel geht dazu über, Waren nur noch gegen harte Währungen (US-Dollars) oder gegen andere Ware abzugeben.

Mit der Währungsreform wird die galoppierende Inflation gestoppt: Am →16. November (S. 182) beginnt die Ausgabe der Rentenmark (neue Währung) zum Kurs eine Billion Mark = eine Rentenmark. Die öffentlichen Haushalte stellen ihre uferlose Schuldenwirtschaft ein, und die Notenpresse, die in Tag- und Nachtschichten Banknoten produziert hat, wird stillgelegt.

Die Hochinflation des Jahres 1923 führt nicht nur zu der erschreckenden Notlage weiter Kreise der Bevölkerung, sondern auch zu einer wirtschaftlichen Krise.

Nach dem Aufschwung von 1920 bis 1922 geht die deutsche Industrieproduktion drastisch zurück.

Reichsindexziffern für die Lebenshaltungskosten

Wöchentliche Reichsindexziffern für die Lebenshaltungskosten ab April 1923

(1913/14 = 1)

4. 4.	2793	2. 5.	3254	30. 5.	4843
11. 4.	2846	9. 5.	3463	6. 6.	6006
18. 4.	2886	16. 5.	3737	13. 6.	6950
25. 4.	3061	23. 5.	4168	20. 6.	9272
27. 6.	11 785	23. 7.	39 336	20. 8.	753 733
4. 7.	16 180	30. 7.	71 476	27. 8.	1 183 434
11. 7.	21 511	6. 8.	149 531	3. 9.	1 845 261
16. 7.	28 892	13. 8.	436 935	10. 9.	5 051 046
17. 9.	14 245 000	15. 10.	691 900 000		
24. 9.	28 000 000	22. 10.	3 045 000 000		
1. 10.	40 400 000	29. 10.	13 671 000 000		
8. 10.	109 100 000	5. 11.	98 500 000 000		

© Harenberg

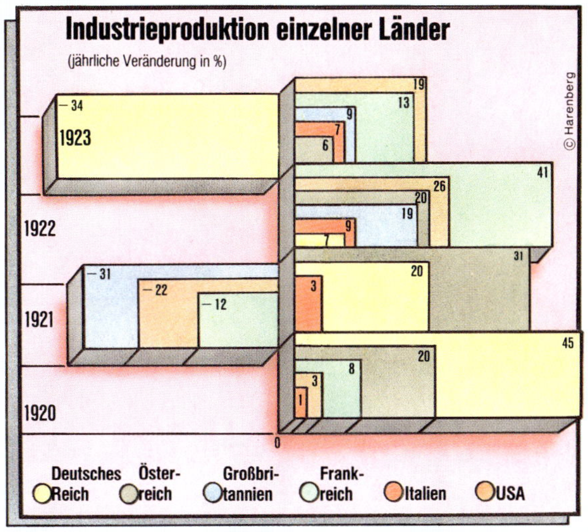

Legt man für das letzte Vorkriegsjahr 1913 den Index 100 zugrunde, so ergibt sich für die Nachkriegsjahre folgendes Bild:

- ▷ 1919: 38
- ▷ 1920: 55
- ▷ 1921: 66
- ▷ 1922: 72
- ▷ 1923: 47

Mit diesem starken Rückgang gegenüber dem Vorjahr steht das Deutsche Reich im internationalen Vergleich extrem schlecht da. Die führenden Industriestaaten verzeichnen 1923 z. T. zweistellige Zuwachszahlen. So nimmt die Industrieproduktion der Vereinigten Staaten von Amerika um 19%, die Frankreichs um 13%, die Großbritanniens um 9% zu, und Italiens Industrieproduktion steigt um 7% gegenüber 1922.

Durch die französische Besetzung des Ruhrgebiets (→11. 1./S. 15) und den von deutscher Seite geleisteten passiven Widerstand (→13. 1./S. 19) geht zudem die Produktion des Kohlenbergbaus und der Metallindustrie dieses bedeutenden Industriezentrums erheblich zurück. Die Steinkohlenförderung des Deutschen Reichs liegt im Jahr 1923 mit 62,3 Millionen Tonnen fast 50% unter der Förderung des Vorjahrs (119,1 Millionen Tonnen). Einen entsprechenden Rückgang verzeichnet auch die Eisen- und Hüttenindustrie. Mit 4,9 Millionen Tonnen überschreitet z. B. die Produktion der deutschen Hochofenbetriebe nur geringfügig die Hälfte der Vorjahresproduktion (9,2 Millionen Tonnen).

Da die industriellen Fertigprodukte den größten Teil des deutschen Exports ausmachen, bleibt die Handelsbilanz 1923 wie in den vorangegangenen Jahren negativ. Die Reparationszahlungen an die Alliierten können also nicht aus Exportüberschüssen finanziert werden, sondern müssen durch Devisenimporte aufgebracht werden, was die deutsche Zahlungsbilanz erheblich belastet.

Für weite Kreise der deutschen Bevölkerung bedeutet die Hochinflation ein Leben unter dem Existenzminimum. Das Wachstum der Nominallöhne und -gehälter bleibt weit hinter der inflationären Preisbewegung zurück, so daß die Reallöhne und -gehälter gegenüber dem Vorkriegsstand stark absinken. Ein gelernter Arbeiter erhält z. B. im Januar 1923 durchschnittlich einen Nominalwochenlohn von 24855 Mark. Legt man den Vorkriegswert der Mark zugrunde, so entspricht diese Summe einem Reallohn von 17,05 Mark (1913: 35,05 Mark). Lohn- und Gehaltserhöhungen (der Nominalwochenlohn eines gelernten Arbeiters beträgt im Juni 1923 durchschnittlich 246000 Mark und steigt bis September auf 632 Millionen Mark) ändern nichts an der Notlage, weil die Preise den Löhnen und Gehältern davonlaufen. Nach Berechnungen des Statistischen Reichsamtes braucht eine fünfköpfige Familie in Berlin (die Preissteigerung schwankt örtlich) für die Befriedigung der Grundbedürfnisse wie Lebensmittel, Heizung, Beleuchtung und Miete folgende Beträge:

- ▷ April 1922: 3000 Mark
- ▷ Dezember 1922: 56700 Mark
- ▷ Januar 1923: 122000 Mark
- ▷ Juni 1923: 781000 Mark

Kurz vor der Währungsreform hat der wöchentliche Reichsindex für die Lebenshaltungskosten (1913/14 = 1) die aberwitzige Ziffer 98500000000 erreicht.

Die inflationsbedingte Krise führt im letzten Quartal des Jahres 1923 zu einem drastischen Anstieg der Arbeitslosigkeit, die den höchsten Stand seit ihrer statistischen Erfassung erreicht. Im August sind 6,3% der Gewerkschaftsmitglieder arbeitslos, im Oktober 19,1% und im Dezember 28,2%, wodurch die Position der Gewerkschaften erheblich geschwächt wird.

Sowjet-Diplomat in Lausanne ermordet

10. Mai. In Lausanne wird der sowjetische Diplomat Waclaw W. Worowski ermordet. Der Täter, ein Rußlandschweizer namens Moritz Conradi, wird unmittelbar nach der Tat festgenommen. Obwohl der schweizerische Bundesrat Giuseppe Motta den Diplomatenmord sofort öffentlich verurteilt, macht der sowjetische Außenminister Georgi W. Tschitscherin die Schweiz für den Anschlag verantwortlich.

Worowski, einer der bekanntesten Diplomaten der Sowjetunion, leitete die Sowjet-Delegation mit Beobachterstatus bei der Konferenz von Lausanne, auf der die Alliierten mit der Türkei einen Friedensvertrag (sog. Orientfrieden) aushandeln. Die am →4. Februar (S. 37) abgebrochene Konferenz ist am 23. April wieder eröffnet worden (→24. 7./S. 110).

In der Presse wird die Vermutung geäußert, daß Conradi im Auftrag der sog. Nationalen Liga (Schweizer Faschisten) gehandelt hat. Am 7. Mai waren etwa zehn Faschisten vor das Hotel »Cecil«, wo die sowjetische Delegation untergebracht ist, gezogen, um Worowski die schweizerische Gastfreundschaft aufzukündigen. Der in Petersburg geborene und aufgewachsene Täter gibt allerdings als Motiv für die Tat persönliche Rache an. Angeblich wurden sein Vater und Onkel 1919 von den Bolschewisten erschossen.

Durch den Diplomatenmord werden die ohnehin belasteten Beziehungen zwischen der Schweiz und der Sowjetunion weiter beeinträchtigt, zumal Conradi am →16. November (S. 187) freigesprochen wird. Von sowjetischer Seite wird gegen die schweizerische Regierung der Vorwurf erhoben, sie habe es nach der faschistischen Drohung vom 7. Mai an den nötigen Schutzmaßnahmen für die sowjetische Delegation fehlen lassen.

Bundesrat Giuseppe Motta, Leiter des politischen Departements, spricht sein Bedauern über das Attentat aus, das er als einen isolierten Akt bezeichnet. Ferner gibt Motta seiner Hoffnung Ausdruck, daß die in der Sowjetunion lebenden Schweizer nicht unter Repressalien leiden würden.

Überführung der Leiche des am 10. Mai in Lausanne ermordeten sowjetischen Diplomaten Waclaw W. Worowski nach Moskau; Trauerzug in Berlin

Mord im Hotel

10. Mai. *Im Speisesaal des Lausanner Hotels »Cecil« wird der sowjetische Diplomat Waclaw W. Worowski (Abb. oben) ermordet. Moritz Conradi, ein Rußlandschweizer (Abb. unten), hat Waclaw W. Worowski erschossen.*

Baldwin löst Bonar Law als Premier ab

20. Mai. Aus Krankheitsgründen tritt der britische Premierminister Andrew Bonar Law zurück. Sein Nachfolger, der bisherige Schatzkanzler Stanley Baldwin, übernimmt am 22. Mai die Regierung. Seit Wochen kursierten Gerüchte über einen möglichen Rücktritt Bonar Laws, der unter einer schweren Kehlkopferkrankung leidet.

Baldwins Ernennung durch König Georg V. erfolgt auf die einstimmige Empfehlung der Minister und des Vorstands der regierenden Konservativen Partei hin. Der wegen seiner langjährigen Erfahrung qualifizierteste Kandidat, Außenminister George Nathaniel Marquess Curzon of Kedlestone, kommt als Mitglied des Oberhauses nicht in Frage.

Die britische Presse rechnet mit einer Kontinuität der britischen Reparationspolitik, die schon bisher weitgehend von Baldwin geführt wurde. Der neue Premierminister, der sich als Wirtschafts- und Finanzpolitiker einen Namen gemacht hat, vertritt die Ansicht, daß die Reparationsfrage einer rein geschäftlichen Regelung bedürfe. Baldwin plädiert auch für eine den Deutschen entgegenkommende Haltung.

Mit der Ernennung Baldwins verbinden sich auch Hoffnungen auf eine mögliche Beteiligung der USA an künftigen Reparationsverhandlungen, denn der Finanzfachmann besitzt das Vertrauen der US-amerikanischen Regierung.

Rücktritt am 20. Mai: Britischer Premierminister Andrew Bonar Law

Premierminister in Großbritannien wird am 22. Mai Stanley Baldwin

Konflikt zwischen London und Moskau

13. Mai. Nachdem die britische Regierung der Sowjetunion am 8. Mai ultimativ mit dem Abbruch der Handelsbeziehungen gedroht hat, wenn die Sowjetregierung nicht auf ihre antibritische Propaganda in Indien, Persien (seit 1934 Iran) und Afghanistan verzichte, signalisiert Moskau die Bereitschaft nachzugeben.

Die sowjetische Antwortnote enthält den Vorschlag, den Gesamtkomplex der zwischen Großbritannien und der Sowjetunion schwebenden Streitfragen von einer britisch-sowjetischen Konferenz klären zu lassen.

Ursache für die Spannungen zwischen den beiden Ländern ist neben der Propaganda sowjetischer Agenten der Konflikt über Fischereirechte. Am 1. Mai wurden britische Fischkutter vor Murmansk beschlagnahmt, zu deren Rückgabe sich Moskau nunmehr bereit erklärt.

Internationaler Kongreß der Frauen

12. Mai. In Rom wird der neunte Kongreß des Internationalen Frauenstimmrechtsverbands eröffnet (bis 19. 5.).

Auf der Tagesordnung stehen folgende Themen: Gleicher Lohn und gleiches Recht auf Arbeit, die Staatsangehörigkeit der verheirateten Frauen, Mutterschaftsunterstützung und uneheliche Kinder, Mädchenhandel. Auch soll die eventuelle Vereinigung des Internationalen Frauenbundes, der sich für Gleichberechtigung auf allen Gebieten einsetzt, mit dem Internationalen Stimmrechtsverband, dessen Ziel das Frauenwahlrecht in allen Ländern ist, diskutiert werden.

Die deutschen Frauen, die seit 1918 das Wahlrecht besitzen, werden u. a. durch die Reichstagsabgeordnete Gertrud Bäumer (DDP) vertreten.

Mutter mit ihren Kindern, »L'Anniversaire de la Naissance« von Georges Harcourt, 1923 ausgestellt im Pariser Salon

Direktfluglinie Berlin–London ist eröffnet

3. Mai. Nach der Überwindung zahlreicher politischer und finanzieller Schwierigkeiten wird der regelmäßige tägliche Flugverkehr Berlin–London eröffnet. Bisher flogen die deutschen Maschinen aus Berlin nur bis Amsterdam, wo die Passagiere für den Weiterflug nach London in britische Flugzeuge umsteigen mußten.

Der Pilot und die fünf Passagiere der ersten in Berlin gelandeten britischen Maschine werden von Vertretern des Luftverkehrsunternehmens Deutscher Aero Lloyd und des Reichsluftamtes feierlich begrüßt. Der Flug hat einschließlich der drei Zwischenlandungen in Amsterdam, Bremen und Hamburg neun Stunden gedauert. Weite Strecken habe er wegen des böigen Wetters sehr tief fliegen müssen, so berichtet der Pilot, aber die Orientierung anhand des Kompasses und der z. T. gut zu sehenden Eisenbahnlinien und Flußläufe sei ausreichend gewesen.

Die Flugkarte kostet sechs Pfund (derzeit etwa 1,3 Millionen Mark).

Internationaler Flugverkehr

Nachdem die deutschen Fluggesellschaften seit 1919 zunächst ein nationales Flugliniennetz aufgebaut haben, richten sie ihre Aufmerksamkeit nun zunehmend auf die internationalen Fluglinien. Im Sommer 1923 sind bereits acht internationale Linien in Betrieb:

- ▷ Hamburg–Kopenhagen
- ▷ Berlin–Hamburg–Amsterdam–London
- ▷ (Berlin)–Königsberg–Moskau
- ▷ Königsberg–Memel–Riga–Reval
- ▷ Danzig–Warschau–Lemberg
- ▷ (Berlin)–München–Zürich–Genf
- ▷ (Berlin)–München–Wien–Budapest

An drei Fluglinien ist Berlin (es steht in Klammern) bisher nur durch einen Nachtschnellzugverkehr angeschlossen.

Auf fast allen Linien wird einmal täglich außer sonntags geflogen. Die Fluglinie Königsberg–Moskau steht dem öffentlichen Verkehr nur einmal wöchentlich zur Verfügung.

Das Tempelhofer Feld in der Reichshauptstadt Berlin wird als Flughafen genutzt; mit der Eröffnung der neuen Fluglinie ist London direkt erreichbar

Erster Muttertag im Deutschen Reich

13. Mai. Zum ersten Mal wird auch in deutschen Familien der in anderen Ländern bereits seit Jahren übliche Muttertag gefeiert.

Das Geschenkfest zu Ehren der Mütter wurde 1907 von der US-Amerikanerin Ann Jarvis propagiert. Es hatte bereits 1909 eine weite Verbreitung in den Vereinigten Staaten von Amerika erlangt. Am 8. Mai 1914 wurde der Muttertag mit der Mother's day bill vom US-amerikanischen Kongreß zum Staatsfeiertag erklärt. Seither hat die Internationale Muttertagsgesellschaft die weltweite Verbreitung des Festes vorangetrieben, unterstützt durch Propagandafeldzüge floristischer Organisationen. In Großbritannien wird der Muttertag seit 1914, in Norwegen seit 1918 und in Schweden seit 1919 gefeiert.

Die Übernahme dieses Feiertags im Deutschen Reich signalisiert die allmählichen Veränderungen des Frauenbilds und der Familienstruktur. Parallel zur Durchsetzung der Kleinfamilie und der wachsenden Berufstätigkeit der Frauen gewinnt der Gedanke, die Frauen von der Hausarbeit zu entlasten, eine zunehmende Aktualität. Ein neues Hausfrauenideal wird propagiert, das den Aufgaben von Mutterschaft und Beruf gegenüber dem Sichverbrauchen im Haushalt den Vorrang gibt.

Essen und Trinken 1923:

Ein Liter Vollmilch kostet in Berlin 280 Milliarden Mark

Verursacht durch die Wirtschaftsmisere des Jahres 1923, ist die Ernährungssituation im Deutschen Reich äußerst kritisch. Folgende Faktoren verhindern die ausreichende Nahrungsmittelversorgung der Hunger leidenden deutschen Bevölkerung:

▷ Die enorme Preisinflation führt zu einem rapiden inländischen Kaufkraftverfall, so daß der Lebensstandard eines großen Teils der Bevölkerung unter dem Existenzminimum liegt

▷ Wegen der negativen Handelsbilanz und der Reparationszahlungen fehlen dem Deutschen Reich die für den Nahrungsmittelimport dringend benötigten Devisen

Besonders in den Großstädten wächst die Lebensmittelknappheit. Die Hausfrauen sind wegen der seit Mai z.T. täglich steigenden Preise bestrebt, das nicht einmal für die Grundnahrungsmittel ausreichende Geld so rasch wie möglich auszugeben. Hauptnahrungsmittel sind die Kartoffeln.

Von 28 Mark im Januar 1923 (Vorkriegspreis: 15 Pfennige) steigt der Kilopreis (ab Laden) für Kartoffeln in Berlin auf 333 Mark im Juni (monatlicher Durchschnittspreis) und erreicht am 26. November einen Stand von 80 Milliarden Mark. Da sich die Händler dem Ansturm der Kunden nicht gewachsen fühlen, muß im Juli der Frühkartoffelverkauf in Berlin unter Polizeischutz stattfinden.

Auf die Brisanz der Lage reagierend – während der zweiten Jahreshälfte kommt es in zahlreichen Städten zu Teuerungsunruhen und Plünderungen von Lebensmittelläden – appellieren Reichspräsident Friedrich Ebert und die Reichsregierung am 28. Juli eindringlich an die Landwirtschaft, die Erträge der Kartoffelernte »so schnell wie möglich ... dem Verbrauch zukommen zu lassen«.

Das Kartoffelangebot ist von entscheidender Bedeutung, weil die übrigen Nahrungsmittel für viele Menschen nicht mehr zu bezahlen sind. So kostet in Berlin ein Kilogramm Rindfleisch im Januar 1923 bereits 2730 Mark (Vorkriegspreis: 1,80 Mark), im Juni 20700 Mark und am 26. November 5,6 Billionen Mark. Die Preise für die anderen Grundnahrungsmittel steigen in demselben Maß:

▷ Ein Ei kostet in Berlin im Juli 1914: 0,08 Mark, im Januar 1923: 139 Mark, im Juni: 793 Mark, am 26. November: 320 Milliarden Mark

▷ Für einen Liter Vollmilch müssen in Berlin im Juli 1914: 0,24 Mark, Januar 1923: 241 Mark, Juni: 1380 Mark, am 26. November: 280 Milliarden Mark gezahlt werden

▷ Im Juli 1914 kostet in Berlin ein Kilogramm Butter 2,60 Mark, im Januar 1923: 5500 Mark, im Juni: 30300 Mark, am 26. November: 5,6 Billionen Mark

▷ Der Berliner Preis für ein Kilogramm Roggenbrot ist im Juli 1914: 0,28 Mark, im Januar 1923: 306,32 Mark, im Juni: 1253 Mark und am 26. November: 470 Milliarden Mark

Käuferinnen stehen vor einem Berliner Lebensmittelladen Schlange, wo ein Pfund Butter für 30300 Mark verkauft wird

Inflationsalltag im Deutschen Reich: Das Berliner Schloßtheater ist dazu übergegangen, die Eintrittskarten gegen Naturalien abzugeben. Das Schild an der Theaterkasse gibt die derzeitigen »Preise« an: Für zwei Eier sitzt man auf dem billigsten Platz, der teuerste »kostet« ein Pfund Butter. Im Verlauf der Inflation hat die deutsche Währung ihre Funktion als Wertmesser eingebüßt

Um die Notlage weiter Kreise der großstädtischen Bevölkerung etwas zu mildern – bereits im Februar sind nach Erkenntnissen des Reichsgesundheitsamtes rund 50% der Kinder unterernährt –, werden von staatlicher Seite umfangreiche Volksspeisungen organisiert (→ 25. 9./S. 149).

Auch die Kirchen und private Hilfsorganisationen geben unentgeltlich Mahlzeiten aus.

Das Ausland wird zunehmend auf die Hungersituation im Deutschen Reich aufmerksam. Das Internationale Rote Kreuz ruft am 7. Dezember zu Sammlungen für die notleidende deutsche Bevölkerung auf. Über 50000 an deutsche Familien verschickte Lebensmittelpakete sind das Ergebnis der vom Bund der Reichsdeutschen in Österreich durchgeführten Hilfsaktion (→ 7. 12./S. 196).

Aus der Not eine Tugend machend, empfiehlt die Presse einfache Rezepte für die Familienküche und animiert ihre Leser, kostenlose Nahrungsquellen z.B. durch die Pilzsuche zu erschließen. Da jedoch nicht alle Pilzsucher über die notwendigen Kenntnisse verfügen, häufen sich in erschreckender Weise die Pilzvergiftungen. Am 28. August z.B. sterben neun Mitglieder einer elfköpfigen Berliner Familie nach dem Genuß selbstgesammelter Pilze.

Fortschritte beim Fernsprechverkehr

17. Mai. Erfolgreich verläuft der Versuchsbetrieb zur Erprobung des Hochfrequenz-Telefonierens auf der 400 km langen Strecke Berlin-Stolp. Mit Hilfe besonders konstruierter Hochfrequenzgeräte, die anstelle der Kathodenröhre verwendet werden, können drei Gespräche gleichzeitig geführt werden. Außerdem sind die Gespräche durch die neue Technik sehr deutlich zu hören, was sonst über derartige Entfernungen nicht der Fall ist.
Auch bei der Gesprächsvermittlung werden Fortschritte erzielt, die zunehmend mechanisiert wird (z. B. im neuen selbsttätigen Fernsprechamt in Leipzig).

Abfrageamt für den halbselbsttätigen Teil des neuen Fernsprechamts in Leipzig; ein Teil der Telefongespräche wird bereits vollautomatisch vermittelt

Maßnahmen gegen Alkoholschmuggel

Mai. Gegen die Absicht der US-amerikanischen Regierung, die Schiffe aller Nationen innerhalb der Dreimeilenzone auf Alkohol durchsuchen zu lassen, protestiert u.a. die britische Regierung.
Seit in den Vereinigten Staaten von Amerika der Genuß von Getränken mit mehr als 0,5% Alkohol verboten ist (18. Verfassungsänderung von 1918), blüht der illegale Alkoholhandel. Es bleibt fraglich, ob sich der lukrative Schmuggel unterbinden lassen wird, denn unter den Bundesaufsichtsbeamten ist die Korruption verbreitet. Wegen der sog. Prohibition gilt der Alkoholkonsum als ein reizvolles Abenteuer.

Schmerzlicher Anblick für die Gegner der Prohibition; Aufsichtsbeamte der Bundesbehörden vernichten eine beschlagnahmte Sendung von 749 Bierkisten

Heuschreckenplage vernichtet die Ernte

Mai. Besonders die nordöstlichen Gebiete der Südafrikanischen Union werden von einer schweren Heuschreckenplage heimgesucht.
Ohne große Aussicht auf Erfolg führen die Farmer in der Provinz Transvaal einen Vernichtungskampf gegen die riesigen Insektenschwärme. Die diesjährige Ernte ist bereits weitgehend den Heuschrecken zum Opfer gefallen, die alle Pflanzen bis auf den Stiel vertilgen.
Wenn die Heuschreckenbrut nicht rechtzeitig entdeckt und vernichtet wird, bilden sich die nicht mehr zu bekämpfenden, von den Farmern gefürchteten Schwärme.

Heuschreckenplage in der Südafrikanischen Union; wo sie sich niederlassen, fressen die ungeheuren Schwärme jede Pflanze und jeden Baum kahl

Völkerbund gegen Opiummißbrauch

31. Mai. Nach mehrtägigen Beratungen (seit 24. 5.) verabschiedet die Opium-Kommission des Völkerbunds eine Resolution zur Bekämpfung des Opiumhandels und -konsums. Sie hat den Zweck, der Haager Opiumkonvention von 1912 (durch den Versailler Vertrag 1919 ratifiziert) zur praktischen Durchführung zu verhelfen.
Obwohl die Vereinigten Staaten kein Völkerbundmitglied sind, nimmt eine starke US-amerikanische Delegation an der Kommission teil. Die USA sind besonders an der Unterdrückung des Opiumhandels interessiert, weil der Rauschgiftkonsum in den Vereinigten Staaten seit Beginn der Prohibition im Jahre 1918 rapide zugenommen hat. Jährlich werden 1500 t Opium in die USA importiert; ein Sechstel dieser Menge würde für den medizinischen Verbrauch genügen.
Die verabschiedete Resolution sieht u. a. eine verstärkte Kontrolle über die Produktion von Rohopium vor. Britisch-Indien hat seine Unterstützung zugesagt.

Republikanische Gesinnung gefördert

16. Mai. Im Berliner Reichstagsgebäude gründen die Politiker Otto Wels (SPD), Joseph Joos (Zentrum), Otto Nuschke (Deutsche Demokratische Partei) u. a. die gemeinnützige Aktiengesellschaft für Buch und Presse. Ziel dieser aus staatlichen Mitteln finanzierten Organisation ist die Propagierung der verfassungsmäßigen und republikanischen Gesinnung.
Die Gelder für die Gesellschaft, deren geschäftsführender Direktor der SPD-Fraktionsvorsitzende im preußischen Landtag, Ernst Heilmann, wird, stammen z. T. aus einem für diesen Zweck bereitgestellten Fonds der Reichsregierung. Bedeutungsvoller ist das Engagement des Innenministeriums, das der Gesellschaft 100 Millionen Mark zur Verfügung stellt, und zwar zur Organisation »der parlamentarischen Berichterstattung eines Nachrichtenschnelldienstes durch telephonischen Rundspruch«. Auf dieser Grundlage entwickelt sich die Gesellschaft zum amtlichen Nachrichtenbüro des Rundfunks (→ 29. 10./S. 170).

Uraufführung von Bertolt Brechts Drama »Im Dickicht« im Münchener Residenztheater; Schlußszene des zehnten Bildes

Skandal um Drama von Brecht in München

9. Mai. Im Residenztheater München wird Bertolt Brechts Drama »Im Dickicht« (späterer Titel »Im Dickicht der Städte«) uraufgeführt. Das Stück verursacht einen Theaterskandal, der zur raschen Absetzung des Werks nach sechs Spieltagen und zur Entlassung des Dramaturgen Jakob Geis, auf dessen Empfehlung hin Intendant Carl Zeiß das Stück angenommen hatte, führt.

»Im Dickicht« der Riesenstadt Chicago bekämpfen sich zwei Männer, der malaiische Holzhändler Shlink und der Leihbüchereiangestellte George Garga, mit brutalsten Mitteln, ohne daß der Anlaß des Kampfes, der mit dem Selbstmord Shlinks endet, erkennbar wird. Im Vorspruch des Stückes warnt der Autor den Zuschauer: »Sie betrachten den unerklärlichen Ringkampf zweier Menschen ... Zerbrechen Sie sich nicht den Kopf über die Motive dieses Kampfes ...« Das Stück, dessen Handlung nicht den gewohnten Gesetzen der logischen Kausalität folgt, provoziert bei den Zuschauern Verwirrung und z. T. Empörung.

Bereits während der zweiten Aufführung kommt es im Residenztheater zu einem Skandal. Pfiffe ertönen aus dem Zuschauerraum, Tränengasbomben werden ins Parkett geworfen, die Vorstellung kann nur nach einer längeren Unterbrechung – es kommt zu Tätlichkeiten zwischen Störern und dem übrigen Publikum – zu Ende geführt werden.

Gerade in München, der Hochburg des deutschen Rechtsradikalismus, bedeutet die Aufführung des unkonventionellen und unbequemen Stücks, mit dem Brecht das absurde Theater vorwegnimmt, ein Wagnis. Auch die Kritik ist vielfach verwirrt, wenngleich sie die Regieleistung Erich Engels anerkennt.

Nicht nur in der Rezension des nationalsozialistischen Blatts »Völkischer Beobachter« ist von Brechts »Impotenz als Dichter« die Rede, aber nur hier werden die Ressentiments gegen das Stück mit antisemitischen Angriffen vermischt. Der Rezensent schreibt u. a.:

»Wenn man mich mit schwerster Strafe bedrohte, ... ich schwöre es bei Abraham und allen Erzgaunern, daß ich keine Inhaltsangabe liefern kann, weil ich keine blasse Ahnung von dem bekam, was eigentlich auf der Bühne vorging ... Im Theater roch es nach Foetor judaicus [jüdischer Gestank], denn München hatte die ganze Intelligenz seiner Judengemeinde aufgeboten, um über den glatten Durchfall durch Beifallsraserei hinwegzutäuschen.«

Die Frühwerke von Bertolt Brecht

Bertolt Brecht, geboren am 10. Februar 1898 in Augsburg, studierte einige Semester Literaturwissenschaft und Medizin in München. Im Augsburger Blatt der USPD, »Der Volkswille«, sind Theaterkritiken des jungen Schriftstellers erschienen.

Das Frühwerk Brechts umfaßt bisher folgende drei Bühnenstücke: »Baal« (entstanden 1918/19, erschienen 1920, uraufgeführt am 8. 12. 1923 in Leipzig), »Trommeln in der Nacht« (uraufgeführt am 23. 9. 1919 in München, gedruckt 1922) und »Im Dickicht der Städte« (in der ersten Fassung unter dem Titel »Im Dickicht« am 9. 5. 1923 in München uraufgeführt).

Brecht im Urteil der Kritiker

Als einer der ersten erkennt der Berliner Theaterkritiker Herbert Ihering die Bedeutung von Bertolt Brecht. Ihering schreibt im »Berliner Börsen-Courier« über das am → 9. Mai (S. 86) im Residenztheater München uraufgeführte Brecht-Drama »Im Dickicht« (später »Im Dickicht der Städte«):

»›Im Dickicht‹ ist Bertolt Brechts drittes und reichstes Drama. Ein Polizeibericht aus dem Chinesenviertel Chicagos ist Vision, ein Kolportagestoff apokalyptisches Gleichnis geworden ...

Hier kann man nur ja oder nein sagen. Man spürt sofort die Suggestionskraft der Sprache, oder man bleibt dem ganzen Drama gegenüber unempfänglich. Man spürt den Strom zwischen den Menschen, oder man findet alles ›unklar‹. Wie der Kampf zwischen dem malaiischen Holzhändler Shlink und dem Leihbibliotheksangestellten George Garga mit vertauschten Waffen ausgefochten wird ... das ist eine der kühnsten dichterischen Visionen ...

Es ist ein großes Verdienst des Generalintendanten [Carl] Zeiß, unter den gegebenen Verhältnissen in München die Aufführung des ›Dickicht‹ gewagt zu haben ... Brechts dämonisch nihilistisches, über die Ränder quellendes, chaotisch reiches, wucherndes Drama, in dem die Menschen vampirhaft einander aussaugen ... – Brechts flackerndes Drama ... mußte die Ruhe eines Staatstheaters jäh durchbrechen.«

Dagegen wird das Stück in München nicht nur von seiten der Nationalsozialisten verrissen. In der »München-Augsburger Abendzeitung« schreibt Horst Wolfram Geißler:

»Da sagt jemand auf der Bühne: ›Mir ist, als hätte ich Zimt geschluckt!‹ Ich gestehe, daß mir ebenfalls zumute ist, als hätte ich Zimt geschluckt. Das ist ein wenig angenehmes Gefühl ...

Möglicherweise handelt das Stück von nichts weiter als von der Methode, wie man am besten Essiggurken einlegt. So vollkommen verworren ist es, und so kläglich versagt der Verfasser bei dem Versuch, Ideen deutlich zu machen oder gar Menschen zu gestalten. Ein umfassenderes Fiasko dürfte selten auf der Bühne gemacht worden sein.«

Barlach auf Berliner Bühnen

24. Mai. Wie die Premiere am Vortag – das Staatstheater zu Berlin zeigte Ernst Barlachs Drama »Der arme Vetter« in der Inszenierung von Jürgen Fehling – erntet nun auch die Premiere von Barlachs Bühnenstück »Der tote Tag« an der Berliner Volksbühne, besonders wegen der schauspielerischen Leistung von Agnes Straub, großen Beifall.

Das mystisch beeinflußte dramatische Werk des vielseitigen Künstlers – Barlach hat sich vor allem als Bildhauer und Grafiker einen Namen gemacht – gehört zum Expressionismus. »Der tote Tag« ist ein in Mythendunkel und Märchenzwielicht gehülltes Familiendrama, das den Dualismus zwischen »Geisthaftigkeit« und »Leibhaftigkeit« abhandelt. Barlachs zweites Drama – der »arme Vetter«, Hans Iver, unternimmt aus Selbstekel einen Selbstmordversuch, der von Ausflüglern vereitelt wird – hat die Flucht aus der Welt der Realität zum Thema .

»Der Dichter Barlach bleibt in seinem verschwenderischen Reichtum ein Phänomen«, so schreibt der Kritiker Emil Faktor im »Berliner Börsen-Courier«. In der »Weltbühne« kommentiert Siegfried Jacobsohn die Aufführung des Dramas »Der arme Vetter«: »Es werden einem Schauer übers Gebein gejagt . . . Ein tiefbeglückender Abend.«

Bildhauer und Dichter Ernst Barlach

Erfolg für Insekten-Satire

Mai. Einer der Höhepunkte der Londoner Theatersaison ist die satirische Komödie »Aus dem Leben der Insekten«, ein von den Brüdern Josef und Karel Čapek gemeinsam verfaßtes Werk.

Das Leben der Insekten dient den tschechischen Autoren als ein allegorischer Zerrspiegel der menschlichen Gesellschaft, deren Schwächen mit ironisch-satirischen Mitteln aufgezeigt werden.

Im ersten Akt offenbart die oberflächliche Konversation der Insekten die Leere konventioneller Liebesbeziehungen. Die ökonomische Struktur der Insektengesellschaft, die auf dem Gesetz des Beutemachens beruht, wird im zweiten Akt vorgeführt. Dramatischer Höhepunkt des Stücks ist der dritte und letzte Akt, der die Sinnlosigkeit von Kriegen anprangert. Aus nichtigem Anlaß kommt es zu einem Kampf der Ameisen, dem eine ungeheure Zahl von Insekten zum Opfer fällt.

Pessimistisch sehen die Brüder Čapek das anklingende Motiv der »großen«, verändernden Tat: Die Larve, auf die große Hoffnungen gesetzt wurden, kommt am Ende des Stücks als Eintagsfliege zur Welt und stirbt entsprechend rasch.

Die Kommentare eines Landstreichers verbinden die inhaltlich selbständigen Akte miteinander.

»Insekten« auf der Bühne (Szene)

Franzosen gewinnen das erste 24-Stunden-Rennen von Le Mans auf Chenard & Walcker

26. Mai. *Auf dem Circuit de la Sarthe südlich von Le Mans (Hauptstadt des französischen Departements Sarthe) findet zum ersten Mal das 24-Stunden-Rennen von Le Mans statt, das sich in den folgenden Jahren zum wohl bekanntesten Automobilrennen der Welt entwickelt.*

Am 26. Mai starten 33 Fahrzeuge zu diesem Langstrecken-Rennen. Bereits nach der Hälfte der Fahrzeit liegen zwei Chenard & Walcker-Fahrzeuge an der Spitze, die ihren Vorsprung bis zum Ende des Rennen halten können. Mit einer Durchschnittsgeschwindigkeit von 92,064 km/h gewinnen die Franzosen André Lagache und Albert Leonard auf Chenard & Walcker das Rennen und durchbrechen gleichzeitig mit diesem Ergebnis alle bisherigen Weltrekorde. Den zweiten Platz belegt ebenfalls ein Chenard & Walcker-Fahrzeug mit 84,913 km/h (Abb.: Einer der beiden siegreichen Chenard & Walcker-Wagen).

In der französischen Presse wird der Ausgang des Rennens als ein Triumph gefeiert. Für das Langstrecken-Rennen für Sportwagen und Prototypen sind Fahrerwechsel (wegen der langen Dauer wechseln sich mindestens zwei Fahrer auf einem Auto ab), aber auch ununterbrochene Nachtfahrt vorgeschrieben.

Mode 1923:

Knöchellange Röcke und eine gerade, schmale Silhouette

In zunehmendem Maße beeinflussen Vorbilder von Bühne und Film die Damenmode. Im fußlangen Abendkleid aus besticktem Seidenstoff mit taillentiefem Rückendekolleté und locker sitzendem Juwelengürtel präsentieren sich die Mannequins der französischen, britischen und deutschen Journale gemäß den Stars aus Film, Operette und Revue. Die modische Avantgarde trägt Straßschmuck zum Abendkleid mit glitzernden Pailetten, läßt sich Ponyfrisuren à la Pola Negri schneiden und benutzt roten Nagellack und Lippenstift.

Die aufsehenerregende Entdekkung des Tutanchamun-Grabs durch den britischen Archäologen Howard Carter am 5. November 1922 (→6. 4./S. 68) erzeugt eine Ägyptenbegeisterung, die nicht ohne Auswirkung auf die Mode bleibt. Auf den Tanzveranstaltungen – spezielle Tutanchamun-Tänze werden kreiert – zeigt sich die Dame in langen, schmalen Gewändern mit typisch ägyptischen Motiven wie Ibisse oder Palmwedel und fächelt sich mit einem Palmblattfächer frische Luft zu.

Originell, aber nicht der Mode angepaßt ist das sog. Stilkleid, das dem Ausdruck der individuellen Persönlichkeit dienen soll. Zu dieser Anti-Mode gehören z.B. die nach abstrakten Farbharmonien entworfenen Stoffmuster der französischen Malerin Sonja Delaunay-Terk.

Die infolge der galoppierenden Inflation steigenden Stoffpreise und Schneiderlöhne schränken die Möglichkeiten der deutschen Frauen, sich modisch zu kleiden, erheblich ein. So schreibt das Journal »Elegante Welt«: »Man muß es zugeben, die Eleganz in den Theatern hat nachgelassen ... Mit prächtigen Kronenreihern, herrlichen Hermelin- und Chinchilla-Capes, gleißenden Toiletten überraschen fast nur noch die Insassen der Logen: Ausländerinnen ... Der Luxus im eigenen Lande wird auf ein Mindestmaß eingeschränkt – das deutsche Volk ist zu äußerster Bescheidenheit gezwungen.«

Die Kleidermode selbst bleibt im Deutschen Reich nicht unbeeinflußt von der wirtschaftlichen Misere. Für die Tageskleider werden durchweg dichte, undurchsichtige Stoffe wie Tuch, Gabardine und Kaschmir bevorzugt, die sich durch eine lange Haltbarkeit auszeichnen. Das Kostüm der diesjährigen Frühjahrssaison muß außerordentlich zweckmäßig und von dauerhaftem Stoff gearbeitet sein.

»Die Frage, ob kurzer oder langer Rock hat jegliche Aktualität verloren. Es gibt nur noch den langen Rock«, schreibt die Modezeitschrift »Elegante Welt«.

Sowohl für die Abendtoilette als auch für die elegante Tagesmode werden wieder längere Röcke bevorzugt: Nur der Knöchel im Seidenstrumpf und der spitze Schuh mit dem flachen Absatz dürfen

Für die »Vogue« 1923 hergestellte Bildtafel; ein junges Pariser Modell in orientalischem Gewand mit tiefdrapiertem Überteil zieht bewundernde Blicke anderer Opernbesucher auf sich

Herbstmode 1923; plissiertes Crêpe-de-Chine-Kleid mit Goldstickereien

Individuelles Stilkleid, das vom geraden Modeschnitt abweicht

Nach der neusten Mode gekleidete Pariser Schönheiten bei den harmlosen Vergnügungen ihres gesellschaftlichen Alltags (»Vogue«-Bildtafel 1923)

So zeigt sich die elegante Pariserin beim Nachmittagsbummel: Für die Zeitschrift »Vogue« anläßlich ihres 30. Geburtstags 1923 von Mario Simon gemalt

sichtbar sein. Wer sich trotz der Preise die nötigen Stoffmengen leisten kann, trägt betont weibliche Kleider mit weiten Röcken.

Für die Straße ist das Kostüm der maßgebende Anzug. Der gerade, lange Rock und das »englische« Jakkett ohne Taille oder Gürtel behaupten ihren Platz im Leben der gutangezogenen Frau.

Neu sind die losen Jacken aus farbigen Samtstoffen oder aus folkloristisch besticktem Tuch. Nach wie vor beliebt ist das Mantelkleid, eine praktische Lösung für die Ausgehtoilette. Die Farben schwanken in den vielen verschiedenen Nuancen zwischen den Farben Braun, Grau und Tabakfarben.

Zum Straßenkostüm wird der runde, kleine weiche Hut, der »Topf«, mit breitem Band oder gar nicht garniert, getragen.

Das Straßenbild der mondänen Badeorte prägt der letzte Schrei der diesjährigen Sommermode: Das weiße Schneiderkostüm, dessen Schick durch einen kleinen weißen Filzhut erhöht wird.

Abgesehen von der Länge des Rocks gibt die modische Freizeitkleidung den Frauen die für die beliebten Wanderungen und Ausflüge nötige Bewegungsfreiheit. Aus Tuch, Tweed, Loden und Strickstoffen sind die Jacke und der enge, gestreifte oder karierte Rock gefertigt. Dazu werden flache und bequeme Wildlederschuhe getragen. Allerdings sollte sich die elegante Dame, die eine derart »sportliche« Kleidung trägt, an gewisse Regeln halten:

»Im Wanderdreß kann man allenfalls in den von guten Hotels häufig eingerichteten ›Schwemmen‹ speisen, unverzeihlich ist es, in solchen Wandertoiletten in gepflegte Restaurants einzutreten«, schreibt die »Elegante Welt«.

Auch auf der Zugfahrt zum Bade- oder Kurort hat die elegante Dame Geschmackssicherheit zu beweisen: »Die wirklich elegante Frau kleidet sich auf Reisen so diskret wie möglich und vermeidet alles, was die Aufmerksamkeit auf sich lenken könnte« (»Elegante Welt«). Möglich ist das in gedeckten Farben gehaltene Kostüm oder auch die Lederjacke zu Faltenrock und Jumper. Wenn mit dem Gepäck Fehler gemacht werden, ist jedoch jede Mühe mit der Toilette vergeblich:

»Vor allen Dingen nicht soviel Handgepäck, auf gar keinen Fall eine Hutschachtel! Ist eine Frau noch so gut angezogen und führt eine Hutschachtel mit sich, so weiß das erfahrene vis-à-vis, daß sie von wahrer Eleganz keinen Schimmer hat. Eingepackte Kleidung im Coupé mit sich zu führen, bedeutet eine Geschmacklosigkeit. Wunsch jeder Reise ist schließlich, sich körperlich und geistig zu erfrischen. Mehr als zwei suitcase sollte man nicht bei sich führen, denn diese beiden genügen, um alles aufzunehmen, was für die erste Nacht erforderlich ist«, rät eine deutsche Mode-Zeitschrift den Damen von Welt.

Für die Frau, die Wert darauf legt, in ihre Erscheinung das der Mode entsprechende Bild zu legen, gilt unter allen Umständen: Keine pfundschwere Wäsche, kein Korsett, keine Schnürbrust. Knabenhafte Schlankheit ist gefragt. Wer mit zu üppigen Reizen ausgestattet ist, begnügt sich zur Korrektur der Figur mit Busen- oder Hüfthalter.

Juni 1923

Mo	Di	Mi	Do	Fr	Sa	So
				1	2	3
4	5	6	7	8	9	10
11	12	13	14	15	16	17
18	19	20	21	22	23	24
25	26	27	28	29	30	

1. Juni, Freitag

Nach dem Erlaß der Interalliierten Rheinlandkommission dürfen in dem besetzten Gebiet Kohlen- und Kokstransporte nur noch mit einem besonderen Erlaubnisschein durchgeführt werden, sonst werden sie beschlagnahmt.

Die Eisenbahntarife im Personenverkehr steigen im Deutschen Reich um 100% und im Güterverkehr um 50%.

Durch das Reichsmieterschutzgesetz wird das Kündigungsrecht des Vermieters stark eingeschränkt. Das Gesetz steht im Zusammenhang mit dem seit Kriegsende herrschenden Wohnungsmangel. Nur noch in Ausnahmefällen ist durch gerichtliche Klage die Kündigung möglich. →S. 99

Der Dollarkurs ist auf 74 750 Mark (pro US-Dollar) gestiegen.

Von der französischen Besatzungsbehörde im Ruhrgebiet wird das »Düsseldorfer Tageblatt« verboten – kein Ausnahmefall in den besetzten Gebieten. Die Betriebsräume der Zeitung werden besetzt (→7. 3./S. 46).

2. Juni, Sonnabend

Wegen Sabotageakten an Eisenbahn- und Telegrafenlinien wird der Stadt Duisburg von der französischen Besatzungsbehörde eine Buße von 100 Millionen Mark auferlegt. Am Vortag sind in Mettmann rund 100 Millionen Mark beschlagnahmt worden, weil die Stadt eine derartige Bußgeldzahlung nicht erbracht hat (→1. 6./S. 94).

Im österreichischen Nationalrat beschuldigt der frühere Außenminister Ottokar Theobald Graf Czernin von und zu Chudenitz den Sozialdemokraten Karl Renner des Landesverrats, weil er im März 1919 als Staatskanzler versucht habe, eine britische Besetzung Österreichs herbeizuführen. Nach einer Erklärung Renners am 4. Juni wird Ottokar Theobald Graf Czernin von und zu Chudenitz zur Zurücknahme seiner Verleumdung aufgefordert. →S. 98

Das polnische Parlament (Sejm) spricht der neuen Regierung unter Wincenty Witos gegen die Stimmen der Minderheiten das Vertrauen aus. Die antideutsche Haltung Polens schlägt sich in dem scharfen Vorgehen gegen die deutsche Minderheit nieder: Ausweisungen zahlreicher Deutscher und Verbot deutscher Zeitungen in Polen.

Seit dem Beginn der Ruhrbesetzung (11. 1.) sind bisher 4558 Eisenbahner (mit 11 151 Angehörigen) aus ihren Wohnungen vertrieben und ausgewiesen worden. Von den 564 verhafteten Reichsbahnbeamten sind bereits 104 verurteilt worden (→7. 6./S. 94).

Ein Pfund Erdbeeren kostet »nur« noch 8000 bis 10 000 Mark, nachdem zu Beginn der Saison die einzelne Frucht für 500 bis 600 Mark verkauft wurde.

Georg Kaisers »Gilles und Jeanne« wird im Alten Theater in Leipzig uraufgeführt. →S. 104

3. Juni, Sonntag

Fast täglich treffen in Köln Transporte mit aus dem besetzen Ruhrgebiet ausgewiesenen Eisenbahnern ein. Auch aus anderen Orten werden Massenausweisungen gemeldet (→7. 6./S. 94).

Die Schweizer Volksabstimmung lehnt mit 356 910 gegen 258 422 Stimmen die Änderung der Alkoholgesetzgebung ab, die auf die Einschränkung des Schnapskonsums und der Obstbrennerei abzielt. Damit haben sich die Schweizer Bürger gegen das Votum aller Parteien und der Presse entschieden. →S. 101

2:1 gewinnt die deutsche Nationalmannschaft das Fußball-Länderspiel in Basel gegen die Schweiz.

4. Juni, Montag

Vor dem Münchener Volksgericht beginnt der sog. Fuchs-Machhaus-Prozeß. Gegen den Schriftsteller und Theaterdirektor Georg Fuchs (Hugo Machhaus hatte am 4. 5. in der Untersuchungshaft Selbstmord begangen) wird wegen Hochverrats verhandelt. Fuchs und andere Mittelsmänner sollen von dem französischen Agenten Augustin Richert hohe Summen zur Weitergabe an rechtsradikale Verbände erhalten haben, um diese zu einem separatistischen Rechtsputsch zu bewegen (→9. 7./S. 114).

Wegen eines Tollwutfalls wird über einige Berliner Bezirke eine Hundesperre verhängt. Hundebesitzer dürfen ihre Hunde nur noch mit Maulkorb und an der Leine ausführen. →S. 101

5. Juni, Dienstag

In einem Bericht der Londoner Zeitung »Daily News« wird die Lage der Arbeiter im Ruhrgebiet als trostlos bezeichnet. Wegen der rasanten Preissteigerung könnten die Arbeiter auch mit vor wenigen Tagen erhöhten Löhnen den Lebensunterhalt ihrer Familien nicht bestreiten (→6. 6./S. 96).

Der Arbeitgeberverband der Nordwestlichen Gruppe des Vereins Deutscher Eisen- und Stahlindustrieller und die deutsche Reichsregierung schließen ein Lohnsicherungsabkommen.

Zu einem Publikumserfolg wird die Operette „Die Tugendprinzessin" von Georg Okonkowski und Rudolph Schanzer bei der Premiere im Berliner Künstlertheater.

6. Juni, Mittwoch

Da die Preise den Löhnen und Gehältern davonlaufen, wächst unter den Arbeitern die Bereitschaft zur Radikalisierung. In Leipzig kommt es zu von Kommunisten und radikalen Sozialisten hervorgerufenen Teuerungsunruhen, wobei sieben Menschen getötet und über 100 verletzt werden. In Oberschlesien bricht ein Bergarbeiterstreik aus, der bis zum 16. Juni andauert. →S. 96

Der französische Ministerpräsident Raymond Poincaré und sein belgischer Kollege Georges Theunis halten nach einer Unterredung in Brüssel an den früheren Beschlüssen zur Ruhrbesetzung fest. Voraussetzung jeder Beratung über die Reparationsfrage sei die Aufgabe des passiven Widerstands der Deutschen.

7. Juni, Donnerstag

In einem Memorandum an die Alliierten macht die Reichsregierung über die Note vom 2. Mai hinausgehende Zugeständnisse bezüglich der Reparationsfrage. So bietet sie Pfänder für die Reparationszahlungen (Zoll- und Steuereinnahmen u. a.) an. →S. 94

Der deutsche Reichstag debattiert über die Inflation. Heftige Angriffe richtet der Abgeordnete Siegfried Aufhäuser (SPD) gegen die Regierung, die nicht genügend gegen die besonders die Arbeiter belastende Inflation tue. Die Stützungsaktion der Reichsbank sei durch Devisenspekulationen führender Wirtschaftskreise sabotiert worden.

Sachsen beginnt mit dem Verkauf der verbliebenen Kupfermünzen zu ihrem Metallwert. Ein-Pfennig-Stücke kosten mindestens sieben Mark, Zwei-Pfennig-Stücke mindestens 12 Mark.

Deutschvölkische Studenten in München fordern Studienbeschränkungen für jüdische Studenten und Dozenten.

8. Juni, Freitag

Britische Pressestimmen betonen, daß mit den neuen deutschen Reparationsvorschlägen (Memorandum vom 7. 6.) eine ehrliches und annehmbares Angebot vorliege (→7. 6./S. 94).

Helene Lange erhält die Ehrendoktorwürde der Staatswissenschaften der Universität Tübingen. →S. 96

Arnold Schönbergs Gurre-Lieder für Soli, Chor und Orchester werden von den Berliner Philharmonikern erstaufgeführt.

9. Juni, Sonnabend

Durch einen Militärputsch wird die bulgarische Regierung unter Alexandar Stamboliski gestürzt. Während die meisten Minister verhaftet werden, gelingt Stamboliski die Flucht in seinen Heimatort Slawowiza, wo er am 14. Juni ermordet wird. Alexandar Zankow bildet eine neue Regierung. →S. 97

Als unzeitgemäß lehnt der US-amerikanische Präsident Warren G. Harding den Vorschlag einiger Senatoren ab, eine internationale Konferenz zur Abschaffung von Giftgasen und Unterseebooten einzuberufen.

10. Juni, Sonntag

Zwei französische Feldwebel werden in Dortmund von Franzosen ermordet. Die Besatzungsbehörde verhängt den Belagerungszustand über die Stadt. In der Nacht erschießen Patrouillen willkürlich sechs Deutsche und plündern die Leichen aus. Zahlreiche Dortmunder werden verhaftet und mißhandelt.

Anlaß zu patriotischen Kundgebungen gibt die Überführung der Leiche Albert Leo Schlageters in seinen Geburtsort Schönau (Baden). Schlageter wurde am 26. Mai wegen Sabotage von den Franzosen hingerichtet. In München findet eine Schlageter-Gedächtnisfeier der NSDAP und der vaterländischen Verbände statt (→26. 5./S. 76).

Im Berliner Grunewald-Stadion wird der HSV durch den 3:0-Sieg über Union Oberschöneweide Deutscher Fußballmeister. Die Zuschauerzahl erreicht die Rekordhöhe von 64 000.

Der Italiener Costante Girardengo wird Sieger des Giro d'Italia (Start am 23. 5.).

11. Juni, Montag

Reichskanzler Wilhelm Cuno besucht Hessen und Baden (bis 12. 6.).

Der Dollarkurs steigt. Ein US-Dollar ist derzeit 83 000 Mark wert.

12. Juni, Dienstag

Der oberschlesische Bergarbeiterstreik (seit 6.6.) hat sich derartig ausgeweitet und verschärft, daß die Presse von einem Generalstreik spricht. Mit dem Streik soll eine der inflatorischen Preissteigerung entsprechende Lohnerhöhung erreicht werden (→6. 6./S. 96).

13. Juni, Mittwoch

Gemäß der Verfügung der Interallierten Rheinlandkommission sind die Waren, die aus dem unbesetzten Deutschen Reich in das besetzte Gebiet transportiert werden, zollpflichtig.

Im Zusammenhang mit der Verhaftung von 30 Deutschvölkischen wird in Magdeburg ein rechtsradikaler Geheimbund aufgedeckt, zu dem auch Reichswehrsoldaten gehören sollen.

Ein US-Dollar ist derzeit mit 100 000 Mark notiert.

14. Juni, Donnerstag

Der gesamte deutsche Eisenbahnverkehr im besetzten Ruhrgebiet kommt zum Stillstand, nachdem die Franzosen die Bahnhöfe im Dortmunder und Bochumer Raum besetzt haben. Zweck dieser wie auch anderer Maßnahmen (13. 6.) der Besatzungsmacht ist die Isolierung des Okkupationsgebiets.

Unter der Führung des Generals Ts'ao K'un kommt es in China zu einem Staatsstreich. Präsident Li Yüan-hung flieht nach seinem erzwungenen Rücktritt aus Peking. →S. 98

Die Reform des Ehescheidungsgesetzes passiert das britische Unterhaus mit 231 gegen 26 Stimmen. Für beide Eheleute genügt als Scheidungsgrund nunmehr Ehebruch. Bisher mußte die Ehefrau zudem Mißhandlungen nachweisen. →S. 99

Das Frankfurter »Illustrierte Blatt« würdigt am 5. Juni die erste deutsche Küsten-Segelflug-Woche, die im Mai an der Ostsee stattgefunden hat

Neuer Preis Mk. 400.–

Nr. 23 XI. Jahrgang, 1923 Frankfurt a. M., 5. Juni

Das Illustrierte Blatt

Die erste deutsche Küsten-Segelflug-Woche.

Der Volksschullehrer Schulz-Waldensee bei einem Flug über der Ostsee. Schulz erhielt für seinen Flug von Predienberg bis Pillkoppen den Preis von 500,000 Mark. (Siehe auch Seite 2).

Der Film »Der rote Reiter« mit Fern Andra in der Hauptrolle wird im Berliner Marmorhaus uraufgeführt.

»Les Noces«, russische Tanzszenen von Igor Strawinski, werden im Pariser Théâtre Gaieté Lyrique von dem weltberühmten Ensemble »Ballets Russes« uraufgeführt. → S. 104

15. Juni, Freitag

Die deutsche Reichsregierung läßt fast allen europäischen Regierungen und der US-amerikanischen Regierung eine Protestnote wegen der Morde an sechs Deutschen in Dortmund (10. 6.) überreichen.

Im sozialdemokratischen Zentralorgan »Vorwärts« wird die deutsche Reichsregierung aufgefordert, aktiv und energisch auf die sofortige Anpassung der Löhne und Gehälter an die Preisentwicklung hinzuwirken. Sowohl in der Privatwirtschaft als auch im öffentlichen Dienst sei dies unbedingt notwendig.

Vor der französischen Kammer sagt Ministerpräsident Raymond Poincaré zur Ruhrpolitik, die deutsche Regierung ermutige Mord- und Sabotageakte und provoziere Frankreich mit lächerlichen Vorschlägen. Deshalb sei man gezwungen, den Druck des Besatzungsregimes zu verstärken und zu verlängern.

Derzeit kostet im besetzten Ruhrgebiet ein Liter Milch 1200 Mark.

16. Juni, Sonnabend

In einer öffentlichen Rede in Niederplanitz attackiert der sächsische Ministerpräsident Erich Zeigner (SPD) die Reichsregierung. Zugleich wirft Zeigner der Reichswehr Unzuverlässigkeit und der Großindustrie Korruption vor.

Fünf Zechendirektoren werden vom französischen Kriegsgericht in Werden wegen ihrer Weigerung, Kohlen an Frankreich zu liefern, zu hohen Haft- und Geldstrafen verurteilt.

17. Juni, Sonntag

Die »Albert Ballin«, das neue Flaggschiff der Hapag, wird in Hamburg in Dienst gestellt und läuft am 4. Juli zur Jungfernfahrt nach New York aus. → S. 100

Durch Senatspräsident Heinrich Sahm wird der Danziger Flughafen feierlich eingeweiht. Danzig ist ein wichtiger Knotenpunkt für den Flugverkehr nach Osten. → S. 100

Nach heftigen Erdbeben kommt es zu einem schweren Ausbruch des im Nordosten Siziliens gelegenen Vulkans Ätna, der mehrere Tage andauert. Die von dem Lavastrom bedrohte Ortschaft Linguaglossa muß in aller Eile evakuiert werden. → S. 102

In Donaueschingen wird Paul Hindemiths »Das Marienleben«, ein Liederzyklus nach der Dichtung Rainer Maria Rilkes, uraufgeführt.

Die dänische Fußball-Nationalmannschaft besiegt ihre Gäste aus der Schweiz 3:2 beim Länderspiel in Kopenhagen.

18. Juni, Montag

In Berlin kostet eine Schrippe derzeit rund 260 Mark.

Die Berliner Staatsoper zeigt die deutsche Erstaufführung der Märchenoper »Der goldene Hahn« von Nikolai A. Rimski-Korsakow. → S. 104

19. Juni, Dienstag

Der Reichstag in Berlin ratifiziert das Abkommen zur Ausdehnung des Rapallovertrags (16. 4. 1922), der nur mit der Russischen Sowjetrepublik abgeschlossen worden war, auf die übrigen Sowjetrepubliken. Im Rapallovertrag ist u. a. der Verzicht auf Reparationen festgelegt.

Für die deutschen Beamten wird der allgemeine Teuerungszuschlag von 2900% auf 6000% erhöht.

Wegen angeblichen Terrors der Proletarischen Hundertschaften (sozialistisch-kommunistische Kampfverbände) gegen bürgerliche Richtungen in Sachsen sucht eine Delegation des Verbandes sächsischer Industrieller bei der Reichsregierung um Schutz des Reichs nach.

Reichskanzler Wilhelm Cuno berät mit führenden Vertretern der Banken die durch den Marksturz verursachte Währungskatastrophe.

20. Juni, Mittwoch

Vor der Komintern (Kommunistische Internationale) hält Karl Radek, sowjetisches Präsidiumsmitglied der Komintern, in Moskau eine Rede zum Tod von Albert Leo Schlageter, in der er eine völkisch-kommunistische Einheitsfront propagiert (→ 26. 5./S. 76).

In Britisch-Indien wird eine fanatische Sikh-Sekte zur ungesetzlichen Vereinigung erklärt. Die Militärpolizei verhaftet 180 der 800 Sektenmitglieder.

21. Juni, Donnerstag

Während der mehrtägigen Debatte im Preußischen Landtag (seit 18. 6.) ist Innenminister Carl Severing (SPD) scharfen Angriffen der Deutschnationalen ausgesetzt. Der Tod Albert Leo Schlageters, der am 26. Mai von den Franzosen wegen Sabotage hingerichtet wurde, erregt die Gemüter, weil Verrat von deutscher Seite vermutet wird (→ 26. 5./S. 76).

Der US-Dollar ist an der Börse derzeit mit 131 000 Mark notiert.

Das bisher größte Schiff des Norddeutschen Lloyd, die »München« (13 325 BRT), wird in Dienst gestellt.

2:2 endet das norwegisch-schweizerische Fußball-Länderspiel in Oslo.

22. Juni, Freitag

Reichspräsident Friedrich Ebert (SPD) erläßt eine verschärfte Devisenverordnung, die den Handel mit ausländischen Zahlungsmitteln den amtlichen Berliner Börsennotierungen unterwirft, um Devisenspekulationen Einhalt zu gebieten. In einem Rundschreiben an die Länderregierungen unterstreicht Reichskanzler Wilhelm Cuno (parteilos) die dringende Notwendigkeit dieser Devisenverordnung. → S. 96

Siegmund Fränkel, Vizepräsident der Handelskammer München, wird am Isartorplatz von Nationalsozialisten überfallen, verprügelt und als »Saujud« beschimpft.

In Berlin wird »Der allmächtige Dollar«, ein Film von Eduard von Winterstein, uraufgeführt.

23. Juni, Sonnabend

In Bielefeld erklären die Vertreter aller im Deutschen Gewerkschaftsbund organisierten Verbände aus dem besetzten Ruhrgebiet, der passive Widerstand dürfe erst nach dem Rückzug der Franzosen und Belgier beendet werden.

24. Juni, Sonntag

Die Interalliierte Rheinlandkommission verfügt die Beschlagnahme sämtlicher Kohlenvorräte im besetzten Ruhr- und Rheingebiet. Damit soll einerseits die deutsche Industrie zum Stillstand gebracht werden und andererseits die französische Wirtschaft beruhigt werden, die Kohlenengpässe befürchtet.

Durch die spektakuläre Veröffentlichung eines französischen Geheimberichts in der britischen Zeitung »The Observer« wird die von den Franzosen betriebene verdeckte Annexionspolitik durch Förderung des rheinischen Separatismus offenkundig. Es handelt sich um den Bericht des Präsidenten der Rheinlandkommission, Paul Tirard, vom 16. April über die Beziehungen zu dem Separatisten Hans Adam Dorten (→ 19. 5./S. 78).

25. Juni, Montag

Vor dem rheinischen Provinziallandtag (bis 28. 6.) erklärt der preußische Innenminister Carl Severing, die von den Franzosen angestrebte Loslösung des Rheinlands vom Deutschen Reich sei absolut indiskutabel (→ 19. 5./S. 78).

Der österreichische Gewerkschaftskongreß in Wien stellt als Folge der Wirtschaftskrise und Arbeitslosigkeit den Rückgang der Mitgliederzahl fest.

26. Juni, Dienstag

In Marl und Buer (Gelsenkirchen) werden im Zusammenhang mit dem verschärften Belagerungszustand drei Deutsche erschossen. Vorausgegangen war die Erschießung zweier belgischer Wachtposten durch einen Deutschen in der Nähe von Marl.

Innerhalb von vier Tagen werden 1500 Eisenbahnerfamilien aus dem besetzten Rheinland ausgewiesen.

Der britische Premierminister Stanley Baldwin teilt dem Unterhaus (London) mit, die Regierung beabsichtige, die Luftwaffe für defensive Zwecke erheblich zu vergrößern. In den folgenden zwei Jahren sollen 34 neue Geschwader (je 12 Flugzeuge) gebaut werden. → S. 99

27. Juni, Mittwoch

Papst Pius XI. appelliert an die Gläubigermächte des Deutschen Reichs, die Reparationsfrage im Geist des Christentums noch einmal zu prüfen. Gleichzeitig schlägt er vor, die Besetzung des Ruhrgebiets durch weniger »gehässige Sicherungen« zu ersetzen. → S. 95

Nach seiner Loyalitätserklärung gegenüber der Sowjetregierung wird der seit 13 Monaten inhaftierte Patriarch Tichon aus der Haft entlassen (→ 26. 3./S. 49).

28. Juni, Donnerstag

Ein Mißtrauensantrag der bürgerlichen Parteien gegen den sächsischen Ministerpräsidenten Erich Zeigner (SPD) wird mit 48 gegen 43 Stimmen abgelehnt. Anlaß der bürgerlichen Initiative ist die Rede Zeigners (16. 6.), in der er die Großindustrie der Korruption im Ruhrkampf beschuldigt hatte.

Im Frankfurter Schauspielhaus wird August Strindbergs Drama »Die große Landstraße« uraufgeführt.

29. Juni, Freitag

Vor dem französischen Senat rechtfertigt Ministerpräsident Raymond Poincaré im Hinblick auf den Appell des Papstes Pius XI. (27. 6.) erneut die Ruhrbesetzung. Frankreich werde ein so kostbares Pfand wie das Ruhrgebiet nicht aufgeben, ehe das Deutsche Reich seine Reparationsschuld gezahlt habe.

Als Ballett wird in der Berliner Staatsoper Franz Johannes Weinrichs Legendenspiel »Der Tänzer unserer lieben Frau« aufgeführt.

Das deutsch-schwedische Fußball-Länderspiel in Stockholm endet mit dem 2:1-Sieg der Schweden.

30. Juni, Sonnabend

Auf einen belgischen Soldatenzug wird bei der Hochfelder Rheinbrücke ein Bombenattentat verübt. Die Explosion tötet zehn Personen. Franzosen und Belgier machen deutsche Saboteure für den Vorfall verantwortlich und fordern Genugtuung. 20 Duisburger Bürger werden als Geiseln festgenommen (→ 7. 6./S. 94).

Im vergangenen Monat war der US-Dollar durchschnittlich 110 000 Mark wert.

Gestorben:

5. Aerdenhout bei Haarlem: George Hendrik Breitner (*12. 9. 1857, Rotterdam), niederländischer Maler und Fotograf.

29. Meersburg am Bodensee: Fritz Mauthner (*22. 11. 1849, Horitz/Ostböhmen), österreichischer Schriftsteller.

Das Wetter im Monat Juni

Station	Mittlere Lufttemperatur (°C)	Niederschlag (mm)	Sonnenscheindauer (Std.)
Aachen	11,2 (15,9)	77 (77)	– (200)
Berlin	11,8 (16,5)	76 (62)	– (244)
Bremen	11,5 (16,0)	42 (59)	– (218)
München	12,4 (15,8)	112 (121)	– (201)
Wien	– (17,6)	– (68)	– (–)
Zürich	12,4 (15,5)	87 (138)	159 (220)

( ) Langjähriger Mittelwert für diesen Monat
– Wert nicht ermittelt

Das Interesse der »Berliner Illustrirte Zeitung« richtet sich am 3. Juni auf das Stromlinienauto, dessen eigenwillige Konstruktion überall Aufsehen erregt

3. Juni 1923
Nr. 22
32. Jahrgang

Berliner

Einzelpreis des Heftes 400 M.

Illustrirte Zeitung

Verlag Ullstein, Berlin SW 68

Eine neue Autoform: Das Stromlinien-Auto, Phot. B. B. B.
das von Oberingenieur Jaray, einem langjährigen Mitarbeiter des Grafen Zeppelin, konstruiert worden ist und durch seine zweckmäßige Form eine sehr große Betriebsstofferfparnis verspricht.

Ende der Ruhrbesetzung ist nicht abzusehen; Beerdigung des von einem französischen Soldaten erschossenen Schülers Hans Hermes (7 Jahre) in Düsseldorf

Wegen des passiven Widerstands im besetzten Ruhrgebiet zu Gefängnisstrafen verurteilte Deutsche beim Spaziergang im Gefängnishof in Aachen

Ein Vorschlag aus Berlin zur Lösung der Reparationsfrage

7. Juni. Da sich die wirtschaftliche Krise des Deutschen Reichs durch die deutsche Widerstandspolitik im besetzten Ruhrgebiet weiter verschärft, unternimmt die Reichsregierung einen neuen Vorstoß zur Lösung der Reparationsfrage, von der die Beilegung des Ruhrkonflikts abhängt. Die deutschen Vorschläge werden von Großbritannien und den Vereinigten Staaten mit einem gewissen Wohlwollen aufgenommen, Frankreich und Belgien, die am →11. Januar (S. 15) in das Ruhrgebiet einmarschierten, reagieren jedoch auch auf dieses deutsche Verhandlungsangebot strikt ablehnend. In ihrer Denkschrift an die Alliierten erklärt sich die Reichsregierung bereit, die deutsche Leistungsfähigkeit von einem unparteiischen internationalen Gremium überprüfen zu lassen, zu jährlichen Reparationszahlungen zurückzukehren und diese u.a. durch Übernahme von Hypothekenpfandrechten auf den Gesamtbesitz der deutschen Wirtschaft zu garantieren.

Während die britische Presse betont, daß nunmehr ein ehrliches und annehmbares deutsches Angebot vorliege, machen die Franzosen und Belgier die Einstellung des passiven Widerstands zur Vorbedingung von Verhandlungen – eine unannehmbare Forderung für die auf die Widerstandspolitik festgelegte Reichsregierung unter Reichskanzler Wilhelm Cuno. Ein Ende des besonders die Bevölkerung im Ruhrgebiet belastenden Ruhrkampfes ist deshalb nicht abzusehen.

Wie im übrigen Deutschen Reich verschärft hier die durch den Marksturz verursachte Teuerungswelle die Situation der Bevölkerung (→6. 6./S. 96), die zudem von den Maßnahmen der Besatzungsmächte betroffen ist. Dazu gehören die schweren Sanktionen, die nach deutschen Sabotageakten von den Besatzungsbehörden verhängt werden. Anläßlich des Bombenattentats auf einen die Hochfelder Rheinbrücke passierenden belgischen Militärzug am 30. Juni, durch das acht belgische Soldaten und zwei deutsche Zivilpersonen ums Leben kommen sowie 43 Personen schwer verletzt werden, verfügen die Besatzungsbehörden eine verschärfte Grenzsperre zwischen dem besetzten Ruhr- und Rheingebiet und dem unbesetzten Deutschen Reich.

Neben derartigen Strafmaßnahmen verstärken die unaufhörlichen Ausweisungen und Verhaftungen von deutschen Beamten, die passiven Widerstand leisten, die Erbitterung über das Besatzungsregime. Die derzeitige Ausweisungswelle betrifft primär die Eisenbahner, die mit allen Familienangehörigen innerhalb weniger Stunden unter Zurücklassung ihrer Habe ihre Häuser zu verlassen haben. Bis zum 2. Juni wurden 4558 Eisenbahner (mit 11151 Angehörigen) aus den besetzten Gebieten in das unbesetzte Deutsche Reich ausgewiesen.

100 Millionen Mark werden von den Franzosen beschlagnahmt

1. Juni. *In Mettmann werden mit militärischem Aufgebot u.a. bei der Reichsbank insgesamt rund 100 Millionen Mark beschlagnahmt. Es handelt sich um eine französische Zwangsexekution wegen deutscher Sabotageakte. Von derartigen Strafmaßnahmen sind zahlreiche Ruhrstädte betroffen (Abb.: Beschlagnahmungsaktion in der Essener Reichsbankstelle durch französische Kriminalbeamte in Zivilkleidung, Zeichnung von M. Anders).*

Nach der Besetzung des Hauptbahnhofs Herne wurde dieser Notbahnhof im Güterbahnhof eingerichtet; ein Personenwagen dient als Fahrkartenschalter

Französisches Offizierskasino in Düsseldorf für Deutsche verboten

Durch das Bombenattentat bei Duisburg (30. 6.) zerstörter Eisenbahnwaggon

Geheimes deutsches Fernsprechamt im besetzten Ruhrgebiet; diese Einrichtung soll einen durch die Franzosen unkontrollierbaren Kontakt ermöglichen

Papst gegen Ruhrbesetzung

27. Juni. Da sich kein Ende des Reparationskonflikts zwischen den Alliierten und dem Deutschen Reich sowie der daraus resultierenden Ruhrbesetzung abzeichnet, interveniert Papst Pius XI. mit einem Offenen Brief an den Kardinalstaatssekretär Pietro Gasparri. Pius XI. rät, Gebietsbesetzungen durch weniger »gehässige Sicherungen« abzulösen. In dem Brief, der den beim Vatikan beglaubigten diplomatischen Vertretern übergeben wird, heißt es u. a.:

»Um die ernsten und allgemeinen Leiden der Völker zu lindern, müssen wir jetzt die Gelegenheit benutzen, in irgendeiner Weise zur Versöhnung und Wiedervereinigung der Völker und Menschen in Christo beizutragen: Wenn daher eine Regierung der meistbeteiligten Mächte neue Vorschläge und diplomatische Besprechungen vorbereitet, um eine freundschaftliche Lösung der Frage zu finden, die das Zentrum Europas und daher unvermeidlich alle anderen Völker beschäftigt, halten wir es für unsere Pflicht, wieder unsere selbstlose und unparteiische sowie für alle wohlwollende Stimme zu erheben.

Eingedenk der ernsten Verantwortung, die in diesem Augenblick auf uns und jenen lastet, die die Geschicke der Völker in den Händen haben, beschwören wir daher euch, noch einmal die verschiedenen Fragen und namentlich die Frage der Wiedergutmachungen mit jenem kräftigen Geist zu prüfen, der die Gefühle der Gerechtigkeit mit jenen der sozialen Menschenliebe vereinigt, auf dic sich dic Vcrvollkomm nung der menschlichen Gesellschaft stützt.

Falls der Schuldner zur Tilgung der schweren Schäden seinen festen Willen beweist, zu einer gerechten und endgültigen Verständigung zu gelangen, indem er ein unparteiisches Urteil über die Grenzen seiner Leistungsfähigkeit anruft und die Verpflichtung übernimmt, den Schiedsrichtern jedes Material der Wahrheit und der genauen Kontrolle zur Verfügung zu stellen, erfordern Gerechtigkeit und soziale Menschenliebe ebenso wie das Interesse der Gläubiger und der Völker selbst, daß vom Schuldner nichts verlangt wird, was er nicht geben könne, ohne seine eigenen Hilfskräfte und seine Leistungsfähigkeit mit nicht wiedergutzumachenden Schäden für ihn und seine Gläubiger zu beeinträchtigen, was die Gefahr sozialer Störungen in sich bergen würde, die ganz Europa in das größte Unglück stürzen und Haß hervorrufen würde, der eine ständige Drohung mit neuen Konflikten werden würde.

Wenn es ebenso gerecht ist, daß die Gläubiger ihren Guthaben entsprechende Garantien für die lebenswichtigen Zahlungen erlangen, müssen sie erwägen, ob es zu diesem Zwecke notwendig ist, auf jeden Fall Gebietsbesetzungen aufrechtzuerhalten, die sowohl der besetzenden Macht als auch den besetzten Gebieten schwere Opfer auferlegen, oder ob es nicht ratsam wäre, sie dann auch allmählich durch andere ebenso wirksame und gewiß nicht so gehässige Sicherungen zu ersetzen.

Wenn beiderseits diese friedliche Absicht geteilt wird und folglich die Härten der Besetzung ein Ende nehmen und die Besetzung allmählich vermindert wird, bis sie ganz aufhört, so könnte endlich jene aufrichtige Völkerversöhnung erreicht werden, die die unerläßliche Vorbedingung für den von allen erwähnten wirtschaftlichen Wiederaufbau bedeutet. Eine solche Versöhnung ist eine derartig große Wohltat für die siegreichen und besiegten Völker, daß kein ... Opfer zu schwer sein sollte, um sie zu erlangen.«

Papst Pius XI.

Schon als Nuntius in Polen (1919/20) und als Erzbischof von Mailand (1921) hat sich der am 31. Mai 1857 in Desio (Provinz Mailand) geborene Papst Pius XI. (seit 6. 2. 1922) um »christlichen Frieden« und eine kirchliche Konsolidierung bemüht.

Verordnung gegen rapide Geldentwertung

22. Juni. Um den kurstreibenden Devisenspekulationen Einhalt zu gebieten, erläßt der Reichspräsident Friedrich Ebert (SPD) eine Devisenverordnung, die den Handel mit ausländischen Zahlungsmitteln den amtlichen Berliner Börsennotierungen unterwirft.

In einem telegraphischen Rundschreiben an die Länderregierungen unterstreicht Reichskanzler Wilhelm Cuno die Notwendigkeit der Verordnung. Die durch den Devisenhandel zum Einheitskurs für Handel und Bankverkehr möglicherweise entstehenden Schwierigkeiten müßten hinter dem Erfordernis, dem Devisenhandel außerhalb der Börsenstunden entgegenzuwirken, zurücktreten. Ferner werden die Regierungen der Länder ersucht, rücksichtslos gegen illegitimen Devisenhandel und schwarze Börsen vorzugehen.

Die Nachforschungen des Untersuchungsausschusses des Reichstags, der die Ursachen für den plötzlichen Marksturz am 18./19. April (→ 19. 4./S. 60) aufklären soll, bestätigen die in der Presse geäußerten Vermutungen, daß die umfangreichen Devisenkäufe des Stinnes-Konzerns am 18. April einen wesentlichen Anstoß zur »Flucht aus der Mark« gegeben haben. Durch die steigende Devisennachfrage geriet die Mark erneut ins Gleiten.

Ein US-Dollar für 100 000 Mark

Der Dollarkurs (Mark pro US-Dollar) ist ein Indikator für den Verfall der deutschen Währung:

17. April:	21 200 Mark
18. April:	30 000 Mark
30. April:	32 000 Mark
15. Mai:	43 750 Mark
31. Mai:	69 500 Mark
1. Juni:	74 750 Mark
14. Juni:	108 000 Mark
22. Juni:	136 000 Mark
30. Juni:	154 500 Mark

Nach dem durch den französischen Einmarsch in das Ruhrgebiet (→ 11. 1./S. 15) verursachten Marksturz im Januar – der Dollarkurs stieg von 7350 Mark pro US-Dollar (Ende 1922) auf 41 500 (1. 2. 1923) – war es der Reichsbank mittels massiver Stützungskäufe gelungen, den Wechselkurs bis zum Marksturz im April bei etwa 22 000 Mark pro US-Dollar zu stabilisieren. Die am 18. April unter Ausnutzung gewisser Sonder-Bezugsrechte an der Börse vom Stinnes-Konzern getätigten Massenkäufe ließen den Dollarkurs von 21 200 Mark (17. 4.) auf etwa 30 000 Mark (18. 4.) hochschnellen. Seitdem ist eine rapide Markentwertung zu beobachten: Ende Mai ist der Dollarkurs amtlich mit 69 500 Mark notiert, bis Mitte Juni steigt der Kurs auf 108 000 Mark und hat einen derzeitigen Stand von 136 000 Mark erreicht.

Solange die Reichsregierung an ihrer mit den immensen Kosten des Ruhrkampfs (Unterstützung der Ruhrwirtschaft, Kohlenimporte u. a.) begründeten inflationären Währungspolitik (rücksichtslose Staatsverschuldung und Erhöhung des Papiergeldumlaufs) festhält, kann die zerrüttete deutsche Währung nicht wirksam saniert werden. Zudem hatte Reichskanzler Wilhelm Cuno (parteilos) die Dauer des Ruhrkampfs unterschätzt.

Die katastrophale Markentwertung bedeutet für einen Großteil der deutschen Bevölkerung ein Leben unter dem Existenzminimum, weil die explodierenden Preise den Löhnen und Gehältern davonlaufen (→ 6. 6./S. 96).

Helene Lange

8. Juni. *Der Lehrerin und Frauenrechtlerin Helene Lange wird die Ehrendoktorwürde der Staatswissenschaften der Universität Tübingen verliehen. Sie hat sich seit Jahren für die Gleichberechtigung der Frauen an den Universitäten und vor allem für eine Verbesserung der Lehrerinnenausbildung eingesetzt.*

Teuerungswelle verschärft die Notlage der Bevölkerung

6. Juni. Im oberschlesischen Industriegebiet bricht ein umfangreicher Streik aus, als die Wirkungen des Marksturzes (→ 22. 6./S. 96) auf dem Lebensmittelmarkt in Erscheinung treten. Nachdem sich im Zusammenhang mit der rapiden Markentwertung die Preise innerhalb einer Woche verdoppelt haben, treten die oberschlesischen Berg- und Metallarbeiter in den Ausstand, um eine Anpassung der Löhne an die Inflation zu erreichen. Der Streik wird am 16. Juni abgebrochen, nachdem sich die Arbeitgeber zu einer 60%igen Lohnerhöhung bereit erklärten.

Die überall im Deutschen Reich durchgeführten Lohn- und Gehaltserhöhungen – der allgemeine Teuerungszuschlag für die Beamten wird am 19. Juni von 2900% auf 6000% erhöht – bewirken nur eine kurzfristige Linderung der Not, weil die Preise wesentlich rascher ansteigen. Dementsprechend fordert das sozialdemokratische Zentralorgan »Vorwärts« die Reichsregierung auf, für einen Übergang zu wertbeständigen Löhnen und Gehältern zu sorgen. Bereits während der Teuerungsdebatte im Reichstag (7.–9. 6.) hatten die Sozialdemokraten sofortige Maßnahmen gegen die Markentwertung, deren Folgen vorrangig die Arbeiter zu tragen hätten, gefordert, ehe die Massen außerhalb des Parlaments mobilisiert würden.

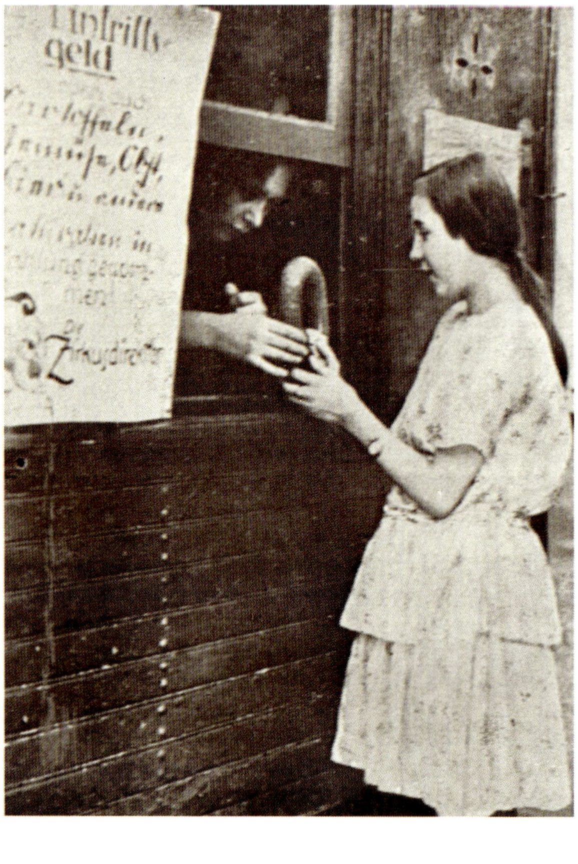

Immer häufiger sind derartige Szenen im Deutschen Reich zu beobachten: Das Schild an dieser Zirkuskasse teilt mit, daß Kartoffeln, Gemüse, Obst, Eier und andere Lebensmittel als »Eintrittsgeld« akzeptiert und in Zahlung genommen werden, ein Angebot, das vom Publikum in Anspruch genommen wird. Mit dem rapiden Wertverfall der Mark schwindet das Vertrauen der Bevölkerung in die Währung, die ihre Funktion als Wertmesser verliert

Aufgrund des wachsenden Mißverhältnisses zwischen Löhnen und Lebenshaltungskosten – der derzeitige Wochenlohn eines relativ gutverdienenden Berliner Maurers liegt mit 185 344 Mark weit unter der für das wöchentliche Existenzminimum einer vierköpfigen Familie erforderlichen Summe von 252 582 Mark – gärt die Stimmung in der Arbeiterbevölkerung, deren Vertrauen in die Reichsregierung schwindet.

Eine zunehmende Bereitschaft zur Radikalisierung ist die Folge der Notlage. Am 6. Juni kommt es in Leipzig im Anschluß an eine Gewerkschaftsdemonstration zu einem blutigen Zusammenstoß zwischen Arbeitern und der Polizei bei dem sieben Personen getötet und über 100 verletzt werden.

Bulgarischer Ministerpräsident Alexandar Stamboliski, gestürzt durch den Staatsstreich am 9. Juni und kurz darauf in seinem Heimatort Slawowiza ermordet

Regierung Stamboliski in Sofia gestürzt

9. Juni. Durch einen unblutig verlaufenden Staatsstreich des Militärs wird die bulgarische Regierung unter Alexandar Stamboliski gestürzt. Während die meisten Minister verhaftet werden, flieht Stamboliski in seinen Heimatort Slawowiza, wo er am 14. Juni »auf der Flucht erschossen«, d. h. ermordet wird. Der parteilose Universitätsprofessor Alexandar Zankow bildet aus allen bisherigen Oppositionsparteien außer den Kommunisten die neue Regierung, die in einer Proklamation Gesetzlichkeit, Frieden und Demokratie verspricht.

Übernimmt nach dem Staatsstreich in Bulgarien die Regierung: Der parteilose Professor Alexandar Zankow

Der bulgarische König Boris III. (seit 3. 10. 1918) steht auf der Seite des neuen Ministerpräsidenten Zankow

Gestützt auf die Argrarpartei, hat Stamboliski, seit 1908 Vorsitzender der Agrarpartei und seit 1919 bulgarischer Ministerpräsident, eine agrarsozialistische, scharf gegen die städtischen und besitzenden Schichten gerichtete Politik verfolgt – am 9. Mai 1921 wurde z. B. der private Bodenbesitz über 30 ha enteignet – womit er die Opposition der bürgerlichen Parteien, der Intellektuellen und der Armee provozierte.

Obwohl sich das diktatorische Regime Stamboliskis auch gegen die Kommunisten richtete, reagiert die KP Bulgariens auf die Ermordung des gestürzten Ministerpräsidenten und die Verurteilung von vier Mitgliedern seines Kabinetts zum Tode (15. 8.) mit einem Aufstand, der wenige Tage nach seinem Ausbruch (13. 9.) blutig niedergeschlagen wird (→ 13. 9./S. 150).

Stamboliski – ein Führer der Bauern

Der am →9. Juni (S. 97) gestürzte und wenige Tage später ermordete, bulgarische Ministerpräsident Alexandar Stamboliski hat die Nachkriegsentwicklung Bulgariens maßgeblich geprägt. Im Jahre 1918 stand er an der Spitze eines Aufstands, der jedoch scheiterte. Nachdem die Agrarpartei (Bauernbund) Stamboliskis als Siegerin aus den Wahlen von 1919 hervorgegangen war, übernahm Stamboliski die Regierung und unterzeichnete am 27. November 1919 den Friedensvertrag von Neuilly, durch den das auf der Seite der Verlierer des Weltkriegs stehende Bulgarien Gebiete abtreten mußte.

Seine agrarsozialistische Diktatur zugunsten der Bauern, die Stamboliski mit Hilfe einer bäuerlichen Garde, der »Orange-Armee« durchsetzte, führte zu Mißstimmungen in der Armee und im Bürgertum.

China von verfeindeten Gruppen regiert

14. Juni. Unter der Führung des Generals Ts'ao K'un kommt es in China zu einem Staatsstreich. Präsident Li Yüan-hung (seit 11. 6. 1922) flieht nach seinem erzwungenen Rücktritt aus Peking nach Tientsin im Nordosten Chinas, wo er in Gefangenschaft der Militärs gerät. Erst nach der Übergabe der Amtssiegel, die er auf seiner Flucht mitgenommen hatte, wird Li Yüan-hung wieder freigelassen. Am 5. Oktober übernimmt Ts'ao K'un das Präsidentenamt der Republik China.

Ein Streik der Pekinger Gendarmerie und Polizei, den, wie vermutet wird, Ts'ao K'un lanciert hatte, dient als Vorwand für das militärische Eingreifen zum »Schutze« der Hauptstadt.

Die Vorgänge sind symptomatisch für die instabilen Verhältnisse in China. Seit der Ermordung Yüan Shih-k'ais, der von 1912 bis 1916 Präsident der 1912 ausgerufenen neuen Republik China war, kann sich die Zentralgewalt in Peking nicht gegen die Machtansprüche der einzelnen Provinzen und regionalen Militärbefehlshaber durchsetzen. Die Macht liegt in den Händen rivalisierender Militärführer, der sog. Warlords, die ihre Kämpfe auf Kosten der Bevölkerung, hauptsächlich der Bauern, austragen.

Trotz des inneren Zerfalls wächst das Nationalbewußtsein in China, dessen Träger vor allem die revolutionäre Intelligenz der Studenten und Akademiker sowie die Kaufmannschaft der wirtschaftlichen Zentren sind. Sun Yat-sen, Führer der Kuomintang (Nationale Volkspartei), hat im Februar in Kanton eine Gegenregierung gebildet und beginnt mit Unterstützung der Sowjetunion (→ 26. 1/S. 22), eine parteieigene Armee aufzubauen.

Bahnhöfe und öffentliche Gebäude werden in China wegen der unruhigen Lage (Kämpfe zwischen Warlords, Banditenwesen) durch Armee-Einheiten gesichert

Verleumdungen im Nationalrat

2. Juni. Im österreichischen Nationalrat beschuldigt der frühere Außenminister Ottokar Theobald Graf Czernin von und zu Chudenitz den Sozialdemokraten Karl Renner des Landesverrats. Graf Czernin, der von 1916 bis 1918 Außenminister Österreich-Ungarns war, wirft Renner vor, er habe im März 1919 versucht, eine britische Besetzung Österreichs herbeizuführen.

Czernins Anschuldigungen stehen im Zusammenhang mit dem Zusammenbruch Österreich-Ungarns 1918/19, durch den Österreich von einer Großmacht zu einem Kleinstaat wurde. Insofern berührt Czernin, der während des Weltkriegs selbst versucht hatte, durch Geheimverhandlungen mit den Briten zu einem Frieden zu kommen, ein äußerst heikles Thema.

Am 4. Juni weist Renner die Vorwürfe Czernins entschieden zurück. Dieser wird darauf vor die Alternative gestellt, entweder seine Verleumdungen öffentlich zurückzunehmen oder sich aus dem politischen Leben zurückzuziehen.

Eine Operettensängerin zieht in das britische Unterhaus ein

1. Juni. London ist um eine Sensation reicher: Die bekannte Operettensängerin Mabel Russel gewinnt bei einer Nachwahl den Unterhaussitz für Berwick-on-Tweed. Neben dem Umstand, daß eine Frau gewählt worden ist, erregt die Profession der neuen Abgeordneten die Gemüter: Der Sprung von der Bühne ins Unterhaus ist eine Premiere in der Geschichte des britischen Parlaments.

Auch die Umstände ihrer Wahl sind ungewöhnlich: Die Operettensängerin erobert den Wahlkreis ihres Mannes Hilton Philipson, mit dem sie in zweiter Ehe verheiratet ist. Philipsons Wahl war wegen Unregelmäßigkeiten für ungültig erklärt worden, weshalb eine Nachwahl durchgeführt werden mußte. Mabel Russel wird als Kandidatin der Konservativen Partei mit einer Mehrheit von über 6000 Stimmen gewählt. Sie ist die dritte Frau im britischen Unterhaus (→ S. 187).

Nach dem Wahlsieg müssen Polizisten der frischgebackenen Abgeordneten den Weg durch die begeisterte Menge ihrer Anhänger bahnen. Frau Hilton Philipson (Mabel Russel ist ihr Künstlername) trägt in dem Gedränge ein blaues Auge davon: Der Ellbogen eines Polizisten traf versehentlich ihr Gesicht.

Die strahlende Wahlsiegerin begann ihre Laufbahn als Billettverkäuferin eines Londoner Vorstadttheaters, sie wurde dann Choristin und später Operettensängerin. Im Jahre 1911 heiratete Mabel Russel den reichen Stanley Rhodes, einen Neffen des britischen Kolonialpolitikers Cecil Rhodes, der bei einem Autounfall ums Leben kam.

Wahlsiegerin Mabel Russel mit ihren Kindern

Polizisten bahnen Mabel Russel den Weg durch die Menge

Erfolg für die österreichische Währung

11. Juni. *An der Londoner Börse wird die Zeichnung auf die österreichische Völkerbundanleihe (Abb.: Werbeplakat für die Anleihe) bereits nach zwölfstündiger Auslegung wegen Überzeichnung geschlossen. Der Erfolg der Anleihe von insgesamt 650 Millionen Goldkronen ermöglicht Österreich die Sanierung der Währung, die 1922 »ins Bodenlose« stürzte.*

Kein Kündigungsrecht mehr

1. Juni. Das in Kraft tretende Reichsmieterschutzgesetz hebt das Kündigungsrecht des Vermieters weitgehend auf. Nur in besonderen Fällen kann seitens des Vermieters durch eine gerichtliche Klage die Auflösung des Mietverhältnisses erreicht werden. Der Mieterschutz erstreckt sich auf die Mieter von Altbauwohnungen und von Neubauwohnungen (alle nach dem 1. 7. 1918 erstellten Wohnungen), die mit öffentlichen Mitteln gebaut wurden. Ausgenommen sind jedoch die Wohnungen der gemeinnützigen Bauvereinigungen, das ist der größere Teil der Neubauwohnungen.

Die Ausweitung des am 26. Juli 1917 eingeführten Mieterschutzes – bisher wirkten zur Vermeidung von sozialen Härten die sog. Mieteinigungsämter bei der Festsetzung der Mieten und bei Kündigungsfällen mit – steht im Zusammenhang mit der erschreckenden Wohnungsnot besonders in den Großstädten des Deutschen Reiches. Seit dem Weltkrieg besteht auf dem Wohnungsmarkt ein wachsendes Mißverhältnis zwischen Angebot und Nachfrage. Aufgrund der inflationierenden Baukosten bleibt die Bautätigkeit weit unter dem Vorkriegsstand. Im Jahr 1923 werden nur 118 000 Wohnungen gebaut, 1913 waren es 200 000. Gleichzeitig ist der Bedarf durch die Zunahme der Eheschließungen stark angestiegen. Nach Schätzungen des Deutschen Städtetages fehlten 1921 bereits mehr als eine Million Wohnungen.

Dem Reichsmieterschutzgesetz gingen andere gravierende Eingriffe in den Wohnungsmarkt von seiten des Staates voraus. Am 23. September 1918 wurde die Wohnungszwangswirtschaft durch das Wohnungsmangelgesetz eingeführt. Die neueingerichteten Wohnungsämter können z. B. Zwangseinweisungen vornehmen. Durch das Reichsmietengesetz (24. 3. 1922) wurden gesetzliche Höchstmieten festgelegt.

Da diese gesetzlichen Regelungen zugunsten der Mieter ein Hemmnis für den privatwirtschaftlichen Wohnungsbau darstellen, werden Neubauten durch das Reichswohnungsmangelgesetz vom 26. Juli 1923 von der öffentlichen Bewirtschaftung ausgenommen.

Wegen der unerschwinglichen Baukosten beschränkt sich die kommunale Bautätigkeit vorwiegend auf den Umbau von Kasernen und anderen öffentlichen Gebäuden und den Ausbau von Dachgeschossen.

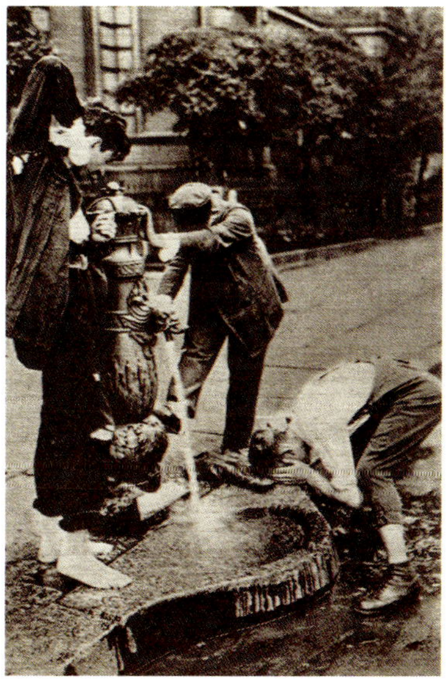

Berliner Obdachlose bei der Morgenwäsche an einem Straßenbrunnen

Gleichberechtigung bei Ehescheidungen

14. Juni. In dritter Lesung verabschiedet das britische Unterhaus mit 231 gegen 26 Stimmen eine Reform des Ehescheidungsgesetzes. Bisher konnte sich eine Ehefrau nur scheiden lassen, wenn sie ihrem Mann außer Ehebruch auch Mißhandlung nachwies, während für den Mann der Nachweis eines Ehebruchs genügte. Das neue Gesetz sorgt für Gleichberechtigung bei den Scheidungsprozessen, indem es für beide Parteien Ehebruch als ausreichenden Scheidungsgrund festsetzt.

Britische Luftwaffe wird ausgebaut

26. Juni. Vor dem Unterhaus gibt der britische Premierminister Stanley Baldwin (→ 20. 5./S. 82) eine Erklärung über die Luftrüstung Großbritanniens ab. Die Regierung sei entschlossen, die Luftwaffe derart zu vergrößern, daß sie einen Angriff abwehren könne. Dafür werde die Luftwaffe in den folgenden zwei Jahren um 34 Geschwader zu je 12 Flugzeugen auf insgesamt 52 Geschwader verstärkt. Bisher waren lediglich 15 neue Geschwader vorgesehen (→ 9. 3./S. 51).

In USA Deutsch als Unterrichtsfach

5. Juni. Laut Beschluß des Obersten Gerichtshofs der Vereinigten Staaten darf die deutsche Sprache in den öffentlichen Schulen frei gelehrt werden. Die US-Staaten Nebraska, Iowa und Ohio, wo die deutschen Einwanderer stark vertreten sind, hatten eine entsprechende Anfrage an den Gerichtshof gerichtet.

Die Vereinigten Staaten sind das bedeutendste Auswanderungsland der Deutschen. Während des Jahres 1923 steigt die Auswanderung in die USA drastisch an (→ 2. 12./S. 197).

Fortschritte in der Fernsehforschung

Juni. Der ungarische Physiker Dénes von Mihály veröffentlicht in Berlin die Abhandlung „Das elektrische Fernsehen und das Telehor". Mihály glaubt mit dem Telehor, das über eine elektrische Leitung und mit Hilfe lichtempfindlicher Selenzellen die Übermittlung von zehn Bildern pro Sekunde ermöglicht, die Lösung des Fernsehproblems gefunden zu haben. Bereits 1919 gelang es dem Physiker, mit einem oszillographischen Bildfeldzerleger einfache Bilder zu übertragen.

Danzig – Knotenpunkt für den Flugverkehr

17. Juni. In Danzig wird der neue Flughafen durch Senatspräsident Heinrich Sahm feierlich eingeweiht. Danzig hat als Zwischenlandeplatz für den Flugverkehr zwischen dem Deutschen Reich, Polen, der Sowjetunion und den baltischen Staaten besondere Bedeutung. Mit der zunehmenden Einbindung Danzigs in das Flugliniennetz begründet Sahm in seiner Ansprache die Notwendigkeit des neuen Flugplatzes, der eine Investition in die Zukunft sei.
Zunächst wurde die Strecke Berlin – Stettin – Köslin – Stolp – Danzig eingerichtet, die von der am 26. Februar 1921 gegründeten Danziger Luftpost GmbH bedient wird. Wegen der isolierten Lage der Freien Stadt Danzig, die aufgrund des Versailler Vertrags (1919) durch den Polnischen Korridor vom Deutschen Reich abgetrennt ist, erhält die Flugverkehrslinie zwischen Danzig und dem Deutschen Reich auch eine politische Bedeutung.
Zu einer Intensivierung des Flugverkehrs kam es im Jahre 1922 mit der Einrichtung der Fluglinien Danzig – Königsberg – Kowno – Riga, Danzig – Warschau – Lemberg und Danzig – Königsberg – Moskau.
Abgesehen von der Moskauer Strecke, die von der Deutsch-Russischen Luftverkehrsgesellschaft (Deruluft) mit Fokker-Maschinen beflogen wird, fliegen auf diesen Strecken die Junkers-Maschinen (F 13) der Danziger Luftpost GmbH. Die Beförderungsstatistik der Danziger Luftpost GmbH des Jahres 1922 weist z. B. für September 456 Passagiere, 7475 kg Fracht und 1381 kg Post auf.
Aus Witterungsgründen und wegen des Zustands der Zwischenlandungsplätze muß die Deruluft den Flugverkehr zwischen Königsberg und Moskau im Winter und in den Übergangszeiten unterbrechen.

Der am 17. Juni feierlich eingeweihte Danziger Flughafen; angesichts des anwachsenden Flugverkehrs und der besonderen Bedeutung Danzigs als Knotenpunkt für die Fluglinien zwischen dem Deutschen Reich, Polen und der Sowjetunion hat sich Danzig zum Bau dieser Anlage entschlossen

Kein Nordpolflug

9. Juni. *Die Hilfsexpedition für den geplanten Nordpolflug des norwegischen Polarforschers Roald Amundsen verläßt auf dem Dampfer »Mercur« den Hamburger Hafen. An Bord befindet sich auch ein Flugzeug (Abb.). Wegen der unbefriedigenden Probeflüge wird das Projekt am 19. Juni verschoben.*

Ein neues Flaggschiff der Hapag-Reederei

17. Juni. Die »Albert Ballin«, das neue Flaggschiff der Hamburg-Amerikanischen - Packetfahrt - Actien-Gesellschaft (Hapag), wird in Hamburg in Dienst gestellt. Am 4. Juli läuft die »Albert Ballin« zur Jungfernfahrt nach New York aus.
Von der Hapag, die sich vor dem Weltkrieg unter der Führung von Albert Ballin (seit 1889 Vorstandsmitglied, seit 1899 Generaldirektor) zur größten Reederei der Welt entwickelt hatte, und anderen deutschen Schiffahrtsunternehmen wird der Wiederaufbau der deutschen Handelsflotte vorangetrieben (nach dem Weltkrieg mußten die deutschen Handelsschiffe an die Alliierten ausgeliefert werden).
Mit dem neuen Flaggschiff ehrt die Hapag ihren verdienstvollen Direktor Albert Ballin, der sich vor dem Weltkrieg vergeblich für eine wirtschaftliche und politische Zusammenarbeit des Deutschen Reiches mit Großbritannien eingesetzt hatte. Am 9. November 1918 beging Ballin Selbstmord.
Vor dem Doppelschrauben-Turbinendampfer »Albert Ballin« (21 000 BRT) lief bereits die »Deutschland« (22 000 BRT) vom Stapel (→ 28. 4./S. 65). Am 21. Juni stellt die Bremer Reederei Norddeutscher Lloyd die »München« (13 325 BRT) in Dienst.

Die »München« des Norddeutschen Lloyds in Bremerhaven kurz vor der ersten Fahrt in die Vereinigten Staaten

Jungfernfahrt des neuen Flaggschiffs der Hapag-Reederei nach New York; die »Albert Ballin« läuft am 4. Juli aus

Seit 50 Jahren Schreibmaschinen

Juni. Anläßlich des 50jährigen Jubiläums der Einführung der Schreibmaschine veranstaltet das Londoner Wissenschafts-Museum eine Ausstellung früher und moderner Modelle.
Im Jahr 1873 nahm die US-amerikanische Firma Remington die erste fabrikmäßige Serienfertigung von Schreibmaschinen auf, die seither eine breite Anwendung in der kommerziellen Welt gefunden haben.
1873, diesem »Geburtsjahr« der Schreibmaschine ist eine lange, bis in das Jahr 1714 zurückreichende Entwicklungsgeschichte vorausgegangen. Damals ließ sich bereits der britische Ingenieur Henry Mill ein Patent für ein Schreibmaschinenmodell ausstellen.
Aus dem Jahr 1830 stammt das älteste erhalten gebliebene maschinengeschriebene Schriftstück, ein Brief aus Detroit.
Von 1864 bis 1869 konstruierte der österreichische Tischler Peter Mitterhofer vier Schreibmaschi-

Noch kein Sommer für die Schweizer

30. Juni. Nach einem harten Winter läßt der Sommeranfang in der Schweiz auf sich warten. Der abgelaufene Monat Juni ist der kälteste seit ungefähr 100 Jahren.

Nach dem Befund der meteorologischen Zentralstation beträgt das durchschnittliche Wärmedefizit nahezu 4 °C. Für Zürich z. B. erreichte die mittlere Monatstemperatur 12,4 °C, die tiefste Temperatur, seit die Messungen durchgeführt werden.

Durch das kalte Juniwetter verzögert sich die Schneesschmelze in den höheren Lagen der Berge und der Beginn des landwirtschaftlichen Betriebs. Neben der Landwirtschaft zeigen sich auch die Fremdenverkehrsunternehmen besorgt über den Kälteeinbruch.

Da das Klima der Schweiz durch die Alpen erheblich modifiziert wird – die nach Süden geöffneten Täler im Tessin und in Graubünden sind mediterran beeinflußt, während der Alpennordrand kühlgemäßigten Klimaeinflüssen unterliegt – ist der Süden der Schweiz von der Kälteperiode nicht betroffen.

Volksabstimmung für Schnapskonsum

3. Juni. Wider Erwarten lehnt die schweizerische Volksabstimmung mit 356 910 gegen 258 422 Stimmen die Änderung der Alkoholgesetzgebung ab, die auf eine Einschränkung des Schnapsgenusses und der Obstbrennerei abzielt.

Da alle Parteien und die Presse für die Vorlage eingetreten waren, wurde in politischen Kreisen ein entsprechendes Votum erwartet.

Mit der Gesetzesreform sollte die Obstbrennerei den für die übrige Alkoholproduktion geltenden Bestimmungen unterworfen werden, um eine Grundlage für die Bekämpfung des übermäßigen Schnapskonsums zu schaffen.

Der Alkoholkonsum ist nicht nur in der Schweiz ein heftig umstrittenes Problem. In den Vereinigten Staaten, wo seit 1918 alkoholische Getränke verboten sind, hält die Diskussion über den Sinn des Verbots an. Die Prohibitionsgegner verweisen auf den seither blühenden Alkoholschmuggel, der sich trotz massiver Kontrollen nicht unterbinden läßt (→ 5. 3./S. 51).

Der Planet Jupiter

Mit dieser Zeichnung verdeutlicht der britische Astronom Scriven Bolton seine Vorstellung von der Oberfläche des Jupiters, den er als eine »selbstleuchtende und halbflüssige Welt« bezeichnet. Der Jupiter ist der massereichste Planet unseres Sonnensystems und gehört zu den hellsten Objekten am Himmel.

Hundesperre wegen der Tollwutgefahr

4. Juni. Da die am 8. Mai für einige Berliner Bezirke verhängte Hundesperre eine nicht geringe Erregung unter den Hundebesitzern hervorgerufen hat, weil man glaubt, daß die Sperre zu schroff gehandhabt wird, gibt das Polizeipräsidium eine diesbezügliche Erklärung ab: Wegen eines Tollwutfalls sei die Polizei zur Verhängung der Sperre bis zum 8. Juli gezwungen gewesen. Gegenwärtig befinden sich 107 Personen, die von verdächtigen Hunden gebissen worden sind, zur Beobachtung im Institut für Infektionskrankheiten.

Laut Gesetz bedeutet der Begriff Hundesperre die »Festlegung aller in den gefährdeten Bezirken vorhandenen Hunde«. Diese Maßnahme ist dem »Führen der mit einem sicheren Maulkorb versehenen Hunde an der Leine gleich zu erachten.«

Obwohl der Ärger der Hundebesitzer verständlich ist, erscheint die polizeiliche Maßnahme gerechtfertigt. Nachdem 1911 in Berlin der seit 1870 geltende Maulkorbzwang aufgehoben wurde, haben die Tollwutfälle drastisch zugenommen.

Die 29 Typenhebel sind im Halbkreis angeordnet, um die Schreibgeschwindigkeit zu erhöhen (1890)

Erste verkäufliche Schreibmaschine; die im Jahr 1873 patentierte Remington

Im Jahre 1880 patentiertes Modell; die Weiterentwicklung der Schreibmaschinen hat u. a. ihre Verkleinerung zum Ziel

nen, zwei davon fast nur aus Holz und zwei aus Metall. Interessanterweise hatten diese ansonsten archaisch wirkenden Modelle bereits die noch immer übliche Typenanordnung und eine Schreibwalze.

Die erste verkäufliche Schreibmaschine war jedoch die 1873 patentierte Remington, die zunächst unter dem Namen Sholes-Glidden (nach den Konstrukteuren) gehandelt wurde. Da die Typenhebel bei diesem Modell von unten aufschlagen, ist das Schriftbild während des Schreibens nicht sichtbar.

In den folgenden Jahrzehnten wurde die Schreibmaschinentechnik laufend weiterentwickelt und verbessert. Man versuchte, die Größe der Maschinen zu reduzieren und das Schriftbild beim Schreiben sichtbar zu machen, was zuerst mit der Pittsburg-Visible von 1890 gelang. Diese erste vollkommen sichtbar schreibende Schwinghebel-Schreibmaschine funktioniert im Gegensatz zur Remington mit Vordcraufschlag. Jedoch auch dieses Modell bedurfte der Weiterentwicklung, denn die langen Typenhebel fallen relativ langsam in ihre Ausgangsstellung zurück.

Um die Schreibgeschwindigkeit zu erhöhen, experimentierte man auch mit unterschiedlichen Anordnungen der Tastatur, die z. B. im Halbkreis arrangiert wurde.

Seit 1920 werden die ersten elektrischen Büro-Schreibmaschinen gebaut. Derzeit sind weltweit über 50 verschiedene Schreibmaschinenarten in Gebrauch.

Eine bahnbrechende Wirkung haben die Remington und ihre »Kolleginnen« nicht nur in Hinblick auf die so eingeleitete Rationalisierung der Büroarbeit. Ihnen haben auch die Frauen ihren Einzug in die Büros zu verdanken. Firmen begannen relativ früh, Frauen (die sogenannten Tippfräulein) für das Maschineschreiben einzustellen.

Der Vulkan Ätna bricht erneut aus

17. Juni. Nach dem plötzlichen Ausbruch des im Nordosten Siziliens gelegenen Vulkans Ätna muß die Ortschaft Linguaglossa nordöstlich des Vulkans geräumt werden. Der Ätnaausbruch übertrifft an Heftigkeit und Dauer bei weitem die letzte Eruption im Jahre 1919.

Während des Ausbruchs bilden sich auf der nördlichen Seite des 3340 m hohen Vulkans fünf neue Krater, aus denen sich ein 300 m breiter Lavastrom mit einer Geschwindigkeit von 250 m/h auf die umliegenden Pinienwälder ergießt.

Als der Lavastrom eine Breite von 700 m und eine Höhe von über 8 m erreicht hat, ist er nur noch einen Kilometer von Linguaglossa entfernt, dessen 22 000 Bewohner evakuiert werden. In aller Eile müssen die Bewohner ihre Habe zusammenpacken und ihre Häuser aufgeben. Die italienische Feuerwehr unterstützt den Abtransport der Einwohner, die in ungefährdeten Nachbargemeinden untergebracht werden. Zu Todesopfern kommt es während der Massenflucht nicht, jedoch zu einigen Verletzten.

Der mehrere Tage dauernde Ausbruch des Ätna ist von heftigen Erdbeben und unterirdischem Donner begleitet. Der Lava speiende Berg bietet einen zugleich furchteinflößenden und fantastischen Anblick. In der Nacht spiegelt sich der Feuerschein weithin sichtbar auf der Wasserfläche des Golfes von Catania.

Am 19. Juni begibt sich der italienische König Viktor Emanuel III. auf einem Kriegsschiff nach Catania, um die Unglücksstätte zu besichtigen. Durch die Katastrophe entsteht ein immenser Schaden. Pinienwälder, Weinberge, Orangengärten und Olivenhaine werden unter den glühenden Lavamassen begraben. Die Hänge des Ätna werden bis in eine Höhe von 1400 m wegen ihrer Fruchtbarkeit intensiv landwirtschaftlich genutzt. Zum Teil werden entfernt liegendere Pflanzungen auch durch die ausstrahlende Hitze der Lava schwer geschädigt.

In seiner Heftigkeit und Dauer ist der diesjährige Ausbruch des Ätna mit der Katastrophe des Jahres 1911 vergleichbar.

Lavastrom erreicht ein Dorf am ▷ Fuß des am 17. Juni mit großer Heftigkeit ausgebrochenen Vulkans Ätna

Werbung 1923:

Aus USA zukunftsweisende Impulse für deutsche Werbung

Da die Massenproduktion von Verbrauchsgütern viel weiter fortgeschritten ist, spielt Werbung in den USA eine wesentlich größere Rolle als im Deutschen Reich und den übrigen europäischen Ländern.
»Alles – Reklame«, so betitelt der New Yorker Korrespondent einer führenden Berliner Tageszeitung seine USA-Reportage vom 13. Juni: »Die Amerikaner lieben ja die Reklame. Sie benutzen dazu nicht nur Zeitungen, Zeitschriften, Bücher, Straßenplakatierung…, sondern auch durch geschickte Piloten auf den Himmel geschriebene glänzende Rauchbuchstaben und durch tüchtige Unternehmer in Kirchen und Tempeln untergebrachte Ankündigungen.
Ich habe unlängst mit einem der größten Zeitschriftenverleger gesprochen, der mir offenherzig erklärte, daß Amerikas Riesenzeitungen und Zeitschriften… in erster Linie Reklameapparate sind…«
Allmählich gewinnt jedoch auch im Deutschen Reich die Werbung an Bedeutung und Profil. Obwohl sentimentale Kitschreklametechniken weiterhin vorherrschen, sind doch im Jahr 1923 die ersten Anzeichen für die Entwicklung der modernen Reklame, die sich in den folgenden Jahren vollzieht, zu beobachten. Die Gründung der Zeitschrift »Gebrauchsgrafik« bildet den Auftakt zu dieser Entwicklung. Dadaisten wie Kurt Schwitters (→ S. 26) sowie die Bauhauskünstler László Moholy-Nagy, Herbert Baier, Max Burchartz und Joost Schmidt beginnen, Plakate neuen Stils zu entwerfen. Vom Bauhaus entwickelte Techniken und Formen der Fotocollage und Typographie kennzeichnen die sog. Neue Reklame (→ 15. 8./S. 140).
Vorbildhaft für diese Werbegrafik ist der moderne Amerikanismus, in dem man die Bauhausprinzipien Rationalität und Funktionalität verwirklicht sieht.
Aufbruchstimmung herrscht auch in der Schweiz und in Österreich. Um die »Zeit der alten Bauplanken mit ihren zahl- und regellosen Schildern« zu beenden, gründet der Wiener Gemeinderat 1923 die Wiener Plakatierungs- und Anzeigengesellschaft (WIPAG).

Eigenwerbungsplakat der 1923 in Österreich gegründeten Wiener Plakatierungs- und Anzeigengesellschaft (WIPAG)

Künstlerisches Plakat von Augusto Giacometti aus der Schweiz (1923)

Illustriertenwerbung für Julius Feurich-Pianos aus dem Jahr 1923

Werbung für Kleidung; Plakat von Otto Baumberger (Schweiz 1923)

»Der Goldene Hahn« Premiere in Berlin

18. Juni. Die Berliner Staatsoper zeigt in deutscher Erstaufführung die Märchenoper »Der goldene Hahn« des russischen Komponisten Nikolai A. Rimski-Korsakow, die vom Publikum mit großem Beifall aufgenommen wird.

Rimski-Korsakow, der wesentlich zur Entwicklung der nationalrussischen Musik beitrug, hat seinen meisterhaft instrumentierten Kompositionen mehrfach Märchenstoffe und -motive zugrunde gelegt. Neben der nun auch dem deutschen Publikum vorgestellten Märchenoper »Der goldene Hahn« (1909 uraufgeführt) sind die Oper »Das Märchen vom Zaren Saltan« (1900 uraufgeführt) und »Scheherazade«, eins der bekanntesten Orchesterwerke Rimski-Korsakows, zu nennen.

Bedeutende Komponisten zählen zu seinen Schülern, z. B. Ottorino Respighi, Igor Strawinski und Sergei S. Prokofjew.

Strawinski wird in Paris uraufgeführt

14. Juni. Im Rahmen der Vorstellungen des weltberühmten Ensembles »Ballets Russes« wird im Pariser Théâtre de la Gaieté Lyrique Igor Strawinskis »Les Noces« (»Bauernhochzeit«) uraufgeführt. Die »Russischen Tanzszenen mit Gesang und Musik« hat der Komponist dem Leiter der »Ballets Russes«, Sergei Diaghilew gewidmet.

Igor Strawinski

»Les Noces«, ein von altrussischen Melodien und Bräuchen getragenes Tanzspiel, ist nicht die erste Komposition Strawinskis für die »Ballets Russes«. Vorausgegangen sind die Ballette »Feuervogel« (1910), »Petruschka« (1911) und »Le Sacre du Printemps« (1913).

»Gilles und Jeanne« auf der Bühne

2. Juni. Georg Kaisers Drama »Gilles und Jeanne«, das die Jungfrau von Orleans und den wüsten Ritter Gilles de Rais in einer kühnen Konstruktion miteinander auf die Bühne bringt, wird im Alten Theater in Leipzig uraufgeführt. Gilles, dessen Liebeswünschen sich die Jungfrau versagt, lustmordet in seiner unerfüllten Sehnsucht sieben Ersatzjungfrauen. Durch ihre geistige Hingabe und Opferkraft bringt Jeanne den Mörder zur Sühne.

»Ein Stück, mehr für das Schauen und Staunen als für wahre Ergriffenheit geschaffen ... Das Publikum war mitunter etwas bedenklich. Ganz einheitlich war der Beifall nicht«, schreibt das Berliner Blatt »Vossische Zeitung«.

In seinen Dramen gestaltet Kaiser, der meistgespielte Dramatiker des Expressionismus, aktuelle Zeitprobleme (»Gas I« von 1918) und das Thema des neuen Menschen.

Saison in Ascot

Juni. *Das »Royal Ascot« Meeting spielt für die vornehme Gesellschaft Großbritanniens die Rolle, die das Derby für die gesamte Nation hat; Ascot ist der Höhepunkt der Rennsaison. Alles, was Rang und Namen hat, gibt sich ein Stelldichein.*

Zwischen den Rennen flaniert man in der ländlichen Umgebung, wobei nicht vergessen wird, die neueste Mode zur Geltung kommen zu lassen (Abb.: Zeichnung von C. E. Turner).

Am 19. Juni wird auf der traditionsreichen Rennbahn in Ascot (bei Schloß Windsor, Berkshire), die bereits im Jahre 1711 eröffnet wurde, das Royal-Hunt-Cup-Rennen gelaufen.

Eine der bedeutendsten Steherprüfungen Großbritanniens ist das Rennen um den Ascot Gold Cup (1771 gestiftet), das am 21. Juni gelaufen wird. An diesem Ereignis nimmt selbst König Georg V. als Zuschauer teil.

Unterhaltung 1923:

Amüsement trotz der Krise

Unterhaltung, Zerstreuung und Ablenkung von den Nöten des Krisenjahres 1923 sucht und findet das großstädtische Publikum in den Kino-Palästen und auch bei den Operettenaufführungen und Revuen. Gleichzeitig setzt sich die erste Welle ins Deutsche übersetzter Schlager aus den USA in großem Umfang durch.

Einer der Hits des Jahres 1923 ist »Ausgerechnet Bananen« (»Yes, we have no bananas«), der in ironischer Weise auf den Lebensmittelmangel anspielt: Die Geliebte des Don Juan Meier begehrt Bananen, obwohl diese weder erhältlich noch für's Küssen notwendig sind. Der Schlager, ein US-Import (Originaltext und Musik von Frank Silver und Irving Cohn) wurde von Beda (Fritz Löhner) übersetzt.

Wie den Bananen-Schlager hat der deutsche Texter Fritz Löhner auch den Hit »Mein Liebling heißt Mädi« (»Linger a while«, Originaltext: Harry Owens, Musik: Vincent Rose) übersetzt.

Absoluter Star der Schlagermusik ist Robert Steidl, dessen Stimmungslied »Wir versaufen unser Oma ihr klein Häuschen« (Text und Musik von Steidl) während der Inflationszeit zur eigentlichen Nationalhymne avanciert. Wie keinem anderen Unterhaltungskünstler gelingt es Steidl, den trotz der Notlage ungebrochenen Lebenswillen des deutschen Volkes populär auszudrücken.

Im Gegensatz zur Schlagermusik, die mittels des neuen Mediums Schellack-Schallplatte breite Bevölkerungskreise erreicht, bleibt der Besuch von Operetten und Revuen dem zahlungskräftigen Publikum vorbehalten.

Zum Höhepunkt der Operettensaison, Leo Falls »Madame Pompadour« (Uraufführung in Wien am 2. 3. 1923), drängt sich die wohlhabende Schickeria. Jeder, der es sich leisten kann, will die Operettendiva Fritzi Massary (eigentl. Friederike Massarik) ihre Triumphe feiern sehen. Die Leo-Fall-Operette ist ein rauschender Erfolg. Besonders das Duett »Josef, ach Josef, was bist du so keusch« wird berühmt und als Schlager populär.

Mit der Revue »Drunter und Drüber« (am 7. 9. Premiere im Berliner Admiralspalast, Musik von Walter Kollo, Text von Hermann Haller und Willi Wolff), einer nach US-amerikanischem Vorbild zu gigantischem Blödsinn gesteigerten Ausstattungshow, gelingt dem Revueproduzenten Hermann Haller ein durchschlagender Erfolg. Die lockere Folge von Tanz- und Gesangsnummern ohne durchgängige Handlung kommt dem Zerstreuungs- und Unterhaltungsbedürfnis des Publikums entgegen.

1923 eine Attraktion allerersten Ranges; Revue »En Douce« im Casino de Paris mit der Mistinguett

Ein internationaler Operettenerfolg, »Madame Pompadour« von Leo Fall in der britischen Erstaufführung; Evelyn Laye in der Titelrolle

Homokord-Plattenlabel aus dem Jahr 1923; Aufnahme des Orchesters des Berliner Tanzpalastes Libelle, das unter der Leitung Willy Metschkes steht. Durch das neue Medium Schallplatte erlangen mehrere Berliner Tanzpaläste und ihre Orchesterleiter Weltruhm. In den 20er Jahren ist der Shimmy ein populärer Gesellschaftstanz, bei dem sich die Tänzer bewegen, als versuchten sie, ihr Hemd (shimmy bedeutet Hemdchen) abzuschütteln

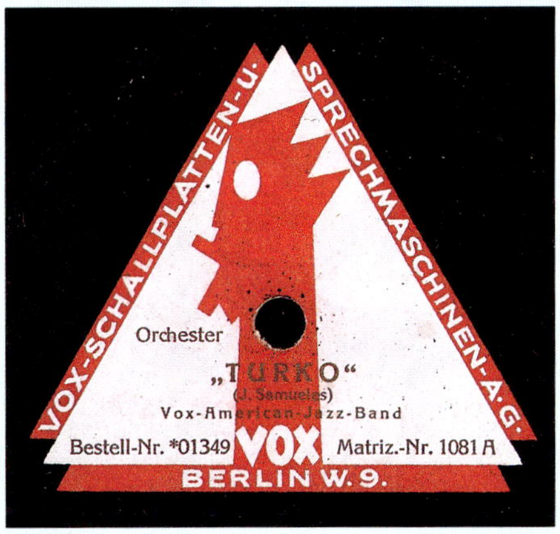

Mit einer gewissen zeitlichen Verzögerung schwappt die Welle der US-amerikanischen Jazzbegeisterung über die britische Hauptstadt London allmählich auch nach Berlin über. Die nebenstehende Abbildung zeigt das Schallplattenlabel einer Aufnahme der Vox-American-Jazz-Band (vermutlich Berlin, 1923); als Werbeträger für die Schallplatten dienen nur die Label, die Hüllen sind neutral gehalten

Einer der Hits des Jahres ist »Komm nach Mahagonne«, ein Shimmy-Stück von Krauß-Elka. Favorite Record bringt 1923 die Schallplatte heraus, aufgenommen mit dem Corelli-Orchester. Der populäre Shimmy ist ein musikalischer Import aus den Vereinigten Staaten. Auf der zweiten Seite der Schallplatte ist der Hit »Josef, ach Josef« aus der Operette »Madame Pompadour« von Leo Fall aufgenommen

Musikalisch verwandt mit dem so beliebten Gesellschaftstanz Shimmy ist der Foxtrott, der wie jener aus den Vereinigten Staaten kommt. In den Berliner Tanzpalästen tanzt man mit Vorliebe den Foxtrott, wer zu Hause ein Grammophon stehen hat, holt sich mit den neuen Schellack-Schallplatten die Musik ins Haus, z. B. den »Fox-Trot« von Hugo Hirsch (= »The Sheik Of Araby«), gespielt von der Original Cotton-Band Berlin

Juli 1923

Mo	Di	Mi	Do	Fr	Sa	So
						1
2	3	4	5	6	7	8
9	10	11	12	13	14	15
16	17	18	19	20	21	22
23	24	25	26	27	28	29
30	31					

1. Juli, Sonntag

Der schwedische Kronprinz Gustav Adolf verlobt sich in London mit Lady Louise Mountbatten, einer Tochter von Ludwig Alexander Lord Mountbatten, Marquess Milford Haven (→3.11./S.186).

Reichsbahn und -post erhöhen die Tarife und Gebühren. Die Post- und Telegrafengebühren werden verdreifacht, die Fernsprechgebühren verfünffacht. Die Reichsbahntarife steigen im Güterverkehr um 250 % und im Personenverkehr um 300% (1. und 2. Klasse) bzw. 200% (3. und 4. Klasse).

An der Devisenbörse ist der US-Dollar mit 160400 Mark notiert.

In Kassel wird das erste Tapetenmuseum der Welt eröffnet. →S. 121

2. Juli, Montag

In einer Meldung der britischen Zeitung »The Observer« werden die britisch-französischen Beziehungen als gespannt bezeichnet. Die britische Regierung verurteile die französische Ruhrpolitik und sei an Verhandlungen mit dem Deutschen Reich interessiert.

In einem Schreiben an den päpstlichen Nuntius in Berlin, Eugenio Pacelli, verurteilt Papst Pius XI. deutsche Sabotageakte im besetzten Ruhrgebiet.

Der Völkerbundrat untersucht gemäß dem britischen Antrag die Lage im Saargebiet, das nach Bestimmungen des Versailler Vertrags (1919) unter französischer Verwaltung steht. Die Anwesenheit französischer Truppen wird als vertragswidrig bezeichnet.

In Tours gewinnt der Brite Henry O'Neal de Hane Segrave auf Sunbeam das französische Grand-Prix-Rennen für Automobile. →S. 123

3. Juli, Dienstag

Als Reaktion auf das Bombenattentat auf einen belgischen Militärzug am 30. Juni verhängen die Besatzungsbehörden eine verschärfte Grenzsperre zwischen dem besetzten Ruhr- und Rheingebiet sowie dem unbesetzten Deutschen Reich. →S. 114

Der italienische Ministerpräsident und Duce Benito Mussolini plädiert für die beschleunigte Lösung der Reparationsfrage, die im Interesse der wirtschaftlichen Lage in Europa zu wünschen sei. Dafür sei u. a. der Rückzug Frankreichs aus dem Ruhrgebiet notwendig.

Erstmals übersteigen die Tageseinnahmen der Berliner Straßenbahnbetriebe eine Milliarde Mark.

4. Juli, Mittwoch

In London bricht wegen Herabsetzung der Löhne am 1. Juli ein wilder Dockarbeiterstreik aus; 6000 Arbeiter befinden sich im Ausstand (→25. 7./S. 113).

Ricarda Huch veröffentlicht beim Insel Verlag (Leipzig) »Michael Bakunin und die Anarchie«.

Die Berliner Stadtverordnetenversammlung erhöht die Hundesteuer. Für den ersten Hund eines Haushaltes sind nunmehr 48000 Mark, für den zweiten 72000 Mark und für den dritten 96000 Mark jährlich zu entrichten.

Der Luxusliner »Leviathan« verläßt New York. Das größte und luxuriöseste Schiff der Welt (die ehemalige deutsche »Vaterland«) tritt seine Jungfernfahrt über den Atlantik an. →S. 116

Nach der ungewöhnlich langen Schlechtwetterphase werden wieder sommerliche Temperaturen gemessen (Berlin: 21° C).

In Shelby (Montana) verteidigt der US-amerikanische Boxweltmeister Jack Dempsey (Schwergewicht) erfolgreich den Titel gegen Tom Gibbons (USA) mit einem Punktsieg über 15 Runden.

5. Juli, Donnerstag

Nach Abschluß des deutsch-sowjetischen Lieferungsabkommens wird die Sowjetunion in Kürze den Getreideexport aufnehmen. Vereinbart ist die Lieferung von 20 Millionen Pud (rund 328 Millionen kg) Getreide an das Deutsche Reich.

Wegen seiner Beziehungen zu den Faschisten wird der Berufsverband der italienischen Seeleute aus dem internationalen Transportarbeiterverband ausgeschlossen.

Große Erregung herrscht in der deutschen Bevölkerung über die rasante Preissteigerung, die besonders stark die Grundnahrungsmittel betrifft. In Berlin kostet ein Brot nunmehr 12500 Mark (→28. 7./S. 114).

6. Juli, Freitag

Der deutsche Reichstag beschließt eine Reihe von Steuererhöhungen (u.a. Biersteuer), um die inflationsbedingt steigenden Ausgaben des Reichs zu decken.

Wegen der verschärften Grenzsperre (3. 7.) gelangt nur etwa ein Drittel der bisherigen Lebensmitteltransporte in das besetzte Ruhrgebiet, so daß die Preise noch stärker als im übrigen Deutschen Reich steigen. Im besetzten Höchst kosten Nahrungsmittel 50% mehr als im benachbarten unbesetzten Frankfurt am Main.

Unmittelbar nach der Billigung durch das sowjetische Zentralexekutivkomitee tritt die erste Verfassung der UdSSR (Union der Sozialistischen Sowjetrepubliken) in Kraft. Zum Vorsitzenden der ersten Unionsregierung (Rat der Volkskommissare der UdSSR) wird Wladimir I. Lenin gewählt. →S. 111

Die Reichsdruckerei in Berlin liefert die ersten 500000-Mark-Scheine an die Reichsbank. Die Banknote über eine Million Mark wird in Kürze ausgegeben.

In Berlin befinden sich 90000 Metallarbeiter im Ausstand, weil sie die von der Gewerkschaft ausgehandelte Lohnerhöhung angesichts der täglich steigenden Preise nicht akzeptieren.

7. Juli, Sonnabend

Nachdem der deutsche Reichstag verschiedene Gesetze u.a. über den Ersatz der durch die Ruhrbesetzung entstandenen Schäden an Privatvermögen verabschiedet hat, vertagt sich das Parlament auf unbestimmte Zeit.

8. Juli, Sonntag

Starke Verluste müssen die Sozialdemokraten und die Deutsche Demokratische Partei (DDP) bei den Landtagswahlen in Mecklenburg-Strelitz hinnehmen. Dagegen vergrößern die Kommunisten und die bürgerlichen Rechtsparteien (DNVP/DVP) ihren Stimmanteil erheblich. Erstmals zieht die Deutschvölkische Freiheitspartei in den Landtag ein (drei Sitze).

Auf der Berliner Straße Unter den Linden landet ein Flugzeug vom Typ D 284. Der Pilot Antonius Rab aus Breslau erklärt, ein Motorversagen habe ihn zu der Notlandung gezwungen und er habe sich die breiteste Straße dafür ausgesucht. →S. 119

Sieger der Tennis-Meisterschaften in Wimbledon (London) sind William M. Johnston (USA), der seinen Gegner Frank Hunter (USA) im Herreneinzel mit 6:0, 6:3, 6:1 schlägt, und die Französin Suzanne Lenglen (genannt die Göttliche), die sich im Dameneinzel mit 6:2, 6:2 gegen die Britin Kathleen (Kitty) McKane durchsetzt. →S. 123

Bei den Schwedischen Kampfspielen in Göteborg stellt der Schwede Arne Borg im 1500-m-Freistil mit 21:35,3 min den Weltrekord auf. →S. 122

9. Juli, Montag

Das Volksgericht München verurteilt nach vierwöchiger Verhandlung den Schriftsteller Georg Fuchs wegen hochverräterischer Unternehmungen zu zwölf Jahren Zuchthaus. Der Mitangeklagte Johann Munk erhält eine Gefängnisstrafe von anderthalb Jahren. →S. 114

In Lausanne einigen sich die Alliierten und die Türkei über die Räumung Konstantinopels (heute Istanbul), das zur Zeit noch von britischen Truppen besetzt ist (→24. 7./S. 110).

Ein US-Dollar hat derzeit den Kurs von 180000 Mark.

Für einen Liter Vollmilch in Berlin müssen nunmehr 4000 Mark gezahlt werden.

10. Juli, Dienstag

Luigi Sturzo legt sein Amt als Parteiführer der italienischen Popolari (Partito Popolare Italiano) nieder. Damit hat die Oppositionsrolle der Partei gegen den Faschismus, für die Sturzo eintrat, ein Ende. Angeblich hat Ministerpräsident und Duce Benito Mussolini den Vatikan gedrängt, Sturzo zum Rücktritt zu bewegen (→24. 4./S. 65).

In London wird der ägyptische Prinz Ali Kamel Fahmi Bey, Präsident der Nationalpartei, von seiner Frau erschossen. →S. 119

Während der vergangenen Nacht tobte ein sechsstündiges Gewitter über London. Die Blitzschläge zerstörten 14 Häuser und setzten die Telefonzentrale außer Betrieb.

11. Juli, Mittwoch

Die deutsche Reichsregierung veröffentlicht folgende Bilanz der Ruhrbesetzung: 80000 französische und 7000 belgische Soldaten sind im Ruhrgebiet stationiert, 17000 Eisenbahner aus beiden Ländern tun die Arbeit ihrer ausgewiesenen Kollegen. Bisher wurden 92 Menschen getötet und über 70000 ausgewiesen. Die Beschlagnahme von 169 Schulen betrifft 50000 Schüler.

Gegen die bürgerlichen Stimmen nimmt der sächsische Landtag die neue Gemeindeordnung an, die eine radikale Umwandlung der bisherigen Verwaltungsordnung bedeutet.

Der österreichische Nationalrat billigt die Wahlreform, die eine Reduzierung der Mandatszahl von 183 auf 165 vorsieht.

12. Juli, Donnerstag

Vorübergehend wird die Stadt Barmen (Wuppertal) von einer französischen Armee-Einheit besetzt.

Im britischen Unterhaus fordert Premierminister Stanley Baldwin die Beendigung der Ruhrbesetzung, weil die Alliierten weniger Reparationen als vor der Besetzung erhalten hätten und zudem das Deutsche Reich in ein wirtschaftliches Chaos treibe, was die Aussicht auf Reparationszahlungen verringere.

13. Juli, Freitag

Freikorpsführer Hermann Ehrhardt gelingt die Flucht aus der Untersuchungshaft in Leipzig. Am 23. Juli sollte gegen Ehrhardt wegen seiner Beteiligung am Kapp-Putsch (März 1920) verhandelt werden. →S. 114

Eine Überschwemmungskatastrophe in Nordspanien verwandelt die Umgebung Saragossas in einen See. Die Bahnverbindung nach Barcelona ist unterbrochen. →S. 119

14. Juli, Sonnabend

Adolf Hitler, nationalsozialistischer Parteiführer, nutzt das 13. Deutsche Turnfest in München (12. 7.– 18. 7.) zu einer Großkundgebung seiner Partei im Zirkus Krone. Die anschließende Demonstration der NSDAP wird von der Polizei gesprengt (→18. 7./S. 121).

Das belgische Kriegsgericht in Aachen spricht drei Todesurteile gegen Deutsche aus, die der Sabotage beschuldigt werden. Am 26. Juli wandelt das Gericht die Strafen in lebenslängliche Zwangsarbeit um.

Die Badeschönheit auf dem Titelblatt der US-amerikanischen Zeitschrift »Modern Priscilla« vom Juli vermittelt Urlaubsstimmung

Das Königreich der Serben, Kroaten und Slowenen (heute Jugoslawien) ratifiziert den Reparationsvertrag mit dem Deutschen Reich. Letzteres verpflichtet sich zur Lieferung von Eisenbahnmaterial.

US-Außenminister Charles Evans Hughes gibt die französische Ratifizierung der Washingtoner Verträge bekannt, die nunmehr in Kraft treten können (17. 8.). Zu dem Vertragspaket (13. 11. 1921–6. 2. 1922 in Washington ausgehandelt) gehören ein Flottenabkommen und das Viermächteabkommen zwischen den USA, Großbritannien, Frankreich und Japan. → S. 111

15. Juli, Sonntag

Als erste Türkin wird die Frau von Mustafa Kemal Pascha, dem Vorsitzenden der Nationalversammlung in Angora (heute Ankara), in die Nationalversammlung gewählt. → S. 115

16. Juli, Montag

Der Flugverkehr München–Budapest wird eröffnet. In Wien müssen die Passagiere umsteigen. → S. 119

Unaufhaltsam steigt der Dollarkurs. Derzeit ist der US-Dollar mit 195 000 Mark an der Börse notiert.

17. Juli, Dienstag

Im bayrischen Landtag kommt es zu einer heftigen Debatte wegen des Fuchs-Machhaus-Prozesses (9. 7.). Der SPD-Abgeordnete Alwin Saenger kritisiert die »unverständliche Milde« des Urteils und greift die Polizei an, weil sie den französischen Agenten Augustin Richert habe entkommen lassen (→ 9. 7./S. 114).

Das Institut für Krebsforschung in der Berliner Charité erhält eine neue Abteilung für experimentelle Zellforschung, die Krebsbehandlungsmethoden erforschen soll. → S. 120

Wegen nicht bezahlter Kohlensteuer besetzen die Franzosen die Hamborner Thyssenwerke und beschlagnahmen die Kohlen- und Koksvorräte.

18. Juli, Mittwoch

Die Reichsregierung sieht sich zu einer öffentlichen Stellungnahme zu der in der Presse erörterten Möglichkeit eines Bürgerkriegs genötigt. Die Mehrheit der Bevölkerung sei gegen eine gewaltsame Auseinandersetzung. Die Reichsregierung würde »alle Machtmittel rücksichtslos einsetzen«. → S. 112

Besonders die SPD fordert im bayrischen Landtag die Aufhebung der bayrischen Notverordnung vom 11. Mai, weil sie einseitig gegen die Linken eingesetzt werde. Viele Redner verurteilen den Versuch der Nationalsozialisten, das Deutsche Turnfest (12. 7.–18. 7.) zu stören (→ 11. 5./S. 80; 18. 7./S. 121).

Italien gibt das Programm der Italienisierung Südtirols bekannt. → S. 115

Der Deutsche Katholikentag darf aufgrund eines Verbots der Rheinlandkommission nicht in Köln abgehalten werden.

19. Juli, Donnerstag

Trotz der Warnungen der Gewerkschaften dauert der wilde Streik der Londoner Dockarbeiter an. Die Arbeitgeber beginnen, unorganisierte Arbeiter einzustellen (→ 25. 7./S. 113).

20. Juli, Freitag

Reichsarbeitsminister Heinrich Brauns (Zentrum) erläßt Richtlinien für die Löhne in der Privatindustrie. Der Maßstab für die Anpassung der Löhne an die Inflation ist der Lebenshaltungsindex. Die Lohnauszahlung soll in möglichst kurzen Zeiträumen erfolgen.

In Gleiwitz und Breslau kommt es im Anschluß an Demonstrationen zu schweren Ausschreitungen und Plünderungen durch zahlreiche Erwerbslose. Sechs Personen werden getötet und über 1000 verhaftet.

Die britische Regierung strebt eine gemeinsame Haltung der Alliierten in der Reparationsfrage an. Sie schlägt u. a. vor, die deutsche Zahlungsfähigkeit durch unabhängige Sachverständige feststellen zu lassen. Frankreich und Belgien lehnen am 29. Juli ab (→ 7. 6./S. 94).

Nach weiterem Kursanstieg ist ein US-Dollar derzeit 284 000 Mark wert.

Der posteigene Sender Königs Wusterhausen beginnt mit der regelmäßigen Sendung eines eigenen Rundfunkprogramms (→ 29. 10./S. 170).

21. Juli, Sonnabend

Die Separatistenführer Joseph Smeets, Hans Adam Dorten und Joseph Friedrich Matthes gründen die Rheinische Vereinigung, einen Zusammenschluß ihrer Bewegungen (→ 19. 5./S. 78).

In seinem Finanzgutachten zur Reparationsfrage kommt das renommierte Institute of Economics (New York) zu dem Ergebnis, das Deutsche Reich könne zur Zeit nicht zahlen.

Zum zweiten Mal mißlingt dem US-amerikanischen Fliegerleutnant Russel Maugham der Transkontinentalflug über die USA. Wegen eines Motorschadens muß Maugham 598 Meilen (962 km) vor San Francisco landen. Jedoch hat er mit 15 Stunden einen Rekord im Dauerfliegen aufgestellt.

Anläßlich des 65. Geburtstags des impressionistischen Malers Lovis Corinth veranstaltet die Berliner Nationalgalerie eine Corinth-Ausstellung.

22. Juli, Sonntag

Reichspräsident Friedrich Ebert besucht in Hamburg das argentinische Schulschiff »Presidente Sarmiento«.

Der Franzose Henri Pélissier wird Sieger der Tour de France (Start am 24. 6.). Pélissier wird in Frankreich enthusiastisch gefeiert. → S. 122

23. Juli, Montag

Da es wiederholt zu Teuerungsunruhen gekommen ist, erläßt die preußische Regierung ein Verbot von Versammlungen unter freiem Himmel.

Im britischen Unterhaus warnt der Labour-Abgeordnete Ramsay MacDonald vor erneuter Aufrüstung.

Für einen US-Dollar werden an der Devisenbörse derzeit 350 000 Mark bezahlt.

General Max Hoffmann, Kommandeur der deutschen Ostfront im Weltkrieg, veröffentlicht in der Zeitung »Manchester Guardian« seine Kriegserinnerungen. → S. 114

24. Juli, Dienstag

Prinzessin Margarethe von Hohenlohe-Öhringen, eine Freundin des Freikorpsführers Hermann Ehrhardt, wird vom Staatsgerichtshof in Leipzig wegen Hochverratsbegünstigung und Meineids zu sechs Monaten Gefängnis verurteilt.

In Lausanne unterzeichnen die Türkei einerseits und Großbritannien, Frankreich, Italien, Japan, Griechenland, Rumänien und das Königreich der Serben, Kroaten und Slowenen (später Jugoslawien) andererseits den Friedensvertrag von Lausanne (sog. Orientfrieden). → S. 110

25. Juli, Mittwoch

Die italienische Kammer nimmt die von den Faschisten eingebrachte Wahlreform an, die ein die größte Partei bevorzugendes Prämiensystem vorsieht. → S. 115

In London liefern sich die streikenden Dockarbeiter und die Polizei heftige Kämpfe, nachdem die Streikenden versucht haben, neuangeworbene unorganisierte Arbeiter an der Arbeit zu hindern. → S. 113

In Bayern werden kommunistische Kundgebungen verboten.

An der Devisenbörse kommt es zu einem weiteren Marksturz. Der US-Dollar steigt bis auf 600 000 Mark.

In den Städten des Deutschen Reichs leidet die Bevölkerung unter einer zunehmenden Lebensmittelknappheit. Der Kartoffelverkauf in Berlin muß unter Polizeischutz stattfinden, weil sich die Händler dem Ansturm der Kunden nicht gewachsen fühlen.

26. Juli, Donnerstag

Täglich läßt die Reichsbank zwei Millionen Banknoten drucken.

Durch das Reichswohnungsmangelgesetz werden Neubauten von der öffentlichen Bewirtschaftung ausgenommen (→ 1. 6./S. 99).

27. Juli, Freitag

Die sächsische Regierung entnimmt der Erklärung der Reichsregierung über die Gefahr eines Bürgerkriegs (→ 18. 7./S. 112) die Andeutung, daß eine solche Gefahr aus Sachsen und Thüringen drohe, wogegen sie protestiert.

Mit 87 gegen 75 Stimmen bei acht Enthaltungen verabschiedet die belgische Kammer das umstrittene Gesetz über die Flamisierung der Genter Universität.

28. Juli, Sonnabend

Reichspräsident Friedrich Ebert und die Reichsregierung richten an die wegen der katastrophalen Wirtschaftslage beunruhigte Bevölkerung einen Aufruf zur Ruhe und Ordnung. Gleichzeitig appellieren sie eindringlich an die Landwirtschaft, so schnell wie möglich die Ernteerträge (Kartoffeln) zu liefern. → S. 114

Vertreter der Kleinen Entente (Bündnissystem zwischen der Tschechoslowakei, Rumänien und dem Königreich der Serben, Kroaten und Slowenen) treffen in Sinaja (Rumänien) zusammen (bis 29. 7.).

29. Juli, Sonntag

In Berlin findet eine aufsehenerregende Pazifistenkundgebung statt. Einer der Redner ist der Physiker und Nobelpreisträger Albert Einstein. → S. 113

30. Juli, Montag

Bei einer Besprechung mit Reichskanzler Wilhelm Cuno in Berlin signalisieren die Führer der deutschen Gewerkschaften, daß sie das Vertrauen in seine Regierung verloren haben.

Scharf weist Reichswehrminister Otto Geßler (DDP) die Zweifel des SPD-Organs »Vorwärts« an der Verfassungstreue der Reichswehr zurück.

Erstmals überschreitet der US-Dollar die Millionengrenze (amtliche Notierung). Ein US-Dollar hat einen derzeitigen Stand von 1,1 Millionen Mark.

31. Juli, Dienstag

Obwohl als zwielichtiger Spekulant bekannt, wird Jakob Schapiro in den Aufsichtsrat der Benz AG gewählt und verfügt nun über 40% der Aktien.

Im vergangenen Monat war der durchschnittliche Dollarstand 349 000 Mark.

In Kreiensen kommen 52 Menschen bei einem schweren Eisenbahnzusammenstoß ums Leben.

Gestorben:

12. Berlin: Ernst Beckmann (*4. 7. 1853, Solingen), deutscher Chemiker. → S. 121

16. De Steeg bei Arnheim: Louis Couperus (*10. 6. 1863, Den Haag), niederländischer Schriftsteller.

Geboren:

6. Kurow: Wojciech Jaruzelski, polnischer General und Politiker.

Das Wetter im Monat Juli

Station	Mittlere Lufttemperatur (°C)	Niederschlag (mm)	Sonnenscheindauer (Std.)
Aachen	19,4 (17,5)	31 (75)	— (190)
Berlin	19,1 (18,3)	87 (70)	— (242)
Bremen	19,6 (17,4)	99 (92)	— (207)
München	19,9 (17,5)	78 (137)	— (226)
Wien	— (19,5)	— (84)	— (—)
Zürich	19,8 (17,2)	72 (139)	301 (238)

( ) Langjähriger Mittelwert für diesen Monat
– Wert nicht ermittelt

Die in München erscheinende »Jugend« räumt in ihrem zweiten Juliheft der Berichterstattung über das 13. Deutsche Turnfest in München viel Platz ein

Frieden von Lausanne – Ausgleich Türkei/Griechenland

24. Juli. Nach zähen und schwierigen Verhandlungen kommt die Konferenz von Lausanne, die seit dem 20. November 1922 tagt (Unterbrechung 4. 2. 1923 bis 23. 4. 1923), mit der Unterzeichnung des sog. Orientfriedens zum Abschluß.
Das Abkommen, das zwischen Großbritannien, Frankreich, Italien, Japan, Griechenland, Rumänien und dem Königreich der Serben, Kroaten und Slowenen (später Jugoslawien) einerseits sowie der Türkei andererseits abgeschlossen wird, bedeutet die Aufnahme der Türkei als Vollmitglied in das »Konzert der europäischen Nationen«. Die Alliierten erkennen im Friedensvertrag von Lausanne die Unabhängigkeit und Souveränität der Türkei an.
Durch eine geschickte Verhandlungsführung ist es der türkischen Delegation gelungen, Teile Ostthrakiens und die uneingeschränkte Kontrolle über Anatolien zurückzugewinnen. Ferner hebt der Vertrag die alliierte Militär- und Finanzkontrolle auf und sieht den Rückzug der alliierten Truppen aus Konstantinopel (heute Istanbul) vor.
Damit ist der Friedensvertrag von Sèvres (10. 8. 1920), den die Alliierten der auf der Verliererseite des Weltkriegs stehenden Türkei diktierten, revidiert. Die Forderungen der von General Mustafa Kemal Pascha (späterer Beiname: Atatürk) seit 1919 in der Türkei organisierten nationalen Bewegung sind weitgehend verwirklicht: Unabhängigkeit aller türkischen Gebiete unter Verzicht auf die nichttürkischen Provinzen des Osmanischen Reiches. Bereits der Vertrag von Sèvres reduzierte das Osmanische Reich um alle nichttürkischen Gebiete, u. a. mußte die Türkei Irak und Palästina an Großbritannien sowie Syrien an Frankreich abtreten.
Zu dem Erfolg der Türken haben nicht nur die divergierenden Interessen der Alliierten, wobei besonders Wirtschaftsinteressen (Erdöl) eine bedeutende Rolle spielten, beigetragen. Ihre Verhandlungsposition wurde zusätzlich durch den Sieg über die Griechen (Griechisch-Türkischer Krieg 1920–1922) verstärkt. Mit dem Lausanner Vertrag wird das Ende der 3000jährigen griechischen Siedlung im westlichen Kleinasien besiegelt (→ 24. 7./S. 111).
Der Schweizerische Bundespräsident Karl Scheurer hält die Schlußrede in der Aula der Universität von Lausanne, wo der Vertrag mit vier Nebenabkommen und zwölf Protokollen unterzeichnet wird.
Mustafa Kemal Pascha richtet am 30. Juli eine Friedensbotschaft an die türkische Armee (30. 7.):
»Der Friede ist unterzeichnet. Wir haben unseren mit Schwierigkeiten angefüllten Weg fortgesetzt, um zu einem ruhmreichen ... Frieden zu kommen ... Die türkische Armee hat ihre ... Aufgabe unter großen Schwierigkeiten erfüllt ... Heute schätzen wir uns glücklich, die Sonne des Friedens am Horizont unseres Landes aufgehen zu sehen.«

◁ Nach Unterzeichnung des Friedensvertrags von Lausanne (24. 7.) präsentieren sich an den Verhandlungen beteiligte Politiker den Pressefotografen (v. l.): Bulgarischer Delegierter, General Pellé (F), Mustafa Ismet (Türkei), Karl Scheurer (CH), Horace Rumbold (GB), Diamandi (Rumänien), Marquis Garroni (I), jugoslawischer Delegierter

▽ V. l.: Die Konferenzteilnehmer Grew (USA), Diamandi (Rumänien), Montagna (Italien), Garroni (Italien), Rumbold (Großbritannien), Ismet (Türkei), Pellé (Frankreich), Wenisełos (Griechenland), Otchiai (Japan), Fereira (Portugal) unterzeichnen auf einem großen, aber leeren Papier (Karikatur in »L'Illustration« zur Unterzeichnung des Orientfriedens)

Rückwanderung der Griechen aus Kleinasien

24. Juli. Mit der Unterzeichnung des Friedensvertrages von Lausanne (→24. 7./S. 110) erkennen die Alliierten nicht nur die Unabhängigkeit der Türkei an; der Vertrag besiegelt auch das Ende der 3000jährigen griechischen Siedlung im westlichen Kleinasien. Damit ist den auf Kleinasien gerichteten großgriechischen Expansionsbestrebungen die Grundlage entzogen, und es besteht die Aussicht, daß die jahrhundertewährenden griechisch-türkischen Spannungen durch die Lausanner Friedensregelung ein Ende finden.

Dem Vertrag, der die türkische Souveränität über das von 1919 bis 1922 von den Griechen besetzte Smyrna (Izmir) und das ebenfalls griechisch okkupierte Ostthrakien (1920–1922) festschreibt, ist die verheerende Niederlage der griechischen Armee im Griechisch-Türkischen Krieg (1920–1922) vorausgegangen.

Im Sommer 1920 begann die griechische Armee mit britischer Billigung die Offensive gegen die Türkei und besetzte fast kampflos große Teile Westanatoliens und Thrakiens. Mustafa Kemal Pascha, der erfolgreichste türkische General des Weltkriegs, organisierte eine Nationalarmee für den Unabhängigkeitskrieg gegen Griechenland. Sowjetische Waffenlieferungen trugen zu dem entscheidenden Sieg der Türken in der Schlacht am Sakarya (24. 8.–16. 9. 1921) bei. Schließlich zog sich die griechische Armee in ungeregelter Flucht zurück; im September 1922 mußte Smyrna (Izmir) geräumt werden.

Diese Niederlage verursachte nicht nur eine innenpolitische Krise in Griechenland – König Konstantin I. wurde am 28. September zur Abdankung gezwungen (→11. 1./S. 23) –, sondern warf auch die Frage nach dem Schicksal der griechischen Bevölkerung in Kleinasien auf, die z. T. bereits nach Griechenland geflohen war.

Angesichts dieses Problems schlossen die Türkei und Griechenland bereits am 30. Januar 1923 zwei Sonderabkommen über den Austausch der noch nicht geflohenen griechisch-orthodoxen türkischen Staatsangehörigen (außer in Konstantinopel) gegen die in Griechenland lebenden Moslems (mit Ausnahme Westthrakiens). Infolge dieses obligatorischen Bevölkerungsaustausches muß Griechenland über 1,2 Millionen meist mittellose Flüchtlinge aus Kleinasien, dem Pontusgebiet und Ostthrakien aufnehmen.

Provisorische Unterbringung griechischer Flüchtlinge aus Kleinasien im Athener Stadttheater; in jeder Loge ist eine Familie untergebracht

Nahezu unlösbar erscheint die Aufgabe, die Flüchtlinge, deren Zahl sich durch aus Bulgarien und der Sowjetunion kommende Griechen auf 1,3 bis 1,4 Millionen erhöht, in die Gesellschaft und die rückständige Wirtschaft zu integrieren. Auf den Stand von 1919 bezogen, erhöht sich durch die Flüchtlinge die Bevölkerungszahl Griechenlands um 28%.

Mustafa Kemal Pascha mit Frau, Regierungschef in Angora (Ankara)

Aus eigener Kraft kann das Land das Flüchtlingsproblem nicht bewältigen. Ab 1924 unterstützt der Völkerbund mit einer Anleihe die griechische Regierung in ihrem Versuch, den Flüchtlingen Arbeit und Wohnung zu verschaffen. Die Mittel werden von der autonomen Refugee Settlement Commission des Völkerbundes verwaltet.

Aus der Vermischung der kulturellen Einflüsse Kleinasiens und Griechenlands entwickelt sich vor allem in Piräus und Athen, wo viele Griechen aus der Türkei leben, eine eigene musikalische Kultur, der Rembetiko.

In der Türkei wirft der Bevölkerungsaustausch keine entsprechend gravierenden Probleme auf, weil lediglich 330 000 Türken Griechenland verlassen müssen.

Unter der Führung Mustafa Kemal Paschas (seit 29. Oktober Präsident der am →29. 10./S. 168 ausgerufenen Republik) treibt die nationale Bewegung die Bildung eines modernen türkischen Nationalstaats voran. Bereits am 23. April 1920 erklärte sich die in Angora (Ankara) zusammengetretene Große Nationalversammlung anstelle der Sultansregierung von Muhammad VI. zum Träger der Souveränität und wählte eine neue Regierung unter Mustafa Kemal Pascha. Nach dem Sieg über die Griechen wurde am 1. November 1922 das Sultanat abgeschafft.

Erste Verfassung für die Sowjetunion

6. Juli. Unmittelbar nach der Verabschiedung durch das Zentralexekutivkomitee der UdSSR tritt die erste Verfassung (sog. Allunionsverfassung) der Sowjetunion in Kraft. Obgleich sie der Form nach einen föderalistischen Aufbau der am 30. Dezember 1922 gebildeten Union der Sozialistischen Sowjetrepubliken (Russische, Ukrainische, Weißrussische und drei kaukasische Sowjetrepubliken) vorsieht, ist die Verfassung zentralistisch ausgerichtet.

Oberstes Staatsorgan ist der Allunionskongreß aus Delegierten der Sowjetrepubliken, der die Unionsregierung, den Rat der Volkskommissare der UdSSR, wählt. Außenpolitik, Wirtschaft, Finanzen und Landesverteidigung sind Kompetenzen der Zentralregierung. Die Sowjetrepubliken haben das Recht auf freien Austritt aus der Föderation.

In der Verfassung unerwähnt bleibt die Kommunistische Partei Rußlands (später KPdSU), deren Spitzengremien, Politbüro und Generalsekretariat, die eigentlichen Machtträger sind.

Flottenabrüstung endlich ratifiziert

14. Juli. US-Außenminister Charles Evans Hughes teilt der Presse die bevorstehende Ratifikation der Washingtoner Verträge mit.

Das bereits von der Konferenz in Washington (13. 11. 1921–6. 2. 1922) zwischen den USA, Großbritannien, Frankreich und Japan ausgehandelte Vertragspaket kann, nachdem die französische Ratifikation erfolgt ist, endlich in Kraft treten (17. 8.).

Um eine erneute Aufrüstung nach dem Weltkrieg zu verhindern, einigten sich die Seemächte auf die Begrenzung der Kriegsflotten. Für Großkampfschiffe gilt zwischen den USA – Großbritannien – Japan – Frankreich die Relation 5 : 5 : 3 : 1,67.

Neben dem Flottenabkommen ist das Viermächteabkommen (Pazifikabkommen) von Bedeutung, das Spannungen in Ostasien verhindern soll. In Artikel 1 heißt es: »Die hohen vertragschließenden Teile verpflichten sich gegenseitig, ihre Rechte betr. ihre insularischen Besitzungen und Dominions im Stillen Ozean zu garantieren.«

Ohne Störungen verlaufende Massendemonstration in Dresden (29. 7.), wo Versammlungen unter freiem Himmel noch nicht, wie z. B. in Preußen, verboten sind

Reichskanzler warnt vor Bürgerkrieg im Deutschen Reich

18. Juli. In einer Presseerklärung tritt Reichskanzler Wilhelm Cuno den in der Presse diskutierten Bürgerkriegsgerüchten entgegen (→ 18. 7./S. 112). Die Presseäußerungen entbehrten jeder Grundlage, weil die überwältigende Mehrheit des deutschen Volkes es ablehne, sich von radikalen Gruppen aufhetzen zu lassen. Dennoch betont Cuno die Entschlossenheit der Reichsregierung, gegen gewaltsame Angriffe auf die Verfassung mit allen Mitteln rücksichtslos vorzugehen.

Es ist zweifelhaft, ob der Reichskanzler die Befürchtungen der Presse zerstreuen kann. Die Gefahr, daß links- oder rechtsradikale Kreise die sich zuspitzende Wirtschaftskrise für einen Umsturzversuch nutzen könnten, ist nicht von der Hand zu weisen. Verfassungsfeindliche Rechts- und Linksradikale versuchen ihre Aktivitäten (militärähnliche Verbände werden auf beiden Seiten verstärkt organisiert) mit Putschplänen der Gegner zu rechtfertigen. »Die maßlose Verhetzung schafft unberechenbare Explosionsgefahren ... Es könnte verhängnisvoll werden, wenn man das Treiben der nationalsozialistischen, der deutschvölkischen und der kommunistischen illegalen Organisationen unterschätzen würde«, so ein Kommentator des Berliner Blatts »Vossische Zeitung«.

Konkret ist die öffentliche Erklärung des Reichskanzlers durch einen Brief des deutschvölkischen Reichstagsabgeordneten Reinhold Wulle an Cuno veranlaßt, in dem Wulle den preußischen Innenminister Carl Severing (SPD) der Begünstigung eines Linksputsches beschuldigt. Cuno weist diesen Anwurf mit aller Entschiedenheit zurück.

Ferner reagiert der Reichskanzler auf die vom sächsischen Ministerpräsidenten Erich Zeigner (SPD) angedeutete Bürgerkriegsgefahr. Seit Zeigner heftigste Kritik an der Reichsregierung und der Reichswehr geübt hat (u. a. am 16. 6. in Niederplanitz), ist das Verhältnis zwischen Sachsen und dem Reich äußerst gespannt (29. 10./S. 165).

Regierung will gesetzliche Ordnung wahren

18. Juli. Um den kursierenden Bürgerkriegsgerüchten entgegenzutreten, veröffentlicht Reichskanzler Wilhelm Cuno folgende Presseerklärung (in Auszügen zitiert):

»In der letzten Zeit sind in der Presse verschiedene Artikel erschienen, die mit einer gewissen Kaltblütigkeit die Möglichkeit eines Bürgerkriegs erörtern. Nach Auffassung der Reichsregierung haben solche Presseäußerungen in den Tatsachen keine Grundlage, denn die überwältigende Mehrheit unseres Volkes lehnt es offenkundig ab, sich von irgendeiner Seite in die verbrecherische Torheit blutiger innenpolitischer Kämpfe hineinhetzen zu lassen ... Die breitesten Kreise der Öffentlichkeit ... sind sich darüber klar, daß, wer die jetzige Not des Vaterlandes benutzen wollte, um ... die gesetzliche Ordnung durch Mittel der Gewalt zu zerreißen, allein die Zwecke fremder Mächte fördern und Verräter am deutschen Volke sein würde. Sollte es dennoch zu einem Versuch gewaltsamer Auseinandersetzung kommen, so würde die Reichsregierung alle Machtmittel rücksichtslos einsetzen ...«

Reichskanzler Wilhelm Cuno

Versammlung der für höhere Löhne streikenden Dockarbeiter bei den Surrey Docks in London; es ist ein wilder Streik der »kampflustigen« Docker (4. 7.–19. 8.)

Kundgebungen gegen Krieg und Faschismus

29. Juli. Entgegen vorherigen Befürchtungen verlaufen die in zahlreichen Orten des Deutschen Reiches abgehaltenen Pazifisten- und Antifaschistenkundgebungen in der Regel friedlich. Dazu hat vermutlich das am 24. Juli in Preußen erlassene Verbot sämtlicher Versammlungen unter freiem Himmel beigetragen.
Während die Kommunisten für Veranstaltungen gegen den Faschismus mobilisiert haben – die größte Demonstration ist die in Leipzig, wo sich 12 000 bis 15 000 Menschen versammeln –, organisieren die deutschen Pazifisten in Berlin eine vielbeachtete Kundgebung, auf der auch der Physiker und Nobelpreisträger Albert Einstein spricht. Obwohl er selbst am 22. März aus der Völkerbundskommission für intellektuelle Zusammenarbeit ausgetreten ist, betont der prominente Pazifist die Bedeutung des Völkerbunds für die internationale Verständigung.
»Sie wissen«, so erklärt Einstein, »daß ich selbst einen Strauß mit dem Völkerbund gehabt und ihm den Rücken gekehrt habe, im Ärger über das, was ich von ihm gesehen. Aber ich glaube, daß diese Handlung nicht richtig war, denn der Völkerbund mag noch so schlecht sein in dem, was er getan hat, er ist ungeheuer wertvoll in bezug auf die Möglichkeiten, die er birgt.« Es müsse zugegeben werden, daß der Völkerbund »unter den heutigen Verhältnissen das einzige Organ ist, das die Möglichkeit bietet, Beziehungen herzustellen zwischen den Nationen«.

Auf der Pazifistenkundgebung in Berlin spricht auch Albert Einstein (M.)

Dockarbeiterstreik in London eskaliert

25. Juli. Im Zusammenhang mit dem am 1. Juli ausgebrochenen Londoner Dockarbeiterstreik kommt es zu heftigen Zusammenstößen zwischen der Polizei und den Streikenden. Nachdem der Gummiknüppeleinsatz der 250 Polizisten erfolglos blieb, werden berittene Polizisten gegen die Dockarbeiter eingesetzt.
Um die seit 1. Juli wirksame Herabsetzung der Löhne rückgängig zu machen, sind die rund 6000 Dockarbeiter in den Ausstand getreten, der von der britischen Transportarbeitergewerkschaft allerdings nicht unterstützt wird. Die britischen Gewerkschaftsführer warnen im Gegenteil vor dem Streik, den sie für aussichtslos halten.
Anlaß für die Kämpfe zwischen den Streikenden und der Polizei ist der am 19. Juli begonnene Einsatz von unorganisierten Arbeitern, den die als »kampflustig« bekannten Dockarbeiter zu verhindern suchen.
Mit einer Niederlage für die Docker endet der Streik (19. 8.). Die Arbeit wird zu den herabgesetzten Löhnen wieder aufgenommen.

Putschplan ist aufgeflogen

9. Juli. Mit der Verurteilung von Georg Fuchs und Johann Munk wegen Hochverrats endet der sog. Fuchs-Machhaus-Prozeß vor dem Volksgericht in München. Durch den Skandal-Prozeß wird Frankreich stark kompromittiert, das über den Geheimagenten August Richert versucht hat, einige rechtsradikale Verbände Bayerns zu einem Putsch zu bewegen. Eine Anzeige Eberhard Kautters, Vorsitzender des Bundes Wiking, deckte den Putschplan auf. Über die bayrischen Mittelsmänner Georg Fuchs (Schriftsteller und Theaterdirektor), Hugo Machhaus (zeitweise Redakteur des »Völkischen Beobachters«), Johann Munk (Kohlenhändler) und Karl Kühles (Rechtsanwalt) war Richert mit Geldangeboten an die Führer einiger rechtsradikaler Verbände herangetreten, um sie für einen separatistischen Rechtsputsch zu gewinnen. Dieser angeblich im Auftrag des französischen Ministerpräsidenten Raymond Poincaré angestrebte Putsch sollte den Franzosen als Vorwand für einen Einmarsch in Süddeutschland dienen.

Prinz Rupprecht

Während die bayrischen Mittelsmänner Richerts am 28. Februar festgenommen wurden, konnte sich dieser dem Zugriff der Behörden durch rechtzeitige Flucht entziehen. Die Angeklagten Machhaus und Kühles begingen in der Untersuchungshaft Selbstmord (Mai).

Als wahrheitswidrig weist das Gericht die Behauptung der Angeklagten zurück, hochgestellten Persönlichkeiten Bayerns, u. a. Kronprinz Rupprecht, sei der Putschplan bekannt gewesen. Der Hauptangeklagte Fuchs wird zu zwölf Jahren Zuchthaus und der Mitangeklagte Munk zu anderthalb Jahren Gefängnis verurteilt. Während der Landtagsdebatte über den Prozeß (17. 7.) attackiert die SPD das Gericht, weil es die Prominenz nicht als Mitschuldige behandelt habe.

Flucht aus U-Haft

13. Juli. *Freikorpsführer Hermann Ehrhardt (Abb.) gelingt die Flucht aus der Untersuchungshaft in Leipzig. Vor dem Staatsgerichtshof sollte ab 23. Juli gegen Ehrhardt wegen seiner Beteiligung am Kapp-Putsch (März 1920) verhandelt werden. Ehrhardt hat auch die rechtsradikale Organisation Consul aufgebaut.*

Besetzte Gebiete werden isoliert

3. Juli. Als Reaktion auf den deutschen Sabotageakt vom 30. Juni – eine Bombenexplosion auf der Hochfelder Rheinbrücke tötete acht belgische Soldaten – verhängen die Besatzungsbehörden eine verschärfte Grenzsperre zwischen dem besetzten Ruhr- und Rheingebiet sowie dem unbesetzten Teil des Deutschen Reichs.

Bisher ausgestellte Pässe werden für ungültig erklärt. Nur noch mit selten erteilten Sondergenehmigungen oder auf Schleichwegen ist die Grenze passierbar. Die Sperre dauert mit einer kurzen Unterbrechung bis zum 16. September.

Mit dieser Isolierung der besetzten Gebiete verfolgen die Franzosen das Ziel, den von deutscher Seite geleisteten passiven Widerstand zu brechen. Nur noch etwa ein Drittel der bisherigen Lebensmitteltransporte gelangt in das Ruhrgebiet, so daß die Preise hier noch stärker steigen als im übrigen Deutschen Reich. Nahrungsmittel kosten z. B. im besetzten Höchst etwa 50% mehr als im unbesetzten Frankfurt am Main.

Weitere Verschärfung der Ernährungslage

28. Juli. Da sich die Situation im Deutschen Reich zusehends zuspitzt – die Lebensmittelversorgung ist wegen der immer rascher steigenden Preise und der verspäteten Kartoffelernte nicht gesichert –, mahnen Reichspräsident Friedrich Ebert und die Reichsregierung die Bevölkerung zur Ruhe.

Neben der Ankündigung finanzpolitischer Maßnahmen gegen die »unerhörte Entwertung des Geldes« richtet Ebert einen eindringlichen Appell an die Landwirtschaft und den Handel. Es sei »eine staatsbürgerliche Pflicht, so schnell wie möglich und in weitestem Umfang die Ernteerträge dem Verbrauch zukommen zu lassen«.

Angesichts der wachsenden Unruhe – über die Gefahr eines Bürgerkriegs wird öffentlich diskutiert (→ 18. 7./S. 112) – sind staatliche Maßnahmen dringend geboten. In verschiedenen Städten ist es bereits zu Hunger- und Teuerungsunruhen gekommen, so u. a. am 20. Juli in Breslau und Gleiwitz.

Die Auswirkungen der rasanten Inflation – am 30. Juli übersteigt der US-Dollar erstmals die Millionengrenze (ein US-Dollar ist mit 1,1 Millionen Mark notiert) – treffen besonders die ärmeren Bevölkerungsschichten. Die Preisexplosion läßt auch die Grundnahrungsmittel für viele nahezu unerschwinglich werden: Am 23. Juli kostet in Berlin 1 kg Kartoffeln 10 000 Mark, ein Brot 22 500 Mark, ein Liter Vollmilch 6400 Mark und ein Ei 5600 Mark. Die beliebten Schrippen werden bei einem Preis von 1000 Mark pro Stück (18. 7.) zu einer Luxusspeise.

Nahrungsmittelknappheit in Berlin; Käufer bestürmen den unter Polizeischutz auf dem Markt eingetroffenen Kartoffeltransport, der sofort ausverkauft ist

Ludendorff schuld an Kapitulation?

23. Juli. General Max Hoffmann, Kommandeur der deutschen Ostfront während des Weltkriegs, veröffentlicht zugleich im »Manchester Guardian« und in der »New York World« seine aufsehenerregenden Kriegserinnerungen.

In dem zunächst publizierten ersten Abschnitt polemisiert Hoffmann gegen Erich Ludendorff, der seit 1916 als 1. Generalquartiermeister neben Generalfeldmarschall Paul von Hindenburg mit der eigentlichen militärischen Führung des Krieges betraut war. Ludendorff hätte, so Hoffmann, nach dem Scheitern der deutschen Frühjahrsoffensiven in Frankreich im März/April 1918 Friedensverhandlungen einleiten müssen. Zu diesem Zeitpunkt sei ein Vergleichsfrieden noch möglich gewesen. Dagegen habe Ludendorff in aussichtslosen Offensiven bis Juli 1918 die letzten deutschen Reserven verbraucht. Durch rechtzeitige Friedensverhandlungen hätte nach Hoffmanns Meinung die Kapitulation möglicherweise vermieden werden können.

Britische Flotte veranstaltet nächtliche Light-Show für Badegäste

25. Juli. *Vor der Küste Torbays, des bekannten mondänen Badeortes an der Südküste Cornwalls, sorgt die britische Marine für eine Ferienattraktion besonderer Art: Die bei Torbay zu einem Manöver zusammengezogenen Kriegsschiffe führen mit ihren Suchscheinwerfern eine nächtliche Light-Show durch (Abb.). In rascher Abfolge verändern die Scheinwerfer ihre Richtung, so daß ein genau abgestimmtes »Konzert« der den Nachthimmel durchdringenden intensiven Strahlen entsteht. Die am Strand versammelte Zuschauermenge zeigt sich höchst beeindruckt und fasziniert von diesem außergewöhnlichen Schauspiel.*

Der unter dem Kommando Admirals Sir John de Robeck stehende Flottenverband – es handelt sich um das größte Manöver des Jahres – bietet auch tagsüber den Beobachtern am Strand ein imposantes Bild. Während der vergangenen Tage hatten die Badegäste vielfach Gelegenheit, die Kriegsschiffe zu beobachten. Besonderes Interesse findet das Flaggschiff »Queen Elizabeth«.

Deutsches wird aus Südtirol verdrängt

18. Juli. In Bozen wird das Programm der Entnationalisierung Südtirols bekanntgegeben, dessen Grundlinien der italienische Ministerpräsident und Duce Benito Mussolini selbst festgelegt hat. Ein umfassender Maßnahmenkatalog richtet sich gegen die Deutschen in Südtirol. An die Stelle der nun verbotenen Namen »Tirol« und »Südtirol« treten die amtlichen italienischen Bezeichnungen »Trentino« und »Alto Adige«. Obligatorische Amtssprache ist das Italienische. Straßenschilder sind italienisch oder zweisprachig.

Benito Mussolini

Das Standbild Walthers von der Vogelweide auf dem Bozener Marktplatz wird in den Garten des Museums versetzt. In deutschen Schulen wird Italienisch als Pflichtfach eingeführt. Auch die deutschen Gemeinden Südtirols erhalten nun italienische Gemeindesekretäre.

Während die Förderung der italienischen Einwanderung und des Erwerbs von Grundbesitz durch Italiener vorgesehen ist, soll der Zuzug weiterer Deutscher durch ein Ausnahmegesetz für eine bestimmte Zeit verhindert werden. Bürger des Deutschen Reichs erhalten jeweils nur eine Aufenthaltserlaubnis für drei Monate.

Spektakulärer Sieg eines Sozialisten

17. Juli. Eine lebhafte Diskussion in der US-amerikanischen Öffentlichkeit wird durch den unerwarteten Wahlsieg des Landwirtschaftsarbeiters Magnus Johnson in St. Paul (Minnesota) ausgelöst. Der Sozialist erhält in der Nachwahl zum Senat die Mehrheit der Stimmen.

Das Wahlergebnis erregt großes Aufsehen, weil die Sozialisten in den USA seit dem Weltkrieg keine bedeutende Rolle mehr gespielt haben. Als mögliche Ursache für den Wahlausgang wird die Landwirtschaftskrise – bei stetig fallenden Agrarpreisen sinken die Einkommen der Farmer – diskutiert.

Königin Marie von Kroaten beleidigt

14. Juli. Kroatenführer Stjepan Radić, der sich für die Autonomie Kroatiens innerhalb des Königreichs der Serben, Kroaten und Slowenen (heute Jugoslawien) einsetzt, greift in einer Rede die königliche Familie an, wobei er Königin Marie mit der Marquise de Pompadour, der Mätresse des französischen Königs Ludwig XV., vergleicht. Ferner erörtert Radić die Möglichkeit einer kroatischen Revolution.

In Belgrader Regierungskreisen ruft die Rede große Entrüstung hervor. Die Presse fordert das gerichtliche Vorgehen gegen Radić wegen Beleidigung der Königin.

Erste Türkin in das Parlament gewählt

15. Juli. Als erste Türkin wird die Frau von General Mustafa Kemal Pascha in die türkische Nationalversammlung gewählt. Diese Wahl steht im Zusammenhang mit der neuen Kulturpolitik, die Mustafa Kemal Pascha (späterer Beiname: Atatürk) auf dem Wirtschaftskongreß von Izmir (17. 2.–4. 3.) angekündigt hat.

Sein Programm (»Wir werden uns in die modernste Nation verwandeln«) schließt auch die Emanzipation der Frau aus ihrer benachteiligten Position und ihre Eingliederung in das türkische Berufs- und Gesellschaftsleben ein.

Wahlreform bringt Vorteile für Duce

25. Juli. Mit 223 gegen 123 Stimmen nimmt das italienische Parlament die von Ministerpräsident und Duce Benito Mussolini eingebrachte Wahlreform an. Scheinbar zielt die Reform, nach der die größte Partei, wenn sie mindestens ein Viertel der Stimmen gewinnt, nicht weniger als zwei Drittel aller Sitze erhält, nur auf die Sicherung der Regierungsstabilität hin, weshalb die bürgerlichen Parteien zustimmen. Auch der größte Teil der Popolari unterstützt die Vorlage, obwohl die Bedingung der Partei, daß die Mehrheitspartei mindestens 40% der Stimmen erhalten muß, abgelehnt wird.

Luxusliner »Leviathan« – Kurs auf Europa

4. Juli. Am US-amerikanischen Unabhängigkeitstag verläßt der luxuriös ausgestattete Passagierdampfer »Leviathan« der United States Lines New York. Das größte Schiff der Welt (die ehemalige deutsche »Vaterland«) tritt nach seinem Umbau seine Jungfernfahrt über den Atlantik an und nimmt Kurs auf Cherbourg und Southampton.

Die »Leviathan« hat eine wechselvolle Vergangenheit hinter sich: Sie wurde in Hamburg gebaut und im Jahr 1914 von der Hapag (→ 17. 6./S. 100) unter dem Namen »Vaterland« in Dienst gestellt. Nach dem Ausbruch des Weltkriegs im August 1914 wurde die »Vaterland« in New York beschlagnahmt. Dann diente das Schiff im Jahr 1917 unter seinem neuen Namen »Leviathan« als US-amerikanischer Truppentransporter. Nachdem der Riesendampfer nach dem Weltkrieg endgültig in US-amerikanischen Besitz übergegangen war (die deutsche Handelsflotte mußte an die Alliierten ausgeliefert werden), bauten die United States Lines die »Leviathan« mit einem Kostenaufwand von neun Millionen US-Dollar völlig um. Wegen seiner neuen luxuriösen Ausstattung und seiner gewaltigen Ausmaße wird der Dampfer als schwimmender Palast bezeichnet.

Mit ihren 59 956 Bruttoregistertonnen (BRT), einer Länge von 329,36 m, einer Breite von 30,48 m und einer Höhe von 37,79 m (vom Kiel zur Brücke) ist die »Leviathan« das größte Schiff der Welt. Das zweitgrößte existierende Schiff ist die »Majestic« (56 000 BRT), gefolgt von der »President Harding« (54 282 BRT).

Nicht nur die gewaltigen Dimensionen geben zu enthusiastischen Berichten Anlaß, ebenso aufsehenerregend ist die innere Ausstattung des Luxusliners. Der Komfort der ersten Klasse kann selbst höchsten Ansprüchen genügen. Geräumige und geschmackvoll eingerichtete Kabinen mit eigenem Badezimmer, diverse Aufenthaltsräume, luxuriöse Speisesäle und Sonnendecks lassen die Schiffspassage für das zahlungskräftige Publikum zu einem reinen Vergnügen werden. Die neun Decks sind mit großzügigen Treppenaufgängen sowie Fahrstühlen untereinander verbunden. Unter den nach Europa reisenden US-Amerikanern hat der Verstoß gegen die Prohibition (1918 in den USA eingeführtes Alkoholverbot), die auch auf der »Leviathan« gilt, den Charakter eines Kavaliersdelikts. Da das Gepäck bei der Einschiffung in New York praktisch nicht kontrolliert wird, ist es üblich, einen alkoholischen Reiseproviant mitzuführen. Völlig ungefährlich ist der Alkoholkonsum in den Kabinen, reizvoller jedoch in den Speisesälen.

Reizvoller, weil verbotener Alkoholgenuß im Speisesaal der »Leviathan«; zum Schein bestellt man Tafelwasser

Jungfernfahrt des Luxusliners ▷ »Leviathan« beginnt am 4. Juli in New York (Gemälde von E. Turner)

Urlaub und Freizeit 1923:

Die deutsche Reisesaison steht im Schatten der Inflation

Die durch gewaltige Preissteigerungen gekennzeichnete deutsche Wirtschaftskrise des Jahres 1923 läßt die Urlaubsreise zu einem ausgesprochenen Luxus werden. Auslandsreisen waren ohnehin eine Seltenheit, aber die vor dem Weltkrieg in den nun verarmten mittelständischen Kreisen übliche und beliebte Reise in die Sommerfrische im Schwarzwald, an der Nord- oder Ostsee ist für viele unerschwinglich geworden.

Bereits an den bisher nebensächlichen Fahrtkosten kann die Sommerreise scheitern, denn die Reichsbahntarife sind drastisch angestiegen. Gereist wird im Deutschen Reich mit dem Zug; das Automobil oder gar das Flugzeug können sich nur die wirklich Reichen leisten.

Im August betragen die Eisenbahnfahrpreise für die zweite Klasse das Sechzehnfache der Junitarife. Beispielsweise kostet eine Eisenbahnfahrt von Berlin nach Baden-Baden, einem begehrten Reiseziel, am 20. Juli 1152000 Mark (Einzelfahrt, zweite Klasse). Am 20. Juli kostet eine Einzelfahrt (zweite Klasse) von Berlin aus nach:

- ▷ Köln 924000 Mark
- ▷ Dresden 288000 Mark
- ▷ Hamburg 464000 Mark
- ▷ München 1047000 Mark

Wer dennoch die Sommerreise antritt, steht wegen der Unsicherheit der Preisgestaltung vor der Schwierigkeit, die voraussichtlichen Reisekosten abzuschätzen. Während der Sommermonate werden die Hotel- und Pensionspreise in den Sommerfrischen, den Bade- und Kurorten wöchentlich neu festgesetzt, d.h. unter den gegebenen Umständen z.T. drastisch erhöht. So kann es dem Urlauber durchaus passieren, daß sich ein Betrag, der bei Antritt der Reise ausreichend erschien, als viel zu gering erweist.

Wetter in den Sommerfrischen

25. Juli. »Nach einer heißen Woche hat der südliche Schwarzwald trübes Wetter mit etwas Regen. – Triberg hat noch heiteres, warmes Wetter, das zu Gewittern neigt. – Baden-Baden hat nach Sommerwetter seit gestern Regen mit Gewitterneigung ... – Das Nordseegebiet erhielt gestern eine starke Abkühlung ... – Auch die Ostseeküste meldet von verschiedenen Orten Gewitterbildung, so Heringsdorf und Danzig.« (Wetterdienst der »Vossischen Zeitung«)

Um dem Hotelgewerbe und den Urlaubern die Handhabung dieser Schwierigkeiten zu erleichtern, haben der Reichsverband der Deutschen Hotels und der Deutsche Bäderverband den sog. Hotelindex eingeführt. Einmal pro Woche setzen die beiden Verbände aufgrund der aktuellen Preisentwicklung mit dem Hotelindex einen Multiplikator fest, der mit den sog. Friedenspreisen vor dem Weltkrieg multipliziert wird, wodurch sich die jeweils geltenden Hotel- und Pensionspreise in den Bädern ergeben.

Die Entwicklung des Hotelindexes folgt so der allgemeinen Preisexplosion: Nachdem der erste Index am 7. April auf 2800 festgesetzt wurde, steigt er während der Vorsaison allmählich auf 6600 (16. Juni). Dann treibt die große Teuerungswelle die Hotelpreise in unerschwingliche Höhen. Von 8000 am 23. Juni steigt der Hotelindex auf 11000 am 30. Juni, um am 14. Juli um mehr als 100% erhöht zu werden (23000).

Unter den Gästen ruft die enorme Preissteigerung, die vom Hotelgewerbe mit dem außerordentlichen Anstieg der Lebensmittelpreise begründet wird, große Beunruhigung und Ärger hervor.

Im August kommt es wegen der laufend steigenden Urlaubskosten – die Vorkriegspreise der Hotels und Pensionen müssen am 22. August bereits mit 580000 multipliziert werden – zu einer regelrechten Bäderflucht. Auch das Nachlassen der guten Witterung in den Nord- und Ostseebädern veranlaßt viele Touristen zur plötzlichen Abreise.

Einzelne Badeorte gefährden ihren guten Ruf mit der Überhöhung der ohnehin kaum erschwinglichen Preise. So werden z.B. in Westerland auf Sylt im August für Rasierwasser im Hotel 40000 Mark, für eine Tasse Kaffee mit einem Stück Kuchen 800000 Mark, für ein Ei 650000 Mark und für eine Portion Bratkartoffeln mit Rührei eine Million Mark verlangt.

Wer sich im Krisenjahr 1923 die kostspielige Reise in die Sommerfrische nicht mehr leisten kann – das betrifft die Angehörigen des Mittelstands, für die vor dem Weltkrieg eine Sommerreise durchaus erschwinglich war (Arbeiter konnten sich auch damals keine Urlaubsreisen leisten) –, findet in der Presse Anregungen zu einer alternativen Feriengestaltung.

So empfiehlt z.B. das Berliner Blatt »Vossische Zeitung« unter der Rubrik »Wenn jemand keine Reise tut« die städtischen Parkanlagen als Ersatz. Die Ausgestaltung der Berliner öffentlichen Gartenanlagen durch die Stadt habe während der vergangenen Jahre einen mächtigen Aufschwung erfahren. Mit ihren Sport- und Spielplätzen, Baumanlagen und Tummelwiesen, Planschbecken und Ruhebänken hätten die öffentlichen Parks Angebote für die ganze Familie.

Des weiteren bietet sich für die zurückgebliebenen Städter als Lösung die Wochenendfahrt in die nähere Umgebung an, die sich mit Nahrungsmitteleinkäufen verbinden läßt. Dieser Aspekt gewinnt angesichts der Lebensmittelknappheit besonders in den Großstädten zunehmend an Bedeutung. Die Hamsterfahrt tritt an die Stelle der Urlaubsreise, wie folgender »Reisetip« der »Vossischen Zeitung« für die Berliner Leser zeigt:

»Indessen am verlockendsten ist eine Reise durch die Mark [Brandenburg] für den, der nur auszieht, um Küche und Keller, Schrank und Speisekammer zu füllen. Sie kann geradezu als Dorado für jede Art von Hamsterfahrt gelten ... Gewiß, der enge Umkreis unserer engeren Heimat ist eine große, große Speisekammer ...«

Mit gewissen Preisnachlässen – es gibt die Sonntagsrückfahrkarte und die Wochenendkarte – unterstützt die Eisenbahnverwaltung diese Wochenendreisen und Hamsterfahrten in die nähere Umgebung der Großstädte.

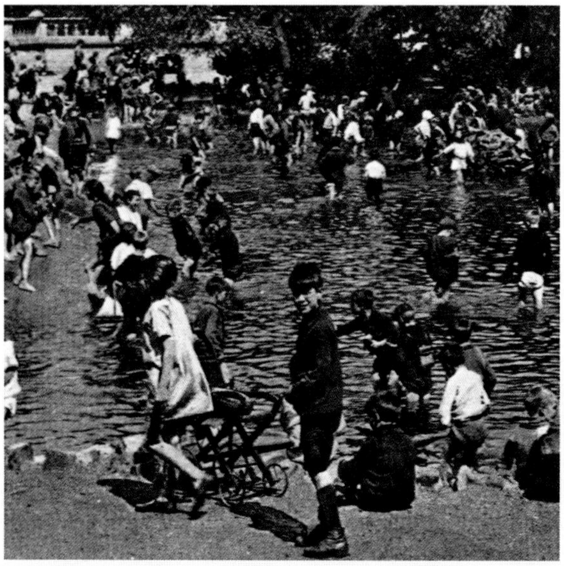

Sonnenhungrige in den städtischen Parkanlagen

Luft- und Sonnenbad in einem Berliner Kinderheim

München–Budapest in nur 220 Minuten

16. Juli. Die am 3. Mai gegründete Österreichische Luftverkehrs-AG (ÖLAG) richtet in Zusammenarbeit mit der ungarischen Fluggesellschaft Aero Express (gegründet am 10. 1.) und unter Beteiligung der deutschen Luftverkehrsgesellschaft der Junkers-Werke die Flugverbindung Wien–Budapest ein.
Mit dieser neuen Linie wird die zwei Monate zuvor (14. 5.) eröffnete Verbindung München–Wien erweitert. Es besteht nun die Möglichkeit, per Flugzeug von München nach Budapest zu gelangen, wenn auch nicht im Direktflug. Zwischen München und der österreichischen Hauptstadt verkehren Junkers-Maschinen. In Wien müssen die Passagiere zum Weiterflug nach Budapest in ein Wasserflugzeug umsteigen.
In der Rekordzeit von 220 Minuten (reine Flugzeit) wird der Eröffnungsflug auf der neuen Strecke absolviert. Das in München gestartete Junkers-Flugzeug trifft nach 100 Minuten in Wien ein, das Wasserflugzeug benötigt für den Flug nach Budapest 120 Minuten.
Wesentlich beteiligt an dem Aufbau des internationalen Luftverkehrsnetzes im Süden und Südosten Europas ist die deutsche Luftverkehrsgesellschaft der Junkers-Werke. Die neuen Fluggesellschaften, deren Rückgrat durch Junkers-Maschinen gebildet wird, stehen unter dem Einfluß der Flugzeugwerke. Auch die Schweizer Fluggesellschaft Ad Astra wurde von Junkers mit F-13-Maschinen ausgerüstet.

In Paris wird die erste Ampel getestet

Juli. *In Paris wird die erste Ampelanlage getestet. Sollte sich die Ampel als ein wirksames Mittel zur Kontrolle des zunehmenden Autoverkehrs erweisen, wird sie in Kürze an allen größeren Kreuzungen installiert werden. Die Abbildung zeigt die Kreuzung des Grand Boulevard und des Boulevard de Strasbourg mit der an einer Laterne befestigten Testampel. Sie wird von einem Verkehrspolizisten bedient. Wenn die Autos halten sollen, ertönt ein Alarmsignal und auf der Ampel erscheint das Wort »Halt«.*

Überschwemmung nahe bei Saragossa

13. Juli. In der Provinz Tarragona im Nordosten Spaniens haben schwere Gewitter eine Überschwemmungskatastrophe verursacht.
Die Umgebung Saragossas, dessen Vororte in Mitleidenschaft gezogen sind, hat sich in einen See verwandelt. Der Zugverkehr nach Barcelona ist unterbrochen; auf den anderen Strecken des Notstandsgebiets kann der Verkehr nur unter erheblichen Schwierigkeiten aufrechterhalten werden.
Verschiedene Ortschaften mußten bereits evakuiert werden; in einem Dorf haben die Wassermassen allein 60 Häuser zum Einsturz gebracht. Die Behörden leiten eine Hilfsaktion ein; Truppen leisten Katastrophenhilfe.

Ägyptischer Prinz von Frau getötet

10. Juli. Im Londoner »Savoy«-Hotel wird der ägyptische Prinz Ali Kamel Fahmi Bey, Präsident der Nationalpartei, von seiner Frau, einer geborenen Französin, erschossen. Persönliche Motive werden vermutet. Die Tat hat sich in der vergangenen Nacht ereignet, während ein schweres Gewitter über London niederging.

Maggie Fahmi

»Notlandung« auf Berliner Prachtstraße

8. Juli. Erstaunte Spaziergänger beobachten in den frühen Morgenstunden die Landung eines Flugzeugs vom Typ D 284 auf der Berliner Straße Unter den Linden. Gegenüber der herbeigerufenen Polizei sagt der Pilot Antonius Rab aus, ein Motorversagen habe ihn zur Notlandung gezwungen.
Nach Aussagen der Passanten hat sich allerdings am Ort der angeblichen Notlandung ein Filmteam bereit gehalten, anscheinend in der Absicht, die Landung zu filmen.
Falls dies zutrifft, werden sich der Pilot und die betreffende Filmgesellschaft wegen Erregung öffentlichen Ärgernisses zu verantworten haben.

Flugzeuglandung im Zentrum von Berlin; angeblich wegen eines Motorschadens landet Pilot Antonius Rab mit seiner D 284 auf der Straße Unter den Linden

Ehetragödie in Aristokratenfamilie

16. Juli. In der Wiener Wohnung des Grafen Franz Revertera werden seine Frau und Rittmeister Rudolf Doortiel, der dort als Untermieter wohnte, tot aufgefunden. Vermutlich liegt ein Doppelselbstmord vor, denn das Paar hielt sich eng umschlungen und war durch Herzschüsse getötet worden. Bevor Graf Revertera am 15. Juli abreiste, um seinen zehnjährigen Sohn im Internat zu besuchen, soll er eine schwere Auseinandersetzung mit seiner Frau und dem Rittmeister gehabt haben.
Graf Revertera stand dem am 1. April 1922 verstorbenen österreichischen Ex-Kaiser Karl I. sehr nahe.

Neue Methoden zur Erforschung des Krebs

17. Juli. Im Institut für Krebsforschung in der Berliner Charité wird die neue Abteilung für experimentelle Zellforschung eröffnet, die erste Einrichtung dieser Art im Deutschen Reich. Von der Forschung an lebenden Zellen, die in dieser Abteilung vorangetrieben wird, verspricht man sich Fortschritte hinsichtlich der Krebsbehandlung.

Während der Eröffnungsfeier wird mit einem Experiment die Arbeitsweise dieses Forschungszweigs veranschaulicht. Einem acht Tage lang bebrüteten Hühnerembryo wird das Herz herausgenommen, zerstückelt und mit Blutplasma und dem embryonalen Extrakt vermischt. Nach einiger Zeit kann man unter dem Mikroskop die herauswachsenden Zellen deutlich erkennen.

Von der Untersuchung des künstlich erzeugten Zellwachstums erhoffen sich die Forscher Rückschlüsse auf die Ursache des krankhaften Wachstums von Krebsgeschwulsten, die eine wirksamere Therapie ermöglichen sollen. Wegen der jährlichen Zunahme der Krebserkrankungen (1919: 52414 Krebstote, 1921: 55056, 1923: 58291) hat die medizinische Forschung auf diesem Gebiet eine besondere Relevanz.

Wesentlich der Initiative Rhoda Erdmanns, einer auf experimentelle Zellforschung spezialisierten Zoologin und Leiterin des neuen Instituts, ist zu verdanken, daß es zu der kostspieligen Einrichtung der Laboratoriumsräume mit den dazugehörenden Stallungen für die Versuchstiere gekommen ist. Die Forscherin hat vor Jahren im Institut für Infektionskrankheiten von Robert Koch gearbeitet und folgte 1913 einem Ruf an die renommierte Yale University (USA). Seit 1919 hat sie einen Lehrauftrag in Berlin.

Eine neue Krebstherapie; Apparat zur Gewinnung des radioaktiven Gases Radon, das in der Strahlentherapie von Krebspatienten Anwendung findet

Hoffnungen für deutsche Diabetiker

Juli. Nun soll auch im Deutschen Reich mit der Produktion des neuen Heilmittels für Zuckerkranke, des 1921 entdeckten Insulins, begonnen werden. Bisher ist das Präparat, das aus London importiert werden muß, wegen der hohen Kosten nicht zur breiten Anwendung gekommen.

Mit der Entdeckung des Insulins durch den kanadischen Mediziner Frederick Grant Banting und den Physiologiestudenten Charles Herbert Best (→10. 12./S. 199) ist ein wesentlicher medizinischer Fortschritt gelungen. Gegenüber den bisher fast ausschließlich praktizierten diätetischen Maßnahmen hat sich die Insulin-Therapie als eine wesentlich wirksamere Behandlungsmethode erwiesen. Die Einspritzung des aus der Bauchspeicheldrüse von Rindern isolierten Wirkstoffes kann bei dem für Zuckerkranke höchst bedrohlichen Koma geradezu lebensrettend wirken.

Nachtfotografen begeben sich nun mit neuartigen Methoden auf die Jagd nach Tierfotos

Juli. *Die britische Illustrierte »London News« würdigt die auf Tiere in der freien Wildbahn spezialisierte Nachtfotografie, die mit neuentwickelten Methoden exzellente Ergebnisse erzielt hat, mit einer ausführlichen Bilddokumentation, die in Fotografenkreisen Aufsehen erregt.*

Aktueller Trend in der Fotografie ist das Bestreben der Fotografen, Menschen oder Tiere in möglichst »natürlicher« Haltung abzulichten. Deshalb richtet sich das fotografische Interesse neuerdings auf die Tiere in freier Wildbahn. Wie Jäger warten die Fotografen oft stundenlang, bis sich das Wild zeigt. Neuartig ist die Kooperation mehrerer Fotografen, die es erlaubt, das vor dem Blitzlicht des ersten Fotografen fliehende Tier nochmals zu fotografieren (l.).

Noch interessantere Bilder haben die Tiere selbst von sich gemacht: Um besonders scheue Tiere vor die Kamera zu bekommen, legen die Fotografen Köder, die mit einer Schnur an dem Auslöser der Kamera befestigt sind. Diese Methode hat sich u. a. bei Waschbären bewährt (oben r.; Fuchs unten r.).

Chemiker stirbt an einer Vergiftung

12. Juli. Infolge einer Lupinenvergiftung, die er sich bei seinen Versuchen zugezogen hat, stirbt der Chemiker Ernst Beckmann im Alter von 70 Jahren in Berlin.
Bis vor kurzem leitete Beckmann das 1912 gegründete Berliner Kaiser-Wilhelm-Institut für Chemie. Beckmann hat sich durch seine Methoden der Molekulargewichtsbestimmung mit Hilfe der Siedepunkterhöhung und der Gefrierpunkterniedrigung in wissenschaftlichen Kreisen einen Namen gemacht. Das Beckmann-Thermometer, ein Quecksilberthermometer mit hoher Empfindlichkeit, ermöglicht bis auf einige tausendstel Grad genaue Temperaturmessungen. Beckmann veröffentlichte auch Arbeiten zur Spektralanalyse.

Tapetenmuseum in Kassel eröffnet

1. Juli. In Kassel wird das weltweit erste Tapetenmuseum eröffnet. Vor vier Jahren wurde mit dem Aufbau dieses einzigartigen Spezialmuseums begonnen, dem mehrere bedeutende Privatsammlungen zur Verfügung gestellt wurden. Das Museum ist in den Räumen des alten Kasseler Schlosses untergebracht, wo der interessierte Besucher nun die Möglichkeit hat, dieses besondere Kapitel moderner Wohnkultur kennenzulernen.

Bayern baut mehr Wasserkraftwerke

Juli. Um der Öffentlichkeit Aufschluß über das umfangreiche Programm zum Ausbau der Wasserkraftwerke in Bayern zu geben, veranstalten die bayrischen Energieunternehmen eine Informationsreise für Journalisten.
Wegen der steigenden Kohlepreise wird seit einigen Jahren die Ausnutzung der Wasserkraft für die Elektrizitätsproduktion vorangetrieben. Von den insgesamt 48 Projekten sind einige lediglich Umbauten: Durch Betonierung der Kanalwände kann die Gefällsausbeute erheblich verbessert werden. Im Deutschen Reich werden derzeit vier Fünftel des Stromverbrauchs durch Kohlekraftwerke produziert.

Festumzug der Turner durch die Münchener Innenstadt (am Karlstor); über 300 000 Menschen nehmen teil

13. Turnfest für NS-Propaganda ausgenutzt

18. Juli. In München geht das 13. Deutsche Turnfest zu Ende, an dem seit dem 12. Juli 200 000 Menschen teilnehmen.
Die Massenveranstaltung lockt auch Hunderttausende von Zuschauern aus dem ganzen Deutschen Reich an. Insgesamt treffen bis zum 16. Juli 834 700 Personen mit planmäßigen und Sonderzügen (1430) auf dem Münchener Hauptbahnhof ein.
Beim Festumzug der Turner, für dessen Aufstellung eine Wegstrecke von acht km benötigt wird, marschieren über 300 000 Menschen mit. Das sportliche Hauptereignis, den aus Gerätturnen, volkstümlichen Wettkämpfen und Freiübungen zusammengesetzten Zwölfkampf, gewinnt Rudolf Kobs vom TV Vorwärts Breslau.
Fast wichtiger als das Turnen selbst ist der politische Aspekt der Massenveranstaltung. Die NSDAP hatte angekündigt, das 13. Deutsche Turnfest zu einer »einzigartigen, vaterländischen Kundgebung für das deutsche Volkstum, deutsche Ehre und Freiheit zu machen«. Unbeschadet der für die Dauer des Turnfestes erlassenen Vorschrift, mit der das Tragen uniformähnlicher Kleidung, das Zeigen von Parteifahnen und -abzeichen untersagt wird, führen die Nationalsozialisten ein »Nebenprogramm« durch.
Am 14. Juli hält Parteiführer Adolf Hitler bei der NSDAP-Großkundgebung im Zirkus Krone vor 5000 Turnern die Rede »Fluch der November-Revolution. Internationale Sklavenkolonie oder deutscher Freiheitsstaat?«. Der im Anschluß daran mit Hakenkreuzfahnen durch die Stadt ziehende Demonstrationszug wird von der Polizei gesprengt. Darüber heißt es im Polizeibericht: »Mit geschwungenen Hakenstöcken, Fahnenstangen usw. drang die Menge unter den wüstesten Beschimpfungen wie ›Judenknechte‹, ›Judensöldlinge‹ usw. auf die Schutzleute ein. Diese sahen sich ... genötigt, ... die blanke Waffe ... gegen die ... Demonstranten anzuwenden.«

Seltene Aufnahme vom 13. Deutschen Turnfest in München; trotz des starken Gewitters werden die Freiübungen der Männer auf der Wiese fortgesetzt

Pyrenäen-Etappe der Tour de France; Jean Alavoine, einer der Favoriten, bei der Überwindung des Tourmalet-Passes

Franzose gewinnt die Tour de France

22. Juli. Dem Sieger der Tour de France (Start am 24. 6.), Henri Pélissier, gilt der Jubel ganz Frankreichs. Wie ein Nationalheld wird der französische Radsportler überschwenglich gefeiert. Seit 1912 haben die Belgier die »Große Schleife« beherrscht; der Sieg von Pélissier, der bereits 1914 Zweiter geworden war, stellt in den Augen der Franzosen die Ehre der französischen Fahrer wieder her. Die 15 Etappen der 5386 km langen Strecke hat Pélissier in 222:15:30 h bei einer durchschnittlichen Geschwindigkeit von 24,428 km/h bewältigt. Den zweiten Platz belegt der Italiener Ottavio Bottecchia. Dritter wird René Bellenger aus Frankreich. Von den 139 gestarteten Teilnehmern erreichen nur 48 das Ziel. Die seit 1903 jährlich durchgeführte Tour de France (mit Ausnahme der Jahre 1915 bis 1918) stellt mit ihren Bergstrecken in den Pyrenäen und den Alpen höchste Anforderungen.

Henri Pélissier

Henri Pélissier triumphiert bei der Tour

In der französischen Sportzeitung »L'Auto« schreibt Henri Desgrange, der als Chefredakteur der »L'Auto« die Tour de France im Jahre 1903 ins Leben rief, über die Entscheidung der Tour 1923 durch den französischen Radsportler Henri Pélissier:

»In dieser Tour gab die kühle Berechnung und die im rechten Augenblick angewandte Taktik von Pélissier den Ausschlag. Von Paris an lag der Italiener Bottecchia zehn Etappen hindurch dauernd vor ihm, aber in der elften Etappe, in den Alpen, auf der schwierigen Steigung des Allos, spielte Henri geschickt seine letzten Trümpfe aus. Als Bottecchia, der eine zu hohe Übersetzung gewählt hatte, abstieg, um den Gang zu wechseln, trat Pélissier entschlossen an und enteilte dem Italiener. Er wußte, daß es in diesem Augenblick um den Sieg ging, und mit der ihm eigenen Energie und unbeugsamen Willenskraft sicherte sich unser Meisterfahrer den entscheidenden Zeitvorsprung.«

In ganz Frankreich löst der Sieg des Franzosen Pélissier ungeheure Begeisterung aus, denn seit 1912 haben belgische Fahrer die Tour de France gewonnen. Die französische Zeitschrift »L'Illustration« bringt beeindruckende Fotos von den schwierigen Bergetappen in den Pyrenäen und den Alpen und kommentiert den Verlauf der Tour de France folgendermaßen:

»Den Sieg hat der Franzose Henri Pélissier errungen, der die 5386 Kilometer der 15 Etappen in 222 Stunden 15 Minuten 30 Sekunden bewältigte. Das ergibt eine durchschnittliche Geschwindigkeit von 24,428 Kilometern pro Stunde. Der Kampf unter den Fahrern an der Spitze war außergewöhnlich hart, wozu der junge Italiener Ottavio Bottecchia maßgeblich beigetragen hat, der zum ersten Mal an der Tour de France teilnahm, bei der er sein Talent offenbarte. Seit der dritten Etappe trug er das berühmte ›Gelbe Trikot‹ [während der Tour de France 1919 von Henri Desgrange, um den Spitzenfahrer für das Publikum kenntlich zu machen, eingeführt] und überflügelte einen der großen Favoriten Jean Alavoine. Aber zwischen Nizza und Briançon verlor er durch ein Formtief wertvolle Minuten, die er nicht mehr aufholen konnte.

Im Verlauf derselben Etappe mußte Jean Alavoine wegen eines schweren Sturzes auf einem Abhang aufgeben. Von diesem Moment an war [Henri] Pélissier der erste Platz sicher.

Der glückliche Sieger hat die ungefähr 40 000 Francs, die ihm sein Erfolg einbringt, wohlverdient.«

In Göteborg Erfolg für deutschen Sport

8. Juli. Zum ersten Mal nach dem Weltkrieg treten deutsche Sportler wieder im Ausland zu internationalen Wettkämpfen an. Die Leichtathleten und Schwimmer besuchen die Schwedischen Kampfspiele in Göteborg.

Trotz der Inflation – eine Fahrkarte von Lübeck nach Göteborg und zurück kostet pro Person 1,2 Millionen Mark – werden die nötigen Mittel für die Reise aufgetrieben, die ein großer Erfolg wird.

Die deutschen Schwimmer belegen in der Länderwertung den zweiten Platz hinter Schweden. Erich (»Ete«) Rademacher aus Magdeburg gewinnt die 200 und 400 m Brust. Die 200 m legt er in der 50-m-Bahn-Weltrekordzeit von 2:55,7 min zurück. Bei den Leichtathleten siegt Hubert Houben über 100 m. Der Hürdenläufer Reinhold Kasten (Berlin) bezwingt den Favoriten Heiner Trossbach (Frankfurt am Main).

Hoff – Weltrekord im Stabhochsprung

22. Juli. In Kopenhagen erzielt der norwegische Stabhochspringer Charles Hoff mit 4,21 m einen Weltrekord. Der Erfolg Hoffs – seit 25 Jahren ist er der erste Europäer, der die US-Amerikaner in dieser Disziplin übertrumpft – basiert auf einer neuen Technik: Hoff läßt den Stab erst los, wenn die Beine waagerecht über der Latte liegen.

In Kopenhagen erfolgreich, Stabhochspringer Charles Hoff aus Norwegen

Suzanne Lenglen, die Tennis-Königin

8. Juli. Zum fünften Mal gewinnt Frankreichs Tennisstar Suzanne Lenglen das Dameneinzel der Tennismeisterschaften in Wimbledon (London). »Die Göttliche« – so wird die begnadete Tennisspielerin genannt – schlägt ihre Gegnerin, die Britin Kathleen (Kitty) McKane 6:2, 6:2.

Suzanne Lenglen

Auch das Damendoppel gewinnt Suzanne Lenglen zusammen mit Elizabeth Ryan (USA) 6:3 und 6:1 gegen die Britinnen Jane Austin und Evelyn L. Colyer. Damit hat Suzanne Lenglen insgesamt zwölf Titel in Wimbledon eingesammelt (1919–1923 im Einzel, 1919–1923 im Doppel sowie 1920 und 1922 im Mixed). Gewinner des Herreneinzels ist der US-Amerikaner William M. Johnston, der sich 6:0, 6:3, 6:1 gegen seinen Landsmann Frank Hunter durchsetzt. Das Herrendoppel gewinnen die Briten Lesley Godfree/Randolph Lycett gegen E. Flaquer/Count de Gomar (beide Spanien) 6:3, 6:4, 3:6 und 6:3. Lycett/Ryan setzen sich im Mixed gegen Loren Deane/Dorothy Shepherd-Barron (beide GBR) 6:4 und 7:5 durch.

Brite gewinnt in Tours Grand-Prix-Rennen

2. Juli. In Tours wird das französische Grand-Prix-Rennen für Automobile ausgetragen. Henry O'Neal de Hane Segrave (Großbritannien) auf Sunbeam geht als Sieger aus diesem Rennen hervor.

Mit einer durchschnittlichen Geschwindigkeit von 121,274 km/h hat Segrave die Strecke (799 km) in 6:35:19 h zurückgelegt. Den zweiten Platz belegt auch ein Sunbeam mit Albert Divo (Frankreich) als Fahrer (6:54:25 h).

Noch bis kurz vor dem Ende des Rennens schien der Sieg Carlo Salamano (Italien) auf einem Fiat sicher. Zwei Kilometer vor dem Ziel mußte Salamano jedoch infolge Versagens der Benzinzufuhr aufgeben, nachdem er überlegen geführt und eine durchschnittliche Geschwindigkeit von 125 km/h erreicht hatte. Auch die anderen teilnehmenden Fiatwagen erlitten Pannen. Ein schwerer Unfall ereignete sich bei Membrolle in der Nähe von Tours, wo ein Automobil an eine Tribüne stieß und 15 Zuschauer z. T. schwer verletzte.

Erstmals wurde ein Grand Prix im Jahre 1895 ausgeschrieben und als Rennen Paris–Bordeaux–Paris ausgetragen. Seit 1906 veranstalten die Franzosen den Grand Prix auf abgesperrten Rundkursen. Andere Länder übernehmen die französische Idee: Das erste spanische Grand-Prix-Rennen wird am 28. Oktober in Sitges veranstaltet.

Nach dem Start führen ein Delage (1), ein Fiat (4) und ein Sunbeam (2)

Zielfotos: Die Kamera als ein unfehlbarer Schiedsrichter

Juli. Die Einführung der automatischen Zielfotografie bei Pferderennen macht die Entscheidung über den Ausgang des Rennens verläßlicher und kontrollierbarer. Bisher waren die Schiedsrichter allein auf ihre eigene Wahrnehmung angewiesen, was häufig zu Fehlbewertungen führte. Nun werden bei zweifelhaften Ergebnissen die Zielfotos als Entscheidungshilfe herangezogen. Folgendermaßen funktioniert das bisher hauptsächlich in Frankreich und Belgien eingeführte automatische Zielfotografiesystem: Ein Baumwollfaden wird in einer Höhe von 85 oder 90 cm und 1,50 m vor der Ziellinie über die Bahn gespannt. Sobald das erste Pferd den Faden zerreißt, werden damit verbundene Kameras elektrisch ausgelöst, die dann den Zieleinlauf fotografieren. Die Kombination mehrerer Kameras, die auf beiden Seiten der Bahn in 7 bis 8 m Höhe angebracht sind, liefert eine umfassende Dokumentation der die Ziellinie passierenden Pferde.

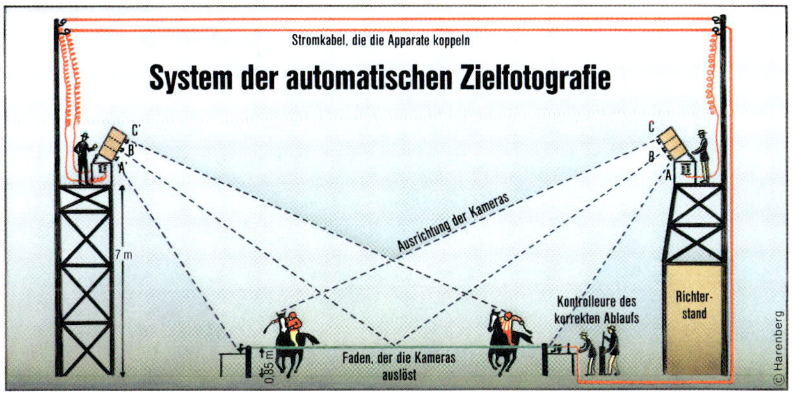

Grafische Darstellung des neuen Systems der automatischen Zielfotografie; das Zerreißen des Fadens löst über elektrische Leitungen die Kameras aus

Automatisches Zielfoto; den schwarzen Strich verursacht ein Faden auf der Fotoplatte (entspricht der Ziellinie)

Malerei 1923:

Konstruktivismus und Sachlichkeit gegen die »Bürger-Kunst«

Spannungsreiche Vielfalt verschiedener Stile kennzeichnet die Malerei des Jahres 1923. Selbst versierten Beobachtern der Kunstszene fällt es schwer, die verwirrende Lage zu überschauen. Neben dem bereits vor dem Weltkrieg entstandenen Expressionismus sind der Konstruktivismus und die Neue Sachlichkeit (auch als magischer Realismus bezeichnet) besonders hervorzuheben.
Gemeinsamer Hauptimpuls dieser Richtungen ist die radikale Ablehnung der bisherigen »bürgerlichen« Kunst. Besonders gegen den Expressionismus richten sich die neuentwickelten Stile, obwohl die Expressionisten weit in das Gebiet des Konstruktivismus und der Sachlichkeit vorgedrungen sind: Max Beckmann z. B. rückt mit seinen unter dem Eindruck des Weltkriegs entstandenen sozialkritischen Bildern in die Nähe der neusachlichen Maler Otto Dix und George Grosz (→ 25. 4./S. 70).
Der subjektivistischen Zielsetzung des Expressionismus – Farben und Formen sind Ausdrucksträger für seelisch-psychologische Momente – setzt die Avantgarde Abstraktion und versachlichenden Konstruktivismus entgegen.
Nachhaltigen Einfluß üben einige der aktivsten sowjetischen Konstruktivisten aus, u. a. Wassily Kandinsky, El Lissitzky, Naum Gabo und Antoine Pevsner, die im Jahre 1922 in das Deutsche Reich emigrierten.
Der Konstruktivismus – 1917 bis 1921 offizielle Revolutionskunst in der Sowjetunion – zielt mit einer reinen und logischen Formgestaltung auf die Überwindung des bürgerlichen »Individualismus«. Eine radikale Erneuerung der Kunst und des Lebens im Sinne einer universellen Weltanschauung wird propagiert. Die Bilder des Niederländers Piet Mondrian z. B., der zur konstruktivistisch geprägten Stijl-Gruppe gehört, zeigen einfachste geometrische Formen.
Das Jahr 1923 markiert auch das Ende des Dadaismus. Während Kurt Schwitters dem Dada-Konzept des spielerischen, aber provokatorisch gemeinten Un-Sinns weiterhin die Treue hält (→ S. 26), haben die zuvor der Berliner Dada-Gruppe angehörenden Maler George Grosz und Otto Dix seit 1920/21 einen sozialkritischen Realismus entwickelt, der unter der von Gustav Friedrich Hartlaub geprägten Bezeichnung Neue Sachlichkeit in die Kunstgeschichte eingeht.
Für Grosz, Dix und weitere Vertreter dieser Kunstrichtung (Rudolf Schlichter, Karl Hubbuch, Georg Scholz, Otto Griebel) ist die satirische Darstellung das Mittel einer scharfen Gesellschaftskritik. Trotz der grotesken Verzerrung machen die Bilder den Eindruck fotografischer Exaktheit, weil die Künstler sich einer veristischen, das heißt kraß wirklichkeitsgetreuen, Darstellungsweise bedienen.
Massiv nehmen die Künstler des grotesken Realismus gegen Kapitalismus und Militarismus Stellung. Die Bilder zeigen z. T. ins Tierische verzerrte Schieber, Kriegsgewinnler, Chauvinisten, die auf Kosten der Massen prassen.
Auch mit der schonungslosen, brutal-zynischen Darstellung des Elends und der Laster des Großstadtlebens – George Grosz und Otto Dix haben viele ihrer Motive dem Prostituiertenmilieu entnommen – schockieren die neusachlichen Künstler das bürgerliche Publikum. Der mit fotografischer Direktheit dargestellten häßlichen und harten Wirklichkeit kann sich der Betrachter nicht entziehen, die ihm wie ein »Spiegel vor die Fratze« gehalten wird, wie es später über George Grosz heißt.

Grosz malt »kesse Halbleichen«

Anläßlich einer Ausstellung mit Werken von George Grosz im Dezember 1923 schreibt Friedrich Sieburg in der kritischen Zeitschrift »Weltbühne« über den neusachlichen Maler:

»Hier geht ein Mensch unsrer Epoche mit dem Messer, mit der Geburtszange . . . zu Leibe – und seine Hände dienen doch . . . den Verzükkungen der Linie und der Farbe . . . Grosz hat den Beweis erbracht, daß ein Künstler nur überzeugen kann, wenn er dem geliebten oder gehaßten Gegenstand die Treue hält bis zum entsetzlichen Ende . . .«
Der Maler George Grosz sei ein Meister, »der mit der linken Hand zärtlich den Formen und Rundungen seiner kessen Halbleichen nachfährt und mit der rechten seinem Zeitalter ein glühendes Eisen in die . . . Fresse stößt«.

»Selbstbildnis mit Zigarette« (1923, Öl auf Leinwand) von Max Beckmann, einem der bedeutendsten deutschen und auch internationalen Künstler; seine expressionistischen Kompositionen häufig zeitkritischen Charakters sind durch vereinfachende Zeichnung, starke Farbigkeit und Ausdruckssteigerung geprägt; zum Werk des Malers und Graphikers gehören ungewöhnlich viele Selbstbildnisse

»Es lebe die Liebe oder: Pays charmant« (1923, Öl auf Leinwand) von Max Ernst; zusammen mit Hans Arp gründete Ernst 1919 die Kölner Dadaisten-Gruppe und beschäftigt sich seither intensiv mit Collagetechniken und Frottage; 1922 zog Ernst nach Paris, wo er sich dem Kreis um André Breton und Paul Éluard anschließt und Mitglied der 1924 gegründeten surrealistischen Bewegung wird

»Bildnis Karl Krall« (Gemälde ▷ von Otto Dix, 1923; Von der Heydt-Museum, Wuppertal)

Der veristische Maler Otto Dix, fotografiert von August Sander 1923

Max Beckmann, bedeutender Maler des deutschen Expressionismus

Künstler des Dadaismus, Kurt Schwitters aus Hannover

August 1923

Mo	Di	Mi	Do	Fr	Sa	So
		1	2	3	4	5
6	7	8	9	10	11	12
13	14	15	16	17	18	19
20	21	22	23	24	25	26
27	28	29	30	31		

1. August, Mittwoch

Die Sowjetunion unterzeichnet die in Lausanne ausgehandelte Meerengenkonvention, in der sich die Türkei verpflichtet, Handels- und Kriegsschiffen weitgehend freie Durchfahrt durch den Bosporus und die Dardanellen zu gewähren. Ferner soll die Meerengenzone entmilitarisiert werden.

In Ungarn streiken die Lokomotivführer und Heizer, wodurch erhebliche Störungen im Bereich der Wirtschaft entstehen. Die Streikbewegung wird durch Ausrufung des Belagerungszustands und den Einsatz technischer Nothilfe unterdrückt.

2. August, Donnerstag

Überraschend stirbt US-Präsident Warren G. Harding an einem Schlaganfall. Sein Nachfolger Calvin Coolidge wird am 3. August vereidigt. →S. 134

Der Konzessionsvertrag über die Bildung der gemischten Schiffahrtsgesellschaft Ocean-Reisebüro, die den sowjetischen Ein- und Auswanderungsverkehr durchführen wird, erhält die Bestätigung der Sowjetregierung. Beteiligt sind die Hamburg-Amerika-Linie, der Norddeutsche Lloyd und die White Star Line einerseits und die sowjetische Staatliche Handelsflotte andererseits. →S. 137

3. August, Freitag

Das mit vier Milliarden Mark veranschlagte Defizit des bayrischen Staatshaushalts hat sich infolge der Inflation auf mehr als zwei Billionen erhöht. Die SPD sagt der Regierung von Eugen Ritter von Knilling den »rücksichtslosen Kampf« an, weil sie eine einseitig gegen die Arbeiter gerichtete Politik betreibe.

Wegen angeblicher hochverräterischer Umtriebe werden in Finnland über 100 Kommunisten verhaftet, darunter sämtliche Mitglieder der kommunistischen Reichstagsfraktion und führende Funktionäre. Die kommunistische Presse wird verboten.

Im Deutschen Reich werden die Zahlungsmittel knapp. Arbeiter und Angestellte erhalten Verrechnungsschecks. Die von Kunden belagerten Banken zahlen an Privatpersonen nur noch begrenzte Summen aus. →S. 132

4. August, Sonnabend

In Wiesbaden kommt es zu Teuerungskrawallen. Die von Inflation und Lebensmittelknappheit geplagte Bevölkerung stürmt und plündert Kolonial- und Metzgerläden.

In Göteborg beginnen die Internationalen Flugwettbewerbe, an denen sich erstmals seit dem Weltkrieg auch deutsche Flieger beteiligen. →S. 137

Die ersten Leichtathletikmeisterschaften des Arbeiter-Turn- und -Sportbundes, die am Vortag begonnen haben, enden in Berlin. →S. 141

5. August, Sonntag

Insgesamt 200 Personen werden in Dresden festgenommen, nachdem die Polizei eine vom sog. Aktionsausschuß der revolutionären und radikalen Erwerbslosen organisierte Demonstration gewaltsam aufgelöst hat.

Seit Beginn der diesjährigen Flugsaison (1. 5.) hat der Flugbetrieb Königsberg–Moskau sehr günstige Ergebnisse erzielt. Auf der 1200-km-Strecke sind bisher 75 regelmäßige Flüge durchgeführt worden (→3. 5./S. 83).

6. August, Montag

In Freiburg im Breisgau wird der Internationale demokratische Friedenskongreß eröffnet (bis 10. 8.). Delegierte aus fast allen europäischen Ländern diskutieren vorrangig über die Abrüstungsfrage.

Für einen Liter Vollmilch müssen in Berlin derzeit 21 000 Mark bezahlt werden.

In Berlin wird der Grundstein für eine Moschee gelegt. →S. 133

7. August, Dienstag

Die Reichsregierung gibt bekannt, daß Industrie, Handel und Banken der Reichsbank 50 Millionen Goldmark in Devisen gegen US-Dollarschatzanweisungen zur Verfügung stellen. Die Devisen sollen hauptsächlich für die Lebensmittelversorgung der Bevölkerung eingesetzt werden. →S. 132

Erich Zeigner, sächsischer Ministerpräsident (SPD), wiederholt seinen Vorwurf gegen Reichswehrminister Otto Geßler, er stehe im Einvernehmen mit rechtsradikalen Geheimorganisationen, deren Ziel ein Rechtsputsch sei.

Die deutschen Hochseefischer beenden ihren zehnwöchigen Streik.

Auf dem Leipziger Gewerkschaftsfest wird Ernst Tollers Massenspiel »Krieg und Frieden« aufgeführt.

8. August, Mittwoch

Reichskanzler Wilhelm Cuno tritt für die Fortsetzung des passiven Widerstands im besetzten Ruhrgebiet ein und macht die Fortführung seiner Regierung von einem Vertrauensvotum des Reichstags abhängig (→12. 8./S. 130; 13. 8./S. 130).

Nach einem Bombenattentat in Düsseldorf verfügt die Rheinlandkommission erneut eine Grenzsperre zwischen den besetzten und unbesetzten Gebieten des Deutschen Reichs, die am 18. August bis zum 16. September verlängert wird. Die am →3. Juli (S. 114) verhängte Grenzsperre war erst vor kurzem, am 26. Juli, aufgehoben worden.

Im besetzten Ruhrgebiet wird die Lebensmittelnot täglich katastrophaler. Butter und Eier gibt es gar nicht, und die übrigen Nahrungsmittel sind für die Masse der Bevölkerung kaum erschwinglich, weil die Löhne und Gehälter gegenüber den täglich steigenden Preisen rasch an Wert verlieren. Die Knappheit wird auch dadurch verursacht, daß die Franzosen Lebensmitteltransporte stoppen, weil sich die Deutschen weigern, Zölle zu zahlen.

9. August, Donnerstag

Gustav Stresemann, Vorsitzender der Deutschen Volkspartei, fordert im Reichstag die Bildung einer starken parlamentarischen Regierung. Dem schließt sich am folgenden Tag der DDP-Führer Carl Petersen an, womit die Koalitionspartner dem Reichskanzler Wilhelm Cuno das Vertrauen entzogen haben. →S. 131

Auf den Hamburger Werften streiken die Arbeiter. Im Verlauf des Streiks kommt es zu Krawallen. Auch die Unterelbelotsen treten in den Ausstand.

Durch eine Notverordnung verbietet Reichspräsident Friedrich Ebert den Markverkauf ins Ausland. Nur noch für Beträge bis zum Wert von zehn britischen Pfund ist der Handel zugelassen.

10. August, Freitag

Die KPD stellt einen Mißtrauensantrag gegen die Reichsregierung, über den nicht mehr abgestimmt wird, weil der Rücktritt der Regierung für sicher gehalten wird. In einer Blitzentscheidung werden wichtige Finanzgesetze verabschiedet, wozu auch das Gesetz über die Rhein-Ruhr-Abgabe gehört (→12. 8./S. 130).

Reichspräsident Friedrich Ebert erläßt eine Notverordnung zum Schutz der öffentlichen Ordnung, die den Reichsinnenminister zum Verbot von verfassungsfeindlichen Druckschriften ermächtigt. Die Notverordnung dehnt die Reichskompetenzen aus. →S. 132

11. August, Sonnabend

Anläßlich der Verfassungsfeier (am 11. 8. 1919 wurde die Weimarer Verfassung verkündet), die erstmals als nationaler Feiertag begangen wird, erläßt Reichspräsident Friedrich Ebert einen Aufruf zur Einigkeit. →S. 133

Wegen Uneinigkeit bezüglich der Reparationsfrage und der Ruhrbesetzung wachsen die Spannungen zwischen Großbritannien und Frankreich. In ihrer Note an Frankreich und Belgien verurteilt die britische Regierung die Ruhrbesetzung als rechtswidrig. →S. 133

Die christlichsozialen Arbeitervereine Österreichs verabschieden auf ihrem Reichsverbandstag in Linz (bis 13. 8.) das sog. Linzer Programm.

Erstmals wird der mit drei Millionen Mark dotierte Hessische Staats- oder Georg-Büchner-Preis verliehen. Die Preisträger sind der Komponist Arnold Ludwig Mendelsohn und der Arzt Adam Carrillon. →S. 139

12. August, Sonntag

Die Reichsregierung Wilhelm Cuno tritt zurück, nachdem sie das Vertrauen der Koalitionsparteien DDP und DVP und auch das der SPD verloren hat. Mit der Bildung einer neuen Regierung wird der DVP-Vorsitzende Gustav Stresemann betraut. →S. 130

Unter heftigen Unruhen erzwingen die Kommunisten in Berlin die Arbeitseinstellung in der Metallindustrie und dem öffentlichen Verkehr. Auch in anderen Städten des Deutschen Reichs brechen Unruhen aus (Brandenburg, Breslau, Ratibor, Krefeld, Hamburg).

Scharf reagiert der französische Ministerpräsident Raymond Poincaré auf die britische Note vom 11. August, in der die Briten die Ruhrbesetzung als rechtswidrig verurteilen (→11. 8./S. 133).

Das deutsch-finnische Fußball-Länderspiel in Dresden endet 1:2.

In der Rekordzeit von 16:23 h durchquert der italienische Schwimmer Enrico Tiraboschi den Ärmelkanal. →S. 137

13. August, Montag

Die neue Reichsregierung unter Gustav Stresemann (DVP) wird vereidigt. Dieses Kabinett der Großen Koalition (SPD, DDP, Zentrum, DVP) besitzt im Gegensatz zur Regierung Wilhelm Cuno die parlamentarische Mehrheit. Stresemann wird zugleich Reichskanzler und Reichsaußenminister. →S. 130

In Hamburg wird wegen des drohenden Generalstreiks der Ausnahmezustand verhängt.

Um die Ernte der in den Städten des Deutschen Reichs dringend benötigten Kartoffeln zu beschleunigen, erhalten die Schüler für den Ernteeinsatz Unterrichtsbefreiung (→7. 8./S. 132).

14. August, Dienstag

Der am Vortag ernannte Reichskanzler Gustav Stresemann (DVP) stellt im Reichstag das neue Kabinett und das Regierungsprogramm vor. Mit 239 von 459 Stimmen billigt der Reichstag das Vertrauensvotum für die neue Regierung. Mehr als ein Viertel der Abgeordneten bleibt der Abstimmung fern.

Obwohl ihre Partei zur Regierungskoalition gehört, lehnen 43 SPD-Abgeordnete des linken Flügels die Koalitionsregierung ab. Statt mit der DVP, der Partei des Großkapitals, zu paktieren, solle man sie bekämpfen.

Derzeit hat der US-Dollar einen Kurs von drei Millionen Mark.

15. August, Mittwoch

Da der von der KPD in Berlin ausgelöste wilde Streik (12. 8.) erhebliche Störungen hervorruft, verordnet Carl Severing, der sozialdemokratische Innenminister Preußens, die Auflösung und das Verbot der kommunistischen Streikorgane der Großberliner Betriebsräte.

Eamon de Valera, der Führer der republikanischen Sinn Fein, wird in Ennis verhaftet. →S. 135

Über den Sturz des deutschen Reichskanzlers Wilhelm Cuno nach nur neun Monaten Regierungszeit informiert die »Illustrated London News« am 18. August ihre Leser

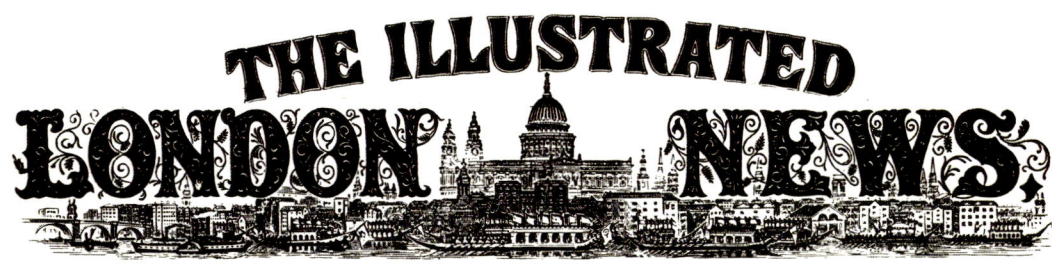

THE ILLUSTRATED LONDON NEWS

REGISTERED AS A NEWSPAPER FOR TRANSMISSION IN THE UNITED KINGDOM AND TO CANADA AND NEWFOUNDLAND BY MAGAZINE POST.

SATURDAY, AUGUST 18, 1923.

FALLEN FROM POWER AFTER NINE MONTHS: DR. CUNO, THE GERMAN EX-CHANCELLOR, ARRIVING AT THE REICHSTAG.

Dr. Cuno, who became Chancellor last November, resigned with his Cabinet on August 12. At the time of his appointment, at the age of forty-seven, he was President of the Hamburg-Amerika Shipping Line, and he was the first German to leave a business office for the Chancellorship. By training he is a Prussian official, and before the war he had attained a high position in the Prussian Ministry of Finance. During the war he came into prominence as an economist, was appointed head of the Grain Board, and took part in organising the Ministry of Food. In 1916 he was attached to the Treasury as chief expert on economic questions connected with the war. In 1917 he left the Government service to join the Board of the Hamburg-Amerika Line, and succeeded Herr Ballin as its President shortly after the latter's death. Under his control, the company after the war enjoyed a remarkable revival of activity. Its services to America, Africa, and the Far East, as well as the Baltic and the Levant, were quickly re-established, and many new vessels have been added to the fleet.

Photograph by Will Potter, Supplied by L.N.A.

In Weimar wird die erste Bauhaus-Ausstellung mit einem Vortrag des Architekten Walter Gropius »Kunst und Technik, die neue Einheit« eröffnet. → S. 140

16. August, Donnerstag

In Bayern beginnt sich der Widerstand gegen die Reichsregierung zu regen. Der Bund Bayern und Reich (der Bayerischen Volkspartei nahestehend) sieht wegen der SPD-Beteiligung das Reich in Gefahr, zu einem »marxistisch-bolschewistischen Experimentierobjekt« herabgewürdigt zu werden (→ 22. 8./S. 131).

Der Wert einer Goldmark ist auf eine Million Papiermark gestiegen. Ende 1922 hatte eine Goldmark den Gegenwert von 1000 Papiermark.

17. August, Freitag

US-Präsident Calvin Coolidge bietet die Hilfe der Vereinigten Staaten zur Lösung der Reparationsfrage an.

Die Preissteigerung im Deutschen Reich, von der besonders die Lebensmittel betroffen sind, hält an. Derzeit müssen für einen Liter Vollmilch 70000 Mark bezahlt werden (→ 7. 8./S. 132).

In Frankfurt am Main beginnen die Deutschen Leichtathletikmeisterschaften (bis 19. 8.) mit einem deutschen Rekord über 5000 m. → S. 141

18. August, Sonnabend

Das »Deutsche Tageblatt«, das der Deutschvölkischen Freiheitspartei nahesteht, wird von der Berliner Polizei wegen gehässiger und beleidigender Angriffe gegen Reichskanzler Gustav Stresemann und Verunglimpfung der republikanischen Staatsform für die Dauer von zwei Wochen verboten.

19. August, Sonntag

Mit einer Niederlage beenden die Londoner Dockarbeiter ihren seit dem 4. Juli andauernden Streik, den sie gegen den Rat der britischen Transportarbeitergewerkschaft durchführten. Bedingungslos müssen die Docker die Arbeit zu den am 1. Juli herabgesetzten Löhnen wiederaufnehmen (→ 25. 7./S. 113).

Der in Karlsbad tagende Zionistenkongreß (17. 8.–19. 8.) wählt Chaim Weizmann erneut zum Präsidenten der Zionistischen Weltorganisation.

In Moskau wird die erste Landwirtschafts- und Heimindustrieausstellung der UdSSR eröffnet. → S. 137

20. August, Montag

Auf den von den Athener Verkehrsarbeitern proklamierten Generalstreik reagiert die griechische Regierung mit drastischen Maßnahmen. Per Dekret werden sämtliche Arbeiterorganisationen aufgelöst und ihre Bankguthaben gesperrt. Die Gelder sollen in eine neue Arbeiterversicherungskasse fließen (→ 27. 8./S. 135).

Die Reichsbahn geht dazu über, ihre Tarife der Inflation anzupassen, da Reichsfinanzminister Rudolf Hilferding (SPD) der Auffassung ist, die Reichsbahn solle den größten Teil ihres ordentlichen Haushalts, der zur Zeit ein Defizit von 450 Billionen Mark aufweist, durch Eigeneinnahmen decken.

Mit zunehmender Geschwindigkeit setzt sich der Markverfall fort. Ein US-Dollar ist derzeit 4,2 Millionen Mark wert. Der Brotpreis ist im Deutschen Reich auf 200000 Mark (pro Laib) gestiegen.

21. August, Dienstag

Spanien entsendet militärische Verstärkung nach Marokko, wo sich die Rifkabylen (gegen die spanische Kolonialherrschaft kämpfende Berberstämme) auf dem Vormarsch befinden. Alle beurlaubten Offiziere müssen sofort einrücken. → S. 135

Wegen nicht anerkannter Autonomieforderungen brechen die kroatischen Abgeordneten alle Beziehungen zur Regierung des Königreichs der Serben, Kroaten und Slowenen (heute Jugoslawien) ab. Der Versuch des Kroatenführers Stjepan Radić, die Briten zur Unterstützung des kroatischen Separatismus zu bewegen, scheitert.

22. August, Mittwoch

In Berlin tagen die Vereinigten Vaterländischen Verbände Deutschlands. Stürmischen Beifall erntet Hermann Bauer, Führer der bayrischen Verbände, mit seiner Erklärung, Bayern stehe der neuen Reichsregierung mit größtem Mißtrauen gegenüber. → S. 131

Wegen der scharfen Reichswehr-Kritik des sächsischen Ministerpräsidenten Erich Zeigner (u. a. 7. 8.) untersagt Reichswehrminister Otto Geßler (DDP) dem Reichswehrbefehlshaber in Sachsen, Generalleutnant Alfred Müller, den dienstlichen Verkehr mit der sächsischen Regierung (→ 29. 10./S. 165).

23. August, Donnerstag

Die türkische Nationalversammlung in Angora (heute Ankara) ratifiziert mit 215 von 235 Stimmen den Friedensvertrag von Lausanne vom 24. Juli. Daraufhin beginnen die Alliierten mit der Räumung Konstantinopels (heute Istanbul) (→ 24. 7./S. 110; 2. 10./S. 168).

Der Dollarkurs hat den Stand von 5,08 Millionen Mark (pro US-Dollar) erreicht.

Der Finne Paavo Nurmi stellt in Stockholm zwei Weltrekorde auf. → S. 141

24. August, Freitag

Reichskanzler Gustav Stresemann (DVP) wiederholt in seiner außenpolitischen Programmrede, die er auf einer Veranstaltung des Deutschen Industrie- und Handelstags in Berlin hält, das deutsche Angebot an die Alliierten vom → 7. Juni (S. 94), unter der Bürgschaft der Privatwirtschaft die Reparationszahlungen wiederaufzunehmen.

Wegen des katastrophalen Defizits wird der Berliner Straßenbahnbetrieb vorübergehend eingestellt.

In der Inszenierung von Arnolt Bronnen und Bertolt Brecht wird Hans Henny Jahnns Drama »Pastor Ephraim Magnus« in Berlin uraufgeführt. Der Schriftsteller Alfred Döblin schreibt über die Aufführung: »Das Publikum wurde ergriffen, erfaßte manches. Zischte auch. Die Kritik zischte nur.«

Der Lehrfilm »Wilhelm Tell« mit Conrad Veidt, Käthe Haack, Otto Gebühr, Eduard von Winterstein, Agnes Straub und Xenia Desni in den Hauptrollen wird im Berliner Marmorhaus uraufgeführt.

25. August, Sonnabend

Bei dem Mittenwalder Treffen mit dem bayrischen Ministerpräsidenten Eugen Ritter von Knilling versucht Reichskanzler Gustav Stresemann, das Mißtrauen der Bayern gegenüber der neuen Reichsregierung auszuräumen.

26. August, Sonntag

Der österreichische Dirigent Erich Kleiber wird Generalmusikdirektor der Berliner Staatsoper, nachdem Leo Blech von diesem Amt zurückgetreten war.

27. August, Montag

Bei Janina (heute Ioannina) wird die italienische Militärkommission für die Festsetzung der griechisch-albanischen Grenze ermordet. Am 29. August fordert die italienische Regierung von Griechenland ultimativ eine offizielle Entschuldigung und die Zahlung einer Entschädigung. Wegen des Mordfalls kommt es zu schweren griechisch-italienischen Spannungen. → S. 135

Der von den Verkehrsarbeitern in Athen am 20. August ausgerufene Generalstreik bricht zusammen. → S. 135

Ein Liter Vollmilch kostet in Berlin derzeit 178000 Mark.

28. August, Dienstag

Bei den irischen Wahlen werden 63 Kandidaten der Regierungspartei gewählt, während die oppositionellen Republikaner in 44 Wahlkreisen gewinnen. Der inhaftierte Führer der Republikaner, Eamon de Valera, wird in der Grafschaft Clare gewählt (→ 15. 8./S. 135).

Der US-Dollar hat den Kurswert von 6,4 Millionen Mark erreicht.

29. August, Mittwoch

Die sächsische Regierung verbietet alle zur Feier des Sedantags geplanten Veranstaltungen, weil sie Zusammenstöße zwischen den rechten und linken Verbänden befürchtet. Der Sedantag erinnert an die Kapitulation der Franzosen am 2. September 1870 nach der verlorenen Schlacht von Sedan im deutsch-französischen Krieg 1870/71.

30. August, Donnerstag

Der Sozialdemokratische Parlamentsdienst (der SPD-Reichstagsfraktion nahestehend) behauptet, die Bevölkerung des Ruhrgebiets sei zur Aufgabe des passiven Widerstands bereit, wenn die Franzosen die Ausgewiesenen zurückkehren ließen und die Verhafteten freigäben.

US-Außenminister Charles Evans Hughes erklärt in Minneapolis, die Monroedoktrin (nach US-Präsident James Monroe benanntes, 1823 erstmals formuliertes Prinzip der US-amerikanischen Außenpolitik, das die Nichteinmischung der USA in die inneren Verhältnisse Europas beinhaltet) beeinträchtige die Zusammenarbeit der USA mit Europa nicht (→ 2. 8./S. 134).

Derzeit ist der US-Dollar an der Devisenbörse mit 8,2 Millionen Mark notiert.

31. August, Freitag

Scharf attackieren die österreichischen Sozialdemokraten im Wahlkampf (Wahl des Nationalrats am 21. 10.) die Regierung unter Ignaz Seipel, weil sie den Staatshaushalt auf Kosten der Arbeiter saniere (→ 21. 10./S. 168).

Die Arbeitslosigkeit im Deutschen Reich zeigt eine steigende Tendenz. Gegenüber dem Vormonat (3,5%) hat sich die Zahl der erwerbslosen Gewerkschaftsmitglieder fast auf nun 6,3% verdoppelt.

Im vergangenen Monat war der durchschnittliche Dollarstand 4,6 Millionen Mark (pro US-Dollar).

Der von Gerhard Lamprecht an Originalschauplätzen in Lübeck gedrehte Film »Die Buddenbroocks« – nach dem gleichnamigen Roman Thomas Manns – wird im Tauentzienpalast (Berlin) uraufgeführt. → S. 139

In der Rhön endet der diesjährige Segelflugwettbewerb. Das schlechte Wetter und ein tödlicher Unfall trüben das Bild der Veranstaltung. → S. 136

Gestorben:

2. San Francisco: Warren G. Harding (*2. 11. 1865, Caledonia/Blooming Grove/Ohio), 29. US-Präsident seit 1921, Republikaner. → S. 134

19. Celigny bei Genf: Vilfredo Pareto (*15. 7. 1848, Paris), italienischer Nationalökonom und Soziologe.

Geboren:

15. Polen: Shimon Peres (eigentl. Shimon Persky), israelischer Politiker.

26. München: Wolfgang Sawallisch, deutscher Dirigent.

29. Cambridge/Großbritannien: Richard Attenborough, britischer Filmschauspieler und -regisseur.

Das Wetter im Monat August

Station	Mittlere Lufttemperatur (°C)	Niederschlag (mm)	Sonnenscheindauer (Std.)
Aachen	16,6 (17,2)	48 (82)	— (188)
Berlin	15,7 (17,2)	35 (68)	— (212)
Bremen	15,7 (17,1)	79 (79)	— (181)
München	18,6 (16,6)	69 (96)	— (211)
Wien	— (18,6)	— (68)	— (—)
Zürich	17,8 (16,6)	64 (132)	282 (219)

( ) Langjähriger Mittelwert für diesen Monat
– Wert nicht ermittelt

Das Titelblatt der US-amerikanischen Zeitschrift »Life« vom 9. August illustriert den allgemeinen Wunsch im Sommer nach Abkühlung

Gustav Stresemann wird der Kanzler der Großen Koalition

Gustav Stresemann (stehend, mit Manuskript) während seiner Regierungserklärung vor dem Reichstag (14. 8.)

13. August. Nachdem das Reichskabinett Wilhelm Cuno am Vortag zurückgetreten ist, wird die neue Regierung der Großen Koalition unter Gustav Stresemann (DVP) vereidigt. Während der Reichstagsverhandlungen vom 8. bis 10. August hatten die Sprecher der bürgerlichen Mitte, vor allem Stresemann, eine neue Regierung gefordert. Ein Kurswechsel schien angesichts des durch den Ruhrkampf verursachten wirtschaftlichen Ruins des Deutschen Reichs dringend geboten. Cuno ist jedoch auf die Politik des passiven Widerstands festgelegt, dessen Abbruch Stresemann anstrebt (→ 26. 9./S. 146). Am 12. August unterbreitete Cuno Reichspräsident Friedrich Ebert die Gesamtdemission seiner Regierung.

Die Spannweite der Großen Koalition reicht von der Deutschen Volkspartei (DVP), die Industrieinteressen vertritt, über das katholische Zentrum und die liberal-soziale Deutsche Demokratische Partei (DDP) bis zur Sozialdemokratischen Partei Deutschlands (SPD).

Der neue Reichskanzler Stresemann (DVP) übernimmt zugleich das Außenministerium. Sein Parteifreund Hans von Raumer wird Wirtschaftsminister. Vier Sozialdemokraten sind in der Regierung vertreten, nämlich Innenminister Wilhelm Sollmann, Finanzminister Rudolf Hilferding, Justizminister Gustav Radbruch und Robert Schmidt als Vizekanzler und Minister für Wiederaufbau. Für das Zentrum bleibt Arbeitsminister Heinrich Brauns, hinzu kommen Postminister Anton Höfle und der Minister für die besetzten Gebiete Johannes Fuchs (ab 24.8.). Wie zuvor gehören für die DDP Otto Geßler (Reichswehrminister) und Rudolf Oeser (nun Verkehrsminister) dem Kabinett an. Der einzige Parteilose ist Hans Luther (Ernährungsminister).

Cunos Politik des passiven Widerstands ist fehlgeschlagen

12. August. Da die Reichstagsmehrheit ein neues Kabinett fordert und die Verhandlungen Gustav Stresemanns, des Vorsitzenden der Deutschen Volkspartei, über die Bildung einer Großen Koalition erfolgreich verlaufen, tritt der parteilose Reichskanzler Wilhelm Cuno (seit 22. 11. 1922) mit seinem Minderheitskabinett der bürgerlichen Mitte zurück. Am folgenden Tag wird Stresemanns Regierung der Großen Koalition, die über eine breite parlamentarische Mehrheit verfügt, vereidigt (→ 13. 8./S. 130).

Der Regierungswechsel bedeutet einen Kurswechsel in der deutschen Ruhrpolitik. Um die Voraussetzung für eine Verständigung mit den Franzosen zu schaffen, beabsichtigt Stresemann, wenn auch zunächst nicht öffentlich, die von der Regierung Cuno verfolgte Politik des passiven Widerstands abzubrechen (→ 26. 9./S. 146).

Am → 13. Januar (S. 19) hatte Wilhelm Cuno den passiven Widerstand (Einstellung der Reparationszahlungen und -leistungen an die Besatzungsmächte und Verweigerung jeder Zusammenarbeit mit ihnen) als Reaktion auf den Einmarsch der Franzosen und Belgier in das Ruhrgebiet (→ 11. 1./S. 15) verkündet. Obwohl sich im Juli deutlich abzeichnete, daß der Versuch, durch diese Politik die Räumung des Ruhrgebiets und neue Reparationsverhandlungen zu erreichen, fehlgeschlagen ist, bekannte sich Cuno noch wenige Tage vor dem Sturz seiner Regierung in einer Reichstagsrede ausdrücklich zum »gewaltlosen passiven Widerstand«.

Wilhelm Cuno, geboren am 2. Juli 1876 in Suhl, wurde im Jahre 1918 Generaldirektor der Hapag. Als Wirtschaftsexperte nahm Cuno an den Friedensverhandlungen in Versailles nach dem Weltkrieg teil. Am 22. November 1922 wurde Cuno (parteilos) Reichskanzler. Sein Kabinett der bürgerlichen Mitte hatte enge Verbindungen zu Wirtschaftskreisen (»Regierung mit diskontfähiger Unterschrift«). Mit dem Namen Cuno verbindet sich die Politik des passiven Widerstands.

Da die Franzosen und Belgier die bedingungslose Aufgabe des passiven Widerstands zur Voraussetzung für ihre Rückkehr an den Verhandlungstisch machen, blieben die außenpolitischen Initiativen (Verhandlungsangebote vom 2. 5. und 7. 6.) der Regierung Cuno erfolglos, wenn auch die Briten die Ruhrbesetzung zunehmend kritischer beurteilen (→ 11. 8./S. 133).

Inzwischen macht jedoch der durch den Ruhrkampf mitverursachte wirtschaftliche Ruin des Deutschen Reichs eine Verständigung mit Frankreich unerläßlich.

Das letzte Werk der Regierung Cuno sind die am 10. und 14. August vom Reichstag verabschiedeten Finanzgesetze: Das Gesetz über die Rhein-Ruhr-Abgabe, mehrere Steuergesetze (u. a. die Erhöhung der Verbrauchssteuern) und das Gesetz über eine wertbeständige Anleihe.

Stresemann fordert eine starke Regierung

Gustav Stresemann (DVP) wird am →13. August (S. 130) Reichskanzler; er steht an der Spitze eines Kabinetts der Großen Koalition. Angesichts der Krisensituation des Deutschen Reichs haben die SPD und die bürgerlichen Parteien der Mitte diese Koalition mit breiter parlamentarischer Mehrheit gebildet, der das Minderheitskabinett Wilhelm Cunos am →12. August (S. 130) Platz macht.

Am 9. August hatte DVP-Führer Stresemann in seiner vielbeachteten Reichstagsrede eine starke Regierung gefordert, weil es nun um die Rettung der deutschen Existenz ginge. In der Rede heißt es u. a.:

»Die französische Presse spricht in letzter Zeit häufig von dem Zusammenbruch Deutschlands. Es liegt an uns, ob dieser Wunsch und diese Hoffnung Wahrheit wird . . .
Es handelt sich bei dieser Frage nicht wie ein Teil der Presse es darstellt, um die doch zum Teil formale Frage, ob dieses oder jenes Kabinett die Dinge zu bessern vermöchte. Die Entscheidung, um die es sich handelt, greift sehr viel tiefer, als es durch einen Kabinettswechsel zum Ausdruck käme. Es ist eine Schicksalsentscheidung, vor die wir gestellt sind, nach außen und innen. Man fragt jetzt im Ausland und Inland, ob das deutsche Volk die Kraft hat, die Dinge zu meistern. Deshalb hängt von dieser kurzen Tagung des Reichstags und davon, daß diese kurze Tagung auch zu Taten führt, unendlich viel mehr ab als sonst vielleicht in irgendeiner Stunde der Entscheidung . . .
Ein Wort, das jetzt immerzu in die Debatte geworfen wird, ist das Wort ›Diktatur‹ . . . Was ist denn an diesem Ruf nach Diktatur richtig? Was soll er bedeuten? Er hätte dann einen Kern von Berechtigung, wenn er bedeutete, daß es notwendig ist, die Kompetenz des Reichs zu erweitern. Heute scheitert jeder Reichskanzler zum Teil daran, daß er ein Kaiser ohne Hausmacht ist . . .«

In seiner Regierungserklärung vom 14. August betont Stresemann, daß eine starke parlamentarische Regierung und die Festigung des Staatsgedankens Voraussetzungen für die Bewältigung der Krise seien. Die Rede wird im folgenden auszugsweise zitiert:

»Der Charakter des neuen Kabinetts ist durch seine Entstehung gegeben: Es ist aufgebaut auf parlamentarischer Basis, entstanden in einer außergewöhnlichen und verantwortungsreichen Zeit. Wir stehen innen- und außenpolitisch vor großen Spannungen und vor großen Entscheidungen. Diese Entscheidungen verlangen den Zusammenschluß aller den verfassungsmäßigen Staatsgedanken bejahenden Kräfte. Es ist völlig müßig, darüber zu streiten, ob dieses Kabinett mehr nach der einen oder anderen parteipolitischen Seite hin beeinflußt sein werde. Den Ansturm von außen und innen wird der Staat nur bestehen können, wenn Regierung und eine staatsbejahende Opposition sich in der Sorge um die deutsche Zukunft zusammenfinden.
Das Ausland möge nicht glauben, daß der Kabinettswechsel etwa ein Zeichen deutscher Schwäche sei. Dieses Kabinett, das auf der breitesten parlamentarischen Grundlage aufgebaut ist, breiter als je ein Kabinett seit dem Bestehen der deutschen Republik, will auch das stärkste Kabinett gegen jeden Gedanken der Vergewaltigung Deutschlands sein. Ob es dieses Ziel erreicht, das wird von dem Zusammenwirken des Reichs mit den Ländern, vom Zusammenwirken mit dem gesamten Volke abhängen . . . Wir hoffen, daß die öffentliche Meinung die Regierung bei ihrem Bestreben, Ordnung und Sicherheit aufrecht zu erhalten, unterstützen wird. Im heutigen demokratischen Zeitalter können alle Kämpfe nur mit der öffentlichen Meinung eines Landes gewonnen werden.
Das gilt wie im Innern auch von dem Kampfzustand an Ruhr und Rhein. In diesen Kämpfen hat sich bisher die gesamte öffentliche Meinung Deutschland mit Entschiedenheit gegen die Vergewaltigung deutscher Rechte aufgebäumt. Ob Frankreich und Belgien sich auf dieselbe öffentliche Meinung stützen können? Wie stark muß die Empfindung des an Deutschland verübten Unrechts sein, wenn die englische Note an Frankreich [→11. 8./S. 133] trotz der engen Beziehungen der Alliierten untereinander der Weltöffentlichkeit dieses Unrecht vor Augen führt!
Der passive Widerstand der deutschen Bevölkerung hat seine tiefsten Wurzeln in einem festen Bewußtsein des guten deutschen Rechts . . .
Man verlangt von uns außenpolitische Aktivität. Die beste außenpolitische Aktivität, die wir entfalten können, ist die Ordnung der deutschen Verhältnisse im Lande . . .
Wir stehen vor der Bewilligung der Goldanleihe . . . Sie soll und muß eines der Mittel sein, um die Geldinflation zurückzudämmen, die Verhältnisse geschaffen hat, unter denen weite Volksschichten in Deutschland kaum noch über die notwendigsten Subsistenzmittel verfügen . . .«.

Stresemann – der neue Kanzler

Gustav Stresemann, geboren am 10. Mai 1878 in Berlin, trat 1903 in die Nationalliberale Partei ein und war von 1907 bis 1912 und von 1914 bis 1918 Mitglied des Reichstags (seit 1917 als Fraktionsvorsitzender seiner Partei). Während des Weltkriegs trat Stresemann für einen »Siegfrieden« und den uneingeschränkten U-Boot-Krieg ein. Als Führer der 1918 gegründeten Deutschen Volkspartei (MdR seit 1920) und als Vorsitzender des außenpolitischen Reichstagsausschusses (seit 1921) gab Stresemann seine Gegnerschaft zur Weimarer Republik auf und wird einer ihrer führenden Politiker.

Bayern gegen die Reichsregierung

22. August. In Bayern formiert sich die Opposition gegen die neue Reichsregierung unter Reichskanzler Gustav Stresemann (→13. 8./S. 130). Besonders die SPD-Beteiligung an der Regierung erregt äußerstes Mißfallen nicht nur bei den bayrischen Rechten.
Stürmischen Beifall erhält die Rede Hermann Bauers, des Führers der Vaterländischen Verbände Bayerns, bei der Berliner Tagung der Vereinigten Vaterländischen Verbände. Bauer sagt u. a.: »Bei dem Gang der Dinge wird es sich erweisen, daß Dr. [Gustav] Stresemann eines Tages als blamierter Platzhalter [Rudolf] Breitscheids [SPD] oder eines anderen Genossen abtreten wird . . . Was Bayern anlangt, so dürften bald Konflikte mit der Reichsregierung entstehen, die Bayern vor die Schicksalsfrage stellen . . .«.

G. Ritter v. Kahr

Der Bund Bayern und Reich läßt verlauten, das Deutsche Reich werde zu einem »marxistisch-bolschewistischen Experimentierobjekt« herabgewürdigt.
Wenig später kommt es zu einem schweren Konflikt zwischen der Reichsregierung und Bayern, wo seit dem 26. September Generalstaatskommissar Gustav Ritter von Kahr das Sagen hat (→20. 10./S. 163).

Militärparade in München 1923

Im Deutschen Reich Mangel an Papiergeld

3. August. Chaotische Situationen in den Banken sind die Folge des seit einigen Tagen herrschenden Papiergeldmangels, der sich zunächst als schleichende Krise ankündigte und nun den Charakter einer Katastrophe angenommen hat.

Massenansturm auf deutsche Banken; wie hier in Berlin reichen die Papiergeldvorräte bei weitem nicht aus, um den wachsenden Bedarf zu decken

---

Erschreckender Währungsverfall

Unaufhaltsam und mit wachsender Geschwindigkeit verliert die Mark an Wert. Ein Indikator für diese Entwicklung ist der Dollarkurs: Von 1,1 Millionen Mark pro US-Dollar am 1. August ist der Kurs auf 4,2 Millionen Mark am 20. August hochgeschnellt. Es ist fraglich, ob die am 10. und 14. August vom Reichstag verabschiedeten Finanzgesetze (u. a. Steuergesetze und Gesetz über eine wertbeständige Anleihe) der Inflation ein Ende setzen können, der vermutlich nur noch durch eine drastische Währungsreform beizukommen ist (→ 16. 11./S. 182). Die Reichsbank reagiert auf die aus der Inflation resultierende Zahlungsmittelnachfrage mit ständigen Erhöhungen des Papiergeldumlaufs, die wiederum die Geldentwertung weiter vorantreiben.

Die galoppierende Inflation – täglich steigen die Lebensmittelpreise und die Devisenkurse – läßt die Zahlungsmittelnachfrage in die Höhe schnellen. Obwohl die Banknotenpresse auf Hochtouren läuft und die Reichsbank die bereits aufgeblähte Geldmenge laufend vergrößert, ist die Nachfrage nicht zu befriedigen. Die Banken schließen wegen mangelnden Zahlungsmitteln vorzeitig die Schalter.

Zwar kann die Reichsbank mit den Millionenscheinen jeden Betrag nominell decken (am 8. 8. wird der 10-Millionen-Mark-Schein in den Verkehr gebracht, außerdem liegen der 50-Millionen-Mark-Schein und der 100-Millionen-Mark-Schein bereit), jedoch fehlt es an mittleren Scheinen (vom Ein-Millionen-Mark-Schein bis hinab zum 100 000-Mark-Schein), die nicht in ausreichendem Maß produziert werden können.

Dieser Engpaß bei den kleineren und mittleren Banknoten führt zu Problemen bei der Entlohnung. Große Berliner Firmen z. B. können ihrer Belegschaft mangels passender Banknoten die Löhne nicht auszahlen. Betriebsräte werden zur Reichsbank, die mehr und mehr das Bild einer Belagerung bietet, geschickt, um die Auszahlung der benötigten Summen durchzusetzen.

Durch den Berliner Druckerstreik wird die Lage weiter verschärft. Um eine Lohnvereinbarung auf Goldmarkgrundlage durchzusetzen, treten die Drucker am 10. August in den Ausstand, wodurch der Banknotendruck lahmgelegt wird. Der deshalb brisante Lohnkonflikt wird bald beigelegt.

Wertbeständige Anleihe des Deutschen Reiches

Zinsen und Rückzahlung reichsgesetzlich sichergestellt durch die Gesamtheit der deutschen Privatvermögen.

Das Reich beabsichtigt, eine wertbeständige Anleihe mit 12jähriger Laufzeit auszugeben.

Die Anleihe, welche auf den Gegenwert von Dollars lautet, soll dazu dienen, der Bevölkerung ein wertbeständiges Anlagepapier zur Verfügung zu stellen.

Die Anleihe ist von der Börsenumsatzsteuer befreit. — Selbstgezeichnete Anleihe ist von der Erbschaftssteuer frei.

Um den Zinsenbedarf für eine Anleihe bis zu 500 Millionen Mark Gold zu decken, sieht ein von der Reichsregierung den gesetzgebenden Körperschaften vorgelegter Gesetzentwurf die Ermächtigung für die Reichsregierung vor, Zuschläge zur Vermögenssteuer zu erheben.

Die Rückzahlung des Kapitals erfolgt nach 12 Jahren. Zur besonderen Sicherung der Kapitalrückzahlung ermächtigt der Gesetzentwurf die Reichsregierung, die einzelnen Vermögenssteuerpflichtigen nach dem Verhältnis ihres steuerbaren Vermögens zur Aufbringung des Kapitalbedarfs heranzuziehen.

Es haften also für Kapital und Zinsen dieser Anleihe anteilig die gesamte deutsche Wirtschaft, Banken, Handel, Industrie, Landwirtschaft sowie jeder, der über steuerpflichtiges Vermögen verfügt.

Die Anleihe ist bei den Darlehnskassen des Reiches beleihbar. Die Einführung zum Börsenhandel erfolgt sofort nach Ausgabe der Stücke.

Als Maßnahme gegen die Markentwertung wird eine wertbeständige Anleihe (Goldanleihe) des Reichs ausgegeben

Notverordnung zur inneren Sicherheit

10. August. Angesichts der krisenhaften Lage im Deutschen Reich dehnt Reichspräsident Friedrich Ebert (SPD) mit einer Notverordnung die Reichskompetenzen bezüglich der Aufrechterhaltung der öffentlichen Sicherheit und Ordnung erheblich aus.

Bisher oblag es den Länderbehörden, periodische Druckschriften, die zum Staatsumsturz oder zu Gewalttätigkeiten gegen die öffentliche Ordnung auffordern, zu verbieten oder beschlagnahmen zu lassen. Die Notverordnung ermächtigt nunmehr den Reichsinnenminister zu derartigen Maßnahmen, wobei die Verwaltungsbehörden der Länder, auch alle Landesregierungen, verpflichtet sind, einem entsprechenden Ersuchen des Reichsinnenministers Folge zu leisten.

Diese Notverordnung erlangt eine erhebliche Bedeutung. Ein auf sie gestütztes Verbot des »Völkischen Beobachters« ist der Anlaß eines Konflikts zwischen Bayern und dem Reich (→ 20. 10./S. 163).

Ernährungslage ist besorgniserregend

7. August. Die Versorgung der deutschen Bevölkerung mit Lebensmitteln ist wegen der verspäteten Ernte und der fehlenden Devisen für entsprechende Importe nicht gesichert (→ 25. 9./S. 149).

Immerhin gelingt es der Reichsregierung, die Industrie, den Handel und die Banken dafür zu gewinnen, der Reichsbank 50 Millionen Goldmark in Devisen gegen US-Dollarschatzanweisungen für die dringend notwendigen Fettimporte zur Verfügung zu stellen.

Die drastisch steigenden Lebensmittelpreise (z. B. kostet ein Liter Milch in Berlin am 6. 8. 21 000 Mark, am 17. 8. bereits 70 000 Mark) sorgen für eine erhebliche Beunruhigung in der Bevölkerung. Unruhen und Streiks in verschiedenen Städten des Deutschen Reichs sind die Folge der angespannten Lage: Am 4. August werden in Wiesbaden Lebensmittelläden geplündert, Hamburg erklärt am 13. August den Ausnahmezustand wegen eines drohenden Generalstreiks, in Berlin kommt es zu heftigen Unruhen und einem Streik der Metallarbeiter (12.–15.8.).

Großbritannien: Ruhrbesetzung ist illegal

11. August. Unter den Alliierten bestehen ernste Meinungsverschiedenheiten über die Ruhrbesetzung und die Beilegung des Reparationskonflikts. In ihrer Antwortnote an Frankreich und Belgien erklärt die britische Regierung die Ruhrbesetzung für rechtswidrig. Damit erteilt sie den Methoden der Franzosen und Belgier gegenüber dem Deutschen Reich eine grundsätzliche Absage und vollzieht eine endgültige Trennung von der französisch-belgischen Ruhrpolitik.
Nachdem die britischen Vorschläge zur Beilegung des Ruhrkonflikts und der Lösung der Reparationsfrage vom 20. Juli auf französische und belgische Ablehnung gestoßen sind, beziehen die Briten nun deutlicher Position. Zwar sei die Aufgabe des deutschen passiven Widerstands wünschenswert, jedoch könne Großbritannien die französische These, der passive Widerstand müsse bedingungslos aufgegeben werden, nicht unterschreiben, denn die Ruhrbesetzung widerspreche nach Meinung der höchsten juristischen Autoritäten in Großbritannien dem Versailler Friedensvertrag. Erstmals wird damit von alliierter Seite die Vertrags- und Rechtswidrigkeit der Ruhrbesetzung, die von deutscher Seite wiederholt betont worden ist, auch öffentlich anerkannt.
Ferner hebt die britische Note hervor, daß die deutsche Zahlungspflicht (132 Milliarden Goldmark) bisher ohne Berücksichtigung der Zahlungsfähigkeit des Deutschen Reiches festgesetzt worden sei, und daß daher die Neufestsetzung durch internationale unparteiische Sachverständige notwendig sei.
Der interalliierte Meinungsaustausch über die Lösung des Ruhr- und Reparationskonflikts wird noch im August ergebnislos abgebrochen, weil der französische Ministerpräsident Raymond Poincaré unnachgiebig an der bisher verfolgten Ruhrpolitik festhält.

Am 2. August kritisiert der britische Premierminister Stanley Baldwin (vorn l.) vor dem Unterhaus Frankreichs Ruhrpolitik (Zeichnung von S. Spurrier)

Britische Note gegen Frankreich

11. August. London bestreitet erstmals öffentlich die Rechtmäßigkeit der französischen und belgischen Ruhrbesetzung. Aus der Note wird im folgenden zitiert:

»Die höchsten juristischen Autoritäten in Großbritannien haben S[einer] M[ajestät] Regierung davon unterrichtet, daß die Einwendungen der deutschen Regierung wohl begründet sind, und S[einer] M[ajestät] Regierung hat niemals die Ansicht verhehlt, daß die französisch-belgische Aktion der Ruhrbesetzung ... keine durch den Vertrag [von Versailles] selbst gerechtfertigte Sanktion war ...
Wenn S[einer] M[ajestät] Regierung bisher davon Abstand genommen hat, die Rechtmäßigkeit der französisch-belgischen Besetzung ... förmlich zu bestreiten, so hat sie das einzig in Übereinstimmung mit ... der Erklärung getan, die Herr [Andrew] Bonar Law vergangenen Januar bei der Pariser Konferenz abgegeben hat, daß nämlich S[einer] M[ajestät] Regierung zu vermeiden wünschte, ihren Verbündeten irgendwelche unnötige Verlegenheiten zu bereiten.«

Gedenken an 4 Jahre Weimarer Verfassung

11. August. *Anläßlich der Verfassungsfeier (am 11. 8. 1919 wurde die Weimarer Verfassung verkündet), die erstmals als nationaler Feiertag begangen wird, erläßt Reichspräsident Friedrich Ebert einen Aufruf an die deutsche Bevölkerung, in dem er zum »treuen Zusammenhalten« mahnt. Bei der Verfassungsfeier in Berlin schreiten Ebert (M.) und Reichswehrminister Otto Geßler (l. v. Ebert) die Front einer Ehrenkompanie ab (Abb.).*

Grundsteinlegung für Moschee in Berlin

6. August. *Unter reger Beteiligung deutscher und islamischer Kreise findet in Berlin die feierliche Grundsteinlegung für die Moschee der Ahmadijja-Anhänger statt (Abb.). Ahmadijja ist eine islamische Sekte in Indien, die nach protestantischem Vorbild in Europa und Amerika missioniert. Geplant ist ein großer Kuppelbau mit zwei 63 m hohen Minaretts. Das eigentliche Gotteshaus soll im zweiten Stock der Moschee untergebracht werden.*

Die Vereinigten Staaten trauern um US-Präsident Warren G. Harding; Lichtkreuz an New Yorker Wolkenkratzer

Leichenwagen mit dem Sarg des am 2. August verstorbenen US-Präsidenten Warren G. Harding passiert den Eingang des Friedhofs von Marion (Ohio), wo Harding im Familiengrab beigesetzt wird

Nach plötzlichem Tod Hardings wird Coolidge US-Präsident

2. August. Überraschend stirbt US-Präsident Warren G. Harding in San Francisco an einem Schlaganfall. Unmittelbar nach Eintreffen der Todesnachricht übernimmt der bisherige Vizepräsident Calvin Coolidge (wie Harding Republikaner) das Präsidentenamt. Coolidge wird am 3. August vereidigt.

In unterrichteten Washingtoner Kreisen wird die Ansicht geäußert, daß sich die Außenpolitik des neuen Präsidenten mehr als die seines Vorgängers mit europäischen Fragen befassen werde.

Während der Regierungszeit des US-Präsidenten Harding, der im Jahre 1920 als Gegner Woodrow Wilsons die Präsidentschaftswahlen mit großer Mehrheit gewann, hat die auf den Abbau bestehender und die Vermeidung neuer internationaler Verpflichtungen gerichtete isolationistische Außenpolitik die Beziehungen der USA zu Europa bestimmt. So lehnte Harding auch den Beitritt der USA zum Völkerbund ab.

Coolidge vertritt einen gemäßigten Isolationismus. Allmählich verbreitet sich in den USA die Meinung, daß die »bolschewistische Umsturzgefahr in Mitteleuropa« wachse, wenn der Reparationskonflikt mit seinen besonders für das Deutsche Reich verheerenden Folgen nicht gelöst würde. Zudem sind die USA in das Reparationsproblem verwickelt, denn die europäischen Alliierten haben rund 11,5 Milliarden US-Dollar Kriegsschulden an die USA zurückzuzahlen, die das Deutsche Reich als Reparationszahlungen aufbringen soll. Dem britischen Drängen nachgebend, lassen sich die US-Amerikaner gegen Ende des Jahres zur Mitwirkung an der Lösung dieses Problems bewegen (→ 26. 12./S. 196).

Innenpolitisch setzt Coolidge die Politik seines Vorgängers fort, mit der die noch andauernde Prosperitätsphase eingeleitet worden ist. Im Interesse der Wirtschaftsführer wird die Einflußnahme der Regierung eingeschränkt. Coolidge bringt seine politische Philosophie später folgendermaßen auf den Punkt: »The business of America is business« (»Amerikas Aufgabe ist das Geschäftemachen«).

Der alte und der neue Präsident der Vereinigten Staaten; Warren G. Harding (l.) und sein Nachfolger Calvin Coolidge (r.), der als bisheriger Vizepräsident nach dem Tod Hardings (2. 8.) automatisch das Präsidentenamt übernimmt

---

Kontinuität in der Politik der USA

Nach seinem Amtsantritt am 3. August gibt US-Präsident Calvin Coolidge folgende öffentliche Erklärung ab:

»Präsident Harding war mein Chef und mein Freund, und es wird mein Ziel sein, im Dienste des amerikanischen Volkes die Politik durchzuführen, die er begonnen hat, und für die ich stets die Verantwortung übernehmen werde. Zu diesem Zwecke werde ich alle die zur Mitarbeit heranziehen, die dem Präsidenten Harding während seiner Amtszeit zur Seite gestanden haben.«

Die Politik der beiden republikanischen Präsidenten unterscheidet sich weniger als ihre Persönlichkeit. Harding pflegte mit seinen Freunden, die sich z. T. als korrupt erwiesen(→ 3. 1./S. 13), trotz des Alkoholverbots nächtelang zu trinken und Karten zu spielen. Von seiner äußeren Erscheinung her war der verstorbene Harding ein Präsident, wie ihn sich selbst Hollywood nicht besser vorstellen könnte. Sein Nachfolger Calvin Coolidge hingegen hat eine streng-nüchterne Art und ist zurückhaltend im menschlichen Umgang. Der Sohn eines Dorfladenbesitzers in Vermont gilt in Washington als »Puritaner in Babylon«.

Der Sarg Warren G. Hardings wird ins Haus seines Vaters getragen

Grenzkommission ermordet

27. August. In der Nähe des griechischen Ortes Janina (heute Ioannina) werden der italienische Vertreter der internationalen Kommission zur Festlegung der griechisch-albanischen Grenze, General Tellini, und seine Begleiter von unbekannten Tätern ermordet. Nur mühsam kann der durch diese Mordtat veranlaßte griechisch-italienische Konflikt beigelegt werden.

Benito Mussolini, italienischer Ministerpräsident und Duce, stellt der griechischen Regierung am 29. August ein für diese unannehmbares Ultimatum, das u.a. eine offizielle Entschuldigung bei der italienischen Regierung, eine strenge Untersuchung des Mordfalls unter italienischer Beteiligung und eine Entschädigung in Höhe von 50 Millionen Lire fordert.

Die griechische Regierung lehnt es am 30. August weitgehend ab, Mussolinis Forderungen anzunehmen. Auch weist sie die Behauptung der italienischen Presse, Athen sei für die Mordtat an der griechisch-albanischen Grenze verantwortlich, entschieden zurück.

Angesichts dieser aus italienischer Sicht völlig ungenügenden und unannehmbaren Reaktion befiehlt Mussolini am 31. August das Bombardement und die Besetzung der griechischen Insel Korfu, um ein Pfand für die Schadensersatzansprüche zu erwerben (→ 1. 9./S. 150).

Verhaftung Eamon de Valeras (am Geländer) durch Regierungstruppen

30 US-Präsidenten

- George Washington (1789–1797)
- John Adams (1797–1801)
- Thomas Jefferson (1801–1809)
- James Madison (1809–1817)
- James Monroe (1817–1825)
- John Q. Adams (1825–1829)
- Andrew Jackson (1829–1837)
- Martin van Buren (1837–41)
- William H. Harrison (1841)
- John Tyler (1841–1845)
- James Knox Polk (1845–1849)
- Zachary Taylor (1849–1850)
- Millard Fillmore (1850–1853)
- Franklin Pierce (1853–1857)
- James Buchanan (1857–1861)
- Abraham Lincoln (1861–1865)
- Andrew Johnson (1865–1869)
- Ulysses S. Grant (1869–1877)
- Rutherford B. Hayes (1877–1881)
- James A. Garfield (1881)
- Chester Arthur (1881–1885)
- S. Grover Cleveland (1885–1889)
- Benjamin Harrison (1889–1893)
- S. G. Cleveland (1893–1897)
- William McKinley (1897–1901)
- Theodore Roosevelt (1901–1909)
- William H. Taft (1909–1913)
- T. Woodrow Wilson (1913–1921)
- Warren G. Harding (1921–1923)
- Calvin Coolidge (1923–1929)

Mord an der Grenzkommission bei Janina; Leichen der Begleiter des Generals Tellini, der ebenfalls ermordet, etwas abseits vom Auto gefunden wird

Generalstreik in Athen abgebrochen

27. August. Wegen der drastischen Gegenmaßnahmen der griechischen Regierung bricht der am 20. August von den Athener Verkehrsarbeitern proklamierte Generalstreik zusammen. Durch den Streik, der sich rasch auf die Provinzstädte ausgedehnt hatte, kam der Verkehr zur See und zu Lande nahezu vollständig zum Erliegen.

Per Dekret löste die Regierung am 21. August sämtliche Arbeiterorganisationen auf, deren Bankguthaben gesperrt wurden. Die Gelder sollen einer neuen Arbeiterversicherungskasse zufließen. Ferner wurde der Streik durch die Nichtbeteiligung der Hafenarbeiter geschwächt.

Rifkabylen kämpfen für Unabhängigkeit

21. August. In Marokko, wo die Rifkabylen (Berberstämme im Rifgebiet) seit 1920 unter der Führung von Abd El Krim einen Unabhängigkeitskrieg gegen die spanische Kolonialmacht führen, spitzt sich die militärische Lage zu. Die spanischen Garnisonen erhalten den Befehl, Truppenverstärkung in das umkämpfte Gebiet bei Melilla zu entsenden. Beurlaubte Offiziere müssen sofort einrücken. Am 23. August eröffnen die Rifkabylen bei Tetuan den Angriff auf die Spanier, die bedeutende Verluste erleiden.

Im Jahre 1912 wurde Marokko französisches Protektorat, die Spanier erhielten das Rifgebiet.

Eamon de Valera in Ennis verhaftet

15. August. In Ennis wird Eamon de Valera, Führer des republikanischen Flügels der Sinn Fein-Bewegung, wegen seiner maßgeblichen Beteiligung am irischen Bürgerkrieg (→ 19. 2./S. 37) verhaftet.

Nach schweren Niederlagen der Republikaner beendete der Feuereinstellungsbefehl de Valeras vom 24. Mai den Bürgerkrieg, der sich im Juni 1922 am anglo-irischen Vertrag vom 8. Januar 1922 entzündet hatte. De Valera lehnt den Vertrag ab, weil er das Ziel einer unabhängigen irischen Republik nicht verwirklicht. Der regierende gemäßigte Sinn Fein-Flügel akzeptiert hingegen den vertragsgemäßen Dominion-Status Irlands: Innenpolitische Unabhängigkeit und Mitgliedschaft im britischen Commonwealth. Letzteres bedeutet u.a., daß die irischen Parlamentsmitglieder einen Eid auf die britische Krone schwören müssen, was die Republikaner ablehnen.

Deshalb und weil sie das irische Parlament (Dail) nicht als legitime Vertretung anerkennen, nehmen die Republikaner zwar an der Wahl vom 28. August teil – sie gewinnen 44 Sitze –, üben ihr Mandat jedoch nicht aus. So verfügt die Regierungspartei mit 63 Sitzen über eine sichere Mehrheit gegenüber den kleineren Parteien (Sozialisten: 15 Sitze, Agrarier; 15, Unabhängige: 16).

Eamon de Valera, der vom 5. Dezember 1921 bis zum 8. Januar 1922 irischer Regierungschef war, wird in Clare zum Abgeordneten gewählt.

Österreicher beginnen mit der Elektrifizierung der Bundesbahn

August. *Energisch treibt die österreichische Bundesbahn die Elektrifizierung des Streckennetzes voran. Neuerdings verkehren auf der Strecke Innsbruck–Telfs–Pfaffenhofen Züge mit elektrischen Lokomotiven (Abb.). Am 22. Juli wurde diese elektrifizierte Teilstrecke der Arlbergbahn in Gegenwart von Bundespräsident Michael Hainisch und Verkehrsminister Hans Schürff eröffnet.*

Von der Elektrifizierung erhofft man sich eine Kostensenkung, denn der in Österreich mit Wasserkraft produzierte Strom ist billiger als die Importkohle.

Westlich von Innsbruck versorgen das Rütz- und das Spüllerseekraftwerk mit einer 55 000 Volt-Übertragungsleitung die Bahn mit elektrischem Strom.

Da vorläufig elektrische Lokomotiven noch nicht in genügender Zahl vorhanden sind, erfolgt der Betrieb auf der neuen Strecke teilweise noch mit Dampflokomotiven.

Endlich Regeln für Flugzeuglandungen

30. August. Eine in Preußen erlassene Verfügung regelt das Landen von Luftfahrzeugen aller Art. Da der Luftverkehr deutlich zugenommen hat, und ein weiteres Wachstum zu erwarten ist, werden derartige Regelungen notwendig.

Gemäß dieser Verfügung sollen die Luftfahrzeuge in den Städten die Flughäfen zur Landung benutzen. Außerhalb geschlossener Ortschaften ist das Landen nur auf Wasserflächen und auf solchen Grundstükken, die nicht eingefriedet sind, erlaubt. Von diesen Bestimmungen sind Notlandungen selbstverständlich ausgenommen. Bei jeder Landung innerhalb Berlins ist die Luftfahrtüberwachung einzuschalten. Falls eine Untersuchung für notwendig gehalten wird, ist das irregulär gelandete Flugzeug vorläufig sicherzustellen.

Vermutlich hat der Skandal über die »Notlandung« von Antonius Rab am →8. Juli (S. 119) das Eingreifen der Behörden veranlaßt. Wegen angeblichen Motorversagens war Rab auf der Berliner Straße Unter den Linden gelandet. Der Verdacht, er sei für Filmaufnahmen auf derart spektakuläre Weise gelandet, ließ sich inzwischen erhärten.

Superhangar in Orly im Bau

August. Auf dem Pariser Flughafen Orly entsteht die größte Luftschiffhalle der Welt. Schon das derzeitige Baustadium läßt das künftige Ausmaß des für Militärluftschiffe bestimmten Hangars erkennen: Es soll nach Fertigstellung 300 m in der Länge, 91 m in der Breite und 60 m in der Höhe messen. Der größte US-amerikanische Hangar ist nur 250 m lang und 47 m hoch.

Von besonderem Interesse ist auch die neuartige Konstruktionsmethode, deren Anwendung bei einem Bauwerk dieser Größenordnung Aufsehen erregt. Das Gewölbe wird aus Betonbögen zusammengesetzt. Diese werden auf einem für diesen Zweck gebauten Holzgerüst gegossen. Ist ein Betonbogen fertig (vorgesehen sind insgesamt 40), dann wird das Gerüst maschinell vorgerückt, damit der nächste Bogen gegossen werden kann.

Bau der weltweit größten Luftschiffhalle auf dem Pariser Flughafen Orly; die Halle wird aus 40 nacheinander gegossenen Betonbögen zusammengesetzt

Segelflugwoche in der Rhön beendet

31. August. Der nun beendete Rhön-Segelflugwettbewerb des Jahres 1923 hat unter den ungünstigen Witterungsverhältnissen gelitten. Trotz reger Beteiligung – rund 50 Segelflieger nahmen an den Konkurrenzen teil – sind deshalb die erwarteten großen Leistungen ausgeblieben. Ferner haben schwere Unfälle, darunter ein tödlicher, das Bild der Veranstaltung getrübt.

Seit 1920, als der erste Fliegerhorst auf der Wasserkuppe eingerichtet wurde, stehen die einmal jährlich stattfindenden Rhön-Wettbewerbe im Mittelpunkt des Interesses der deutschen Segelflieger.

Einen Höhepunkt hat auch der diesjährige Wettkampf zu verzeichnen: Am 25. August legte der Segelflieger Karl Martens aus Hannover die Weltrekorddistanz von 12 km zurück, womit der französische Weltrekord im freien Streckenflug um einen Kilometer überboten wurde. Während dieses Flugs verlor der Meßtrupp Martens aus den Augen, der erst nach intensiver Suche per Auto bei Memlos, in einem Chausseegraben sitzend, aufgespürt wurde. Martens' Erfolg wurde durch den Absturz des Erfurter Segelfliegers Hans Standfuß am 30. August überschattet. Standfuß stürzte aus 30 m Höhe ab und erlag seinen Verletzungen noch an demselben Tag.

Panik führt zu Flugzeugunfall

27. August. In der Nähe von Maidstone an der englischen Küste endet das Notlandungsmanöver eines Passagierflugzeugs wegen der Unbesonnenheit der Fluggäste mit einer Katastrophe.

Die Maschine des französischen Luftdienstes Paris–London überschlägt sich bei der Notlandung, weil die in Panik geratenen Passagiere beim Heruntergehen des Flugzeugs auf die eine Seite der Kabine stürzen. Infolgedessen kommt einer der Passagiere ums Leben, und die übrigen zehn Fluggäste sowie der Pilot der Unglücksmaschine erleiden schwere Verletzungen.

Es gilt als nahezu sicher, daß die Notlandung ohne derart schwerwiegende Folgen verlaufen wäre, wenn die Passagiere sie, ruhig auf ihren Plätzen sitzend, abgewartet hätten.

Wirtschaftspolitik Moskaus im Wandel

19. August. Die erste Landwirtschafts- und Heimindustrieausstellung der Sowjetunion wird in Moskau eröffnet.

Vorrangiges Ziel der Ausstellung ist die Intensivierung des sowjetischen Außenhandels, besonders des Agrarexports. Mit der seit März 1921 eingeleiteten sog. Neuen Ökonomischen Politik begann in der UdSSR ein Kurswechsel in der gesamten Wirtschaftspolitik. Um die Wirtschaft anzukurbeln, erhielten die Bauern die freie Verfügung über ihre Überschüsse zurück. Ausländisches Kapital wurde wieder zugelassen, wodurch erneut Handelsverträge mit kapitalistischen Staaten abgeschlossen werden konnten.

Gewinnt den sog. Prämienflug der Internationalen Flugwettbewerbe in Göteborg; deutsches Caspar-Verkehrsflugzeug geflogen von Pilot Leif Lier

Deutsche Sportler bei Flugwettbewerb

4. August. Erstmals seit dem Weltkrieg nehmen deutsche Flieger an den Internationalen Flugwettbewerben in Göteborg (bis 12. 8.) teil.

Den Ankunftswettbewerb, der auf der Strecke Rotterdam–Göteborg geflogen wird, gewinnt Sven Söderberg (Schweden). Den ersten Platz beim Prämienflug belegt der deutsche Pilot Leif Lier mit einer Caspar-Maschine.

Der Wettbewerb für Verkehrsflugzeuge wird an fünf Tagen zwischen Göteborg – Kopenhagen – Malmö ausgeflogen, den eine britische De Havilland-Maschine gewinnt. An zweiter und dritter Stelle werden deutsche Junkers-Flugzeuge ausgezeichnet.

Plakat zur Landwirtschafts- und Heimindustrieausstellung in Moskau

Ocean-Reisebüro für UdSSR-Auswanderer

2. August. Die sowjetische Regierung bestätigt den Konzessionsvertrag über die Bildung der gemischten Schiffahrtsgesellschaft Ocean-Reisebüro für den sowjetischen Ein- und Auswanderungsverkehr. Beteiligt sind die Hamburg-Amerika-Linie, der Norddeutsche Lloyd und die White Star Line einerseits sowie die sowjetische Staatliche Handelsflotte andererseits.

Hauptsächlich wird das Ocean-Reisebüro mit dem sowjetischen Auswandererverkehr zu tun haben. Bevorzugtes Ziel nicht nur der sowjetischen Emigranten sind die USA, die den Einwandererstrom besonders der Ost- und Südeuropäer durch die Festlegung bestimmter Quoten für jedes Land – für die Sowjetunion gilt die Jahresquote 2248 – zu drosseln versuchen (→ 2. 12./S. 197).

1923 – ein Rekordjahr der Kanalschwimmer

12. August. In der Rekordzeit von 16:23 h durchschwimmt der Italiener Enrico Tiraboschi den Ärmelkanal. Obwohl Hunderte den Versuch unternommen haben, ist Tiraboschi erst der vierte Schwimmer, der die strömungsreiche Meeresstraße bezwingt. Sensationellerweise gelingt die Kanaldurchquerung im Jahr 1923 gleich dreimal, so daß es nun insgesamt fünf erfolgreiche Kanalschwimmer gibt:

- ▷ Am 25. August 1875 gelingt es Kapitän Matthew Webb (Großbritannien) im zweiten Versuch, den Ärmelkanal in 21:45 h zu durchqueren
- ▷ Für den Briten Thomas W. Burgess verläuft erst der 19. Versuch am 4. November 1911 erfolgreich. In 22:35 h bewältigt er die Strecke
- ▷ Am 7. August 1923, wenige Tage vor Tiraboschi, durchschwimmt Major Henry Sullivan (USA) in 27:25 h den Kanal (dritter Versuch)
- ▷ Enrico Tiraboschi aus Italien durchquert den Ärmelkanal am 12. August in der Rekordzeit von 16:23 h
- ▷ Am 7. September 1923 bleibt der US-Amerikaner Charles Toth nur eine halbe Stunde hinter der Rekordzeit von Tiraboschi zurück (16.54 h).

△ Am 12. August durchschwimmt der Italiener Enrico Tiraboschi den Ärmelkanal in der Rekordzeit von 16:23 h. Mit drei gelungenen Durchquerungen ist das Jahr 1923 ein ausgesprochenes Erfolgsjahr für die Kanalschwimmer. Obwohl Hunderte den Versuch unternommen haben, gelang es vor 1923 erst zwei Schwimmern, den Kanal an seiner engsten Stelle (35 km) zu durchqueren

◁ Der US-amerikanische Schwimmer Major Henry Sullivan, der am 7. August den Kanal zwischen Dover und Calais in 27:25 h durchschwommen hat, bei seiner Ankunft in London; Fans bereiten ihm einen enthusiastischen Empfang. Bevor es Sullivan diesmal gelang, die Meeresstraße zu bezwingen, scheiterte er zweimal

Musik 1923:

Neue Musik wendet sich gegen die romantische Tradition

Arnold Schönberg (Selbstporträt)

Komponist Anton von Webern

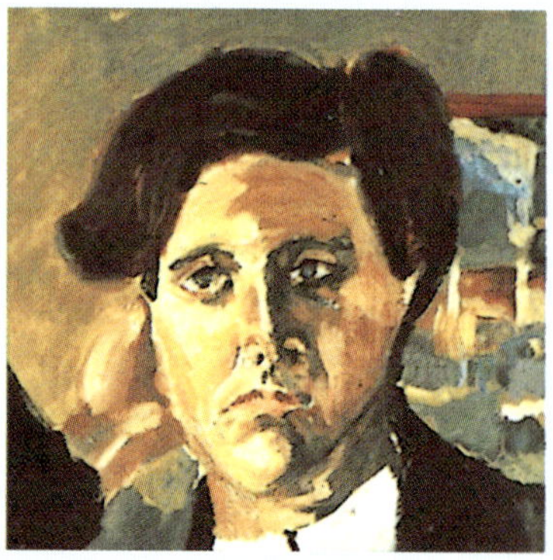

Alban Berg (von Arnold Schönberg)

Während die klassisch-romantische Tradition, die am deutlichsten von den spätromantischen Komponisten Max Reger, Hans Pfitzner, Richard Strauss und Gustav Mahler vertreten wird, die etablierte Musikszene noch weitgehend beherrscht, findet die sog. Neue Musik zunehmend Beachtung.

Dieser von den Komponisten Arnold Schönberg und Igor Strawinski angeführten Bewegung junger Komponisten, die das überbordende und mitunter falsche Gefühlspathos um die Jahrhundertwende ablehnt und bekämpft, gehören neben den Schönberg-Schülern Alban Berg, Anton von Webern und Hanns Eisler u.a. die Komponisten Paul Hindemith, Béla Bártok, Kurt Weill, Darius Milhaud, Arthur Honegger und Ernst Křenek an.

Innerhalb der Neuen Musik, deren gemeinsamer Nenner nach Ansicht Křeneks in der Bevorzugung von Schockeffekten liegt, sind zwei unterschiedliche Hauptströmungen auszumachen: Die »pro-expressiven« Radikalen um Schönberg einerseits und die gemäßigt Expressiven andererseits, die eine musikalische Aussage in einer »neuartigen Sachlichkeit« entwickeln (Strawinski, Hindemith u. a.).

Schönberg mit seiner neuartigen Kompositionstechnik mit zwölf nur aufeinander bezogenen Tönen (erstes Werk in der Zwölftontechnik sind Arnold Schönbergs »Fünf Klavierstücke« op. 23, 1923) ist dem bürgerlichen Konzertpublikum der Inbegriff des Seelenlosen, ja der Kakophonie.

Nicht wenige der jüngeren Komponisten hingegen lehnen den Schönbergschen Expressionismus als zu konstruiert für ihr Ziel einer unbürgerlichen Musikentwicklung ab.

Sie streben mit ihrer »neuen Sachlichkeit« in der Musik eine strengere Form und größere Statik, also eine Reduzierung der Aussageelemente an. Es kommt ihnen auf die »möglichst vollständige Emanzipierung von der Persönlichkeit« des Komponisten oder des reproduzierenden Künstlers an.

Der deutsche Musikkritiker Paul Bekker definiert die Neue Musik folgendermaßen:

»Sie will nicht darstellen, will nicht ergreifen oder erschüttern, sie ist eine Musik ohne jegliches Pathos und Sentiment. Was aber ist sie? Ein Bewegungsspiel der Klänge.«

Diese »Neue Sachlichkeit« zeigt verschiedene Tendenzen: Rückgriff auf vorbürgerliche Musizierformen des Barock (sog. Neoklassizismus), Begeisterung für die rhythmische Vielseitigkeit (insbesondere beim Jazz), Maschinenkult, Hinwendung zu der mechanisierten Musik des Films und Funks sowie die Einbeziehung der Zweckmusik (Militärmusik, Tanzmusik, Volksmusik).

Die Musik soll »wie eine Nähmaschine laufen« (Strawinski).

Andere Komponisten lassen sich vom nordamerikanischen Jazz inspirieren. Darius Milhaud provoziert das Publikum mit dem Ballett »La Création du Monde« (am 25. 10. 1923 im Pariser Théâtre des Champs-Élysées uraufgeführt), das auf seinem persönlichen Eindruck von New Yorker Jazzbands (Milhaud besuchte 1922 die Vereinigten Staaten) basiert.

Im Jahr 1923 beginnt sich der »Amerikanismus« zur herrschenden Zeitströmung zu entwickeln. Er bildet die Grundlage des Maschinenkults und der zunehmenden Technisierung in der Musik wie in der Malerei und der Literatur. Arthur Honegger komponiert 1923 »Pacific 231«, eine Huldigung an die orchestrale Reproduktionstechnik. Den »visuellen Eindruck« und den »physischen Genuß«, den die Schnellzug-Lokomotive Pacific 231 vermittelt, will Honegger »ins Musikalische übersetzen«, wie es in seinem Partiturvorwort heißt.

Eine Aufführung des weltberühmten Pariser Ensembles »Ballets Russes« im Schloß von Versailles (30. 6.); Sergei Diaghilews »Ballets Russes« tanzt vor einem hingerissenen Publikum in zum Interieur passenden historischen Kostümen; die Illusion ist perfekt; der Zuschauer sieht sich in die Zeit des Sonnenkönigs, Ludwig XIV. von Frankreich, versetzt, der hier in Versailles zu Beginn des 18. Jahrhunderts seine prächtigen Feste feierte

Strawinskis am → 14. Juni (S. 104) in Paris uraufgeführte Tanzszenen »Les Noces« (»Bauernhochzeit«) ist dagegen von altrussischer Volksmusik getragen. Auch der spanische Komponist Manuel de Falla bezieht seine künstlerische Inspiration aus der volksmusikalischen Tradition seines Heimatlandes Andalusien. Davon zeugt auch die glutvoll-rhythmische Musik des Marionettenspiels »Meister Pedros Puppenspiel« (»El retablo de maese Pedro«), das am 23. März in Sevilla uraufgeführt wird.

Ein wichtiges Forum für die Neue Musik sind die Donaueschinger Kammermusik-Aufführungen zur Förderung zeitgenössischer Tonkunst, die unter Mitwirkung Hindemiths im Jahr 1921 etabliert wurden. Wie in den Vorjahren gibt es auch bei dem diesjährigen Kammermusikfest (29./30. 7.) eine musikalische Sensation: Am 29. Juli wird das Streichquartett II op. 7 des tschechischen Komponisten Alois Hába, der seit 1923 in Prag lehrt, uraufgeführt. Hábas Mikrointervalltechnik – das Streichquartett ist das erste vierteltönige Stück – erregt im Augenblick großes Aufsehen, gerät jedoch später wieder weitgehend in Vergessenheit.

Buddenbrooks-Film – »gleichgültiges Drama«

31. August. Im Berliner Tauentzienpalast wird der von Regisseur Gerhard Lamprecht an Originalschauplätzen in Lübeck gedrehte Film »Die Buddenbrooks« – nach dem gleichnamigen Roman von Thomas Mann – uraufgeführt.

Diese erste Thomas-Mann-Verfilmung (Alfred Fekete und Luise Heilborn-Körbitz haben nach dem bekannten Roman das Drehbuch geschrieben) stößt auf reges Interesse bei Publikum und Kritik. Letztere kommentiert den ersten wichtigen Lamprecht-Film (bisher hat sich der Regisseur mit Filmen wie »Erinnerungen eines Frauenarztes« und »Frauenbeichte« auf weniger anspruchsvollem Niveau bewegt) verhalten bis wohlwollend.

Thomas Mann selbst hält nicht viel von der Verfilmung seines Romans über den Glanz und Verfall der Lübecker Kaufmannsfamilie Buddenbrook, wie einer späteren Äußerung zu entnehmen ist:

»Man hat ›Buddenbrooks‹ verfilmt, aber man hat es den Freunden des Buches wohl kaum zu Dank getan. Statt zu erzählen, immer nur zu erzählen und seine Menschen leben zu lassen, hat man ein gleichgültiges Kaufmannsdrama daraus gemacht und von dem Roman fast nichts übriggelassen als die Personennamen.«

In der Zeitschrift »Tagebuch« merkt der Rezensent Stefan Großmann provozierend an:

»Ein bißchen blutleer – aber ist das nicht auch Thomas Mann? Man wünscht dieser Film-Hymne auf die Bürgerlichkeit – nun was? – eine gute Bilanz.«

Lobend hebt dagegen »Der Film« die Leistung des Regisseurs hervor:

»Der Regisseur Gerhard Lamprecht ist den Forderungen des Films … mit feinem Fingerspitzengefühl … gerecht geworden.«

Herbert Ihering, Theater- und Filmkritiker, resümiert:

»Also: Auf mittlerer Linie ein guter Film. Oder: Ein konventionelles, aber geschicktes Filmmanuskript ist regiemäßig und photographisch geglückt.«

Einband der »Buddenbrooks«-Ausgabe von 1903 (S. Fischer Verlag)

»Buddenbrookhaus« in Lübeck, das Stammhaus der Familie Mann

Preis zum Gedenken an Georg Büchner

11. August. Erstmals wird der mit drei Millionen Mark dotierte Hessische Staats- oder Georg-Büchner-Preis verliehen. Die Preisträger sind der Komponist und Kirchenmusikmeister Arnold Ludwig Mendelsohn und der Arzt Adam Carrillon.

Mit dem von der Regierung Hessens gestifteten Preis für Künstler des Landes soll die Erinnerung an den Dramatiker Georg Büchner (1813–1837) lebendig erhalten werden. Später wird der Preis in einen Literaturpreis umgewandelt.

Der so postum geehrte berühmte Sohn Hessens agitierte im Jahre 1834 mit seiner revolutionären Flugschrift »Der hessische Landbote« gegen die reaktionären Verhältnisse im Großherzogtum Hessen, deren Umsturz er anstrebte. Deshalb mußte er im Jahr darauf aus seiner hessischen Heimat fliehen. In seinem Zufluchtsort Zürich verfaßte Büchner die Dramen »Dantons Tod« und »Woyzeck« sowie das zeitsatirische Lustspiel »Leonce und Lena«. Die psychologische Durchleuchtung der Figuren, die scharfe Sozialkritik in seinen Stücken und die Auflösung des klassischen Dialogs weisen Georg Büchner als einen Wegbereiter des modernen Dramas aus.

V. l.: Albert Bassermann, Ernst von Possart, Paul Wegener, Josef Kainz und Emil Jannings als Mephisto in »Faust« von Johann Wolfgang von Goethe (1833)

Der Mephisto – eine schauspielerische Herausforderung

August. Die »Leipziger Illustrirte Zeitung« veröffentlicht Aufnahmen von bekannten Schauspielern in der Rolle des Mephisto, die einen interessanten Vergleich erlauben. Sehr unterschiedliche Aspekte der Figur aus Johann Wolfgang von Goethes Tragödie »Faust« werden von den Darstellern betont.

Paul Wegener (1906–1920 Schauspieler am Deutschen Theater in Berlin) hat in seiner Mephisto-Darstellung die »Spottgeburt aus Dreck und Feuer« – Mephisto versinnbildlicht die dämonische Kraft, »die stets verneint« – herausgearbeitet. Auch Emil Jannings (seit 1915 Schauspieler bei Max Reinhardt) und Eugen Klöpfer (seit 1918 Schauspieler in Berlin) unterstreichen das Satanisch-Rohe und die höllische Lust am Scherz, um die dämonische Natur Mephistos herauszukehren.

Eine andere Tendenz der Mephisto-Darstellung ist bei der älteren Schauspielergeneration (Ernst von Possart, Josef Kainz) zu erkennen: Aus gelegentlich wehmütigen Tönen und Gesten ließen sie schmerzliches Erinnern des gefallenen Engels aufklingen.

Von der Kritik besonders gelobt wurde Albert Bassermanns Mephisto, der die einander widerstrebenden Elemente vereinigte.

Bauhaus in Weimar stellt sich mit großer Ausstellung vor

15. August. Nach einjähriger Vorbereitungszeit präsentiert sich das 1919 gegründete Staatliche Bauhaus in Weimar erstmals mit einer großen Ausstellung der Öffentlichkeit.
Zur Eröffnung der Ausstellung, mit der das Bauhaus international bekannt wird, findet die sog. Bauhauswoche mit einem umfangreichen avantgardistischen Kulturprogramm statt: Einer der Höhepunkte ist Oskar Schlemmers »Triadisches Ballett«.
Eine der Attraktionen der Ausstellung, die bereits im Juli eröffnet werden sollte, ist das nach Bauhausprinzipien gebaute und eingerichtete Versuchshaus (Entwurf von Georg Muche). Materialgerechtheit und Zweckmäßigkeit bestimmen sowohl die Innenausstattung (erste elektrische Lampen, Heißwasserbereiter in der Küche u.a.) als auch die Baustoffe. Im »Kunstblatt« glossiert Paul Westheim die strenge Rechtwinkligkeit des Hauses: »In der Küche habe ich übrigens ein kubistisches Idol vermißt: den Maggiwürfel.«
Besonderes Aufsehen erregt auch die vom Bauhaus organisierte Ausstellung moderner Architekturentwürfe u.a. aus Frankreich (Le Corbusier), den Niederlanden (Jacobus

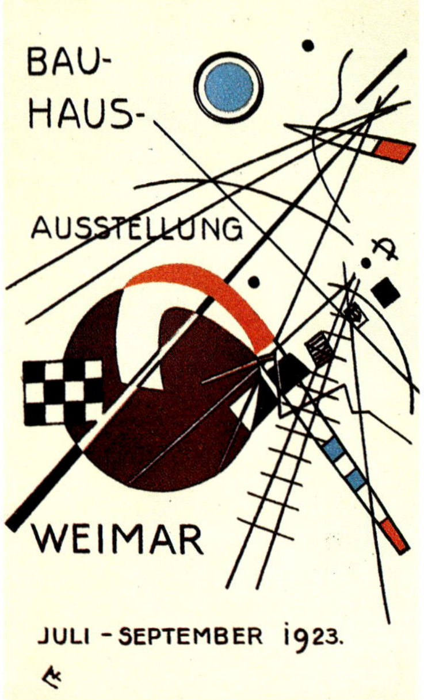

Ausstellungs-Karte 3, abstrakt gestaltet von dem russischen Maler und Grafiker Wassily Kandinsky

Postkarte 9 von Rudolf Baschant; Werbung für die Bauhaus-Ausstellung in Weimar im Sommer 1923

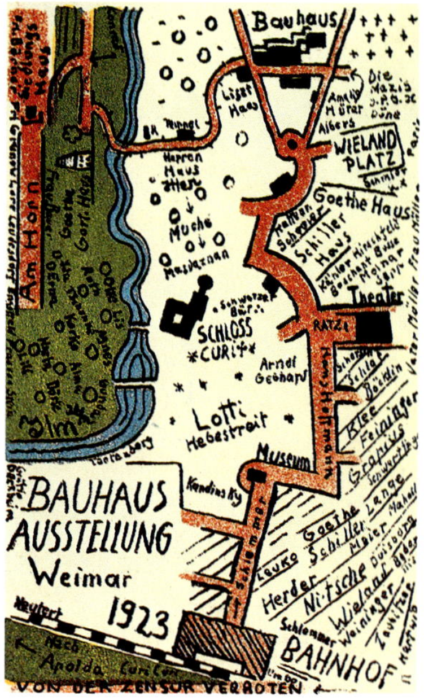

Kurt Schmidt: Ausstellungs-Karte 19 mit Stadtplan von Weimar und Hinweisen für die Bauhaus-Ausstellung

Johannes Pieter Oud) und den USA (Frank Lloyd Wright), die z.B. Ludwig Mies van der Rohes Entwurf eines 30stöckigen gläsernen Wolkenkratzers zeigt.
Unter Mitwirkung bekannter Künstler – so berief Bauhausgründer und -direktor Walter Gropius (Architekt) u.a. Lyonel Feininger (Maler und Grafiker), Gerhard Marcks (Bildhauer), Georg Muche (Maler), Oskar Schlemmer (Maler und Bildhauer), Paul Klee und Wassily Kandinsky (beide Maler und Grafiker) sowie László Moholy-Nagy (Objektkünstler) als Mitarbeiter – hat sich das Bauhaus zu einer einzigartigen Experimentierstätte entwickelt.
Einer der Grundgedanken der Bauhauskünstler liegt in dem Bestreben, die Trennung von Kunst und Handwerk zu überwinden. Im Bauhaus-Programm von 1919 wird formuliert: »Architekten, Maler, Bildhauer sind Handwerker im Ursinn des Wortes, deshalb wird als unerläßliche Grundlage für alles bildnerische Schaffen die gründliche handwerkliche Ausbildung aller Studierenden in Werkstätten . . . gefordert.«
Ziel der kollektiven Leistung des Bauhauses ist, jene ideale Form zu finden, die von der Gemeinschaft als solche erkannt wird, weil sie die sinnvollste und damit die beste ist. Deshalb sind elementare Gestaltungsformen wie der Kreis, der Kubus und das Quadrat für Architektur, Design und Typographie des Bauhauses kennzeichnend.
Unter dem Einfluß des sowjetischen Konstruktivismus und der niederländischen Stijl-Bewegung gewinnt seit 1921 die technisch-industrielle Fertigung unter funktionalistischen Gesichtspunkten gegenüber dem Handwerklichen an Bedeutung. In diese Richtung weist auch der Vortrag »Kunst und Technik, die neue Einheit«, den Gropius anläßlich der Ausstellungseröffnung hält.

Donnerstag, 16. Aug. BAUHAUSWOCHE 8 Uhr abends
Deutsches Nationaltheater Weimar
DAS
TRIADISCHE
BALLETT
Burger - Hötzel - Schlemmer
Tanz: Tänzerin: Elsa Hötzel 1. Tänzer: Albert Burger (beide Württ. Landestheater Stuttgart) 2. Tänzer: Fred Höger - Stuttgart
Tanzgestaltung und Figurinen: Oscar Schlemmer, Staatliches Bauhaus
Musik: Weimarische Staatskapelle und Karl Tutein, Stadttheater Augsburg
REIHENFOLGE
ERSTE (GELBE) REIHE
1. Eintanz Tänzerin Tharenghi
2. Zweitanz Tänzerin 2. Tänzer Bossi
3. Zweitanz Tänzerin 1. Tänzer Bossi
4. Zweitanz Tänzerin 1. Tänzer Bossi
5. Eintanz 2. Tänzer Bossi
6. Eintanz 1. Tänzer Debussy
ZWEITE (ROSA) REIHE
7. Eintanz Tänzerin Haydn
8. Zweitanz Tänzerin 1. Tänzer Mozart
9. Dreitanz Tänzerin 1. u. 2. Tänzer Mozart
DRITTE (SCHWARZE) REIHE
10. Eintanz Tänzerin Paradies
11. Eintanz 2. Tänzer Haydn
12. Dreitanz Tänzerin 1. u. 2. Tänzer Händel
Pause nach der ersten und zweiten Reihe
Herstellung der starren Kostüme Carl Schlemmer, Weimar

△ Tanzkostüm von Oskar Schlemmer; die künstlerische Idee des Malers und Bildhauers ist die Reduzierung der menschlichen Figur auf Grundformen, die auch bei den Figurinen des »Triadischen Balletts« verwirklicht ist
◁ Ankündigung des »Triadischen Balletts« von Oskar Schlemmer, das im Rahmen der Bauhauswoche in Weimar aufgeführt wird; der Maler hat die Choreographien und die Kostüme der Figurinen entworfen

Meisterschaften des Arbeitersports

4. August. Eine rege Beteiligung und mehrere Rekorde kennzeichneten die Leichtathletik-Meisterschaften des Arbeiter-Turn- und Sportbundes (ATSB) im Berliner Grunewald-Stadion, die am Vortag begonnen haben.

Insgesamt nahmen 472 ATSB-Sportler und 114 Sportlerinnen an den Wettkämpfen teil. Zu den 35 ermittelten Siegern gehören u.a. der Langstreckenläufer Max Wagner (Leipzig) und die Sprinterin Wilma Dittmar (Hannover).

Wagner ist über 5000 m ebenso ATSB-Rekord gelaufen wie Wilma Dittmar über 100 m. Als erste Arbeitersportlerin durchbrach die Hannoveraner Sprinterin dabei mit 12,9 sec die 13-Sekunden-Grenze.

Ein Höhepunkt besonderer Art ist der Umzug von 1500 Spielleuten am 4. August. Der Versuch der Polizei, den Zug der Trommler und Pfeifer auf seinem Marsch vom Bahnhof Tiergarten zum Stadion zu sprengen, bleibt erfolglos. Im Stadion läßt der Spielmannszug unter brausendem Beifall die Melodien der bekannten Arbeiterlieder »Internationale« und »Sturmlied« sowie den »Sozialistenmarsch« erklingen.

Der Arbeiter-Turn- und Sport-Bund ist die im Jahre 1919 gegründete Nachfolgeorganisation des Arbeiter-Turner-Bundes (seit 1893) und der größte Einzelverband des deutschen Arbeitersports. Der ATSB gehört der Sozialistischen Arbeiter-Sport-Internationale an.

Bedarff – deutscher Rekord über 5000 m

17. August. Am ersten Tag der Deutschen Leichtathletik-Meisterschaften in Frankfurt am Main, die bis zum 19. August dauern, läuft Emil Bedarff (Frankfurt) die 5000 m in der Rekordzeit 15:14,2 min.

Eine führende Berliner Zeitung berichtet folgendermaßen:

»Die einzige Entscheidung des Tages, das 5000-Meter-Laufen, war ein prachtvolles Rennen und gestaltete sich zu einem Duell zwischen Bedarff-Frankfurt und Dieckmann-Hannover. Letzterer führte bis 800 Meter vor dem Ziel, wo Bedarff zum Angriff schritt und nach erbittertem Ringen mit 5 Meter Vorsprung einen sicheren Sieg ... landen konnte.«

Laufstudien von Paavo Nurmi: Sein gleichmäßiger, entspannter Stil wird einer ganzen Leichtathletengeneration zum Vorbild; scheinbar ohne jede Anstrengung dreht der finnische Mittel- und Langstreckenläufer seine Runden

Nurmi bricht die Mittelstreckenrekorde

23. August. In Stockholm verbessert der 26 Jahre alte Paavo Nurmi aus Finnland in einem Rennen gleich zwei Mittelstreckenweltrekorde: Er läuft die Mile (britische Meile, rund 1609 m) in 4:10,4 min und passiert die 1500-m-Marke in 3:53,0 min, was ebenfalls Weltbestzeit bedeutet.

Der Asket aus Finnland gilt als der größte Läufer der Leichtathletikgeschichte. Seit Beginn seiner einzigartigen Sportlerkarriere hat Nurmi für die Neugestaltung der Weltrekordlisten des Mittel- und Langstreckenlaufs gesorgt.

Nurmi, das finnische Laufwunder

Paavo Nurmis Ende 1923 gültige Weltrekorde:

26. Juni 1921: über 10000 m in 30:40,2 min

27. August 1922: über 3000 m in 8:28,6 min

4. September 1922: über 2000 m in 5: 26,3 min

12. September 1922: über 5000 m in 14:35,4 min

23. August 1923: über die Englische Meile (1609 m) in 4:10,4 min und über 1500 m in 3:53,0 min

Der Finne Paavo Nurmi (l.) mit dem schwedischen Läufer Edvin Wide

Erst relativ spät ist der am 13. Juni 1897 geborene Zimmermannssohn aus Turku zum Langlaufsport gekommen. Angeblich soll er seit 1916 in den Wäldern seiner Heimat systematisch trainiert haben.

Nachdem Nurmi im Jahre 1920 die finnischen Landesmeisterschaften über 1500 m, 5000 m und im Waldlauf gewonnen hatte, nahm der Läufer an den Olympischen Spielen in Antwerpen (1920) teil, wo er sich die Silbermedaille über 5000 m und die Goldmedaille über 10000 m holte.

Am 26. Juni 1921 verbesserte er den 10000-m-Weltrekord auf 30:40,2 min. Im folgenden Jahr lief der asketische Finne weitere Weltrekorde: über 3000 m in 8:28,6 min (Turku am 27. 8.), über 2000 m in 5:26,3 min (Tampere am 4. 9.) und über 5000 m in 14:35,4 min (Stockholm am 12. 9.).

Am Ende des Jahres 1923 hält der Läufer aus Finnland alle Weltbestleistungen zwischen der Meile und den 10000 Metern. Während der folgenden Jahre steht Nurmi an der Spitze des internationalen Langstreckenlaufs.

Der große Schweiger, so wird Nurmi wegen seiner Scheu vor Publicity genannt, scheint mühelos seine Runden zu drehen, während sich die Konkurrenten abquälen. Nurmi wird zum Idol einer ganzen Läufergeneration.

September 1923

Mo	Di	Mi	Do	Fr	Sa	So
					1	2
3	4	5	6	7	8	9
10	11	12	13	14	15	16
17	18	19	20	21	22	23
24	25	26	27	28	29	30

1. September, Sonnabend

Großbritannien annektiert Südrhodesien (heute Simbabwe) formell als selbstregierende Kronkolonie. Die Britisch-Afrikanische Gesellschaft, die das Gebiet bisher verwaltete, wird entschädigt, behält jedoch die Rechte an den Bodenschätzen. Am 1. Oktober tritt die neue Verfassung in Kraft. →S. 150

Ein schweres Erdbeben in Japan fordert 143 000 Todesopfer und macht eine halbe Million Menschen obdachlos. Die Städte um Tokio und Jokohama werden weitgehend zerstört. Dem Erdbeben folgen große Brände, die weitere Verheerungen anrichten und erst nach Tagen unter Kontrolle gebracht werden. →S. 151

Da die griechische Regierung nicht bereit ist, die Verantwortung für die Ermordung der italienischen Grenzkommission an der griechisch-albanischen Grenze (→27. 8./S. 135) zu übernehmen, wird die griechische Insel Korfu von den Italienern besetzt. →S. 150

2. September, Sonntag

In seiner Stuttgarter Rede betont Reichskanzler Gustav Stresemann die deutsche Verständigungsbereitschaft gegenüber Frankreich. Die angebotene Garantie der deutschen Wirtschaft sei ein dem Ruhrgebiet gleichwertiges produktives Pfand für die Reparationen.

In Nürnberg veranstalten die Vaterländischen Verbände mit dem Deutschen Tag (Sedan-Gedenkfeier), die erste Massendemonstration der vereinigten Rechten (rund 100 000 Teilnehmer). Die rechtsradikalen Kampfbünde (u.a. Bund Oberland und die nationalsozialistische Sturmabteilung) gründen den Deutschen Kampfbund, dessen politische Führung Adolf Hitler am 25. September übernimmt (→26. 9./S. 148).

Die sowjetische Regierung beschließt, die 1922 ausgeschriebene Goldanleihe (100 Millionen Rubel) wegen ungenügender Zeichnung in eine Zwangsanleihe umzuwandeln. Außerdem soll die allgemeine Schulpflicht innerhalb der nächsten zehn Jahre eingeführt werden.

3. September, Montag

Der Dollarkurs hat einen Stand von 9,7 Millionen Mark (pro US-Dollar) erreicht. Wegen des rapiden Wertverfalls der Mark steigen die Preise im Deutschen Reich fortwährend an. Ein Brot ist derzeit für 900 000 Mark zu haben. Die Reichsbank steigert ständig den Banknotenumlauf (→3. 8./S. 132; 16. 11./S. 182).

4. September, Dienstag

Aufgrund des Republikschutzgesetzes vom 21. Juli 1922 wird »Die Rote Fahne«, Zentralorgan der Kommunistischen Partei Deutschlands, wegen scharfer Angriffe gegen die Reichsregierung in Preußen verboten. Das Verbot gilt für die Dauer von acht Tagen.

5. September, Mittwoch

Das 25jährige Regierungsjubiläum der niederländischen Königin Wilhelmina wird in Amsterdam großartig gefeiert. Wilhelmina erhält als Nationalgeschenk des niederländischen Volkes eine goldene Equipage. →S. 154

6. September, Donnerstag

Reichsfinanzminister Rudolf Hilferding (SPD) wird vom Reichsrat zur Aufnahme eines 1200-Billionen-Mark-Kredits ermächtigt, um die Beschaffung dringend benötigten Brotgetreides zu ermöglichen (→25. 9./S. 149).

Auf der Strecke Hannover–Wunstorf kommt es zu einem schweren Eisenbahnunglück mit 18 Todesopfern.

Der US-Dollar ist derzeit 33,2 Millionen Mark wert.

7. September, Freitag

Per Notverordnung ermächtigt Reichspräsident Friedrich Ebert die Reichsregierung, einen Kommissar für die Devisenerfassung mit außerordentlichen Vollmachten zu bestellen. Um die galoppierende Inflation zu bekämpfen, beginnt die Reichsregierung mit einer totalen Devisenbewirtschaftung.

An der Devisenbörse ist der US-Dollar nunmehr mit 53 Millionen Mark notiert.

8. September, Sonnabend

Ein Schnellzug entgleist in der Nähe der sowjetischen Stadt Omsk. Bei dem Unglück kommen 82 Personen ums Leben, 150 werden verletzt.

In Wien beginnen die Weltmeisterschaften im Gewichtheben (bis 9. 9.). →S. 157

9. September, Sonntag

In Dresden versammeln sich etwa 8000 Mann der kommunistischen und sozialdemokratischen »Abwehrorganisationen« zu einem Generalappell.

Der französische Ministerpräsident Raymond Poincaré lehnt in den Ansprachen, die er anläßlich der Einweihung von Kriegerdenkmälern in Damvillers und Houdainville hält, jedes Zugeständnis an das Deutsche Reich bezüglich der Reparationsfrage und der Ruhrbesetzung ab.

Im Berliner Ufa-Palast hat »Die Flamme«, ein Film von Ernst Lubitsch, Premiere.

Den Großen Preis von Italien für Automobile gewinnt der Italiener Carlo Salamono auf Fiat. Das Rennen wird seit 1922 in Monza ausgetragen. →S. 157

10. September, Montag

Einstimmig beschließt die Reichsregierung, die Währungsfrage (Inflation) durch die Einrichtung einer Goldnotenbank, die in enger Verbindung mit der Reichsbank stehen soll, zu lösen. Am 12. September befürwortet der Reichswirtschaftsrat das Projekt einer von der Reichsbank getrennten Goldnotenbank als Zentralinstitut einer neuen Währung (→16. 11./S. 182).

Sieben Zerstörer der US-amerikanischen Kriegsflotte erleiden vor der kalifornischen Küste auf der Höhe von Santa Barbara wegen dichten Nebels Schiffbruch, wobei 25 der Besatzungsmitglieder umkommen und 18 verletzt werden. Dieser ungewöhnliche Unfall erregt allgemeines Aufsehen. →S. 153

11. September, Dienstag

Die sozialdemokratische Landesregierung Thüringens wird durch ein von Kommunisten und bürgerlichen Parteien unterstütztes Mißtrauensvotum gestürzt.

Reichskanzler Gustav Stresemann nimmt über die Botschafter in Berlin inoffiziellen Kontakt zu den alliierten Regierungen auf, um deren Zugeständnisse im Falle des Abbruchs des passiven Widerstands zu sondieren. Vergeblich bemüht sich Stresemann, u. a. die Rückkehr der Ausgewiesenen durchzusetzen (→26. 9./S. 146).

Der deutsche Stahlbund beginnt mit der Einführung von Goldmarkpreisen.

Der Geheimbericht eines sowjetischen Agenten an den sowjetischen Außenminister Georgi W. Tschitscherin wird im »Sozialdemokratischen Parlamentsdienst« veröffentlicht. Darin wird die Kommunistische Partei Deutschlands als anarchisch und unfähig geschildert.

Auf den derzeitigen Stand von 66,2 Millionen Mark ist der Dollarkurs angestiegen. Die Aufwärtsbewegung des Dollarkurses hält an.

12. September, Mittwoch

Seinen Mut zur Unpopularität beweist Reichskanzler Gustav Stresemann mit seiner Rede vor Berliner Pressevertretern. Um die Wirtschaftskrise zu überwinden, seien noch stärkere Eingriffe in »Besitz und Wirtschaft« sowie die Verlängerung der Arbeitszeit notwendig. Außerdem müsse der Ruhrkonflikt beigelegt werden, was bei einer Fortsetzung des passiven Widerstands nicht möglich sei (→26. 9./S. 146).

13. September, Donnerstag

General Miguel Primo de Rivera y Orbaneja putscht gegen die parlamentarische Regierung Spaniens, die erst am 4. September neugebildet worden war. Eine der Ursachen für den Putsch ist die Unzufriedenheit der Armee mit der Marokkopolitik der Regierung. Im Einvernehmen mit dem spanischen König Alfons XIII. errichtet Primo de Rivera eine Militärdiktatur. →S. 150

In Bulgarien brechen kommunistische Unruhen aus, die nach ungefähr einer Woche niedergeschlagen sind. Die Anführer der Erhebung (sog. Septemberaufstand) werden erschossen. Bei dem Kampf mit der überlegenen Armee werden 2000 Kommunisten getötet und 5000 geraten in Gefangenschaft. →S. 150

Die Händler der Berliner Markthalle tragen der Inflation Rechnung. Erst um 11.30 Uhr, wenn die Kurse der Vorbörse bekannt sind, eröffnen sie ihre Stände. Ein eigens eingerichteter Dienst informiert die Händler halbstündlich über die Kurse, denen die Preise unmittelbar angepaßt werden, so daß eine fünf- bis sechsmalige Preisänderung pro Tag keine Seltenheit ist. →S. 149

Ein US-Dollar ist derzeit 92,4 Millionen Mark wert.

14. September, Freitag

In seinem veröffentlichten Befehl an die Reichswehr weist Reichswehrminister Otto Geßler alle Gerüchte über Verbindungen der Reichswehr mit verfassungsfeindlichen Organisationen der Rechten zurück. Derartige Verbindungen seien längst durch klare Befehle verboten. Geßler droht die entschlossene Abwehr aller Umsturzversuche an.

Ein Brot kostet in Berlin zur Zeit 4,5 Millionen Mark. Die Berliner Straßenbahnen kann man für 600 000 Mark (einfache Fahrt) oder 700 000 Mark (Umsteigetarif) benutzen.

Boxweltmeister Jack Dempsey (USA) besiegt den Argentinier Luis Angel Firpo durch k.o. in der zweiten Runde. Über 80 000 Zuschauer verfolgen in den Polo Grounds von New York diesen äußerst dramatischen Kampf. →S. 157

15. September, Sonnabend

Hugo Stinnes, Reichstagsabgeordneter der Deutschen Volkspartei und einflußreicher Großindustrieller, informiert den US-amerikanischen Botschafter in Berlin, Alanson B. Houghton, über die Hintergründe einer »in zwei bis drei Wochen« bevorstehenden politischen Umwälzung im Deutschen Reich. Ausführlich erläutert Stinnes die Pläne für eine Rechtsdiktatur. →S. 148

Die bayrische Regierung warnt die Reichsregierung vor dem Abbruch des passiven Widerstands, den man in Bayern als »zweites Versailles« und als eine »Auflösung des Reichs« auffassen werde. Eine solche »Kapitulation gegenüber Frankreich« lasse schwere innenpolitische Auseinandersetzungen befürchten (→26. 9./S. 146).

Der Terror des Ku-Klux-Klans (gegen religiöse und rassische Minderheiten – Katholiken, Juden, Schwarze, Iren – gerichteter Geheimbund weißer Farmer im Süden und Mittleren Westen der USA) nimmt derartig zu, daß in Oklahoma das Kriegsrecht ausgerufen wird. →S. 152

In der Sowjetunion kommt es zu schweren Auseinandersetzungen zwischen dem Heiligen Synod, der regierungsfreundlichen neuen Kirchenverwaltung, und den Anhängern des Patriarchen Tichon, die der Regierung kritisch gegenüberstehen. Gottesdienste und Prozessionen der an Tichon orientierten Russisch-Orthodoxen werden gestört.

Die neugegründete große Koalition unter dem Reichskanzler Gustav Stresemann bringt der »Simplicissimus« am 3. September mit einer Karikatur auf seinem Titel

Stuttgart München 3. September 1923 Preis 300000 Mark 28. Jahrgang Nr. 23

SIMPLICISSIMUS

Bezugspreis monatlich 1200000 Mark
Alle Rechte vorbehalten

Begründet von Albert Langen und Th. Th. Heine

Bezugspreis monatlich 1200000 Mark
Copyright 1923 by Simplicissimus-Verlag G. m. b. H. & Co., München

Die große Koalition

(Karl Arnold)

„– – – Und so lasset uns getrost in die Zukunft blicken, denn es ist keine leichtfertige Liebesehe, nein, es ist eine Heirat aus Pflicht!"

16. September, Sonntag

Empört reagiert die Bevölkerung auf die in Aachen unter dem Schutz der Besatzung veranstalteten Separatistenversammlungen (→21. 10./S. 164).

Das größte Stadion Europas wird in Köln-Müngersdorf eingeweiht. Die Großkampfbahn für 80 000 Zuschauer ist Teil eines großzügigen Sportparks, zu dem ferner zwei kleinere Stadien für Fußball und Leichtathletik, eine Radrennbahn, ein Schwimmbecken und Tennisplätze gehören. →S. 157

17. September, Montag

Italien setzt in Fiume (heute Rijeka) einen Militärgouverneur ein. Auf Fiume, das 1920 Freistaat wurde, erheben sowohl Italien als auch das Königreich der Serben, Kroaten und Slowenen (heute Jugoslawien) Anspruch.

Während des Besuchs des österreichischen Bundeskanzlers Ignaz Seipel in Warschau (17. 9.–20. 9.) wird der Entwurf eines österreichisch-polnischen Schiedsgerichtsvertrags vereinbart. Die polnische Presse begrüßt ausdrücklich den Besuch des österreichischen Bundeskanzlers. →S. 151

Der Dollarkurs ist auf 200 Millionen Mark gestiegen. Eine Goldmark entspricht 50 Millionen Papiermark.

18. September, Dienstag

Das Reichsfinanzministerium hat einen Entwurf für die geplante Währungsreform zur Schaffung eines wertbeständigen Zahlungsmittels erarbeitet. Von einer zu gründenden Bank soll ein neues gesetzliches Zahlungsmittel ausgegeben werden, das zu einem festgesetzten Einheitskurs gegen die Papiermark einlösbar ist (→16. 11./S. 182).

Auf einer Versammlung des Bayerischen Bauernbundes in Tuntenhausen äußert der bayrische Ministerpräsident Eugen Ritter von Knilling »ernste Bedenken« gegen die Reichsregierung besonders wegen ihres »sozialistische[n] Einschlag[s]«. Für die Reichsregierung sind die Ausführungen von Knillings alarmierend, weil er die Möglichkeit einer süddeutschen Separation im Falle der Aufgabe des passiven Widerstands im Ruhrgebiet andeutet (→26. 9./S. 148).

Ein bis zum 26. September andauernder Druckerstreik in New York verhindert das Erscheinen der Zeitungen.

19. September, Mittwoch

Scharfen Einspruch gegen den außenpolitischen Kurs von Reichskanzler Gustav Stresemann, der die Aufgabe des passiven Widerstands anstrebt, erheben die in Berlin versammelten deutschnationalen Fraktionen des Reichstags, des preußischen und des bayrischen Landtags (→26. 9./S. 146).

Generalfeldmarschall Paul von Hindenburg, der sich aus Urlaubsgründen in Bayern aufhält, warnt Hermann Bauer, den Präsidenten der Vereinigung der Vaterländischen Verbände Bayerns, mit großer Eindringlichkeit vor bayrischen separatistischen Bestrebungen.

Stanley Baldwin, britischer Premierminister, trifft in Paris mit dem französischen Ministerpräsidenten Raymond Poincaré zusammen, um das weitere Vorgehen der Alliierten gegenüber dem Deutschen Reich zu erörtern. Poincaré ist nicht zu Zugeständnissen bereit.

Die seit dem 3. September in Genf tagende vierte Völkerbundsversammlung (bis 29. 9) verzichtet auf Drängen Frankreichs darauf, die Reparationsfrage zu behandeln. →S. 151

Ernst Tollers »Der deutsche Hinkemann« (seit 1924 »Hinkemann«), eine Tragödie in drei Akten, wird im Alten Theater in Leipzig uraufgeführt.

20. September, Donnerstag

Zur Zeit hat der Dollarkurs eine fallende Tendenz, die sich aber als vorübergehend erweisen wird. Der US-Dollar ist derzeit mit 182 Millionen Mark notiert.

21. September, Freitag

Die Rheinlandkommission beginnt im besetzten Rheingebiet mit der Ausgabe von Notgeld.

Innerhalb der nächsten fünf Jahre will der Wiener Stadtsenat Gemeindebauten mit insgesamt 25 000 Wohnungen errichten lassen.

22. September, Sonnabend

Wegen umlaufender Putschgerüchte läßt die Reichsregierung verlautbaren, »daß gegenüber jedem Versuch, die Staatsgewalt zu erschüttern, von welcher Seite er auch kommen mag«, die ihr zur Verfügung stehenden Machtmittel (Reichswehr) eingesetzt würden.

In Dresden brechen Unruhen aus, in deren Verlauf es zu Schußwechseln zwischen bewaffneten Kommunisten und der Polizei kommt.

Georg Brittings Komödie »Die Stubenfliege« wird im Münchener Residenztheater uraufgeführt.

23. September, Sonntag

In Köln, Aachen, Trier und Wiesbaden sorgen Demonstrationen der Rheinland-Separatisten für erhebliche Unruhe in der Bevölkerung (→21. 10./S. 164).

Die krisenhafte Lage des Deutschen Reichs spitzt sich zu. Blutige Zusammenstöße zwischen den bewaffneten Verbänden der Rechts- und Linksradikalen sind an der Tagesordnung, so z. B. in Oberbayern zwischen nationalistischen Kampfverbänden und kommunistischen Hundertschaften.

In Hamburg findet ein zweistündiger Generalstreik statt.

In der Inszenierung von Leopold Jessner wird die Tragödie »Überteufel« von Hermann Essig an der Jungen Bühne in Berlin uraufgeführt. Agnes Straub spielt die Hauptrolle.

Kurz nach dem Start zur internationalen Freiballonwettfahrt (Gordon-Bennett-Preis) in Brüssel geraten die Ballons in ein heftiges Gewitter. Der spanische, schweizerische und US-amerikanische Ballon werden vom Blitz getroffen, brennen aus und stürzen ab. Nur einer der sechs Piloten dieser Ballons überlebt. →S. 153

24. September, Montag

Reichskanzler Gustav Stresemann verhandelt mit den Führern der fünf großen Parteien (SPD, DDP, DVP, Zentrum, DNVP) und Vertretern der besetzten Gebiete über den Abbruch des passiven Widerstands, der, so der Kanzler, angesichts der finanziellen Misere des Deutschen Reichs keinen Aufschub mehr dulde. Dem stimmen alle Parteien außer der DNVP zu (→26. 9./S. 146).

Ein Liter Vollmilch kostet in Berlin zur Zeit 7,6 Millionen Mark. Für ein Brot müssen die Berliner 10,37 Millionen Mark zahlen und ein kg Kartoffeln geht für 1,24 Millionen Mark über den Ladentisch; Fleisch ist kaum erschwinglich, ein kg Rindfleisch kostet 76 Millionen Mark.

In der Berliner Alhambra wird der Tonfilm »Das Leben auf dem Dorfe« uraufgeführt und ist wochenlang ausverkauft. Das von den Ingenieuren Hans Vogt, Joseph Massolle und Jo Benedict Engl entwickelte Lichttonverfahren (Triergon) setzt sich aber erst nach einigen Jahren zunächst in den USA durch. →S. 156

25. September, Dienstag

Die Regierungschefs der Länder akzeptieren die Notwendigkeit, die bisherige Widerstandspolitik in den besetzten Gebieten abzubrechen. Die Reichsregierung faßt einstimmig den entsprechenden Beschluß (→26. 9./S. 146).

Umfangreiche staatliche Mittel stellt die preußische Regierung für eine Volksspeisungsaktion bereit. →S. 149

26. September, Mittwoch

In einem Aufruf an das deutsche Volk teilen Reichspräsident Friedrich Ebert und die Reichsregierung den Abbruch des passiven Widerstands mit. →S. 146

Da sie Ausschreitungen wegen der Aufgabe des passiven Widerstands befürchtet, erklärt die bayrische Regierung den Ausnahmezustand und ernennt den ehemaligen Ministerpräsidenten Gustav Ritter von Kahr zum Generalstaatskommissar, auf den die gesamte vollziehende Gewalt übergeht. Daraufhin überträgt Reichspräsident Friedrich Ebert Reichswehrminister Otto Geßler vorübergehend die vollziehende Gewalt und erklärt den Ausnahmezustand für das gesamte Deutsche Reich. →S. 146

27. September, Donnerstag

Die Maßnahmen für den passiven Widerstand werden außer Kraft gesetzt. Am folgenden Tag werden die Reparationslieferungen an Frankreich und Belgien wieder aufgenommen (→26. 9./S. 146).

Der am Vortag ernannte bayrische Generalstaatskommissar Gustav Ritter von Kahr verbietet 14 geplante Kundgebungen der Nationalsozialisten, was bei diesen große Empörung hervorruft.

Im Berliner Marmorhaus wird der Film »Mutter, Dein Kind ruft« uraufgeführt. Es handelt sich um eine Verfilmung der Novelle »Das brennende Geheimnis« von Stefan Zweig.

28. September, Freitag

Reichswehrminister Otto Geßler verbietet Druck und Vertrieb des »Völkischen Beobachters« wegen eines Reichskanzler Gustav Stresemann und den Chef der Heeresleitung, Hans von Seeckt, schwer verunglimpfenden Artikels. Das Verbot löst einen schweren Konflikt zwischen Bayern und dem Reich aus. →S. 148

Bei der Eröffnung der Automobilausstellung in Berlin (bis 7. 10.) wird u. a. das Stromlinienauto vorgestellt.

29. September, Sonnabend

Der bayrische Generalstaatskommissar Gustav Ritter von Kahr läßt den Vollzug des Republikschutzgesetzes (21. 7. 1922) in Bayern einstellen.

Hugo Stinnes, Großindustrieller und Reichstagsabgeordneter der DVP, fordert die Reichsregierung im Namen der Schwerindustrie auf, den Achtstundentag aufzuheben und ein Streikverbot für lebenswichtige Betriebe zu erlassen.

Die letzte Postkutsche wird in Hannover aus dem Verkehr gezogen. →S. 153

30. September, Sonntag

In Düsseldorf kommt es zu einem blutigen Zusammenstoß zwischen den etwa 20 000 demonstrierenden Separatisten und der Polizei, wobei 17 Personen getötet werden (→21. 10./S. 164).

Die deutschen Bischöfe verurteilen in einem in allen katholischen Kirchen verlesenen Hirtenbrief den Nationalismus und rufen zur Völkerverständigung auf.

Im vergangenen Monat hatte der Dollarkurs einen Durchschnittsstand von 98,8 Millionen Mark.

Gestorben:

20. Kampen auf Sylt: Ferdinand Avenarius (*20. 12. 1856, Berlin), deutscher Schriftsteller.

Geboren:

7. London: Peter Lawford (†24. 12. 1984, Los Angeles), US-amerikanischer Filmschauspieler.

Das Wetter im Monat September

Station	Mittlere Lufttemperatur (°C)	Niederschlag (mm)	Sonnenscheindauer (Std.)
Aachen	14,0 (14,5)	67 (68)	— (160)
Berlin	13,7 (13,8)	24 (46)	— (194)
Bremen	13,8 (14,0)	44 (60)	— (164)
München	14,4 (13,4)	46 (84)	— (176)
Wien	— (15,0)	— (56)	— (—)
Zürich	13,7 (13,5)	73 (101)	192 (166)

( ) Langjähriger Mittelwert für diesen Monat
– Wert nicht ermittelt

Viele Zeitschriften bringen, wie hier das »Blatt der Hausfrau«, Sparvorschläge und Wettbewerbe, deren Gewinne in Goldmark ausgesetzt werden

Heft 23
Berlin, Mitte September 1923

Preis Mark 100000
Für Zustellung ortsübliche Gebühr.
Hierzu Ullstein-Schnittmuster-Bogen Nr. 23 für 35000.— Mark erhältlich.

Ullsteins
Blatt der Hausfrau

FJ.

S 732. Straßenanzug mit Faltenschoß an der hochgeschlossenen Jacke. Stoffverbrauch hierzu etwa 3,25 m von 140 cm Breite. Rückansicht auf der Umschlagseite III.
Großes Ullstein-Schnittmuster, fertig zugeschnitten, in Größe II erhältlich.

K-M 1575. Mantel mit eingebügelten Falten, hochgeschlossen und offen tragbar. Stoffverbrauch (Größe 3) 1,10 m 120 cm breit. Rückans. Umschlagseite III.
Kleines Ullstein-Schnittmuster in Mädchengröße 1, 3 und 5 hierzu erhältlich.

B-F 826. Mantel mit Schulterärmeln und schräg eingearbeiteten Taschen. Stoffverbrauch (für Backfischgröße 15) 2,95 m 140 cm breit. Rückansicht Umschlags. III.
Großes Ullstein-Schnittmuster, fertig, in Backfischgröße 14, 15 und 16 erhältlich.

M 572. Mantel mit seitlich eingesetzten Faltenteilen und Pelzbesatz. Stoffverbrauch (Größe II) 3,30 m von 130 cm Breite. Rückansicht auf der Umschlagseite III.
Großes Ullstein-Schnittmuster, zugeschnitten, in Größe I, II, IV erhältlich.

In diesem Heft großer Schönheitswettbewerb:
„Welches Kleid ist das schönste?“ 500 Goldmark zu gewinnen!

Passiver Widerstand wegen Währungskrise abgebrochen

26. September. Obwohl Frankreich keine Zugeständnisse in Aussicht stellt, gibt Reichskanzler Gustav Stresemann (Deutsche Volkspartei) in einem Aufruf an das deutsche Volk den Abbruch des passiven Widerstands bekannt.

Die katastrophale Währungssituation des Deutschen Reichs zwingt die Reichsregierung zu diesem Schritt. Am folgenden Tag werden die Präsidial- und Regierungsverordnungen zur Widerstandspolitik aufgehoben.

Mit dem passiven Widerstand (→13. 1./S. 19) hatte die deutsche Seite auf die französisch-belgische Ruhrbesetzung am →11. Januar (S. 15) reagiert. Die Reparationsleistungen an Frankreich und Belgien wurden eingestellt (12. 1.), und die deutschen Beamten im Ruhrgebiet erhielten am 19. Januar die Anweisung, den Anordnungen der Besatzungsbehörden keinerlei Folge zu leisten. Ziel des passiven Widerstands war es, den Franzosen und Belgiern die Kontrolle über das Okkupationsgebiet unmöglich zu machen. Dabei kam den Eisenbahnern eine zentrale Bedeutung zu, die mit ihren Dienstverweigerungen den Kohlenabtransport durch die Besatzungsmächte zunächst erheblich behindern konnten. Mit drakonischen Strafmaßnahmen (u.a. Ausweisungen) reagierten die Besatzungsmächte auf den passiven Widerstand der Bevölkerung.

In der Proklamation über den Abbruch des passiven Widerstands, die von Reichspräsident Friedrich Ebert und dem Kabinett unterzeichnet ist, wird die Bilanz des Ruhrkampfes veröffentlicht: Über 100 Tote, Hunderte von Festgenommenen, 180000 Ausweisungen (→2. 2./S. 32; 15. 4./S. 61).

Alle Parteien, außer der Deutschnationalen Volkspartei, die Stresemann eine »Politik der vollständigen Kapitulation« gegenüber Frankreich vorwirft, unterstützen den Abbruch des passiven Widerstands. Stresemann hält dem stürmischen Protest der nationalen Rechten entgegen: »Der Mut, die Aufgabe des passiven Widerstandes verantwortlich auf sich zu nehmen, ist vielleicht mehr national als die Phrasen, mit denen dagegen angekämpft wurde.«

Wegen des katastrophalen Währungsverfalls – am 17. September hat der Dollarkurs mit 200 Millionen Mark pro US-Dollar seinen bisherigen Höchststand erreicht – ist die Aufgabe der Widerstandspolitik zu einer zwingenden Notwendigkeit geworden.

Bereits am 12. September erklärte Stresemann in seiner Rede vor Pressevertretern in Berlin, die Vorbedingung für die wirtschaftliche Gesundung des Deutschen Reichs sei die Lösung der Währungsfrage, die wiederum die Beilegung des Ruhrkampfes voraussetze.

Der wirtschaftliche Ruin des Deutschen Reiches ist durch den Ruhrkampf mitverursacht. Seine immensen Kosten (1,15 Milliarden Goldmark plus eine Milliarde Goldmark für Subventionen von Kohlenimporten) haben die Inflation angeheizt. Die deutsche Wirtschaft erleidet durch den Ruhrkampf einen Verlust von mindestens vier Milliarden Goldmark (am 17. 9. ist eine Goldmark 50 Millionen Papiermark wert). Noch nicht abzusehen sind die Folgeschäden.

Bevor Stresemann die aussichtslose Widerstandspolitik beendet, um die Voraussetzung für die Räumung des Ruhrgebiets und neue Reparationsverhandlungen zu schaffen, versuchte er, die Alliierten zu einer Reihe von Zugeständnissen zu bewegen (Rückkehr der Ausgewiesenen, Amnestie der inhaftierten Deutschen u.a.), was ihm jedoch nicht gelang.

Proklamation der Reichsregierung zum Abbruch des passiven Widerstands im Ruhrgebiet (26. 9.) ▷

Reichskanzler Gustav Stresemann (ein Papier in der Hand haltend) erläutert bei einem Presseempfang den Auslandskorrespondenten in Berlin seine Politik

Ausnahmezustand in Bayern und im Reich

26. September. Die rechtsgerichtete Regierung in Bayern reagiert mit der Verhängung des Ausnahmezustands auf den Abbruch des passiven Widerstands im Ruhrgebiet (→26. 9./S. 146). Mit Gustav Ritter von Kahr wird ein erklärter Gegner der Reichsregierung zum bayrischen Generalstaatskommissar mit diktatorischen Vollmachten ernannt. Zugleich erhält von Kahr die Befugnis, die in Bayern stationierte Reichswehreinheit für Ordnungsmaßnahmen heranzuziehen.

Alarmiert durch die bayrischen Maßnahmen, verhängt Reichspräsident Friedrich Ebert noch an demselben Tag den Ausnahmezustand über das Deutsche Reich und überträgt Reichswehrminister Otto Geßler die vollziehende Gewalt.

Bayrischer Generalstaatskommissar Gustav Ritter von Kahr (M. r.) als Royalist; Hochrufe für Kronprinz Rupprecht (l.)

Mitglieder des nationalsozialistischen Kampfbundes marschieren nach Bayreuth zum Deutschen Tag am 30. September

An das deutsche Volk!

Am 11. Januar haben französische und belgische Truppen wider Recht und Vertrag das deutsche Ruhrgebiet besetzt. Seit dieser Zeit hatten Ruhrgebiet und Rheinland schwerste Bedrückungen zu erleiden. Ueber 180 000 deutsche Männer, Frauen, Greise und Kinder sind von Haus und Hof vertrieben worden. Für Millionen Deutsche gibt es den Begriff der persönlichen Freiheit nicht mehr. Gewalttaten ohne Zahl haben den Weg der Okkupation begleitet.

Mehr als hundert Volksgenossen haben ihr Leben dahingeben müssen; Hunderte schmachten noch in den Gefängnissen.

Gegen die Unrechtmäßigkeit des Einbruches erhoben sich Rechtsgefühl und vaterländische Gesinnung. Die Bevölkerung weigerte sich, unter fremden Bajonetten zu arbeiten.

Für diese dem deutschen Reiche in schwerster Zeit bewiesene Treue und Standhaftigkeit dankt das ganze deutsche Volk.

Die Reichsregierung hatte es übernommen, nach ihren Kräften für die leidenden Volksgenossen zu sorgen. In immer steigendem Maße sind die Mittel des Reiches dadurch in Anspruch genommen worden. In der abgelaufenen Woche erreichten die Unterstützungen für Rhein und Ruhr die Summe von 3500 Billionen Mark; in der laufenden Woche ist mindestens die Verdoppelung dieser Summe zu erwarten. Die einzige Produktion des Rheinlandes und des Ruhrgebiets hat aufgehört. Das Wirtschaftsleben im besetzten und unbesetzten Deutschland ist zerrüttet.

Mit furchtbarem Ernst droht die Gefahr, daß bei Festhalten an dem bisherigen Verfahren die Schaffung einer geordneten Währung, die Aufrechterhaltung des Wirtschaftslebens und damit die Sicherung der nackten Existenz für unser Volk unmöglich wird.

Diese Gefahr muß im Interesse der Zukunft Deutschlands ebenso wie im Interesse von Rhein und Ruhr abgewendet werden. Um das Leben von Volk und Staat zu erhalten, stehen wir heute vor der **bitteren Notwendigkeit, den Kampf abzubrechen.** Wir wissen, daß wir damit von den Bewohnern der besetzten Gebiete noch größere seelische Opfer als bisher verlangen.

Heroisch war ihr Kampf; beispiellos ihre Selbstbeherrschung.

Wir werden niemals vergessen, was diejenigen erlitten, die im besetzten Gebiet duldeten. Wir werden niemals vergessen, was diejenigen aufgaben, die lieber die Heimat verließen, als dem Vaterland die Treue zu brechen.

Dafür zu sorgen, daß die Gefangenen freigegeben werden, daß die Verstoßenen zurückkehren, bleibt die vornehmste Aufgabe der Reichsregierung.

Vor allen wirtschaftlichen und materiellen Sorgen steht der Kampf für diese elementaren Menschenrechte.

Deutschland hat sich bereit erklärt, die schwersten materiellen Opfer für die Freiheit der deutschen Volksgenossen und deutscher Erde auf sich zu nehmen.

Diese Freiheit ist uns aber kein Objekt für Verhandlungen oder Tauschgeschäfte.

Reichspräsident und Reichsregierung versichern hierdurch feierlichst vor dem deutschen Volke und vor der ganzen Welt, daß sie sich zu keinen Abmachungen verstehen werden, die auch nur das kleinste Stück deutscher Erde vom Deutschen Reiche loslöst.

In der Hand der Einbruchsmächte und ihrer Verbündeten liegt es, ob sie durch Anerkennung dieser Auffassung Deutschland den **Frieden wiedergeben** oder mit der Verweigerung dieses Friedens alle die Folgen herbeiführen wollen, die daraus für die Beziehungen der Völker entstehen müssen.

Das deutsche Volk fordern wir auf, in den bevorstehenden Zeiten härtester seelischer Prüfung und materieller Not treu zusammenzustehen. Nur so werden wir alle Absichten auf Zertrümmerung des Reiches zunichte machen; nur so werden wir der Nation Ehre und Leben erhalten; nur so ihr die Freiheit wiedergewinnen, die unser unveräußerliches Recht ist.

Berlin, den 26. September 1923.

Der Reichspräsident:

gez. Ebert.

Die Reichsregierung:

Dr. Stresemann. Schmidt. Dr. Geßler. Dr. Brauns. v. Raumer. Dr. Radbruch.
Oeser. Dr. Luther. Sollmann. Dr. Hilferding. Fuchs. Dr. Hoefle.

Politische Rechte gegen Reichsregierung

26. September. Gegen den Abbruch des passiven Widerstands im Ruhrgebiet (→ 26. 9./S. 146), diese »Kapitulation gegenüber Frankreich«, läuft die politische Rechte Sturm. Besonders in Bayern wächst der Protest gegen die Reichsregierung.

Die bayrische Regierung hegt »ernste Bedenken« gegen die Reichsregierung wegen ihres starken »sozialistische[n] Einschlag[s]«. Am 19. September warnte der bayrische Ministerpräsident Eugen Ritter von Knilling die Reichsregierung davor, sich durch den »Druck der Linken« unter das »Joch einer förmlichen Kapitulation zu beugen«. Ferner deutet von Knilling die Möglichkeit einer süddeutschen Separation an, wenn die Entwicklung zu einer »Linksdiktatur« im Reich führe. Die Spannungen zwischen München und Berlin wachsen nach der Verhängung des bayrischen Ausnahmezustands (→ 26. 9./S. 146; 20. 10./S. 163).

Mit dem Ausnahmezustand – der frühere Ministerpräsident Gustav Ritter von Kahr wird zum Generalstaatskommissar mit diktatorischen Vollmachten ernannt – reagiert die bayrische Regierung auf die explosive Lage in Bayern, wo Putschparolen kursieren.

Bei dem am 2. September zur Erinnerung an den Sedan-Sieg 1870 über Frankreich veranstalteten Deutschen Tag in Nürnberg marschierten die Rechtsverbände mit rund 100 000 Teilehmern auf. Die Nationalsozialisten und der Bund Reichsflagge, d. h. die extreme Rechte, waren bei der nationalistischen Kundgebung am stärksten vertreten.

Das verstärkte Auftreten dieser militanten Rechten gab in erster Linie den Anlaß zur Verhängung des Ausnahmezustands. Am 25. September hatte NSDAP-Führer Adolf Hitler die politische Leitung des Deutschen Kampfbunds, einer Vereinigung der rechtsradikalen Organisationen NSDAP, SA, Bund Reichsflagge und Bund Oberland, übernommen. Die so verstärkte Aktionseinheit auf der äußersten Rechten ist ein Alarmsignal für die bayrische Regierung, denn Hitler propagiert das baldige »Losschlagen« gegen die bisherige Staatsmacht (→ 8./9. 11./S. 178).

Adolf Hitler, Führer der Nationalsozialisten, (M.) beim Vorbeimarsch der Vaterländischen Verbände auf dem Nürnberger Marktplatz (Deutscher Tag, 2. 9.)

Kahr und Geßler

28. September. *Als Inhaber der vollziehenden Gewalt im Deutschen Reich (→ 26. 9./S. 146) verbietet Reichswehrminister Otto Geßler (Abb. r.) das NSDAP-Blatt »Völkischer Beobachter«. Das Verbot veranlaßt einen schweren Konflikt zwischen Bayern und dem Reich (→ 20. 10./S. 163), denn Generalstaatskommissar Gustav Ritter von Kahr (Abb. l.) weigert sich, gegen die Zeitung vorzugehen.*

Pläne für deutsche Rechtsdiktatur »in zwei bis drei Wochen«

15. September. Hugo Stinnes, einflußreicher Großindustrieller und Reichstagsabgeordneter der Deutschen Volkspartei, äußert sich gegenüber Alanson B. Houghton, US-amerikanischer Botschafter in Berlin, über die Hintergründe einer »in zwei bis drei Wochen« bevorstehenden politischen Umwälzung im Deutschen Reich.

Houghton telegrafiert über sein Gespräch mit Stinnes nach Washington (21. 9.):

»Jedoch ist er [Stinnes] überzeugt, daß die deutsche Arbeiterschaft auf diese Notwendigkeit [länger und schwerer zu arbeiten] nicht eingehen wird und daher hierzu gezwungen werden muß. Deshalb sagt er, muß ein Diktator gefunden werden, ausgestattet mit der Macht, alles zu tun, was irgendwie nötig ist. So ein Mann muß die Sprache des Volkes reden und selbst bürgerlich sein, und so ein Mann steht bereit. Eine große, von Bayern ausgehende Bewegung ... sei nahe. Ich fragte ihn, wie nahe – und er sagte mir, vielleicht zwei bis drei Wochen entfernt ... Der Bewegung, sagte er, würden sich alle Rechtsparteien anschließen und eine ansehnliche Gruppe gemäßigter Männer in der Mitte, und sie würde in erster Linie einen Kampf gegen den Kommunismus bedeuten, da der kommunistische Flügel die Arbeiter zur Opposition treiben würde. Ich fragte ihn, ob die Industriellen sich mit der Bewegung vereinen würden. Stinnes erwiderte, daß sie das würden ...

Ebert [wird] im Namen der Republik einen Mann oder, wenn möglich, ein Komitee von drei Männern als Diktator ernennen und wird die ganze militärische Gewalt unter des Diktators Befehl stellen. Von da ab wird die parlamentarische Regierung zu Ende sein. Die Kommunisten werden rücksichtslos zerschmettert werden, und wenn sie zum Generalstreik aufrufen, wird dieser ebenfalls mit Gewalt unterdrückt ...

Die eine Schwierigkeit ... ist ... daß die Bewegung durch einen Angriffsakt der Rechtsparteien ausgelöst werden könnte. Er möchte, daß die Kommunisten beginnen.«

Inflationsgewinnler Hugo Stinnes

Hugo Stinnes, geboren am 12. Februar 1870 in Mühlheim, baute seit 1893 ein Wirtschaftsunternehmen auf, das sich bis zum Weltkrieg zum größten deutschen Konzern in der Schwerindustrie und im Elektrobereich entwickelte. Nach 1918 erwarb der Großindustrielle Beteiligungen an Banken und Werften. Ferner kaufte er die »Deutsche Allgemeine Zeitung« und andere Blätter (→ 24. 5./S. 80) auf. Stinnes ist einer der größten Inflationsgewinnler des Jahres 1923. Er gilt als Gegner der Politik Gustav Stresemanns und lehnt das parlamentarische System der Weimarer Republik schroff ab.

Volksspeisung für hungernde Bevölkerung

25. September. Wegen der kritischen Ernährungslage beschließt die Regierung in Preußen »durch schleunige Organisierung von Volksspeisungen weitesten Umfanges, den notleidenden Kreisen der Bevölkerung in ihrem immer schwieriger werdenden Existenzkampf hilfreich zur Seite zu treten«. Drei Billionen Mark staatliche Mittel werden für die Volksspeisungen bereitgestellt.

Selbst Grundnahrungsmittel sind für viele Familien wegen der galoppierenden Preisinflation gerade auf dem Lebenmittelmarkt – der Brotpreis z. B. ist von 900 000 Mark am 3. September auf derzeit 10,37 Millionen Mark hochgeschnellt (Berliner Preise) – kaum noch erschwinglich. Staatliche Maßnahmen zur Linderung der Not – am 6. September ermächtigte der Reichsrat Finanzminister Rudolf Hilferding (SPD) zur Aufnahme eines 1200-Billionen-Mark-Kredits für die Beschaffung von Brotgetreide – bewirken nur kurzfristig Erleichterung.

Grundsätzliche Maßnahmen gegen die inflationäre Markzerrüttung sind erforderlich. Reichskanzler Gustav Stresemann (→ 13. 8./S. 130) arbeitet zielstrebig auf die Stabilisierung der Währung hin (Einführung der totalen Devisenbewirtschaftung am 7. 9.). Zur Überwindung der Krise hält Stresemann stärkere Eingriffe in »Besitz und Wirtschaft« und die Steigerung der Arbeitsleistung für unumgänglich, wie er am 12. September deutlich machte.

Windmühle als Wachturm für Kartoffelfelder; eine unkonventionelle Maßnahme gegen die sich häufenden nächtlichen Diebstähle auf den Feldern

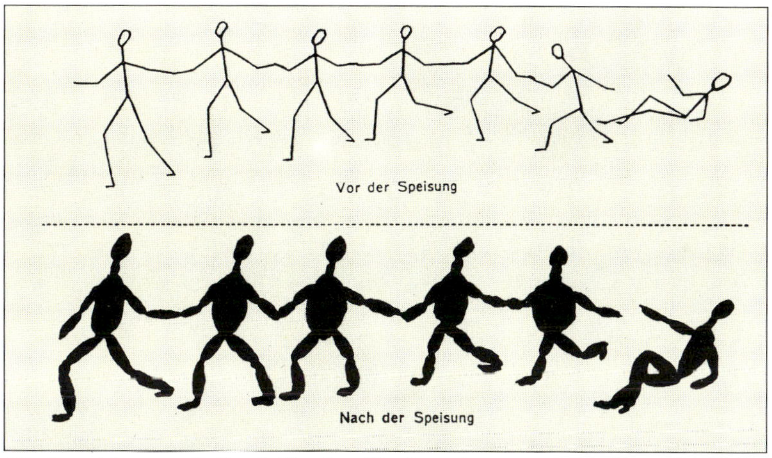

Kinderzeichnung als Dank für eine Kinderspeisung an einer deutschen Volksschule, die mit Spenden aus den Vereinigten Staaten finanziert worden ist

Inflationsalltag in der Markthalle

13. September. Gegen die eingenwilligen Geschäftsgebaren der Berliner Markthändler schreitet die Wucherpolizei ein. Über die Vorgänge berichtet die »Vossische Zeitung« aus Berlin:

»In den Markthallen hat der Kleinhandel einen ›Kursdienst‹ eingerichtet, der zu lebhaften Protesten des Publikums Anlaß gibt. Die Händler eröffnen ihre Stände ... gewöhnlich erst um 11.15 Uhr vormittags, zu einer Zeit, zu der die Kurse der Vorbörse bereits bekannt sind. Die Markthallen ... stehen mit der Börse laufend in Verbindung, und man sieht halbstündlich in den Hallen Leute aufgeregt durch die Gänge eilen, die den Standinhabern die letzten Kurse zurufen ... Die Händler kommen auch prompt nach, und eine Minute später sind bereits die Preisaushänge verschwunden und durch die entsprechenden neuen Aufschläge ergänzt. So ist es ... nichts Seltenes, daß in den Markthallen ... die Preise am Tage fünf- bis sechsmal wechseln.

Die Abteilung W des Polizeipräsidiums ... ist zu der Ansicht gekommen, daß dem Treiben, namentlich der Kleinhändler, hier energisch Einhalt geboten werden müsse ... Der Kleinhandel ist verpflichtet, sich 24 Stunden lang an den morgens oder mittags vom Großhandel festgelegten Preis zu binden ...«

Hamsterer besteigen mit ihrer Ausbeute (Säcke voller Kartoffeln) einen Zug zur Rückfahrt nach Berlin; die Not zwingt zu solchen »Ausflügen« aufs Land

Unter polizeilicher Kontrolle dürfen Einwohner aus Berlin auf den bereits abgeernteten Feldern die liegengebliebenen Kartoffeln einsammeln

Südrhodesien von London annektiert

1. September. Nachdem die Mehrheit der in Südrhodesien (heute Simbabwe) lebenden Europäer 1922 in einem Referendum für die Selbstregierung votiert hatte (59%, dagegen 41% für die Union mit Südafrika), wird das Land formell von der britischen Regierung als selbstregierende Kronkolonie annektiert, während Nordrhodesien (heute Sambia) britisches Kronprotektorat ohne Selbstregierung wird.

Gegen Entschädigung gehen die Hoheitsbefugnisse von der Britisch-Afrikanischen Gesellschaft, die Rhodesien seit 1889 verwaltet hat und auch weiterhin über die Rechte an den Bodenschätzen verfügt, an die britische Regierung über.

Am 1. Oktober tritt die neue Verfassung Südrhodesiens in Kraft: Die weißen Siedler (die Afrikaner sind nicht an der Selbstverwaltung beteiligt) wählen aus ihren Reihen einen Premierminister und ein Parlament. Ein britischer Gouverneur, der die britische Krone vertritt, hat ein Interventionsrecht für alle die Afrikaner betreffenden Fragen.

Italiener besetzen Korfu als Pfand

1. September. Ein italienisches Flottengeschwader bombardiert und besetzt die griechische Insel Korfu. Damit eskaliert der griechisch-italienische Konflikt, der durch die Ermordung General Tellinis, des italienischen Vertreters in der Kommission zur Festsetzung der griechisch-albanischen Grenze, und seiner italienischen Begleiter in der Nähe des griechischen Ortes Janina ausgelöst wurde (→ 27. 8./S. 135).

Da Athen das italienische Ultimatum vom 29. August abgelehnt hat, setzt Benito Mussolini, italienischer Ministerpräsident und Duce, die griechische Regierung nun mit der Besetzung Korfus, das als Faustpfand für die geforderten Entschädigungen (50 Millionen Lire) dienen soll, unter verstärkten Druck.

Um die Ausweitung des Konflikts im östlichen Mittelmeerraum zu verhindern, schalten sich die Botschafterkonferenz der Alliierten in Paris und der Völkerbund, an den die griechische Regierung appelliert, ein.

Obwohl die Untersuchung der Mordtat noch nicht abgeschlossen ist, verurteilt die Botschafterkonferenz Griechenland am 26. September zur Zahlung von 50 Millionen Lire, ein Beschluß, der am 28. September vom Völkerbund aufgehoben wird.

Mussolini zieht angesichts der Entrüstung in Europa über sein Vorgehen bereits am 27. September die Besetzung Korfus zurück.

Über der alten Burg der Insel Korfu weht nun die italienische Flagge

In Bulgarien endet Septemberaufstand

13. September. Unter der Führung Georgi M. Dimitrows erheben sich die bulgarischen Kommunisten gegen die Regierung der Demokratischen Sammlung unter Alexandar Zankow. Innerhalb weniger Tage schlägt die Armee die Erhebung jedoch blutig nieder.

Mit diesem sog. Septemberaufstand reagiert die KP Bulgariens auf den Sturz und die Ermordung von Ministerpräsident Alexandar Stamboliski im Juni (→ 9. 6./S. 97) und die am 15. August erfolgte Verurteilung von vier Mitgliedern seines Kabinetts zum Tode. Bauernführer Stamboliski, der eine gegen städtische und besitzende Schichten gerichtete Politik verfolgte, gilt der KP Bulgariens als Wegbereiter für den Kommunismus, obwohl sich sein diktatorisches Regime auch gegen die Kommunisten richtete.

Besonders in den Zentralgebieten Bulgariens (Stara Sagora) und im Nordwesten (Widin) kommt es während des Septemberaufstands zu Gefechten zwischen der Armee und den zahlenmäßig unterlegenen Kommunisten. Die Erhebung dehnt sich jedoch nicht auf die städtischen Zentren und die Hauptstadt aus.

Nach bulgarischen Pressemeldungen kommen bei dem Aufstand 2000 Kommunisten ums Leben und 5000 geraten in Gefangenschaft. Die Führer, soweit sie nicht ins Ausland fliehen können, werden erschossen.

Kampf gegen Kommunisten; Verteilung von Munition an Freiwillige

Primo de Rivera errichtet Militärdiktatur

13. September. Der Generalkapitän von Katalonien, Miguel de Rivera y Orbaneja, putscht gegen die parlamentarische Regierung Spaniens und bildet im Einvernehmen mit König Alfons VIII. zwei Tage später ein Militärdirektorium. Die Cortes werden aufgelöst.

Da sich in der Öffentlichkeit mehr und mehr die Auffassung verbreitet hat, daß nur eine Diktatur Spanien aus der politischen Krise herausführen könne, wird der Militärputsch besonders von bürgerlichen Kreisen ausdrücklich begrüßt. Liberale und Republikaner nehmen eine abwartende Haltung ein.

Den rasch wechselnden parlamentarischen Regierungen (1917–1922 regierten 15 Ministerpräsidenten) ist die Bewältigung der anhaltenden politischen und wirtschaftlichen Misere nicht gelungen. Unruhen, Terrorakte und der erfolglose Kolonialkrieg in Marokko, wo die Spanier seit 1920 gegen die aufständischen Rifkabylen kämpfen (→ 21. 8./S. 135), kennzeichnen die Krisensituation Spaniens.

Um einen Bürgerkrieg zwischen den aufständischen und den regierungstreuen Truppen zu verhindern, legalisiert König Alfons VIII. den Staatsstreich Primo de Riveras, indem er ihn nach dem Rücktritt des Kabinetts unter Manuel García Prieto mit der Bildung einer neuen Regierung beauftragt.

Regionalistische, anarchistische und kommunistische Bewegungen werden unterdrückt; die politischen Parteien bis auf eine Einheitspartei verboten. Zur Sicherung der öffentlichen Ordnung führt Primo de Rivera die Pressezensur ein. Eine der wichtigsten Reformen der Militärdiktatur ist der Aufbau einer effektiven Verwaltung.

General Miguel Primo de Rivera y Orbaneja (M.), seit 1922 Generalkapitän von Katalonien, putscht am 13. September gegen die Regierung Spaniens und errichtet eine Militärdiktatur; Primo de Rivera, geboren am 8. Januar in Jerez de la Frontera, entstammt einer angesehenen Familie von Militärs und Politikern

Reparationsfrage in Genf kein Thema

19. September. Dem Begehren Frankreichs folgend, verzichtet die in Genf tagende vierte Völkerbundsversammlung (3. 9.–29. 9.) darauf, die Reparationsfrage zu behandeln. Fridtjof Nansen, Hochkommissar des Völkerbunds, bedauert diese Entscheidung, weil die Lage seit der letzten Völkerbundsversammlung im September 1922, während der man eine Resolution über die wünschenswerte Lösung der Reparationsfrage und das Problem der internationalen Schulden verabschiedet hatte, nur noch ernster geworden sei. Nansen betont, daß sich alle Sachverständigen der Welt darüber einig seien, daß ohne eine Lösung des Reparationsproblems das wirtschaftliche Chaos, unter dem auch die neutralen Staaten schwer litten, nicht behoben werden könne.
Dem im Jahre 1920 zur Sicherung des Weltfriedens gegründeten Völkerbund gehören überwiegend die Alliierten des Weltkriegs und eine Reihe neutraler Staaten an. Die USA haben die Völkerbundsatzung bisher nicht ratifiziert.

Annäherung Polens und Österreichs

17. September. Österreichs Bundeskanzler Ignaz Seipel trifft in Begleitung von Außenminister Alfred Grünberger zu Verhandlungen in Warschau ein.
Anläßlich des Staatsbesuchs (bis 20. 9.) wird der Entwurf eines österreichisch-polnischen Schiedsgerichtsvertrags vereinbart, der etwaige Streitfragen zwischen beiden Staaten einem Schiedsgericht unterwirft.
In der polnischen Presse wird der Besuch Seipels überschwenglich begrüßt. Mit deutlicher Anspielung auf das Deutsche Reich heißt es in einem halboffiziösen Blatt, Österreich habe, »im Gegensatz zu einigen anderen Ländern die unterzeichneten Friedensbedingungen ruhig angenommen, ohne diese zu verletzen und ohne das internationale Leben zu verwirren, und genieße daher das Wohlwollen der Entente [Gegner der Mittelmächte im Weltkrieg] und deren Hilfe«. Ferner wird betont, Österreichs Glück und Zukunft liege einzig und allein in der Anlehnung an die Entente und dem Fernbleiben vom Deutschen Reich.

143 000 Tote bei einem Erdbeben in Japan

1. September. Japan wird von einer schweren Erdbebenkatastrophe heimgesucht. Erdstöße, die z. T. so heftig sind, daß die seismographischen Meßgeräte versagen, erschüttern die Erdoberfläche und richten ungeheure Zerstörungen an. Zahlreiche in dem Katastrophengebiet (5 km nördlich von Osaka und Kobe bis nach Sendai im Norden) liegende Städte, darunter Tokio und Jokohama, sind fast vollständig zerstört.
Das Erdbeben, eines der schwersten überhaupt, hat nach dem amtlichen Bericht der japanischen Regierung vom 6. September rund 143 000 Todesopfer gefordert und eine halbe Million Japaner obdachlos gemacht. Der Sachschaden beläuft sich auf über 20 Milliarden Goldmark. In ganz Japan wird das Kriegsrecht proklamiert.
Die Hauptstadt Tokio gleicht nach dem Beben und einer Feuersbrunst einem Trümmerhaufen. Zwei Drittel der Häuser sind zerstört oder beschädigt. Am schwersten jedoch ist Jokohama betroffen. Japan – das Land der Erdbeben – hat seit Mitte des 19. Jahrhunderts vier große Beben erlebt, die jedoch nicht das Ausmaß der jetzigen Katastrophe erreichten. Am 12. November 1855 wurde Jeddo, vom 28. Oktober bis 15. November 1892 wurde Tokio, am 28. April und 20. Juni 1894 sowie am 31. August 1896 wurde ganz Japan von Erdbeben heimgesucht.

△ Zerstörte Hafenanlagen in Jokohama; diese Verheerungen hat eine durch das japanische Erdbeben (1. 9.) verursachte Flutwelle angerichtet. An Bord der britischen »Empress of Australia« (l.) befinden sich Flüchtlinge aus Jokohama

◁ Die japanische Hauptstadt Tokio bietet nach dem Erdbeben vom 1. September ein Bild der nahezu vollständigen Zerstörung: Zwei Drittel aller Häuser, die im japanischen Stil vielfach aus Holz gebaut waren, sind zerstört oder beschädigt. Im Gefolge des Erdbebens, eines der schwersten überhaupt, brach in Tokio ein Großfeuer aus, das erst nach Tagen unter Kontrolle gebracht werden konnte. Die japanische Regierung rechnet mit 143 000 Todesopfern der Katastrophe und 500 000 Obdachlosen

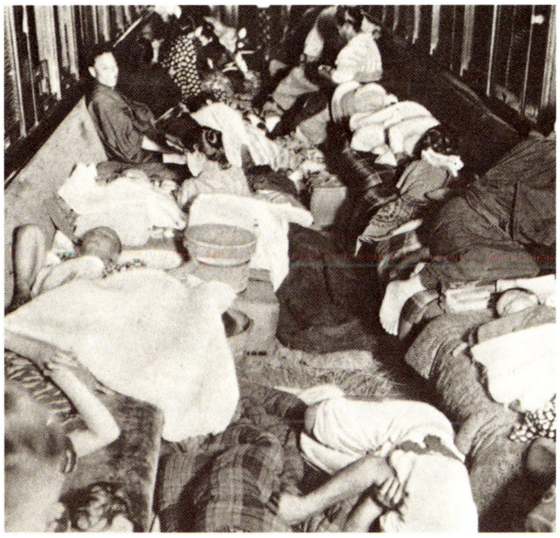

Notquartier in einem Eisenbahnwaggon für Japaner, die durch die Erdbebenkatastrophe (1. 9.) obdachlos wurden

Die japanische Kaiserin besucht ein Krankenhaus in Tokio, das durch das Erdbeben verletzte Kinder versorgt

US-Bundestruppen gegen den Ku-Klux-Klan

15. September. Da die Aktivitäten des terroristischen Geheimbunds Ku-Klux-Klan in Oklahoma stark zugenommen haben, wird in diesem Bundesstaat der Vereinigten Staaten von Amerika das Kriegsrecht proklamiert.

Ende September werden Bundestruppen gegen den Ku-Klux-Klan aufgeboten, der eine Parlamentsentscheidung gegen Oklahomas Gouverneur Thomas Walton zu erzwingen sucht. Walton, ein offener Gegner des Ku-Klux-Klan, legt dagegen dem Parlament von Oklahoma Anti-Klan-Gesetze zur Verabschiedung vor.

Seit Wiedergründung des Ku-Klux-Klan durch William Joseph Simmons (1915) hat die Geheimorganisation einen wachsenden Zulauf. Opfer der meist nächtlichen Terroraktionen (Brandstiftung, Auspeitschungen, Fememorde) sind Angehörige religiöser, rassischer und ethnischer Minderheiten (Katholiken, Juden, Neger, Iren). Zudem läuft jeder, der in den Augen des Klans unmoralisch lebt (z. B. Prohibitionsgegner) Gefahr, in den Terror einbezogen zu werden.

Nachdem 1923 mehrere Fälle von Auspeitschungen bekannt geworden sind, erläßt Gouverneur Walton zunächst ein Verbot der Maskierung (bei ihren Aktionen tragen die »Clansmen« weiße Kutten und spitze Kapuzen). Mit der Proklamation des Kriegsrechts erreicht Waltons Kampf gegen den einflußreichen Ku-Klux-Klan einen ersten Höhepunkt. Insgesamt werden vor dem Kriegsgericht in Oklahoma 76 Fälle von Auspeitschungen durch »Clansmen« aktenkundig.

William Joseph Simmons, 1915 Wiederbegründer des Ku-Klux-Klans

Aufnahmeritual der US-amerikanischen Geheimorganisation Ku-Klux-Klan; die neuen Mitglieder leisten einen Eid, der zu absolutem Gehorsam verpflichtet

Kreuzesverbrennung, eines der nächtlichen Rituale des Ku-Klux-Klans

Wachtposten verhindern Störungen der geheimen Klan-Versammlungen

Der Geheimbund Ku-Klux-Klan

September. Führende US-amerikanische Zeitungen weisen auf die zunehmenden Aktivitäten des Ku-Klux-Klan im Süden, Norden und Mittleren Westen der Vereinigten Staaten hin. In mehreren Bundesstaaten, so z. B. in Oklahoma (→ 15.9./S. 152), sehen sich die Behörden zu scharfen Maßnahmen gegen den Geheimbund veranlaßt.

Ursprünglich wurde der Ku-Klux-Klan 1865 im Süden der USA als terroristische Geheimorganisation der weißen Farmer gegen die Aufhebung der Sklaverei gegründet. Hauptsächlich Neger und weiße Gegner der Sklaverei waren die Opfer der Terrorakte. Der Ku-Klux-Klan wurde 1869 aufgelöst.

Seit der Neugründung der Geheimorganisation durch William Joseph Simmons (1915) erhält sie wachsenden Zulauf aus bäuerlichen und kleinbürgerlichen protestantischen Schichten (den Höhepunkt seiner Macht erreicht der Ku-Klux-Klan 1924/25 mit vier bis fünf Millionen Mitgliedern).

Nunmehr richtet sich die grausame Verfolgung gegen rassische, ethnische und religiöse Minoritäten (Neger, Iren, Juden, Katholiken) und alle, die dem Klan wegen ihres »unmoralischen« Lebenswandels als Feinde Amerikas gelten. Zu der zweiten Gruppe gehören Prohibitionsgegner und Repräsentanten großstädtischer Kultur. Auch die Gegner des Ku-Klux-Klan werden verfolgt. Ein Geistlicher, der gegen das Klan-Ritual der Kreuzesverbrennung predigte, wurde verschleppt und tauchte elf Tage später als gezeichneter Mann wieder auf: Die »Clansmen« brannten in seinen Rücken dreimal den Buchstaben »K« ein.

Die Mitglieder des streng hierarchisch organisierten Ku-Klux-Klan sind durch bestimmte Rituale (Eid, Weihe mit Fluchdrohung) zu absolutem Gehorsam verpflichtet. Äußeres Kennzeichen des Geheimbundes sind die schwarze, später weiße Kutte und die spitze Kapuze.

Fünf Ballonpiloten von Blitz getötet

23. September. Wegen eines schweren Gewitters kommt es während der internationalen Freiballonwettfahrt (Gordon-Bennett-Preis) zu mehreren Katastrophen. Vom Blitz getroffen, stürzen drei Ballons brennend ab, was nur einer der insgesamt sechs Piloten überlebt.
Während die letzten Ballons in Brüssel starten, bricht das heftige Gewitter aus, das die bereits gestarteten Freiballons wenig später einholt. Als erster wird der spanische Ballon »Polar« vom Blitz in Flammen gesetzt. Durch einen glücklichen Zufall verbrennt der Ballon nicht sofort, so daß einer der Piloten, Gomez Guillamon, mit dem Leben davonkommt.
Auch der Schweizer Ballon »Genève« wird von dem Gewitter überrascht und durch einen Blitzstrahl getroffen. Die beiden Piloten stürzen mit dem brennenden Freiballon ab und sind auf der Stelle tot.
Dasselbe Unglück trifft die US-amerikanischen Ballonpiloten Henry Choplaw und William Olmstead.
Angesichts dieser Katastrophe kann die belgische Ballonmannschaft froh sein, daß ihr Start zur Gordon-Bennett-Wettfahrt durch einen Unfall verhindert wurde: Die Gondel des US-amerikanischen Ballons kollidierte beim Start mit dem belgischen Ballon »Ville de Bruxelles«.

Kollision beim Start für die Freiballonwettfahrt in Brüssel (23. 9.)

Sieben Zerstörer der US-Marine erleiden vor der kalifornischen Küste schweren Schiffbruch; sie sind infolge des dichten Nebels vom Kurs abgekommen

Schiffbruch von 7 Zerstörern

10. September. Sieben Zerstörer der US-Marine erleiden vor der kalifornischen Küste bei Santa Barbara infolge des dichten Nebels Schiffbruch. Alle sieben Kriegsschiffe gelten als verloren.
Den Meldungen der US-Presse sind folgende Informationen über das Unglück zu entnehmen: Die Zerstörer sind mit der ganzen Wucht ihrer 60 000 PS auf unter der Wasseroberfläche befindliche Felsnadeln aufgelaufen, die angeblich nicht auf den Seekarten verzeichnet gewesen sein sollen. Man nimmt daher in US-Marinekreisen an, daß diese Klippen erst infolge des japanischen Erdbebens (→ 1.9./S. 151) entstanden sind.
Dieser Schiffbruch gibt zu Spekulationen Anlaß, denn es hat zwar schon schwerere Schiffsunglücke gegeben – nur 25 der insgesamt 1000 Besatzungsmitglieder der Zerstörer kommen ums Leben, obwohl die Rettungsarbeiten durch den Nebel erschwert werden –, aber noch nie sind sieben große Kriegsschiffe gleichzeitig verunglückt.

Auch Hannover jetzt ohne Postkutschen

29. September. In Hannover wird die letzte Postkutsche aus dem Verkehr gezogen. Dieses Ereignis ist kennzeichnend für den allgemeinen Trend zu einer fortschreitenden Motorisierung des Straßenverkehrs.
Die leistungsfähigeren sog. Kraftdroschken verdrängen die Pferdedroschken, und die Pferdebahnen sind fast überall durch elektrische Straßenbahnen ersetzt. In Berlin sind die Pferde-Omnibusse, die zuletzt nur noch nachts verkehrten, im August endgültig stillgelegt worden.
Im Jahre 1881 wurde in Lichterfelde bei Berlin die erste elektrische Straßenbahn (mit Stromzuführung über die Schienen) in Betrieb genommen.

Brücke bricht unter Zug zusammen

28. September. Auf der Eisenbahnlinie Chicago–Memphis ereignet sich ein schwerer Eisenbahnunfall. Als der Chicago-Expreß den Big Muddy-River passiert, bricht die Brücke zusammen. Fünf Wagen stürzen in den Fluß. Reisende, die sich auf die Wagendächer zu retten versuchen, werden von der Strömung fortgerissen. Rund 50 Personen ertrinken, 20 werden verletzt. Offiziell verlautet, Dauerregenfälle hätten die Brückenpfeiler zermürbt.

Fünf Verschüttete nach neun Tagen gerettet

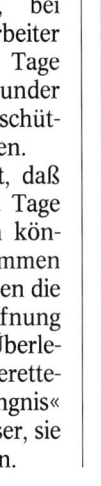

25. September. In der Redding-Grube, einem nahe Falkirk im schottischen Kohlenrevier gelegenen Bergwerk, kommt es zu einem schweren Grubenunglück, bei dem insgesamt 24 Bergarbeiter verschüttet werden. Neun Tage später ereignet sich das »Wunder von Redding«: Fünf der Verschütteten werden lebend geborgen.
Auf die Erfahrung gestützt, daß verschüttete Bergleute acht Tage ohne Nahrung durchhalten können, vorausgesetzt, sie bekommen ausreichend Sauerstoff, hatten die Bergungstrupps die Hoffnung noch nicht aufgegeben, Überlebende zu finden. Die fünf Geretteten fanden in ihrem »Gefängnis« zwar etwas trinkbares Wasser, sie hatten jedoch nichts zu essen.

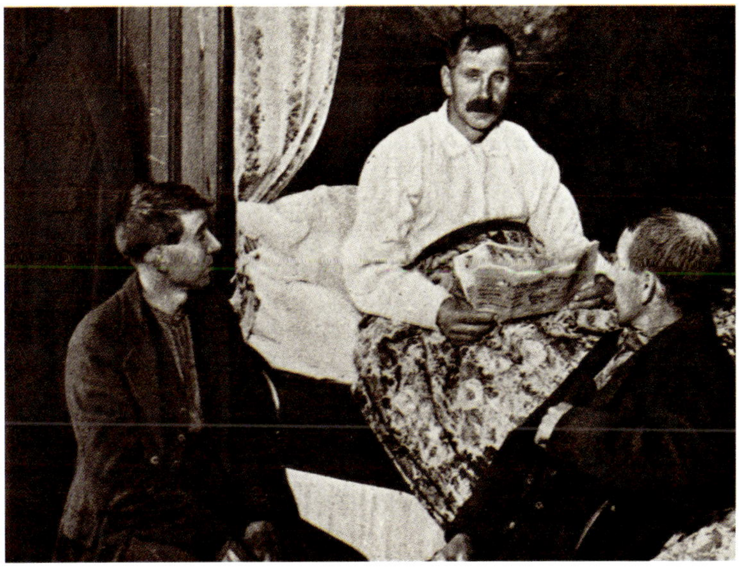

Nach neun Tagen Verschüttung gerettet: Bergarbeiter Robert Ure (mit Brüdern)

Ex-Kaiserin Zita in Finanznot

September. Zita von Bourbon-Parma, die Witwe Karls I. (Ex-Kaiser von Österreich und Ex-König von Ungarn), will den berühmten Florentiner Diamanten, einen der letzten der österreichischen Kronjuwelen, verkaufen. Nach Pressemeldungen aus Rom erhebt die italienische Regierung Besitzansprüche auf den Diamanten und fordert Zita auf, von dem Verkauf abzusehen.

Die österreichische Ex-Kaiserin Zita (r.) mit ihrem ältesten Sohn Otto

Gegenwärtig ist das wertvolle Streitobjekt (geschätzter Wert 30 Millionen Lire) bei einer Schweizer Bank deponiert. Die italienische Regierung behauptet, über ein älteres Besitzrecht als Zita zu verfügen, denn der Diamant habe, bevor er im 18. Jahrhundert in die Hände der Österreicher fiel, dem toskanischen Königshaus gehört. Mit derselben Begründung erhebt Rom auch Ansprüche auf die wertvollen Manuskripte »Brevarium Romanum« und »Officium Beatae Virginis«.

Die Verkaufsabsichten Zitas geben zu der Vermutung Anlaß, daß sich die prominente Witwe mit ihren sechs Kindern in einer materiellen Notlage befindet. Ihr am 1. April 1922 verstorbener Mann, Karl I., dankte am 11. November 1918 ab und wurde nach zwei vergeblichen Restaurationsversuchen in Ungarn (1921) nach Madeira verbannt.

Wilhelmina regiert 25 Jahre

5. September. Die Niederländer feiern das 25jährige Regierungsjubiläum ihrer Königin Wilhelmina. Bei herrlichstem Wetter treffen die Königin, Prinzgemahl Herzog Heinrich von Mecklenburg-Schwerin und Prinzessin Juliana in Amsterdam ein, wo anläßlich des Jubiläums eine Festwoche mit umfangreichem Programm stattfindet.

Königin Wilhelmina der Niederlande mit Prinzgemahl Herzog Heinrich von Mecklenburg-Schwerin in Den Haag

Durch die fünf Kilometer lange, prächtig geschmückte Feststraße bewegt sich der Festzug mit der Königsfamilie an der Spitze langsam zum Königlichen Palais, wo nach zwei Stunden der Einzug erfolgt.

Auf beiden Seiten der Feststraße drängen sich die Menschen, überall, wo die Königin vorbeikommt, wird sie mit Jubel begrüßt.

Die ganze Stadt ist von der Feier erfaßt, das normale Leben ruht. Alle Banken, die Börse und die Geschäftshäuser sind geschlossen.

Am folgenden Tag fährt Wilhelmina in einer goldenen Equipage, dem Nationalgeschenk des niederländischen Volkes, zur Jubiläumsfestvorstellung. Wieder ist der Jubel ebenso groß wie das Gedränge.

Wilhelmina, die als Zehnjährige 1890 nach dem Tod ihres Vaters Wilhelm III. Königin wurde, stand bis 1898 unter der Vormundschaft ihrer Mutter, Königin Emma. Seit 25 Jahren bemüht sich Wilhelmina um eine Stärkung der Monarchie bei einer gleichzeitigen Liberalisierung des politischen Lebens.

Citroën-Werbeplakat für den 12 CV Berliet; das Modell gehört 1923 zu den Spitzenprodukten des führenden französischen Automobilherstellers

Der 10 HP Citroën Typ Caddy ist der elegante Wagen für die zahlungskräftige Kundschaft in Frankreich und aus dem europäischen Ausland

Werbeplakat für den 10 HP Matthis (im Vordergrund) und den 6 HP; in den 20er Jahren ist der Besitz eines Autos ein Privileg der Wohlhabenden

Auto 1923:

Leistungsstarke Motoren und aerodynamische Karosserien

Obwohl die deutsche Autoindustrie im Inflationsjahr schwer mit wirtschaftlichen Schwierigkeiten zu kämpfen hat – das Rüsselsheimer Opelwerk z. B. muß im Sommer die Produktion vorübergehend einstellen –, kann sie auf der Automobilausstellung in Berlin (28. 9.–7. 10.) mit einigen interessanten Neuentwicklungen aufwarten.

Besonders der neue große Audi-Sechszylinder 70 PS zieht mit seinem blankpolierten Chassis die Blicke der Ausstellungbesucher auf sich. Die Fachpresse ergeht sich in Lobpreisungen über dieses Meisterwerk der Audi-Ingenieure, die das Glanzstück der deutschen Automobiltechnik mit den neuen Vierradbremsen, Linkslenkung und dem auffallend ästhetisch modellierten Sechszylindermotor mit obenliegender Nockenwelle und 4,6 l Hubvolumen bei 70 PS Leistung ausgestattet haben.

Ein ebenso bewundertes Schaustück ist der mit allen technischen Raffinessen versehene Hansa-Lloyd-Reihenachtzylinder (auch unter dem Namen »Trumpf As« bekannt). Hansa-Lloyd präsentiert mit diesem neuentwickelten exklusiven Automodell (Prototyp) ein Spitzenerzeugnis von Weltklasse: Bei einer Drehzahl von 2500 U/min erreicht der Motor seine Maximalleistung und kommt dann auf etwa 85 PS. Die Höchstgeschwindigkeit des Hansa-Lloyd-Achtzylinders soll bei 110 bis 120 km/h liegen.

Wie die meisten der vorgestellten Modelle hat der Hansa-Lloyd-Achtzylinder eine Vierradbremse.

Für eine weitere Attraktion auf der Automobilausstellung sorgt Paul Henze, einer der erfolgreichsten deutschen Autokonstrukteure, der im Vorjahr das Konstruktionsbüro der Simson-Werke in Suhl/Thüringen übernommen hat. Simson kann gleich drei Neuentwicklungen zeigen: Das mit einem langhubigen Vierzylinder - Stoßstangenmotor (Leistung 65 PS) ausgestattete Modell F (als vollständiger Wagen ausgestellt) und zwei Ausführungen eines Zweiliter-Hochleistungsmotors (ein Einnockenwellenmotor mit einer Leistung von rund 40 PS und ein 60 - PS - Doppelnockenwellenmotor). Diese neuen Typen und ihre Nachfolger laufen unter der Bezeichnung »Simson Supra«.

Die Dixi Automobilwerke AG, Eisenach/Thüringen, präsentieren eine Novität, die besonders ins Auge fällt: Den Stromlinienwagen. Paul Jaray, österreichischer Luftschiff- und Flugzeugkonstrukteur, der seit 1920 die ersten wissenschaftlichen Untersuchungen über Aerodynamik durchführt, hat den Entwurf für den Stromlinien-Limousinenaufbau geliefert. Primär ist der Wagen (24 PS) als Werbefahrzeug zur Popularisierung der Stromlinien-Idee gedacht.

Mit dem aerodynamischen Karosseriezuschnitt vermindert sich der Luftwiderstand, so daß bei gegebener Motorleistung höhere Spitzengeschwindigkeiten und eine geringere Staubentwicklung auf den Naturstraßen erreicht werden können. Obwohl mehrere deutsche Autofirmen (Dixi, Ley, Audi und Apollo) einige Prototypen herstellen und Werbefahrten durch das Deutsche Reich organisieren, bleibt das Publikumsinteresse aus.

Die Modelle von Jaray treten in Konkurrenz zu dem bereits auf deutschen Straßen verkehrenden stromlinienförmigen Tropfenauto von Flugzeugkonstrukteur und -hersteller Edmund Rumpler, das auf der Berliner Automobil-Ausstellung 1921 Furore gemacht hat, und dem Wanderer-Sportwagen mit Stromlinien-Karosserie. Die Wanderer-Werke haben ihr Modell »abweichend von Jaray ausgebildet« und versucht, »eine harmonischere und organischere Auflösung der Gesamtform zu erreichen«.

Europäische Automobilhersteller beginnen mit der Einführung rationalisierter Produktionsmethoden (Fließband), die in den Vereinigten Staaten bereits breite Anwendung finden (Henry Fords berühmtes T-Modell wird seit 1914 »am laufenden Band« gefertigt). Das erste am Fließband in Großserie hergestellte Massenauto Europas ist der Citroën Typ A (1919). Bei Opel steht die Einführung der Fließband-Fertigung unmittelbar bevor. Ab 1924 soll der geplante 4/12 PS, der wegen seiner grünen Lackierung als Laubfrosch populär wird, am Fließband hergestellt werden.

Der neue Sechszylinder-Renault (Werbegrafik aus dem Jahr 1923 von René Vincent; Bibliothèque National, Paris)

Schweizer Taxameter-Werbung von 1923 (Plakat von Otto Morach)

Voisin (Plakat von Charles Loupot; Museum für Gestaltung, Zürich)

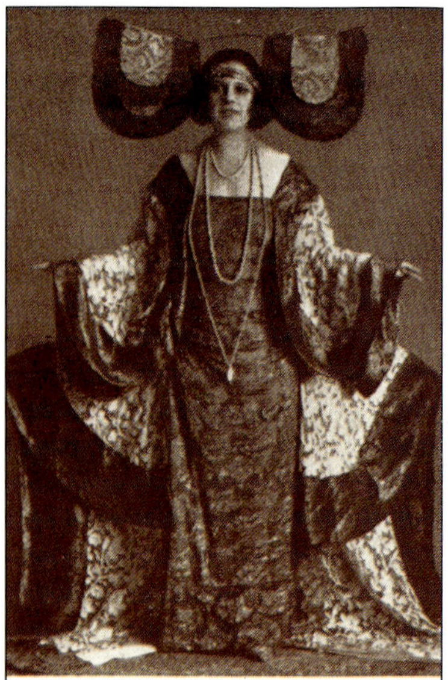

Beifall für Revue

7. September. *Revueproduzent Hermann Haller kann mit der Premiere seiner Revue »Drunter und Drüber« (Musik von Walter Kollo, Text von Hermann Haller und Willi Wolff) im Berliner Admiralspalast mehr als zufrieden sein. Das Publikum nimmt die nach US-amerikanischem Vorbild konzipierte Ausstattungsshow begeistert auf. Die Abbildung zeigt Molly Wessely als eine der Frauen des ägyptischen Pharaos Tutanchamun.*

Bahnbrechende Erfindung des Tonfilms

24. September. Im Berliner Alhambra-Kino wird der Tonfilm »Das Leben auf dem Lande« uraufgeführt. Wochenlang läuft der Streifen vor ausverkauftem Haus.
Seit die Erfinder des Tonfilms, Hans Vogt, Joseph Massolle (beide Ingenieure) und Jo Benedict Engl (Physiker), im Vorjahr erstmals ihre Tonfilmtechnik öffentlich präsentieren konnten, haben sie das Verfahren noch vervollkommnet, so daß lästige Nebengeräusche weitgehend ausgeschaltet sind.
In Verkennung seiner Bedeutung zeigt sich die deutsche Filmindustrie an dem neuen Lichttonverfahren desinteressiert. Deshalb verkaufen die Erfinder, die sich Triergon nennen, den Erfindungskomplex an die Schweizer Triergon AG, die 1926 an den US-amerikanischen Filmindustriellen William Fox weiterverkauft. Ab 1927 beginnt der Tonfilm in den USA kommerziell erfolgreich zu werden, eine späte Bestätigung der drei Erfinder.
Sie legten, wie Vogt später berichtet, ihren jahrelangen technischen Forschungsarbeiten folgende Grundgedanken zugrunde:
»1. Als Schallträger muß der gleiche Film dienen, der auch das Bild trägt.
2. Der Schall muß fotografisch aufgenommen und durch fotografische Prozesse vervielfältigt werden.
3. Alle ... Einrichtungen für die Schallaufnahme, -verstärkung, -übertragung, -fixierung, -kopierung und -wiedergabe dürfen den Originaleindruck nicht deformieren.«
Um eine naturgetreue und synchron mit dem Bildvorgang ablaufende Schallwiedergabe zu erreichen, entwickelten die Erfinder eine Reihe von Geräten, u.a. ein »trägheitsloses« Mikrophon (Kathodophon), eine Ultrafrequenzlampe, fotoelektrische Zellen und ein elektrostatisches Telefon (Statophon).
Über die ersten Tonfilmaufnahmen schreibt Vogt später:
»[Es] gelang uns schließlich die Aufnahme der Sprechkünstlerin Friedel Hintze. Am 26. Februar 1921... führten wir in unserem Laboratorium diesen... ersten ›sprechenden Film‹... vor... Trotz... der noch unvollkommenen Schallwiedergabemittel war doch die Illusion, daß der... Kopf vorn auf der Leinwand wirklich spricht, vollkommen.«

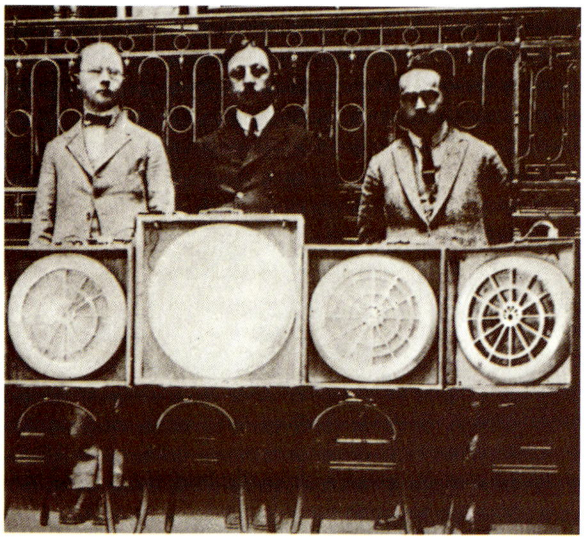

Die Erfinder des Tonfilms Jo Benedict Engl (l.), Joseph Massolle (M.) und Hans Vogt (r.) haben in jahrelanger Forschungsarbeit die Technik des Tonfilms und die dafür notwendigen Geräte entwikkelt; da sich die deutsche Filmindustrie nicht für den Tonfilm interessiert, wird das Patent in die USA verkauft

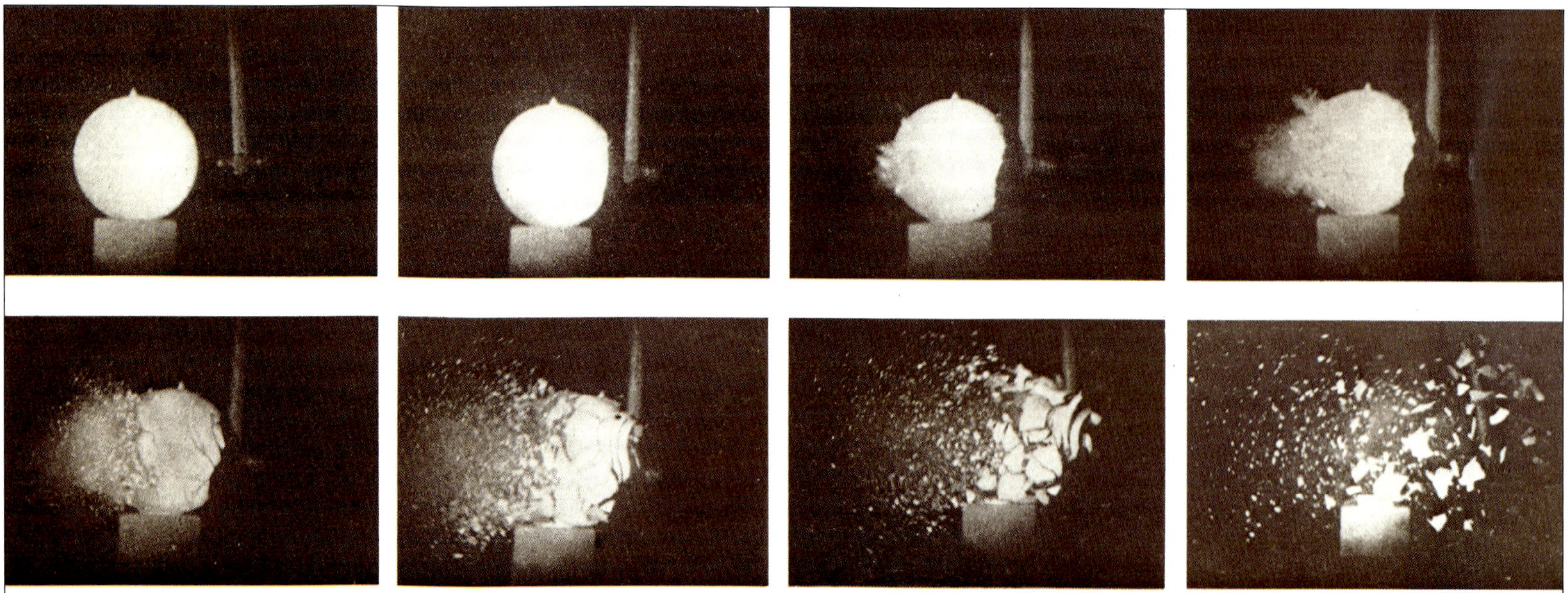

Bewegungsabläufe werden durch die Hochgeschwindigkeitsfotografie sichtbar gemacht

Für das menschliche Auge wegen ihrer hohen Geschwindigkeit nicht mehr wahrnehmbare Bewegungsabläufe werden nun mit Hilfe spezieller Kameras, die Aufnahmen mit außerordentlich hohen Bildfrequenzen erlauben, sichtbar. Die »London News« veröffentlicht ein interessantes Beispiel der Hochgeschwindigkeitsfotografie. Mit einer Bildfrequenz von 2500 Bildern pro Sekunde wurde das Zerspringen einer Vakuum-Glaskugel aufgenommen: Ein Hammerschlag trifft die rechte Kugelseite (1.–2. Abb. 1. R. v.l.n.r.), die zuerst auf der linken Seite zerbricht, weil die rechts einströmende Luft Glassplitter gegen die linke Innenwand schleudert (3.–4. Abb., 1. R. v.l.n.r.). Erst danach zerbricht auch die rechte Seite, und die Kugel zerfällt (1.–4. Abb., 2. R. v.l.n.r.)

Einweihung des Müngersdorfer Stadions in Köln, der größten Sportanlage von Europa

16. September. *Die größte Kampfbahn Europas wird in Köln-Müngersdorf mit einer Eröffnungsansprache von Oberbürgermeister Konrad Adenauer feierlich eingeweiht. Auf den Zuschauerterrassen des neuen Stadions drängt sich während der Einweihungsfeier das Publikum (Abb.).*

Mit der großzügigen Anlage trägt Köln der wachsenden Bedeutung des Sports Rechnung. Zugleich wird ein selbst für eine Großstadt bedeutendes Freizeit- und Erholungsgebiet geschaffen, denn der Sportpark, in dem das Stadion liegt, bildet mit dem Stadtwald und seinen Erweiterungen eine rund 250 ha große zusammenhängende Grünfläche. Die Sportanlage wie auch die Stadtwalderweiterungen sind Ergebnisse der Kölner Notstandsarbeiten (1919/20 und 1923). Auf der Gesamtfläche des Sportparks (50 ha) verteilen sich zwischen waldartig bepflanzten Flächen die verschiedenen Sportanlagen: Die Großkampfbahn mit Terrassen und Tribünen für 80 000 Zuschauer (Abb.), zwei kleinere Stadien für Fußball und Leichtathletik, eine Radrennbahn, ein Schwimmbecken, zwei Tennisturnierplätze, ein Reitturnierplatz, eine Kampfbahn für Hockey und Schlagball, ein Platz für Schwerathletik, 25 Tennisplätze und ein Luftbad. Die kleineren Stadien und Plätze fassen bis zu 15 000 Zuschauer. Für fast alle Sportarten bestehen Trainings- und Wettkampfmöglichkeiten.

Vier Österreicher gewinnen Heber-WM

8./9. September. Österreichs Stemmer, die aus politischen Gründen nicht an den ersten Weltmeisterschaften nach dem Kriege in Tallinn (1922) teilnahmen, beherrschen souverän die diesjährigen Welttitelkämpfe in Wien. Vier der fünf Titel gehen an Österreich.

Bei den fünf Entscheidungen erweisen sich die österreichischen Stemmer in vier Gewichtsklassen als stark überlegen und gewinnen elf von 15 Medaillen – ein WM-Rekord. Weltmeister werden die Wiener Andreas Stadler (Federgewicht), Rudolf Edinger (Leichtgewicht), Karl Freiberger (Mittelgewicht) und Franz Aigner (Schwergewicht). Beim fünften Titelkampf (Halbschwergewicht) setzt sich der Tscheche Jaroslav Skobla durch.

In Wien fehlen allerdings die starken Konkurrenten aus Estland, der Schweiz, dem Deutschen Reich und Frankreich. Für das Deutsche Reich nimmt nur der in Wien lebende Münchener Heinrich Baumann teil, der erstaunlicherweise Zweiter im Leichtgewicht wird, obwohl er nicht zur deutschen Spitzenklasse zählt.

Fans zittern um »Man Killer«

14. September. Vor 82 000 Zuschauern verteidigt Jack Dempsey (USA) in den Polo Grounds von New York erfolgreich den Weltmeisterschaftstitel (Schwergewicht) gegen den Argentiner Luis Angel Firpo. Der Kampf endet mit einem k.o. in der zweiten Runde.

Während der ersten Runde, wegen ihrer Dramatik als »Runde des Jahrhunderts« bezeichnet, zittern die Dempsey-Fans erstmals um den »Man Killer«, der für seine enorme Schnelligkeit und ungeheure Schlagkraft bekannt ist. Sein Herausforderer Firpo, »Stier der Pampas« genannt, trifft den Titelverteidiger so hart, daß dieser durch die Seile auf den Pressetisch fällt. Titelverteidiger Jack Dempsey wird angezählt, kann sich jedoch rechtzeitig erholen und bis zum Gong retten. Die zweite Runde endet nach 57 Sekunden mit dem k.-o.-Sieg Dempseys.

Szene aus dem aufregenden Kampf des Schwergewichts-Weltmeisters Jack Dempsey (USA) mit dem Herausforderer Luis Angel Firpo (Argentinien) in New York; Firpo ist von Dempsey niedergeschlagen worden, wenig später wird Dempsey angezählt und verliert beinahe den Titel

Italiener gewinnt Grand Prix in Monza

9. September. Auf der im Vorjahr eröffneten größten italienischen Rennstrecke in Monza wird zum dritten Mal (offizielle Ausschreibung) der Große Preis von Italien für Automobile ausgetragen. Gewinner des Rennens ist der Italiener Carlo Salamano auf Fiat.

Vor Beginn des Rennens erscheint Ministerpräsident und Duce Benito Mussolini auf der Rennbahn und begrüßt die einzelnen Konkurrenten. Um 10 Uhr gibt er das Startzeichen. Für die rund 100 000 Zuschauer steigt die Spannung in den letzten zehn Runden des Rennens, als Jimmy Murphy auf Miller vehement versucht, sich an die Spitze zu setzen. Es gelingt ihm jedoch nicht, Felice Nazzaro und Salamano (beide auf Fiat) zu überholen.

Salamano gewinnt das Rennen (5:27:38 h), Zweiter wird Nazzaro (5:28:38 h), und Murphy belegt den dritten Platz (5:32:51 h). Die erreichte Durchschnittsgeschwindigkeit beträgt 146,502 km/h.

Unter den Zuschauern ist der Enthusiasmus über den italienischen Sieg unbeschreiblich.

Oktober 1923

Mo	Di	Mi	Do	Fr	Sa	So
1	2	3	4	5	6	7
8	9	10	11	12	13	14
15	16	17	18	19	20	21
22	23	24	25	26	27	28
29	30	31				

1. Oktober, Montag

In Küstrin und Spandau unternehmen Einheiten der Schwarzen Reichswehr (friedensvertragswidrige geheime Reserveformationen der Reichswehr) unter der Führung von Major Bruno Ernst Buchrucker einen Putschversuch, der von der regulären Reichswehr rasch niedergeschlagen wird. →S. 162

Reichskanzler Gustav Stresemann fordert ein Ermächtigungsgesetz, damit die Reichsregierung ohne die Verzögerungen des normalen Gesetzgebungsverfahrens die zur Überwindung der Wirtschaftskrise notwendigen finanziellen und sozialpolitischen Maßnahmen ergreifen kann. Da die SPD ihre Zustimmung verweigert, kommt es am 3. Oktober zur Regierungskrise (→13. 10./S. 162).

Das Porto für einen Brief kostet im Ortsverkehr zur Zeit 800 000 Mark und im Fernverkehr zwei Millionen Mark.

Für einen US-Dollar werden an der Devisenbörse 242 Millionen Mark gezahlt.

2. Oktober, Dienstag

Nachdem die letzten britischen Truppen Konstantinopel (heute Istanbul) verlassen haben, wird dort feierlich die türkische Flagge gehißt. →S. 168

In der Erwartung eines Bürgerkriegs im Deutschen Reich fordern zahlreiche Kundgebungen in der Sowjetunion zur Unterstützung der deutschen Kommunisten auf (→20. 10./S. 165).

Papst Pius XI. richtet an die US-amerikanischen Bischöfe einen Aufruf zur Hilfeleistung für Mitteleuropa, wo eine Hungersnot drohe.

3. Oktober, Mittwoch

Da die SPD dem von Reichskanzler Gustav Stresemann geforderten weitgefaßten Ermächtigungsgesetz nicht zustimmt, tritt die Reichsregierung zurück. Stresemann wird mit der Neubildung der Regierung beauftragt (→13. 10./S. 162).

4. Oktober, Donnerstag

Die Reichstagsfraktion der Deutschnationalen Volkspartei teilt offiziell mit, sie werde auch einer neuen Regierung unter Gustav Stresemann kein Vertrauen entgegenbringen.

Ein Liter Vollmilch kostet in Berlin derzeit 14 Millionen Mark.

5. Oktober, Freitag

Die Kommunistische Partei Deutschlands ist bereit, in die sozialdemokratischen Landesregierungen Sachsens und Thüringens einzutreten. »Angesichts der großen Gefahr, die dem deutschen Proletariat und vor allem der sächsischen und thüringischen Arbeiterschaft droht«, faßt sie diesen Beschluß (→29. 10./S. 165).

Der am Sturz des Präsidenten Li Yüanhung am 14. Juni maßgeblich beteiligte General Ts'ao K'un wird zum Präsidenten Chinas gewählt. Ts'ao K'un ist einer der militärischen Machthaber im Norden des Landes (→14. 6./S. 98).

6. Oktober, Sonnabend

Nach dem Einlenken der SPD in der Frage des Ermächtigungsgesetzes wird die neue Reichsregierung unter Reichskanzler Gustav Stresemann (DVP) vereidigt. Die bisherigen Koalitionsparteien (SPD, DDP, DVP, Zentrum) sind an ihr beteiligt. An die Stelle von Rudolf Hilferding (SPD) tritt der parteilose Hans Luther als Finanzminister (→13. 10./S. 162).

Der bayrische Generalstaatskommissar Gustav Ritter von Kahr erläßt ein Streikverbot und verbietet gleichzeitig kommunistische Zeitungen und Zeitschriften in Bayern.

US-Präsident Calvin Coolidge lehnt die Streichung der alliierten Kriegsschulden – Großbritannien und Frankreich haben während des Weltkriegs umfangreiche US-amerikanische Kredite aufgenommen – ab, betont jedoch die Bereitschaft zu großzügigen Regelungen.

Mit einer Niederlage der Arbeiter endet der große Bergarbeiterstreik (seit 20.8.) in der Tschechoslowakei. Die Bergarbeiter akzeptieren eine Lohnherabsetzung von 9 bis 30%.

Der Schriftsteller Heinrich Mann appelliert an Reichskanzler Gustav Stresemann, eine Diktatur des Rechts und der Vernunft zu errichten: »Beugen Sie doch vor! Die deutsche Tragik vollzieht sich immer auf Grund versäumter Gelegenheiten. Die soziale Demokratie soll endlich gewappnet und als Rächer dastehen.«

Im Berliner Lustspielhaus hat Knut Hamsuns Drama »Vom Teufel geholt« Premiere. George Grosz hat die Bühnenbilder für Berthold Viertels Inszenierung geschaffen. →S. 173

7. Oktober, Sonntag

Ein Kongreß der Betriebsräte Thüringens beschließt die Mobilisierung aller Arbeiter, Angestellen und Beamten. Die sog. Proletarischen Hundertschaften sollen überall verstärkt werden zur Abwehr der »faschistischen Reaktion« Bayerns (→29. 10./S. 165).

Der französische Ministerpräsident Raymond Poincaré weist die Behauptung, die französischen Behörden hätten die blutigen Separatistenunruhen in Düsseldorf am 30. September mitverschuldet, entschieden zurück.

8. Oktober, Montag

Heftig protestieren die Arbeiterorganisationen gegen den Beschluß der rheinisch-westfälischen Zechenbesitzer, die Arbeitszeit zu verlängern (auf 8,5 Stunden unter Tage und 10 Stunden über Tage). Nachdem das preußische Handelsministerium den staatlichen Zechen eine solche Verlängerung untersagt hat, zieht der Zechenverband seine Anordnung zurück. →S. 167

Ein US-Dollar ist derzeit 838 Millionen Mark wert. Für ein Brot müssen in Berlin 64 Millionen Mark gezahlt werden.

Auf dem Tempelhofer Feld wird der neue Berliner Flughafen eröffnet und den Luftverkehrsgesellschaften Junkers und Aero Lloyd AG zur regelmäßigen Nutzung übergeben. →S. 169

9. Oktober, Dienstag

Die Preußische Bergwerks- und Hütten-AG (Preussag AG) wird gegründet. Das Unternehmen vereinigt und betreibt die bisherigen preußischen Staatsbetriebe.

10. Oktober, Mittwoch

In Sachsen wird eine sozialdemokratisch-kommunistische Regierung durch Aufnahme der KPD gebildet. Dem »revolutionären Kampfkabinett« gehören die Kommunisten Paul Böttcher (Finanzminister) und Fritz Heckert (Wirtschaftsminister) an (→29. 10./S. 165).

Der Reichstag billigt den vierten Nachtragsetat. Durch Anleihen und Schatzanweisungen sollen 578 416 Billionen Mark für den Aufkauf von Brotgetreide, die Bezahlung der Ruhrschäden und die Auszahlung der Beamtengehälter aufgebracht werden.

Die französische Regierung lehnt das Angebot der Reichsregierung, über die Wiederherstellung des normalen Wirtschafts- und Verkehrslebens im Ruhrgebiet zu verhandeln (27.9.) ab. Dagegen wolle sie mit den lokalen deutschen Behörden und Wirtschaftsvertretern in entsprechende Verhandlungen eintreten.

Sprunghaft ist der Dollarkurs auf den derzeitigen Stand von 2,9 Milliarden Mark (pro US-Dollar) gestiegen.

Im Deutschen Theater in Berlin findet die deutsche Erstaufführung des Schauspiels »Anna Christie« von Eugene O'Neill statt (Uraufführung 20. 11. 1921 in New York). →S. 173

11. Oktober, Donnerstag

Bis auf weiteres verbietet Reichswehrminister Otto Geßler das kommunistische Zentralorgan »Die Rote Fahne«, weil die Zeitung am Vortag zur Vorbereitung des politischen Generalstreiks aufgerufen hat (→20. 10./S. 165).

Reichspräsident Friedrich Ebert erläßt eine Verordnung über Steueraufwertung, die für Zahlungspflichten aus Reichssteuern die Umrechnung in Goldmarkwerte vorsieht. Damit wird eine entscheidende Grundlage für die Sanierung des Reichshaushalts geschaffen (→16. 11./S. 182).

12. Oktober, Freitag

Ein französisches Dekret hebt die Genfer Freihandelszonen auf, die ab 10. November der französischen Zollverwaltung einverleibt werden sollen. Diese einseitige Veränderung der französisch-schweizerischen Zollgrenze erregt in der Schweiz heftige Kritik (→10. 11./S. 187).

Im unter britischer Mandatsherrschaft stehenden Palästina kommt es zu jüdisch-arabischen Spannungen. Die Araber fordern die Abschaffung der Jewish Agency for Palestine (politische Vertretung der jüdischen Bevölkerung), womit sie gegen die massive Einwanderung der Juden protestieren. →S. 168

Der US-Dollar ist auf vier Milliarden Mark gestiegen. Die Aufwärtsbewegung des Dollarkurses hält an.

13. Oktober, Sonnabend

Nach heftiger Debatte verabschiedet der Reichstag das von Reichskanzler Gustav Stresemann geforderte Ermächtigungsgesetz mit der wegen seines verfassungsdurchbrechenden Charakters erforderlichen Zweidrittelmehrheit (316 Ja-Stimmen bei 24 Nein-Stimmen und sieben Enthaltungen). →S. 162

Reichsverkehrsminister Rudolf Oeser fordert die Eisenbahner im besetzten Ruhrgebiet auf, am 17. Oktober den Dienst bei der französischen Eisenbahnregie aufzunehmen.

Nachdem der sächsische Finanzminister Paul Böttcher (KPD) in Leipzig die Bewaffnung der Proletarischen Hundertschaften gefordert hat, verfügt der Reichswehrbefehlshaber in Sachsen, Generalleutnant Alfred Müller, das Verbot und die Auflösung dieser Organisationen. Dies ist der Anlaß für einen tiefgreifenden Konflikt zwischen Sachsen und der Reichsregierung (→29.10./S. 165).

Über 100 Todesopfer fordert die Explosion eines Pulvermagazins in der Warschauer Zitadelle.

Max Liebermann, Präsident der Preußischen Akademie der Künste, eröffnet in Berlin die Schwarz-Weiß-Ausstellung, bei der Käthe Kollwitz' Holzschnittzyklus »Der Krieg« (entstanden 1922/23) zu sehen ist.

14. Oktober, Sonntag

In Basel tagt der Internationale Kongreß für Arbeitsschutz. →S. 167

Der aus Kiew stammende Bildhauer Alexander Archipenko verläßt Berlin, wo er seit 1921 eine Bildhauerschule betrieben hat, um in die Vereinigten Staaten auszuwandern.

15. Oktober, Montag

Wegen der Finanzkrise verzichtet Reichspräsident Friedrich Ebert (SPD) auf die Hälfte der ihm zustehenden Aufwandsgelder. Mit dieser Geste will Ebert der deutschen Öffentlichkeit die Dringlichkeit einer Währungssanierung vor Augen führen. →S. 167

In verschiedenen Städten des Deutschen Reichs (Leipzig, Mannheim, Berlin) finden Demonstrationen gegen die Inflation und die zunehmende Arbeitslosigkeit statt, die z.T. in blutige Kämpfe zwischen Arbeitslosen und der Polizei übergehen.

Impressionen russischer Kunst vermittelt die in Frankreich und im Deutschen Reich erscheinende Emigrantenzeitschrift »Jar-Ptitza«

Mit großer Mehrheit ernennt die türkische Nationalversammlung Angora (heute Ankara) zur Hauptstadt der Türkei, weil die bisherige Hauptstadt Konstantinopel (heute Istanbul) nicht zentral genug liege (→2. 10./S. 168).

16. Oktober, Dienstag

Die Reichsregierung gibt die Errichtung der Deutschen Rentenbank bekannt, womit die Voraussetzung für den Übergang zu einer neuen Währung, sog. Rentenmark, geschaffen ist. Das Kapital dieser Bank (32 Milliarden Rentenmark) haben Landwirtschaft, Industrie, Gewerbe und Handel durch Grundrenten aufzubringen (→16. 11./S. 182).

Wie am 10. Oktober in Sachsen wird nun auch in Thüringen eine Koalitionsregierung der SPD und KPD gebildet. Die Kommunisten übernehmen das Justiz- und Wirtschaftsministerium. Am 11. September war die sozialdemokratische Landesregierung durch ein Mißtrauensvotum gestürzt worden (→29. 10./S. 165).

Ein Generalstreik im polnischen Teil Oberschlesiens endet mit der Niederlage der Arbeiter.

Der expressionistische Film »Schatten – Eine nächtliche Halluzination« von Arthur Robison wird im Theater am Nollendorfplatz (Berlin) uraufgeführt. Fritz Kortner und Alexander Granach spielen die Hauptrollen. →S. 173

17. Oktober, Mittwoch

In Berlin werden von der städtischen Volksspeisung zur Zeit täglich 20 000 Portionen Mittagessen ausgegeben. Mit der Schulspeisung soll möglichst bald begonnen werden.

18. Oktober, Donnerstag

Die rechtsgerichtete Regierung in Bayern bricht die diplomatischen Beziehungen zur SPD-KPD-Regierung in Sachsen ab.

19. Oktober, Freitag

In Griechenland kommt es wegen der Proteste gegen Wahleinschränkungen und Zensur zur Regierungskrise. Im letzten Augenblick zieht die Regierung ihren Rücktrittsentschluß zurück und ersetzt die bereits zurückgetretenen Minister durch die verbleibenden Kollegen.

Der sprunghafte Anstieg des Dollarkurses hält an. Ein US-Dollar entspricht zur Zeit zwölf Milliarden Mark.

Henrik Ibsens »Der Volksfeind« hat mit Eugen Klöpfer als Hauptdarsteller am Berliner Schillertheater Premiere.

Seine erste Hauptrolle spielt Willy Fritsch in dem Film »Seine Frau, die Unbekannte«, der im Tauentzienpalast (Berlin) uraufgeführt wird.

20. Oktober, Sonnabend

Da sich der General Otto von Lossow, bayrischer Reichswehrkommandeur, weigert, das von Reichswehrminister Otto Geßler erlassene Verbot des »Völkischen Beobachters« (28.9.) auszuführen, wird er seines Kommandos enthoben. Die bayrische Regierung reagiert auf diese Maßnahme des Reichspräsidenten Friedrich Ebert, indem sie die siebte (bayrische) Reichswehrdivision auf Bayern verpflichtet (22.10.) und General von Lossow ihrerseits zum Divisionskommandeur ernennt. →S. 163

Der Stellvertreter des bayrischen Generalstaatskommissars Gustav Ritter von Kahr, Hubert Friedrich Karl Freiherr von und zu Aufseß, bezeichnet die Reichsregierung als »Judenregierung mit einem Matratzeningenieur an der Spitze« (Reichspräsident Friedrich Ebert ist gelernter Sattler). In Berlin sei alles »verebert und versaut«.

Die KPD beschließt die Ausrufung eines Generalstreiks. →S. 165

In Berlin brechen Lebensmittelunruhen aus. Wegen des empfindlichen Brotmangels werden besonders die Bäckerläden von erregten Menschen umlagert.

Das Briefporto im Ortsverkehr kostet derzeit vier Millionen Mark und im Fernverkehr zehn Millionen Mark.

21. Oktober, Sonntag

In Aachen rufen Separatisten eine vom Deutschen Reich unabhängige Rheinische Republik aus. Rasch weitet sich der Separatistenputsch im besetzten Rhein- und Ruhrgebiet aus. →S. 164

Die österreichischen Nationalratswahlen bestätigen die christlichsoziale Regierung unter Bundeskanzler Ignaz Seipel. Wie die Regierungspartei steigern auch die oppositionellen Sozialdemokraten ihren Stimmenanteil. →S. 168

Auf 40,1 Milliarden Mark ist der Dollarkurs hochgeschnellt.

22. Oktober, Montag

Wegen der angeblich verfassungswidrigen Bestrebungen der sächsischen KPD, die an der Landesregierung beteiligt ist, rücken Reichswehrtruppen auf Weisung des Reichswehrministers Otto Geßler in Leipzig, Meißen, Dresden und Pirna ein (→29. 10./S. 165).

Obwohl der Chef der Heeresleitung, General Hans von Seeckt, in seinem Befehl an die Reichswehr die Verfassungswidrigkeit des bayrischen Eingriffs in die militärische Kommandogewalt ausdrücklich festgestellt hat, wird die bayrische Reichswehrdivision auf die bayrische Regierung verpflichtet (→20. 10./S. 163).

Der Devisenhandel ist gemäß einer Verordnung des Reichspräsidenten Friedrich Ebert von nun an nur noch zum amtlichen Kurs zulässig.

23. Oktober, Dienstag

Nach schweren Kämpfen schlägt die Hamburger Polizei einen Kommunistenaufstand nieder. Die letzten Barrikaden im Nordosten der Stadt fallen am 25. Oktober. Kommunistenführer Ernst Thälmann gelang es nicht, die streikenden Dockarbeiter für die Erhebung zu gewinnen. →S. 166

»Die Austreibung«, ein Film von Friedrich Wilhelm Murnau, wird im Berliner Ufa-Theater am Kurfüstendamm uraufgeführt. Eugen Klöpfer, Lucie Mannheim und Wilhelm Dieterle spielen die Hauptrollen. →S. 173

24. Oktober, Mittwoch

Die in Berlin versammelten Ministerpräsidenten und Gesandten der Länder beraten die durch die bayrischen Maßnahmen (20.10) geschaffene Lage und stellen sich in dem Konflikt zwischen Bayern und dem Reich einstimmig auf die Seite des Reiches. →S. 163

General Otto von Lossow, bayrischer Landeskommandeur und Oberbefehlshaber der Reichswehr in Bayern, erwägt mit hohen bayrischen Militärs und den Führern der Vaterländischen Verbände den Marsch auf Berlin und die Errichtung einer nationalen Diktatur im Deutschen Reich. →S. 163

25. Oktober, Donnerstag

Der britische Premierminister Stanley Baldwin sagt auf dem Parteitag der Konservativen Partei, die britische Regierung erwarte die baldige Wiederaufnahme der Reparationsverhandlungen, nachdem das Deutsche Reich am 26. September den passiven Widerstand im Ruhrgebiet abgebrochen hat.

Wegen der Stockungen in der Geldversorgung wird die Reichsbank in Berlin regelrecht von wartenden Geldkurieren belagert. Obwohl die Notenpresse ununterbrochen in Betrieb ist, kann der immense Zahlungsmittelbedarf nicht befriedigt werden.

26. Oktober, Freitag

Die Reichsregierung ersucht die bayrische Regierung, in kürzester Frist die verfassungsmäßige Befehlsgewalt im bayrischen Teil der Reichswehr wiederherzustellen (→20. 10./S. 163).

Der Dollarkurs hat einen derzeitigen Stand von 65 Milliarden Mark (pro US-Dollar).

27. Oktober, Sonnabend

Major Bruno Ernst Buchrucker, Anführer des Putsches der Schwarzen Reichswehr in Küstrin am 1. Oktober, wird zu zehn Jahren Festungshaft verurteilt (→1. 10./S. 162).

Die Personal-Abbau Verordnung sieht die Einsparung von 20% der in der Reichsverwaltung tätigen Beamten und Angestellten (insgesamt 1 594 000) bis zum 1. April 1924 vor (→17. 12./S. 194).

28. Oktober, Sonntag

Erich Zeigner, sächsischer Ministerpräsident, lehnt den am Vortag von der Reichsregierung geforderten Rücktritt der KPD-Minister und damit seiner Regierung ab. In einem Flugblatt der KPD wird der Reichsregierung der Gehorsam aufgekündigt und mit dem Generalstreik gedroht (→29. 10./S. 165).

Erstmals wird in Spanien (Sitges) ein Grandprix-Rennen für Automobile veranstaltet. Sieger ist der Franzose Albert Divo auf Sunbeam.

29. Oktober, Montag

Reichspräsident Friedrich Ebert ermächtigt die Reichsregierung zur Reichsexekution gegen Sachsen. Die sächsische SPD-KPD-Regierung wird abgesetzt und Rudolf Heinze, früherer Reichsjustizminister, als Reichskommissar für Sachsen eingesetzt. →S. 165

Die türkische Nationalversammlung in Angora (heute Ankara) erklärt die Türkei zur Republik. Am folgenden Tag wird der Präsident der Nationalversammlung Mustafa Kemal Pascha (späterer Beiname Atatürk) zum Präsidenten der Republik gewählt. →S. 168

Mit der ersten Sendung der Radiostunde AG (Berlin) beginnt der öffentliche Rundfunk im Deutschen Reich. Weitere Rundfunkgesellschaften werden gegründet. →S. 170

30. Oktober, Dienstag

Nach Mitteilung der Reichsregierung ist im Zusammenhang mit der Reduzierung des Personals der Reichsverwaltung (Verordnung vom 29.10.) zunächst die Entlassung der über 65jährigen Beamten vorgesehen.

31. Oktober, Mittwoch

Nach dem durch die Reichsexekution erzwungenen Rücktritt der sächsischen Regierung (→29.10./S. 165) wählt der Landtag den Sozialdemokraten Karl Fellisch zum Ministerpräsidenten. Der kommunistische Aufruf zum Generalstreik wird kaum befolgt.

Die Arbeitslosigkeit ist im Deutschen Reich rapide angestiegen. Der Anteil beträgt im Oktober 19,1% (August 6,3%, September 9,9%). →S. 167

Im vergangenen Monat hatte der US-Dollar einen durchschnittlichen Stand von 25 260 Millionen Mark.

Gestorben:

30. London: Andrew Bonar Law (*16. 9. 1858, New Brunswick/Kanada), britischer Politiker.

Geboren:

15. Santiago de las Vegas/Kuba (nach anderen Angaben von C. in San Remo/Italien): Italo Calvino (†19. 9. 1985, Siena), italienischer Schriftsteller und Literaturwissenschaftler.

27. New York: Roy Lichtenstein, US-amerikanischer Maler.

Das Wetter im Monat Oktober

Station	Mittlere Lufttemperatur (°C)	Niederschlag (mm)	Sonnenscheindauer (Std.)
Aachen	11,4 (10,0)	165 (64)	– (123)
Berlin	10,5 (8,8)	69 (58)	– (123)
Bremen	10,9 (9,4)	73 (47)	– (104)
München	11,5 (7,9)	104 (62)	– (130)
Wien	– (9,6)	– (57)	– (–)
Zürich	11,2 (8,4)	133 (80)	102 (108)

( ) Langjähriger Mittelwert für diesen Monat
– Wert nicht ermittelt

Die Situation der US-amerikanischen Dramatiker beleuchtet das Oktoberheft der Illustrierten »Theatre Magazine« aus den USA

Putschversuch der illegalen Armee

1. Oktober. Unter der Führung von Major Bruno Ernst Buchrucker unternimmt die Schwarze Reichswehr in Küstrin und in Spandau einen Putschversuch, der von regulären Reichswehreinheiten rasch niedergeschlagen wird.
Nach der Aufgabe des passiven Widerstands im besetzten Ruhrgebiet (→ 26. 9./S. 146) wächst in der Schwarzen Reichswehr die Putschbereitschaft. Bei den Einheiten handelt es sich um geheime, gegen die Truppenreduzierung des Versailler Vertrags (100 000 Mann) verstoßende Reserveformationen der Reichswehr, die sich aus aufgelösten Freikorps und rechten antirepublikanischen Gruppen rekrutieren.

Amtliche Darstellung des Putsches
»Im Morgengrauen des ersten Oktober ließ er [Major Bruno Ernst Buchrucker] die wichtigen Punkte und Zugänge der Stadt [Küstrin] besetzen und begab sich selbst mit anderen Rädelsführern in die Kommandantur, um zu verhandeln. Der Kommandant aber, Oberst [Erich] Gudowius, ließ sich nicht auf Verhandlungen ein ... Die Führer ließ er ungehört verhaften ... Vor [der alarmierten Reichswehr] zogen sich die Aufständischen in den Zeughof zurück ... Nach dem Eintreffen [weiterer] Verstärkungen ergaben sich die im Zeughof Eingeschlossenen. Im ganzen sind es 381 Mann, von denen man 13 als Rädelsführer ansehen kann.«

Da die Reichswehrleitung die Auflösung der illegalen Armee beabsichtigt, entschließt sich Buchrucker zum »Losschlagen«. Vorübergehend besetzen die rechtsradikalen Aufrührer die Festung von Küstrin und die Zitadelle von Spandau, die jedoch rasch von der regulären Reichswehr zurückerobert werden. Buchruckers strategischer Plan – nach ersten örtlichen Erfolgen reguläre Reichswehreinheiten in den Putsch hineinzuziehen und Berlin militärisch einzukreisen – scheitert schon in den Anfängen.
Nach dem Putsch löst die Reichswehrführung die irregulären Einheiten auf. Am 27. Oktober wird Buchrucker wegen Hochverrats zu zehn Jahren Festungshaft verurteilt.

Der Reichstag am 6. Oktober; Reichskanzler Gustav Stresemann (x) erläutert anläßlich der Neubildung der Regierung die Grundsätze seiner Politik

»Legale Diktatur« im Reich

13. Oktober. Mit 316 Ja-Stimmen bei 24 Nein-Stimmen nimmt der Reichstag das von Reichskanzler Gustav Stresemann geforderte Ermächtigungsgesetz an, das der Reichsregierung eine weitgehende Befugnis zu gesetzvertretenden Maßnahmen einräumt. Mit der Delegation seiner gesetzgebenden Gewalt an die Exekutive schaltet sich der Reichstag weitgehend selbst aus.
Nur mit einem weitgefaßten, den Zustand einer »legalen Diktatur« begründenden Ermächtigungsgesetz, so Stresemann am 6. Oktober vor dem Reichstag, sei die rasche und durchgreifende Lösung der Währungsfrage möglich.

Reichskanzler Gustav Stresemann, der Vorsitzende der DVP seit 1918

Angesichts der gravierenden Differenzen innerhalb der Großen Koalition erscheint es nämlich äußerst zweifelhaft, ob sich für die notwendigen Sachentscheidungen Parlamentsmehrheiten finden würden, was die Regierungskrise (3. 10.–6. 10.) im Vorfeld der jetzigen Entscheidung in aller Schärfe zeigte.
Da die SPD unter dem Druck ihres linken Flügels die Ausdehnung des geplanten Ermächtigungsgesetzes auf sozialpolitische Maßnahmen ablehnt, trat das erste Kabinett Stresemann am 3. Oktober zurück. Ein Kompromiß zur geplanten Arbeitszeitverlängerung – der Achtstundentag bleibt die Norm, kann aber zur notwendigen Produktionssteigerung verlängert werden (→ 21. 12./S. 195) – ermöglichte die Bildung einer zweiten Regierung der Großen Koalition unter Stresemann (seit 6. Oktober). SPD-Finanzminister Rudolf Hilferding schied aus, der bisherige Ernährungsminister Hans Luther (parteilos) übernahm das Ressort. Neuer Reichsernährungsminister wurde Gerhard Graf von Kanitz (DNVP, seit 22. 10. parteilos). Wirtschaftsminister Hans von Raumer (DVP) wurde durch Joseph Koeth (parteilos) ersetzt.
Von dem nun nach heftigen Debatten verabschiedeten Ermächtigungsgesetz sind lediglich Maßnahmen zur Arbeitszeitregelung und zur Einschränkung der staatlichen Sozialleistungen ausgenommen. Die Regierungsmaßnahmen sind auf Verlangen des Reichstags aufzuheben.

Der Reichstag schaltet sich aus

13. Oktober. Um eine durchgreifende und rasche Lösung der Wirtschafts- und Währungsfrage zu ermöglichen, verabschiedet der Reichstag das Ermächtigungsgesetz, mit dem das Parlament seine Gesetzgebungsgewalt weitgehend an die Reichsregierung delegiert.

Das nun verabschiedete Ermächtigungsgesetz hat folgenden Wortlaut:

»*§ 1.* Die Reichsregierung wird ermächtigt, die Maßnahmen zu treffen, welche sie auf finanziellem, wirtschaftlichem und sozialem Gebiet für erforderlich und dringend erachtet. Dabei kann von den Grundrechten der Reichsverfassung abgewichen werden.
Die Ermächtigung erstreckt sich nicht auf Regelungen der Arbeitszeit und auf Einschränkungen der Renten und Unterstützungen der Versicherten und Rentenempfänger in der Sozialversicherung sowie der Kleinrentner und Leistungen aus der Erwerbslosenversicherung.
Die erlassenen Verordnungen sind dem Reichstag und dem Reichsrat unverzüglich zur Kenntnis zu bringen. Sie sind auf Verlangen des Reichtags sofort aufzuheben.
§ 2. Dieses Gesetz tritt mit dem Tage der Verkündigung in Kraft. Es tritt mit dem Wechsel der derzeitigen Reichsregierung oder ihrer parteipolitischen Zusammensetzung, spätestens aber am 31. März 1924, außer Kraft«.

Folgendermaßen begründete Reichskanzler Gustav Stresemann (DVP) die Forderung nach dem Ermächtigungsgesetz (Auszug aus der Reichstagsrede vom 6. Oktober):

»Kaum jemals hat ein Kabinett die Führung der deutschen Politik in schwererer Zeit und in schwererer Not als jetzt übernommen ... Wir haben eine große Anzahl von Maßnahmen in Aussicht genommen. Das geht nicht mit dem parlamentarischen Apparat, so wie er aufgezogen ist. Deshalb wenden wir uns an Sie um entsprechende Ermächtigung für die Lösung der finanziellen und wirtschaftlichen Fragen ... wir bitten Sie um die Zustimmung zu dem Ermächtigungsgesetz ...«

Bayern stellt sich offen gegen das Reich

20. Oktober. Die Spannungen zwischen Bayern und dem Reich erreichen einen vorläufigen Höhepunkt. Mit der Wiedereinsetzung des dienstenthobenen Generals Otto von Lossow und der Übernahme des Befehls über die in Bayern stationierte siebte Reichswehrdivision verletzt Bayern eklatant seine verfassungsmäßigen Pflichten gegenüber dem Reich.
Ausgelöst wurde der schwere Konflikt durch das Verbot des »Völkischen Beobachters«, das Reichswehrminister Otto Geßler am → 28. September (S. 148) erließ.

Politische Prominenz Bayerns; im Vordergrund v. l.: Innenminister Franz Schweyer, Generalstaatskommissar Gustav von Kahr, Kronprinz Rupprecht

Aufruf an alle »Deutschgesinnten«

Folgenden Aufruf veröffentlicht der bayrische Generalstaatskommissar Gustav Ritter von Kahr am 20. Oktober:

»Die bayrische Staatsregierung und der Generalstaatskommissar wissen sich eins mit allen Deutschgesinnten, wenn sie eine solche Maßnahme [Dienstenthebung des Generals Otto von Lossow durch Reichspräsident Friedrich Ebert] ablehnen. Bayern betrachtet es als seine Pflicht, in dieser Stunde eine Hochburg des bedrängten Deutschtums zu sein. Die bayrische Staatsregierung hat deshalb ... von Lossow mit der Führung des bayrischen Teils des Reichsheeres betraut.«

Gestützt auf Bayerns Generalstaatskommissar Gustav Ritter von Kahr, lehnte General von Lossow, bayrischer Reichswehrbefehlshaber, auch nach ausdrücklichem Befehl den Vollzug dieser Weisung ab.
Nach fehlgeschlagenen Schlichtungsversuchen verfügt Reichspräsident Friedrich Ebert die sofortige Dienstenthebung von General von Lossow wegen militärischen Ungehorsams (20. 10).
Generalstaatskommissar von Kahr setzt ihn noch am 20. Oktober wieder ein. Am 22. Oktober werden die bayrischen Reichswehrtruppen auf Bayern verpflichtet, das heißt, der Reichsgewalt entzogen. In seinem Tagesbefehl an das Reichsheer (22. 10.) bezeichnet Hans von Seeckt, der Chef der Heeresleitung, diesen Schritt als einen »gegen die Verfassung gerichtete[n] Eingriff in die militärische Kommandogewalt.« Dem Reich mangelt es an Macht, gegen diese offene Rebellion vorzugehen (→ 24. 10./S. 163).

Keine Maßnahmen gegen Land Bayern

24. Oktober. In dem Konflikt zwischen Bayern und dem Reich – der dienstenthobene General Otto von Lossow wurde von der bayrischen Regierung erneut mit der Befehlsgewalt über die auf Bayern verpflichtete siebte Reichswehrdivision betraut (→ 20. 10./S. 163) – stellen sich die Vertreter der Länder auf den Standpunkt der Reichsregierung. Eine entsprechende Erklärung verabschiedet die auf württembergische Initiative nach Berlin einberufene Konferenz der Ministerpräsidenten und Gesandten der Länder.
Trotz dieser Länderentschließung wagt die Reichsregierung angesichts der Notlage des Reichs nicht, gegen das offen rebellierende Bayern vorzugehen. Zudem sind in Bayern starke Wehr- und Freikorpsverbände stationiert.
Die bayrische Regierung wird lediglich am 26. Oktober vom Reichskabinett ersucht, »die verfassungsmäßige Befehlsgewalt im bayrischen Teil der Reichswehr in kürzester Frist wiederherzustellen.« Maßnahmen werden nicht angedroht.

»Einmarsch nach Berlin in zwei Wochen«

24. Oktober. General Otto von Lossow unterbreitet hohen bayrischen Militärs und Führern der Vaterländischen Verbände seine gegen Berlin gerichteten Putsch- und Diktaturpläne.
Der General steht im Mittelpunkt des schweren Konflikts zwischen Bayern und Berlin, der die Einheit des Deutschen Reichs gefährdet. Nachdem General von Lossow am → 20. Oktober (S. 163) von Reichspräsident Friedrich Ebert dienstenthoben wurde, hat die bayrische Regierung ihn erneut mit der Befehlsgewalt über die in Bayern stationierte siebte Reichswehrdivision betraut.

Folgendermaßen umreißt General von Lossow in München seine Putschpläne:

»Meine Herren! Es gibt drei Möglichkeiten:
1. Einmarsch nach Berlin und Ausrufung der Errichtung der nationalen Diktatur.
2. Weiterwursteln und in ›Bayern bei der Stange bleiben‹.
3. Trennung Bayerns vom Reich.
Für uns in Bayern kommt nur die erste Möglichkeit in Betracht. Und zwar haben wir dazu keine lange Zeit mehr; sobald alles vorbereitet ist, tritt die erste Möglichkeit in Kraft. Länger als 14 Tage oder drei Wochen Warten dürfte den zweiten Punkt hervorrufen!
Ich habe Sie hierher berufen, um Sie zu fragen, wie Sie sich den Aufbau und die Weiterentwicklung bei einem evtl. Vormarsch ihrer Verbände vorstellen. Nach meiner Ansicht ist nur eine Eingliederung sämtlicher vaterländischer Verbände in die Reichswehr bzw. Landespolizei als Mannschaftsreservoir möglich. Eine vollkommen selbständige Verwendung kann ich mir aus folgenden Gründen nicht denken: Wer sorgt für die Vaterländischen Verbände? Wer empfängt sie? Wer bezahlt die Löhnung? und wer die evtl. spätere Versorgung bei einer Verletzung etc. Sie werden daraus ersehen, daß wir auf demselben Boden stehen wie Sie als Führer der Vaterländischen Verbände und daß wir unsere Arbeit auch in diesem Sinne eingestellt haben: Wir haben alle ein Ziel, Deutschland vom Marxismus zu befreien unter dem Banner der schwarz-weiß-roten Fahne.«

General Otto von Lossow (1923)

Herrschaft der Separatisten im Rheinland; ein Separatisten-Trupp marschiert durch die Koblenzer Innenstadt

Berittene Separatisten bewachen die Einfahrt des Krefelder Rathauses

Eine Szene aus der Zeit des Separatistenregimes im Rheinland; Separatistengruppe vor dem Rathaus von Düren

Separatisten rufen unabhängige Rheinische Republik aus

21. Oktober. In Aachen rufen die Rheinland-Separatisten die Rheinische Republik aus. Dieser sich rasch ausweitende Separatistenputsch verschärft die Herbstkrise des Deutschen Reichs, das zugleich durch die Konflikte mit Bayern (→ 20. 10./S. 163) und Sachsen (→ 29. 10./S. 165) schwer belastet ist.

Joseph Friedrich Matthes (l.), Führer der Rheinland-Separatisten

Mit Unterstützung der französischen Besatzungsmacht im besetzten Rhein- und Ruhrgebiet streben die Sonderbündler einen vom Deutschen Reich unabhängigen und unter der Schutzherrschaft Frankreichs stehenden Rheinstaat an. Innerhalb weniger Tage bemächtigen sich die Aufrührer der örtlichen Gewalt in Krefeld, München-Gladbach (heute Mönchengladbach), Duisburg, Bonn, Düren, Trier, Koblenz, Kreuznach und Wiesbaden. Auch auf den rheinhessischen Raum (Mainz, Worms, Bingen) greift der Separatistenputsch über. An die Spitze der am 23. Oktober in Koblenz gebildeten provisorischen Regierung der Rheinischen Republik treten die Separatistenführer Joseph Friedrich Matthes und Hans Adam Dorten (→ 19. 5./S. 78). Am 25. Oktober gibt die provisorische Regierung öffentlich die Errichtung der Unabhängigen Rheinischen Republik bekannt. Mit Billigung der Besatzungsbehörden hätten »unabhängige Rheinländer« die Zivilgewalt zur Rettung des Rheinlands übernommen, dem durch »Preußens Schuld« die völlige Verelendung drohe.

Die provisorische Regierung setzt kommissarische Behörden ein, die auf den Widerstand der Bevölkerung stoßen. Durch willkürliche Requisitionen und Verhaftungen versuchen die Separatisten-Kommissare, die Bevölkerung und die legalen Behörden unter Druck zu setzen. Jedoch scheitert die Rheinische Republik bereits im November an dem entschlossenen Widerstand der rheinischen Bevölkerung, deren große Mehrheit der Abfallbewegung feindlich gegenübersteht (→ 12. 11./S. 181).

Der Separatistenputsch beginnt in Aachen

22. Oktober. Über den in Aachen ausgebrochenen Separatistenputsch (→ 21. 10./S. 164) veröffentlicht die »Deutsche Allgemeine Zeitung« folgende Berichte vom Vortag:

»Nach hier eingetroffenen Meldungen ist heute früh in Aachen die ›Rheinische Republik‹ ausgerufen worden ...

Heute früh, 4 Uhr, haben bewaffnete Sonderbündler,. deren Zahl auf 2000 geschätzt wird, überraschend die öffentlichen Gebäude, vor allem Rathaus, Post und Regierungsgebäude, besetzt. Nach Meldung der Belgischen Telegraphen-Agentur hätte die Schupo keinen Widerstand geleistet. Weiter wird gemeldet, daß eine Kundgebung der sogenannten vorläufigen Regierung der Bevölkerung Lebensmittel und Arbeit zusichere. Man nehme an, daß die Separatisten sich zunächst nach Norden in die belgische [Rheinland-] Zone wenden würden, sodann wahrscheinlich in die englische und französische Zone.

Rekruten für Separatistentruppen

Zu dem Putsch der Sonderbündler in Aachen wird noch gemeldet: ... die Bewohner [sahen] auf dem Rathaus, dem Regierungsgebäude, der Post und der Reichsbank die grünweiß-rote Flagge der sogenannten ›Rheinischen Republik‹ wehen. Die Polizei, die am Vormittag noch auf den Straßen zu sehen war, zog sich später zurück, und an ihrer Stelle standen zahlreiche Leute mit Armbinden [Separatisten-Miliz] an den Hauptpunkten der inneren Stadt, die den Zugang zur Regierung und zur Post verwehrten. Belgische Panzerautos sah man durch die Straßen fahren. Das Fernsprechamt arbeitete nicht mehr ... Sämtliche Restaurants waren ... geschlossen ... Von irgend einer Wirkung auf die Öffentlichkeit ist bisher nichts zu merken.«

Reichsexekution gegen Linksregierung im Land Sachsen

29. Oktober. Nachdem die Reichswehr auf Weisung des Reichswehrministers Otto Geßler am 22. Oktober in Sachsen einmarschiert ist, wird nun die sächsische SPD-KPD-Regierung ihres Amtes enthoben. Reichspräsident Friedrich Ebert hat Reichskanzler Gustav Stresemann zu dieser Reichsexekution gegen Sachsen ermächtigt (Verordnung vom 29. 10.). Zur »Wiederherstellung verfassungsmäßiger Zustände« wird der frühere Reichsjustizminister Rudolf Heinze als Reichskommissar für Sachsen eingesetzt.

Vorausgegangen ist ein schwerer Konflikt zwischen der Reichsregierung und Sachsen, wo am 10. Oktober eine sozialdemokratisch-kommunistische Koalitionsregierung gebildet wurde.

Auf die Reichsregierung wirkte dieser Vorgang alarmierend, weil sie ihn als ersten Schritt zu einem kommunistischen Umsturzversuch verstand (→ 20. 10./S. 165). Deshalb verbot Generalleutnant Alfred Müller, Reichswehrbefehlshaber in Sachsen, am 13. Oktober die Proletarischen Hundertschaften (kommunistische Kampfverbände).

Da die sächsische Regierung Widerstand zeigte – der kommunistische Finanzminister Paul Böttcher rief öffentlich zur Bewaffnung der Proletarischen Hundertschaften auf (13. 10.) – marschierte die Reichswehr in Sachsen ein, was die schlecht bewaffneten Proletarischen Hundertschaften ohne Gegenwehr hinnehmen mußten.

Am 27. Oktober forderte Reichskanzler Gustav Stresemann den sächsischen Ministerpräsidenten Erich Zeigner (SPD) ultimativ auf, den Rücktritt der sächsischen KPD-Minister zu veranlassen, weil die Partei den gewaltsamen Sturz der Reichsverfassung anstrebe. Die Weigerung Erich Zeigners hat die Amtsenthebung der sächsischen Regierung zur Folge (→ 7. 12./S. 197). Während die bayrischen Pläne zum Sturz der Reichsregierung und der Errichtung einer Rechtsdiktatur (→ 24. 10./S. 163) ohne eine wirksame Reaktion aus Berlin bleiben, werden die SPD-KPD-Regierungen in Mitteldeutschland durch die Intervention des Reiches aufgelöst. In Thüringen sieht sich die SPD wegen der drohenden Reichsexekution gezwungen, ihre am 16. Oktober gebildete Koalition mit der KPD preiszugeben (Rücktritt der KPD-Minister am 12. 11.).

Reichswehr-Kavallerie beim Einmarsch in die sächsische Hauptstadt Dresden; die Landesregierung wird abgesetzt

Feindselig beobachten Dresdener Bürger einmarschierende Reichswehrtruppen (23. 10.); seit dem Vortag wird das Land Sachsen von der Reichswehr besetzt

KPD plant den Umsturz im Deutschen Reich

20. Oktober. Da sie für Ende Oktober im Zusammenhang mit der Wirtschafts- und Währungskrise eine Zuspitzung der revolutionären Situation im Deutschen Reich erwartet, beschließt die KPD-Zentrale den Generalstreik und bewaffneten Aufstand.

Die kommunistische Erhebung wird jedoch am folgenden Tag verschoben, da die SPD-Linke auf der allgemeinen Betriebsrätekonferenz in Chemnitz (heute Karl-Marx-Stadt) das kommunistische Vorhaben ablehnt. Obwohl die KPD fast 300 000 Mitglieder zählt und einen beträchtlichen Einfluß in den Betrieben hat, wäre ein Generalstreik ohne die Unterstützung der linken Sozialdemokraten zu riskant. Lediglich in Hamburg bricht am → 23. Oktober (S. 166) der Aufstand aus.

Bereits Ende September fand in Moskau eine entscheidende Geheimkonferenz des Exekutivkomitees der Kommunistischen Internationalen unter der Leitung seines Vorsitzenden Grigori J. Sinowjew statt, an der für die KPD u. a. deren Vorsitzender Heinrich Brandler und Ruth Fischer als Mitglied des Zentralausschusses teilnahmen. Das Exekutivkomitee beschloß die allgemeine Erhebung im Deutschen Reich.

Zunächst sollte sich die KPD an den Regierungen in Sachsen und Thüringen beteiligen – was tatsächlich am 10. und 16. Oktober geschah – um dort den Aufbau einer »Armee von proletarischen Einheiten« voranzutreiben (→ 29. 10./S. 165). Weiter sah der in Moskau festgelegte strategische Plan den »allgemeinen Aufstand in Sachsen und Thüringen« vor, dem der Angriff auf die »Zentren der Konterrevolution«, Berlin und München, folgen sollte. Als Ziel des kommunistischen Umsturzes war die Bildung einer deutschen Revolutionsregierung unter Beseitigung des parlamentarischen Systems vorgesehen.

Kommunistische Politikerin Ruth Fischer während einer Kundgebung in der Reichshauptstadt Berlin

Massiver Einsatz von Polizei und Reichswehr gegen den Kommunistenaufstand in Hamburg; Passanten werden von der Reichswehr nach Waffen durchsucht

Polizei und Reichswehr schlagen den Kommunistenaufstand vom 23. Oktober nieder; die Reichswehr im Kampf gegen kommunistische Dachschützen

Aufstand in Hamburg nach drei Tagen niedergeschlagen

23. Oktober. In den frühen Morgenstunden beginnt der Hamburger Kommunistenaufstand. Da es dem Hamburger KPD-Führer Ernst Thälmann nicht gelingt, die Arbeitermassen, besonders die streikenden Dockarbeiter, für die Erhebung zu gewinnen, wird der Aufstand binnen drei Tagen niedergeschlagen.

Die rund 300 bewaffneten Aufständischen können zunächst einige Erfolge erzielen, werden aber durch den massiven Polizei- und Reichswehreinsatz rasch in die Defensive gedrängt. Die »Deutsche Allgemeine Zeitung« berichtet über die Vorgänge in Hamburg: »Während der ersten Morgenstunden des heutigen Tages [23. Oktober 1923] tauchten ... in verschiedenen Teilen der Stadt bewaffnete Trupps auf, die einige Polizeiwachen in den äußersten Bezirken, z. B. in Eimsbüttel, Barmbeck, Uhlenhorst, Wandsbek, Horn, Hamm und Borgfelde überrumpelten. Obwohl die überfallenen Beamten durchaus ihre Schuldigkeit taten, unterlagen sie doch zunächst der Übermacht. Durch diese Überfälle setzten sich die Aufrührer in den Besitz einer Anzahl von Polizeiwachen. In den Morgenstunden begann alsbald die Säuberungsaktion, durch die bereits gegen 9 Uhr sämtliche Wachen bis auf vier, nämlich die Wache 42 in Eimsbüttel, die Wachen 32 und 23 in Barmbeck und die Wache 27 in Horn, wieder befreit werden konnten ...

Bei diesen Kämpfen schossen die Aufrührer aus großkalibrigen Gewehren und verwundeten die Mannschaften eines Panzerkraftwagens. Zur Zeit geht die Polizei ... gegen die auf Barrikaden in der Hamburger Straße und in der Horner Landstraße kämpfenden Aufrührer vor.«

Der Hamburger Aufstand zieht nicht nur das KPD-Verbot bis 1. März 1924 nach sich, sondern löst eine heftige innerparteiliche Kontroverse über die Ursachen des Scheiterns aus, das die KPD schwächt, die nun definitiv auf die Revolutionspläne verzichtet (→ 20. 10/S. 165).

Geplündertes Lebensmittelgeschäft in Hamburg

Getöteter Kommunist in einem Graben in Barmbeck

Kommunistenführer Ernst Thälmann

Ernst Thälmann – Vorsitzender der Hamburger Kommunisten – scheitert

Ernst Thälmann, geboren am 16. April 1886 in Hamburg, begann seine politische Karriere bei der SPD, in die er im Jahre 1903 eintrat. Daneben engagierte sich der Transportarbeiter Thälmann, der zum linken Flügel der Sozialdemokraten gehörte, in der Gewerkschaft. 1917, während des Weltkriegs, an dem Thälmann von 1915 bis 1918 teilnahm, trat er in die USPD (linke Abspaltung von der SPD) ein, für die er 1919 in die Hamburger Bürgerschaft einzog. 1920 wurde Thälmann mit der linken USPD Mitglied der KPD und 1921 Vorsitzender ihrer Hamburger Ortsgruppe. In der KPD-Zentrale vertritt Ernst Thälmann zusammen mit Ruth Fischer und Arkadi Maslow den linken Flügel der Partei. Am Hamburger Kommunistenaufstand (→ 23. 10./S. 166) ist Thälmann maßgeblich beteiligt. Es gelingt ihm jedoch nicht, Zehntausende von streikenden Dockarbeitern für die Erhebung zu gewinnen. Der Aufstand von rund 300 Kommunisten scheitert.

Währungsreform wird immer dringlicher

Oktober. Im Laufe dieses Monats nimmt der Marksturz immer beängstigendere Formen an. Der Dollarkurs – ein Gradmesser für den Währungsverfall – steigt ebenso wie die Preise rapide an. Gleichzeitig leitet die Reichsregierung mit der Einrichtung der Rentenbank am 16. Oktober die Währungsstabilisierung ein.
Die Entwicklung des Dollarkurses verdeutlicht das Ausmaß der Währungskatastrophe: Am 1. Oktober ist der US-Dollar mit 242 Millionen Mark notiert, dann steigt der Kurs auf vier Milliarden Mark pro US-Dollar (12.10.) an und erreicht am 26. Oktober nach weiteren kräftigen Kurssprüngen 65 Milliarden Mark pro US-Dollar.

Auch die Preise, besonders der Grundnahrungsmittel, erreichen kaum vorstellbare Höhen: Für einen Liter Vollmilch zahlen die Berliner am 4. Oktober 14 Millionen Mark, und ein Brot kostet am 8. Oktober 64 Millionen Mark.
An den wöchentlichen Zahltagen tragen Arbeiter und Angestellte ihren Lohn mit Waschkörben so rasch wie möglich in den nächsten Laden, um der nächsten Preiserhöhung zuvorzukommen. Wegen der Lebensmittelknappheit und der wachsenden Arbeitslosigkeit (→31.10./S. 167) verschärft sich die Situation der Bevölkerung; in verschiedenen Städten kommt es zu Unruhen. Mit Volksspeisungen – in Berlin werden täglich 20 000 Portionen Mittagessen ausgegeben – versuchen die Kommunen die Not zu lindern. Kartoffeläcker in der Umgebung Berlins werden nachts bewacht, weil die Diebstähle überhandnehmen.
Während einige Unternehmer als Spekulanten und »Inflationsgewinnler« die Inflation nutzen, um mit dem wertlosen Geld Sachwerte aufzukaufen, führt der Währungsverfall zur Verarmung des Mittelstands, dessen in festen Geldbeträgen angesammelte Vermögenswerte verfallen.
Vor allem die Finanzierung des passiven Widerstands im besetzten Ruhrgebiet hat zur rasanten Aufblähung des Geldumlaufs geführt (→26.9./S. 146). Auf den ständig steigenden Zahlungsmittelbedarf der deutschen Regierung und der Wirtschaft reagiert die Reichsbank mit der laufenden Erhöhung des Geldumlaufs.
Nur noch mit drastischen Maßnahmen ist der chaotischen Währungssituation beizukommen: Am 16. Oktober erläßt die Reichsregierung die Verordnung über die Errichtung der Deutschen Rentenbank, womit die Grundlage für die Währungskonsolidierung geschaffen ist. Einen Monat später beginnt die Ausgabe der Rentenmark (→16. 11./S. 182).

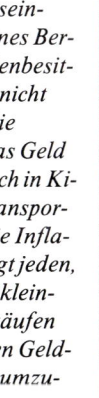

Die Tageseinnahme eines Berliner Ladenbesitzers paßt nicht mehr in die Kasse; das Geld ist nur noch in Kisten zu transportieren. Die Inflation zwingt jeden, selbst bei kleinsten Einkäufen mit großen Geldbeträgen umzugehen

Ein Vorbild für alle

15. Oktober. *Um den hoch verschuldeten Reichshaushalt zu entlasten, verzichtet Reichspräsident Friedrich Ebert (Abb.) auf die Hälfte der ihm zustehenden Aufwandsgelder. Dieser Schritt hat vor allem propagandistische Zwecke, denn das Staatsoberhaupt will mit dieser Geste der Öffentlichkeit deutlich machen, wie dringend notwendig die bevorstehenden einschneidenden Regierungsmaßnahmen zur Überwindung der Wirtschaftskrise sind.*

Industrie fordert Zehnstundentag

8. Oktober. Gemäß einer Anordnung des rheinisch-westfälischen Zechenverbands vom 30. September soll die Arbeitszeit ab 9. Oktober auf 8,5 (unter Tage) bzw. 10 Stunden (über Tage) erhöht werden. Da das preußische Handelsministerium den staatlichen Zechen die Arbeitszeitverlängerung untersagt, zieht der Zechenverband seine Anordnung allerdings zurück.
Damit ist der Streit über die Arbeitszeit jedoch nicht beigelegt. Während Gewerkschaften und SPD gegen die Verlängerung der Arbeitszeit Sturm laufen, machen die Arbeitgeber geltend, daß ohne Mehrarbeit eine Wirtschafts- und Währungskonsolidierung nicht zu erreichen sei. Per Regierungsverordnung (29. 10.) wird die Wochenarbeitszeit im Bergbau auf 54 Stunden (Schwerarbeit) bzw. 59 Stunden (sonstige Arbeit) erhöht (→21. 12./S. 195).

Wachsende Arbeitslosigkeit

31. Oktober. Als Folge der Wirtschaftskrise und der galoppierenden Inflation nimmt die Arbeitslosigkeit im Deutschen Reich außerordentlich zu. Während im September »nur« 9,9 % der Gewerkschaftsmitglieder ohne Arbeit waren, melden die Gewerkschaften nun eine Arbeitslosigkeit von 19,1 %, wobei mit einer weiteren Verschlechterung der Situation gerechnet werden muß.
Zwar war die Arbeitslosigkeit schon während der ersten acht Monate des Jahres 1923 mit Werten zwischen 3,5 % und 7,0 % im Vergleich zum Vorjahr (Prozentsätze zwischen 0,6 % und 3,3 %) hoch; jedoch hat sich die Lage auf dem Arbeitsmarkt seit September entschieden verschärft.
Die Zahl der unterstützungsberechtigten Erwerbslosen übersteigt im Oktober erstmals seit 1920 die Millionengrenze (Hauptunterstützungsempfänger: 534 360 und Zuschlagsempfänger: 543 582). Diese Angaben des Statistischen Reichsamts beziehen sich nur auf das unbesetzte Deutsche Reich. Da nicht alle Arbeitnehmer in den Statistiken erfaßt sind, liegt die tatsächliche Gesamtzahl der Arbeitslosen wesentlich höher.

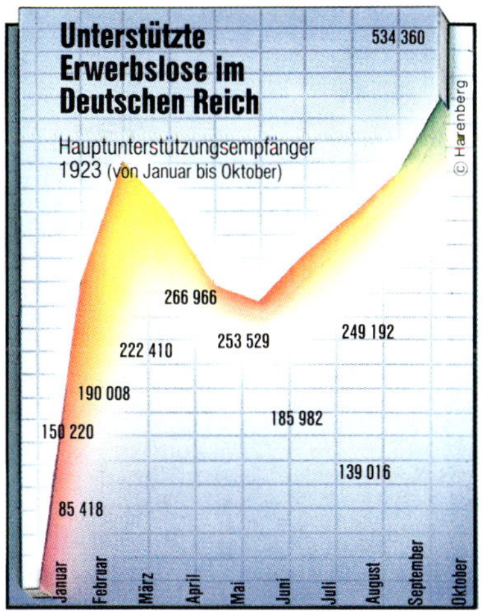

Arbeitsschutz soll verbessert werden

14. Oktober. In Basel tagt der Internationale Kongreß für Arbeitsschutz, der die internationale Durchsetzung folgender Arbeitsschutzbestimmungen fordert:

- ▷ Die wöchentliche Arbeitsdauer soll auf 48 Stunden beschränkt werden
- ▷ Das Alter der zur Arbeit zugelassenen Kinder muß festgesetzt werden
- ▷ Frauen und jugendliche Arbeiter müssen besonderen Schutz erhalten
- ▷ Eine Sozialversicherung soll eingerichtet werden
- ▷ Die Kollektivverträge müssen gesetzlich anerkannt werden
- ▷ Jeder Angestellte hat ein Recht auf bezahlten Jahresurlaub

An die Landesverbände wird eindringlich appelliert, auf die Verwirklichung dieser Arbeitsschutzmaßnahmen hinzuarbeiten.

Seipels Sanierungsmaßnahmen werden durch Nationalratswahlen in Österreich bestätigt

21. Oktober. *In Österreich finden die zweiten Nationalratswahlen der Ersten Republik statt: Die regierenden Christlichsozialen verzeichnen mit 45 % der Stimmen einen deutlichen Zuwachs (bisher 41,82 %). Auch die oppositionellen Sozialdemokraten können ihren Stimmenanteil mit 39,6 % erheblich vergrößern (bisher 35,91 %), während die Großdeutschen (Vereinigung der Deutschnationalen und Nationalliberalen) rund 4,5 % der Stimmen einbüßen.*

Das Wahlergebnis bestätigt die Sanierungspolitik von Bundeskanzler Ignaz Seipel (Christlichsoziale Partei), der mit seiner unveränderten zweiten Regierung im Amt bleibt. Mit einer entschiedenen Deflations- und Sparpolitik ist es Seipel, der im Mai 1922 an die Spitze einer großdeutsch-christlichsozialen Koalitionsregierung trat, gelungen, die Inflation der österreichischen Währung zu beenden. So haben die Christlichsozialen einen stark auf die Person Seipels, des »bewährten Steuermanns« (Abb. Mitte), konzentrierten Wahlkampf geführt. Auch hat die Partei versucht, die Wähler Wiens, das sozialdemokratisch regiert wird, mit Hinweis auf den früheren christlichsozialen Bürgermeister Karl Lueger (1897–1910) zu gewinnen (Abb. l.); zu den Schattenseiten der »Seipel-Sanierung« gehört allerdings die hohe Arbeitslosigkeit, weshalb die gegen Seipel gerichtete Propaganda der Sozialdemokraten nicht ohne Wirkung geblieben ist. Das Wahlkampfthema der Großdeutschen war der gewünschte Anschluß Österreichs an das Deutsche Reich (Abb. r.).

Konstantinopels Besetzung beendet

2. Oktober. Nachdem die Alliierten im Friedensvertrag von Lausanne (→ 24.7./S. 110) die Souveränität der neuen Türkei unter Mustafa Kemal Pascha (→ 29.10./S. 168) anerkannt haben, verlassen die letzten alliierten Okkupationstruppen Konstantinopel (heute Istanbul), das als letztes türkisches Gebiet besetzt war.

Mustafa Kemal

In der Hauptstadt wird die türkische Flagge gehißt; an den Übergabefeierlichkeiten nehmen Truppenteile der Alliierten und ein türkisches Truppenkontingent teil. Am 6. Oktober marschieren türkische Truppen in Konstantinopel ein.

Am 15. Oktober verliert die Stadt am Bosporus ihren Hauptstadt-Status. Die türkische Nationalversammlung erhebt Angora (heute Ankara) zur Hauptstadt der Türkei.

Türkei zur Republik erklärt

29. Oktober. Die Nationalversammlung in Angora (heute Ankara) erklärt die Türkei zur Republik und wählt Mustafa Kemal Pascha (späterer Beiname Atatürk, »Vater der Türken«) zum Staatspräsidenten. Damit ist das ehemalige Osmanische Reich endgültig aufgelöst.

Von nun an treibt Mustafa Kemal, der unangefochtene Führer der türkischen Republik, sein Europäisierungsprogramm, das auf einen modernen türkischen Nationalstaat abzielt, zügig voran. Trotz der wachsenden Opposition in Kreisen der Geistlichkeit führt Mustafa Kemal Pascha in allen Bereichen der Gesellschaft seine Reformen durch, die eine radikale Abkehr von der Tradition bedeuten.

Zu den Prinzipien des Kemalismus gehören: Nationalismus, Säkularismus, Modernismus, Republikanismus und Populismus. Am deutlichsten zeigt sich der Bruch mit dem Osmanischen Reich an der Auflösung der bisherigen politisch-religiösen Ordnung, die mit dem Machtverlust der islamischen Geistlichen einhergeht: Die für Familien- und Erbrecht zuständigen Scheriatsgerichte werden aufgehoben, die Koranschulen, religiöse Orden und Klöster aufgelöst. Neue Gesetze treten an die Stelle der islamischen Rechtsordnung. Ferner werden die Alphabetisierung und die Frauenemanzipation vorangetrieben (→ 15.7./S. 115).

Letzte alliierte Militärparade vor der Räumung von Konstantinopel

Araber und Juden im Streit um Palästina

12. Oktober. Im Zusammenhang mit der Übernahme des Palästina-Mandats durch Großbritannien, die am 29. September in Kraft getreten ist, verschärft sich die angespannte Lage in Palästina. Da sie ihr Selbstbestimmungsrecht verletzt sehen, lehnen die Araber das Mandat ab und fordern die Abschaffung der Jewish Agency for Palestine, der jüdischen Einwanderungsorganisation und Interessenvertretung.

Das auf der Balfour-Deklaration vom 2. November 1917 basierende Palästina-Mandat (Arthur James Balfour war von 1916–1919 britischer Außenminister) verpflichtet Großbritannien, die Errichtung der nationalen Heimstätte für das jüdische Volk zu unterstützen, ohne dabei die »Rechte nichtjüdischer Gemeinschaften in Palästina zu beeinträchtigen«. Mit dieser Doppel-Verpflichtung ist der Konfliktlage in Palästina nicht beizukommen. Als Beeinträchtigung ihrer Rechte betrachten die Araber den Versuch der Zionisten, die jüdische Einwanderung nach Palästina zu forcieren.

Berliner Flughafen Tempelhof eröffnet

8. Oktober. Der Berliner Flughafen Tempelhofer Feld wird den Luftverkehrsgesellschaften Junkers und Aero Lloyd AG übergeben.
Mit dem neuen Tempelhofer Zentralflughafen, bestehend aus einem Verwaltungsgebäude, zwei großen Flugzeughallen, Lagerräumen, einer Werkstatt und zwei Landebahnen, trägt Berlin der Intensivierung des Luftverkehrs Rechnung. Bisher standen nur provisorische Anlagen (ebenfalls auf dem Tempelhofer Feld) zur Verfügung (→ 14.4./S. 71).
An der Eröffnungsfeier, die wegen der ernsten Situation im Deutschen Reich eher bescheiden ausfällt, nehmen Vertreter des Reichsluftamtes, der Luftverkehrsunternehmen und der Stadt Berlin teil.
Pünktlich um 10.30 Uhr erfolgt der erste fahrplanmäßige Start einer Junkersmaschine mit zwei Passagieren an Bord nach München. Kurz darauf startet ein Dornier-Flugzeug nach Danzig-Königsberg.
Im nächsten Frühjahr sollen die Arbeiten an der dritten Landebahn abgeschlossen werden.

Literaturwoche in Kölner Messehallen

14. Oktober. In den neuen Kölner Messehallen geht die zweite Rheinische Literatur- und Buchwoche zu Ende (seit 29. 9.). Besonders die zusätzlichen Veranstaltungen mit den Themen Musik, Theater und das Buch in Haus und Beruf haben großen Anklang gefunden. Von nun an soll die Literatur- und Buchwoche jährlich stattfinden.
Zielstrebig verfolgt Oberbürgermeister Konrad Adenauer die Profilierung Kölns als Messestadt. Im März 1922 bewilligten die Kölner Stadtverordneten 152 Millionen Mark für neue Messebauten mit insgesamt 47 000 m^2 Ausstellungsfläche. Zur Durchführung des Messebetriebs (zwei Messen pro Jahr) wurde am 1. April 1922 die Messegesellschaft als GmbH gegründet. Der preußische Landtag unterstützt das ehrgeizige Projekt mit 2,5 Millionen Mark.
Wegen der ungünstigen wirtschaftlichen Situation des Jahres 1923 beginnt der eigentliche Messebetrieb, später als ursprünglich geplant war, mit der ersten Kölner Frühjahrsmesse im Mai 1924.

Luftschiffe für die Marine der USA

10. Oktober. *Während der Bau des US-amerikanischen Marineluftschiffs ZR1 abgeschlossen ist – die Abbildung zeigt die feierliche Taufe des Luftschiffs auf den Namen »Shenandoah« (Tochter der Sterne) – verzögert sich die Fertigstellung des Schwesterluftschiffs ZR3, das von der Friedrichshafener Zeppelinwerft im Auftrag der US-amerikanischen Regierung gebaut wird. Die für November geplanten Probeflüge und der Transatlantikflug des Luftschiffs ZR3 (von Friedrichshafen nach Lakehurst bei Philadelphia) werden auf das Frühjahr 1924 verschoben.*

Raubüberfall am hellichten Tag

10. Oktober. *Mitten in der belebten Innenstadt New Yorks werden Passanten durch eine plötzliche Schießerei aufgeschreckt: Auf den Geldboten eines Warenhauses, Alexander Orliker, wird am hellichten Tag ein bewaffneter Raubüberfall verübt. Bei dem Schußwechsel kommen der Bote (rechts im Bild) und einer der vier Gangster (links im Bild) ums Leben. Da sich der Überfall blitzschnell abspielt, können die drei Mittäter vor den Augen zahlreicher Beobachter mit den erbeuteten rund 16 000 US-Dollar in einem Auto entkommen. Der Kurier war mit dem Geld auf dem Weg zur Bank.*

Verkehrssünder bei Straßenarbeiten

Oktober. *In River Rouge (bei Detroit) werden Verkehrssünder – zumeist wegen Geschwindigkeitsüberschreitungen – neuerdings zu Straßenarbeiten verurteilt. Die Schnellfahrer müssen in einer speziellen Uniform, die sie als »City Prisoner« (Stadtgefangene) kennzeichnet, Straßenreparaturen ausführen (vgl. Abb.). Mit dieser drastischen Strafe hofft man, die Autofahrer zur Räson zu bringen. Da der Straßenverkehr in den USA ständig zunimmt, ist die bisher übliche leichtfertige Handhabung der Verkehrsregeln nicht mehr tragbar.*

Mit modernster Technik ausgestatteter Rundfunksender Berlin-Witzleben

Studioeinrichtung einer Rundfunkgesellschaft in der Reichshauptstadt

Im Besitz des Reichspostministeriums; Rundfunksender Königs Wusterhausen

Endlich deutscher Rundfunk

29. Oktober. »Achtung, Achtung! Hier ist das Voxhaus Berlin auf Welle 400.« So meldet sich um 20 Uhr die Radiostunde AG (ab 1924: Funkstunde AG) mit ihrer ersten Unterhaltungssendung. Das ist die Geburt des öffentlichen Rundfunks im Deutschen Reich: In rascher Folge beginnen auch andere Rundfunkgesellschaften mit regelmäßigen Sendungen. Begeistert wird das neue Medium aufgenommen; die deutschen Hörer geraten in eine regelrechte Radioeuphorie.

Die Radiostunde AG, deren Hauptaktionär die Vox-Schallplattengesellschaft ist, sendet aus dem provisorischen Studio im Dachgeschoß des Voxhauses ein aus Plattenaufnahmen und einem Konzert vor dem Mikrophon gemischtes Musikprogramm; übertragen wird mit einem einfachen Fernsprechermikrophon und einem nur 0,25 kW starken Mittelwellensender.

Rasch wächst die Zahl der gebührenpflichtigen Rundfunkteilnehmer (zunächst 1580), die über einen posteigenen Empfangsapparat (Kristalldetektorgerät mit Kopfhörer und Hochantenne) die Unterhaltungssendungen aus dem Voxhaus verfolgen.

Verglichen mit den Vereinigten Staaten, wo bereits 1922 knapp eine Million Hörer die aus Nachrichten, Wetterberichten, Tanzmusik, Sonntagspredigten, Märchen für Kinder und Preisinformationen bestehenden Programme von rund 200 privaten Sendegesellschaften empfingen, schafft das neue Massenmedium den Durchbruch im Deutschen Reich erst mit einer gewissen zeitlichen Verzögerung. Zwar beantragen die führenden Funkunternehmen Lorenz und Telefunken bereits im Mai 1922 eine Konzession für die Einrichtung und den Betrieb mehrerer Sender. Dieser und ein weiterer Konzessionsantrag stießen jedoch auf wenig Gegenliebe bei den für die Genehmigung zuständigen Behörden. Die Behörden, besonders das Innenministerium, waren und sind darauf bedacht, dem Staat eine weitgehende Kontrolle über das neue Medium zu sichern, dessen publizistische Macht sie hoch veranschlagen. Allerdings hat das Projekt des öffentlichen deutschen Rundfunks in Hans Bredow, Ministerialdirektor im Reichspostministerium, einen Fürsprecher, der ihm schließlich zum Durchbruch verhilft.

Erst nachdem sich die staatlichen Stellen einen gewichtigen Einfluß auf die Programmgesellschaften gesichert haben, kann der öffentliche Unterhaltungsrundfunk im Deutschen Reich eröffnet werden: An der Radiostunde AG ist die Post mit Geschäftsanteilen beteiligt. Dasselbe gilt für die in den folgenden Monaten gegründeten acht regionalen Rundfunkgesellschaften.

»Ablehnung ist kaum möglich«

In einer Stellungnahme des Reichspostministeriums vom 9. Juni 1922 wird die abwägende Haltung der deutschen Behörden gegenüber dem Radio deutlich. Um die Interessen des Deutschen Reichs zu wahren, soll das neue Medium weitgehend unter öffentliche Kontrolle gestellt werden:

»In der Presse – namentlich der des Auslandes – mehren sich neuerdings die Nachrichten über eine ganz ungewöhnliche Ausbreitung einer Abart der drahtlosen Telephonie in Nordamerika in der Form, daß von einer oder mehreren Sendestellen funktelephonisch allgemein interessierende Vorträge, Gesangs- und Musikübertragungen usw. verbreitet und von jedermann, der in der Lage ist, sich die – verhältnismäßig nicht große – Ausgabe für einen einfachen Empfangsapparat zu leisten, in seinem eigenen Heim mitgehört werden ... Die Entwicklung dieser neuen Einrichtung ... greift jetzt auf Europa über und man wird mit ihr auch in Deutschland zu rechnen haben.

Tatsächlich liegen schon Anträge auf Freigabe der drahtlosen Telephonie für ähnliche Zwecke hier vor und die beteiligten Reichsbehörden werden nunmehr Stellung nehmen müssen zu der Frage, ob und unter welchen Vorsichtsmaßnahmen ein derartiger drahtloser Empfangsapparat jedem Interessenten in die Hand gegeben werden soll ...

Nach dem Vorgehen der anderen Länder ... wird eine völlige Ablehnung der ganzen Idee aber kaum möglich sein; man wird sich vielmehr darauf beschränken müssen, die Sache in Deutschland von vornherein so aufzuziehen, daß die Interessen des Reichs gewahrt bleiben ...«

Begeistert wird das neue Medium aufgenommen; nun genießt man das Konzert zu Hause

Auto-Funk hilft bei Pannen auf einsamen Straßen; der Mechaniker in der nächsten Stadt wird angefunkt

Während der Schiffspassage über den Atlantik vertreibt man sich die Zeit mit Rundfunk-Konzerten

»Der Radionist« (Gemälde des deutschen Künstlers Kurt Guenther, 1923)

Eröffnungsprogramm mit klassischer Musik

29. Oktober. Mit der ersten Sendung der Berliner Rundfunkgesellschaft Radiostunde AG (ab 1924: Funkstunde AG) beginnt der öffentliche Rundfunk im Deutschen Reich. Nun kommen auch die Deutschen in den ersehnten Genuß des neuen Mediums, nachdem sich die Genehmigungsbehörden unter maßgeblicher Beteiligung des Staatssekretärs im Reichspostministerium, Hans Bredow, endlich zur Konzessionsvergabe durchgerungen haben.

Aus dem Studio im Berliner Voxhaus sendet die Radiostunde AG folgendes Eröffnungsprogramm:

»1. Cellosolo mit Klavierbegleitung ›Andantino von Kreisler‹, gespielt von Herrn Kapellmeister Otto Urack. Am Klavier Herr Fritz Goldschmidt.

2. Gesangsolo mit Klavierbegleitung ›Arie aus dem Paulus‹, vorgetragen von Herrn Kammersänger Alfred Wilde . . .

3. Violinsolo mit Klavierbegleitung ›Langsamer Satz aus dem Violinkonzert von Tschaikowski‹, gespielt von Herrn Konzertmeister Rudolf Derman . . .

4. Gesangsolo mit Klavierbegleitung ›Arie der Delila aus Samson und Delila‹, gesungen von Frau Ursula Windt. Am Klavier Herr Kapellmeister Otto Urack.

5. Voxplatte: ›Hab Mitleid‹, Zigeunerlied (S. Pawlowicz) . . .

6. Voxplatte: ›Daß nur für dich mein Herz erbebt‹, aus ›Troubadour‹ . . .

7. Klarinettensolo mit Klavierbegleitung ›Larghetto von Mozart‹, vorgetragen von Herrn Alfred Richter vom Deutschen Opernhaus . . .

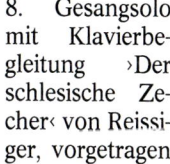

Hans Bredow

8. Gesangsolo mit Klavierbegleitung ›Der schlesische Zecher‹ von Reissiger, vorgetragen von Herrn Kammersänger Adolf Lieban . . .

9. Cellosolo mit Klavierbegleitung ›Träumerei‹ von Schumann, gespielt von Herrn Kapellmeister Otto Urack. Am Klavier Herr Goldschmidt.

10. Gesangsolo mit Klavierbegleitung ›Über Nacht‹ von Hugo Wolf, vorgetragen von Herrn Kammersänger Alfred Wilde.«

Theater 1923:

Theater in der Krise, Skandale um Brecht-Uraufführungen

Am deutschen Theater geht die Wirtschaftskrise des Jahres 1923 nicht spurlos vorüber. Obwohl sie weitgehend von der öffentlichen Hand subventioniert werden, kämpfen viele der rund 150 deutschen Bühnen wegen des starken Publikumsschwunds um ihr wirtschaftliches Überleben. Das angestammte mittelständische Theaterpublikum ist infolge der Inflation verarmt. Zugleich steht das Theater in wachsender Konkurrenz zu den neuen Medien Film und Rundfunk, die dem Unterhaltungsinteresse stärker entgegenkommen.

Daher macht das Wort von der Krise des Theaters die Runde. Insbesondere die großen Berliner Theater stagnieren: »Das Zentrum ist theatralisch Vorstadt geworden«, meint der Theaterkritiker Herbert Ihering.

Selbst einige erfolgreiche Berliner Neuinszenierungen – Heinrich von Kleists »Käthchen von Heilbronn« in der Inszenierung von Jürgen Fehling am Staatlichen Schauspielhaus (1.2.), August Strindbergs »Fräulein Julie« (Kammerspiele, 22.2., Regie Bernhard Reich) mit Elisabeth Bergner in einer ihrer Glanzrollen und Ernst Barlachs »Der arme Vetter« in der Inszenierung Jürgen Fehlings (Staatliches Schauspielhaus, →24.5./S. 87) – können kritische Beobachter nicht über die Krise des etablierten Theaterbetriebs hinwegtäuschen.

Unbefriedigt von dieser Situation versuchen Schauspieler und Regisseure die Initiative zur Erhaltung des künstlerischen Theaters zu ergreifen: Im Sommer und Herbst bestimmen das »Schauspielertheater«, das sich um den Schauspieler Heinrich George gebildet hat, und die von Regisseur Berthold Viertel gegründete »Truppe« maßgeblich das Berliner Theaterleben. Von der Truppe wird u. a. Georg Kaisers »Nebeneinander« uraufgeführt (Lustspielhaus, 3.11.), das auf populäre Wirkung angelegt ist und für Kaiser das Berliner Publikum erobert. Zugleich weist »Nebeneinander« mit Ansätzen des späteren Zeitstücks über den Expressionismus hinaus.

Einen anderen Weg geht der Regisseur Erwin Piscator, der nach der Übernahme der Leitung des Centraltheaters in Berlin versucht, dort eine proletarische Volksbühne zu schaffen. Neue Publikumsschichten, Arbeiter und Jugendliche, sollen für ein politisiertes Theater gewonnen werden. Am 29. September eröffnet Piscator mit Maxim Gorkis »Die Kleinbürger«.

Drei vieldiskutierte Theaterereignisse des Jahres 1923 finden jedoch nicht in Berlin statt. Am 19. September wird die Tragödie »Der deutsche Hinkemann« (späterer Titel »Hinkemann) von Ernst Toller im Alten Theater Leipzig uraufgeführt (Regie Paul Wiecke). Das pazifistische Stück – tragische Hauptfigur ist der durch eine Kriegsverletzung impotente Hinkemann – provoziert wenige Monate später bei der Aufführung im Dresdner Schauspielhaus einen durch nationalistische Gruppen herbeigeführten Skandal. Die beachtliche Wirkung des Stücks resultiert jedoch, so die Meinung der Kritik, eher aus der tragischen Biographie Tollers als aus der dramatischen Substanz seiner Stücke – der auch im Ausland bekannte Autor befindet sich seit 1919 wegen seiner Beteiligung an der Münchner Räteregierung in Festungshaft.

Beide Bertolt-Brecht-Uraufführungen – »Im Dickicht« am →9. Mai (S. 86) im Münchner Residenztheater (Regie Erich Engel) und »Baal« am 8. Dezember im Alten Theater Leipzig (Regie Alwin Kronacher) – lösen heftige Kritik aus und müssen nach wenigen Aufführungen abgesetzt werden. Brechts gegen alle Konventionen rebellierenden Werke – die Hauptfigur des Erstlings »Baal« (entstanden 1918/19) ist ein saufender, fressender, hurender, mordender und schließlich verreckender »Lyriker« – schockieren das bürgerliche Publikum. Mit diesem Stück parodiert Brecht Hanns Johsts »Der Einsame«, ein Erfolgsstück des idealistischen Expressionismus. Nur wenige wie etwa Herbert Ihering erkennen die Bedeutung des jungen Dramatikers: Brecht liefert mit seinem extrem brutalen »schwarzen« Expressionismus den Gegenentwurf zu dem die deutschen Bühnen beherrschenden idealistischen Stil.

Bezeichnenderweise werden weder die Brecht-Stücke noch die anderer Vertreter des »schwarzen« Expressionismus auf den großen Berliner Bühnen gespielt: Leopold Jessner, Intendant des Berliner Staatstheaters, inszeniert Hermann Essigs »Überteufel« mit Agnes Straub in der Hauptrolle nicht am Staatstheater, sondern auf der Jungen Bühne (Uraufführung am 23. 9.). Hans Henny Jahnns »Pastor Ephraim Magnus« wird in der Inszenierung Bertolt Brechts und Arnolt Bronnens am 24. August an der Außenseiterbühne Das Theater uraufgeführt. Der Schriftsteller Alfred Döblin schreibt über die Aufführung: »Das Publikum wurde ergriffen, erfaßte manches. Zischte auch. Die Kritik zischte nur.«

Drama von George Bernard Shaw »Zurück zu Methusalem« (Birmingham Repertory Theatre) erregt Aufsehen

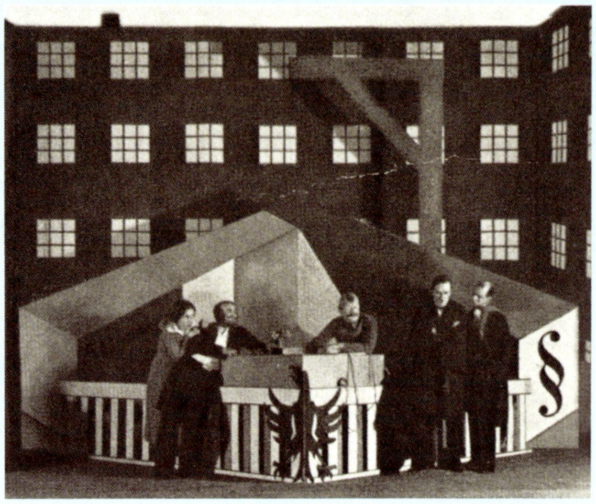

Uraufführung des neuen Bühnenstücks von Georg Kaiser »Nebeneinander« im Theater Die Truppe in Berlin

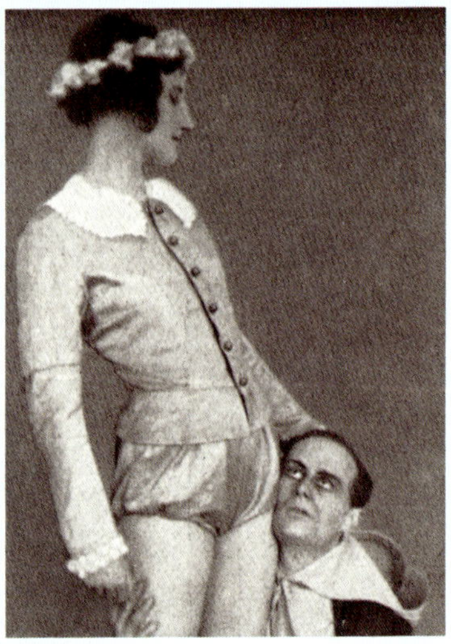

Döblins »Die Nonnen von Kemnade« (Leipziger Uraufführung)

Erfolg für Ernst Tollers »Der deutsche Hinkemann« (Uraufführung)

Im Lustspielhaus »Vom Teufel geholt«

6. Oktober. »Magische Szenen · Klobige Regie« – so kommentiert Premierenkritiker Herbert Ihering die im Berliner Lustspielhaus gezeigte Neuinszenierung von Knut Hamsuns Drama »Vom Teufel geholt«. Regisseur Berthold Viertel versucht, mit der von ihm gegründeten »Truppe«, einer Vereinigung junger Schauspieler, dem stagnierenden Berliner Theaterleben neue Impulse zu geben.
Abseits der großen Bühnen Berlins zeigt sich mit Ernst Weiß' »Olympia« (Uraufführung am 18. 3.), Hans Henny Jahnns »Pastor Ephraim Magnus« (Uraufführung 24. 8.) und Hermann Essigs »Überteufel« (Uraufführung 23.9.) der Trend zum extremen Theater. Hierzu zählt auch das Hamsun-Stück, das die hinter Masken und Konventionen verborgene menschliche Triebwelt aufdeckt. Das »phosphoreszierende Stück« fasziniert sowohl das Publikum als auch die Kritiker.

»Nächtliche Halluzination«

16. Oktober. Arthur Robisons beispielhaft expressionistischer Film »Schatten – Eine nächtliche Halluzination« wird im Theater am Nollendorfplatz (Berlin) uraufgeführt. Fritz Kortner, bekannt durch seine glanzvollen Theaterrollen (u. a. Othello 1921), und Alexander Granach spielen die Hauptrollen.
Ein Schattenspieler (Granach) hypnotisiert eine erotisch knisternde Abendgesellschaft, die aus dem gastgebenden Ehepaar, dem Liebhaber (Gustav von Wangenheim) und drei weiteren Verehrern der Frau (Ruth Weyer) besteht. In einer Art Vision durchleben alle ihre unbewußten Begierden: Rasend vor Eifersucht ermordet der Hausherr (Kortner) seine Frau, als er sie in den Armen ihres Liebhabers antrifft, worauf die vier Kavaliere den Ehemann umbringen. Von der Hypnose befreit, verabschieden sich alle entspannt und freundlich voneinander.
Robison liefert eine raffinierte Verarbeitung psychologischer Fragen und porträtiert zugleich auch das Medium Film, das wie der Schattenspieler »die inneren Seelenkräfte seines Publikums hervorzulocken« sucht (»Weltbühne«).

Szene aus dem Film »Schatten« mit Fritz Kortner (l.) und Fritz Rasp

Bauerntragödie von Murnau verfilmt

23. Oktober. Im Berliner Ufa-Theater am Kurfürstendamm wird »Die Austreibung«, Friedrich Wilhelm Murnaus Verfilmung des gleichnamigen, im bäuerlichen Milieu angesiedelten Bühnenstücks von Carl Hauptmann uraufgeführt. Die Hauptrollen sind mit den Schauspielern Eugen Klöpfer, Lucie Mannheim und Wilhelm Dieterle besetzt. Murnau hat sich bereits in den beiden vorangegangenen Filmen »Marizza« (1921) und »Der brennende Acker« (1922) mit der bäuerlichen Welt auseinandergesetzt. »Die Austreibung« ist eine psychologische Eifersuchtstragödie: Bauer Steyer (Klöpfer) wird von seiner jungen leichtfertigen Frau zum Verkauf seines Hofes und schließlich, weil sie ihn betrügt, zum Mord getrieben. Premierenkritiker Kurt Pinthus lobt zwar die »berückenden Bilder aus Natur und Bauernstuben«, meint jedoch, derartige Themen müßten »im Film zerdehnt, ermüdend wirken«.

Drama von O'Neill auf Berliner Bühne

10. Oktober. Das Deutsche Theater Berlin zeigt »Anna Christie«, ein Schauspiel des US-amerikanischen Dramatikers Eugene O'Neill, als deutsche Erstaufführung (Uraufführung: New York 2. 11. 1921). Fritz Wendhausen führt Regie, Käthe Dorsch spielt die Hauptrolle. In den Vereinigten Staaten wurde »Anna Christie« – die Geschichte einer Hure, die sich zur wahrhaft Liebenden verwandelt – mit viel Beifall aufgenommen. Das Stück wurde im Vorjahr mit dem Pulitzer-Preis ausgezeichnet.

Eugene O'Neill

Allmählich öffnet sich das deutsche Theater der modernen internationalen Literatur. Nicht nur die Berliner O'Neill-Aufführung unterstreicht diese Tendenz: Das Frankfurter Schauspielhaus bringt »Der Tausch« von Paul Claudel auf die Bühne und George Bernard Shaws »Candida« wird im Staatlichen Schauspielhaus Berlin gespielt.

Zweite Zerstörung Karthagos – die Ruinenstadt wird ausgeplündert

Oktober. *Selbst die Ruinen Karthagos (in der Nähe von Tunis) scheinen noch unter dem römischen Verdikt: »Delenda est Carthago« (Karthago muß zerstört werden) zu stehen. Seitdem die Überreste der Stadt, die 146 v. Chr. während des dritten Punischen Kriegs von den Römern zerstört wurde, im Vorjahr von französischen Archäologen freigelegt worden sind, haben das Wetter, vor allem aber aus Tunis kommende Plünderer schweren Schaden in dem ungeschützten Ausgrabungsgebiet angerichtet.*
Ihre historisch-archäologische Bedeutung völlig ignorierend, schlachten tunesische Bauherren die Ruinenstadt wie einen Steinbruch aus. Rund ein Jahr nach den Ausgrabungen bietet die Anlage einen trostlosen Anblick. Die obigen Abbildungen lassen das Ausmaß der zweiten Zerstörung Karthagos erkennen: Links ist das Heiligtum der Tinnit (Hauptgöttin von Karthago) mit zahlreichen Altären und Urnen kurz nach vollendeter Ausgrabung (August 1922) zu sehen. Die rechte Abbildung zeigt dasselbe Heiligtum in seinem derzeitigen Zustand. Die für den Schutz der antiken Stadtanlage bereitgestellten Mittel sind völlig unzureichend. Die französische Gesellschaft Les Amis de Carthago will sich des Problems annehmen.

November 1923

Mo	Di	Mi	Do	Fr	Sa	So
			1	2	3	4
5	6	7	8	9	10	11
12	13	14	15	16	17	18
19	20	21	22	23	24	25
26	27	28	29	30		

1. November, Donnerstag

Nachdem in Sachsen eine neue Regierung gebildet worden ist (Minderheitskabinett unter dem Sozialdemokraten Karl Fellisch), hebt Reichspräsident Friedrich Ebert die Reichsexekutionsverordnung vom 29. Oktober, mit der Rudolf Heinze als Reichskommissar in Sachsen eingesetzt worden war, auf.

Die SPD verlangt für ihren Verbleib in der Regierungskoalition, daß die Reichsregierung den militärischen Ausnahmezustand aufheben, schärfer gegen Bayern vorgehen, die Maßnahmen gegen Sachsen einstellen und für die Entlassung aller Rechtsradikalen aus der Reichswehr sorgen soll.

An der bayerisch-thüringischen Grenze sammeln sich bayrische Kampfverbände. Die Regierung Thüringens zieht daraufhin im Grenzgebiet Landespolizei zusammen.

Der französische Ministerpräsident Raymond Poincaré beschuldigt das Deutsche Reich, die eigene Zahlungsunfähigkeit absichtlich herbeigeführt zu haben.

Ein US-Dollar ist derzeit rund 130 Milliarden Mark wert.

2. November, Freitag

Da Reichskanzler Gustav Stresemann (DVP) die SPD-Forderungen vom Vortag nicht akzeptiert, kommt es zum Bruch der großen Koalition. Die sozialdemokratischen Minister treten zurück. Jedoch bleiben die übrigen bürgerlichen Regierungsmitglieder vorerst als sog. Rumpfkabinett im Amt (→23. 11./S. 184).

Städtische Polizei und Bevölkerung vertreiben in schweren Kämpfen die Separatisten aus Aachen, die am 21. Oktober die Rheinische Republik proklamiert hatten. Nach wenigen Tagen bricht die Herrschaft der Separatisten in der belgischen Zone zusammen. Sie werden von den Belgiern in die französisch besetzte Zone abgeschoben (→12. 11./S. 181).

In seiner Rede in Manchester fordert der britische Premierminister Stanley Baldwin Schutzzölle für Industrieprodukte als Maßnahme gegen die hohe Arbeitslosigkeit. Da jedoch die Konservative Partei, der Baldwin angehört, mit einer Freihandelsgarantie die letzte Parlamentswahl gewonnen hatte, werden Neuwahlen angesetzt (→6. 12./S. 198).

»Peter der Große«, ein Film von Dimitri Buchowetzki, wird in der Alhambra am Berliner Kurfürstendamm uraufgeführt. Emil Jannings spielt die Hauptrolle.

3. November, Sonnabend

General Hans von Seeckt, Chef der Heeresleitung, unterbreitet Reichspräsident Friedrich Ebert seinen Plan eines Reichsdirektoriums, das mit außerordentlichen Vollmachten ausgestattet an die Stelle der Reichsregierung treten soll. Beide stimmen überein, daß Gustav Stresemann als Reichskanzler »nicht mehr möglich« sei.

Die am 22. Oktober in Sachsen eingerückten Reichswehrtruppen besetzen Chemnitz und Zwickau, wobei es zu blutigen Zusammenstößen kommt.

Konrad Adenauer, Oberbürgermeister von Köln, lehnt in einem Interview mit einer Brüsseler Zeitung die Bildung eines rheinischen »Pufferstaates« zwischen dem Deutschen Reich einerseits und Frankreich/Belgien andererseits entschieden ab.

In London wird die Hochzeit des schwedischen Kronprinzen Gustav Adolf mit Lady Louise Mountbatten gefeiert. Der britische König Georg V. mit seiner Frau Victoria Mary und der schwedische König Gustav V. nehmen an den Feierlichkeiten teil. Es ist die zweite Ehe des Kronprinzen. →S. 186

Um den wegen der galoppierenden Inflation riesigen Zahlungsmittelbedarf zu befriedigen, beschäftigt die Reichsbank 124 Druckereien. Die kleinste Banknote, die augenblicklich gedruckt wird, ist der 500-Millionen-Mark-Schein.

Im Lustspielhaus Berlin wird Georg Kaisers Volksstück »Nebeneinander« in der Inszenierung von Berthold Viertel uraufgeführt. Die Aufführung ist ein durchschlagender Erfolg.

Berthold Viertels Filmregie-Debüt, »Nora – Ein Puppenheim«, ebenfalls in Berlin uraufgeführt, findet großen Anklang bei der Kritik – dies besonders wegen der Glanzleistung Olga Tschechowas, die mit der Nora ihre erste große Filmrolle spielt.

4. November, Sonntag

Wegen Putschgefahr werden in Ungarn zahlreiche Mitglieder rechtsradikaler Organisationen (»Erwachendes Ungarn« u. a.) verhaftet.

In Hamburg endet ein deutsch-norwegisches Fußball-Länderspiel 1:0.

5. November, Montag

Reichspräsident Friedrich Ebert und die Reichsregierung erlassen einen Aufruf an das Volk, in dem sie den Einsatz von Machtmitteln gegen jeden Putschversuch androhen. Gleichzeitig stellt Reichswehrminister Otto Geßler die öffentliche Beschimpfung der Reichswehr unter Strafe.

Wie in Sachsen am 22. Oktober, rückt nun auch in Thüringen die Reichswehr ein, wo eine SPD/KPD-Koalition regiert. Wegen der Umsturzpläne der Kommunisten gilt ihre Regierungsbeteiligung als verfassungswidrig.

Wegen der enormen Brotpreiserhöhung kommt es in Berlin zu mehrtägigen Hungerkrawallen und Plünderungen von Bäckerläden, die sich z. T. gezielt gegen jüdische Geschäfte richten.

In Lausanne beginnt der Worowski-Prozeß, den die Öffentlichkeit mit großem Interesse verfolgt. Waclav W. Worowski, Mitglied der sowjetischen Delegation bei der Konferenz von Lausanne, wurde am 10. Mai ebendort ermordet. Hauptangeklagt ist der Rußlandschweizer Moritz Conradi (→16. 11./S. 187).

Nach Berechnungen des Statistischen Reichsamtes ist der Lebenshaltungsindex gegenüber der Vorwoche um 620,5% gestiegen und hat den 98,5fachen Wert der Vorkriegszeit.

Reinhold Schünzels Film »Alles fürs Geld« wird im Berliner Ufa-Theater am Kurfürstendamm uraufgeführt. Regisseur Schünzel spielt selbst neben Emil Jannings, Walter Rilla und Dagny Servaes eine der Rollen.

6. November, Dienstag

Nachdem die Polnische Sozialistische Partei (PPS) am Vortag einen Generalstreik durchgeführt hat, kommt es wegen der Inflation zu blutigen Unruhen in Krakau, Tarnów und Borysław. Gegen die z. T. bewaffnete Bevölkerung wird das Militär eingesetzt.

In den Hamburger Kammerspielen wird Carl Sternheims Drama »Das Fossil« uraufgeführt.

Eine ihrer ersten Filmrollen spielt Marlene Dietrich in Joe Mays Film »Tragödie der Liebe« (Uraufführung in Berlin). Es handelt sich um einen Vierteiler, die beiden ersten Teile hatten am 7. Oktober Premiere. Der Film erntet großen Beifall bei Publikum und Kritik. →S. 189

7. November, Mittwoch

Anläßlich des Jahrestags der Revolution wird in der Sowjetunion eine neue Flagge gehißt, die eine weiße Sonne auf rotem Feld zeigt, in deren Mitte der Sowjetstern mit Hammer und Sichel abgebildet ist.

8. November, Donnerstag

NS-Führer Adolf Hitler verkündet im Münchener Bürgerbräukeller die »nationale Revolution«, erklärt die bayrische und die Reichsregierung für abgesetzt und proklamiert den Marsch auf Berlin. Am folgenden Tag wird der sog. Hitlerputsch von Polizei und Reichswehr an der Feldherrnhalle gewaltsam niedergeschlagen. Hitler wird am 11. November verhaftet. →S. 178

Ein Brot kostet in Berlin 105 Milliarden Mark und ein Liter Vollmilch 26 Milliarden Mark.

9. November, Freitag

Alarmiert durch den Hitlerputsch (8./9. 11.), überträgt Reichspräsident Friedrich Ebert dem Chef der Heeresleitung, General Hans von Seeckt, sowohl die Ausübung der vollziehenden Gewalt (seit 26. 9. beim Reichswehrminister) als auch den militärischen Oberbefehl (verfassungsmäßig beim Reichspräsidenten). Mit diesen umfassenden Vollmachten nimmt Hans von Seeckt eine quasi-diktatorische Stellung ein. →S. 180

Als Reaktion auf den Hitlerputsch (8./9. 11.) verfügt der bayrische Generalstaatskommissar Gustav Ritter von Kahr die sofortige Auflösung und das Verbot der NSDAP und der rechtsradikalen Verbände Oberland und Reichsflagge. Am 11. November wird diese Maßnahme auf die KPD Bayerns ausgedehnt. Auch werden alle sozialdemokratischen und kommunistischen Zeitungen und Zeitschriften verboten. →S. 180

Der französische Botschafter François Marie Pierre de Margerie wird bei Reichskanzler Gustav Stresemann vorstellig, um die Beunruhigung seiner Regierung wegen des Hitlerputsches (8./9. 11.) und der Gefahr einer Rechtsdiktatur im Deutschen Reich zum Ausdruck zu bringen. →S. 180

Erstmals sendet der deutsche Rundfunk politische Nachrichten. Am 29. Oktober nahm der erste öffentliche Sender Radiostunde AG in Berlin den Betrieb auf (→29. 10./S. 170).

10. November, Sonnabend

Der Zollkonflikt zwischen der Schweiz und Frankreich um die Freizone im Genfer Hinterland verschärft sich, als Frankreich die Freizone einseitig aufhebt und seine Zollgrenze vorverlegt. →S. 187

In den USA ist die Verwendung von »elektrischen Volksrednern« (Mikrophon) bei großen politischen Veranstaltungen unter freiem Himmel bereits relativ üblich.

11. November, Sonntag

Der frühere deutsche Kronprinz Wilhelm kehrt aus seinem niederländischen Exil (Doorn) ins Deutsche Reich zurück, wo er sich auf seinem Schloß in Oels niederläßt. →S. 186

In Berlin beginnt ein Buchdruckerstreik (bis 16. 11.), der eine eigene Brisanz wegen der davon betroffenen Banknotenproduktion erhält. General Hans von Seeckt verbietet die Arbeitsniederlegungen in den mit der Herstellung von Banknoten beschäftigten Betrieben.

Der britische Außenminister George Nathaniel Marquess Curzon of Kedlestone verurteilt den Separatismus im Deutschen Reich. Außenminister Lord Curzon teilt mit, die britische Regierung habe Frankreich und Belgien ersucht, die separatistische Bewegung in den besetzten Gebieten nicht weiter zu begünstigen (→12. 11./S. 181).

Der US-Dollar hat einen Stand von rund 631 Milliarden Mark.

12. November, Montag

In Speyer proklamiert Separatistenführer Franz Josef Heinz (Heinz-Orbis) die Pfälzische Republik. →S. 181

Angesichts der drohenden Reichsexekution (Absetzung der Landesregierung) treten die beiden kommunistischen Minister der thüringischen Regierung zurück. Das Minderheitskabinett der Sozialdemokraten folgt ihnen schon am 7. Dezember (→7. 12./S. 197).

Die in Berlin erscheinende »Woche« informiert am 22. November über den Putschversuch von Adolf Hitler in München

Die Woche

Bilder vom Tage

Phot. ABC

Adolf Hitler, der in der Nacht vom 8. zum 9. November die bayrische sowie die Reichs-Regierung für abgesetzt erklärte, mit dem anfänglich zum „Leiter der deutschen Nationalarmee" ernannten General Ludendorff. *Im Oval:* General v. Lossow, der Führer der Reichswehr in Bayern, unter dessen Leitung der Putsch niedergeschlagen wurde

Phot. Sennecke

VOM HITLER-PUTSCH IN MÜNCHEN

(Siehe die Sonderbeilage in dieser Nummer mit Zeichnungen von Felix Schwormstädt)

Reichspräsident Friedrich Ebert ernennt den Bankier Hjalmar Schacht zum Reichswährungskommissar. Schacht soll vor allem auf die Währungskonsolidierung hinarbeiten. Sein Vetorecht gegenüber allen währungsrelevanten Maßnahmen der Minister verschafft ihm einen gewichtigen Einfluß auf die Reichsregierung (→16. 11./S. 182).

13. November, Dienstag

In einer Erklärung distanziert sich die bayrische Regierung vom Hitlerputsch (8./9. 11.), den sie als »Wahnsinnstat« bezeichnet.

Frankreich stimmt zu, die Leistungsfähigkeit des Deutschen Reichs hinsichtlich der Reparationen durch Sachverständige zu überprüfen und deutsche Vertreter zu dieser Frage zu hören (→26. 12./S. 196).

Carl Haensels Stück »Menschen ohne Tragödie« wird am Stadttheater Heidelberg uraufgeführt.

14. November, Mittwoch

Der französische Ministerpräsident Raymond Poincaré entgegnet der britischen Kritik an der separatistischen Bewegung im Deutschen Reich (11. 11.), die französischen Besatzungsbehörden im Ruhr- und Rheingebiet hätten sich durchaus unparteiisch verhalten.

15. November, Donnerstag

Im britischen Unterhaus bringt die oppositionelle Labour Party ein Mißtrauensvotum gegen die Regierung ein, das sie mit der in ihren Augen (besonders in der Reparationsfrage) verfehlten Außenpolitik begründet. Das Mißtrauensvotum wird vom Unterhaus mit 285 gegen 190 Stimmen abgelehnt.

Bei einem Eisenbahnunglück in der Nähe von Cannstatt (Württemberg) sterben zehn Personen.

16. November, Freitag

Die Deutsche Rentenbank beginnt mit der Ausgabe der neuen Rentenmark, für die der Einheitskurs eine Billion Papiermark = eine Rentenmark gilt. Gleichzeitig wird die Notenpresse für die Papiermark stillgelegt. Diese Währungsumstellung leitet die Rückkehr zu stabilen Währungsverhältnissen im Deutschen Reich ein. →S. 182

In der sog. Schlacht am Ägidienberg (Siebengebirge) trägt die rheinische Abwehrfront den entscheidenden Sieg über die Separatistenverbände davon, die sich unter französischem Schutz in den Koblenzer Raum zurückziehen. Wenig später bricht die separatistische Herrschaft am Nieder- und Mittelrhein zusammen (→12. 11./S. 181).

Vor der französischen Kammer gibt Ministerpräsident Raymond Poincaré zu, daß die Ruhrbesetzung bisher mehr gekostet als eingebracht habe.

Der Mordprozeß in Lausanne – der sowjetische Diplomat Waclaw W. Worowski wurde am 10. Mai ebendort ermordet – endet mit Freispruch. Daraufhin bricht die Sowjetunion ihre diplomatischen und Handelsbeziehungen zur Schweiz ab und untersagt sowjetischen Staatsbürgern und Firmen jeden Verkehr mit der Schweiz. →S. 187

US-Präsident Calvin Coolidge will im Kongreß eine 150-Millionen-Dollaranleihe (630 Millionen Rentenmark) für das Deutsche Reich beantragen, die dem Ankauf von Lebensmitteln in den USA dienen soll.

In Berlin wird »The Kid«, der erste abendfüllende Spielfilm, von und mit Charlie Chaplin, gezeigt. Kritiker und Publikum sind gleichermaßen begeistert. →S. 189

17. November, Sonnabend

Die Reichsregierung in Berlin protestiert gegen die Unterstützung der Separatisten im besetzten Ruhr- und Rheingebiet und der Pfalz durch die französische Regierung (→12. 11./S. 181).

18. November, Sonntag

Bei den Bremer Bürgerschaftswahlen verzeichnen die Kommunisten die höchsten Gewinne (18 statt bisher 6 Mandate). Auch die Deutschnationalen gewinnen vier Mandate hinzu (12 statt bisher 8), während die Sozialdemokraten starke Verluste hinnehmen müssen (36 statt bisher 51). Die Wahlen zum Danziger Volkstag zeigen eine vergleichbare Tendenz.

19. November, Montag

Der spanische König Alfons XIII. trifft zu einem Staatsbesuch in Rom ein.

In Budapest werden Béla Bartóks »Tanzsuite« und Zoltan Kodálys »Psalmus hungaricus« mit großem Erfolg uraufgeführt. Der Dirigent ist Ernst von Dohnányi. Die beiden bedeutenden ungarischen Komponisten erringen damit internationalen Ruhm.

20. November, Dienstag

Kommunisten, Sozialdemokraten und Deutschnationale kritisieren während der Reichstagsdebatte die Reichsregierung in schärfstem Ton und fordern den Regierungswechsel. Wegen kommunistischer Tumulte muß die Sitzung vorzeitig geschlossen werden (→23. 11./S. 184).

Nach dem formellen Rücktritt bleibt die österreichische Regierung unter Bundeskanzler Ignaz Seipel unverändert im Amt. Die regierende Christlichsoziale Partei hatte bei den Nationalratswahlen (21. 10.) die Mehrheit gewonnen. Nachfolger des betagten Wiener Bürgermeisters Jakob Reumann wird der ebenfalls der sozialdemokratischen Partei angehörende Karl Seitz (→21. 10./S. 168).

Der Einheitskurs 4,2 Billionen Papiermark = 4,2 Goldmark = 4,2 Rentenmark = ein US-Dollar wird von der Reichsbank für alle deutschen Börsenplätze verbindlich festgelegt und vorerst nicht geändert (→16. 11./S. 182).

21. November, Buß- und Bettag

Die Botschafterkonferenz teilt der Reichsregierung ihren Beschluß mit, die im Versailler Vertrag (1919) vorgesehene Militärkontrolle nach vorübergehender Unterbrechung unverzüglich wiederaufzunehmen.

22. November, Donnerstag

Auf die Reden von Reichskanzler Gustav Stresemann und Reichsfinanzminister Hans Luther reagieren alle nicht an der Minderheitsregierung beteiligten Reichstagsparteien mit heftigen Angriffen. KPD, SPD und DNVP stellen jeweils eigene Mißtrauensanträge gegen die Reichsregierung (→23. 11./S. 184).

23. November, Freitag

Da Reichskanzler Gustav Stresemann es ablehnt, »auf der Hintertreppe abgelehnter Mißtrauensanträge« weiter zu regieren, fordert er vom Reichstag ein Vertrauensvotum, das mit 231 Nein-Stimmen (KPD, SPD, DNVP) gegen 156 Ja-Stimmen (DVP, Zentrum, DDP) abgelehnt wird. Stresemanns sog. Rumpfkabinett ist gestürzt. →S. 184

Als Inhaber der vollziehenden Gewalt erläßt General Hans von Seeckt ein reichsweites Verbot der Kommunistischen Partei Deutschlands, der Nationalsozialistischen Deutschen Arbeiterpartei und der Deutschvölkischen Freiheitspartei sowie aller Organisationen dieser Parteien.

Die Reparationskommission beginnt ihre Beratungen über die deutsche Leistungsfähigkeit. Auch eine deutsche Delegation nimmt teil, die auf das von Frankreich zu verantwortende Elend im Deutschen Reich hinweist. Am 30. November beschließt die Reparationskommission, zwei Sachverständigenausschüsse zu bilden, die das Budget und die Kapitalausfuhr des deutschen Reichs untersuchen sollen (→26. 12./S. 196).

24. November, Sonnabend

Auf allen Kraftpostlinien im Deutschen Reich beträgt der Kilometerfahrpreis 40 Milliarden Papiermark.

25. November, Sonntag

Das am 9. November in Bayern erlassene Verbot sozialdemokratischer Zeitungen und Zeitschriften wird aufgehoben.

In Amsterdam wird ein Fußball-Länderspiel zwischen den Niederlanden und der Schweiz ausgetragen, das die Niederländer 4:1 gewinnen.

26. November, Montag

Adam Stegerwald, Führer der Christlichen Gewerkschaften und Reichstagsabgeordneter für das Zentrum, führt im Auftrag von Reichspräsident Friedrich Ebert Verhandlungen über die Regierungsneubildung. Seine Koalitionsgespräche mit der Deutschnationalen Volkspartei haben keinen Erfolg.

Polen schließt einen Handelsvertrag mit Großbritannien.

27. November, Dienstag

Der Parteiausschuß der SPD lehnt jede politische und organisatorische Vereinbarung mit der KPD ab, weil diese den gewaltsamen Umsturz der republikanischen Verfassung betreibe.

28. November, Mittwoch

Der Vorsitzende der Deutschnationalen Volkspartei, Oskar Hergt, fordert von Reichspräsident Friedrich Ebert die Reichstagsauflösung und Ausschreibung von Neuwahlen. Ohne auf dieses Ansinnen einzugehen, beauftragt Ebert Zentrumsführer Wilhelm Marx mit der Regierungsbildung (→23. 11./S. 184).

Aus verschiedenen europäischen Ländern treffen Lebensmittelspenden für die hungernde deutsche Bevölkerung (besonders der Städte) ein.

29. November, Donnerstag

Im Ufa-Theater am Berliner Kurfürstendamm wird einer der bedeutendsten Filme des Regisseurs Karl Grune uraufgeführt: »Die Straße« mit Eugen Klöpfer und Lucie Höflich als Hauptdarsteller. Die Vorführung ist eine der ersten in Berlin, die ohne Unterbrechung durchgeführt werden kann.

30. November, Freitag

Nach schwierigen Verhandlungen gelingt Zentrumsführer Wilhelm Marx die Bildung einer Regierung der bürgerlichen Mitte, der neben dem Zentrum die DDP und DVP angehören. Die Regierung wird von der Bayerischen Volkspartei und dem Bayerischen Bauernbund toleriert. Wie das am 23. November gestürzte »Rumpfkabinett« Gustav Stresemanns ist auch dieses Kabinett eine Minderheitsregierung (→23. 11./S. 184).

Durch ein Abkommen des Zechenverbands und der Arbeitnehmerverbände im besetzten Ruhrgebiet werden Arbeitszeit und Löhne geregelt. In der Gutehoffnungshütte führt der Generaldirektor Paul Reusch den Zehnstundentag ein (→21. 12./S. 195).

Im Landestheater Karlsruhe wird Leo Weismantels »Der Totentanz 1921«, ein »Spiel vom Leben und Sterben unserer Tage«, uraufgeführt.

Gestorben:

20. Berlin: Rudolf Havenstein (*10. 3. 1857, Meseritz), deutscher Finanzpolitiker.

Geboren:

5. Hannover: Rudolf Augstein, deutscher Journalist und Publizist.

12. Brandenburg an der Havel: Loriot (eigentl. Vicco von Bülow), deutscher Karikaturist, Autor und Schauspieler.

14. Knoppen: Herbert Zand († 14. 7. 1970, Wien), österreichischer Autor.

20. Springs/Südafrika: Nadine Gordimer, südafrikanische Schriftstellerin.

Das Wetter im Monat November

Station	Mittlere Lufttemperatur (°C)	Niederschlag (mm)	Sonnenscheindauer (Std.)
Aachen	3,2 (6,0)	78 (67)	— (62)
Berlin	3,6 (3,9)	21 (46)	— (50)
Bremen	3,7 (5,3)	26 (60)	— (50)
München	3,5 (3,0)	82 (53)	— (54)
Wien	— (4,5)	— (53)	— (—)
Zürich	3,8 (3,3)	117 (72)	57 (51)

( ) Langjähriger Mittelwert für diesen Monat
– Wert nicht ermittelt

Auf einen eleganten Modewinter weist das Titelblatt der französischen Zeitschrift »La vie parisienne« vom 24. November hin

Lanzenträger auf dem Odeonsplatz treiben NS-Marschkolonne auseinander

Nationalsozialistische Aufrührer verhaften kommunistische Stadtverordnete

Putsch in München – die Nationalsozialisten »schlagen los«

8./9. November. Im Münchener Bürgerbräukeller, wo sich die staatliche und nationalbürgerliche Prominenz der Stadt anläßlich einer Rede des Generalstaatskommissars Gustav Ritter von Kahr eingefunden hat, verkündet NSDAP-Führer Adolf Hitler die »nationale Revolution«, erklärt die bayrische Regierung sowie die Reichsregierung für abgesetzt und ruft zum Marsch nach Berlin auf. Da sich Kahr, General Otto von Lossow (bayrischer Reichswehrkommandeur) sowie Hans Ritter von Seisser (Landespolizeichef) gegen Hitler stellen, scheitert der Putsch am folgenden Tag.

Die gegen das Reich gerichteten Putschpläne der nationalbürgerlichen Kreise um Kahr und Lossow waren ins Stocken geraten. Hans von Seeckt, Chef der Reichswehr, hatte sich in seinem Brief an Kahr (5. 11.) zwar zu den gleichen Zielen bekannt, sich jedoch die Entscheidung über »Weg und Zeitmaß« des Vorgehens vorbehalten. Daraufhin beschloß Hitler am 6. November den Putsch auf eigene Faust durchzuführen. Für den gewaltsamen Umsturz standen insgesamt 4000 Mann der im Deutschen Kampfbund vereinten nationalrevolutionären Gruppen (NSDAP, SA, Bund Oberland und Bund Reichsflagge) in der Landeshauptstadt bereit.

Während des Handsteichs im Bürgerbräukeller sagen Kahr, Lossow und Seisser ihre Unterstützung zu. Noch in derselben Nacht nimmt das bayrische Triumvirat jedoch von den »abgepreßten Erklärungen« Abstand und mobilisiert Reichswehr- und Landespolizeiverbände gegen Hitlers Gefolgsleute.

Um die Situation doch noch zu ihren Gunsten zu wenden, organisieren Hitler und General Erich Ludendorff am 9. November einen Demonstrationszug durch München. Auf der Höhe der Feldherrnhalle kommt es zu einem Zusammenstoß mit der Polizei, bei dem vier Polizisten und 16 Aufrührer getötet werden. Ludendorff wird verhaftet. Hitler wird am → 11. November (S. 180) gefaßt. Das Reich reagiert mit drastischen Maßnahmen auf den Putsch (→ 9. 11./S. 180).

Hitler: »Niemand darf den Saal verlassen.«

8. November. Mit seinen bewaffneten Anhängern stürmt Adolf Hitler, Führer der NSDAP den Münchener Bürgerbräukeller, wo anläßlich einer Rede des Generalstaatskommissars Gustav Ritter von Kahr die gesamte politische Prominenz Münchens versammelt ist. Mit folgender Ansprache tritt Adolf Hitler vor das überrumpelte Publikum:

»Die nationale Revolution ist ausgebrochen. Der Saal ist von 600 Schwerbewaffneten besetzt. Niemand darf den Saal verlassen. Wenn nicht sofort Ruhe ist, werde ich ein Maschinengewehr auf die Galerie stellen lassen. Die bayrische Regierung ist abgesetzt. Eine provisorische Reichsregierung wird gebildet. Die Kasernen der Reichswehr und der Landespolizei sind besetzt, Reichswehr und Landespolizei rücken bereits unter den Hakenkreuzfahnen heran.«

Die letzteren Behauptungen, die sich später als Bluff herausstellen, beeindrucken das Publikum. Wenig später sagt Hitler in einer weiteren Ansprache u. a.:

»Bis zum Ende der Abrechnung mit den Verbrechern, die heute Deutschland tief zugrunde richten [Reichsregierung], übernehme die Leitung der provisorischen nationalen Regierung ich.«

Nationalsozialist Adolf Hitler

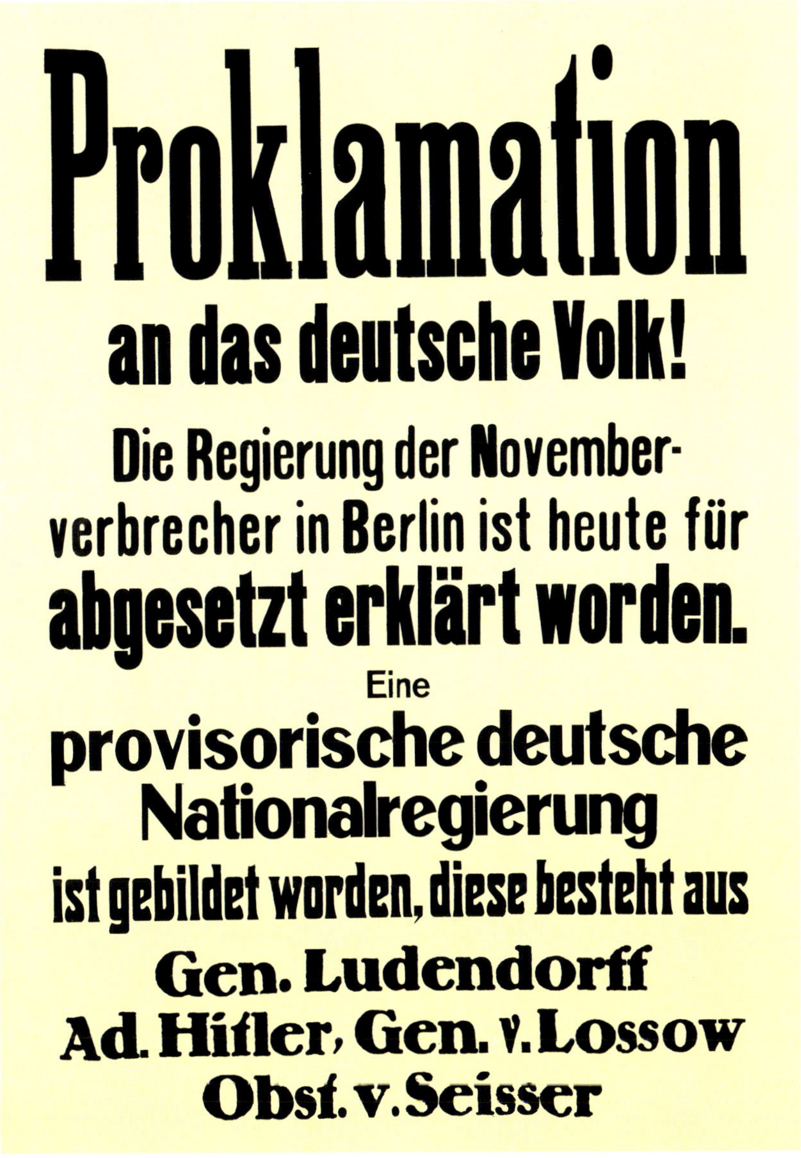
Proklamation
an das deutsche Volk!
Die Regierung der November-
verbrecher in Berlin ist heute für
abgesetzt erklärt worden.
Eine
provisorische deutsche
Nationalregierung
ist gebildet worden, diese besteht aus
Gen. Ludendorff
Ad. Hitler, Gen. v. Lossow
Obst. v. Seisser

△ Mit einer Kriegsflagge des alten Kaiserreichs fahren SA-Männer des »Stoßtrupp Hitler München« zu ihrem Einsatzort; die Einheiten der am Hitlerputsch in München beteiligten Organisationen (NSDAP, SA, Bund Oberland, Bund Reichsflagge) besetzen nur wenige der strategisch wichtigen Gebäude in der bayrischen Landeshauptstadt (nicht einmal der Bahnhof wird besetzt), u. a. weil General Erich Ludendorff grundsätzlich jedes Blutvergießen zu vermeiden sucht

◁ Proklamation vom Hitlerputsch in München (8./9. 11); während General Erich Ludendorff den Putsch unterstützt, ziehen sich der bayrische Reichswehrkommandeur Otto von Lossow und Landespolizeichef Hans Ritter von Seisser (wie auch Generalstaatskommissar Gustav Ritter von Kahr) im letzten Augenblick von der Aktion zurück und alarmieren Reichswehr und Polizei

Der Ausbruch und das Scheitern der »nationalen Revolution«

8./9. November. Als NSDAP-Führer Adolf Hitler im Münchener Bürgerbräukeller die »nationale Revolution« verkündet, beginnen sich die Ereignisse zu überschlagen. Den Verlauf des Hitlerputsches (→8./9. 11./S. 178) dokumentiert der folgende Stundenbericht:

20.00 Uhr (8. 11): Im Münchener Bürgerbräukeller beginnt die von den Vaterländischen Verbänden vorbereitete Veranstaltung. Vor versammelter politischer Prominenz Münchens hält Generalstaatskommissar Gustav Ritter von Kahr eine programmatische Rede.

20.45 Uhr. Überfallartig dringt Hitler mit seinen bewaffneten Anhängern in den Saal ein. Er verkündet die »nationale Revolution« und erklärt die bayrische und die Reichsregierung für abgesetzt.

22.30 Uhr: Unter dem Einfluß des inzwischen eingetroffenen Generals Erich Ludendorff haben Generalstaatskommissar Gustav Ritter von Kahr, Reichswehrbefehlshaber Otto von Lossow und Landespolizeichef Hans Ritter von Seisser Hitler (aus taktischen Gründen) ihre Unterstützung zugesagt, worauf sie von Ludendorff aus dem Saal entlassen werden.

22.45 Uhr: Lossow trifft in der Stadtkommandantur ein. Nach verschiedenen Besprechungen fassen Lossow, Kahr und Seisser den Beschluß, sich gegen den Hitlerputsch zu stellen.

23.00 Uhr: Bayreuth empfängt den Funkspruch: »Sämtliche bayrischen Reichswehrtruppen sofort nach München!« Seit 22.30 Uhr wird die siebte Reichswehrdivision auf Befehl von Stadtkommandant Jakob Ritter von Danner alarmiert.

23.30 Uhr: Reichskanzler Gustav Stresemann erhält die erste Nachricht über die Vorgänge in Bayern. Ergebnis der Krisensitzung des Reichskabinetts: Reichspräsident Friedrich Ebert überträgt dem Chef der Heeresleitung, General Hans von Seeckt, den militärischen Oberbefehl über die Wehrmacht und die vollziehende Gewalt.

2.50 Uhr (9. 11.): Die Heeresfunkstelle München setzt folgenden Funkspruch ab: »Generalstaatskommissar v. Kahr, General v. Lossow, Oberst v. Seisser lehnen Hitler-Putsch ab. Mit Waffengewalt erpreßte Stellungnahme in Bürgerbräukeller-Versammlung ungültig. Vorsicht gegen Mißbrauch obiger Namen geboten.«

5.30 Uhr: Funkspruch aus München: »Kasernen und wichtigste Gebäude sind fest in der Hand der Reichswehr und der Landespolizei. Verstärkungen im Anmarsch, Stadt ruhig, gez. v. Lossow.«

12.00 Uhr: Rund 2000 Putschisten beginnen ihre Demonstration durch die Münchener Innenstadt, die bei der Feldherrnhalle von der Polizei aufgehalten wird. Ludendorff wird verhaftet, Hitler flieht (→11. 11./S. 180). Die »nationale Revolution« ist zu Ende.

Der Hitlerputsch und seine Konsequenzen

9. November. Sowohl die Reichsregierung als auch die bayrische Regierung ergreifen – als Reaktion auf den Hitlerputsch vom →8./9. November (S. 178) – weitreichende Maßnahmen zur Aufrechterhaltung der inneren Sicherheit und öffentlichen Ordnung.

Nach der mitternächtlichen Krisensitzung der Reichsregierung, die sofort nach Eintreffen der ersten Putschmeldung aus Bayern (Reichskanzler Gustav Stresemann wurde am 8. 11. um 23.30 Uhr informiert) einberufen wurde, überträgt Reichspräsident Friedrich Ebert dem Chef der Heeresleitung, Hans von Seeckt, den Oberbefehl über Reichsheer und Reichsmarine. Durch dieselbe Verordnung, die noch auf den 8. November datiert ist, wird Seeckt mit der Ausübung der vollziehenden Gewalt betraut (seit Verhängung des Ausnahmezustands am 26. 9. in der Hand von Reichswehrminister Otto Geßler).

Vorübergehend erhält Seeckt zum Schutze der öffentlichen Sicherheit und Ordnung gleichsam unbeschränkte Befugnisse und nimmt damit eine quasi-diktatorische Stellung ein. Die Wehrmacht des Reiches untersteht seiner vollen Kommandogewalt, und aufgrund der obersten Zivilgewalt kann Seeckt Versammlungen und Vereinigungen auflösen und Druckerzeugnisse verbieten. Bereits am 9. November kündigt Seeckt den entschlossenen Kampf der Reichswehr gegen »Eingriffe Unberufener in die Ordnung des Reiches und der Länder« an (Aufruf an die Reichswehr).

Scharf verurteilt Reichspräsident Friedrich Ebert in einem Aufruf vom 9. November den Hitlerputsch. Die Münchener »Putschbeschlüsse« seien »null und nichtig«. Unterstützung dieser Bewegung bedeute Hoch- und Landesverrat. Ebert betont, der Hitlerputsch bringe das Deutsche Reich »in die Gefahr eines feindlichen Einmarsches« und bedeute eine Gefährdung des wirtschaftlichen Wiederaufbaus.

Auch die bayrische Regierung ergreift nach dem Zusammenbruch der Aufruhrbewegung einschneidende Maßnahmen zur Wiederherstellung und Wahrung der öffentlichen Ordnung. Noch am 9. November verfügt Generalstaatskommissar Gustav Ritter von Kahr die Auflösung und das Verbot der NSDAP sowie der Bünde Oberland und Reichsflagge. Das Vermögen der drei am Putsch beteiligten Organisationen wird zugunsten des Staates eingezogen. Die Führer der Bewegung – u. a. Adolf Hitler (→11.11./S. 180), Wilhelm Frick, Ernst Röhm – werden festgenommen.

Generaloberst Hans von Seeckt

Hans von Seeckt wurde am 22. April 1866 in Schleswig geboren. Nach dem Weltkrieg, an dem er als Generalstabsoffizier teilnahm, wurde Seeckt 1920 als Nachfolger von General Walther Reinhardt Chef der Heeresleitung der Reichswehr. In dieser Funktion verfolgt General Seeckt das Ziel, die Reichswehr als Machtinstrument zu einem »Staat im Staat« zu entwickeln. Seeckt lehnt eine Integration der monarchistisch geprägten, reaktionären Truppe in die Struktur der Weimarer Republik ab.

Adolf Hitler, der Führer der Nationalsozialisten, wird in Uffing verhaftet

Adolf Hitler wird am Staffelsee verhaftet

11. November. Zwei Tage nachdem der Hitlerputsch in München scheiterte (→8./9. 11./S. 178), wird NSDAP-Führer Adolf Hitler in seinem Versteck (Uffing am Staffelsee) verhaftet und in die Haftanstalt Landsberg am Lech gebracht. Als die Polizei am 9. November bei der Feldherrnhalle auf den Demonstrationszug der Aufrührer schoß, entstand ein derartiges Durcheinander, daß Hitler die Flucht in einem Sanitätsauto gelang.

Der Führer der Nationalsozialisten

Adolf Hitler, geboren am 20. April 1889 in Braunau/Österreich, lebte seit 1907 in Wien, ab 1913 in München. Nach seiner Teilnahme am Weltkrieg trat Hitler in die Deutsche Arbeiterpartei ein (1919). 1921 wurde er Vorsitzender der zur NSDAP umgewandelten Partei, die am →27. Januar 1923 (S. 21) ihren ersten Reichsparteitag abhielt.

Über die Verhaftung Hitlers im Hause seines Gönners Ernst Franz Hanfstaengl wird amtlich folgendermaßen berichtet:

»Im Zimmer stand in weißem Schlafanzug Hitler ... [und] starrte ihn [Führer des Verhaftungs-Kommandos] ganz geistesabwesend an; auf die Ankündigung, daß er gekommen sei, ihn zu verhaften, streckte Hitler ihm die Hand entgegen und erklärte, ihm zur Verfügung zu stehen.«

Rom: Einmischung ist unangebracht

9. November. Aus italienischen Regierungskreisen verlautet, man müsse nach dem Hitlerputsch (→8./9. 11./S. 178) die weitere Entwicklung der Dinge abwarten, eine Einmischung wird als nicht angebracht angesehen. Jedoch sei man sich mit den anderen Alliierten einig, daß bei einer entfernten Bedrohung des Versailler Vertrags von 1919 das Deutsche Reich zur Ordnung gerufen und zur Erfüllung seiner Reparationsverpflichtungen gezwungen werden müsse.

Die italienische Presse, die zunächst mit einem Erfolg des Hitlerputsches rechnet, kommentiert den »bayerischen Umsturz« mit einem gewissen Wohlwollen. Vielfach kommt die Überzeugung zum Ausdruck, daß die »bayrische Bewegung« das Deutsche Reich seiner Stärkung entgegenführen werde.

Frankreich warnt vor Rechtsdiktatur

9. November. Unmittelbar nachdem der Hitlerputsch niedergeschlagen worden ist, erscheint der französische Botschafter in Berlin, François Marie Pierre de Margerie, bei Reichskanzler Gustav Stresemann, um auf die Beunruhigung der französischen Regierung hinzuweisen. De Margerie betont, es liege dem französischen Ministerpräsidenten Raymond Poincaré zwar fern, sich in deutsche Verhältnisse einzumischen. Eine deutsche »Rechtsdiktatur« würde jedoch von Frankreich mit sofortigen Gegenmaßregeln beantwortet.

De Margerie

»Paris für Putsch mitverantwortlich«

9. November. Mit Aufmerksamkeit verfolgt London die Nachrichten über den Hitlerputsch in München (→8./9. 11./S. 178). Premierminister Stanley Baldwin äußert sich in einer ersten Stellungnahme dahingehend, daß die britische Regierung bei einem Staatsstreich im Deutschen Reich nicht gleichgültig bleiben könne.

In der britischen Presse wird der Hitlerputsch als eine direkte Folge der französischen »Gewaltpolitik« bezeichnet, die den nationalistischen Kreisen im Deutschen Reich den gewünschten Agitationsstoff geliefert habe.

Stanley Baldwin

Sieg und Niederlage der deutschen Separatistenbewegung

12. November. Während die Separatistenbewegung in der Pfalz zum Durchbruch kommt – in Speyer wird die Pfälzische Republik proklamiert –, bahnt sich bereits das Ende der separatistischen Rheinischen Republik an, die am →21. Oktober (S. 164) ausgerufen wurde. Wenige Tage nach der Machtergreifung der pfälzischen Separatisten erleiden ihre rheinischen Gesinnungsgenossen in der »Schlacht am Ägidienberg« (16. 11.) die entscheidende Niederlage.

Wie zuvor die rheinischen Separatistenführer Joseph Friedrich Matthes und Hans Adam Dorten, nehmen auch die Putschisten in der Pfalz die Regierungsgewalt für sich in Anspruch. An die Spitze der »Regierung der Autonomen Pfalz« mit Sitz in Speyer tritt Separatistenführer Franz Josef Heinz aus Orbis (genannt Heinz-Orbis). Matthes, Dorten und Heinz-Orbis genießen die Protektion der französischen Besatzungsmacht, so des Oberbefehlshabers im Ruhrgebiet Jean Marie Degoutte, des Präsidenten der Rheinlandkommission Paul Tirard und des Militärbefehlshabers in der Pfalz Adalbert François Alexandre de Metz.

Die »Los-von-Berlin«-Bewegungen im Rheinland und in der Pfalz werden von den Franzosen in der Hoffnung unterstützt, auf diese Weise doch noch ihre im Jahre 1919 am britischen und US-amerikanischen Widerstand gescheiterten »Pufferstaat«-Pläne verwirklichen zu können. Franzosen und deutsche Separatisten sind sich einig, daß der angestrebte, vom Deutschen Reich unabhängige Rheinstaat unter französischer Herrschaft zu stehen hat.

An den Gegenmaßnahmen der Reichsregierung – seit der vom Reichsfinanzministerium am 31. Oktober verfügten Zahlungssperre u. a. für Erwerbslosenunterstützungen leiden die Rheinland-Separatisten unter empfindlichem Geldmangel – und der feindlichen Einstellung eines Großteils der Bevölkerung scheitert die dauerhafte Etablierung der Separatistenherrschaft.

Bereits am 2. November wurden die Separatisten in schweren Kämpfen von der Bevölkerung und der städtischen Polizei aus Aachen vertrieben. Diesen Sieg der Abwehrbewegung ermöglichte die veränderte Haltung der belgischen Besatzungsmacht: Auf britischen Druck hin gaben die Belgier Anfang November ihre Unterstützung der Separatisten auf, so daß diese in französisch besetzte Gebiete ausweichen mußten.

In der »Schlacht am Ägidienberg« (Siebengebirge) erringt die Abwehrfront (durch spontanen Zulauf auf rund 5000 Mann angewachsen) den entscheidenden Sieg über die Separatistenverbände, die sich in den Koblenzer Raum zurückziehen.

Während damit die Separatistenmacht am Nieder- und Mittelrhein gebrochen ist, kann sich die Pfälzische Republik noch bis in das Jahr 1924 hinein halten, obwohl sie von der Bevölkerung abgelehnt wird. Vertreter der pfälzischen Bevölkerung veröffentlichen am 28. November folgende Erklärung:

»Die Bevölkerung der Pfalz ist sich einig in dem Willen, jede staatsrechtliche Änderung in dem historisch gewordenen Verhältnis der Pfalz zu Bayern und dem Reich mit allen zu Gebote stehenden Mitteln zu bekämpfen. Frankreich kann die Pfalz wohl durch landfremde gekaufte Elemente vom Reich und von Bayern zeitweilig lösen; niemals aber wird ein solches Staatsgebilde von der Gesamtbevölkerung als rechtmäßig anerkannt werden.«

Pfälzische Republik proklamiert

»Beginnend am 5. November in Kaiserslautern und folgend in den Städten Neustadt, Landau, Kirchbodenheim, Bergzabern, Germersheim sowie Herxheim, Hochspeyer und in vielen anderen Landgemeinden hat die Regierung der autonomen Pfalz die Pfälzische Republik im Verbande der Rheinischen Republik ausgerufen.

Nachdem diese Regierung seit dem 11. November 1923 in dem Regierungsgebäude in Speyer ihren Sitz hat, ist die Pfälzische Republik von nun an [12. 11.] für die ganze Pfalz proklamiert . . .

Die Regierung der Autonomen Pfalz.«

Einheit der Separatistentruppe »Rheinische Miliz« im Einsatz (Krefeld); die Miliz hat einen denkbar schlechten Ruf bei der Bevölkerung des Rheinlands

Das Rheinland unter der Separatistenherrschaft; Schadowstraße in Düsseldorf mit wegen der zahlreichen Plünderungen verbarrikadierten Schaufenstern

»Soldaten« der »Rheinischen Miliz« spielen im Rathaus von Düren Karten

Separatistenführer Leo Deckers (r.) vor dem Aachener Hauptquartier

Rathaus von Aachen nach Auseinandersetzungen mit Separatistenmiliz

Währungsstabilisierung durch »Wunder der Rentenmark«

16. November. Auf dem Höhepunkt der Herbstkrise 1923 beginnt mit der Ausgabe der neuen Rentenbanknoten die Währungsreform zur Überwindung der Inflation. Obwohl die innenpolitischen Verhältnisse wegen des Hitlerputsches (→ 8./9. 11./S. 178) und der Regierungskrise (→ 23. 11./S. 184) äußerst angespannt sind, verläuft die Währungsumstellung planmäßig. Mit der Reform wird die Rückkehr zu stabilen Währungsverhältnissen im Deutschen Reich eingeleitet (»Wunder der Rentenmark«).

Bereits am 15. Oktober wurde mit der Verordnung über die Errichtung der Deutschen Rentenbank die Grundlage für die Währungsreform geschaffen. Die Verordnung sieht folgendes Währungssystem vor: Zur Deckung des Kapitals der neu zu gründenden Rentenbank (32 Milliarden Rentenmark) werden Industrie, Gewerbe und Handel mit einer Grundschuld (Hypothek) in Höhe von insgesamt 32 Milliarden Goldmark belastet, die der Rentenbank zu übergeben sind. Diese darf als Höchstbetrag 24 Milliarden Rentenmark in Banknoten ausgeben.

Hjalmar Schacht

Die Rentenmark ist eine Übergangslösung zur Überwindung der Inflation. Reichsfinanzminister Hans Luther macht in seiner Reichstagsrede vom 22. November deutlich, daß es währungspolitisch »nur eine wirklich gute Lösung« gebe, nämlich zu einer Währung mit Golddeckung zurückzukehren, was auch angestrebt wird.

Die neue Währung wird zum zwangsweise festgelegten Kurs eine Rentenmark gleich eine Billion Papiermark abgegeben (Papiermark ist die Bezeichnung für die entwertete und schließlich rapide absinkende Mark des Deutschen Reichs in den Inflationsjahren 1919–1923 im Gegensatz zur nunmehr Goldmark genannten Werteinheit der Vorkriegszeit). Neben den Rentenbanknoten bleiben die Papiermarknoten (zum Einheitskurs) im Umlauf.

Von nun ab gilt folgende Parität: 4,2 Billionen Papiermark = 4,2 Goldmark = 4,2 Rentenmark = 1,0 US-Dollar. Da die Rentenmark auf Goldmark-Basis gedeckt ist und die Goldmark der Rentenmark (wie in der Vorkriegszeit der Mark) als Werteinheit entspricht, wird seit der Reform die Währungsbezeichnung Goldmark verwendet.

Hauptverantwortlich für die Währungsreform sind Reichsfinanzminister Hans Luther (seit 6. 10.) sowie Bankier Hjalmar Schacht als Reichskommissar für Währungsangelegenheiten (seit 12. 11.) und Reichsbankpräsident (ab 22. 12.). Luther ist es in kurzer Zeit gelungen, die Maßnahmen für das dringend notwendige Sanierungswerk zum Abschluß zu bringen. Trotz großer Schwierigkeiten bei der Geldverknappung, die unmittelbar nach der Einführung der Rentenmark einsetzt, hält Schacht daran fest, den Geldumlauf nicht weiter zu vermehren. Gleichzeitig mit der Ausgabe der Rentenmark wird die Notenpresse für die Papiermark stillgelegt.

Entscheidend für das »Wunder der Rentenmark« ist jedoch das Verhalten der Bevölkerung und der Regierung. Das Volk, des Zahlenzaubers der Inflation höchst überdrüssig, erkennt die neue Währung, die ja durch ungeheure Sachwerte gedeckt zu sein scheint, an. Nur finanzpolitisch Versierte durchschauen, daß die Deckung der Rentenmark eigentlich keine Sicherheit für die Währungsstabilität ist. Auch die kleinen Zahlenwerte auf den neuen Banknoten mögen dazu beitragen, daß die Bevölkerung der Erklärung glaubt, das neue Geld sei wertbeständig.

Ebenfalls von großer Bedeutung für das Gelingen der Währungsstabilisierung ist die Beendigung der öffentlichen Schuldenwirtschaft. Reichsfinanzminister Luther formuliert treffend, die öffentliche Hand und die Wirtschaft müßten mit einem Schlag von »der süßen Gewohnheit der Inflation« ablassen und die Vorstellung aufgeben, der Staat könne jederzeit mit der Notenpresse Geldmittel bereitstellen.

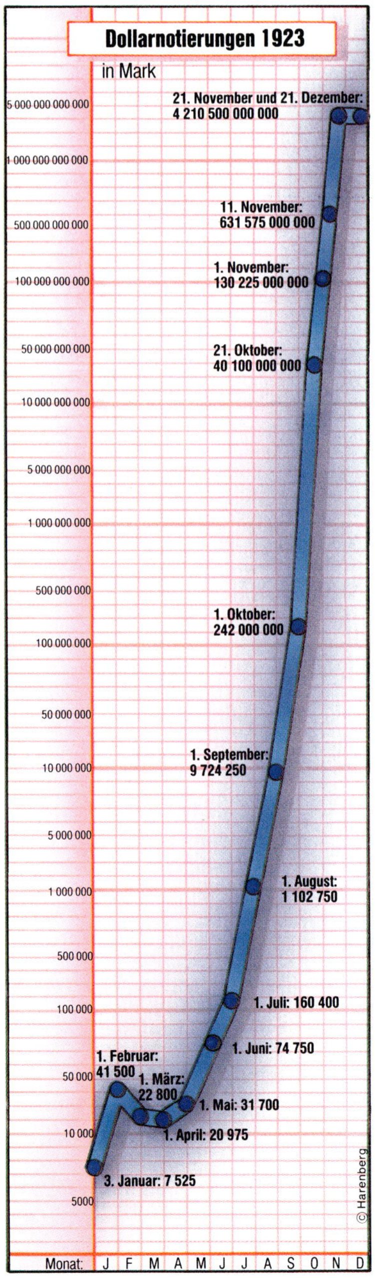

Am Lohnzahltag werden die Papiergeldmassen körbeweise von den Banken abtransportiert; ein gewohnter Anblick auf dem Höhepunkt der Inflation

Banknotenbündel als Spielzeug; es sind Scheine mit wertlosen Beträgen

Jede der 50-Millionen-Mark-Noten im Stapel ist ein Drittel Pfennig wert

Notgeld auf Goldmark-Basis; 0,42 Goldmark des Freistaates Preußen mit US-Dollarangabe, Banknote vom 3. November 1923

Von der Papiermark zur Rentenmark

16. November. Auf dem Höhepunkt der Inflation zirkuliert im Deutschen Reich eine wahre Flut an Papiergeld. In den Monaten August, September und Oktober 1923 wurde die Ausgabe von Papiergeld jeweils verzehnfacht.

Hinter den astronomischen Beträgen auf den Banknoten stehen jedoch keine Werte. Erst mit der Ausgabe der Rentenmark am 16. November (einen Tag später als angekündigt) wird der Geldwert wieder auf die Goldmark-Basis zurückgeführt. Damit beginnt im Deutschen Reich die Rückkehr zu stabilen Währungsverhältnissen.

Obwohl die Reichsbank vor der Währungsreform laufend neue Banknoten mit immer höheren Beträgen in Umlauf setzte, konnte sie den immensen Zahlungsmittelbedarf im Deutschen Reich nicht dekken. Deshalb gaben Länder, Kommunen, die Reichsbahn und große Privatunternehmen Notgeld aus.

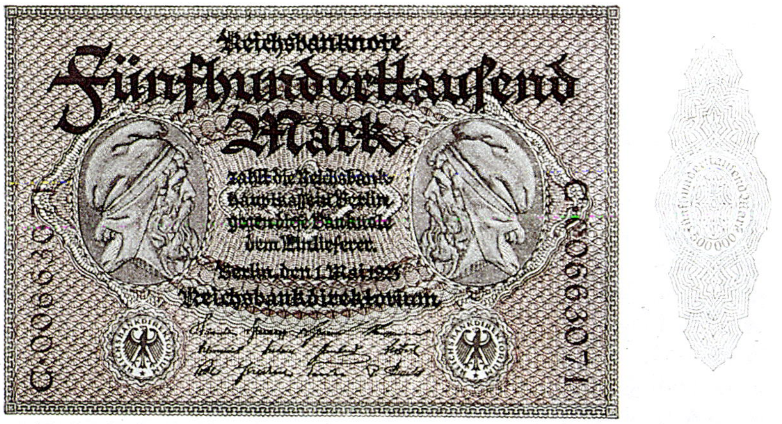

Diese Reichsbanknote im Wert von 500 000 Mark ist im Herbst 1923, als der Zahlenzauber der Inflation seinen Höhepunkt erreicht, nahezu wertlos

Wie die Länder und Kommunen gibt auch die Reichsbahn Notgeld aus; Gutschein im Wert von zehn Billionen (10 000 000 000 000) Mark, Oktober 1923

Von der Stadt Frankfurt am Main ausgegebenes Notgeld; auf den Betrag 5000 Millionen (fünf Milliarden) Mark lautender Gutschein vom 24. Oktober 1923

Muster einer nicht mehr ausgegebenen Reichsbanknote im Wert von 500 Milliarden Mark; mit der Währungsreform wird die Papiermarkpresse stillgelegt

Kanzler Stresemann gestürzt – Regierung Marx gebildet

23. November. Die Reichstagsmehrheit lehnt den Vertrauensantrag der Regierungsparteien ab. Das Kabinett Gustav Stresemann ist damit gestürzt. Am 30. November bildet Wilhelm Marx eine neue Regierung.

Mit dem Sturz von Reichskanzler Stresemann war zu rechnen gewesen, seit die SPD am 3. November unter dem Druck ihres linken Flügels die große Koalition (seit 13. 8.) verlassen hatte. Das übriggebliebene »Rumpfkabinett«, getragen von Stresemanns Deutscher Volkspartei (DVP), dem Zentrum und der Deutschen Demokratischen Partei (DDP), wurde durch den Bruch der großen Koalition eine Minderheitsregierung.

Der neue Reichskanzler Wilhelm Marx (Zentrum) tritt am 30. November an die Spitze einer Minderheitsregierung

Nach 100 Tagen Regierungszeit gestürzt; Gustav Stresemann bleibt der Politik als Außenminister erhalten

Durch den nun gestellten Vertrauensantrag kommt Stresemann der Abstimmung über die drei Mißtrauensanträge der KPD, der SPD und der Deutschnationalen Volkspartei (DNVP) zuvor. Zwar hätte bei getrennter Abstimmung die Möglichkeit bestanden, daß die Anträge abgelehnt worden wären. Stresemann will allerdings nicht »auf der Hintertreppe abgelehnter Mißtrauensanträge« weiterregieren. Mit 231 Nein-Stimmen gegen 156 Ja-Stimmen lehnt der Reichstag den Vertrauensantrag für das »Rumpfkabinett« ab. Zusammen mit der KPD und der DNVP führt die SPD den Sturz Stresemanns herbei. Äußerst ungehalten reagiert Reichspräsident Friedrich Ebert (SPD) auf das Verhalten seiner Parteigenossen: »Was euch veranlaßt, den Kanzler zu stürzen, ist in sechs Wochen vergessen; aber die Folgen eurer Dummheit werdet ihr noch zehn Jahre spüren.«

Stresemann hat nach 100 Tagen Regierungsarbeit einige Erfolge vorzuweisen: Die Währungsstabilisierung ist eingeleitet (→ 16. 11./S. 182), die Reparationsfrage steht vor einer Wende (→ 26. 12./S. 196).

Zentrumsführer Wilhelm Marx bildet am 30. November die neue Regierung. Diesem Minderheitskabinett der bürgerlichen Mitte (DDP, Zentrum, DVP, BVP) gehören im wesentlichen die Minister des »Rumpfkabinetts« an: Neben Außenminister Stresemann u. a. Innenminister Karl Jarres (DVP), Finanzminister Hans Luther (parteilos, dann DVP), Reichswehrminister Otto Geßler (DDP), Arbeitsminister Heinrich Brauns (Zentrum). Neu im Kabinett vertreten ist Wirtschaftsminister Eduard Hamm (DDP).

Vom »Rumpfkabinett« zum Kanzlersturz

Das nachfolgende Tagebuch der Regierungskrise gibt die Ereignisse und Umstände, die zum Sturz von Reichskanzler Gustav Stresemann am → 23. November (S. 184) geführt haben, wieder:

3. November: Aus Protest gegen die ungleiche Behandlung von Bayern (→ 20. 10./S. 163) und Sachsen (→ 29. 10./S. 165) treten die SPD-Minister der großen Koalition zurück. Das verbleibende »Rumpfkabinett« verfügt nur noch über eine Minderheit im Reichstag, der am 20. November wieder zusammentreten wird.

4. November: Hans von Seeckt, Chef der Heeresleitung, fordert den Rücktritt Stresemanns.

5. November: Vor dem Kabinett erklärt Stresemann, wegen der »labilen und ungeklärten inneren Lage sei es die Pflicht der gegenwärtigen Regierung, das Ruder in der Hand zu halten«. Gleichzeitig lehnt er den Eintritt der DNVP, die seinen Rücktritt zur Bedingung macht, in die Regierung ab.

8./9. November: NSDAP-Führer Adolf Hitler putscht in München. Zum Schutze der öffentlichen Ordnung und inneren Sicherheit erhält Seeckt den Oberbefehl über die Wehrmacht und wird mit der Ausübung der vollziehenden Gewalt betraut.

16. November: Auf dem Höhepunkt der Herbstkrise leitet das »Rumpfkabinett« die Währungsreform zur Überwindung der Inflation ein. Die Ausgabe der neuen Rentenmark beginnt.

20. November: Der Reichstag tritt nach fünfwöchiger Sitzungspause zusammen. KPD, SPD und DNVP greifen die Regierung scharf an.

23. November: Drei Mißtrauensanträge der KPD, SPD und DNVP liegen dem Reichstag vor. Von den Regierungsparteien wird ein Vertrauensantrag eingebracht, den die Reichstagsmehrheit mit 231 gegen 156 Stimmen ablehnt. Damit ist die Regierung Stresemann gestürzt.

Unentwegte Kanzlerstürzer.

Stresemanns Rede im Reichstag. – Die Opposition hat das Wort. – Die Entscheidung fällt heute.

DN. Berlin, 22. November. (Eig. Drahtb.) Die Rede des Reichskanzlers war auch heute wieder ein rednerischer Erfolg großen Stils. In seinen zweistündigen Ausführungen hat Stresemann noch einmal alle Probleme der letzten Tage eingehend erörtert, sich verteidigt, wo er angegriffen wurde und Rechenschaft abgelegt, wo man sie verlangte und Attacken geritten gegen die äußerste Linke und Rechte, die an den Offensivgeist des Parteiführers erinnerten. Sachlich Neues freilich ist dabei nicht viel zutage gefördert worden. Viel aus seinen Ausführungen ist bereits aus seinen Erklärungen im Zentralvorstand der Deutschen Volkspartei und im Auswärtigen Ausschuß be-

Hauses in der Hand hatte und sie in einem schwachen Augenblick nicht benützte. Heute steht ihm die Ermächtigung des Reichspräsidenten nicht mehr zur Verfügung. Heute heißt es für ihn, ehrenvoll vom Kampfplatze abzutreten, und wenn man die heutigen Ausführungen in ihrer Auswirkung überprüft, so wird man feststellen müssen, daß noch kein Kanzler seinen Platz mit einer gleich großen staatsmännischen Geste verlassen hat wie Stresemann. Mehr als irgend einen seiner Vorgänger steht ihm das Tor zu einer neuen Kanzlerschaft in der Zukunft offen, wenn ein neuer Reichstag die Geschäfte übernimmt, was das Schicksal dem Deutschen

»Düsseldorfer Nachrichten« vom 23. November, dem Tag des Kanzlersturzes

Neu im Kabinett Wilhelm Marx; Wirtschaftsminister Eduard Hamm

Rüstungswettlauf der Hauptmächte

4. November. Italien feiert den fünften Jahrestag des Siegs über Österreich-Ungarn mit einer Militärparade in Rom, an der 300 Maschinen der Luftwaffe teilnehmen. Die Italiener präsentieren der Öffentlichkeit - ebensogern und häufig wie die anderen Hauptmächte - Neuentwicklungen der Waffentechnik. Frankreich zeigt 1923 z. B. ein Wasserflugzeug mit vier übereinander angeordneten Flügelpaaren, die USA stellen einen Panzer, der kurzzeitig im Wasser eingesetzt werden kann, vor.

Die Situation in Europa ist durch einen einsetzenden Rüstungswettlauf gekennzeichnet. Eigene Aufrüstungsschritte werden mit dem Hinweis auf die hohen Militärinvestitionen der anderen Nationen gerechtfertigt.

Überall hohe Rüstungsausgaben

Anteil des Verteidigungshaushalts am Gesamtetat in Prozent*

Frankreich	20,4
Belgien	6,9
Tschechoslowakei	15,9
Rumänien	22,7
Großbritannien	17,6
Italien	13,1
Dänemark	15,4

* Angaben nach einer Statistik des Völkerbundes von 1922

Die faschistische Regierung in Italien beschließt am 24. Januar, der Luftschiffahrt den gleichen Rang einzuräumen wie Landheer und Marine sowie die Luftwaffe der anderer Mächte gleichzustellen. Großbritannien begründet seine Aufrüstung bei der Luftwaffe (→ 9. 3./S. 51; 26. 6./S. 99) mit der französischen Luftrüstung: Nach britischen Quellen stehen 1260 französischen Militärflugzeugen nur 408 britische gegenüber. Die Zahl soll nun bis 1925 auf 624 erhöht werden. Französische Pläne sehen die Ausweitung der eigenen Luftwaffe auf 2180 Flugzeuge bis 1925 vor.

Das Washingtoner Flottenabkommen (→ 14. 7./S. 111) schiebt der Aufrüstung zur See nur bedingt einen Riegel vor. Die in dem Vertrag festgelegten Höchsttonnagen für schwere Schlachtschiffe und Flugzeugträger sind z. B. von Frankreich noch nicht erreicht. Leichtere Seewaffen und U-Boote sind von den Bestimmungen ohnehin ausgenommen.

Neuanschaffung der französischen Luftwaffe; gigantisches Wasserflugzeug, mit vier Flügelpaaren ausgestattet

Die US-Armee verfügt über eine neue Waffe; der Amphibienpanzer ist allerdings technisch noch nicht ausgereift

Französischer Panzer im Gelände; erstmals wurden Panzer (»Tanks«) von den Briten im Weltkrieg eingesetzt

Italienische Luftwaffe präsentiert sich anläßlich des fünften Jahrestags des Siegs über Österreich (4. 11.)

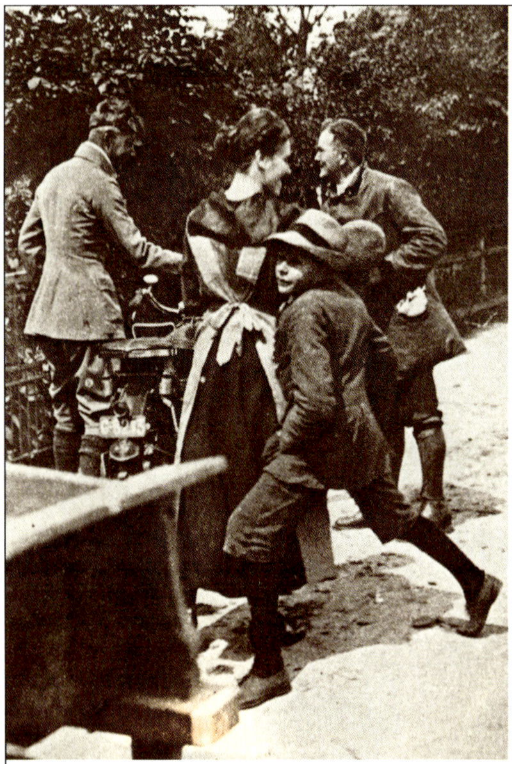

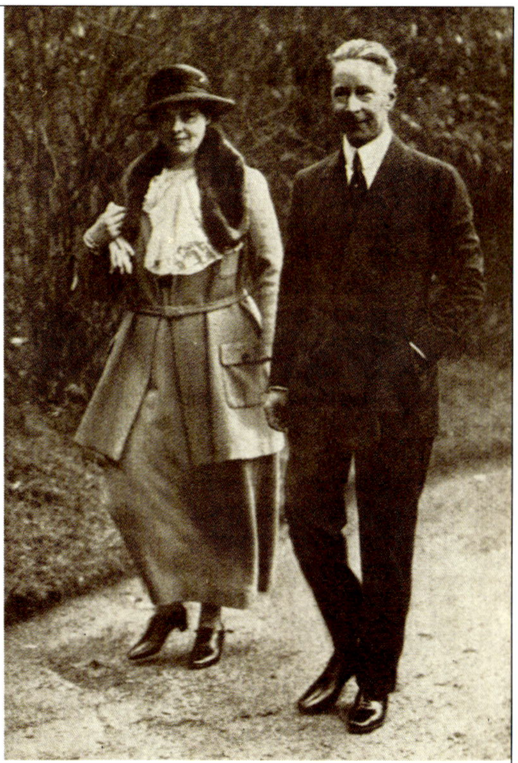

Ehemaliger deutscher Kronprinz Wilhelm kehrt aus dem Exil ins Deutsche Reich zurück

11. November. *Der ehemalige deutsche Kronprinz Wilhelm, ältester Sohn von Ex-Kaiser Wilhelm II., kehrt ins Deutsche Reich zurück. Der Kronprinz nimmt seinen Wohnsitz in seinem Schloß in Oels. Die Abbildung (oben r.) zeigt das Kronprinzenpaar bei einem Spaziergang im Park des Schlosses.*
Der Ex-Kronprinz hatte einige Wochen zuvor bei der Reichsregierung den Antrag gestellt, ins Deutsche Reich zurückkehren zu dürfen. Die Regierung hatte, wie sie der Botschafterkonferenz am 10. November mitteilte, »keinen Grund rechtlicher oder tatsächlicher Art erkennen können, der es gerechtfertigt hätte, diesem deutschen Staatsangehörigen die Heimkehr . . . zu verwehren«.
Der 41jährige Wilhelm hatte am 10. November 1918, einen Tag nach der Abdankung seines Vaters und nach seinem eigenen Verzicht auf den Thron von Preußen und die Kaiserkrone, das Deutsche Reich verlassen und sich seitdem im niederländischen Doorn aufgehalten (Abb. oben l. – mit Motorrad – und oben M.). Am 21. November teilt die Botschafterkonferenz der Reichsregierung mit, das Deutsche Reich werde für alle Verwicklungen und Unruhen, die sich aus der Rückkehr des Ex-Kronprinzen ergeben, verantwortlich gemacht.
Aus den Tagebuchaufzeichnungen des britischen Botschafters in Berlin, Edgar Vincent Lord D'Abernon, wird deutlich, daß Reichskanzler Gustav Stresemann in der Rückkehrgenehmigung eine Möglichkeit sieht, die deutsche Rechte zu spalten – in Wittelsbacher- und Hohenzollern-Anhänger.

London jubelt über königliche Hochzeit

3. November. Der 40jährige Kronprinz Gustav Adolf von Schweden vermählt sich in der königlichen Kapelle des St.-James-Palastes in London mit der 34jährigen Lady Louise Mountbatten. Die Braut ist eine Tochter von Ludwig Alexander Lord Mountbatten, Marquess of Milford Haven, dem ehemaligen Prinzen von Battenberg.
An der Trauungszeremonie nehmen neben König Georg V. und Königin Victoria Mary von Großbritannien und dem Vater des Bräutigams, König Gustav V. von Schweden, Königin Alexandra von Norwegen und Königin Olga von Griechenland sowie zahlreiche Prinzen und Prinzessinnen teil.
Es ist dies die zweite Ehe des kunstsinnigen, besonders an Archäologie interessierten Kronprinzen.

Kronprinz von Schweden und seine Braut (M.) mit Brautjungfern, Schleppenträgern und Freund des Bräutigams

Der Bräutigam (r.) mit seinem ältesten Sohn Prinz Gustav Adolf (l.) und seinem zweiten Sohn Prinz Sigvard

Freispruch für den Diplomatenmörder

16. November. Das schweizerische Kriminalgericht in Lausanne spricht den Rußlandschweizer Moritz Conradi vom Verdacht des Mordes frei. Conradi hatte am →10. Mai (S. 82) den sowjetischen Diplomaten Waclaw W. Worowski, einen Angehörigen der Delegation der UdSSR bei der Konferenz von Lausanne, erschossen.

Da das schweizerische Bundesstrafrecht auf den Fall Worowski nicht anwendbar ist, wird das Urteil gegen Conradi von den Geschworenen gesprochen. Die für einen Schuldspruch erforderliche Zweidrittelmehrheit wird nicht erreicht.

Durch den Freispruch werden die nach dem Mord ohnehin abgekühlten Beziehungen zwischen der Eidgenossenschaft und der Sowjetunion einer weiteren schweren Belastung ausgesetzt. Zu der vom sowjetischen Außenminister Georgi W. Tschitscherin wenige Tage nach der Tat geäußerten Anschuldigung, die schweizerische Bundesregierung habe den Schutz der sowjetischen Delegation vernachlässigt, kommt nun der Vorwurf hinzu, daß dem Täter nicht Gerechtigkeit widerfahre. Obwohl die schweizerische Regierung jede Verantwortung für das Urteil ablehnt, bricht die Sowjetunion die diplomatischen und Handelsbeziehungen zur Schweiz ab (14. 12.).

Zollkonflikt um das Genfer Hinterland

10. November. Der Konflikt zwischen Frankreich und der Schweiz um die Genfer Zollzone (→18. 2./S. 36) verschärft sich, weil die französische Regierung die bisher respektierte Freizone im Genfer Hinterland aufhebt und seinen Zollkordon an die Genfer Grenzen verlegt.

Die Schweiz hatte sich auch nach heftigem Drängen Frankreichs nicht dazu entschließen können, den Vertrag vom August 1921 zu ratifizieren, in dem das vor dem Weltkrieg zollpolitisch zur Schweiz gehörende Genfer Hinterland – entsprechend den Bestimmungen des Versailler Vertrags von 1919 – unter französische Zollverwaltung gestellt wird. Frankreich begründet die Vorverlegung der Zollgrenzen mit seinem legitimen Hoheitsrecht über sein gesamtes Gebiet.

34 Frauen bewerben sich bei den britischen Parlamentswahlen

Die britische Zeitschrift »London News« stellt ihren Leserinnen und Lesern eine Reihe von Frauen vor, die für die Parlamentswahlen am → 6. Dezember (S. 198) kandidieren (Abb.). Alle größeren Parteien haben weibliche Kandidaten aufgestellt, allerdings in der Regel in wenig aussichtsreichen Wahlkreisen. Insgesamt bewerben sich 34 Kandidatinnen um die Gunst der Wählerinnen und Wähler in Großbritannien, bei den letzten Wahlen 1922 waren es 33, bei den Wahlen von 1918 lediglich 16.

Die Einführung des aktiven Frauenwahlrechts in Großbritannien erfolgte 1917, allerdings mit einer Altersbegrenzung ab 30 Jahren. Seit 1918 dürfen britische Frauen nicht nur wählen, sondern auch gewählt werden. Als erste Frau zog Lady Nancy Witcher Astor als Angehörige der konservativen Fraktion ins Unterhaus ein. Die Zahl der weiblichen Unterhausabgeordneten beläuft sich seit dem → 1. Juni (S. 98) auf drei. Die Labour Party tritt für eine Herabsetzung des Wahlalters auf 21 Jahre ein.

Aufsehen erregt die Labour-Kandidatin Ellen Wilkinson (Abb. oben r.), die als Kommunistin gilt.

Musterhaus des Bauhauses mit Flachdach und kubischer Bauweise; es steht im Mittelpunkt der Bauhaus-Ausstellung; der Entwurf stammt von Georg Muche

Architektur 1923:

Neues Bauen – orientiert an der Funktion und am Material

Die internationale Architekturszene ist bestimmt von der in zahlreichen Programmen, Manifesten und Aufrufen aufgestellten Forderung nach einer funktionsgerechten, an der Beschaffenheit des verwendeten Materials orientierten Bauweise. Nicht nur das Bauhaus (→ 15. 8./S. 140), sondern alle modernen Stilrichtungen sehen die Architektur im Zusammenhang mit den anderen Künsten auf der einen, mit Handwerk, Technik und Industrie auf der anderen Seite.

So heißt es z. B. in der ersten These vom »Manifest V« der niederländischen Künstlergruppe »De Stijl«, das 1923 im Zusammenhang mit einer Ausstellung von Architekturmodellen in Paris veröffentlicht wird: »In enger Zusammenarbeit haben wir die Architektur als eine aus allen Künsten, aus Industrie und Technik gebildete plastische Einheit geprüft und festgestellt, daß sich als Resultat ein neuer Stil ergeben wird.« Oskar Schlemmer schreibt in seinem Manifest zur Bauhaus-Ausstellung: »Der Baugedanke soll die verlorene Einheit wiederbringen, die in einem versackten Akademikertum und einem verbosselten Kunstgewerbe zugrunde ging; er soll die große Beziehung aufs Ganze wiederherstellen und in einem höchsten Sinn das Gesamtkunstwerk ermöglichen.«

Einigkeit herrscht auch darin, daß die Architektur sich an »objektiven« und »universalen« Gesetzen zu orientieren habe, denen gegenüber die subjektive Willkür in den Hintergrund zu treten habe. Der Baumeister habe sich als Ingenieur zu verstehen, müsse jedoch einen mechanistischen Ansatz durch Besinnung auf die Sprache der Architektur, auf die Grundkategorien Raum, Zeit, Proportion und die einfachsten geometrischen Formen überwinden. Werner Graeffs enthusiastisches Bekenntnis zur neuen Architektur, veröffentlicht in der ersten Nummer der Zeitschrift »G« (Juli 1923), lautet: »Jetzt wächst die neue Ingenieurgeneration heran! Das bedeutet: Vollendung zunächst – dann Ende der mechanistischen Technik ... [es] entsteht die neue großartigere Technik der Spannungen, der unsichtbaren Bewegungen.«

Das Chilehaus in Hamburg, ein vorwiegend als Geschäftshaus genutzter, von Fritz Höger entworfener Bau, wird 1923 vollendet und Anfang 1924 eingeweiht; das Backsteingebäude mit fünf Obergeschossen und vier Staffelgeschossen läuft in einer spitzen Ecke aus; die Architektur des massiven und schlichten, lediglich mit Plastiken von Richard Kuöhl geschmückten Baus ist von feinen Pfeilern bestimmt, die in jeder siebenten Schicht regelmäßig eine Drehung der Steine aufweisen

»Die Baukunst, als Sache der Formensprache, muß ... sich jener Elemente bedienen, die fähig sind, auf unsere Sinne zu wirken und die Wünsche unserer Augen zu erfüllen; sie muß mit diesen Elementen auf solche Weise schalten, daß ihr Anblick uns eindeutig anrührt durch Feinheit oder Brutalität, durch Aufruhr oder heitere Ruhe, durch Gleichgültigkeit oder Interesse ... Diese Formen, primär oder verfeinert, voll Zartheit oder brutaler Kraft, wirken physiologisch auf unsere Sinne (Kugel, Würfel, Zylinder, Waagerechte, Senkrechte, Schräge usw.) und beziehen sie in ihre eigene Bewegung hinein«, formuliert Le Corbusier in dem Buch »Auf dem Wege zu einer Architektur«, das 1923 veröffentlicht wird. In dem Doppelhaus La Roche-Jeanneret in Auteil, das er 1923 mit seinem Bruder Pierre Jeanneret vollendet, hat er diese Prinzipien praktisch umgesetzt.

Erich Mendelsohn – von ihm werden 1923 u. a. die Hutfabrik Friedrich Steinberg in Luckenwalde und das Haus Dr. Sternfeld in Berlin gebaut – stellt Form und Funktion in einen Zusammenhang.

Die Villa Dr. Sternfeld in Berlin, 1923, entworfen von Erich Mendelsohn

Chilehaus-Architekt Höger

Der Architekt Fritz Höger, geboren am 12. Juni 1877 in Bekenreihe bei Elmshorn, nach einem Studium seit 1905 als selbständiger Architekt tätig, gilt als Erneuerer der für Norddeutschland typischen Backsteinarchitektur. Seine nach 1918 vorwiegend in Hamburg geschaffenen Großbauten – Industrie-, Verwaltungs- und Siedlungsgebäude – zeichnen sich durch ein hohes Maß an Disziplin und Rationalität aus; stellenweise sind Einflüsse des Expressionismus unverkennbar. Unter Verzicht auf jegliche Ornamentik wird eine Gliederung der Fassaden durch die Anordnung oder die Farbwahl der Ziegel erreicht. Ein bekannter Höger-Bau ist das 1923 vollendete Chilehaus (Hamburg).

Bauhausleiter Walter Gropius

Walter Gropius, geboren am 18. Mai 1883 in Berlin, studierte Architektur in München und Berlin und war von 1908 bis 1910 als Assistent bei Peter Behrens, danach als selbständiger Architekt tätig. Als besonders fruchtbar erwies sich die Zusammenarbeit mit Adolf Meyer (ab 1911), mit dem er eine Reihe von Industriebauten entwarf. 1919 wurde Gropius zum Direktor der Kunstgewerbeschule und der Hochschule für bildende Künste in Weimar ernannt, die er zum »Staatlichen Bauhaus« vereinigte. Gropius ist ein bedeutender Vertreter der neuen, auf Zweckmäßigkeit ausgerichteten Architektur. Seine Bauwerke sind streng geometrisch gestaltet.

Chaplins »The Kid« in Berlin

16. November. »The Kid«, der erste abendfüllende Spielfilm von und mit Charlie Chaplin, der am 6. Februar 1921 in den USA uraufgeführt wurde, wird nun auch in Berlin gezeigt und findet regen Anklang. In dem Film um einen Tramp, der sich mit einem Findelkind (gespielt von dem Kinderstar Jakkie Coogan) anfreundet und es bei sich aufnimmt, hat Chaplin teilweise seine eigene Jugendzeit verarbeitet. Grotesk-komische und sentimentale Episoden wechseln einander ab. Die Kritik bemängelt einige Szenen als nahe an der Grenze zum Kitsch, reagiert aber im allgemeinen positiv, wenn nicht sogar enthusiastisch. »Warum hat eine Welt über diesen Film gelacht?« fragt Kurt Tucholsky in der »Weltbühne« vom 6. Dezember 1923: »Weil er an die Urinstinkte appelliert. Weil er überall siegen muß, wo es auch nur Andeutungen einer Zivilisation gibt. Weil hier ein Sieger des Lebens ist, der zwar den Unterdrückten angehört, aber doch – mit allen Mitteln arbeitend – triumphiert.« Herbert Ihering stellt Chaplin im »Berliner Börsen-Courier« vom 18. November in eine Reihe mit den österreichischen Lustspieldichtern Ferdinand Raimund und Johann Nepomuk Nestroy.

Charlie Chaplin und Jackie Coogan in »The Kid«; der Chaplin-Film feiert 1923 in deutschen Kinos Triumphe

Eine »Tragödie der Liebe«

6. November. In Berlin werden der dritte und vierte Teil des Films »Tragödie der Liebe«, ein rührseliges Melodram von Joe May, uraufgeführt. Die beiden ersten Teile hatten am 7. Oktober in Berlin Premiere.

Der Film, in dem sich zuerst die Witwe, dann die Geliebte des gewaltsam ums Leben gekommenen Grafen Moreau in den Mörder verlieben, lebt weniger von der verwikkelten, psychologisch nicht überzeugenden Handlung als vielmehr von der schauspielerischen Leistung. Mia May als Gräfin Manon Moreau, Marlene Dietrich, die in einer ihrer ersten Filmrollen eine Nebenfigur verkörpert, vor allem jedoch Emil Jannings als Kraftkerl (Apache) Omrade erhalten den Beifall des Publikums und der Kritik.

Marlene Dietrich im Jahr 1923

Dezember 1923

Mo	Di	Mi	Do	Fr	Sa	So
					1	2
3	4	5	6	7	8	9
10	11	12	13	14	15	16
17	18	19	20	21	22	23
24	25	26	27	28	29	30
31						

1. Dezember, Sonnabend

Reichsverkehrsminister Rudolf Oeser schließt mit der französisch-belgischen Eisenbahnregie das erste Mainzer Abkommen (das zweite am 16. 12.), das die Grundlage für die Wiederaufnahme des Eisenbahnverkehrs zwischen dem besetzten Rhein- und Ruhrgebiet und dem unbesetzten Deutschen Reich bildet (→16. 12./S. 196).

In Treptow kommt es zu einem gewaltsamen Zusammenstoß zwischen Arbeitslosen und Schutzpolizei, bei dem jedoch niemand verletzt wird.

Faschisten stürmen in Neapel das Haus des ehemaligen Ministerpräsidenten Francesco Saverio Nitti, der zu den scharfen Gegnern des Faschismus gehört. Nitti geht 1924 ins Exil.

Der italienische Ministerpräsident und Duce Benito Mussolini befürwortet die Anerkennung der Sowjetunion. Zugleich spricht er sich für einen italienisch-sowjetischen Handelsvertrag aus.

Infolge starker Regenfälle und des Hochwassers bricht der Damm des Stausees Gleno (Provinz Bergamo/Italien). Von den ungefähr 600 Todesopfern sind bisher 137 geborgen. Die Überschwemmung hat einen ungeheuren Sachschaden angerichtet. →S. 199

Derzeit werden im Deutschen Reich (ohne besetzte Gebiete) 1,47 Millionen Vollerwerbslose unterstützt. Hinzu kommen die fast zwei Millionen unterstützte Arbeiter im Rhein- und Ruhrgebiet. →S. 195

Der Religionsphilosoph Martin Buber erhält einen Lehrauftrag für jüdische Religionswissenschaft und Ethik an der Universität Frankfurt am Main.

2. Dezember, Sonntag

Vorübergehend wird die deutsche Auswanderung in die USA bis zum Juni 1924 unterbunden. Wegen der hohen Auswanderung im Krisenjahr 1923 haben die Deutschen ihre Quote erschöpft. Nur ein festgelegter Prozentsatz der schon ansässigen Angehörigen einer Nation darf neu einwandern. →S. 197

Die französische Tageszeitung »L'Humanité« veröffentlicht Einzelheiten über die französische Unterstützung der deutschen Separatisten. In Landau (Pfalz) z. B. seien diese zu 75% mit französischen Gewehren bewaffnet gewesen (→12. 11./S. 181).

3. Dezember, Montag

Nachdem drei an den Krakauer Unruhen (6. 11.–8. 11.) beteiligte Parlamentsabgeordnete der Polnischen Sozialistischen Partei verhaftet wurden, suchen die Sozialisten die Zusammenarbeit mit den nationalen Minderheiten.

4. Dezember, Dienstag

In seiner Regierungserklärung vor dem Reichstag begründet Reichskanzler Wilhelm Marx die Forderung nach einem Ermächtigungsgesetz mit der katastrophalen wirtschaftlichen Lage des Deutschen Reichs (→8. 12./S. 194).

Der britische Wahlkampf befindet sich auf seinem Höhepunkt (Parlamentswahlen am 6. 12.). Täglich werden ungefähr 15 000 Wahlveranstaltungen abgehalten. Die Parteien haben Flugzeuge gemietet, um ihre Spitzenkandidaten schneller zu den Wahlversammlungen transportieren zu können (→6. 12./S. 198).

Anläßlich der Kongreßeröffnung in Washington sagt US-Präsident Calvin Coolidge, die Vereinigten Staaten hätten ein direktes Interesse an der wirtschaftlichen Erholung Europas.

Robert Musils Komödie »Vinzenz oder die Freundin bedeutender Männer« wird im Lustspielhaus Berlin uraufgeführt. Für diese Komödie wird dem Österreicher Musil der Kleistpreis 1923 verliehen. →S. 202

5. Dezember, Mittwoch

Während der Debatte im ständigen Ausschuß des bayerischen Landtags über den Hitlerputsch am 8./9. November wird die unklare Haltung des bayerischen Generalstaatskommissars Gustav Ritter von Kahr während des Putsches besonders von den Sozialdemokraten heftig kritisiert (→8./9. 11./S. 178).

In Dresden wird eine geheime Druckerei der Kommunisten (die KPD ist seit 23. 11. verboten) von der Polizei ausgehoben, der Redakteur verhaftet und die Handdruckpresse beschlagnahmt.

Der Bund der Reichsdeutschen in Österreich führt eine Hilfsaktion für die hungernde Bevölkerung im Deutschen Reich durch. Bisher sind über 50 000 Lebensmittelpakete an deutsche Familien geschickt worden (→7. 12./S. 196).

Ludwig Bergers Verfilmung des Aschenputtelmärchens »Der verlorene Schuh« wird im Ufa-Palast am Zoo (Berlin) uraufgeführt. Der Film findet den einhelligen Beifall des Publikums wie auch der Kritik. →S. 202

6. Dezember, Donnerstag

Bei den Parlamentswahlen in Großbritannien gewinnen die Oppositionsparteien (Liberale Partei und Labour Party) auf Kosten der regierenden Konservativen eine erhebliche Anzahl von Mandaten. →S. 198

Über 70 000 Goldmark haben die in Brasilien lebenden Deutschen bisher für Notleidende im Deutschen Reich gespendet (→7. 12./S. 196).

Beim Rowohlt-Verlag (Berlin) erscheint der Roman »Anton und Gerda« von Hans Fallada.

7. Dezember, Freitag

Das Minderheitskabinett unter August Frölich (SPD) in Thüringen erklärt seinen Rücktritt. →S. 197

Der schweizerische Nationalrat verlängert die seit dem 18. Februar 1921 gültigen Einfuhrbeschränkungen bis zum März 1925.

Mit der Ersten Steuernotverordnung erläßt Reichspräsident Friedrich Ebert eine Übergangsregelung für die Zahlung der Umsatzsteuer und der Rhein-Ruhr-Abgabe in neuer Währung (Rentenmark).

Das Internationale Komitee vom Roten Kreuz in Genf ruft die Rotkreuzgesellschaften in aller Welt auf, Hilfsmaßnahmen für die deutsche Bevölkerung durchzuführen. →S. 196

8. Dezember, Sonnabend

Durch die Unterstützung der oppositionellen Sozialdemokraten kommt im Reichstag eine Mehrheit für das von der Reichsregierung geforderte Ermächtigungsgesetz zustande, das eine feste Laufzeit bis zum 15. Februar 1924 hat. Aufgrund dieses Gesetzes kann die Reichsregierung alle für die Behebung der »Not von Volk und Reich« erforderlichen Maßnahmen ergreifen. Der Reichstag löst sich auf unbestimmte Zeit auf. →S. 194

Rund die Hälfte der Duisburger Bevölkerung erhält Arbeitslosenunterstützung. Da die Stadt deshalb die vorgeschriebenen Sätze überschreitet, werden die Zahlungen von der Reichsregierung gesperrt (→1. 12./S. 195).

Bertolt Brechts Drama »Baal«, das dank der Experimentierfreude seines Direktors Alwin Kronacher im Alten Theater in Leipzig uraufgeführt wird, provoziert heftige Kritik. Das Stück muß auf Anordnung des Oberbürgermeisters sofort abgesetzt werden.

9. Dezember, Sonntag

Die Rheinlandkommission hebt die meisten der von ihr verfügten Beschränkungen des Eisenbahn-, Auto- und Straßenbahnverkehrs auf.

10. Dezember, Montag

Die Franzosen beginnen mit der allmählichen Lockerung ihres Besatzungsregimes im Ruhrgebiet, indem sie die Truppen reduzieren, Ausweisungen aufheben und Verurteilte entlassen.

In Stockholm werden die diesjährigen Nobelpreise für Medizin, für Chemie, für Physik und für Literatur verliehen. Die Entscheidung des Nobelpreiskomitees für die Sparte Medizin stößt auf allgemeines Unverständnis und erregt heftige Kritik. →S. 199

Von der Hungersnot im Deutschen Reich sind einem US-amerikanischen Memorandum zufolge am stärksten die Arbeiter in den Städten und die Pensionäre betroffen. Das Memorandum geht von 20 Millionen akut Hilfsbedürftigen aus und empfiehlt dem Repräsentantenhaus in Washington, dem Deutschen Reich Handelskredite für den Ankauf von Getreide zu gewähren (→7. 12./S. 196).

Nach dem Scheitern der Tarifverhandlungen stellen die österreichischen Post- und Telegrafenangestellten den Dienst ein (bis 13. 12.). Nur die Krankenhäuser, Ärzte und Feuerwehr erhalten telefonische Verbindung.

11. Dezember, Dienstag

Das Bestreben des türkischen Präsidenten Mustafa Kemal Pascha (später Atatürk), den türkischen Staat zu säkularisieren, führt zu heftiger Unruhe unter der islamischen Geistlichkeit auch außerhalb der Türkei, besonders in Britisch-Indien (→29. 10./S. 168).

Das Reichspostministerium in Berlin und die Obertelegrafendirektion in Bern testen eine Chiffriermaschine hinsichtlich ihrer Eignung für die Geheimhaltung drahtloser Nachrichtenübermittlung. Der Austausch chiffrierter Telegramme verläuft erfolgreich.

12. Dezember, Mittwoch

US-Präsident Calvin Coolidge erklärt, daß sich nichtamtliche US-amerikanische Finanzexperten an den von der Reparationskommission zu berufenen Sachverständigenausschüssen zur Untersuchung der Finanzlage des Deutschen Reichs beteiligen würden. Bisher hat sich die US-Regierung gegen jede Beteiligung an den Reparationsverhandlungen gesträubt (→26. 12./S. 196).

Für die Bergarbeiter im Ruhrgebiet wird der Teuerungszuschlag von bisher 25% auf 10% reduziert.

Einer üblen Hetze der Rechtsradikalen ist Kardinal Michael von Faulhaber, Erzbischof von München, ausgesetzt. Faulhaber hatte öffentlich zugunsten der Juden Stellung genommen, weil er im Zusammenhang mit dem Hitlerputsch auf die Gefahr eines Pogroms aufmerksam gemacht worden war.

13. Dezember, Donnerstag

Der Reichsrat befürwortet gegen die bayerischen Stimmen den größtmöglichen Beamtenabbau in den Ländern und Gemeinden, um die öffentlichen Budgets zu entlasten. →S. 195

Von der schweizerischen Bundesversammlung wird Ernest Louis Chuard zum Bundespräsidenten für das Jahr 1924 gewählt.

Mary Wigman führt mit ihrer Truppe in Berlin eine neue Version ihres »Tanzdramas« auf. →S. 202

14. Dezember, Freitag

Nachdem die Deutsche Demokratische Partei ihr das Vertrauen entzogen hat, ist in Sachsen mit dem baldigen Rücktritt der SPD-Minderheitsregierung unter Karl Fellisch zu rechnen.

Unstimmigkeiten innerhalb der regierenden Bauernpartei bezüglich der Agrarreform führen zum Rücktritt der polnischen Regierung unter Wincenty Witos.

Das Titelblatt der Weihnachtsnummer der »Illustrirten Zeitung« aus Leipzig fängt die Stimmung eines Weihnachtsmarktes ein

Illustrirte Zeitung

Verlag J. J. Weber Leipzig

Nr. 4115 — Weihnachts-Nummer 1923 — 161. Band

Zur »Erziehung« der Autofahrer werden in den USA an unfallträchtigen Kreuzungen Tafeln mit der täglichen Unfallstatistik aufgestellt.

In der »Illustrierten Radiozeitung« wird die Notwendigkeit eines Radiogesetzes diskutiert (→29. 10./S. 170).

15. Dezember, Sonnabend

Josef W. Stalin, Generalsekretär des Zentralkomitees der Kommunistischen Partei Rußlands (später KPdSU) eröffnet in der »Prawda« die Kampagne gegen den sog. Trotzkismus, womit er auf Leo D. Trotzkis Kritik an der sich verselbständigenden Bürokratie und der Unterdrükkung der parteiinternen Demokratie reagiert. →S. 198

Den Vorschlag des deutschen Geschäftsträgers in Paris, Leopold von Hoesch, die deutsche und französische Regierung sollten in einen direkten Meinungsaustausch über die Zustände in den besetzten Gebieten an Rhein und Ruhr eintreten, beantwortet der französische Ministerpräsident Raymond Poincaré am folgenden Tag zustimmend.

Die satirische Komödie »Dr. Knock oder Der Triumph der Medizin« von Jules Romain wird in der Comédie des Champs-Elysées uraufgeführt.

16. Dezemer, Sonntag

Reichsverkehrsminister Rudolf Oeser schließt in Mainz mit den Besatzungsmächten im Ruhr- und Rheingebiet ein Abkommen, das zur Normalisierung des Eisenbahnverkehrs führt. →S. 196

In Berlin werden 300 Personen, die zu einem Kommunisten-Kongreß aus dem ganzen Deutschen Reich in die Hauptstadt gekommen waren, von der Polizei festgenommen. Der Kongreß war verboten worden.

17. Dezember, Montag

Den deutschen Reichsbeamten und -angestellten wird wegen der finanziellen Notlage vorerst nur die Hälfte ihrer Bezüge für die zweite Monatshälfte ausgezahlt. Am 21. Dezember sollen sie den Rest erhalten. →S. 194

Aufgrund der Wahlergebnisse vom Vortag fordert die griechische Regierung unter Ministerpräsident Stilianos Gonatas König Georg II. auf, das Land zu einer »Urlaubreise« zu verlassen. Die einzuberufene Nationalversammlung soll entscheiden, ob Griechenland Monarchie bleibt oder Republik wird. Am 19. Dezember reist der König ins rumänische Exil. →S. 199

18. Dezember, Dienstag

Unter Vorsitz von Reichsernährungsminister Gerhard Graf Kanitz tagen die Ernährungsminister der Länder in Berlin, um gegen die Notlage zu treffende Maßnahmen zu beraten.

Mit der Unterzeichnung eines Abkommens werden die seit dem 27. Oktober in Paris zwischen Frankreich, Großbritannien und Spanien geführten Verhandlungen über Tanger beendet. Seit 1912 unterstehen die Stadt und ihr Umland der Souveränität der drei Länder.

19. Dezember, Mittwoch

Das von der bayerischen Regierung eingebrachte Ermächtigungsgesetz erhält nicht die notwendige Zwei-Drittel-Mehrheit des Landtags, weil der an der Regierungskoalition beteiligte Bayerische Bauernbund die Vorlage ablehnt.

Mit der Zweiten Steuernotverordnung des Reichspräsidenten Friedrich Ebert werden die großen Reichs- und Landessteuern (Einkommens- und Körperschaftssteuer, Vermögenssteuer, Erbschaftssteuer, Umsatzsteuer usw.) den veränderten Währungs- und Wirtschaftsverhältnissen angepaßt.

In zwei Stufen werden die Kohlenpreise um durchschnittlich 10 bis 15% gesenkt.

Wladimir Kosma Zworykin, US-amerikanischer Physiker russischer Herkunft, meldet in den Vereinigten Staaten die erste vollelektronische Bildröhre (»Kineskop«) zum Patent an.

Wegen der heftigen Stürme in der vergangenen Nacht ist der Fernsprechverkehr an verschiedenen Orten des Deutschen Reiches beeinträchtigt.

20. Dezember, Donnerstag

Die Rheinhausener Kruppwerke entlassen die Arbeiter, die sich weigern, in der Zehn-Stunden-Schicht zu arbeiten. Daraufhin müssen die Betriebe schließen (→21. 12./S. 195).

21. Dezember, Freitag

Reichsaußenminister Gustav Stresemann erörtert mit dem französischen Botschafter in Berlin, François Marie Pierre de Margerie, die Zustände in der Pfalz, wo seit dem 12. November ein von der französischen Besatzungsmacht unterstütztes Separatistenregime (Pfälzische Republik) existiert. Stresemann überbringt dem Botschafter die deutschen Proteste.

Mehrere Bundesstaaten Mexikos (San Luis, Potosi, Chiuahua, Michoacan und Tamaulipas) erklären ihre Autonomie und bestreiten die Autorität der Bundesregierung. Präsident Alvaro Obregón bekämpft den Aufstand erfolgreich mit Bundestruppen.

Reichsarbeitsminister Heinrich Brauns erläßt die Verordnung über die Arbeitszeit. Zwar wird der 1918/19 eingeführte Achtstundentag noch als gesetzliche Regelarbeitszeit anerkannt, aber durch Ausnahmebestimmungen selbst zur Ausnahme gemacht. →S. 195

In Dresden wird die »Tanzsuite nach Couperin« von Richard Strauss uraufgeführt (Dirigent Fritz Busch).

22. Dezember, Sonnabend

Reichswährungskommissar Hjalmar Schacht wird zum Nachfolger des am 20. November verstorbenen Reichsbankpräsidenten Rudolf Havenstein ernannt. Schacht bleibt weiterhin Währungskommissar. →S. 194

Der Theaterregisseur Erich Engel hat sein Wirkungsfeld von München nach Berlin verlegt, wo er im Deutschen Theater mit Christian Dietrich Grabbes Stück »Scherz, Satire, Ironie und tiefere Bedeutung« debütiert.

23. Dezember, Sonntag

Mit 329 gegen 211 Stimmen billigt die französische Kammer eine Teuerungszulage für Beamte, nachdem Ministerpräsident Raymond Poincaré die Abstimmung mit der Vertrauensfrage verbunden hat.

24. Dezember, Montag

Leopold von Hoesch, deutscher Geschäftsträger in Paris, überreicht dem französischen Ministerpräsidenten Raymond Poincaré eine Note der Reichsregierung über Wirtschafts- und Verwaltungsfragen in den besetzten Gebieten.

Im Neuen Schauspielhaus Königsberg wird das Stück »Utopia« von Hanna Rademacher uraufgeführt.

25. Dezember, 1. Weihnachtstag

Reichskanzler Wilhelm Marx richtet in der Radiostunde (erster offizieller Sender in Berlin) einen Weihnachtsgruß an das deutsche Volk. →S. 204

In dem Berliner Kino Alhambra wird der Film »Das Geheimnis von Brinkenhof« mit Henny Porten und Paul Henckels uraufgeführt.

26. Dezember, 2. Weihnachtstag

Wie am 30. November beschlossen, beruft die Reparationskommission zwei internationale Sachverständigenausschüsse zur Untersuchung der deutschen Finanzverhältnisse. Vorsitzender des Komitees I ist der US-Amerikaner Charles Gates Dawes, während das Komitee II von dem Briten Reginald McKenna geleitet wird. In beiden Ausschüssen sitzen US-amerikanische, britische, französische, italienische und belgische Finanzexperten. →S. 196

Nachdem es am Vortag heftig schneite, herrscht in Berlin nun klares, aber kaltes Wetter (−15°C). Sogar der Wannsee ist zugefroren, was viele Schlittschuhläufer zu nutzen wissen. Allgemein freut man sich über die seit Jahren erste weiße Weihnacht. →S. 204

27. Dezember, Donnerstag

Auf den japanischen Prinzregenten Hirohito verübt ein Kommunist ein erfolgloses Attentat.

Ein für den 28. Dezember geplanter kommunistischer Aufstand in Spanien wird durch die Verhaftung der Anführer in Madrid und einigen Provinzen vereitelt.

29. Dezember, Freitag

Gestützt auf das Ermächtigungsgesetz vom 8. Dezember, erläßt die Reichsregierung die Verordnung über Goldbilanzen, die den Unternehmen die Aufstellung von Goldmarkbilanzen (ab 1. 1. 1924) vorschreibt.

Im Garrick Theatre (New York) wird »Die heilige Johanna« von George Bernard Shaw uraufgeführt. →S. 202

29. Dezember, Sonnabend

Die Bayerische Volkspartei beschließt, ein Volksbegehren zur Einführung des Amtes eines Staatspräsidenten in Bayern einzuleiten.

30. Dezember, Sonntag

In Aachen werden mehrere Deutsche vom belgischen Kriegsgericht wegen Sabotage zu lebenslänglichem Zuchthaus bzw. hohen Freiheitsstrafen verurteilt.

31. Dezember, Montag

Als Protest gegen die hohen US-Einfuhrzölle schließt Kanada die Häfen für Fischerboote aus den USA.

Der britische Biologe Sir Julian Sorell Huxley unterstreicht in »The Daily Herald« die Bedeutung des von der Firma Bayer entwickelten neuen Mittels gegen die tropische Schlafkrankheit (Bayer 205).

Während des Inflationsjahrs sind im Deutschen Reich 100 neue Briefmarken herausgegeben worden.

Gestorben:

4. Neuilly-sur-Seine: Maurice Barrès (*17. 9. 1862, Charmes-sur-Moselle), französischer Schriftsteller.

12. Paris: Raymond Radiguet (*18. 6. 1903, Saint-Maur-des Fossés bei Paris), französischer Romancier und Lyriker.

24. Ligornetto im Tessin: Carl Burckhardt (*13. 1. 1878, Lindau bei Zürich), schweizerischer Maler, Bildhauer und Kunstschriftsteller.

24. Moskau: Alexandr S. Newerow (*24. 12. 1886, Nowikowka/Uljanowsk), russischer Schriftsteller.

28. Paris: Gustave Eiffel (*15. 12. 1832, Dijon), französischer Ingenieur-Architekt. →S. 199

Geboren:

2. New York: Maria Callas (†16. 9. 1977, Paris), italienische Sängerin griechischer Abkunft.

23. Barcelona: Antoni Tápies (eigentl. Antoni Tápies Puig), spanischer Maler und Graphiker.

Das Wetter im Monat Dezember

Station	Mittlere Lufttemperatur (°C)	Niederschlag (mm)	Sonnenscheindauer (Std.)
Aachen	0,8 (3,1)	73 (62)	– (49)
Berlin	−2,2 (0,7)	42 (41)	– (36)
Bremen	−1,2 (2,2)	43 (54)	– (33)
München	−1,0 (−0,7)	87 (44)	– (41)
Wien	– (0,9)	– (51)	– (–)
Zürich	0,5 (0,2)	147 (73)	24 (37)

( ) Langjähriger Mittelwert für diesen Monat
– Wert nicht ermittelt

Die Münchner »Jugend« versucht in ihrer ersten Weihnachtsausgabe Illusionen vom Sommer im sonnigen Süden zu wecken

Marx drückt Ermächtigungsgesetz durch

8. Dezember. Von Reichskanzler Wilhelm Marx vor die Alternative Ermächtigungsgesetz oder Auflösung des Reichstags gestellt, stimmt der deutsche Reichstag dem geforderten Gesetz zu, das dem Minderheitskabinett Marx die Regierungsgrundlage schafft.

Angesichts der »Not von Volk und Reich« seien einschneidende finanzielle und wirtschaftliche Maßnahmen notwendig, die nur auf der Grundlage eines Ermächtigungsgesetzes mit der erforderlichen Schnelligkeit getroffen werden könnten, so Marx in seiner Reichstagsrede vom 4. Dezember. Die Regierungsfähigkeit der Koalition der bürgerlichen Mitte (DDP, Zentrum, DVP) hängt von dem geforderten Ermächtigungsgesetz ab, weil sie sich nur auf eine Minderheit im Reichstag stützen kann.

Mit 313 Ja-Stimmen gegen 18 Nein-Stimmen verabschiedet der Reichstag das Ermächtigungsgesetz, womit er seine Gesetzgebungsgewalt an die Reichsregierung delegiert. Im Gegensatz zu dem Ermächtigungsgesetz vom → 13. Oktober (S. 162), das mit dem Bruch der großen Koalition am 2. November (→ 23. 11./S. 184) außer Kraft trat, hat das nun verabschiedete Gesetz eine feste Laufzeit bis zum 15. Februar 1924.

Die oppositionellen Sozialdemokraten, die vor einer Reichstagsauflösung und Neuwahlen zurückschrecken, sichern dem Gesetz die erforderliche Zweidrittelmehrheit. Im Anschluß an die Verabschiedung des Ermächtigungsgesetzes vertagt sich der Reichstag auf unbestimmte Zeit und überläßt dem Kabinett die Durchführung der Stabilisierungsmaßnahmen des Winters 1923/24.

Die Währungsreform und Wirtschaftsstabilisierung werden vorangetrieben

Gestützt auf das vom Reichstag verabschiedete Ermächtigungsgesetz, das die Gesetzgebungsgewalt vorübergehend an die Exekutive delegiert, ergreift die Regierung Marx wichtige Maßnahmen gegen die katastrophale Währungs- und Wirtschaftslage. Zügig treibt sie die unter Reichskanzler Gustav Stresemann mit der Währungsreform (→ 16. 11./S. 182) eingeleitete Stabilisierung voran.

Zur Überwindung der Krise werden bis Februar 1924 eine Reihe von Finanz-, Währungs-, Wirtschafts- und Sozialverordnungen erlassen (→ 17. 12./S. 194). Von besonderer Bedeutung ist die Verordnung über die Arbeitszeit vom 21. Dezember, die zwar den Achtstundentag als gesetzliche Regelarbeitszeit anerkennt, jedoch seine Erweiterung bis zum Zehnstundentag für zulässig erklärt (→ 21. 12./S. 195). Mit den drei großen Steuernotverordnungen vom 7. und 19. Dezember 1923 sowie vom 14. Februar 1924 wird das öffentliche Abgaben- und Haushaltswesen an die veränderten Währungsverhältnisse angepaßt.

Erst das Ermächtigungsgesetz ermöglicht der Minderheitsregierung Marx die Durchführung dieses umfangreichen und für die Stabilisierung bedeutenden Reformwerks der Jahreswende 1923/24.

Hjalmar Schacht

22. Dezember. *Reichswährungskommissar Hjalmar Schacht (Abb.) wird zum Nachfolger des am 20. November verstorbenen Präsidenten der Reichsbank, Rudolf Havenstein, ernannt. Schacht, der auch weiterhin Währungskommissar bleibt, trägt maßgeblich zum Gelingen der Währungsstabilisierung bei.*

Staat auf Sparkurs – die Schuldenwirtschaft hat ein Ende

17. Dezember. Wegen der außerordentlich schwierigen Finanzlage des Reiches stehen die Mittel für eine rechtzeitige und volle Auszahlung der Beamten- und Angestelltengehälter nicht zur Verfügung. Vorerst können nur halbe Gehälter ausgezahlt werden, die Restzahlung ist für den 21. Dezember angekündigt.

Staat und Privatwirtschaft stellen sich unter großen Schwierigkeiten auf die neue Währungssituation um. Als man am → 16. November (S. 182) die Ausgabe der Rentenmark begann, wurde zugleich die Notenpresse für die Papiermark stillgelegt. Trotz der empfindlichen Geldknappheit hält Reichsbankpräsident und Währungskommissar Hjalmar Schacht (→ 22. 12./S. 194) daran fest, daß der Geldumlauf nicht weiter vermehrt wird. Die Zeiten, in denen der Geldbedarf des Reichs und der Wirtschaft durch den Druck von Papiermark gedeckt wurde, sind endgültig vorbei.

Steuernotverordnungen regeln die Anpassung des öffentlichen Abgabe- und Haushaltswesens an die neuen Währungsverhältnisse. Zunächst wird eine Übergangsregelung für die im Dezember 1923 und Januar 1924 fälligen Umsatzsteuern und die Rhein-Ruhr-Abgabe erlassen (erste Steuernotverordnung vom 7. 12.). Die zweite Steuernotverordnung vom 19. Dezember stellt dann die großen Reichs- und Landessteuern (Einkommens- und Körperschaftssteuer, Vermögenssteuer, Erbschaftssteuer, Umsatzsteuer u. a.) auf die neue Währung um. Schließlich wird durch die dritte Steuernotverordnung (14. 2. 1924) die Geldentwertungsausgleichsabgabe (»Aufwertungssteuer«) eingeführt. Sie wird u. a. von den Ländern, Gemeinden und Privatunternehmen erhoben, die Notgeld ausgegeben haben und insofern aus der Inflation Nutzen ziehen konnten.

Reich und Länder beenden ihre uferlose Schuldenwirtschaft und nehmen die Konsolidierung der öffentlichen Haushalte in Angriff. Zur Entlastung der hochverschuldeten Budgets werden besonders Personalkosten eingespart. Bereits am 27. Oktober wurde die Personal-Abbau-Verordnung erlassen: Bis 1. April 1924 sollen 20% der Beamten und Angestellten der Reichsverwaltung »abgebaut« werden (→ 13. 12./S. 195).

Das Papiergeld der Inflationszeit findet nur noch als »Stampfpapier« bei Altpapierhändlern Absatz

Der drastische Beamtenabbau im Deutschen Reich wird auch an der Schutzpolizei nicht spurlos vorübergehen

Achtstundentag nur noch auf dem Papier

21. Dezember. Reichsarbeitsminister Heinrich Brauns erläßt die Verordnung über die Arbeitszeit. Zwar wird der Achtstundentag als gesetzliche Regelarbeitszeit anerkannt, aber durch zahlreiche Ausnahmebestimmungen weitgehend außer Kraft gesetzt.

Die Neuregelung der Arbeitszeit gehört zu den Maßnahmen des Jahreswechsels 1923/24, die aufgrund des Ermächtigungsgesetzes vom → 8. Dezember (S. 194) zur Überwindung der wirtschaftlichen Krise erlassen und durchgeführt werden. Mit Hinweis auf die notwendige Steigerung der Arbeitsproduktivität gelingt es den Unternehmern, die Verlängerung der Arbeitszeit durchzusetzen. Selbst die Gewerkschaften sind nunmehr bereit, die weitgehende Lockerung des Achtstundentagprinzips, dessen Durchsetzung erst vor wenigen Jahren (1918/19) gelang, mitzutragen.

Aufgrund der Arbeitszeit-Verordnung kann der Achtstundentag, also die gesetzliche Regelarbeitszeit, durch Tarifvertrag oder amtliche Genehmigung bis zum Zehnstundentag erweitert werden, womit der Achtstundentag praktisch zur Ausnahme wird.

Seit sich Arbeitgeber, Gewerkschaften und die Reichsregierung am 14. Dezember über die Verlängerung der Arbeitszeit in der Schwerindustrie einig wurden, gilt hier, wie vorher schon im Bergbau, folgende Regelung: Schwerarbeiter haben eine wöchentliche Arbeitszeit von 54 Stunden, alle übrigen arbeiten 59 Stunden in der Woche. Wenig später erhöht die weiterverarbeitende Industrie die wöchentliche Arbeitszeit auf 57,5 Stunden. Die Verordnung schafft diesen Regelungen eine Rechtsgrundlage. Für Reichsbeamte wird die 54-Stunden-Woche (Neunstundentag) eingeführt.

Fließband-Arbeiterinnen bei Siemens; das Gros der Arbeitnehmer im Deutschen Reich ist von einer erheblichen Erhöhung der Arbeitszeit betroffen

Die Entwicklung der Arbeitszeit

21. Dezember. Da sich der gewerkschaftliche Einfluß auf einem Tiefpunkt befindet – die Gewerkschaftsvermögen haben sich in der Inflation aufgelöst und die Mitgliederzahlen sind stark rückläufig –, müssen die Arbeitnehmerorganisationen eine weitgehende Lockerung des Achtstundentagprinzips hinnehmen. Die Verordnung über die Arbeitszeit vom 21. Dezember erkennt zwar den Achtstundentag als gesetzliche Arbeitszeit an, erlaubt jedoch gleichzeitig seine Erweiterung bis zum Zehnstundentag.

Erst 1918/19 konnte nach jahrzehntelangen Kämpfen der Achtstundentag durchgesetzt werden. Wie auch das Recht auf kollektive Tarifverträge, gehört der Achtstundentag zu den bedeutenden sozialpolitischen Errungenschaften der Novemberrevolution von 1918. Für Industrie, Bergbau und staatliche Betriebe wurde der Achtstundentag am 23. November und 17. Dezember 1918 eingeführt und wenige Monate später auch auf die Angestellten ausgedehnt.

Arbeitslosenzahlen weiter ansteigend

1. Dezember. Mit 1,47 Millionen unterstützten Vollerwerbslosen (Reichsstatistik) erreicht die Arbeitslosigkeit im Deutschen Reich einen dramatischen Höhepunkt. Infolge der Wirtschaftskrise hat sich die Lage auf dem Arbeitsmarkt seit September zunehmend verschärft.

Während am 1. September erst 249 192 unterstützte Vollerwerbslose gezählt wurden, waren es am 1. Oktober bereits 534 360 und am 1. November 954 654.

Diese Zahlen der Reichsstatistik beziehen sich lediglich auf die Arbeitslosigkeit im unbesetzten Deutschen Reich. Gerade die besetzten Gebiete an Rhein und Ruhr sind jedoch besonders von der Erwerbslosigkeit betroffen. Derzeit werden hier fast zwei Millionen Vollerwerbslose und etwa 500 000 Kurzarbeiter unterstützt. Die Gewerkschaften melden am Jahresende 28,2% arbeitslose Mitglieder.

Bayern lehnt Abbau der Beamtenzahl ab

13. Dezember. Über den Personalabbau faßt der Reichsrat mehrere Beschlüsse, in denen auf die Dringlichkeit des Beamtenabbaus auch in den Ländern und Gemeinden hingewiesen wird. Gleichzeitig wird die von der bayerischen Regierung vertretene Auffassung, daß die Personal-Abbau-Verordnung vom 27. Oktober für die Länder nicht bindend sei, abgelehnt. Die Abbau-Verordnung sieht eine Reduzierung der Beamten und Angestellten um 20% vor (bis 1. 4. 1924).

Konrad v. Preger

Der bayerische Gesandte in Berlin, Konrad Ritter von Preger, erklärt, Bayern halte an seinem Standpunkt unverändert fest.

Reichsbahn soll selbständig werden

Dezember. Reichsverkehrsminister Rudolf Oeser treibt die Umwandlung der Reichsbahn zu einem selbständigen Wirtschaftsunternehmen voran, von der die angestrebte Konsolidierung des Reichshaushalts u. a. abhängig ist.

Mit dem Staatsvertrag vom 1. April 1920 gingen die Staats- und Privatbahnen der Länder in das Eigentum und die Verwaltung des Deutschen Reiches über, womit sie an den Reichshaushalt gebunden wurden. Infolge des Ruhrkampfes entstanden der Reichsbahn derartige Einnahmeausfälle, daß laufende Zuschüsse des Reichs notwendig wurden. 1924 wird die Umgestaltung beendet.

Rudolf Oeser

Schlichtungsrecht wird reformiert

29. Dezember. Nun erlassene Ausführungsbestimmungen sollen den reibungslosen Übergang zum neuen Schlichtungsverfahren im Deutschen Reich gewährleisten. Ab 1. Januar 1924 unterliegt die Schlichtung von Arbeitskämpfen der Schlichtungsverordnung vom 30. Oktober.

Mit dem neuen Verfahren werden gegenüber dem 1918/19 eingeführten Schlichtungsrecht einige wesentliche Veränderungen eingeführt. Während bisher der unparteiische Vorsitzende der paritätisch besetzten Schlichtungsausschüsse von deren ständigen Beisitzern gewählt wurde, bestellt diesen nun die oberste Landesbehörde. Neu eingeführt ist auch die Ernennung eines Schlichters bei Arbeitsstreitigkeiten, die von besonderer Bedeutung für das Wirtschaftsleben sind. Der Schlichter ist berechtigt, im Falle der Nichteinigung den Schiedsspruch für verbindlich zu erklären.

Internationale Hilfsaktionen für Deutsche

7. Dezember. Die gemischte Kommission des Internationalen Komitees vom Roten Kreuz und der Liga der Rotkreuzgesellschaften erläßt in Genf einen Aufruf an die Rotkreuzgesellschaften in aller Welt. Diese sollen verstärkt Hilfsaktionen für die von der wirtschaftlichen Krise heimgesuchte Bevölkerung im Deutschen Reich durchführen.

Unterdessen sind in zahlreichen Ländern bereits Aktionen für die notleidende deutsche Bevölkerung angelaufen, die von kirchlichen und staatlichen Stellen, aber auch von privaten Verbänden und verschiedenen Wohltätigkeitsorganisationen geleitet werden.

Dabei tun sich die Verbände der Auslandsdeutschen besonders hervor. Der Bund der Reichsdeutschen in Österreich meldete z. B. am 5. Dezember, daß er bisher 50 000 Lebensmittelpakete an deutsche Familien gesandt habe. Am 6. Dezember wurde bekanntgegeben, daß die in Brasilien lebenden Deutschen bisher 70 000 Goldmark für die Notleidenden im Deutschen Reich gespendet haben. Der Verein der Reichsdeutschen in Budapest schickt nicht nur Lebensmittelsendungen ins Reich, sondern sorgt auch für die Aufnahme deutscher Kinder bei ungarischen Familien. Die Reisekosten werden zum Teil von der ungarischen Regierung getragen.

Niederländische Arbeiter helfen deutschen Arbeitern; Andrang bei der ersten niederländischen Speisestelle der internationalen Arbeiterhilfe in Berlin

Im folgenden sind einige weitere Hilfsaktionen exemplarisch herausgegriffen:

- ▷ *Österreich:* Vom 1. bis zum 8. Dezember führen die ehemaligen Frontkämpfer in Österreich eine Sammlungswoche zugunsten des Deutschen Reichs durch. Bis zum 3. Dezember gehen 160 Millionen Kronen (9568 Goldmark) ein, die notleidenden deutschen Schriftstellern und Künstlern zur Verfügung gestellt werden
- ▷ *Schweden:* Das schwedische Rote Kreuz stellt 1923 60 000 Kronen bereit. Die schwedische Kirche sammelt in den Gemeinden rund 500 000 Kronen (553 900 Goldmark) für notleidende Deutsche
- ▷ *USA:* Ein Anfang Dezember von den Quäkern eingerichteter Hilfsausschuß für deutsche Kinder setzt sich selbst zum Ziel, zehn Millionen US-Dollar (42 000 000 Goldmark) zu sammeln. Lebensmittel im Wert von ungefähr 100 000 US-Dollar (420 000 Goldmark) werden bis zum Jahresende 1923 ins Deutsche Reich gebracht.

Eine staatliche Hilfe aus den USA erfolgt 1923 noch nicht.

Reichsbahnverkehr normalisiert sich

16. Dezember. Am 1. und 16. Dezember schließt Reichsverkehrsminister Rudolf Oeser mit der Eisenbahnregie der Besatzungsmächte die beiden Mainzer Abkommen. Daraufhin wird der Eisenbahnverkehr zwischen den besetzten und unbesetzten Gebieten des Deutschen Reichs wiederaufgenommen, der seit Beginn der Ruhrbesetzung unterbrochen war.

Zielstrebig verfolgt die Reichsregierung damit die Normalisierung der Verhältnisse in den besetzten Gebieten an Rhein und Ruhr, von der wesentlich die wirtschaftliche Erholung abhängt. Erst der Abbruch des passiven Widerstands (→26. 9./S. 146) ermöglichte die Wiederherstellung der Rhein-Ruhr-Wirtschaft.

Auch die Ruhrindustrie beginnt, sich mit der französischen Besatzungsmacht zu verständigen. Am 23. November wurde der erste Micum-Vertrag abgeschlossen, in dem die Lieferung von Reparationskohle (20–35% der Produktion) geregelt wurde. Die Reichsregierung vergütet den Ruhrkohlen-Bergbauunternehmen die Kohlenlieferungen an Frankreich. Insgesamt werden zwischen der von Frankreich kontrollierten Mission interalliée de Contrôle des Usines et des Mines (Micum) und der Ruhrindustrie sechs Verträge geschlossen.

Expertenkomitees verhandeln über die Reparationen

26. Dezember. Wie am 30. November beschlossen, beruft die Reparationskommission zwei internationale Sachverständigenkomitees, die Gutachten über die Finanz- und Währungssituation des Deutschen Reichs und einen daran ausgerichteten neuen Reparationsplan ausarbeiten sollen. Unter Beteiligung der Vereinigten Staaten kommt so nach schwierigen Verhandlungen wieder Bewegung in die festgefahrene Reparationsfrage, die dringend einer Lösung bedarf.

Vorausgegangen ist der deutsche Antrag auf Überprüfung der Zahlungsfähigkeit des Deutschen Reiches (24. 10.), der von der Reparationskommission am 13. November angenommen wurde.

Vorsitzender des entscheidenden Ersten Komitees ist der US-amerikanische Finanzpolitiker Charles Gates Dawes. Weitere Mitglieder sind Owen D. Young (USA), Sir Robert Kindersley (Großbritannien) und Sir Josiah C. Stamp (Großbritannien) sowie je zwei französische, italienische und belgische Vertreter. Während dieses Komitee die deutsche Zahlungsfähigkeit zu ermitteln hat, soll das von dem britischen Bankier und Politiker Reginald McKenna geleitete Zweite Komitee die Höhe der deutschen Auslandsguthaben untersuchen.

Stellt Reparationsplan auf, US-Finanzexperte Charles Gates Dawes

US-amerikanischer Manager Owen Young, Mitglied des Dawes-Komitees

Mit der Einsetzung des Dawes-Komitees rücken die Aussichten auf eine dauerhafte Lösung der Reparationsfrage näher. Die USA, bisher bestrebt, nicht in die europäischen Angelegenheiten verwickelt zu werden, nehmen nun aktiv an den Verhandlungen teil. Zugleich hat sich Frankreich unter britischem und US-amerikanischem Druck zur Teilnahme an den Expertengremien bewegen lassen. Besonders auf Betreiben der britischen Regierung, die schon seit längerem mit Sorge um die Stabilität Mitteleuropas den Verfall des deutschen Wirtschaftspotentials verfolgt hat, kommt nun Bewegung in die Reparationsfrage, die 1924 aufgrund des Dawes-Gutachtens eine Neuregelung erfährt.

Regierungskrisen in Mitteldeutschland

7. Dezember. In den mitteldeutschen Ländern Thüringen und Sachsen zeichnet sich noch keine Stabilisierung der politischen Verhältnisse ab. Der thüringische Ministerpräsident August Frölich (SPD) erklärt den formellen Rücktritt seines Minderheitskabinetts, das allerdings noch geschäftsführend im Amt bleibt.

Karl Fellisch

In Sachsen ist die Lage ähnlich, denn die nach der Reichsexekution (→ 29. 10./S. 165) gebildete SPD-Regierung unter Karl Fellisch kann sich auch nur auf eine Minderheit im Landtag stützen.

In beiden Ländern hatten sich im Oktober Regierungen aus SPD und KPD gebildet. Per Reichsexekution wurde die sächsische Regierung deshalb am 29. Oktober abgesetzt, worauf die thüringische SPD die Koalition mit der KPD aufgab.

Das Modell einer SPD-Minderheitsregierung kann sich in Mitteldeutschland nicht durchsetzen, weil die bürgerlichen Parteien nicht zur Tolerierung bereit sind. Der Ausweg aus der Regierungskrise – in Sachsen wird eine Regierung aus SPD und bürgerlichen Parteien gebildet (4. 1. 1924) – spaltet die SPD Sachsens. In Thüringen bleibt die Regierung Frölich vorerst im Amt.

Thüringischer Ministerpräsident August Frölich tritt zurück (7. 12.)

Italienische Immigranten auf einem Einwandererschiff

Ellis Island, New Yorks Auffangstation für Einwanderer

Immigranten warten auf ärztliche Untersuchung

Krankentransport in das Hospital auf Ellis Island

Deutsche Einwanderer nicht mehr in die USA

2. Dezember. Die deutsche Einwanderung in die USA wird bis zum Juni 1924 vorübergehend unterbunden. US-amerikanische Konsulate in Europa erhalten Order, vorerst auf deutsche Pässe keine Visa mehr auszustellen. Bereits ab Ende November hatten deutsche und ausländische Schiffahrtsgesellschaften keine deutschen Auswanderer mehr an Bord genommen, um sich nicht der Gefahr auszusetzen, sie wieder zurückbringen zu müssen. Von der Einwanderersperre für Deutsche sind allerdings Geschäfts-, Besuchs- und Studienreisen, sofern sie nicht länger als sechs Monate dauern, ausgenommen.

Die Ursache für den Stopp liegt darin, daß die Deutschen ihre Quote für das Einwanderungsjahr 1923/24 bereits ausgeschöpft haben. Nach dem US-amerikanischen Einwanderungsgesetz von 1920 wird die Anzahl derjenigen Personen, die jährlich aus den verschiedenen Staaten in die USA einwandern dürfen, danach berechnet, wie viele Angehörige aus dem betreffenden Staat im Stichjahr 1890 bereits dort lebten. 2% dieser Quote dürfen jährlich hinzukommen. Da 1890 bereits relativ viele Deutsche in die USA eingewandert waren, liegt die zulässige Jahresquote für das Deutsche Reich mit 51 227 Personen im Vergleich zu anderen Staaten extrem hoch. Sie ist daher bisher noch nicht erreicht worden. Infolge der Krisensituation im Deutschen Reich hat 1923 die Auswanderung jedoch stark zugenommen.

Die Einwanderungspolitik der USA steht im Zusammenhang mit der Besinnung auf die Werte des »echten Amerika«. Nahezu alle Nicht-Weißen werden von der Einwanderung ausgeschlossen.

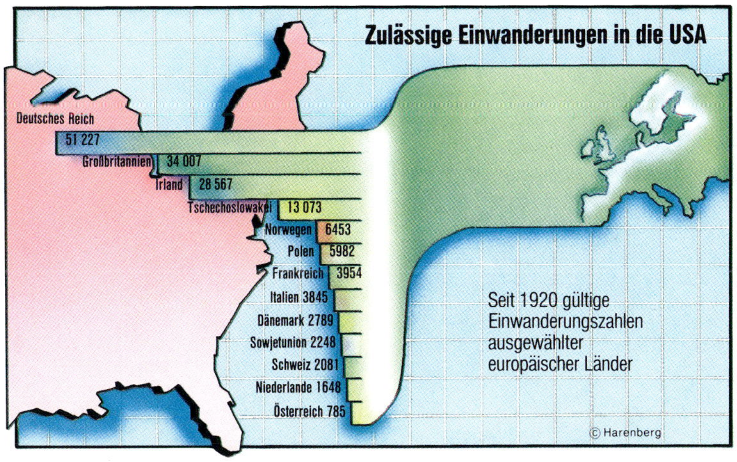

James Ramsay MacDonald, triumphierender Führer der Labour-Partei

Führte erfolgreichen Wahlkampf für die Liberalen: Herbert Henry Asquith

1923 eine schwere Wahlniederlage für Premierminister Stanley Baldwin

Triumph für die britische Labour-Partei

6. Dezember. Bei den Parlamentswahlen in Großbritannien verlieren die regierenden Konservativen unter Premierminister Stanley Baldwin 92 Sitze und damit die absolute Mehrheit der Mandate. Die oppositionelle Labour-Partei kann 49 Sitze hinzugewinnen und festigt ihre Position als zweitstärkste Kraft im Parlament, die Liberalen verzeichnen einen Zuwachs von 42 Mandaten.

Hauptthema des Wahlkampfes war die – seit Anfang des 19. Jahrhunderts in Großbritannien immer wieder heftig diskutierte – Frage nach der Einführung von Schutzzöllen. Während die Liberalen sich für eine Beibehaltung des Freihandels aussprachen, vertraten der Premierminister – und mit ihm an prominenter Stelle die beiden Halbbrüder Joseph Austen und Arthur Neville Chamberlain – die These, daß wegen der politischen Desorganisation in Europa in der Folge des Krieges und wegen der Überschwemmung des britischen Marktes mit ausländischen Waren die Einführung von Schutzzöllen unvermeidlich sei, zumal andere Nationen selbst dieses Mittel anwendeten.

Wahlergebnis in Großbritannien

Sitzverteilung:	*1923*	*1922*
Konservative	258	346
Labour	191	142
Liberale	159	117
andere Parteien	10	9
Anzahl der Stimmen in Prozent:		
Konservative	37,5	38,0
Labour	30,7	29,2
Liberale	29,9	29,1
andere Parteien	1,9	3,7

Gemäß dem Versprechen seines Amtsvorgängers Andrew Bonar Law, keine wesentlichen Änderungen des politischen Kurses in Großbritannien ohne Zustimmung des Volkes vorzunehmen, entschloß sich Premierminister Baldwin nach der Einleitung der Schutzzollkampagne, kurzfristig Neuwahlen anzusetzen.

Für die schwere Wahlniederlage der Konservativen ist nach Ansicht von Kommentatoren nicht allein die Haltung der Partei zur Frage der Schutzzölle, sondern auch die mangelnde persönliche Popularität Baldwins ausschlaggebend. Der Premierminister, der als gewiefter politischer Taktiker gilt, hat offensichtlich noch nicht das Prestige seines Vorgängers (→ 20. 5./S. 82) aufbauen können.

Die britischen Liberalen, die seit 1918 in zwei Flügel, verkörpert durch Herbert Henry Asquith (Nationalliberale) und David Lloyd George (Neue Liberale) gespalten sind, haben sich für den Wahlkampf noch einmal unter Führung Asquiths zusammengefunden. Asquith deutet die Niederlage der Konservativen als einen Erfolg für die Vertreter der Freihandelspolitik, d. h. der Liberalen und der Labour-Partei.

Am 23. Januar 1924 wird eine Labour-Regierung unter James Ramsay Macdonald gebildet.

Winston Churchill (stehend) als Wahlredner in Manchester; Churchill (Liberale Partei) polemisiert gegen die Schutzzollkampagne der Konservativen

Trotzki von Stalin heftig angegriffen

15. Dezember. Josef W. Stalin, der Generalsekretär des Zentralkomitees der Kommunistischen Partei Rußlands (später KPdSU), greift in einem Artikel in der Parteizeitung »Prawda« den Volkskommissar für Verteidigung, Leo D. Trotzki, scharf an. Er wirft seinem innerparteilichen Widersacher vor, die Einheit des Politbüros verletzt zu haben.

Stalin reagiert auf Trotzkis Kritik an der Bürokratisierung des Parteiapparats, die dieser in dem Artikel »Neuer Kurs« (8. 10.) und in einer weiteren Artikelserie (4.–11. 12.) in der »Prawda« formuliert hat. Trotzki vertritt die Ansicht, daß die Parteidisziplin die Verantwortlichkeit des einzelnen blockiere.

Der Konflikt um die Nachfolge des erkrankten Parteiführers Wladimir I. Lenin verschärft sich damit.

Josef W. Stalin, Generalsekretär der Kommunistischen Partei Rußlands

Leo D. Trotzki, innerparteilicher Widersacher von Josef W. Stalin

Medizinnobelpreis für Insulinentdeckung

10. Dezember. In Stockholm werden die Nobelpreise 1923 feierlich verliehen. Die Entscheidung des Nobelpreiskomitees in der Sparte Medizin stößt allerdings auf Unverständnis, vielfach sogar auf heftige Kritik von seiten der Preisträger.

Den Medizinpreis erhalten die kanadischen Wissenschaftler Frederick Grant Banting und John Macleod für die Entdeckung des Insulins. Banting hatte 1921 zusammen mit einem Mitarbeiter, dem Physiologiestudenten Charles Herbert Best, im Rahmen einer Versuchsreihe über die innere Sekretion der Bauchspeicheldrüse das Hormon Insulin entdeckt; Macleod hatte – so lautet die Version, die Banting und seine Anhänger verbreiten – lediglich sein Labor zur Verfügung gestellt und war an den entscheidenden Experimenten persönlich nicht beteiligt. Auf die Erklärung Bantings, er werde seinen Preis mit Best teilen, reagiert Macleod demonstrativ mit der Ankündigung, die Hälfte seines Preises werde dem Labormitarbeiter, James Bertram Collip, zugute kommen.

Der Mediziner Frederick Grant Banting (l., mit einem Freund) erhält gemeinsam mit dem Physiologen John Macleod für die Insulinentdeckung den Nobelpreis

Die Wirkungen des in der Bauchspeicheldrüse gebildeten Insulins, das 1923 bereits in größeren Mengen und in therapeutisch brauchbarer Form gewonnen werden kann, sind vielfältig. Von besonderer Bedeutung ist das künstlich isolierte Insulin für die Behandlung der Zukkerkrankheit (Diabetes), bei der aufgrund von Insulinmangel der Blutzuckergehalt erhöht und deshalb der Fettstoffwechsel gestört ist. Durch Insulingaben kann der Blutzuckerspiegel drastisch gesenkt werden – für viele Diabetiker ist dieses Mittel lebensnotwendig.

Die weiteren Preise gehen an den Österreicher Fritz Pregl (Chemie), an den US-Amerikaner Robert A. Millikan (Physik) und den Iren William Butler Yeats (Literatur).

Griechischer König auf »Urlaubsreise«

17. Dezember. Der griechische Ministerpräsident, General Stilianos Gonatas, ein Anhänger des seit 1920 im Exil lebenden liberalen Politikers Eleftherios Weniselos, fordert König Georg II. (→ 11. 1./S. 23) auf, das Land zu einer »Urlaubsreise« zu verlassen. Der Monarch solle im Ausland die Beschlüsse über die zukünftige Staatsform Griechenlands – Republik oder Monarchie – abwarten. Georg II. reist daraufhin am 19. Dezember nach Rumänien aus.

Gonatas begründet seine Aufforderung an den König mit dem Ergebnis der Wahlen zur verfassunggebenden Versammlung, bei denen am 16. Dezember die Anhänger von Eleftherios Weniselos, die dem Königtum im allgemeinen ablehnend gegenüberstehen, einen eindeutigen Erfolg errungen hatten.

Vorausgegangen waren am 21./22. Oktober ein Putschversuch gegen das Militärregime, den regierungstreue Truppen niederschlugen, und blutige Auseinandersetzungen nach einer royalistischen Demonstration in Athen (9. 12.).

Eiffelturm-Erbauer in Paris gestorben

28. Dezember. Im Alter von 91 Jahren stirbt in Paris der Ingenieur Gustave Eiffel, der durch die Konstruktion des nach ihm benannten Turms weltberühmt geworden ist.

Der 300,5 m hohe Eiffelturm, das Wahrzeichen von Paris, ist zur Weltausstellung 1889 auf dem Marsfeld mit einem Kostenaufwand von 1,5 Millionen Francs errichtet worden; noch beim Tod des Erbauers ist er das höchste Gebäude der Welt. Die Eisenkonstruktion, die auf vier Metallblöcken verankert ist, besteht aus rd. 15 000 Metallteilen und 2 500 000 Nieten.

Eiffel konstruierte ferner die Truyèrebrücke im französischen Zentralmassiv (165 m Spannweite), einige Hallen und Pavillons für die Pariser Weltausstellung von 1878, die drehbare Kuppel der Sternwarte in Nizza und Gasanstalten in der französischen Hauptstadt; der Ingenieur war außerdem am Bau des Panamakanals beteiligt. In späteren Jahren führte Eiffel Untersuchungen zum Luftwiderstand durch, die für den Brückenbau Bedeutung erlangten.

600 Tote bei Dammbruch in Provinz Bergamo

1. Dezember. In der italienischen Provinz Bergamo bricht infolge heftiger Regenfälle und wegen Hochwassers ein Damm des künstlichen Sees Gleno, der 1921 gebaut worden ist und acht Millionen Kubikmeter Wasser enthält. Das Wasser des Sees strömt in den vorbeifließenden Rino und überschwemmt die Ortschaften Dezzo, Gueggio und Toveno, die nicht rechtzeitig evakuiert werden konnten. Mehr als 600 Menschen kommen bei der Katastrophe ums Leben. Durch die Überschwemmung wird erheblicher Sachschaden angerichtet; fünf elektrische Zentralen werden zerstört, so daß die Stromversorgung in weiten Teilen der Provinz Bergamo zusammenbricht. Militäreinheiten und zahlreiche freiwillige Helfer sind unermüdlich im Einsatz. Bis zum Abend des 1. Dezember können bereits 137 Tote geborgen werden. König Viktor Emanuel III. begibt sich persönlich an den Unglücksort.

Der geborstene Damm des Stausees Gleno (Bergamo)

Dammbruchkatastrophe fordert mehr als 600 Todesopfer

Winterurlaub wird immer beliebter

Immer mehr Menschen verzichten auf die Sommerreise, um in der kalten Jahreszeit einen Urlaub mit sportlichen Aktivitäten in den Bergen zu verbringen.

Die Winterkurorte in den deutschen Mittelgebirgen – Schierke im Harz, Friedrichroda im Thüringer Wald, Krummhübel im Riesengebirge – melden ebenso Hochbetrieb wie die Skigebiete in den deutschen Alpen um Oberammergau, Berchtesgaden und Garmisch-Partenkirchen. Auch in den mondänen schweizerischen Wintersportorten wie Sankt Moritz und Davos sind die Hotels vielfach ausgebucht – eine Folge dessen, daß die Preise auch für Deutsche wieder erschwinglich sind.

Allerdings kann sich im Deutschen Reich nur eine kleine, begüterte Schicht einen Winterurlaub leisten. Bereits die notwendige Ausrüstung ist für viele nicht bezahlbar. Eine komplette Skiausstattung kostet z. B. bis zu 165 Goldmark (GM). Dieser Betrag setzt sich nach Angaben einer großen Berliner Tageszeitung wie folgt zusammen:

- ▷ Skier zum Lernen oder für Kinder 18 GM
- ▷ Skier für Fortgeschrittene 40–48 GM
- ▷ Langskier 60 GM
- ▷ Befestigung zwischen Stiefeln und Skiern (Huitfeldverbindung) 11 GM
- ▷ Skistöcke aus bestem Tonkingrohr mit Teller 10 GM
- ▷ Skistöcke aus festem Haselnußholz 7 GM
- ▷ Tragbänder zum Transport der Skier 3,50 GM
- ▷ Skiwachs 3,50 GM
- ▷ Gerätschaft zum Spannen der Skier 3,50 GM
- ▷ Skiestiefel mit hohem Schaft und dicker Sohle 75 GM

Auch für vernickelte Kunsteislaufschlittschuhe muß der Käufer 40 bis 60 GM auf den Tisch legen. Wesentlich günstiger ist dagegen das Rodelvergnügen: Ein Eschenholzschlitten kostet 12 bis 14 Goldmark; bei einem Modell, das mit Rundeisenbeschlag versehen ist, sind 20% aufzuschlagen.

Traumhaftes Skigebiet in der ▷ Nähe von Morgins in der Schweiz

△ Skisport in den französischen Pyrenäen; bei Superbagnères wird der zwölfte internationale Wettkampf im Skisprung ausgetragen. Für zahlreiche Skiurlauber, die sich am Rand der Piste versammelt haben und die Konkurrenten anfeuern, ist das Ereignis eine willkommene Abwechslung. Die meisten der Skiläuferinnen tragen Hosen

◁◁ Die italienische Künstlerin Traini verbringt ihren Skiurlaub in Sankt Moritz, einem der mondänsten schweizerischen Wintersportorte. Letzter Schrei der Wintersportmode 1923 ist bei den Damen der gemusterte bunte Wollpullover, der sich – zumindest bei gutem Wetter – als eine dem Sport angemessene Bekleidung erweist

◁ In der Wintersportsaison sammelt sich internationale Prominenz in Sankt Moritz; die bekannte Filmschauspielerin Pearl White (USA) läßt sich in voller Skiausrüstung ablichten. Als Skiläuferin ist sie ebenso draufgängerisch wie in ihren zahlreichen Filmrollen.

Aschenputtel-Motiv wird genial verfilmt

5. Dezember. Im Ufa-Palast am Zoo in Berlin wird der Film »Der verlorene Schuh« von Ludwig Berger nach Motiven des Märchens vom Aschenputtel uraufgeführt.

Ein Witwer vermählt sich zum zweiten Mal; seine Tochter aus erster Ehe leidet unter ihrer »bösen« Stiefmutter und wird am Grab der Mutter von ihrer Patin getröstet, die sie in eine Welt voller Zaubereien entführt und schließlich ihr Glück besiegelt. Berger, der auch als Verfasser von Märchendramen hervorgetreten ist, sieht im Film das am besten geeignete Mittel, um Märchenstoffe visuell umzusetzen: »Kein Instrument ... konnte so den deutschen Märchengeist, ... das lebendige Naturgefühl, die Liebe zum Landschaftsgeist, zu Baum, Pflanze und Wind fassen und spiegeln.«

Die Kritik Herbert Iherings zielt in die gleiche Richtung: »Dieser Film ist deutsch, weil er der Sprache des deutschen Märchens etwas organisch Gleichwertiges im bewegten Bild gegenüberstellt.«

Musil-Komödie um einen Hochstapler

4. Dezember. Im Lustspielhaus Berlin wird die Komödie »Vinzenz oder die Freundin bedeutender Männer« von Robert Musil uraufgeführt, für die dem Autor der Kleistpreis 1923 verliehen wird.

Der Hochstapler Vinzenz, gespielt von Rudolf Forster, gewinnt die tiefe Zuneigung Alphas (Sybille Binder), die zu acht weiteren Personen des Dramas intime, aber seelisch oberflächliche Beziehungen unterhält. Das Stück lebt in erster Linie aus den geschliffenen Dialogen.

Uraufführung von »Vinzenz oder die Freundin bedeutender Männer«

Shaws neue Sicht der Jeanne d'Arc

28. Dezember. Im Garrick Theatre in New York wird das Drama »Die heilige Johanna« von George Bernard Shaw uraufgeführt, die einzige Tragödie im konventionellen Sinne, die der 67jährige anglo-irische Dichter geschaffen hat.

Obwohl Shaw sich im Handlungsverlauf streng an den seit Mitte des 19. Jahrhunderts durch die Veröffentlichung der Prozeßakten bekannten Fakten orientiert, entwirft er ein Bild der Johanna von Orléans, das von persönlichen Vorstellungen geprägt ist. Im Mittelpunkt stehen die Begegnung der Welt des Gewöhnlichen mit dem Außerordentlichen, der Glaube an den Fortschritt der Menschheitsgeschichte durch allgemeine Aufklärung und durch den gesunden Menschenverstand des einzelnen sowie die Emanzipation der Frau. Kritiker heben hervor, daß Shaw – anders als in seinen zuvor geschaffenen Dramen – die Personen nicht als bloße Dialogpartner konzipiert hat; dies gelte besonders für die Johanna.

Mary Wigman – der Tanz als Gefühlsausdruck

13. Dezember. Die Ausdruckstänzerin Mary Wigman, die von einer Italien-Tournee ins Deutsche Reich zurückgekehrt ist, gastiert mit ihrer Truppe im Berliner Theater am Nollendorfplatz mit einer neuen Version ihres »Tanzdramas«, das sie um vier Szenen erweitert hat.

Zu der älteren Szenengruppe, in der die Spannung zwischen dem einzelnen und der Masse gestaltet ist, kommen der Solotanz »Wende«, in dem das Thema des »ringenden Sichaufrichtens« gestaltet ist, »Vision« – ein Gruppentanz, in dem die Masse als vielköpfiges, zu einem Leib verschmolzenes Ungeheuer erscheint –, »Begegnung« – ein streng symmetrisch angelegter Tanz um das weibliche Mitleid – und »Gruß« hinzu; in dieser letzten Szene wird das Streben des Menschen in einen »höheren Kreis« verklärter Wesen gestaltet. Eine »Rhapsodie« nach der Musik von Franz Liszt schließt sich an.

Obwohl Mary Wigman ihrem Publikum einiges abverlangt – das gesamte Programm wird ohne jede Pause vorgeführt –, reagieren die Berliner mit Begeisterung: »Unermattet ... und mit wachsender Willigkeit folgte das Publikum ... diesen neuen [Szenen], in denen Mary Wigman überraschend neuartige und ergreifend starke tänzerische Ausdrucksformen für Leid und Leiden, für die ›Selige Sehnsucht‹: Stirb und werde! findet«, heißt es in einer Kritik der »Vossischen Zeitung«.

Mary Wigman, die 1919 erstmals als Solotänzerin aufgetreten ist und seit 1920 in Dresden eine eigene Tanzschule betreibt, ist eine der bedeutendsten Vertreterinnen des modernen Ausdruckstanzes, dessen theoretische Grundlagen ihr Lehrer Rudolf von Laban gelegt hat. Laban versteht den Tanz – jenseits der Regeln des klassischen Balletts – allein als Ausdruck von seelischen Zuständen (Gefühle, Phantasien, Träume).

Mary Wigman (l.), die gefeierte Tänzerin und Choreographin, bei Tanzstudien mit ihren Schülerinnen; ihre dramatischen Szenen ohne konventionelle Handlungsführung sollen in erster Linie Gefühle zum Ausdruck bringen

William Butler Yeats erhält 1923 den Nobelpreis für Literatur

»Lord Jim«-Autor Josef Conrad veröffentlicht 1923 »Der Freibeuter«

Psychoanalytiker Sigmund Freud publiziert »Das Ich und das Es«

Literatur 1923:

Traditionelle Formen, moderne Themen: Literatur im Umbruch

Literarisch gesehen ist 1923 ein Jahr, in dem traditionell orientierte Dichtung und moderne, z. T. zukunftsweisende Formen nebeneinanderstehen.
Diese Widersprüchlichkeit wird besonders deutlich in dem irischen Dichter William Butler Yeats, der am 10. Dezember den Literatur-Nobelpreis erhält. Einerseits angeregt von keltischen Vorbildern und den Werken von William Shakespeare, sind vor allem seine Dichtungen auch mit ästhetizistischen und symbolistischen Einflüssen des frühen 20. Jahrhunderts durchsetzt. Zu den bedeutendsten Werken des Dichters William Butler Yeats gehören seine irischen Versdramen.
Bezeichnend für einen Teil der Literatur ist der 1923 erschienene Roman »Das letzte Kapitel« des norwegischen Schriftstellers Knut Hamsun. Wie häufig in seinen Werken beschreibt Hamsun hier wiederum die Reaktion des einzelnen auf die moderne Zivilisation, deren Auswirkungen er bekämpfen will, indem er ihr das Idealbild eines reinen und natürlichen Lebens gegenüberstellt.
Angeregt von der modernen Psychologie, sind auch die Werke Robert Musils symptomatisch für neue literarische Strömungen. Seine 1923 veröffentlichten Erzählungen »Grigia« und »Die Portugiesin« beschreiben jeweils mit großem Einfühlungsvermögen und unter Auflösung der Grenzen zwischen Rationalität und Irrationalität die Begegnung zwischen einem Mann und einer Frau. Zwar arbeitet Musil stilistisch noch mit traditionellen Mitteln, aber sein psychologisches Differenzierungsvermögen weist ihn als einen Schriftsteller der modernen Welt aus. Gleichzeitig zeigen die Werke Robert Musils, daß die Literatur in der Darstellung von seelischen Entwicklungen moderner Menschen einen ihr entsprechenden Themenbereich gefunden hat. Robert Musil beschränkt sich dabei allerdings auf die individuelle Ebene, den privaten Aspekt menschlicher Beziehungen.
Wesentlich zeitkritischer schreibt der deutsche Dramatiker und Erzähler Lion Feuchtwanger, wenn er mit historischen Themen die »Gegenwart darstellen« will. In seinem 1923 im Berliner Verlag Kiepenheuer erschienenen, im 14. Jahrhundert spielenden Roman »Die häßliche Herzogin Margarete Maultasch« versucht Feuchtwanger, die in Geschichte wie Gegenwart gültigen Gesetze menschlichen Handelns nachzuvollziehen. Diese bewußte Hinwendung der Literatur zu politischen Themen stellt einen der wichtigsten Aspekte der literarischen Entwicklung 1923 dar.
Zwei 1923 erschienene Werke sind in ihrer Analyse von moderner Kultur und Gesellschaft richtungsweisend für das 20. Jahrhundert: »Das Ich und das Es«, ein Spätwerk des österreichischen Psychoanalytikers Sigmund Freud sowie »Geschichte und Klassenbewußtsein. Studien über marxistische Dialektik« des ungarischen, marxistisch beeinflußten Philosophen und Literaturwissenschaftlers Georg Lukács.
Sigmund Freud, der um die Jahrhundertwende mit seinen Werken »Die Traumdeutung« (1900) und »Der Witz und seine Beziehung zum Unbewußten« (1905) grundlegende Forschungen zur Persönlichkeit des modernen, bürgerlichen Menschen vorgelegt hat, postuliert die Spaltung der menschlichen Persönlichkeit in zwei unterschiedliche Antriebskräfte. Das Es stellt die Triebhaftigkeit der menschlichen Natur dar (Lustprinzip), während das Ich die Anforderungen und Reaktionen der Außenwelt kontrolliert (Realitätsprinzip) und dabei zur Verdrängung des Lustprinzips beiträgt. Aus diesem Spannungsverhältnis beider erklärt Sigmund Freud die Entwicklung menschlicher Charaktere, darüber hinaus aber auch die von Kultur und Gesellschaft.
Georg Lukács sieht die gesellschaftliche Entwicklung als Ausdruck des Klassenkampfes zwischen Proletariat und Bourgeoisie. Durch Karl Marx und das von Georg Wilhelm Friedrich Hegel entwickelte System dialektischen Denkens maßgeblich beeinflußt, erscheint ihm die jeweilige Stellung des Menschen im wirtschaftlichen Produktionsprozeß entscheidend für seine Entwicklung. Klassenbewußtsein bedeutet für Lukács daher die »rationell angemessene Reaktion« auf diese Stellung, die durch die Aufhebung der kapitalistischen Produktionsweise überwunden werden kann.

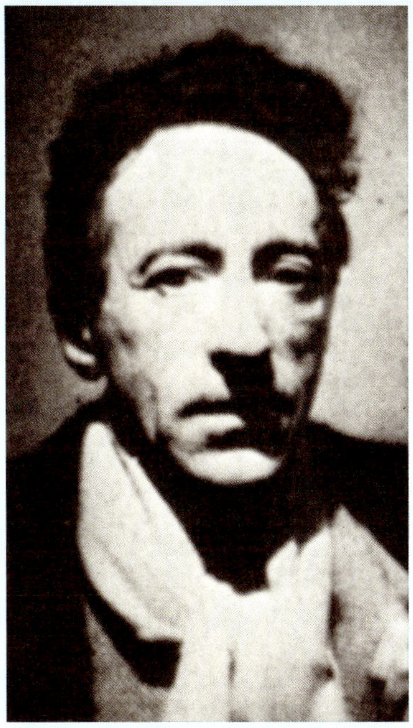

Von Jean Cocteau erscheint 1923 der Roman »Thomas der Schwindler«

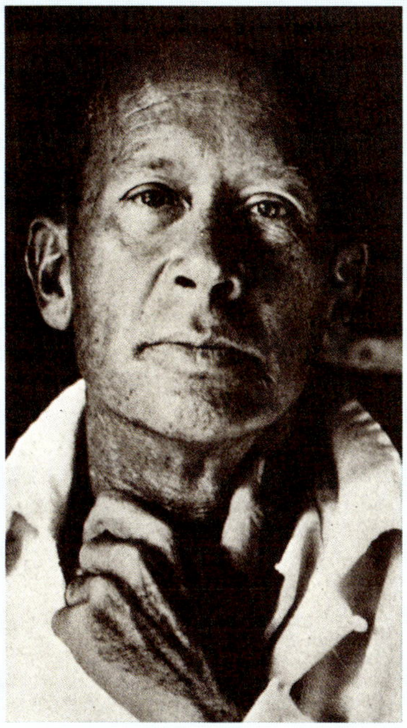

Edward Estlin Cummings veröffentlicht »Tulpen und Kamine« (Lyrik)

Knut Hamsun veröffentlicht 1923 den Roman »Das letzte Kapitel«

Der österreichische Schriftsteller Robert Musil veröffentlicht 1923 »Grigia« und »Die Portugiesin«. Musil wurde am 6. November 1880 in Klagenfurt geboren und studierte in Berlin Ingenieurwissenschaften, Psychologie, Philosophie. Am Weltkrieg nahm er als Offizier teil, seit 1922 lebt er in Berlin

Schnee und Eis zum Weihnachtsfest 1923

24. bis 26. Dezember. Nach den bereits zu Beginn des Dezembers einsetzenden, teilweise sehr heftigen Schneefällen liegen zum Weihnachtsfest weite Gebiete des Deutschen Reichs, Österreichs und der Schweiz unter einer dichten Schneedecke; zu den Festtagen fegen heftige Schneestürme über Mitteleuropa hinweg, die zu Verkehrsbehinderungen auf Straße und Schiene und zu schweren Störungen im Telefonverkehr führen.

Im deutschen Riesengebirge kommt am ersten Weihnachtstag der Verkehr nahezu vollständig zum Erliegen; von Lawinenstürzen sind in der Schweiz insbesondere die Waadtländer Alpen, in Österreich der Arlberg westlich von Innsbruck betroffen. Der Orientexpreß wird über eine Hilfsverbindung Salzburg–München–Lindau umgeleitet.

Angesichts der naßkalten Witterung wird eine »Reichswehrweihnachten für die Armen« organisiert. In allen Garnisonsstädten stellt die Reichswehr warme Räume für Notleidende, die auch umsonst bewirtet werden, zur Verfügung.

Hans von Seeckt, Chef der Heeresleitung (M.), eröffnet zusammen mit seiner Frau einen Reichswehr-Weihnachtsbasar für die Armen in Berlin

Ein Weihnachtsgruß des Reichskanzlers

25. Dezember. Reichskanzler Wilhelm Marx (Zentrum) wendet sich mit einem politischen Weihnachtsgruß an die Bevölkerung des Deutschen Reiches, in dem er seiner Hoffnung auf Frieden und Aussöhnung Ausdruck verleiht.

Die Ansprache wird mit einem Dank an das Ausland für die Unterstützung der Notleidenden im Deutschen Reich (→7. 12./S. 196) eröffnet: »Diese Hilfsbereitschaft menschlich Denkender in allen Ländern der Welt ist wie ein Lichtzeichen, das uns Hoffnung leuchtet in der Finsternis, Hoffnung, daß über Gedanken des Hasses und der Entfremdung doch einmal triumphieren soll der Gedanke menschlicher Nächstenliebe, menschlichen Verstehens und menschlicher Gemeinsamkeit. Wenn wir Briefe und Kundgebungen erhalten aus den ehemals feindlichen Ländern, von Leuten, die einst selbst gegen uns im Felde gestanden haben, dann fühlen wir, daß trotz Verhetzung und immer wieder neu geschürten Chauvinismus der Gedanke des Friedens auf Erden noch lebt.«

Marx-Rede im Radio übertragen

Die Rede von Reichskanzler Wilhelm Marx ist die erste Weihnachtsansprache im Deutschen Reich, die über Radio verbreitet wird. Sie wird zur Eröffnung des Abendprogramms am 25. Dezember um 20 Uhr von der Radiostunde AG, die ihren Sitz im Voxhaus in Ber lin (→ 29. 10./S. 170) hat, ausgestrahlt.

Marx bekräftigt die grundsätzliche Bereitschaft, die Reparationen zu zahlen; allerdings werde die notwendige Gesundung der deutschen Wirtschaft von äußerem Zwang behindert: »Wo durch Bajonette wirtschaftliche Resultate erzielt werden sollen, wird diese Arbeit nie erfolgreich und verdienstbringend gestaltet werden können.«

Der Reichskanzler bekundet die Bereitschaft zur Aussöhnung und richtet einen eindringlichen Appell an das Ausland, sich ebenfalls verständigungsbereit zu zeigen.

Rundfunkgeräte sind als Geschenk zum Fest besonders beliebt

24. Dezember. *Nicht nur in Großbritannien (Abb.: Anzeige aus der Zeitschrift »The Illustrated London News«), sondern auch im Deutschen Reich sind – knapp zwei Monate nach der Aufnahme des Sendebetriebs der ersten öffentlichen Rundfunkanstalt (→ 29. 10./S. 170) – Radiogeräte der Renner im Weihnachtsgeschäft. »Das Präzisions-Fabrikat für drahtlosen Empfang – ›Radiofix‹ – bürgt für tonreinste und lautstärkste Wiedergabe«, heißt es in einer Annonce. Als Festgeschenke sind außerdem Schallplatten und Grammophongeräte, aber auch Bücher beliebt – etwa die repräsentativ ausgestattete Propyläen-Kunstgeschichte, von der drei Bände rechtzeitig zum Fest vorliegen, oder Henry Fords 1923 erstmals auf deutsch erschienene Biographie »Mein Leben und Werk«.*

Weihnachtsgottesdienst in St. Paul's Cathedral (London), von hoch oben aus der Kuppel aufgenommen ▷

Mit leisem Optimismus in das neue Jahr

31. Dezember. Obwohl die schwere Herbstkrise des Deutschen Reichs noch keineswegs als überwunden gelten kann, bestehen doch begründete Hoffnungen auf eine nachhaltige Besserung der ökonomischen und eine Beruhigung der politischen Verhältnisse im neuen Jahr. Mit der Ausgabe der Rentenmark am → 16. November (S. 182) begann der bisher erfolgversprechend verlaufende Versuch, die völlig entwertete deutsche Währung zu stabilisieren. Wenn auch die Währungsreform von einigen Umstellungsschwierigkeiten begleitet ist, bildet sie doch die Grundlage für eine wirtschaftliche Erholung des Deutschen Reichs. Der entscheidende Schritt zur Beendigung des rapiden Währungsverfalls von 1923 ist getan.

Fliegender Händler bietet der staunenden Menge »Werkzeuge halb geschenkt« zum Kauf an; Währungsreform legt Grundlage für wirtschaftliche Besserung

Nicht nur für dieses Hauptproblem der deutschen Politik scheint sich eine Lösung anzubahnen. Mit der Berufung des internationalen Expertenkomitees unter Vorsitz des US-amerikanischen Finanzpolitikers Charles Gates Dawes (→ 26. 12./S. 196) tritt die Reparationsfrage in ein neues Stadium. Die Erfolgschancen des Dawes-Komitees beruhen auf der US-amerikanischen und französischen Teilnahme, die erst durch schwierige Verhandlungen ermöglicht wurde.

Die Hoffnungen auf eine baldige Überwindung des wirtschaftlichen Tiefpunkts – im Dezember erreicht die Arbeitslosigkeit ein alarmierendes Ausmaß – gründen sich auch auf die beginnende Normalisierung im besetzten Ruhrgebiet, von der die gesamtdeutsche Entwicklung ganz entscheidend abhängig ist.

Die Silvesterbälle sind ausverkauft

Bereits mehrere Tage vor dem Jahreswechsel gibt es in der Reichshauptstadt Berlin für die Silvesterbälle, die in großen Sälen – z. B. in der Philharmonie, den Theatern, Tanzpalästen, Kabarettbühnen und Varietés – zu Eintrittspreisen zwischen fünf und zehn Goldmark veranstaltet werden, keine Karten mehr. Die großen Berliner Hotels und Restaurants, die aufwendige Silvesterdiners zu Preisen zwischen 25 und 45 Goldmark (exklusive Wein) anbieten, nehmen nach den Weihnachtsfeiertagen keine Tischbestellungen mehr entgegen. Auch in den anderen Großstädten des Reichs sind die Silvesterveranstaltungen ausverkauft.

Das Gros der Deutschen kann sich ein solches Vergnügen zum Jahreswechsel nicht leisten und verbringt die Silvesternacht zu Hause oder in der Eckkneipe, im Kreise der Familie oder gemeinsam mit Freunden.

Britischer Botschafter lobt im Rückblick deutsche Politik

31. Dezember. In seinen Tagebuchaufzeichnungen zum Jahresende listet der britische Botschafter, Edgar Vincent Lord D'Abernon, noch einmal die vielfältigen Gefahren auf, von denen das Deutsche Reich im Krisenjahr 1923 bedroht war. Er spricht der politischen Führung des Reichs seine Anerkennung aus:

»Nun geht das Krisenjahr zu Ende. Die inneren und äußeren Gefahren waren so groß, daß sie Deutschlands ganze Zukunft bedrohten. Eine bloße Aufzählung der Prüfungen, die das Land zu bestehen hatte, wird einen Begriff davon geben, wie schwer die Gefahr, wie ernst der Sturm war. Obwohl ich diesen Zeitraum miterlebte und mich an manchen Ereignissen aktiv beteiligte, habe ich nicht immer im Augenblick erfaßt, wie schicksalsschwer die Lage war. Wenn man zurückblickt, sieht man klarer, wie nahe das Land am Abgrund stand. In den zwölf Monaten von Januar bis heute hat Deutschland die folgenden Gefahren überstanden:

▷ Die Ruhrinvasion

▷ Den kommunistischen Aufstand in Sachsen ...

▷ Den Hitler-Putsch in Bayern

▷ Eine Wirtschaftskrise ohnegleichen

▷ Die separatistische Bewegung im Rheinland.

Jeder einzelne dieser Faktoren, falls er sich ausgewirkt hätte, würde eine grundlegende Veränderung entweder in der inneren Struktur des Landes oder in seinen Beziehungen nach außen herbeigeführt haben. Jedes dieser Gefahrenmomente, falls es nicht abgewendet worden wäre, hätte jede Hoffnung auf eine allgemeine Befriedung vernichtet. Politische Führer in Deutschland sind nicht gewohnt, daß ihnen die Öffentlichkeit Lorbeeren spendet. Und doch haben diejenigen, die das Land durch diese Gefahren hindurchgesteuert haben, mehr Anerkennung verdient, als ihnen zuteil wird.«

In seiner Tagebuchnotiz am 25. Dezember hatte D'Abernon registriert, daß nach der Währungsreform eine bemerkenswerte Beruhigung im Deutschen Reich eingekehrt sei:

»Das auffallendste Kennzeichen der neuen Lage ist die erstaunliche Ruhe und Besserung, die unter der Berührung des Zauberstabes der Währungsstabilität eingetreten ist. Selbst die fanatischen Befürworter der Stabilisierung ... konnten kaum auf bemerkenswertere Ergebnisse hoffen als die, die sich heute zeigen. Die Lebensmittel in den großen Städten sind plötzlich in Hülle und Fülle vorhanden ... Die wirtschaftliche Entspannung hat eine politische Beruhigung mit sich gebracht.«

Drei Jahre Botschafter in Berlin

Edgar Vincent Lord D'Abernon, geboren am 19. August 1857 in Slinford (Sussex), entstammt einer englischen Landadelsfamilie. Er war als Finanzberater in der Türkei tätig (1882/83 und 1889 bis 1907) und gehörte von 1899 bis 1906 der Fraktion der Konservativen im britischen Unterhaus an. Am 2. Juli 1920 überreichte er Reichspräsident Friedrich Ebert in der Reichshauptstadt Berlin sein Beglaubigungsschreiben als britischer Botschafter. D'Abernon vertritt eine Politik der Verständigung zwischen den Alliierten und dem Deutschen Reich und wendet sich gegen die allgemeinen Aufrüstungsbestrebungen nach dem Weltkrieg.

Prophezeiungen für 1924

Was mir das
neue Jahr
erzählt hat
von
Paul Simmel

Wie es 1924 kommen wird:
„Haben Sie Mark zu verkaufen? Ich gebe Ihnen für zehn Mark — zehn Dollar.“

Das Butterfräulein 1924·
„Kommen Sie doch 'rein, meine Dame, frische Eier, schöne, billige Butter . .“

Ich ging heut' früh' zum neuen Jahr,
Das gerade eingetroffen war.
Es wohnte im Hotel garni,
Denn seine Wohnung, wissen Sie,
Die Wohnung, die ihm angestammt
Durch Tradition und Wohnungsamt,
War noch besetzt bis Ultimo
Um Mitternacht. Ich fand's auch so
Und interviewte es geschwind.
Da saß nun das 12-Monatskind
Und sprach: „Dir ist vielleicht bekannt,
Daß mich der Himmel hergesandt,
Zu schalten mit verständ'gem Sinn
(Weil ich ja doch ein Schaltjahr bin!)

Die Tutankhamen-Mode 1924.

Daß überlegend, neu sich regend
Europa, diese miese Gegend,
Sich wieder stärkt zum Herz des Alls,
Die heut' noch Stätte des Verfalls:
Madrid bis Moskau, Rom bis Danzig —“
Hier sprach ich: Bravo, 24!
„Und euer Deutschland ganz speziell
Wird wieder glücklich und reell!
Mit freundlicher Papierouette
Verschwand aus eurer Hände Kette
Der Schein des Scheins. Die Morgenstunde
Hat nun schon wieder Gold im Munde.
Mein Vorfahr sah bereits entthronen
Die Illiarden, Illionen —

Demonstrationszug der Schwerverdiener.

Satirisches am Jahresende

Die Jahresrückblicke auf das vergangene und die Vorschauen auf das kommende Jahr, die in den deutschen Zeitungen und Zeitschriften erscheinen, beschäftigen sich vorrangig mit der wirtschaftlichen Misere im Deutschen Reich. Dieses ernste Thema wird auch in satirischen Beiträgen verarbeitet. In der »Berliner Illustrirten« veröffentlicht der Zeichner Paul Simmel seine »Prophezeiungen für 1924« mit einer Karikatur, die einen »Demonstrationszug der Schwerverdiener« darstellt. »Schließt uns nicht von den Steuern aus« und »Auch wir wollen Opfer bringen« ist auf den Transparenten zu lesen – eine Anspielung darauf, daß vor allem die Großunternehmer von der Inflation profitierten.

Die »Jahresbilanz«, die in der »Weltbühne« vom 27. Dezember erscheint, zielt in die gleiche Richtung, schlägt jedoch einen wesentlich härteren, bitterironischen Ton an: »Das Jahr 1923 wird in der Geschichte der deutschen Wirtschaft mit goldenen Lettern eingeschrieben sein. Es hat dem Arbeiter die sittliche Freiheit wiedergegeben, die nur der Mensch hat, der freiwillig seine egoistischen Sonderwünsche höhern Zielen unterordnet. Es hat dem Unternehmer wieder jene Betätigungsmöglichkeit verschafft, die er braucht, um zum Segen des Ganzen wirken zu können. Es hat dem Arbeiter wieder die Erkenntnis gebracht, daß nur Arbeit das deutsche Volk retten kann. Der Arbeitgeber konnte sich wieder bei der Festsetzung der Löhne jenes Spartriebs befleißigen, ohne den unser Volk nicht hochkommen kann. Die Streikseuche ist der heilenden Kraft des Hungers gewichen.«

Neue Postwertzeichen 1923 im Deutschen Reich

Freimarken-Ergänzungswerte, Bergarbeiter und Schnitter

Flugpost-Ergänzungswerte mit Holztaube als Motiv

Freimarkenausgabe mit Ziffernmotiv

Wohltätigkeits-Aushilfsausgabe vom 19. Februar zur Rhein- und Ruhrhilfe mit Aufdruck des Zuschlagswerts

Freimarkenausgabe mit dem Motiv Wartburg (Mai 1923) und dem Kölner Dom (Juli 1923)

Flugpost-Ergänzungswerte mit Holztaube als Motiv vom Mai/Juni 1923 ohne Unterdruck

Freimarkenausgabe mit Ziffernmotiv

Freimarken-Ergänzungswerte mit Ziffernmotiv vom September 1923

Aushilfsausgaben, frühere Ausgaben oder kleine Ziffernmarken in nicht ausgegebenen Farben mit einem neuen Wertaufdruck

Aushilfsausgabe vom 7. November 1923 mit neuem Wertaufdruck

Freimarkenausgabe vom Oktober/November 1923

Aushilfsausgabe mit neuem Milliarden-Wertaufdruck und Strichelleiste vom November 1923

Freimarkenausgabe vom 1. Dezember 1923 mit neuer Wertziffer, aber ohne eingedruckte Währungsbezeichnung

Anhang

Das Deutsche Reich, Österreich und die Schweiz 1923 in Zahlen

Die Statistiken für die drei deutschsprachigen Länder umfassen eine Auswahl von grundlegenden Daten. Es wurden vor allem Daten aufgenommen, die innerhalb der einzelnen Länder vergleichbar sind. Maßgebend für alle Angaben waren die amtlichen Statistiken. Die Zahlen beziehen sich auf die jeweiligen Staatsgrenzen von 1923. Nicht in allen gesellschaftlichen Bereichen finden jährliche Erhebungen statt, so daß mitunter die Daten aus früheren Jahren aufgenommen werden mußten. Das Erhebungsdatum ist jeweils angegeben (unter der Rubrik »Stand«). Die aktuellen Zahlen des Jahres 1923 werden – wo möglich – durch einen Vergleich zum Vorjahr relativiert. Wichtige Zusatzinformationen zum Verständnis einzelner Daten sind in den Fußnoten enthalten.

Deutsches Reich

Erhebungsgegenstand	Wert	Vergleich Vorjahr (%)	Stand
Fläche			
Fläche (km²)	472 033,9	± 0,0	1923
Bevölkerung			
Wohnbevölkerung	62 450 000	+ 0,7	1923
– männlich[2]	28 496 496	–	8. 10. 1919[1]
– weiblich[2]	31 356 363	–	8. 10. 1919[1]
Einwohner je km²	132,3	–	1923
Ausländer und Personen mit unbekannter Staatsangehörigkeit	1 270 342	–	1. 12. 1916[1]
Privathaushalte	14 283 000	–	1. 12. 1910[1]
– Einpersonenhaushalte	1 045 000	–	1. 12. 1910[1]
– Mehrpersonenhaushalte	13 238 000	–	1. 12. 1910[1]
Lebendgeborene	1 297 449	– 7,6	1923[3]
Gestorbene	900 603	– 2,9	1923[3]
Eheschließungen	581 277	– 14,8	1923[3]
Ehescheidungen	33 939	– 7,2	1923[3]
Familienstand der Bevölkerung[2]			
– Ledige insgesamt	35 941 510	–	1. 12. 1916[1]
männlich	16 398 807	–	1. 12. 1916[1]
weiblich	19 542 703	–	1. 12. 1916[1]
– Verheiratete	21 023 944	–	1. 12. 1916[1]
– Verwitwete und Geschiedene	3 861 219	–	1. 12. 1916[1]
männlich	860 485	–	1. 12. 1916[1]
weiblich	3 000 734	–	1. 12. 1916[1]
– Familienstand unbekannt	90 185	–	1. 12. 1916[1]
Religionszugehörigkeit			
– Christen insgesamt	57 439 326	–	1. 12. 1920[1]
katholisch	19 322 031	–	1. 12. 1910[1]
evangelisch	39 117 295	–	1. 12. 1910[1]
– Juden	538 909	–	1. 12. 1910[1]
– andere, ohne Konfession	472 108	–	1. 12. 1910[1]
Altersgruppen			
unter 5 Jahren	6 331 514	–	1. 12. 1916[1]
5 bis unter 10 Jahren	7 423 480	–	1. 12. 1916[1]
10 bis unter 15 Jahren	7 321 959	–	1. 12. 1916[1]
15 bis unter 20 Jahren	6 567 397	–	1. 12. 1916[1]
20 bis unter 30 Jahren	8 078 695	–	1. 12. 1916[1]
30 bis unter 40 Jahren	7 231 926	–	1. 12. 1916[1]
40 bis unter 50 Jahren	6 873 484	–	1. 12. 1916[1]
50 bis unter 60 Jahren	5 549 943	–	1. 12. 1916[1]
60 bis unter 70 Jahren	3 453 498	–	1. 12. 1916[1]
70 bis unter 80 Jahren	1 641 122	–	1. 12. 1916[1]
80 bis unter 90 Jahren	334 214	–	1. 12. 1916[1]
90 bis unter 100 Jahren	16 409	–	1. 12. 1916[1]
100 und darüber	170	–	1. 12. 1916[1]
unbekannt	93 047	–	1. 12. 1916[1]
Die zehn größten Städte			
– Berlin	3 803 785	–	8. 10. 1919[1]
– Hamburg	985 779	–	8. 10. 1919[1]
– Köln	640 940	–	8. 10. 1919[1]
– Leipzig	636 485	–	8. 10. 1919[1]
– München	630 711	–	8. 10. 1919[1]
– Dresden	587 748	–	8. 10. 1919[1]
– Breslau	528 260	–	8. 10. 1919[1]
– Essen	439 257	–	8. 10. 1919[1]
– Frankfurt am Main	433 002	–	8. 10. 1919[1]
– Düsseldorf	407 338	–	8. 10. 1919[1]
Erwerbstätigkeit			
Erwerbstätige	21 830 549	–	1. 12. 1916[1]
– männlich	13 026 245	–	1. 12. 1916[1]
– weiblich	8 804 304	–	1. 12. 1916[1]
– nach Wirtschaftsbereichen			
Land- und Forstwirtschaft, Tierhaltung und Fischerei	5 514 549	–	1. 12. 1916[1]
Produzierendes Gewerbe	7 376 364	–	1. 12. 1916[1]
Handel und Verkehr	2 574 057	–	1. 12. 1916[1]
Häusliche Dienste	1 528 272	–	1. 12. 1916[1]
Militär und freie Berufe	3 900 529	–	1. 12. 1916[1]
Sonstige	936 778	–	1. 12. 1916[1]
Ausländische Arbeitnehmer	428 863	–	1. 12. 1916[1]
Arbeitslose	978 000	+ 30,2	1923
Betriebe			
– Landwirtschaftliche Betriebe	5 736 082	–	1907[1]
– Bergbau und Baugewerbe	339 041	–	1922[1]
– Handel, Gastgewerbe, Reiseverkehr	1 260 033	–	1922[1]
Außenhandel			
– Einfuhr (Mio. M)	6 150	–	1923
– Ausfuhr (Mio. M)	6 102	–	1923
– Einfuhrüberschuß (Mio. M)	48	–	1923
Verkehr			
– Eisenbahnnetz (km)[4]	51 788,5	+ 0,2	1923
Beförderte Personen (in Mio.)	2 381,8	– 20,1	1923
Beförderte Güter (in Mio. t)	289,5	– 38,4	1923
– Bestand an Kraftfahrzeugen	213 218	+ 28,3	1923
davon Pkw	100 340	+ 21,3	1923
davon Lkw	51 736	+ 18,4	1923
– Auf Binnenschiffen beförderte Güter (t)	34 267 000	– 41,7	1923
– Luftverkehr			
Beförderte Personen	8 507	+ 10,0	1923
Beförderte Güter (kg)	677 512	+ 9,7	1923
Bildung			
– Schüler an Volksschulen	8 930 070	–	1921/22
Mittelschulen	329 344	–	1921/22
Höheren Schulen	751 442	–	1921/22
– Studenten	85 394	–	Sommersemester 1923
Gesundheitswesen			
– Ärzte	30 558	–	1909[1]
– Zahnärzte	11 213	–	1909[1]
– Krankenhäuser	4 429	– 1,6	1923
Sozialleistungen			
– Mitglieder der gesetzlichen Krankenversicherung	18 112 022	– 1,3	1923
– Rentenbestand Rentenversicherung der Arbeiter	2 094 797	+ 5,0	1923

[1] Letzte verfügbare Angabe
[2] Ortsanwesende Bevölkerung
[3] Ohne Saarland und Oberschlesien
[4] Vollspurige Eisenbahnen

Erhebungsgegenstand	Wert	Vergleich Vorjahr (%)	Stand
Finanzen und Steuern			
– Gesamtausgaben des Staates (Mio. M)	126320732,4	– 47,0	1923
– Gesamteinnahmen des Staates (Mio. M)	5640915,1	+ 426,4	1923
– Schuldenlast des Staates (Mio. M)	6661075,6	+1871,0	1923
Preise			
– Einzelhandelspreise ausgewählter Lebensmittel (M)[2]			
Butter, 1 kg	17800	+13183,6	April 1923
Schweinefleisch, 1 kg	8700	+10016,3	April 1923
Rindfleisch, 1 kg	8000	+10289,6	April 1923
Eier, 1 Stück	338	+ 8044,6	April 1923
Kartoffeln, 1 kg	74	+ 1038,5	April 1923
Zucker, 1 kg	2130	+ 9581,8	April 1923
Vollmilch, 1 l	920	+ 9483,3	April 1923

Erhebungsgegenstand	Bremen	Berlin	Breslau	Aachen	Stuttg.	München
Klimatische Verhältnisse						
– Mittl. Lufttemperatur (° C)						
Januar	3,6	2,2	1,0	3,3	2,2	0,3
Februar	1,1	–0,1	–0,6	4,6	4,3	2,3
März	6,0	5,6	4,4	6,6	7,1	5,3
April	7,5	7,3	6,8	8,2	9,2	5,8
Mai	11,1	12,0	14,0	11,0	14,3	13,8
Juni	11,5	11,8	12,3	11,2	13,5	12,4
Juli	19,6	19,1	18,5	19,4	21,2	19,9
August	15,7	15,7	16,3	16,6	19,2	18,6
September	13,8	13,7	14,5	14,0	15,7	14,4
Oktober	10,9	10,5	11,0	11,4	12,3	11,5
November	3,7	3,6	3,2	3,2	4,0	3,5
Dezember	–1,2	–2,2	–2,6	0,8	1,2	–1,0
– Niederschlagsmengen (mm)						
Januar	63	48	27	80	36	68
Februar	36	34	37	101	58	68
März	23	15	9	50	25	33
April	19	60	33	43	82	91
Mai	70	67	42	110	46	41
Juni	42	76	72	77	41	112
Juli	99	87	54	31	21	78
August	79	35	58	48	30	69
September	44	24	35	67	39	46
Oktober	73	69	70	165	97	104
November	26	21	48	78	56	82
Dezember	43	42	40	73	55	87

Österreich

Erhebungsgegenstand	Wert	Vergleich Vorjahr (%)	Stand
Fläche			
Fläche (km²)	83833	± 0	1923
Bevölkerung			
Wohnbevölkerung	6534481	+ 0,2	1923
– männlich	3147404	–	1923
– weiblich	3387077	–	1923
Einwohner je km²	77,9	– 2,1	1923
Ausländer	423487	–	1920[1]
Geborene	146885	– 2,7	1923
Gestorbene	99924	–11,9	1923
Eheschließungen	56594	–21,7	1923
Ehescheidungen	5297	– 1,0	1923
Familienstand der Bevölkerung			
– Ledige insgesamt	3587774	–	1920[1]
männlich	1783063	–	1920[1]
weiblich	1804711	–	1920[1]
– Verheiratete	2072203	–	1920[1]
– Verwitwete und Geschiedene	471471	–	1920[1]
männlich	124848	–	1920[1]
weiblich	346623	–	1920[1]
Altersgruppen			
unter 5 Jahren	556292	–	1923
5 bis unter 10 Jahren	450589	–	1923
10 bis unter 15 Jahren	627284	–	1923
15 bis unter 20 Jahren	633698	–	1923
20 bis unter 30 Jahren	1150756	–	1923
30 bis unter 40 Jahren	953190	–	1923
40 bis unter 50 Jahren	850234	–	1923
50 bis unter 60 Jahren	649361	–	1923
60 bis unter 70 Jahren	432957	–	1923
70 und darüber	230120	–	1923
Die zehn größten Städte[3]			
– Wien	1865780	–	1923
– Graz	152706	–	1923
– Linz	102081	–	1923
– Innsbruck	56401	–	1923
– Salzburg	37856	–	1923
– Wiener Neustadt	36956	–	1923
– St. Pölten	31576	–	1923
– Klagenfurt	27423	–	1923
– Baden	22217	–	1923
– Steyr	22111	–	1923
Erwerbstätigkeit			
Erwerbstätige	3342996	–	1923
– nach Wirtschaftsbereichen			
Land- und Forstwirtschaft, Tierhaltung und Fischerei	1426238	–	1923
Industrie und Gewerbe	1009952	–	1923
Handel und Verkehr	517469	–	1923
Öffentlicher Dienst und freie Berufe	210524	–	1923
Sonstige	178813	–	1923
Arbeitslose	202142	–	1923
Betriebe			
– Landwirtschaftliche Betriebe	855	+ 9,6	1923
– Bergbau	132	+ 3,0	1923
– Baugewerbe	13122	+ 4,5	1923
– Handel, Gastgewerbe, Reiseverkehr	8138	– 7,7	1923
– Sonstiges	42322	+ 6,7	1923
Außenhandel			
– Einfuhr in 1000 Goldkronen	1850924	–	1923
– Ausfuhr in 1000 Goldkronen	1037713	–	1923
– Einfuhrüberschuß in 1000 Goldkronen	813211	–	1923

[1] Letzte verfügbare Angabe
[2] In Berlin
[3] Nach dem Gebietsstand vom 1. 7. 1928

Erhebungsgegenstand	Wert	Vergleich Vorjahr (%)	Stand
Verkehr			
– Eisenbahnnetz (km)[2]	7 038	± 0,0	1923
– Straßennetz (km)	31 313	–	1923
– Bestand an Kraftfahrzeugen	14 417	+16,5	1923
davon Pkw	10 195	+17,0	1923
davon Lkw	4 222	+15,2	1923
– Luftverkehr			
Beförderte Personen	2 390	+74,8	1923
Beförderte Güter (kg)	49 285	+72,6	1923
Bildung			
– Schüler an Volks- und Bürgerschulen	818 795	– 6,2	1923
Realschulen, Deutschen Mittelschulen	17 207	–	1923/24
Gymnasien, Realgymnasien	24 495	–	1923/24
– Studenten	12 774	–10,8	Sommer 1923
Gesundheitswesen			
– Krankenhäuser	244	–	1923
Sozialleistungen			
– Mitglieder der gesetzlichen Krankenversicherung	1 146 007	– 5,2	1923
– Empfänger von Arbeitslosenunterstützung	109 786	+55	1923[3]
Finanzen und Steuern			
– Gesamtausgaben des Staates in Mio. Kronen	8 010 682	–	1923
– Gesamteinnahmen des Staates in Mio. Kronen	6 354 812	–	1923
– Schuldenlast des Staates in Mio. Kronen	3 005,8	–	1923
Preise			
– Großhandelspreise ausgewählter Lebensmittel in Kronen[4]			
Schweinefleisch, 1 kg	28 892,9	–	1923
Rindfleisch, 1 kg	21 000	–	1923
Kartoffeln, 1 kg	853,6	–	1923
Milch, 1 l	3 930,6	–	1923
Kaffee, 1 kg	40 642,9	–	1923
Zucker, 1 kg	11 535,7	–	1923
Salz, 1 kg	3 700	–	1923

[1] Letzte verfügbare Angabe
[2] Mit Kleinbahnen
[3] Jahresdurchschnitt
[4] Schätzung

Schweiz

Erhebungsgegenstand	Wert	Vergleich Vorjahr (%)	Stand
Fläche			
Fläche (km^2)	41 294,93	±0,0	1923
Bevölkerung			
Wohnbevölkerung	3 902 000	+0,3	1923[4]
– männlich	1 871 123	–	1920[1]
– weiblich	2 009 197	–	1920[1]
Einwohner je km^2	94,5	+0,3	1923[4]
Ausländer	402 385	–	1920[1]
Privathaushalte	886 874	–	1920[1]
Lebendgeborene	75 551	–1,0	1923
Gestorbene	45 983	–8,6	1923
Eheschließungen	29 561	+1,7	1923
Ehescheidungen	2 087	–	1921/25
Familienstand der Bevölkerung			
– Ledige insgesamt	2 281 170	–	1920[1]
männlich	1 127 467	–	1920[1]
weiblich	1 153 703	–	1920[1]
– Verheiratete	1 337 653	–	1920[1]
– Verwitwete und Geschiedene	265 497	–	1920[1]
männlich	78 844	–	1920[1]
weiblich	186 653	–	1920[1]
Religionszugehörigkeit			
– Christen insgesamt	3 815 908	–	1920[1]
katholisch	1 585 311	–	1920[1]
evangelisch	2 230 597	–	1920[1]
– Juden	20 979	–	1920[1]
– andere, ohne Konfession	43 433	–	1920[1]
Altersgruppen			
unter 5 Jahren	328 866	–	1920[1]
5 bis unter 10 Jahren	346 063	–	1920[1]
10 bis unter 15 Jahren	390 365	–	1920[1]
15 bis unter 20 Jahren	386 901	–	1920[1]
20 bis unter 30 Jahren	653 485	–	1920[1]
30 bis unter 40 Jahren	543 828	–	1920[1]
40 bis unter 50 Jahren	488 576	–	1920[1]
50 bis unter 60 Jahren	363 569	–	1920[1]
60 bis unter 70 Jahren	227 417	–	1920[1]
70 bis unter 80 Jahren	108 445		1920[1]
80 und darüber	24 804	–	1920[1]
Die zehn größten Städte			
– Zürich	201 350	+ 1,1	1923[4]
– Basel	136 300	+ 0,4	1923[4]
– Genf	129 900	– 2,7	1923[4]
– Bern	103 910	+ 0,5	1923[4]
– Lausanne	68 220	+ 1,1	1923[4]
– St. Gallen	67 320	– 0,5	1923[4]
– Winterthur	49 860	+ 0,6	1923[4]
– Luzern	43 240	+ 0,5	1923[4]
– La Chaux-de-Fonds	35 970	– 1,6	1923[4]
– Biel	34 000	+ 0,3	1923[4]
Erwerbstätigkeit			
Erwerbstätige	1 871 725	–	1920[1]
– männlich	1 236 281	–	1920[1]
weiblich	635 444	–	1920[1]
– nach Wirtschaftsbereichen			
Land- und Forstwirtschaft, Tierhaltung und Fischerei	482 758	–	1920[1]
Industrie, Handwerk, Baugewerbe	802 876	–	1920[1]
Dienstleistungen	586 091	–	1920[1]
Ausländische Arbeitnehmer	216 224	–	1920[1]
Arbeitslose	32 605	–51,3	1923[3]
Außenhandel			
– Einfuhr in Mio. sFr.	2 243,081	+17,2	1923
– Ausfuhr in Mio. sFr.	1 706,211	– 0,6	1923
– Einfuhrüberschuß in Mio. sFr.	482,870	–215,8	1923

Statistische Zahlen 1923

Erhebungsgegenstand	Wert	Vergleich Vorjahr (%)	Stand
Verkehr			
– Eisenbahnnetz (km)	2 881	± 0,0	1923
Beförderte Personen	316 030 000	+ 4,2	1923
Beförderte Güter (t)	19 951 000	+ 9,9	1923
– Bestand an Kraftfahrzeugen	23 039	+ 10,8	1923
davon Pkw	16 697	+ 11,2	1923
davon Lkw	6 342	+ 9,5	1923
– Auf Binnenschiffen beförderte Güter (t)	39 829	– 76,7	1923
– Luftverkehr			
Beförderte Personen	122 937	+ 17,2	1923
Bildung			
– Schüler an Primarschulen	509 762	– 2,4	1923/24
Sekundarschulen	52 284	– 6,7	1923/24
Gymnasien, Kantonsschulen, höheren Töchterschulen	14 113	+ 169,1	1923/24
– Studenten	5 165	+ 5,0	1923/24
Gesundheitswesen			
– Ärzte	2 759	–	1920[1]
– Krankenhäuser	216	–	1923
Sozialleistungen			
– Mitglieder der gesetzlichen Krankenversicherung	210 891	+ 0,5	1923
Finanzen und Steuern			
– Gesamtausgaben des Staates in Mio. sFr.	298,914	– 5,1	1923
– Gesamteinnahmen des Staates in Mio. sFr.	253,445	+ 7,6	1923
– Schuldenlast des Staates in Mio. sFr.	2 226,200	+ 9,9	1923
Löhne und Gehälter			
– mittlerer Stundenverdienst männlicher Arbeiter in sF.	1,33	+ 0,8	1923
Preise			
– Einzelhandelspreise ausgewählter Lebensmittel in sFr.			
Butter, 1 kg	6,66	+ 2,8	31. 12. 1923
Weizenmehl, 1 kg	0,73	+ 10,6	31. 12. 1923
Schweinefleisch, 1 kg	5,00	+ 14,4	31. 12. 1923
Rindfleisch, 1 kg	3,69	+ 13,9	31. 12. 1923
Eier, 1 Stück	0,32	– 3,0	31. 12. 1923
Kartoffeln, 1 kg	0,23	–	31. 12. 1923
Vollmilch, 1 l	0,39	+ 11,4	31. 12. 1923

Erhebungsgegenstand	Zürich	Basel	Bern	Genf	Davos	Lugano
Klimatische Verhältnisse						
– Mittl. Lufttemperatur						
Januar (° C)	0,1	1,6	– 1,0	1,1	– 7,2	2,4
Februar	3,7	5,2	2,5	4,1	– 3,2	4,1
März	5,2	6,5	4,6	6,3	– 1,7	8,2
April	8,3	9,4	8,1	9,3	2,5	10,1
Mai	12,8	13,3	12,0	13,4	7,7	16,0
Juni	12,4	13,2	12,4	14,5	6,8	17,1
Juli	19,8	21,2	20,1	21,7	14,3	22,7
August	17,8	18,7	17,9	20,0	12,9	22,0
September	13,7	14,4	13,2	14,8	7,6	16,3
Oktober	11,2	12,4	10,3	11,9	5,3	13,1
November	3,8	4,2	3,0	4,7	– 0,8	7,2
Dezember	0,5	1,7	0,2	2,5	– 6,1	3,2
– Niederschlagsmengen						
Januar (mm)	42	40	35	21	60	0
Februar	80	84	91	92	64	62
März	40	49	37	53	13	28
April	86	71	61	113	57	236
Mai	94	144	154	135	71	250
Juni	87	36	65	34	85	159
Juli	72	25	57	72	74	140
August	64	61	82	85	106	91
September	73	71	77	85	90	169
Oktober	133	160	215	168	89	177
November	117	142	152	184	57	180
Dezember	147	83	125	146	190	25
– Sonnenscheindauer						
Januar (Std.)	29	48	55	75	62	126
Februar	49	46	51	49	79	96
März	99	95	95	126	174	195
April	154	159	139	180	134	114
Mai	235	227	224	258	222	214
Juni	159	177	181	272	123	150
Juli	301	300	292	333	252	291
August	282	282	289	324	248	283
September	192	209	200	230	162	213
Oktober	102	110	108	104	108	121
November	57	63	50	53	95	88
Dezember	24	30	29	47	49	109

[1] Letzte verfügbare Angabe

Die Regierungen des Deutschen Reichs, Österreichs und der Schweiz 1923

Neben den Staatsoberhäuptern des Deutschen Reichs, Österreichs und der Schweiz sind in der Zusammenstellung die einzelnen Kabinette des Jahres 1923 in chronologischer Reihenfolge enthalten. Hinter den Namen der wichtigsten Regierungsmitglieder steht in Klammern der Zeitraum ihrer Tätigkeit.

Deutsches Reich

Staatsform:
Republik
Reichspräsident:
Friedrich Ebert (SPD; 1919–1925)

Kabinet Cuno (1922–12. 8. 1923):
Reichskanzler:
Wilhelm Cuno (parteilos; 1922–12. 8. 1923)
Auswärtiges:
Friedrich von Rosenberg (parteilos; 1922–12. 8. 1923)
Inneres:
Rudolf Oeser (DDP; 1922–12. 8. 1923)
Finanzen:
Andreas Hermes (Zentrum; 1921–12. 8. 1923)
Wirtschaft:
Johannes Becker (DVP; 1922–12. 8. 1923)
Arbeit:
Heinrich Brauns (Zentrum; 1920–1928)
Justiz:
Rudolf Heinze (DVP; 1920–12. 8. 1923)
Wehr:
Otto Geßler (DDP; 1920–1928)
Post:
Karl Stingl (Bayerische Volkspartei; 1922–12. 8. 1923, 1925)
Verkehr:
Wilhelm Groener (parteilos; 1920–12. 8. 1923)
Ernährung:
Hans Luther (parteilos; 1922–4. 10. 1923)
Schatz:
Heinrich Albert (parteilos; 1922–29. 3. 1923; am 1. 4. 1923 wird das Ministerium aufgehoben)
Wiederaufbau:
unbesetzt 1922–29. 3. 1923, Heinrich Albert (parteilos; 29. 3.–12. 8. 1923)
Staatssekretär der Reichskanzlei:
Eduard Hamm (DDP; 1922–12. 8. 1923)
Pressechef:
Friedrich Heilbron (parteilos; 1920/21, 1922–12. 8. 1923)

1. Kabinett Stresemann (13. 8.–3. 10. 1923):
Reichskanzler:
Gustav Stresemann (DVP; 13. 8.–23. 11. 1923)
Vizekanzler:
Robert Schmidt (SPD; 13. 8.–3. 10. 1923)
Auswärtiges (beauftragt):
Gustav Stresemann (DVP; 13. 8. 1923–1929)
Inneres:
Wilhelm Sollmann (SPD; 13. 8.–3. 11. 1923)
Finanzen:
Rudolf Hilferding (SPD; 13. 8.–3. 10. 1923)
Wirtschaft:
Hans von Raumer (DVP; 13. 8.–3. 10. 1923)
Arbeit:
Heinrich Brauns (Zentrum; 1920–1928)
Justiz:
Gustav Radbruch (SPD; 1921/22, 13. 8.–3. 11. 1923)
Wehr:
Otto Geßler (DDP; 1920–1928)
Post:
Anton Höfle (Zentrum; 13. 8. 1923–1925)
Verkehr:
Rudolf Oeser (DDP; 13. 8. 1923–1924)
Ernährung:
Hans Luther (parteilos; 1922–3. 10. 1923)
Besetzte Gebiete (neu errichtet am 24. 8. 1923):
Johannes Fuchs (Zentrum; 24. 8.–23. 11. 1923)
Wiederaufbau:
Robert Schmidt (SPD; 13. 8.–23. 11. 1923)
Staatssekretär der Reichskanzlei:
Werner von Rheinbaben (DVP; 13. 8.–3. 10. 1923)
Pressechef:
Wilhelm Kalle (DVP; 13. 8.–23. 11. 1923)

2. Kabinett Stresemann (6. 10.–23. 11. 1923):
Reichskanzler:
Gustav Stresemann (DVP; 13. 8.–23. 11. 1923)
Auswärtiges (beauftragt):
Gustav Stresemann (DVP; 13. 8. 1923–1929)
Inneres:
Wilhelm Sollmann (SPD; 13. 8.–3. 11. 1923), Karl Jarres (parteilos; 11. 11. 1923–1924)
Finanzen:
Hans Luther (parteilos; 6. 10. 1923–1924, 1925)
Wirtschaft:
Joseph Koeth (parteilos; 6. 10.–23. 11. 1923)
Arbeit:
Heinrich Brauns (Zentrum; 1920–1928)
Justiz:
Gustav Radbruch (SPD; 1921/22, 13. 8.–3. 11. 1923)
Wehr:
Otto Geßler (DDP; 1920–1928)
Post:
Anton Höfle (Zentrum; 13. 8. 1923–1925)
Verkehr:
Rudolf Oeser (DDP; 13. 8. 1923–1924)
Ernährung:
Gerhard von Kanitz (parteilos; 6. 10. 1923–1925)
Besetzte Gebiete:
Johannes Fuchs (Zentrum; 24. 8.–23. 11. 1923)
Wiederaufbau:
Robert Schmidt (SPD; 13. 8.–23. 11. 1923)
Staatssekretär der Reichskanzlei:
Adolf Kempes (DVP; 6. 10.–23. 11. 1923)
Pressechef:
Wilhelm Kalle (DVP; 13. 8.–23. 11. 1923)

1. Kabinett Marx (30. 11. 1923–26. 5. 1924):
Reichskanzler:
Wilhelm Marx (Zentrum; 30. 11. 1923–1924, 1926–1928)
Vizekanzler:
Karl Jarres (parteilos; 30. 11. 1923–1924)
Auswärtiges:
Gustav Stresemann (DVP; 13. 8. 1923–1929)
Inneres:
Karl Jarres (parteilos; 11. 11. 1923–1924)
Finanzen:
Hans Luther (parteilos; 6. 10. 1923–1924, 1925)
Wirtschaft:
Eduard Hamm (DDP; 30. 11. 1923–1924)
Arbeit:
Heinrich Brauns (Zentrum; 1920–1928)
Justiz:
Erich Emminger (BVP; 30. 11. 1923–1924)
Wehr:
Otto Geßler (DDP; 1920–1928)
Post:
Anton Höfle (Zentrum; 13. 8. 1923–1925)
Verkehr:
Rudolf Oeser (DDP; 13. 8. 1923–1924)
Ernährung:
Gerhard von Kanitz (parteilos; 6. 10. 1923–1925)
Besetzte Gebiete (beauftragt):
Anton Höfle (Zentrum; 30. 11. 1923–1924)
Staatssekretär der Reichskanzlei:
Franz Bracht (parteilos; 30. 11. 1923–1924)
Pressechef:
Karl Spiecker (Zentrum; 30. 11. 1923–1924)

Die Ministerpräsidenten der deutschen Länder
Anhalt:
Heinrich Deist (SPD), Ministerpräsident (1919–1932)
Baden:
Adam Remmele (SPD), Staats- und Ministerpräsident (1922–23. 11. 1923, 1927/28), Heinrich Köhler (Zentrum), Staats- und Ministerpräsident (23. 11. 1923–1924, 1926/27)
Bayern:
Eugen von Knilling (BVP), Ministerpräsident und Außenminister (1922–1924)
Braunschweig:
Heinrich Jasper (Mehrheitssozialist; 1919/20, 1922–1924, 1927–1930)
Bremen:
Martin Donandt (DNVP), Bürgermeister (1920–1933)
Hamburg:
Arnold G. F. Diestel, Regierender Bürgermeister (1920–1924)
Hessen:
Karl Ulrich, Ministerpräsident (1918–1928)
Lippe:
Heinrich Drake (SPD), Ministerpräsident (1920–1933)
Lübeck:
Johannes Neumann, Regierender Bürgermeister (1920–1927)
Mecklenburg-Schwerin:
Johannes Stelling (Mehrheitssozialist), Ministerpräsident, Äußeres und Inneres (1921–1924)
Mecklenburg-Strelitz:
Kurt Artur von Reibnitz (Mehrheitssozialist), Ministerpräsident (1919–Juli 1923, 1928/29, 1929–1931), Karl Schwabe (Deutschnational), Ministerpräsident (2. 8. 1923–1928)
Oldenburg:
Theodor Tantzen (DDP), Ministerpräsident (1919–April 1923, 1945/46), Eugen von Finckh (parteilos), Ministerpräsident (17. 4. 1923–1930)
Preußen:
Otto Braun (SPD), Ministerpräsident (1920/21, 1921–1925, geschäftsführend 1925–1932)
Sachsen:
Wilhelm Buck (SPD), Ministerpräsident (1920–21. 3. 1923), Erich Zeigner (SPD), Ministerpräsident (21. 3.–29. 10. 1923), Rudolf Heinze (DVP), Ministerpräsident (29.–31. 10. 1923), Karl Fellisch (SPD), Ministerpräsident (31. 10. 1923–1924)
Schaumburg-Lippe:
K. Wippermann (parteilos), Ministerpräsident (1922–1925)
Thüringen:
August Frölich (Mehrheitssozialist), Ministerpräsident (1921–11. 9. / 16. 10. / 7. 12. 1923 bzw. geschäftsführend bis 1924)
Württemberg:
Johannes von Hieber (DDP), Ministerpräsident (1920–1924)

Österreich

Staatsform:
Republik
Bundespräsident:
Michael Hainisch (christlichsozial; 1920–1928)

1. Kabinett Seipel (1922–16. 4. 1923):
Bundeskanzler:
Ignaz Seipel (christlichsozial; 1922–1924, 1926–1929)
Vizekanzler:
Felix Frank (großdeutsch; 1922–1924)
Äußeres:
Alfred Grünberger (parteilos; 1922–1924)
Inneres:
Felix Frank (großdeutsch; 1922–16. 4. 1923)
Justiz:
Leopold Waber (christlichsozial; 1922–16. 4. 1923, 1924–1926)
Unterricht:
Emil Schneider (christlichsozial; 1922–1926)
Finanzen:
Viktor Kienböck (christlichsozial; 1922–1924, 1926–1929)
Handel:
Emil Kraft (großdeutsch; 1922–16. 4. 1923)
Soziale Verwaltung:
Richard Schmitz (christlichsozial; 1922–1924)

Heerwesen:
Karl Vaugoin (christlichsozial; 1921–1933)
Land- und Forstwirtschaft und Volksernährung:
Rudolf Buchinger (christlichsozial; 1922–1926)
Verkehrswesen:
Franz Odehnal (christlichsozial; 1922–16. 4. 1923)

2. Kabinett Seipel (17. 4.–20. 11. 1923):
Bundeskanzler:
Ignaz Seipel (christlichsozial; 1922–1924, 1926–1929)
Vizekanzler:
Felix Frank (großdeutsch; 1922–1924)
Äußeres:
Alfred Grünberger (parteilos; 1922–1924)
Inneres:
Ignaz Seipel (christlichsozial; 17. 4. 1923–1924, 1926–1929)
Justiz:
Felix Frank (großdeutsch; 17. 4. 1923–1924)
Unterricht:
Emil Schneider (christlichsozial; 1922–1926)
Finanzen:
Viktor Kienböck (christlichsozial; 1922–1924, 1926–1929)
Handel und Verkehrswesen:
Hans Schürff (großdeutsch; 17. 4. 1923–1929)
Soziale Verwaltung:
Richard Schmitz (christlichsozial; 1922–1924)
Heerwesen:
Karl Vaugoin (christlichsozial; 1921–1933)
Land- und Forstwirtschaft:
Rudolf Buchinger (christlichsozial; 1922–1926)

3. Kabinett Seipel (20. 11. 1923–1924):
Bundeskanzler:
Ignaz Seipel (christlichsozial; 1922–1924; 1926–1929)
Vizekanzler:
Felix Frank (großdeutsch; 1922–1924)
Äußeres:
Alfred Grünberger (parteilos; 1922–1924)
Inneres:
Ignaz Seipel (christlichsozial; 17. 4. 1923–1924, 1926–1929)
Justiz:
Felix Frank (großdeutsch; 17. 4. 1923–1924)
Unterricht:
Emil Schneider (christlichsozial; 1922–1926)
Finanzen:
Viktor Kienböck (christlichsozial; 1922–1924, 1926–1929)
Handel und Verkehrswesen:
Hans Schürff (großdeutsch; 17. 4. 1923–1929)
Soziale Verwaltung:
Richard Schmitz (christlichsozial; 1922–1924)
Heerwesen:
Karl Vaugoin (christlichsozial; 1921–1933)
Land- und Forstwirtschaft:
Rudolf Buchinger (christlichsozial; 1922–1926)

Schweiz

Staatsform:
Republik
Bundespräsident:
Karl Scheurer (freisinnig; 1923)

Politisches Departement (Äußeres):
Giuseppe Motta (katholisch-konservativ; 1920–1940)
Inneres:
Ernest Louis Chuard (freisinnig; 1920–1928)
Justiz und Polizei:
Heinrich Häberlin (freisinnig; 1920–1934)
Finanzen und Zölle:
Jean-Marie Musy (katholisch-konservativ; 1919–1934)
Militär:
Karl Scheurer (freisinnig; 1919–1929)
Volkswirtschaft:
Edmund Schultheß (freisinnig; 1912–1935)
Post und Eisenbahn:
Robert Haab (freisinnig; 1918–1929)

Staatsoberhäupter und Regierungen ausgewählter Länder 1923

Die Einträge zu den wichtigsten Ländern des Jahres 1923 informieren über die Staatsform (hinter dem Ländernamen), Titel und Name des Staatsoberhauptes sowie in Klammern dessen Regierungszeit. Es folgen – soweit vorhanden – die Regierungschefs, bei wichtigeren Ländern auch die Außenminister des Jahres 1923; jeweils in Klammern stehen die Zeiträume der Amtsausübung. Eine Kurzdarstellung gibt – wo es sinnvoll erscheint – einen Einblick in die innen- und außenpolitische Situation des Landes. Über bewaffnete Konflikte und Unruhegebiete, auf die hier nicht näher eingegangen wird, informiert der Anhang »Kriege und Krisenherde des Jahres 1923« gesondert.

Abessinien (heute Äthiopien):
Kaiserreich
Kaiserin:
Woisero Zäuditu (1916–1928)

Afghanistan: Emirat
Emir:
Aman Ullah Chan (1919–1929, König ab 1926)

Ägypten: Königreich
König:
Fuad I. (1922–1936, zuvor Sultan 1917–1922)
Ministerpräsident:
Muhammad Taufik Pascha (1920/21, 1922–9. 2. 1923, 1934–1936), Abd Al Fattah Jahja Ibrahim Pascha (15. 3. 1923–1924)
Britischer Oberkommissar:
Edmund Henry Hynmann Allenby (1919–1925)
Ägypten, das im Vorjahr von Großbritannien in die Unabhängigkeit entlassen worden ist, erhält am 19. April 1923 eine Verfassung als konstitutionelle Monarchie. Obwohl das Land seit 1922 eine unabhängige Monarchie ist, bleibt der Einfluß Großbritanniens, das den König auf seiner Seite weiß, bestehen. Die nationalistische Wafd-Partei fordert die Abschaffung der britischen Reservatrechte und bekämpft den »probritischen König« Fuad I., der mit diktatorischen Maßnahmen und der Ausschaltung der das Parlament beherrschenden Wafd-Partei reagiert.

Albanien: Republik
Präsident:
Turchan Pascha (1918–1924)

Algerien:
Französisches Generalgouvernement
Generalgouverneur:
Théodore Steeg (1921–1925)

Annam: Kaiserreich
(Unter französischem Protektorat)
Kaiser:
Khwai Dinh (1922–1925, zuvor König 1916–1922)
Das Kaiserreich Annam ist als Teil der Indochinesischen Union französisches Protektorat.

Argentinien: Republik
Präsident:
Marcelo Torcuato de Alvear (1922–1928)
Außenminister:
Angel Gallardo (1922–1928)

Nach der Industrialisierungswelle während des Weltkriegs erlebt das Land bis zum Ausbruch der Weltwirtschaftskrise 1929 eine wirtschaftliche Blütezeit.

Australien:
Bundesstaat im British Empire
Ministerpräsident und Außenminister:
William Morris Hughes (1915–9. 2. 1923), Stanley Melbourne Bruce (19. 2. 1923–1929)
Britischer Generalgouverneur:
Henry William Forster (1920–1925)
Die Zeit nach dem Weltkrieg ist in Australien bis zum Ausbruch der Weltwirtschaftskrise 1929 durch eine wirtschaftliche Hochkonjunktur gekennzeichnet. Zugleich wächst das Gefühl der Bedrohung durch das übervölkerte Japan. Das Land beschränkt die Einwanderung von Asiaten und fördert den Zuzug europäischer Siedler.

Belgien: Königreich
König:
Albert (1909–1934)
Ministerpräsident:
Georges Theunis (katholisch; 1921–1925, 1934/35)
Außenminister:
Henri Jaspar (1920–1924, 1934)

Bhutan: Königreich
König:
Ugyen Wangchuk (1907–1926)
Das Land erkennt die britisch-indische Vormacht an, regelt seine inneren Angelegenheiten jedoch selbständig.

Birma: Provinz von Britisch-Indien
Gouverneur:
Harcourt Butler (1922–1927)
Birma wurde 1886 von Großbritannien annektiert und wird als Provinz von Britisch-Indien verwaltet.

Bolivien: Republik
Präsident:
Bautista Saavedra (1920–1925)

Brasilien: Republik
Präsident:
Arturo da Silva Bernardes (1922–1926)

Bulgarien: Königreich
König/Zar:
Boris III. (1918–1943)
Ministerpräsident:
Alexandar Stamboliski (1919 – 9. 6. 1923), Alexandar Zankow (9. 6. 1923–1926)

Chile: Republik
Präsident:
Arturo Alessandri y Palma (1920–1925)

China: Republik
Präsident:
Li Yüan-hung (1916/17, 1922–14. 6. 1923), Ts'ao K'un (5. 10. 1923–1924)
In einem gemeinsamen Manifest vereinbaren Sun Yat-sen, der Führer der Kuomintang (Nationale Volkspartei), und der sowjetische Gesandte Adolf A. Ioffe am 26. Januar 1923 die Zusammenarbeit von Kuomintang und UdSSR beim Aufbau einer straff organisierten Armee und einer straff organisierten Partei in China. Dadurch wächst der Einfluß der Kommunisten in der Kuomintang. Seit 1921 herrscht in China Bürgerkrieg zwischen rivalisierenden Militärs.

Costa Rica: Republik
Präsident:
Julio Acosta Barcía (1919, 1920–1924)

Dänemark: Königreich
König:
Christian X. (1912–1947)

Ministerpräsident:
Niels Thomas Neergaard (1908/09, 1920–1922, 1922–1924)
Außenminister:
Christian Cold (1922–1924)

Danzig: Freie Stadt
(Unter dem Schutz des Völkerbunds)
Völkerbundskommissar:
Richard Cyril Byrne Haking (Brite; 1921–1923), Mervyn Sorley MacDonnell (Brite; 1923–1925)
Senatspräsident:
Heinrich Sahm (1920–1931)
Danzig gehört zum polnischen Zollgebiet. Polen vertritt die Freie Stadt Danzig auch im Ausland.

Dominikanische Republik: Republik
Präsident:
Juan Bautista Vicini Burgos (1922–1924)

Ecuador: Militärdiktatur/Republik
Präsident:
José Luis Tamayo (1920–1924)

El Salvador: Republik
Präsident:
Jorge Meléndez (1919–28. 2. 1923), Alfonso Quinones Molina (1914/15, 1. 3. 1923–1927)

Estland: Republik
Staats- und Ministerpräsident:
Johann Kukk (1922–August 1923), Konstantin Päts (August 1923–1924, 1931/32, 1932/33, 1933–1938, Staatspräsident 1938–1940)

Finnland: Republik
Präsident:
Kaarlo Juho Stahlberg (1919–1925)
Ministerpräsident:
Kyösti Kallio (1922–1924, 1925/26, 1929/30, 1936/37)
Außenminister:
Juho Vennola (1922–1924)

Frankreich: Republik
Präsident:
Alexandre Millerand (1920–1924)
Ministerpräsident:
Raymond Poincaré (1912/13, 1922–1924, 1926–1928, 1928/29)
Außenminister:
Raymond Poincaré (1912/13, 1922–1924, 1924)

Griechenland: Königreich
König:
Georg II. (1922–1924, 1935–1947)
Ministerpräsident:
Stilianos Gonatas (1922–17. 12. 1923)
Außenminister:
Apostolos Alexandris (1922–4. 11. 1923)
Der Friede von Lausanne am 24. Juli 1923 beendet den Griechisch-Türkischen Krieg (1919–1922). Die in Kleinasien lebenden Griechen müssen das Land verlassen, die Türkei nimmt Ostthrakien wieder in Besitz, erkennt aber den italienischen Besitz des Dodekanes und die Annexion Zyperns durch Großbritannien an. Die Dardanellen werden der freien Schiffahrt zugänglich gemacht.

Großbritannien: Königreich
König:
Georg V. (1910–1936)
Premierminister:
Andrew Bonar Law (konservativ; 1922–20. 5. 1923), Stanley Baldwin (konservativ; 22. 5. 1923–1924, 1924–1929)
Außenminister:
George Nathaniel Marquess Curzon of Kedlestone (1919–1924)

Guatemala: Republik
Präsident:
José María Orellana (1922–1926)

Haiti: Von den USA besetzte Republik
Präsident:
Joseph Luis Bornó (1922–1930)
Seit 1915 ist Haiti von den USA besetzt (bis 1934), die das politische Geschehen, die Finanzen und die Zölle kontrollieren.

Honduras: Republik
Präsident:
López Gutiérrez (1919–1924)
Seit seiner Unabhängigkeit als Republik 1838/39 ist Honduras der unstabilste Staat in Zentralamerika.

Indien (Britisch-Indien):
Britisches Vizekönigreich
Vizekönig:
Rufus Daniel Isaacs (ab 1926:) Marquess of Reading (1921–1925)

Indochinesische Union:
Französisches Protektorat
Generalgouverneur:
Merlin (1922–1925)
Indochina besteht aus den 1887 vereinigten französischen Protektoraten Annam, Tonkin und Kambodscha, der Kolonie Kotschinchina und seit 1893 auch Laos.

Irak: Königreich
König:
Faisal I. (1921–1933)
Ministerpräsident:
Abd al-Muhsin Bey al Sa'dun (1922–15. 11. 23, 1925–1926) Dscha' far Pascha al-'Askari (22. 11. 1923–1924, 1926/27)

Iran:
siehe Persien (amtlich »Iran« ab 1934)

Irland: Republik
(Freistaat innerhalb des British Empire)
Ministerpräsident:
Liam T. Mac Cosgair = William Cosgrave (1922–1932)
Außenminister:
Desmond Mac Gearailt = D. Fitzgerald (1922–1927)
Britischer Generalgouverneur:
Timothy Michael Healy (1922–1927)

Island: Republik
(in Personalunion mit Dänemark bis zum Jahr 1944)
Ministerpräsident:
Sigurd Eggerz (1922–1924)

Italien: Königreich/Diktatur
König:
Viktor Emanuel III. (1900–1946)
Ministerpräsident:
Benito Mussolini (1922–1943, 1943–1944); Außenminister 1922–1929, 1932–1936, 1943; Innenminister 1922–1924, 1926–1943; Kriegsminister 1933–1943; Marineminister 1933–1943; Luftfahrtminister 1933–1943)

Japan: Kaiserreich
Kaiser:
Joschihito (1912–1926)
Ministerpräsident:
Tamosaburo Kato (1922–26. 8. 1923), Graf Tohida (26. 8.–4. 11. 1923), Gombei Jamamoto (1913/14, 4. 9. 1923–1924)

Jemen (Sana): Königreich
König:
Hamid Ad Din Jahja (1918–1948, davor Imam 1904–1918)

Jordanien: Siehe Transjordanien

Jugoslawien:
Siehe Königreich der Serben, Kroaten und Slowenen

Kambodscha: Königreich
(Unter französischem Protektorat)
König:
Sisovath (1904–1927)
Kambodscha ist ein zur Indochinesischen Union gehörendes Französisches Protektorat.

Kanada:
Königreich im British Empire
Premier- und Außenminister:
William Lyon Mackenzie King (1921–1926, 1926–1930, 1935–1948)
Britischer Generalgouverneur:
Julian Byng of Vimy of Thorpe-le-Soken (1921–1926)

Kirchenstaat: Siehe Päpste

Kolumbien: Republik
Präsident:
Pedro Nel Ospina (1922–1926)

Königreich der Serben, Kroaten und Slowenen: Königreich
(heute Jugoslawien)
König:
Alexander II. (1921–1934)
Ministerpräsident:
Nikola Pašić (1918, 1921–1926)

Korea:
(Japanisches Generalgouvernement Chosen)
Generalgouverneur:
Makoto Graf Saito (1919–1927)

Kuba: Republik
Präsident:
Alfredo Zayas y Alonso (1921–1925)

Kuwait:
Emirat unter britischem Protektorat
Emir:
Scheich Ahmad (1921–1950)

Laos: Königreich
(Unter französischem Protektorat)
König:
Sisavong Vong (1904–1959)
Laos ist ein seit 1893 zur Indochinesischen Union gehörendes französisches Protektorat.

Lettland: Republik
Präsident:
Jānis Cakste (1922–1927)
Ministerpräsident:
Siegfried Meierovic (1921–Januar 1923, Pauluk (Ende Januar 1923–25. 1. 1924)

Libanon:
Französisches Völkerbundsmandat

Liberia: Republik
Präsident:
Charles Dunbar Burgess King (1920–1930)

Libyen: Italienisches Kolonialland

Liechtenstein: Fürstentum
Fürst:
Johann II. (1858–1929)

Litauen: Republik
Präsident:
Alexander Stulginskis (1922–1926)
Ministerpräsident:
Kasimir Grinius (1920–30. 11. 1923), Ernst Galvanauskas (1919/20, 12. 2. 1923–1924)

Luxemburg: Großherzogtum
Großherzogin:
Charlotte (1919–1964)
Ministerpräsident und Außenminister:
Emil Reuter (1918–1921, 1921–1925)

Marokko: Sultanat
(Unter französischem Protektorat)
Sultan:
Jusuf (1912–1927)
Großwesir:
Muhammad al-Muqri (1917–1955)
Französischer Generalresident:
Louis Hubert Lyautey (1912–1916, 1917–1925)

Memelgebiet: Autonomer Staat
(Unter Litauen 1923/24–1939)
Landespräsident:
Viktor Gailius (Memellitauer; 15. 2. 1923–1925)
1919 wurde die Verwaltung des Memelgebiets an die gemeinsame Verwaltung der alliierten Hauptmächte übergeben (»Kondominium«). Am 10. Januar 1923 besetzt Litauen das Memelgebiet. Am 7. Mai 1923 erhält das Memelgebiet aufgrund der Memelkonvention die Selbständigkeit und eine parlamentarische Regierung.

Mexiko: Bundesrepublik
Präsident:
Alvaro Obregón (1920–1924)

Monaco: Fürstentum
Fürst:
Ludwig II. (1922–1949)

Nepal: Königreich
König:
Tribhuvana (1911–1950, 1952/53)

Neuseeland:
Dominion im British Empire
Premierminister:
William Ferguson Massey (1912–1925)

Nicaragua: Republik
Präsident:
Diego Manuel Chamorro (1921–12. 10. 1923), Martínez Bartolo (12. 10. 1923–1924)

Niederlande: Königreich
Königin:
Wilhelmina (1890–1948)
Ministerpräsident:
Charles Joseph Maria Ruys de Beerenbrouck (1918–1922, 1922–1925, 1929–1933)
Außenminister:
Hermann Adriaan van Karnebeek (1918–1927)
Ein kommunistischer Aufstand in Java wird von niederländischen Truppen mit großer Härte niedergeschlagen.

Nordirland: Teil von Großbritannien
Ministerpräsident:
James Craig Viscount Craigavon (1921–1940)

Norwegen: Königreich
König:
Håkon VII. (1905–1957)
Ministerpräsident:
Otto Albert Blehr (1902/03, 1921–5. 3. 1923), Otto Halvorsen (1920/21, 5. 3.–23. 5. 1923), Abraham Berge (23. 5. 1923–1924)

Palästina:
Britisches Völkerbundsmandat
Oberkommissar:
Herbert Louis Samuel (1920–1925)

Panama: Republik
Präsident:
Belisario Porras (1918, 1918–1924)
Die Republik Panama wird de facto finanziert von einer US-amerikanischen Bananenfirma, der United Fruit Company.

Papst:
Pius XI., vorher Achille Ratti (1922–1939)
Kardinalstaatssekretär:
Kardinal Pietro Gasparri (1914–30)
Der frühere Kirchenstaat ist seit 1870 dem italienischen Nationalstaat eingegliedert. Erst 1929 wird durch die Lateranverträge der autonome Stadtstaat Vatikanstadt geschaffen.

Paraguay: Republik
Präsident:
Eusebio Ayala (1921–10. 4. 1923, 1932–1936), Eligio Ayala (10. 4. 1923–1924, 1924–1928)

Persien: Königreich
(amtlich »Iran« erst 1934)
Schah:
Ahmad Schah (1909–1925)
Ministerpräsident:
Ahmad Qawam os-Sultaná (1921, 1921/22, 1922–26. 1. 1923), Mirza Hasan Khan (15. 2.–12. 6. 1923), Muschir od-Doulá (1920/21, 1922, 18. Juni–Oktober 1923), Mohammad Resa Khan (ab 1925 = Schah Resa Pahlawi; 1920/21, 1921, 29. 10. 1923–1925)
Ahmad Schah, der letzte Herrscher aus der Kadscharendynastie, verläßt im November 1923 das Land und wird 1925 vom Parlament abgesetzt.

Peru: Republik
Präsident:
Augusto Bernardino Leguía (1908–1912, 1919–1930)

Philippinen: Gouvernement der USA
Generalgouverneur:
Leonard Wood (1921–1927)

Polen: Republik
Präsident:
Stanisław Wojciechowski (1922–1926), Ignacy Mościcki (1. 6. 1926–1939)
Ministerpräsident:
Władysław Eugeniusz Sikorski (1922–26. 5. 1923), Wincenty Witos (1920/21, 28. 5.–14. 12. 1923, 1926), Władysław Grabski (1920, 20. 12. 1923– 13. 11. 1925)

Portugal: Republik
Präsident:
Antonio José de Almeida (1919–6. 8. 1923), Manuel Texeira Gomes (6. 8. 1923–1925)
Ministerpräsident:
António María da Silva (1920, 1922–1924, 1925)

Rumänien: Königreich
König:
Ferdinand I. (1914–1927)
Ministerpräsident:
Ion Brătianu (1909/10/11, 1914–1918, 1918/19, 1922–1926)

Sansibar: Sultanat
(Unter britischem Protektorat)
Sultan:
Chalifa II. (1911–1960)

Schweden: Königreich
König:
Gustav V. (1907–1950)
Ministerpräsident:
Hjalmar Branting (1920, 1921–6. 4. 1923, 1924/25), Ernst Trygger (19. 4. 1923–1924)
Außenminister:
Hjalmar Branting (1921–19. 4. 1923), Erik Marks von Württemberg (11. 11. 1923–1924)

Siam: Siehe Thailand

Sowjetunion: Siehe UdSSR

Spanien: Königreich
König:
Alfons XIII. (1886–1931)
Ministerpräsident:
Manuel García Prieto (1917, 1917/18, 1918, 1922–4. 9. 1923, 4.–13. 9. 1923), Miguel Primo de Rivera y Orbaneja (13. 9. 1923–1930)
General Miguel Primo de Rivera, der Generalkapitän von Katalonien, putscht am 13. September 1923 gegen die spanische Regierung und errichtet eine Militärdiktatur. 1925 wird die Verfassung außer Kraft gesetzt und das Parlament aufgelöst, die politischen Parteien werden bis auf eine Einheitspartei verboten.

Südafrikanische Union:
Dominion im British Empire
Ministerpräsident:
Jan Christiaan Smuts (1919–1924, 1939–1948)
Generalgouverneur:
Arthur Herzog von Connaught (1920–1924)
Nach dem »Urban Areas«-Gesetz werden in Südafrika nach Rassen getrennte Wohngebiete eingeführt, der Zuzug von Afrikanern in städtische Gebiete wird unterbunden. Im Vorjahr ist es zu Streiks weißer Arbeiter gekommen, die sich gegen eine Ausweitung der Beschäftigung von Nicht-Weißen wandten.

Syrien:
Französisches Völkerbundsmandat
Oberkommissar:
Henri Joseph Eugène Gouraud (1919–1923), Maxime Weygand (20. 4. 1923–1924)

Thailand: Königreich
König:
Rama VI. Maha Wajirawudh (1910–1925)

Tibet:
Dalai-Lama:
Thupten Gjatso (1876/95–1933)
Pantschen-Lama:
Tschökji Njima (1883–1937)

Tschechoslowakei: Republik
Präsident:
Thomáš Garrigue Masaryk (1918/20–1935)
Ministerpräsident:
Anton Svehla (1922–1929)
Außenminister:
Eduard Beneš (1918–1935, danach Staatspräsident)

Tunis: Französisches Protektorat
Bei:
Muhammad VI. (1922–1929)
Generalresident:
Lucien Saint (1921–1929)

Türkei: Republik ab 29. 10. 1923
Präsident:
Mustafa Kemal Pascha, ab 1934 genannt Kemal Atatürk (30. 10. 1923–1938)
Ministerpräsident:
Mustafa Ismet Pascha, ab 1934 genannt Ismet Inönü (30. 10. 1923–1937)
Außenminister:
Mustafa Ismet Pascha (30. 10. 1923–1924)
Der Friede von Lausanne am 24. Juli 1923 beendet den Griechisch-Türkischen Krieg (1919–1922). Die in Kleinasien lebenden Griechen müssen das Land verlassen, die Türkei nimmt Ostthrakien wieder in Besitz, erkennt aber den italienischen Besitz des Dodekanes und die Annexion Zyperns durch Großbritannien an. Die Dardanellen werden der freien Schiffahrt zugänglich gemacht.
Im ehemaligen Osmanischen Reich wird am 29. Oktober 1923 die Republik Türkei ausgerufen, Staatspräsident wird Mustafa Kemal, ab 1934 gen. Atatürk = Vater der Türken, der Führer der türkischen Nationalbewegung gegen die Osmanen.

UdSSR: Republik
Parteigeneralsekretär:
Josef W. Stalin (1922–1953)
Präsident (Vorsitzender des Präsidiums des Obersten Sowjets):
Michail I. Kalinin (1919/1923–1946)
Ministerpräsident (Vorsitzender des Rats der Volkskommissare):
Wladimir I. Lenin (1917–1924)
Außenminister (Volkskommissar des Äußeren):
Georgi W. Tschitscherin (1918–1930)
Verteidigung:
Leo D. Trotzki (1918–1924)
In einem gemeinsamen Manifest vereinbaren Sun Yat-sen, der Führer der Kuomintang (Nationale Volkspartei Chinas), und der sowjetische Gesandte Adolf A. Ioffe am 26. Januar 1923 die Zusammenarbeit von Kuomintang und UdSSR beim Aufbau einer schlagkräftigen Armee und einer straff organisierten Partei in China. Dadurch wächst der Einfluß der Kommunisten in der Kuomintang.

Ungarn: Monarchie
König:
Otto II. (1922–1944/45) lebt in Bayern, nachdem sein Vater, König Karl IV. (†1922), 1921 zweimal an der Rückkehr nach Ungarn gehindert worden ist. 1921 hat die Nationalversammlung die Thronenthebung der Habsburger ausgesprochen.
Reichsverweser:
Miklós Horthy (1920–1944)
Ministerpräsident:
István Graf Bethlen von Bethlen (1921–1931)

Uruguay: Republik
Präsident:
Baltasar Brum (1919–1. 3. 1923), José Serrato (1. 3. 1923–1927)

USA: Bundesstaat
28. Präsident:
Warren Gamaliel Harding (Republikaner; 1921–2. 8. 1923)
29. Präsident:
Calvin Coolidge (Republikaner; 3. 8. 1923–1929)
Staatssekretär (Außenminister):
Charles Evans Hughes (1921–1925)

Venezuela: Republik
Präsident:
Juan Vicente Gómez (1908–1929, 1931–1935)

Kriege und Krisenherde des Jahres 1923

Die herausragenden politischen und militärischen Krisensituationen des Jahres 1923 werden – alphabetisch nach Ländern geordnet – im Überblick dargestellt. Internationale Kriege und Krisenherde sind dem alphabetischen Länderverzeichnis vorangestellt.

Ägypten konstitutionell

Ägypten, das im Vorjahr von Großbritannien in die Unabhängigkeit entlassen worden ist, erhält am 19. April 1923 eine Verfassung als konstitutionelle Monarchie mit einem Zweikammersystem, faktisch bleibt es jedoch ein britisches Protektorat. Der Einfluß Großbritanniens, das König Fuad I. auf seiner Seite weiß, bleibt bestehen.
Die nationalistische Wafd-Partei, die die Parlamentswahlen des Jahres 1923 gewinnt und für die nächsten 30 Jahre die beherrschende Partei in Ägypten bleibt, fordert die Abschaffung der britischen Privilegien und bekämpft den »probritischen König«, der das Land mit diktatorischen Maßnahmen regiert.

Ruhrbesetzung

Französische und belgische Truppen marschieren am 11. Januar 1923 wegen ausstehender deutscher Reparationslieferungen in das Ruhrgebiet ein.
Die Reparationen, die das Deutsche Reich zu zahlen hat, sind von der alliierten Reparationskommission 1921 auf 132 Milliarden Goldmark festgelegt worden. Doch die Folgen des Ersten Weltkriegs und die Wirtschaftskrise machen es dem Deutschen Reich fast unmöglich, diese Zahlungen aufzubringen. Da es an Bargeld fehlt, darf das Deutsche Reich einen Teil der Reparationen in Sachleistungen abgelten. Die Situation eskaliert, als die Reparationskommission am 9. Januar 1923 die »Nichterfüllung« der deutschen Lieferungen (Kohlen, Holz) feststellt, womit das Deutsche Reich gegen die Reparationsbestimmungen des Versailler Vertrags verstoßen habe. Wegen der ausstehenden Lieferungen wird nun das Ruhrgebiet besetzt. Die Bevölkerung leistet den Besatzern passiven Widerstand. Überall werden Sabotageakte verübt, wiederholt flackern Streiks auf. Eine zentrale Rolle spielen dabei die Eisenbahner, die den Abtransport der Kohle, des Hauptanteils der Sachlieferungen an Frankreich, durch Stillegung einzelner Bahnhöfe zu verhindern suchen. Am 29. September wird der passive Widerstand wegen der Wirtschaftskrise und der Inflation abgebrochen.

Hitler-Putsch scheitert

Der NSDAP-Führer Adolf Hitler ruft am 8. November 1923 in München die »nationale Revolution« aus und plant, nach dem Vorbild der italienischen Faschisten, einen »Marsch auf Berlin«. Der sog. Hitler-Putsch scheitert jedoch.
Mit Waffengewalt treibt die bayerische Polizei den von Hitler und dem ehemaligen General Erich Ludendorff angeführten Demonstrationszug an der Münchner Feldherrnhalle auseinander. Damit ist das Vorhaben, die Reichsregierung zu stürzen, durchkreuzt. Nach den Plänen nationalistischer Kreise sollte ein mit diktatorischen Vollmachten ausgestattetes Dreierdirektorium, an dessen Spitze der Chef der Obersten Heeresleitung, General Hans von Seeckt, stehen sollte, die Regierung übernehmen. Doch bereits Anfang November geraten die Vorbereitungen ins Stocken. Seeckt fordert den Generalstaatskommissar von Bayern, Gustav Ritter von Kahr, der auf einen Bruch mit dem Deutschen Reich hinarbeitet, am 5. November auf, alle Aktionen einzustellen. Hitler durchkreuzt Kahrs Pläne und putscht selbst. Die NSDAP wird verboten, Hitler zu fünf Jahren Festungshaft verurteilt. Ende 1924 wird er jedoch vorzeitig entlassen.

Griechisch-Türkischer Krieg

Der Friede von Lausanne am 24. Juli 1923 beendet den Griechisch-Türkischen Krieg (1919–1922). Die in Kleinasien lebenden Griechen müssen die Türkei verlassen, die Türkei nimmt Ostthrakien wieder in Besitz, erkennt aber den italienischen Besitz des Dodekanes und die Annexion Zyperns durch Großbritannien an. Die Dardanellen werden der freien Schiffahrt zugänglich gemacht.
Griechische Truppen waren nach der militärischen Niederlage des Osmanischen Reichs (Türkei) im Ersten Weltkrieg 1919 in Konstantinopel eingedrungen, hatten Smyrna (Izmir) und das Hinterland von Smyrna sowie Adrianopel und Bursa besetzt und waren 1921 in Anatolien bis zum Sakarya vorgerückt. Der von Frankreich unterstützte Führer der türkischen Nationalbewegung, Mustafa Kemal, der spätere Kemal Atatürk, hatte dann 1922 die Griechen geschlagen. Mit der griechischen Armee war auch die griechische Bevölkerung geflohen.
Nach dem türkischen Sieg wird in der Türkei am 29. Oktober 1923 die Republik proklamiert mit Mustafa Kemal als Staatspräsident, der eine Europäisierung des Landes anstrebt.

Südrhodesien annektiert

Großbritannien annektiert am 1. September 1923 Südrhodesien (heute Simbabwe) als selbstregierende Kronkolonie, die neue Verfassung tritt am 1. Oktober in Kraft. Südrhodesien erhält einen eigenen Premierminister, ein Gouverneur vertritt die britische Krone, die sich jedoch das Interventionsrecht in allen die Farbigen betreffenden Angelegenheiten vorbehält.
Vorausgegangen ist ein Referendum, in dem sich 1922 59% der Europäer für Selbstregierung und 41% für die Union mit Südafrika ausgesprochen haben.
1890 erhielt der britische Politiker Cecil Rhodes, der durch den Erwerb von Diamantenfeldern in Südafrika politischen Einfluß und ein großes Vermögen gewonnen hatte, von Großbritannien durch eine königliche Charta die Sicherung des Gebiets nördlich und westlich von Transvaal übertragen. Hier entstanden die Kolonien Nord- und Südrhodesien. 1891 erklärte Großbritannien das Gebiet zum britischen Protektorat, im Jahr 1894 waren die einheimischen Ndebele unterworfen.

Militärdiktatur in Spanien

General Miguel Primo de Rivera y Orbaneja, der Generalkapitän von Katalonien, putscht am 13. September 1923 gegen die spanische Regierung und errichtet mit Zustimmung von König Alfons XIII. eine Militärdiktatur mit dem Ziel, die drohende Auflösung des Staats gewaltsam zu verhindern. Die konstitutionelle Monarchie, die in Spanien seit 1918 besteht, war mit ihrem konservativ-autoritären Regierungsstil eher ständisch als demokratisch orientiert. Das Militär hatte großen Einfluß. Daneben organisierten sich starke anarchistische Partei- und Gewerkschaftsgruppen, die auf die Beseitigung der Monarchie hinarbeiteten und von der armen Landbevölkerung unterstützt wurden. Immer öfter kam es zu gewalttätigen Unruhen.
In dieser Situation putscht General Primo de Rivera in Spanien und errichtet mit der Unterstützung der Militärs eine Militärdiktatur, die alle oppositionellen Bewegungen gewaltsam unterdrückt.

Apartheid in Südafrika

Nach dem »Urban Areas«-Gesetz werden 1923 in Südafrika nach Rassen getrennte Wohngebiete eingeführt, der Zuzug von Afrikanern in städtische Gebiete wird unterbunden. Im Vorjahr ist es zu Streiks weißer Arbeiter gekommen, die sich gegen eine Ausweitung der Beschäftigung von Nicht-Weißen wandten.
Die Bevölkerung der Südafrikanischen Republik besteht zum größten Teil aus Nichteuropäern (77%), und zwar aus Bantus (67% der Gesamtbevölkerung), Hottentotten (7%) und eingewanderten Asiaten (3%), hauptsächlich Indern.

Ausgewählte Neuerscheinungen auf dem Buchmarkt 1923

Die Auswahl berücksichtigt nicht nur Neuerscheinungen von literarischem oder wissenschaftlichem Wert, sondern auch vielgelesene Bücher des Jahres 1923. Innerhalb der einzelnen Länder sind die erschienenen Werke alphabetisch nach Autoren geordnet.

Deutsches Reich

Max Dessoir
Vom Diesseits der Seele
Psychologische Abhandlung
Der deutsche Philosoph und Psychologe Max Dessoir (1867–1947) erläutert in seinem Werk »Vom Diesseits der Seele« (erschienen beim Verlag Dürr und Weber in Leipzig und Berlin) in Briefen an eine Freundin seine Anschauungen über die Psychologie.
Dessoir, ab 1897 Professor der Philosophie in Berlin, befaßt sich mit ästhetischen und psychologischen Fragestellungen, wobei metaphysische und okkultistische Fragen im Vordergrund stehen, und führt den Begriff Parapsychologie ein. Seit 1906 gibt er die »Zeitschrift für Ästhetik und allgemeine Kunstwissenschaft« heraus, 1909 gründete er die Gesellschaft für Ästhetik und allgemeine Kunstwissenschaft. Weitere Werke: »Ästhetik und allgemeine Kunstwissenschaft« (1906), »Vom Jenseits der Seele« (1918).

Lion Feuchtwanger
Die häßliche Herzogin Margarete Maultasch
Roman
Der deutsche pazifistisch-sozialistische Dramatiker und Erzähler Lion Feuchtwanger (1884–1958) verfolgt mit seinem im 14. Jahrhundert spielenden historischen Roman »Die häßliche Herzogin Margarete Maultasch«, der beim Verlag Kiepenheuer in Berlin erscheint, folgendes Ziel: »Die Kräfte, welche die Völker bewegen, sind die gleichen, seitdem es aufgezeichnete Geschichte gibt. Sie bestimmen die Geschichte der Gegenwart ebenso, wie sie die der Vergangenheit bestimmt haben. Diese unveränderten und unveränderlichen Gesetze in ihren Auswirkungen zu gestalten, ist wohl das höchste Ziel, das ein historischer Roman erreichen kann. Ihm strebt der Autor zu, der heute an einem ernsthaften historischen Roman schreibt. Er will die Gegenwart darstellen. Er sucht in der Geschichte nicht die Asche, er sucht das Feuer. Er will sich und den Leser zwingen, die Gegenwart deutlicher zu sehen, indem er sich distanziert.«
Zentrale Gestalt ist die wegen einer Entstellung innerlich vereinsamte Gräfin Margarete von Tirol, die Tochter Herzog Heinrichs von Kärnten. Sie kämpft gegen dynastische Interessen um das Wohl ihres Landes.
Feuchtwanger, Sohn eines Fabrikanten, begann nach seiner Promotion zum Dr. phil. als Dramatiker und Theaterkritiker. Auf einer seiner Auslandsreisen wurde er bei Beginn des Ersten Weltkrieges 1914 in Tunis interniert; es gelang ihm die Flucht nach Deutschland, wo er sich als Übersetzer und Bearbeiter indischer, griechischer und spanischer Dramen betätigte und 1918/19 die Bekanntschaft Bertolt Brechts machte.

Arthur Moeller van den Bruck
Das Dritte Reich
Politisch-spekulative Schrift
Der deutsche jungkonservative Schriftsteller Arthur Moeller van den Bruck (1876–1925) vertritt in seinen Werken »Der preußische Stil« (1916) und »Das Recht der jungen Völker« (1919) die Ideologie eines preußischen Sendungsbewußtseins und schuf durch die These von der Nähe des deutschen Volkes zu den »jungen Völkern« des Ostens (vor allem Rußland) einen Mythos, der in der völligen Ablehnung des »Westens« gipfelt. Die politisch-spekulative Schrift »Das Dritte Reich« gilt als Programmschrift einer konservativen Revolution und ist eines der Zeugnisse antidemokratischen Denkens in der Weimarer Republik.
Moeller van den Bruck strebt eine ständisch-aristokratische Gliederung der Nation an, wobei er von einem ideell-bildungsmäßigen (nicht von einem nationalistisch-arischen) Volksbegriff ausgeht. Eine Nation sei eine »Wertungsgemeinschaft«, sagt Moeller van den Bruck, denn: »Leben im Bewußtsein seiner Nation heißt Leben im Bewußsein seiner Werte«.

Frankreich

Alphonse de Chateaubriant
Schwarzes Land
(La Brière)
Roman
Der französische Erzähler und Essayist Alphonse de Chateaubriant (1877–1951), in seiner Zivilisationsfeindschaft Jean Giono verwandt, wird bekannt durch den Roman »Schwarzes Land«, in dem er Landschaft, Leute, Gebräuche, Ängste und Aberglauben in der Brière darstellt, dem Schwarzen Land in der Bretagne, einer düsteren Moorlandschaft, deren Bewohner nach altüberkommenen Sitten leben, nach ungeschriebenen – und unvertretbaren – Gesetzen handeln. Der Jagdaufseher Aoustin verstößt seine Frau aus Adelsstolz und treibt seine Tochter in den Wahnsinn: Sie soll einen Burschen aus einem verachteten Nachbardorf nicht heiraten. – Die deutsche Übersetzung erscheint 1925.

Jean Cocteau
Thomas der Schwindler
(Thomas l'imposteur)
Roman
Der französische Schriftsteller, Filmregisseur und Grafiker Jean Cocteau (1889–1963) schildert in seinem Roman »Thomas der Schwindler« am Beispiel des 16jährigen Guillaume Thomas eine Art von Schwindler, »der man eine Sonderstellung einräumen muß. Sie leben halb im Traum.« Guillaume gibt sich als Neffe eines Generals aus und erhält so Zugang zu einer militärischen Einheit während des Ersten Weltkriegs. Auf einem gefährlichen Kuriergang wird er erschossen. Guillaume identifiziert sich so mit seiner angenommenen Rolle, daß er selbst an seine Scheinexistenz glaubt: »Er hielt sich für etwas, das er nicht war, wie ein Kind sich für Kutscher oder Pferd hält.« – Die deutsche Übersetzung erscheint 1954.

Sidonie Gabrielle Colette
Erwachende Herzen
(Le blé en herbe)
Roman
Die französische Erfolgsautorin Sidonie Gabrielle Colette (1873–1954) schildert in dem Roman »Erwachende Herzen«, den sie als ihren Lieblingsroman bezeichnet, das Erwachen der Liebe am Beispiel der pubertären Konflikte im Verhältnis zwischen dem 14jährigen Phil und der 15jährigen Vinca, die sich seit Kindheit kennen und jeden Sommer die Ferien in einem Seebad in der Bretagne verbringen. Vinca gibt sich Phil erst hin, als dieser seine ersten sexuellen Erfahrungen mit einer älteren »weißen Dame«, in der sie eine Nebenbuhlerin fürchten muß, gemacht hat. – Die deutsche Übersetzung des Buchs erscheint 1928. 1953 wird der Roman verfilmt.

Raymond Radiguet
Den Teufel im Leib
(Le diable au corps)
Roman
Der französische Schriftsteller Raymond Radiguet (1903–1923) wird erst nach seinem Tod berühmt durch die beiden Romane »Den Teufel im Leib« (1923) und »Der Ball des Comte d'Orgel«. In beiden ist das zentrale Thema die Liebe. In dem autobiographisch gefärbten Roman »Den Teufel im Leib« schildert Radiguet die Geschichte des 16jährigen François, der seiner Jugendfreundin Marthe, deren Verlobter an der Front ist, den Hof macht. François bleibt auch nach der Heirat Marthes ihr Geliebter, wird dieser Situation jedoch bald überdrüssig. Er versucht, die von ihm schwangere Marthe mit einer Schwedin zu betrügen, kann sich aber nicht offen von Marthe lösen. Diese stirbt nach der Geburt des Kindes. – Die deutsche Übersetzung erscheint 1925. 1947 wird der Roman verfilmt.

Großbritannien

Joseph Conrad
Der Freibeuter
(The Rover)
Roman
Joseph Conrad (1857–1924), Verfasser von Romanen und Kurzgeschichten im Stil eines romantischen Realismus, schildert in seinem letzten vollendeten Roman „Der Freibeuter" das Schicksal eines alten Seefahrers, der sich nach einem Abenteuerleben an der südfranzösischen Küste zur Ruhe setzen will. Die zur Zeit des englisch-französischen Seekriegs nach der Französischen Revolution spielende Abenteuergeschichte wird 1930 ins Deutsche übersetzt.

Aldous Huxley
Narrenreigen
(Antic Hay)
Roman
Der britische Schriftsteller und Kulturkritiker Aldous Huxley (1894–1963) schildert in dem Roman »Narrenreigen« das Leben eines Intellektuellen, der durch eine Erfindung finanziell abgesichert ist, in der Welt der Londoner Bohemiens und Intellektuellen zu Beginn der 20er Jahre dieses Jahrhunderts.
In seinen stilistisch brillanten, oft satirisch-pessimistischen Romanen, Erzählungen und Essays kritisiert Huxley die verlogene Moral der höheren Gesellschaft (»Parallelen der Liebe«, 1925) ebenso wie blinden Fortschrittsglauben und malt in düsteren Zukunftsvisionen ein bedrückendes Bild der automatisierten und seelenlosen oder gar nach einem Krieg zerstörten Welt.

D(avid) H(erbert) Lawrence
Der Fuchs
(The Fox)
Erzählung
Der von der Psychoanalyse Sigmund Freuds beeinflußte britische Schriftsteller D. H. Lawrence (1885–1930), der in den meisten seiner Erzählungen und Romane den magischen Kräften des Eros ausgelieferte Menschen zeigt, schildert in »Der Fuchs« die Geschichte der etwa 30jährigen Frauen Benford und March, die eine Hühnerfarm betreiben, die plötzlich von einem Fuchs heimgesucht wird. Als der Soldat Henry zu ihnen stößt und ihnen bei der Jagd auf den Fuchs behilflich ist, beginnt eine Dreiecksgeschichte, bei der die vitale March ein Verhältnis mit dem Soldaten eingeht, während sich die intellektuelle, kränkliche Benford haßerfüllt zwischen die Liebenden stellt. Henry erlegt den Fuchs und verursacht beim Baumfällen den Tod Benfords. March und Henry heiraten. – Die deutsche Übersetzung erscheint 1926.

Italien

Italo Svevo
Zeno Cosini
(La coscienza di Zeno)
Roman
Italo Svevo, eigentl. Ettore Schmitz (1861–1928), entdeckt und gefördert durch James Joyce und Valéry Larbaud, ist der erste und bedeutendste Vertreter des psychoanalytischen Romans in Italien. Bekannt wird er 1923 mit seinem dritten Roman, „Zeno Cosini", in dem ein wohlhabender Bürger sein Leben als therapeutische Aufgabe für den Psychoanalytiker erzählt. Zeno leidet daran, daß sein geordnetes Leben etwas rein Privates ist, in dem alles »Schicksalhafte« fehlt. – Die deutsche Übersetzung von »Zeno Cosini« erscheint 1928.

Norwegen

Olav Duun
Die Juwikinger
(Juvikfolke)
Romanzyklus
Mit dem Roman »Im Sturm« liegt der letzte Band des sechsteiligen Romanzyklus »Die Juwikinger« von Olav Duun (1876–1939) vor, eine an den Bauernerzählungen Björnstjerne Björnsons geschulte Geschlechtersaga, die den Autor weit über die Grenzen seiner Heimat hinaus bekannt macht und zugleich eines der bedeutendsten Werke der norwegischen Erzählkunst darstellt. Erzählt wird die Chronik eines alten norwegischen Bauerngeschlechts über mehrere Gene-

rationen hinweg von etwa 1814 bis zum Jahr 1918, dem Ende des Weltkriegs. Die vorhergehenden Romane erschienen unter den Titeln »Juwika« (1918), »Mit Blindheit geschlagen« (1919), »Die Großhochzeit« (1920), »Das Abenteuerland« (1921) und »In der Jugend« (1922) – Die deutsche Übersetzung erscheint 1927.

Knut Hamsun
Das letzte Kapitel
(Siste kapitel)
Roman
Der Roman »Das letzte Kapitel« von Knut Hamsun, eigentl. Knut Pedersen (1859–1952), ist einer der schärfsten Angriffe des norwegischen Dichters und Literaturnobelpreisträgers von 1920 gegen die moderne Zivilisation. Zwei Männer, ein degenerierter angeblicher Graf und der junge Bauer Daniel, interessieren sich aus unterschiedlichen Gründen für dieselbe Frau. Der unverdorbene Bauer erschießt den Zivilisationsmenschen und geht dafür sieben Jahre ins Gefängnis. Die Frau zieht in Daniels Haus und wartet auf seine Rückkehr. Eine weitere Symbolfigur des Romans ist der »Selbstmörder«, der das Leben als ununterbrochenes Wandern beschreibt, das den Menschen gegen seinen Willen verändert und dem Untergang entgegenführt: »Das ist der Roman des Lebens, und sein letztes Kapitel ist der Tod.« – Die deutsche Übersetzung erscheint 1924. 1961 wird das Werk verfilmt.

Österreich

Sigmund Freud
Das Ich und das Es
Psychoanalytische Schrift
Der österreichische Arzt Sigmund Freud (1856–1939), der Begründer der theoretischen und praktischen Psychoanalyse, rechnet seine Schrift »Das Ich und das Es«, die im Internationalen Psychoanalytischen Verlag erscheint, zu seinen »metapsychologischen« Spätschriften. Das Ich erklärt er als die Instanz, die die Wahrnehmung der Außenwelt organisiert und das Bewußtsein in sich trägt; das Ich ist dem von Trieben erfüllten Es übergeordnet und versucht, »den Einfluß der Außenwelt auf das Es und seine Absichten zur Geltung zu bringen, ist bestrebt, das Realitätsprinzip an die Stelle des Lustprinzips zu setzen, welches im Es uneingeschränkt regiert. Die Wahrnehmung spielt für das Ich die Rolle, welche im Es dem Trieb zufällt. Das Ich repräsentiert, was man Vernunft und Besonnenheit nennen kann, im Gegensatz zum Es, welches die Leidenschaften enthält.« Als dritte Komponente wird das Über-Ich eingeführt als Träger der »höheren« Gehalte des Menschen (Moral, Gewissen, Pflicht, Schuldgefühl usw.).
Ausgehend von der Annahme, daß der Mensch und seine Handlungen von unbewußten Vorgängen, unterdrückten, verdrängten Trieben, beeinflußt sind, will die Psychoanalyse die unbewußten Bedeutungen von Handlungen, Worten und Bildvorstellungen entschlüsseln, um den Menschen zu heilen. Wichtige therapeutische Mittel sind dabei die Traumdeutung und das freie Assoziieren des Patienten.
Freuds Theorie, die er auf alle geistig-kulturellen Bereiche ausweitet, bleibt heftig umstritten.

Robert Musil
Grigia
Erzählung
Die Portugiesin
Erzählung
Beim Verlag Rowohlt in Berlin erscheint die Erzählung »Die Portugiesin« des österreichischen Erzählers, Essayisten und Dramatikers Robert Musil (1880–1942). Im selben Jahre veröffentlichte Musil beim Verlag Müller in Potsdam in der Reihe der Sanssouci-Bücher auch die Erzählung »Grigia«. 1924 erscheinen »Grigia«, »Die Portugiesin« und »Tonka« unter dem Sammeltitel »Drei Frauen«.
Die Erzählungen sind angesiedelt in einem rational-irrationalen Zwischenbereich, einer Welt, die sich mit der realen Welt »nur scheinbar deckt, die wir aber nicht bloß im Herzen tragen oder im Kopf, sondern die genauso wirklich draußen steht wie die geltende«. In allen Erzählungen tritt im Leben eines Mannes eine entscheidende Wendung ein durch die Begegnung mit einer Frau. Der Geologe Homo wird bei den Goldgräbern des Fersenatals durch die Liebe zu der Bäuerin Grigia seiner rationalen Welt entfremdet – eine Wendung, die zum Tod führt. Die aristokratische Portugiesin hingegen bringt ihrem Gatten, bei dem sie als Fremde unter Freunden lebt, das Leben. In der Erzählung »Tonka« verarbeitet Musil das Erlebnis seiner eigenen Jugendliebe: Eine einfache Tuchverkäuferin tritt in das Leben eines Studenten.

Rainer Maria Rilke
Duineser Elegien
Gedichtzyklus
Beim Insel-Verlag in Leipzig erscheint der Gedichtzyklus »Duineser Elegien« des im Wallis in der Schweiz lebenden österreichischen Dichters Rainer Maria Rilke (1875–1926). Das Werk zählt neben den »Sonetten an Orpheus« zu den Höhepunkten seines Schaffens und darüber hinaus der Lyrik des 20. Jahrhunderts überhaupt. In den zehn mythisch stark überhöhten, überwiegend freirhythmischen »Duineser Elegien« spricht Rilke seine Lebensbejahung auf philosophisch und sprachlich höchst eigenwillige und komplizierte Weise aus, wenn sich auch so schlichte Feststellungen finden wie: »Hiersein ist herrlich« (7. Elegie). In der 9. Elegie betont er mit besonderem Nachdruck die Einmaligkeit und Unwiederholbarkeit des irdischen Daseins und beugt damit dem Mißverständnis vor, die vor allem in der 1. und 4. Elegie festzustellende Bejahung des Todes bedeute eine Abwertung des Lebens.
Rainer Maria Rilkes gleichzeitig verfaßter, aber erst postum veröffentlichter »Brief des jungen Arbeiters« verdeutlicht dies: »Welcher Wahnsinn, uns nach einem Jenseits abzulenken, wo wir hier von Aufgaben und Erwartungen und Zukünften umstellt sind. Welcher Betrug, Bilder hiesigen Entzückens zu verwenden, um sie hinter unserem Rücken an den Himmel zu verkaufen!«

Rainer Maria Rilke
Sonette an Orpheus
Geschrieben als ein Grab-Mal für Wera Ouckama Knoop
Gedichtzyklus
Ebenfalls beim Insel-Verlag in Leipzig veröffentlicht der österreichische Dichter Rilke (1875–1926) seine »Sonette an Orpheus«, die im Zusammenhang mit den »Duineser Elegien« entstanden sind. Tragendes Motiv ist der heidnische Orpheus-Mythos: Der Sänger Orpheus steht für den wahren, wissenden Dichter, der das Reich der Toten und der Lebenden kennt und dadurch erst wirklich imstande ist, das Leben zu rühmen.
Rilke, der in kleinbürgerlichen Verhältnissen aufwuchs, verbrachte fünf unglückliche Jahre in einer Militärerziehungsanstalt, ehe er aus Gesundheitsgründen entlassen wurde. Danach studierte er in Prag, München und Berlin Kunst und Literatur und entschloß sich 1899, als Dichter zu leben. Er fand die Förderung zahlreicher meist aristokratischer Gönner und gewann Anregungen auf langen Auslandsreisen und durch die Begegnung mit Menschen wie der Schriftstellerin Lou Andreas-Salomé, mit der er Rußland bereiste und dort Lew N. Tolstoi kennenlernte, mit der Worpsweder Bildhauerin Clara Westhoff, die er 1901 heiratete, oder mit dem Bildhauer Auguste Rodin, dem er 1905 mehrere Monate lang als Sekretär diente.
Künstlerisch verlief Rilkes Entwicklung von sprachspielerischer Stimmungslyrik über virtuos gestaltete »Ding-Gedichte« bis hin zu magischen Verklärungen und schwer entschlüsselbaren, chiffrenhaften Wortbotschaften an der Grenze des Sagbaren. Die Gedichtzyklen kreisen in metaphernreicher Sprache um das unsagbare, in der Kunst aufscheinende Göttliche. Den Verlust der im Glauben verhafteten Weltsicht schilderte Rilke 1910 in dem Roman »Die Aufzeichnungen des Malte Laurids Brigge«.

Felix Salten
Bambi
Eine Lebensgeschichte aus dem Walde
Tiererzählung
Der österreichische Erzähler Felix Salten (1869–1945) erringt seinen größten literarischen Erfolg mit der beim Verlag Ullstein in Berlin erscheinenden Tiergeschichte »Bambi. Eine Lebensgeschichte aus dem Walde«, die 1944 unter der Regie von Walt Disney in den USA verfilmt wird.
Der britische Literaturnobelpreisträger von 1923, John Galsworthy, urteilt über dieses Buch: »Es wird nicht nur die Kinder begeistern, sondern auch die Menschen, die nicht mehr so glücklich sind, Kinder zu sein. Ich kenne kaum eine Tiererzählung, die sich, was empfindsame Beobachtung und innere Wahrhaftigkeit anlangt, mit dieser Lebensgeschichte eines Rehes messen kann.“

Spanien

José Ortega y Gasset
Die Aufgabe unserer Zeit
(El Tema de nuestro tiempo)
Kulturpolitischer Essay
Der spanische Kulturphilosoph und Essayist José Ortega y Gasset (1883–1955) formuliert in seinem kulturhistorischen Essay »Die Aufgabe unserer Zeit« den für seine Philosophie zentralen Begriff der »vitalen Vernunft« (Razón vital) und fordert: »Die reine Vernunft muß abtreten zugunsten der vitalen.« Der Gegensatz zwischen Rationalismus und Relativismus soll aufgehoben werden: »Das wesentliche Merkmal des neuen Weltfühlens ist der Entschluß, niemals und auf keine Weise zu vergessen, daß die geistigen oder Kulturvermögen auch biologische Aktivitäten sind ... Leben ohne Geist ist Barbarei, Geist ohne Leben Byzantinismus.«
Ausgehend vom Glauben an eine elitär und individualistisch ausgerichtete Gesellschaft wertet Ortega y Gasset in seinem Hauptwerk »Der Aufstand der Massen« (1930) die Erklärung der Gleichheit aller Menschen als die Ursache für den Zusammenbruch des Kulturgefüges und die Veränderung des Massenverhaltens, wie sie unter anderem im Faschismus zum Ausdruck kommt.

UdSSR

Dmitri A. Furmanow
Tschapajew
(Čapaev)
Roman
Dmitri Andrejewitsch Furmanow (1891–1926), während des russischen Bürgerkriegs politischer Kommissar in der Armee des bäuerlichen Partisanenführers Tschapajew, legt mit dem Roman »Tschapajew« eine Art Biographie des legendenumwobenen revolutionären Volkshelden vor. Das Buch ist weniger ein Roman als eine halbdokumentarische Chronik. Die offizielle Kritik wertet sie als erstes bedeutendes Werk der sowjetischen Epik. – Die deutsche Übersetzung erscheint 1934.

Alexander G. Malyschkin
Der Fall von Dair
(Padenie Daira)
Roman
Alexander Georgijewitsch Malyschkin (1892–1938), Sohn eines Bauern, nahm während des Bürgerkriegs nach der Oktoberrevolution 1917 auf bolschewistischer Seite am Kampf um die Krim teil. Als Vertreter des sozialistischen Realismus verzichtet er in seinem ersten Roman, »Der Fall von Dair«, der zugleich einer der ersten Versuche ist, die Thematik des russischen Bürgerkriegs literarisch darzustellen, auf Individualgestalten und macht die Masse der Roten und Weißen Armee zum eigentlichen »Helden«. Erzählt wird die Erstürmung der Perekop-Landenge und die Eroberung der Stadt Dair auf der Krim durch die Rote Armee.

Alexander S. Newerow
Taschkent, die brotreiche Stadt
(Taškent – gorod chlebnyj)
Roman
Alexander Sergejewitsch Newerows (1886–1923) Erzählungen stehen in der Tradition der revolutionären Narodniki (»Volkstümler«). Während der Revolution stand er den Sozialrevolutionären nahe, ging 1919 zu den Bolschewisten über und bekleidete Posten in staatlichen und kulturellen Institutionen. Erst nach dem frühen Herztod dieses Provinzdichters erhöht sich das Interesse an seinem literarischen Schaffen. Sein 1923 erscheinender Roman »Taschkent, die brotreiche Stadt« wird eines der populärsten Jugendbücher der 20er Jahre. Newerow schildert hier die grauenhafte nachrevolutionäre Hungerkatastrophe in Rußland aus der Perspektive eines Zwölfjährigen, der mit dem beklemmenden Ernst eines Kindes Elend, Gewalt und Tod miterlebt. – Die deutsche Übersetzung des Romans erscheint 1925.

Ungarn

Georg Lukács
Geschichte und Klassenbewußtsein
Studien über marxistische Dialektik
Aufsatzsammlung
Der ungarische Philosoph und Literaturwissenschaftler Georg Lukács (1885–1971), Vertreter der Theorie von der »demokratischen« – statt proletarischen – Diktatur, versucht in seiner in Berlin im Malik-Verlag erschienenen Aufsatzsammlung »Geschichte und Klassenbewußtsein. Studien über marxistische Dialektik«, das »methodisch Fruchtbare an dem Denken Hegels als lebendige geistige Macht für die Gegenwart zu retten«.
Klassenbewußtsein definiert Lukács als »die rationell angemessene Reaktion ..., die auf diese Weise einer bestimmten typischen Lage im Produktionsprozeß zugerechnet wird.«

USA

Willa Cather
Die Frau, die sich verlor
(A Lost Lady)
Roman
Neben Gedichten und Kurzgeschichten verfaßt die US-amerikanische Schriftstellerin Willa Cather (1873–1974), die zum Katholizismus konvertiert, psychologisch-realistische Romane. Im Mittelpunkt ihrer Schilderungen des Westens stehen meist Immigrantenschicksale, die zum Teil auf persönlichen Kindheitserinnerungen beruhen. In Romanen, in denen sie sich mit dem Problem des Künstlers beschäftigt, ist der Einfluß von Henry James und Edith Wharton zu erkennen. Grundthema ihres literarischen Schaffens ist die wehmütige Erinnerung an eine heile Welt. 1923, in dem Jahr, als sie den Pulitzer-Preis für den Roman »Einer von uns« (1922) erhält, veröffentlicht sie den Roman »Die Frau, die sich verlor«, die Charakterstudie einer intelligenten, emotionalen und schönen Frau, die glaubt, nur außerhalb ihrer eigenen Lebenssphäre Selbstbestätigung finden zu können. Marian Forrester ist mit einem 25 Jahre älteren amerikanischen Eisenbahnpionier und Bankier verheiratet. Als ihr Mann nach dem Zusammenbruch seiner Bank und einem Schlaganfall hilflos ist, wird sie von Langeweile und innerer Unruhe immer von neuem dazu getrieben, Befriedigung ihrer geistigen und körperlichen Bedürfnisse außerhalb der Ehe zu suchen. – Die deutsche Übersetzung erscheint 1923.

E(dward) E(stlin) Cummings
Tulpen und Kamine
(Tulips and Chimneys)
Gedichte
Der US-amerikanische Schriftsteller E. E. Cummings (1894–1962) war während des Ersten Weltkriegs nach einem Harvard-Studium als Sanitäter an der Westfront, kam jedoch unter Spionageverdacht in ein französisches Konzentrationslager. Schmutz und Erniedrigung, Schikanen und Brutalität dieser Zeit flossen in den Roman »Der endlose Raum« (1922), mit dem er bekannt wurde, zu einer Anklage gegen anonyme Autorität, gegen Krieg und Gewalt zusammen. In seiner exzentrischen Lyrik – z. B. »Tulpen und Kamine« (1923) – besingt Cummings vor allem die romantische Liebe und experimentiert mit Form, Grammatik, Orthographie und Interpunktion sowie typographischen Arrangements, um der Sprache neue Ausdrucksmöglichkeiten zu verleihen.
Dadurch wird dem Leser der Zugang zum Sinn der Gedichte erschwert. Der Leser soll aktiv mitarbeiten, um die Aussage zu erfassen. – Eine deutsche Teilübersetzung der Gedichte erscheint im Jahr 1958.

Uraufführungen in Schauspiel, Oper, Operette und Ballett 1923

Die bedeutendsten Uraufführungen aus Schauspiel, Oper, Operette und Ballett sind alphabetisch nach Autoren/Komponisten geordnet.

Deutsches Reich

Bertolt Brecht:
Im Dickicht der Städte
Der Kampf zweier Männer in der Riesenstadt Chicago
Stück
Bertolt Brechts (1898–1956) Stück »Im Dickicht der Städte. Der Kampf zweier Männer in der Riesenstadt Chicago«, uraufgeführt am 9. Mai im Residenztheater in München, ist eine Mischung aus Groteske und Sachlichkeit, die den »Kampf an sich« darstellt, ohne klar erkennbares Motiv und Ziel. »Eine gewisse Rolle spielte«, schreibt der Dichter später, »daß ich ›Die Räuber‹ auf dem Theater gesehen hatte, und zwar in einer jener schlechten Aufführungen, die durch ihre Ärmlichkeit die großen Linien eines guten Stücks hervortreten lassen, so daß die guten Wünsche des Dichters dadurch zutage treten, daß sie nicht erfüllt werden. In diesem Stück wird um bürgerliches Erbe mit teilweise unbürgerlichen Mitteln ein äußerst wilder, zerreißender Kampf geführt. Es war die Wildheit, die mich an diesem Kampf interessierte, und da in diesen Jahren [nach 1920] der Sport, besonders der Boxsport mir Spaß bereitete, als eine der ›großen mythischen Vergnügungen der Riesenstädte von jenseits des Teiches‹, sollte in meinem neuen Stück ein ›Kampf an sich‹, ein Kampf ohne andere Ursache als den Spaß am Kampf, mit keinem anderen Ziel als der Festlegung des ›besseren Mannes‹ ausgefochten werden... In meinem Stück sollte diese pure Lust am Kampf gesichtet werden.«
Der Kampf erscheint hier als ein Mittel der Selbstverwirklichung des Menschen, dient aber auch dazu, die Isolation zu verlassen und mit anderen Menschen in Kontakt zu treten.

Bertolt Brecht
Baal
Stück
In seinem 1918 geschriebenen, balladesken ersten Bühnenstück, »Baal«, das am 8. Dezember im Alten Theater in Leipzig uraufgeführt wird, erzählt Bertolt Brecht (1898–1956), der in diesem Jahr sein Medizinstudium beendet hat und als Dramaturg an den Münchner Kammerspielen arbeitet, die Geschichte eines Poeten, der es vorzieht, sich dem Asozialen zu ergeben, statt sich für eine verfallene Gesellschaft nützlich, d.h. ausbeutbar zu machen. Das Stück wird vielfach dem Expressionismus zugerechnet, ist jedoch nüchterner, realer und zugleich poetischer als die meisten expressionistischen Dramen. Brecht selbst warnt später: »Dem Stück fehlt Weisheit«, und: »Das Stück ›Baal‹ mag denen, die nicht gelernt haben, dialektisch zu denken, allerhand Schwierigkeiten bereiten. Sie werden darin kaum etwas anderes als die Verherrlichung nackter Ichsucht erblicken. Jedoch setzt sich hier ein ›Ich‹ gegen die Zumutungen und Entmutigungen einer Welt, die nicht eine ausnutzbare, sondern nur eine ausbeutbare Produktivität anerkennt, durch. Es ist nicht zu sagen, wie Baal sich zu einer Verwertung seiner Talente stellen würde: er wehrt sich gegen ihre Verwurstung. Die Lebenskunst Baals teilt das Geschick aller andern Künste im Kapitalismus: sie wird befehdet. Er ist asozial, aber in einer asozialen Gesellschaft.«

Georg Kaiser
Gilles und Jeanne
Bühnenspiel in drei Teilen
Mit dem historischen Schauspiel »Gilles und Jeanne«, das am 2. Juni im Alten Theater in Leipzig uraufgeführt wird, überwindet Georg Kaiser (1878–1945), der bedeutendste und fruchtbarste Dramatiker des deutschen Expressionismus, diese Stilrichtung. Thema des Stücks ist die Begegnung der französischen Nationalheldin Jeanne d'Arc mit dem französischen Heerführer Gilles, der ihr, als sie sich ihm verweigert, Truppen entzieht und sie damit um ihren endgültigen Sieg über die Engländer bringt. Nachdem Gilles sie auf den Scheiterhaufen gebracht hat, wird er durch eine Erscheinung Jeannes bekehrt. – Die Volksheldin Jeanne d'Arc aus dem Hundertjährigen Krieg zwischen England und Frankreich wurde 1920 heiliggesprochen, daraus resultiert eine stärkere Beschäftigung mit ihrer Person.

Ernst Toller
Der deutsche Hinkemann
Tragödie
Der expressionistische Dramatiker Ernst Toller (1893–1939), einer der Hauptvertreter des aktivistischen Theaters der 20er Jahre mit radikalsozialistischer Tendenz, zeigt in der an Georg Büchners »Woyzeck« erinnernden Tragödie »Der deutsche Hinkemann« das Schicksal eines aus dem Krieg heimkehrenden Krüppels, der sein Bein verlor und entmannt ist. Toller schrieb das Werk, das am 19. September im Alten Theater in Leipzig uraufgeführt wird und dabei einen Theaterskandal verursacht, im Festungsgefängnis Niederschönenfeld nach seiner Verurteilung wegen Beteiligung an der bayerischen Räterepublik.
Hinkemann geht am Spott seiner Umwelt und an der vermeintlichen Untreue seiner Frau zugrunde. – Tollers Hinkemann steht für den einzelnen, dem »kein Staat, keine Gesellschaft, keine Gemeinschaft Glück bringen kann«. Er weiß jedoch, daß er mitschuldig ist an seiner eigenen Tragödie: »Ich bin lächerlich geworden durch eigene Schuld. Als ich mich hätte wehren sollen, damals, als die Mine entzündet wurde von den großen Verbrechern an der Welt, die Staatsmänner und Generäle genannt werden, habe ich es nicht getan. Ich bin lächerlich wie diese Zeit, so traurig lächerlich wie diese Zeit.« – Das Stück erscheint im selben Jahr unter dem Titel »Der deutsche Hinkemann« im Druck. Ab der 1924 erschienenen zweiten Auflage nannte es der Autor nur »Hinkemann«.

Frankreich

Jules Romains
Dr. Knock oder Der Triumph der Medizin
(Knock ou Le triomphe de la médecine)
Komödie in drei Akten
Jules Romains (1885–1972) persifliert in der satirischen Komödie »Dr. Knock oder Der Triumph der Medizin«, die am 15. Dezember in der Comédie des Champs-Elysées in Paris uraufgeführt wird, die zur Ware gewordene Wissenschaft der Medizin. Der Provinzarzt Dr. Paraplaid verkauft seine schlecht gehende Praxis an den reichen Amerikaner Knock, der die Medizin als Hobby betreibt. Durch Werbetricks und das Angebot einer einmaligen Reklameuntersuchung gelingt es Knock, binnen kurzem die Praxis beträchtlich zu vergrößern. Er redet den Menschen die sonderbarsten Krankheiten ein und kann seine Praxis bald zu einem Sanatorium ausbauen, in das von überall her wirkliche und eingebildete Kranke strömen. Als Paraplaid Knock die Leviten lesen will, ist er von dem Modearzt so bezaubert, daß er selbst sein Patient wird. – Das erfolgreiche Werk wird 1933 und 1950 in Frankreich verfilmt.

Irland

Sean O'Casey
Der Schatten eines Rebellen
(The Shadow of a Gunman)
Tragikomödie in zwei Akten
Sean O'Casey (1880–1964), der mit seinen sozialkritisch-realistischen Darstellungen des Lebens der Dubliner Unterschicht vor dem Hintergrund politischer Unruhen zur Weltgeltung des irischen Dramas wesentlich beiträgt, setzt sich in der Tragikomödie »Der Schatten eines Rebellen«, die am 12. April im Abbey Theatre in Dublin uraufgeführt wird, mit der irischen Unabhängigkeitsbewegung gegen die Briten kritisch auseinander.
Zentrale Gestalt ist der weltfremde und unpolitische Dichter Donald Davoren, der in einer schäbigen Dubliner Mietskaserne seine Weltschmerz-Verse schmiedet und sich in der Bewunderung seiner

Mitbewohner, die ihn für einen Untergrundkämpfer halten, sonnt. Vor allem die Bewunderung Minnie Powells, die sich in den Dichter und vermeintlichen Rebellen verliebt hat, schmeichelt Donald Davoren.
Bei eine Razzia durch ein britisches Freikorps nimmt Minnie einen mit Handgranaten gefüllten Koffer aus Davorens Wohnung (Davoren wußte ursprünglich nichts vom Inhalt dieses Koffers, in dem er Hausiererware vermutete), wird entdeckt und verhaftet. Wenig später wird sie auf der Straße erschossen. Davoren, der angebliche Rebell, bleibt zurück im Bewußtsein seiner Erbärmlichkeit. – Die deutschsprachige Erstaufführung findet 1960 in Ulm statt.

George Bernard Shaw
Die heilige Johanna
(Saint Joan)
Dramatische Chronik in sechs Szenen und einem Epilog
Der irische Dramatiker George Bernard Shaw (1856–1950), Rationalist und Sozialist, Literaturnobelpreisträger 1925, deutet in seiner dramatischen Chronik »Die heilige Johanna«, die am 28. Dezember im Garrick Theatre in New York uraufgeführt wird, die Geschichte der französischen Nationalheldin Jeanne d'Arc als den Beginn einer neuen Zeit, in der Protestantismus und Nationalismus die mittelalterliche Gesellschaftsordnung abzulösen beginnen. Die legendären Elemente des Johanna-Stoffs (»Stimmen«, »Wunder«) werden rational erklärt. – Die deutschsprachige Erstaufführung findet 1924 in Berlin statt.

Österreich

Leo Fall
Madame Pompadour
Operette in drei Akten
Zwei Jahre vor seinem Tod übertrifft Leo Fall (1873–1925) mit der Operette »Madame Pompadour«, die am 2. März im Wiener Carl-Theater uraufgeführt wird, noch seine früheren Erfolge »Der fidele Bauer« (1907), »Die Dollarprinzessin« (1907) und »Die geschiedene Frau« (1908). Mit ihren flotten Melodien und ihrem dezent erotischen Flair wird die Operette, zu der Rudolf Schanzer und Ernst Welisch das Textbuch schrieben, ein bleibender Erfolg. Eine der markantesten Rollen ist die des Dichters Calico (Baßbuffo), dessen Szene mit der Pompadour, »Ach, Joseph«, besonders populär geworden ist. Auch die Rolle des etwas dümmlichen Königs (Tenorbuffo) ist mit viel Liebe und Humor gezeichnet.

Hugo von Hofmannsthal
Der Unbestechliche
Lustspiel in fünf Akten
Das Lustspiel »Der Unbestechliche«, das am 16. März im Raimundtheater in Wien uraufgeführt wird – es war vom Autor dem Schauspieler Max Pallenberg »auf den Leib geschrieben« –, ist eine von Hugo von Hofmannsthals (1874–1929) erfolgreichen Liebesgeschichten, in denen sich die Tradition des Wiener Volkstheaters mit romantischen Vorbildern verbindet; vielfach wird es als eines seiner Hauptwerke bezeichnet.
Der mit Anna verheiratete Schriftsteller Jaromir, Sohn einer Baronin, lädt zwei ehemalige Geliebte zu sich ein, was den Diener Theodor veranlaßt, seinen Dienst zu quittieren. Von dem vierjährigen Sohn Jaromirs läßt er sich jedoch zum Bleiben bewegen unter der Bedingung, daß er das sich anbahnende »Techtelmechtel« zwischen Jaromir und den Damen verhindern und diese zur Abreise bewegen dürfe. Dies erreicht er durch allerlei Intrigen. Am Schluß finden Anna und Jaromir wieder zusammen, die Ehe ist glücklich gerettet.

Spanien

Manuel de Falla
Meister Pedros Puppenspiel
(El Retablo de Maese Pedro)
Oper in einem Akt
Der Spanier Manuel de Falla (1876 bis 1946), Schüler von Felipe Pedrell, verbindet in der einem Motiv aus Miguel de Cervantes' Roman »Don Quijote« folgenden Oper »Meister Pedros Puppenspiel«, die am 23. März in Sevilla uraufgeführt wird, Marionettentheater mit glutvoller, rhythmischer spanischer Musik. Der Einakter um den Ritter von der traurigen Gestalt, der über eine so unbändige Phantasie verfügt und sich so in eine Puppenspielaufführung hineinsteigert, daß er mit blanker Waffe die Bühne stürmt, findet große Verbreitung und wird zwischen den beiden Weltkriegen in Paris, Madrid, New York, Zürich, Brüssel, Buenos Aires, Köln, Berlin, Venedig, Lissabon und Prag aufgeführt.

USA

Elmer Rice
Die Rechenmaschine
(The Adding Machine)
Komödie
Elmer Rice (1892–1967), Verfasser sozialer Dramen in einer Mischung aus naturalistischen, expressionistischen, filmischen und psychologischen Elementen, führt in seiner Komödie »Die Rechenmaschine« in expressionistischer Manier die Degradierung des Menschen zu einem Rädchen in der Maschinerie des kapitalistischen Systems vor. Das Werk, am 19. März im New Yorker Garrick Theatre uraufgeführt, wird nach dem Zweiten Weltkrieg zu seinem erfolgreichsten. Mr. Zero (Herr Null), ein unbedeutender Angestellter, wird nach 25 Jahren entlassen und durch eine Rechenmaschine ersetzt. In einem Akt der Verzweiflung tötet er seinen ehemaligen Chef. Er wird verurteilt und hingerichtet. Im Jenseits muß er allmählich erkennen, daß eine einmal geschaffene Seele zu schade für nur ein einziges Erdenleben ist. Er muß wieder zurück ins Leben, das er im Verlauf von Tausenden von Jahren schon als Arbeiter beim Pyramidenbau, als Galeerensklave auf einer römischen Triere, als Leibeigener und zuletzt als Buchhalter kennengelernt hat. Der Leutnant der himmlischen Heerscharen macht ihm klar, daß jede Auflehnung gegen dieses Schicksal vergebens sei: Seine Seele sei ein »Abfallprodukt«, für das sich keine andere Verwendung finden lasse. – Die deutsche Erstaufführung findet 1946 in Berlin statt.

Filme 1923

Die neuen Filme des Jahres 1923 sind im Länderalphabet und hier wiederum alphabetisch nach Regisseuren aufgeführt. Bei ausländischen Filmen steht unter dem deutschen Titel in Klammern der Originaltitel.

Deutsches Reich

Ludwig Berger
Ein Glas Wasser
Der Film »Ein Glas Wasser« unter der Regie von Ludwig Berger nach der gleichnamigen Komödie von Eugène Scribe wird am 1. Februar im Berliner Ufa-Palast am Zoo uraufgeführt. Die Hauptrollen spielen Mady Christians als englische Königin Anna, Lucie Höflich als Herzogin von Marlborough, Hans Brausewetter als Masham, Rudolf Rittner als Lord Bolingbroke und Helga Thomas als Abigail. Gezeigt werden die Intrigen am englischen Hof zur Zeit des Spanischen Erbfolgekriegs nach dem Motto: »Die Staaten werden regiert durch große Männer, diese selbst aber durch ihre Leidenschaften, Launen und Eitelkeiten, kurz, durch das Kleinlichste und Erbärmlichste der Welt. Kleine Ursachen – große Wirkungen!« Ein Glas Wasser führt zum Sturz der eifersüchtigen Herzogin von Marlborough, der eigentlichen Herrscherin in England, und zum Friedensschluß mit Frankreich. »›Ein Glas Wasser‹ ... setzt anstelle des präzisen Rhythmus die gleitende Melodie«, schreibt der Kritiker Herbert Ihering.

Karl Grune
Die Straße
»Die Straße«, uraufgeführt am 29. November im Berliner Ufa-Theater am Kurfürstendamm mit Eugen Klöpfer und Lucie Höflich in den Hauptrollen, zählt zu den ersten Filmen, die in Berlin ohne Pause vorgeführt werden können, und ist zugleich eines der bedeutendsten Werke des als Charles Dickens des deutschen Films apostrophierten Karl Grune, der die Regie führt und das Drehbuch nach einem Entwurf von Carl Mayer schrieb.
»Der Mann« geht eines Abends hinaus auf die Straße, um etwas zu erleben. Er verspielt einen Scheck, gewinnt ihn wieder und folgt einer Frau in ein Nebenzimmer, wo gerade ein anderer erlebnishungriger Mann ausgeraubt und ermordet wird. Er wird als mutmaßlicher Mörder verhaftet, doch als er sich in der Zelle erhängen will, gesteht die tatsächliche Mörderin. Der Mann kehrt nach Hause zurück, wo ihm seine Frau die warm gestellte Suppe vom Ofen holt.
»Der Kinematograph« über diesen Film: »Von morgens bis mitternachts lockt die Straße einen Kleinbürger, der ihre Sensationen schattenhaft an der Decke seines Zimmers gespiegelt sieht ... Magisch zieht das Bild der Straße, die nun das Leben ist, den Spießer an. Grune gibt die Vision des Großstadtlebens als dadaistisches Bild, als technischen Trick quergestellter Überblendungen, eine verlebendigte Vision von Raoul Hausmann. Der Kleinbürger eilt auf die Straße, die ihre Arme polypengleich um ihn schlingt. In einer Ecke eine Dirne, deren lachende Gesichtszüge plötzlich in das Grinsen eines Totenschädels übergehen. Mors syphilitica. Aber irgendwo fällt er doch in die Netze einer Kokotte, die ihn geschickt in ihre Kreise zu ziehen weiß. Was nun kommt, ist nicht sehr neu. Schon damals sahen wir Bilder aus den Kreisen der Lebewelt, aus Nachtbars und Tanzpalästen, in denen sich tollgewordene Lust zügellos entlädt. Grune steigert hier, indem er kriminalistische Elemente entfesselt.«

Leopold Jessner
Erdgeist
Leopold Jessners Film »Erdgeist« mit Asta Nielsen in der Hauptrolle, uraufgeführt am 22. Februar, ist die erste deutsche Verfilmung von Frank Wedekinds »Lulu-Tragödie«, den zwei Bühnenstücken »Der Erdgeist« und »Die Büchse der Pandora«. Gezeigt werden Aufstieg und Fall des faszinierenden, ungehemmt triebhaften Mädchens Lulu, das Wedekind als »das wahre Tier, das wilde, schöne Tier« bezeichnete. Der ungarische Dichter Béla Balász schreibt nach der Premiere im Wiener »Tag«: »Das Stück? Es gibt hier gar kein Stück. Der einzige Inhalt dieses Films ist, daß Asta Nielsen mit sechs Männern kokettiert, flirtet, liebelt und sie verführt. Der Inhalt dieses Films ist die erotische Ausstrahlung dieser Frau, die uns hier das große, vollständige Gebärdenlexikon der sinnlichen Liebe gibt ... in dieser Rolle, wo Asta Nielsen doch eine Dirne spielt, die im Moment, wo sie Oberhand gewinnt, sofort beobachtend, berechnend wird, in dieser Dirnenrolle wirkt ihre Naivität schon pflanzenhaft.«

Gerhard Lamprecht
Die Buddenbrooks
Gerhard Lamprechts an den Originalschauplätzen in Lübeck gedrehte Verfilmung von Thomas Manns Roman »Die Buddenbrooks« wird am 31. August im Berliner Tauentzienpalast uraufgeführt. Es ist die erste Verfilmung eines Werks von Thomas Mann und zugleich Lamprechts erster wichtiger Film. Der Autor des Romans urteilt negativ über den Film: »Man hat ›Buddenbrooks‹ verfilmt, aber man hat es den Freunden des Buches wohl kaum zu Dank getan. Statt zu erzählen, immer nur zu erzählen und seine Menschen leben zu lassen, hat man ein gleichgültiges Kaufmannsdrama daraus gemacht und von dem Roman fast nichts übriggelassen als die Personennamen.«

Joe May
Tragödie der Liebe
Nach der Uraufführung der ersten beiden Teile des Vierteilers »Tragödie der Liebe« von Joe May am 7. Oktober in Berlin – es spielen Emil Jannings, Ida Wüst,

Curt Goetz, Rudolf Forster und, in ihrer ersten Filmrolle, Marlene Dietrich (die später abstreitet, mitgespielt zu haben) – urteilt der Theater- und Filmkritiker Kurt Pinthus begeistert: »Hier haben wir den schlechtweg besten Gegenwartsfilm, der bislang in Deutschland gedreht wurde.« Zwar macht Pinthus nach der Uraufführung des dritten und vierten Teils (6.11.) wegen allzugroßer Rührseligkeit der Kolportagehandlung – eine Frau verliebt sich in den Mörder ihres Mannes – einige Abstriche, doch spart er auch dann nicht mit Lob: »Es ist der Film, der in Vollkommenheit alles bietet, was man am jetzigen Entwicklungspunkt der Kinematographie von einem Film fordern kann. Also zum Beispiel keine literarisch-psychologischen Experimente, sondern eine konzentrierte, rasche, spannende, jedermann interessierende Handlung aus dem zeitgenössischen Leben mit viel Entfaltungsmöglichkeiten. Das alte Motiv von der Frau, die sich in den Mörder ihres Mannes, den sie entlarven will, verliebt, ist teils knallig, teils kompliziert und verfeinert zu einem sehr geschickten Manuskript variiert worden. Man kann einwenden: Kolportagehandlung! Meinetwegen – was aber hat der vortreffliche Joe May daraus gemacht! ... In rapidem Tempo, unter Benutzung einer geschickten Gegenhandlung aus den tiefsten Schichten des Volkes, toben immer nur Geschehnisse mit abgewogener Dynamik nach einigen spannenden Ritardandos zusammen, durchwebt von ausgespielten Spielszenen, die aber niemals schleppend und ermüdend wirken, so daß sie darstellerische Kabinettstücke sind.«

Reinhold Schünzel
Alles fürs Geld
Reinhold Schünzel inszeniert in dem Film »Alles fürs Geld«, der am 5. November am Berliner Ufa-Theater am Kurfürstendamm mit Emil Jannings, Walter Rilla, Reinhold Schünzel selbst und Dagny Servaes uraufgeführt wird, die Geschichte eines reichen Industriellen, dessen Privatleben über seiner ständigen Sorge ums Geschäft kaputtgeht. Sein Sohn kommt bei einem Motorradunfall ums Leben, bei dem der Vater nicht unschuldig ist, von seiner Frau wird er verlassen. Kurt Pinthus schreibt nach der Premiere: »Als Jannings nach Jahren endlich mal wieder auf dem wirklichen Theater spielte, hatte er alsbald in Octave Mirbeaus Schieberkomödie ›Alles fürs Geschäft‹ so tollen Erfolg, daß ihn von Stunde an der Gedanke plagte: Wie drehe ich aus dieser Sache einen Film? Raffke war sein Gedanke bei Tag und Nacht so sehr, daß er nach einigen Vorstellungen ganz vergaß, das Stück auf dem Theater weiter zu spielen, sondern daß er mit sämtlichen Manuskriptmachern Berlins darüber brütete: Wie werde ich Raffke, aber ein solcher Raffke, wie ihn die Welt noch nicht sah (auch die Konkurrenz Krauss arbeitete ja an einem Raffke-Film): brutal, listig, protzig, kindisch, wollüstig, sohnesliebend, tragisch, rasend, verliebt, zusammenbrechend, kleinbürgerlich, größenwahnsinnig, aber mit einem Schuß Gutartigkeit; kurz: der Über-Raffke. Jannings hat das Rennen gemacht. Er verdient all diese Epitheta und noch ein paar Dutzend mehr. Allerdings hat das Manuskript in der zweiten Hälfte den Fehler, allzu rührselig zu sein. Hier wird eine Vertiefung angestrebt, die in dieser gewaltsamen oberflächlichen Methode nicht zum ersten Teil paßt und (als Geschehen) verlogen wirkt ... Im ersten Teil aber ist Jannings mehr: Da ist er schöpferisch, da gibt er etwas Neues, Ursprüngliches zu dem, was man bislang von Raffke wußte und sah.«

Robert Wiene
I.N.R.I.
Robert Wiene verfilmt Peter Roseggers Passionsroman »I.N.R.I.«, uraufgeführt am 5. November in Berlin, mit einem großen Aufgebot bekannter Schauspieler: Der Russe Gregori Chmara als Christus, Henny Porten als Maria, Werner Krauss als Pontius Pilatus, Asta Nielsen als Maria Magdalena, Alexander Granach als Judas.
Die Kritik ist fast einhellig positiv. Friedrich Sternthal kommentiert z. B. so nach der Premiere: »Sieht man von der Rahmenhandlung ab, so ist der Film als Ganzes gelungen ... Außerordentlich waren die Leistungen der Gegenspieler, vor allem Alexander Granachs, der den Judas gab – und zwar richtigerweise nicht den Schurken, als den ihn der Text der Evangelien hinstellt, sondern als den ›Allergläubigsten‹, wie Hebbel einmal gesagt hat, den Allergläubigsten, der, wie die Evangelien wider Willen verraten, Jesus am besten verstanden hat, daher zum Zweifler wird und deshalb von Jesus zerbrochen, d.h. bei der Abendmahlfeier von Jesus unter eine ›Wachhypnose‹ (wie wir heute sagen würden) gezwungen und zum Verrat getrieben wird.«

Österreich

Berthold Viertel
Nora – Ein Puppenheim
Mit »Nora – Ein Puppenheim«, uraufgeführt am 3. November in Berlin, gibt der österreichische Regisseur und Schriftsteller Berthold Viertel sein Debüt als Filmregisseur. Literarische Vorlage ist Henrik Ibsens Schauspiel »Ein Puppenheim« (1880), dem bis dahin bedeutendsten literarischen Beitrag zum Thema der Emanzipation der Frau. Die Titelrolle spielt Olga Tschechowa, die hier ihren ersten großen Filmtriumph feiert zusammen mit Fritz Kortner, Lucie Höflich und Ilka Grüning.
Roland Schacht stellt in der »Weltbühne« den Film sogar über das Drama Ibsens: »Für uns heute ist dieser Film beinahe besser als das Drama, er hebt über das lessingisch Gestellte, das mit dem Verstand Bezwingende weg und gibt dem Stoff mehr Dichte und Blutwärme ... Mit außerordentlich sicherer Hand ist hier die Handlung so entwickelt und geführt, daß nichts aus Ibsens Text vorausgesetzt werden muß.« – Ibsens »Nora« zählt zu den begehrtesten modernen Bühnenrollen für Frauen.

Schweden

Mauritz Stiller
Gösta Berling
(Gösta Berlings Saga)
Mauritz Stillers »Gösta Berling« ist die Verfilmung von Selma Lagerlöfs gleichnamigem Roman, der Geschichte eines Pfarrers (Lars Hanson), der wegen seiner Liebe zum Alkohol sein Amt verliert und mit der ehemaligen Gräfin Dohna (Greta Garbo) ein neues Leben beginnt. Greta Garbo hat in diesem Film ihren ersten Auftritt von Bedeutung.

USA

Charlie Chaplin
Der Pilger
(The Pilgrim)
In seinem Film »Der Pilger« spielt Charlie Chaplin einen entflohenen Sträfling, der die Kleider eines badenden Geistlichen stiehlt und in einem kleinen Ort Prediger wird. Bei seiner ersten Predigt reißt er die Gemeinde zu Beifallsstürmen hin, als er die Geschichte von David und Goliath pantomimisch vorführt. Dennoch muß ihn der Sheriff verhaften, als er ihn anhand eines Steckbriefs als entflohenen Verbrecher identifiziert. Aber der Sheriff will ihm eine Chance geben und bringt ihn an die mexikanische Grenze. Der Schluß zeigt den Heimatlosen zwischen den Grenzen: Er kann nicht nach Mexiko, weil dort Banditen auf ihn lauern, und er kann nicht in die USA zurück, weil ihn hier das Gefängnis erwartet.

Charlie Chaplin
Die Nächte einer schönen Frau
(A Woman in Paris)
Ebenfalls 1923 kommt Chaplins »Die Nächte einer schönen Frau« zur Uraufführung, sein erster Film, in dem er nur Regie führt und das Drehbuch geschrieben hat. »Die Nächte einer schönen Frau« ist die Geschichte eines Mädchens (Edna Purviance), das sich nicht entscheiden kann zwischen der Liebe zu einem Maler (Carl Miller) und dem Verhältnis zu einem Lebemann mit Geld (Adolphe Menjou). Nach dem Selbstmord des Malers findet das Mädchen zu einem einfachen Leben auf dem Land.

James Cruze
Der Planwagen
(The Covered Wagon)
James Cruzes größtenteils an Originalschauplätzen gedrehter spektakulärer Großfilm »Der Planwagen« über den Treck deutscher Auswanderer durch die USA nach Oregon in der Mitte des 19. Jahrhunderts wird nicht nur ein riesiger Erfolg, sondern sorgt für einen sprunghaften Anstieg der Western-Produktion. Die neuen Techniken werden in Hunderten späterer Western übernommen.

Cecil B. DeMille
Die Zehn Gebote
(The Ten Commandments)
Mit »Die Zehn Gebote« kommt Cecil B. DeMilles bekanntester Film in die Kinos, 30 Jahre später dreht der Regisseur ein Remake dieses aufwendigen, sentimentalen Spektakels, das von der Zeit des Auszugs der Juden aus Ägypten in die Gegenwart überblendet und die Geschichte eines betrügerischen Bauunternehmers erzählt, der seine Freundin erschießt, als sie ihm kein Geld gibt. Als seine Frau am Aussatz erkrankt, verschwinden alle Zeichen dieser Krankheit, als ihr aus der Bibel vorgelesen wird.

Buster Keaton
Gastfreundschaft
(Our Hospitality)
»Gastfreundschaft« ist Buster Keatons zweiter Langfilm. Er wird einer seiner erfolgreichsten Streifen. Willie (Buster Keaton), der letzte Überlebende einer Familie, die von den Canfields in Blutrache ausgerottet worden ist, lernt während einer Eisenbahnfahrt das Mädchen Virginia (Natalie Talmadge) kennen, das ihn zum Essen einlädt. Im Haus Virginias stellt sich heraus, daß sich Willie bei den Canfields befindet. Die Brüder wollen den Erbfeind auf der Stelle töten, doch der Vater verweist auf das alte Recht der Gastfreundschaft: Solange Willie im Haus bleibt, ist er sicher. Die Familienfehde wird schließlich durch die Ehe Willies mit Virginia beendet.

Arthur Robison
Schatten
Eine nächtliche Halluzination
Arthur Robison, in den USA geborener Regisseur, der seine meisten Filme in Deutschland dreht, verzichtet in seinem Film »Schatten. Eine nächtliche Halluzination«, uraufgeführt am 16. Oktober, auf Rollennamen und Zwischentitel – die Akteure werden bezeichnet als »Der Ehemann«, »Die Ehefrau«, »Der Schattenspieler«, »Der Liebhaber« usw. – und rückt damit in die Nähe des Kammerspielfilms. Große psychologische Intensität wird durch die Einbeziehung expressionistischer Elemente erreicht. Der Film erzählt die Geschichte eines jungen Mannes (Fritz Kortner), der – zu Recht – glaubt, daß seine Frau (Ruth Weyher) einen Liebhaber (Gustav von Wangenheim) hat. Als eines Abends ein Schattenspieler (Alexander Granach) mit seinen Puppen und durch Hypnose klarmacht, daß sein ehebrecherisches Verhältnis zu einer blutigen Tragödie führen kann, läßt der Liebhaber von der Frau, auch drei weitere Verehrer ziehen sich zurück. Ehemann und Ehefrau sind wieder glücklich vereint.

Erich von Stroheim
Gier nach Geld
(Greed)
Erich von Stroheims »Gier nach Geld« ist eine »Wort-für-Wort-Verfilmung« des Romans »McTeague« von Frank Norris, die Geschichte eines Zahnarztes (Gibson Gowland) und seiner moralischen Degeneration unter dem Einfluß des kleinbürgerlichen Milieus in San Francisco, des pathologischen Geizes seiner Frau (Zasu Pitts) und der eigenen triebhaften Instinkte. Stroheims 42aktige Version kommt auf 24 Akte gekürzt ins Kino.
Stroheim – das Adelsprädikat legte er sich erst nach Beginn seiner Filmlaufbahn zu – emigrierte 1906 in die USA, war ab 1914 in kleineren Rollen beim Film tätig und wurde Regieassistent von David Wark Griffith. Er begann sich auf Rollen zu spezialisieren, die der allgemeinen Vorstellung vom brutalen preußischen Offizier entsprachen; in der Folgezeit verkörperte er den »Mann, den man liebend gern haßt«. Die gesellschaftskritischen Filme, die er drehte, brachten ihn fast durchweg in Gegensatz zu den Produzenten, da es ihm nicht gelang, seine Ideen in kommerziell verwertbarer Weise umzusetzen.

Sportereignisse und -rekorde des Jahres 1923

Die Aufstellung erfaßt Rekorde, Sieger und Meister in wichtigen Sportarten. Aufgenommen wurden nur solche Wettbewerbe, die in den vergangenen Jahren bereits regelmäßig ausgetragen worden sind oder ab 1923 kontinuierlich zu den Sportprogrammen gehörten. Sportarten in alphabetischer Reihenfolge.

Automobilsport

Grand-Prix-Rennen

Großer Preis von (Datum) Kurs/Strecke (Länge)	Sieger (Land)	Marke	Ø km/h
Europa (9.9.)/Monza (800 km)	Carlo Salamano (ITA)	Fiat	146,502
Frankreich (2.7.)/Tours (799 km)	Henry Segrave (GBR)	Sunbeam	121,274
Italien	ausgetragen als »Großer Preis von Europa«		
San Sebastian/Lasarte (444 km)	Albert Guyot (FRA)	Rolland-Pilain	93,484
Spanien (28.10)/Sitges (400 km)	Albert Divo (FRA)	Sunbeam	155,911
André-Gold-Cup Brooklands/GBR (324 km)	Charles Michael Harvey (GBR)	Alvis	150,120
Coupe Georges Boillot (2.9.) Boulogne/FRA (449 km)	Charles Garnier (FRA)	Hispana-Suiza	114,116
Cremone/ITA (189 km)	Alberto Ascari (ITA)	Alfa-Romeo	134,174
Mugello/ITA (389 km)	Guilio Masetti (ITA)	Alfa-Romeo	68,569
Salvio/ITA (268 km)	Enzo Ferrari (ITA)	Alfa-Romeo	93,030

Langstreckenrennen

Kurs/Dauer (Datum)	Sieger (Land)	Marke	Ø km/h
Targa Florio/432 km (15.4.)	Ugo Sivocci (ITA)	Alfa-Romeo	59,177
Indianapolis/500 ms (30.5.)	Milton/Wilcox (USA)	Miller	146,376
Le Mans/24 h (26./27.5.)	André Lagache (FRA)/ Albert Leonard (FRA)	Chenard-Walcker	92,064

Rallyes

Monte Carlo	nicht ausgetragen

Boxen/Schwergewicht

Ort/Datum	Weltmeister	Gegner	Ergebnis
Shelby/Montana 4.7.	Jack Dempsey (USA)	Tom Gibbons (USA)	PS 15 Rd.
New York 14.9.	Jack Dempsey (USA)	Luis Angel Firpo (ARG)	k.o. 2. Rd.

Eiskunstlaufen

Turnier	Ort	Datum
Weltmeisterschaften/Einzel	Wien	27./28.1.
Weltmeisterschaft/Paare	Cristiania/Oslo	10./11.2.
Deutscher Meisterschaften	Rießersee	13./14.1.

Einzel	Herren	Damen
Weltmeister	Fritz Kachler (AUT)	Herma Plank-Szábo (AUT)
Europameister	Willy Böckl (AUT)	noch nicht ausgetragen
Deutscher Meister	Werner Rittberger	Ellen Brockhöft
Paarlauf		
Weltmeister	Ludowika Eilers (GER)/Walter Jakobsson (FIN)	
Deutsche Meister	Weise/Velisch (München)	

Fußball

Länderspiele	Ergebnis	Ort	Datum
Deutschland (+ 2, = 1, – 3)			
Italien – Deutschland	3:1	Mailand	1. 1.
Deutschland – Holland	0:0	Hamburg	10. 5.
Schweiz – Deutschland	1:2	Basel	3. 6.
Schweden – Deutschland	2:1	Stockholm	29. 6.
Deutschland – Finnland	1:2	Dresden	12. 8.
Deutschland – Norwegen	1:0	Hamburg	4. 11.
Österreich (+ 2, = 1, – 3)			
Österreich – Finnland	2:1	Wien	
Österreich – Italien	0:0	Wien	
Schweden – Österreich	4:2	Göteborg	
Schweiz – Österreich	2:0	Genf	21. 1.
Österreich – Ungarn	1:0	Wien	

Länderspiele	Ergebnis	Ort	Datum
Ungarn – Österreich	2:0	Budapest	
Schweiz (+ 1, = 2, – 4)			
Schweiz – Österreich	2:0	Genf	21. 1.
Schweiz – Ungarn	1:6	Lausanne	11. 3.
Frankreich – Schweiz	2:2	Paris	22. 4.
Schweiz – Deutschland	1:2	Basel	3. 6.
Dänemark – Schweiz	3:2	Kopenhagen	17. 6.
Norwegen – Schweiz	2:2	Oslo	21. 6.
Holland – Schweiz	4:1	Amsterdam	25. 11.

Landesmeister	
Deutschland	Hamburger SV – Union Oberschöneweide 3:0 (10. 6. Berlin)
Österreich	Rapid Wien
Schweiz	Meisterschaft annuliert (Verstöße der Finalisten gegen Spielerqualifikationsbestimmungen)
Belgien	Union St. Gilloise
Dänemark	Frem
England	FC Liverpool
Finnland	JK Helsinki
Holland	RC Haarlem
Italien	FC Genua
Jugoslawien	Gradjanska Agram
Norwegen	Brann Bergen
Schottland	Glasgow Rangers
Schweden	AIK Stockholm
Spanien	AC Bilbao
Landespokal	
Österreich	Wiener Sportklub – SC Wacker Wien 3:1
Schweiz	nicht ausgetragen
England	Bolton Wanderers – Westham United 2:0
Frankreich	Red Star Paris – FC Sète 4:2
Holland	nicht ausgetragen
Italien	nicht ausgetragen
Schottland	Celtic Glasgow – Hibernian Edinburgh 1:0

Gewichtheben/Schwergewicht

Weltrekord (Land)	Dreikampf	Drücken	Reißen	Stoßen
Karl Mörke (GER)	380,0 kg	115,0 kg		
Hermann Görner (GER)			120,0 kg	157,0 kg
Hermann Gässler (GER)				157,0 kg

Leichtathletik

Deutsche Meisterschaften (Frankfurt am Main, 17./19. August)

Disziplin	Sieger (Stadt)	Leistung
Männer		
100 m	Hubert Houben (Krefeld)	11,1
200 m	Hubert Houben (Krefeld)	22,8
400 m	Erich Renell (Berlin)	51,6
800 m	Otto Peltzer (Stettin)	2:01,1
1500 m	Otto Peltzer (Stettin)	4:07,9
5000 m	Emil Bedarff (Frankfurt am Main)	15:14,2
10 000 m	Emil Bedarff (Frankfurt am Main)	32:49,8
110 m Hürden	Heinrich Troßbach (Frankfurt am Main)	15,7
400 m Hürden	Heinrich Troßbach (Frankfurt am Main)	57,4
3000 m Hindernis	nicht ausgetragen	
Marathon*	Paul Hempel (Berlin)	2:52:22,3
4 × 100 m	Eintracht Frankfurt	43,1
3 × 1000 m	TSV 1860 München	7:56,4
Hochsprung	Fritz Huhn (Jena)	1,74
Stabhochsprung	Alfred Lehniger (Berlin)	3,70
Weitsprung	Henry Schumacher (Hamburg)	7,07
Kugelstoßen	Fritz Wenninger (Pirmasens)	14,06
Diskuswurf	Gustav Steinbrenner (Frankfurt am Main)	41,55
Speerwurf	Walter Lüdeke (Berlin)	58,93
50 km Straßengehen	Max Köhler (Berlin)	5:11:14,8
Zehnkampf	Arthur Holz (Berlin)	587

Deutsche Meisterschaften (Frankfurt am Main, 17./19. August) Fortsetzung

Disziplin	Sieger (Stadt)	Leistung
Frauen		
100 m	Emmi Hanx (Frankfurt am Main)	13,2
4 × 100 m	SC Brandenburg Berlin	53,5
Hochsprung	Trudi Müller (Torgau)	1,41
Weitsprung	Anna Pieper (Münster)	5,12
Kugelstoßen	Lilly Henoch (Berlin)	8,69
Diskuswurf	Lilly Henoch (Berlin)	24,91
Speerwurf	Erna Pröschold (Minden)	33,73

* Berlin, 28. 7. 1923

Weltrekorde (Stand: 31. 12. 1923)

Disziplin	Name (Land)	Leistung	Datum	Stadt
Männer				
100 m	Charles Paddock (USA)	10,4	23. 4. 1921	Redlands
200 m (Gerade)	Charles Paddock (USA)	20,8	26. 3. 1921	Berkeley
400 m	Janus Meredith (USA) Binga Dismond (USA)	47,4 47,4	27. 5. 1916 3. 6. 1916	Cambridge Cransten
800 m	Janus Meredith (USA)	1:51,9	8. 7. 1912	Stockholm
1500 m	Paavo Nurmi (FIN)	3:53,0	23. 8. 1923	Stockholm
Meile	Paavo Nurmi (FIN)	4:10,4	23. 8. 1923	Stockholm
5000 m	Paavo Nurmi (FIN)	14:35,4	12. 9. 1922	Stockholm
10 000 m	Paavo Nurmi (FIN)	30:40,2	26. 6. 1921	Stockholm
110 m Hürden	Earl Thomson (CAN)	14,4	29. 5. 1920	Philadelphia
400 m Hürden	August Desch (USA)	53,4	5. 7. 1921	Pasadena
3000 m Hindernis	Ernesto Ambrosini (ITA)	9:36,6	9. 6. 1923	Paris
4 × 100 m	USA	42,2	22. 8. 1920	Antwerpen
4 × 200 m	USA	1:27,4	5. 7. 1921	Pasadena
4 × 400 m	USA	3:16,6	15. 7. 1912	Stockholm
4 × 800 m	USA	7:49,4	29. 4. 1922	Philadelphia
4 × 1500 m	Schweden	16:40,2	12. 8. 1919	Stockholm
4 × 1 Meile	USA	17:21,4	23. 6. 1923	Chicago
Hochsprung	Clinton Larsen (USA)	2,01	1. 6. 1917	Provo
Stabhochsprung	Charles Hoff (NOR)	4,21	22. 7. 1923	Kopenhagen
Weitsprung	Edwin Gourdin (USA)	7,69	23. 7. 1921	Cambridge (USA)
Dreisprung	Daniel Ahearn (USA)	15,56	30. 5. 1911	New York
Kugelstoßen	Ralph Rose (USA)	15,54	21. 8. 1909	S. Francisco
Diskuswurf	Armas Taipale (FIN)	47,85	20. 7. 1913	Magdeburg
Hammerwurf	Patrick Ryan (USA)	57,77	17. 8. 1913	New York
Speerwurf	Jouni Myyrä (FIN)	66,10	24. 8. 1919	Stockholm
Zehnkampf	Harold Osborn (USA)	6424	3. 9. 1923	Chicago
Frauen				
100 m	Marie Kießing (GER)	12,8	21. 8. 1921	Hamburg
200 m	Mary Lines (GBR)	26,8	23. 9. 1922	Croydon
400 m	Vera Palmer (GBR)	60,8	1923	
800 m	Mary Lines (GBR)	2:26,6	30. 8. 1922	London
4 × 100 m	Frankreich	50,6	10. 5. 1923	Brünn
4 × 200 m	GBR	1:46,0	23. 4. 1922	Monte Carlo
Hochsprung	Sophia Elliott-Lynn (GBR)	1,48	6. 8. 1923	London
Weitsprung	Marie Kießing (GER)	5,54	29. 5. 1921	München
Kugelstoßen	Violette Gouroud (FRA)	9,42	25. 6. 1922	Paris
Diskuswerfen	Yvonne Tembourte (FRA)	27,39	23. 9. 1923	Paris
Speerwerfen (600 g)	Bozena Sramkova (TCH)	25,32	13. 8. 1922	Prag

Deutsche Rekorde (Stand: 31. 12. 1923)

Disziplin	Name (Stadt)	Leistung	Datum	Stadt
Männer				
100 m	Richard Rau (Berlin)	10,5	13. 8. 1911	Braunschwg.
200 m	Richard Rau (Berlin)	21,6	28. 6. 1914	Berlin
400 m	Hanns Braun (München)	48,3	13. 7. 1912	Stockholm
800 m	Hanns Braun (München)	1:52,2	13. 7. 1912	Stockholm
1000 m	Friedrich-Franz Köpcke (Berlin)	2:31,9	22. 6. 1922	Berlin
1500 m	Otto Peltzer (Stettin)	3:59,4	15. 7. 1923	Göteborg
3000 m	Emil Bedarff (Frankfurt am Main)	8:44,5	13. 7. 1922	Düsseldorf
5000 m	Emil Bedarff (Frankfurt am Main)	15:14,2	17. 8. 1923	Frankfurt
10 000 m	Emil Bedarff (Frankfurt am Main)	32:23,3	24. 9. 1922	Frankfurt
110 m Hürden	Heinrich Troßbach (Berlin)	15,3	20. 8. 1922	Duisburg
400 m Hürden	Gerhard von Massow (Berlin)	56,2	28. 6. 1922	Berlin
4 × 100 m	Nationalstaffel SC Charlottenburg	42,3 42,4	8. 7. 1912 20. 8. 1922	Stockholm Duisburg
4 × 400 m	DSC Berlin	3:26,4	2. 7. 1922	Berlin
Hochsprung	Robert Pasemann (Berlin)	1,923	13. 8. 1911	Braunschwg.
Stabhochsprung	Heinrich Fricke (Hannover)	3,80	20. 8. 1922	Duisburg
Weitsprung	Karl Hornberger (Bad Kreuznach)	7,33	21. 8. 1921	Hamburg
Dreisprung	Arthur Holz (Berlin)	14,99	1. 7. 1922	Berlin
Kugelstoßen	Ernst Söllinger (Frankfurt am Main)	13,47	21. 8. 1921	Hamburg
Diskuswurf	Gustav Steinbrenner (Frankfurt am Main)	46,66	27. 8. 1922	Hamburg
Hammerwurf	Max Furtwengler (Regensburg)	39,87	21. 8. 1920	Stuttgart
Speerwurf	Heinrich Buchgeister (Berlin)	62,10	19. 6. 1921	Karlsruhe
Zehnkampf	Arthur Holz (Berlin)	644	18./19.8. 1922	Duisburg
Frauen				
100 m	Marie Kießing (München)	12,8	21. 8. 1921	Hamburg
4 × 100 m	TSV 1860 München	52,1	2. 9. 1922	Berlin
Hochsprung	Grete Sommer (Kiel)	1,45	4. 8. 1923	Kiel
Weitsprung	Marie Kießing (München)	5,54	29. 5. 1921	München
Kugelstoßen (3,628 kg)	Frieda Grasse (Niederlehme)	9,30	6. 8. 1921	Berlin
Diskuswurf	Lilly Henoch (Berlin)	26,62	7. 8. 1923	Berlin
Speerwurf (500 g)	Erna Pröschold (München)	33,73	19. 8. 1923	Frankfurt am Main

Pferdesport

Disziplin/Turnier	Sieger/Land	Pferd (Gestüt)	Tag
Galopprennen			
Deutsches Derby			
Prix de l'Arc de Triomphe			
Trabrennen			
Deutsches Derby	C. Weidmüller (GER)	Mary H. (Angerhof)	
Prix d'Amerique			
Turniersport			
Springreiten			
Deutsches Derby	Hptm. Martins (GER)	Döllnitz	

Radsport

Disziplin, Ort, Datum	Plazierung, Name (Land)	Zeit/Rückstand
Straßenweltmeisterschaft (Zürich)		
Amateure (164 km)	1. Libero Ferrario (ITA) 2. Eichenerger (SUI) 3. Antenen (SUI)	5:10:00
Rundfahrten (Etappen)		
Tour de France (15) Datum: 24. 6.–22. 7. Länge: 5386 km 139 Starter, 18 im Ziel	1. Henri Pélissier (FRA) 2. Ottavio Bottecchia (ITA) 3. René Bellenger (FRA)	222:15:30 30:41 1:04:43
Giro d'Italia (10) Datum: 23. 5.–10. 6. Länge: 3188 km 96 Starter, 38 im Ziel	1. Costante Girardengo (ITA) 2. Giovanni Brunero (ITA) 3. Bartolomeo Aymo (ITA)	122:58:17 0:37 10:25

Schwimmen

Deutsche Meisterschaften (Elberfeld)

Disziplin	Sieger (Stadt)	Leistung
Männer		
Freistil 100 m	Herbert Heinrich (Leipzig)	1:04,4
Freistil 400 m	Herbert Heinrich (Leipzig)	5:33,4
Freistil 1500 m	Ernst Vierkötter (Köln)	23:18,8
Freistil 2 × 200 m	Hellas Magdeburg	7:36,3
Brust 100 m	Erich Rademacher (Magdeburg)	1:18,6
Brust 3 × 100 m	Rhenus Köln	4:11,2
Lagen 4 × 100 m	Hellas Magdeburg	5:20,1
Seite 100 m	Ernst Cramer (Breslau)	1:13,6
Rücken 100 m	Gustav Frölich (Magdeburg)	1:16,0
Kunstspringen	Josef Lechnir (Dessau)	117,60
Mehrkampf (Tauchen, Springen, Schwimmen)	Artur Mund (Halberstadt)	73,4
Wasserball	Wasserfreunde Hannover	
Stromschwimmen 7500 m	Ernst Vierkötter (Köln)	59:00,0
Frauen		
Freistil 100 m	Anni Rehborn (Bochum)	1:22,8
Brust 100 m	Erna Murray (Leipzig)	1:35,0
Rücken 100 m	Anni Rehborn (Bochum)	1:30,4
Kunstspringen	Lisbeth Hermes (Bonn)	66,35
Stromschwimmen 7500 m	Else Döbler (Berlin-Neukölln)	

Weltrekorde (Stand 31. 12. 1923)

Disziplin	Name (Land)	Leistung	Datum	Ort
Männer				
Freistil 100 m	Johnny Weissmuller (USA)	58,6	9. 7. 1922	Alameda
Freistil 200 m	Johnny Weissmuller (USA)	2:15,6	26. 5. 1922	Honolulu
Freistil 400 m	Johnny Weissmuller (USA)	4:57,0	6. 3. 1923	Newhaven
Freistil 800 m	Andrew Charlton (USA)	11:05,2	13. 1. 1923	Sydney
Freistil 1500 m	Arne Borg (SWE)	21:35,3	8. 7. 1923	Göteborg
Freistil 4 × 100	Deutschland	4:34,0	20. 7. 1912	Hamburg
Freistil 4 × 200	USA	10:04,2	29. 8. 1920	Antwerpen
Brust 100 m	Marton Sipos (UNG)	1:16,2	24. 9. 1922	Budapest
Brust 200 m	Erich Rademacher (GER)	2:50,4	4. 3. 1922	Duisburg
Rücken 100 m	Warren Kealoha (USA)	1:12,6	17. 10. 1922	Honolulu
Rücken 200 m	Bernhard Skamper (GER)	2:47,1	29. 9. 1923	Darmstadt
Frauen				
Freistil 100 m	Gertrude Ederle (USA)	1:12,8	30. 6. 1923	Newark
Freistil 200 m	Gertrude Ederle (USA)	2:45:2	4. 4. 1923	Brooklyn
Freistil 400 m	Gertrude Ederle (USA)	5:53,2	4. 8. 1922	Indianapolis
Freistil 800 m	Gertrude Ederle (USA)	13:19,0	17. 8. 1919	Indianapolis
Freistil 1500 m	Helen Wainwright (USA)	25:06,6	19. 8. 1922	Manhattan
Freistil 4 × 100	USA	5:11,6	25. 8. 1920	Antwerpen
Freistil 4 × 200	USA	12:15,2	1923	
Brust 100 m	Erna Murray (GER)	1:32,4	1921	Leipzig
Brust 200 m	Irene Gilbert (GBR)	3:20,4	18. 6. 1923	Rotherham
Rücken 100 m	Sybil Bauer (USA)	1:26,6	8. 8. 1923	Newark
Rücken 200 m	Sybil Bauer (USA)	3:06,8	4. 7. 1922	Brighton Bay/USA

Deutsche Rekorde (Stand 31. 12. 1923)

Disziplin	Name (Stadt)	Leistung	Datum	Ort
Männer				
Freistil 100 m	Kurt Bretting (Magdeburg)	1:02,4	6. 4. 1912	Brüssel
Freistil 200 m	Herbert Heinrich (Leipzig)	2:26,8	24. 3. 1923	Magdeburg
Freistil 400 m	Herbert Heinrich (Leipzig)	5:26,6	23. 3. 1923	Magdeburg
Freistil 800 m	Otto Fahr (Cannstatt)	11:45,0	20. 4. 1912	Magdeburg
Freistil 1500 m	Ernst Vierkötter (Köln)	22:32,4	8. 4. 1923	Duisburg
Freistil 4 × 100	Hellas Magdeburg	4:37,8	1922	Berlin
Freistil 4 × 200	Hellas Magdeburg	10:54,4	1922	Berlin
Brust 100 m	Wilhelm Lützow (Magdeburg)	1:16,8	24. 5. 1914	Magdeburg
Brust 200 m	Erich Rademacher (Magdeburg)	2:50,4	4. 3. 1922	Duisburg
Rücken 100 m	Gustav Frölich (Magdeburg)	1:14,0	2. 10. 1921	Darmstadt
Rücken 200 m	Bernhard Skamper (Köln)	2:47,1	29. 9. 1923	Darmstadt

Disziplin	Name (Stadt)	Leistung	Datum	Ort
Frauen				
Freistil 100 m	Grete Rosenberg (Hannover)	1:22,2	28. 6. 1914	Berlin
Freistil 200 m	Eva Gerstenkorn (Wilhelmshaven)	3:44,6	1922	Berlin
Freistil 400 m	Hermine Stindt (Hannover)	7:26,6	1922	Berlin
Freistil 4 × 100	DSV Hannover	6:21,6	1922	Berlin
Brust 100 m	Erna Murray (Berlin)	1:32,4	1921	Leipzig
Brust 200 m	Erna Murray (Berlin)	3:28,0	15. 8. 1920	Darmstadt
Rücken 100 m	Erna Murray (Berlin)	1:34,4	1921	Leipzig
Rücken 200 m	Eva Henschel (Berlin)	3:54,0	1922	Berlin

Tennis

Meisterschaften	Ort	Datum
Wimbledon	London	30. 6.–8. 7.
US Open	Philadelphia (Herren) Forest Hills (Damen)	September
Australian Open	Melbourne	Dezember
Internationale Deutsche	Hamburg	Juli
Daviscup-Endspiel	New York	1.–3. 9.

Turnier	Sieger (Land) – Finalgegner (Land) Ergebnis
Herren	
Wimbledon	Bill Johnston (USA) – Frank Hunter (USA) 6:0, 6:3, 6:1
US Open	Bill Tilden (USA) – Bill Johnston (USA) 6:4, 6:1, 6:4
Australian Open	Peter O'Hara Wood (AUS) – C. B. St. John 6:1, 6:1, 6:3
Int. Deutsche	Heinrich Landmann (GER) – »Grandy«* 6:2, 6:3, 7:5
Daviscup-Endspiel	USA – Australien 4:1
Damen	
Wimbledon	Suzanne Lenglen (FRA) – Kitty McKane (GBR) 6:2, 6:2
US Open	Helen Wills (USA) – Molla Mallory (USA) 6:2, 6:1
Australian Open	B. H. Molesworth – E. F. Boyd 6:3, 10:8
Int. Deutsche	Else Friedleben (GER)
Herren-Doppel	
Wimbledon	Lesley Godfree (GBR)/ Randolph Lycett (GBR) – Count de Gomar (SPA)/ Enrico Flaquer (SPA) 6:3, 6:4, 3:6, 6:3
US Open, Chestnut Hill, Mass.	William Tilden (USA)/ Brian Norton (USA) – Dick Williams (USA)/ W. M. Washburn (USA) 3:6, 6:2, 6:3, 5:7, 6:2
Australian Open	Peter O'Hara Wood (AUS)/ C. B. St. John – H. Rice/ J. Bullough 6:4, 6:3, 3:6, 6:0
Int. Deutsche	Friedrich-Wilhelm Rahe (GER)/Bela von Kehrling (UNG)
Damen-Doppel	
Wimbledon	Suzanne Lenglen (FRA)/ Elizabeth Ryan (USA) – J. Austin (GBR)/ E. Colyer (GBR) 6:3, 6:1
US Open	B. C. Covell/ Kitty McKane (GBR) – Hazel (Hotchkiss-)Wightman (USA)/ E. E. Gross 2:6, 6:2, 6:1
Australian Open	E. Boyd/ S. Lance – M. Molesworth/ H. Turner 6:1, 6:4
Mixed	
Wimbledon	Randolph Lycett (GBR)/ Elizabeth Ryan (USA) – L. S. Deane/ D. C. Shepherd-Barron 6:4, 7:5
US Open, Chestnut Hills, Mass.	William Tilden (USA)/ Molla Mallory (USA) – J. B. Hawkes/ Kitty McKane (GBR) 6:3, 2:6, 10:8
Australian Open	H. M. Rice/ S. Lance – C. B. St. John/ M. Molesworth 2:6, 6:4, 6:4
Int. Deutsche	Lilly de Alvarez (SPA)/Louis M. Heyden

* Pseudonym von Louis Heyden

Das Rekordproblem: Seit der Mensch sportliche Leistungen registriert und vergleicht – und das geschieht überschaubar seit rund 100 Jahren – gibt es das Problem der genauen Feststellung der Rekorde. Weltrekorde z. B. wurden zuerst privat aufgezeichnet. Später übernahmen internationale und nationale Verbände diese Aufgabe und gaben Höchstleistungen durch ihre Anerkennung den offiziellen Charakter.
Probleme bei der Anerkennung der Rekorde ergaben sich allerdings daraus, daß von manchen nationalen Verbänden im Ausland erzielte Bestleistungen nicht anerkannt wurden, oder Rekorde von Sportlern, die nicht zu einem Weltverband gehörten, ignoriert wurden. Zudem wurden in einigen wenigen Fällen aufgrund sprachlicher Mißverständnisse und falscher Umrechnungen (z. B. yards in Meter, inches in Zentimeter) Weltrekorde anerkannt, die in Wirklichkeit gar keine waren.
Generell darf man sagen, daß 95% aller Weltrekorde vor 1912 das Ergebnis privater Recherchen sind und daß einige Höchstleistungen von 1912 bis 1945 den heutigen Maßstäben nicht standhalten – das bedeutet, daß einige offizielle Weltrekorde falsch und mehr oder weniger »privat« registrierte die richtigen sind. In den Rekordlisten des Jahres 1923 sind also inoffizielle deutsche oder Weltrekorde genauso verzeichnet wie die offiziellen, sofern sie der Nachprüfung standhalten.

Abkürzungen zu den Sportseiten

AFG	Afghanistan
ARG	Argentinien
AUS	Australien
AUT	Österreich
BEL	Belgien
BOL	Bolivien
BRA	Brasilien
BUL	Bulgarien
CAN	Kanada
CHI	Chile
CHN	China
COL	Kolumbien
COS	Costa Rica
ČSR	Tschechoslowakei
CUB	Kuba
DAN	Dänemark
DOM	Dominikanische Republik
ECU	Ecuador
EGY	Ägypten
ETH	Äthiopien
FIN	Finnland
FRA	Frankreich
GBR	Großbritannien
GER	Deutschland
GRE	Griechenland
GUA	Guatemala
HAI	Haiti
HOL	Niederlande
IRA	Persien (Iran)
IRK	Irak
IRL	Irland
ITA	Italien
JAP	Japan
LET	Liberia
LIB	Libanon
LIE	Lichtenstein
LIT	Litauen
LUX	Luxemburg
MCO	Monaco
MEX	Mexiko
MON	Mongolei
NEP	Nepal
NIC	Nicaragua
NOR	Norwegen
NZL	Neuseeland
PAN	Panama
PAR	Paraguay
PER	Peru
POL	Polen
POR	Portugal
PUR	Puerto Rico
RUM	Rumänien
SAF	Südafrika
SAL	El Salvador
SAN	San Marino
SOV	Sowjetunion
SPA	Spanien
SUI	Schweiz
SWE	Schweden
THA	Thailand
TUR	Türkei
UNG	Ungarn
URU	Uruguay
USA	Vereinigte Staaten von Amerika
VEN	Venezuela
YUG	Jugoslawien

Nekrolog 1923

Bekannte Persönlichkeiten aus allen Bereichen des gesellschaftlichen Lebens, die im Jahr 1923 gestorben sind, werden – alphabetisch geordnet – in Kurzbiographien vorgestellt.

Ferdinand Avenarius

deutscher Schriftsteller (*20. 12. 1856, Berlin), stirbt am 20. September in Kampen auf Sylt.

Avenarius, Bruder des Philosophen Richard Avenarius und Neffe Richard Wagners, trat als kulturpädagogischer Schriftsteller und Vorkämpfer für Eduard Mörike, Gottfried Keller und Christian Friedrich Hebbel hervor. Breitenwirkung erzielte er besonders durch Anthologien wie »Deutsche Lyrik der Gegenwart« (1882), »Hausbuch deutscher Lyrik« (1902), »Balladenbuch« (1907) und »Das fröhliche Buch« (1909). 1887 gründete er in Dresden die Halbmonatsschrift »Der Kunstwart« und 1903 den Dürerbund zur Hebung des Kunstgeschmacks, Kunstverständnisses und der ästhetischen Kultur beim breiten Publikum. Seine dichterischen Hauptwerke sind die Gedichtsammlung »Wandern und Werden« (1880), die episch-lyrische Dichtung »Lebe!« (1893) und die Dramen »Faust« (1919) und »Baal« (1920).

Maurice Barrès

französischer Schriftsteller (*17. 9. 1862, Charmes-sur-Moselle in Lothringen), stirbt am 4. Dezember in Neuilly-sur-Seine.

Barrès – Vertreter der nationalistischen Rechten (Abgeordneter 1889 bis 1893 und 1906 bis 1923), geistiger Führer der antirepublikanischen Rechtsopposition, Antisemit, Wortführer der Revanchisten gegenüber Deutschland, Wegbereiter der Action française – galt als einer der bedeutendsten französischen Schriftsteller seiner Zeit, 1906 wurde er Mitglied der Académie française. Seine politische Haltung wird auf ein traumatisches Kindheitserlebnis zurückgeführt: Als 1870 deutsche Truppen seine Heimat besetzten, wurden Vater und Großvater als Geiseln festgenommen. Als Politiker und als Schriftsteller vertrat Barrès einen Determinismus, nach dem die Kräfte der nationalen Geschichte, des Blutes und des Heimatbodens das Verhalten des Einzelnen bestimmen. Entschieden distanzierte er sich von den französischen Intellektuellen, die Frankreichs nationale Kraft geringschätzten. Ostfrankreich ist der symbolische Schauplatz seiner völkisch gesinnten, in einem brillanten Stil geschriebenen Romane »Der Kult des Ich« (Trilogie, 1888–1891), »Der Roman der nationalen Energie« (Trilogie, 1897–1902), »Die Bastionen im Osten« (zwei Bände, 1905–1911), »Der inspirierte Hügel« (1913).

Ernst Beckmann

deutscher Chemiker (*4. 7. 1853, Solingen), stirbt am 12. Juli in Berlin.

Beckmann, nach Professuren in Gießen und Erlangen Direktor des Laboratoriums für angewandte Chemie in Leipzig ab 1897 und Leiter des neugegründeten Kaiser-Wilhelm-Instituts in Berlin ab 1912, trat durch seine Methoden zur Bestimmung des Molekulargewichts durch Gefrierpunktserniedrigung und Siedepunktserhöhung hervor. Mit dem nach ihm benannten Beckmann-Thermometer können Temperaturunterschiede bis auf einige tausendstel Grad genau gemessen werden.

Sarah Bernhardt

eigentlich Henriette Rosine Bernard, französische Schauspielerin (*22. 10. 1844, Paris), stirbt am 26. März in Paris.

Sarah Bernhardt debütierte 1862 an der Comédie-Française, der Durchbruch zum Erfolg gelang ihr 1867 in Victor Hugos »Ruy Blas« und in François Coppées »Le Passant«. 1872 wurde sie Mitglied, später Teilhaberin der Comédie-Française. Ab 1880 gab sie zahlreiche Auslandsgastspiele, unter anderem in den USA, und stieg zu einer der gefeiertsten Schauspielerinnen ihrer Zeit auf. Mit ihrer ausgezeichneten Technik des Spiels und der Sprache glänzte sie in klassischen und modernen Stücken, in Frauen- ebenso wie in Männerrollen (Hamlet, Lorenzaccio). In Paris leitete sie, z.T. gemeinsam mit ihrem Sohn Maurice, zahlreiche Theater, darunter das Théâtre des Nations, das in Théâtre Sarah Bernhardt umbenannt wurde. 1906 wurde sie Professorin am Pariser Konservatorium.

George Hendrik Breitner

niederländischer Maler und Fotograf (*12. 9. 1857, Rotterdam), stirbt am 5. Juni in Aerdenhout bei Haarlem.

Breitner war einer der Hauptvertreter der niederländischen Impressionisten. Für seinen Stil, zu dem er früh fand, sind ein breiter Pinselstrich und eine dunkle Palette charakteristisch. Bis zu seiner Reise nach Paris 1884 malte er Menschen und Tiere, vor allem Pferde, in der Landschaft. Später suchte er seine Motive in der Altstadt von Amsterdam, malte Straßenszenen, Hafen- und Stadtansichten mit einer Vorliebe für die Dämmerung und für verhangene Wintertage. Daneben schuf er auch Bildnisse und Akte. Seine rund 2000 Fotografien stellen eine reiche Dokumentation zum Stadtbild von Amsterdam um 1900 dar.

Carl Burckhardt

schweizerischer Maler, Bildhauer und Kunstschriftsteller (*13. 1. 1878, Lindau bei Zürich), stirbt am 24. Dezember in Ligornetto im Tessin.

Burckhardt war einer der Hauptmeister der schweizerischen Bildhauerei während des ersten Viertels des 20. Jahrhunderts. In klassisch-einfachen Formen schuf er öffentliche Denkmäler, figurale Plastiken u.a., so die Reliefs am Kunsthaus Zürich (1909–1914), die Brunnenfiguren vor dem Badischen Bahnhof in Basel (1914–1921), die Amazone vor der Rheinbrücke in Basel (1923).

George Edward Stanhope Molyneux Herbert Earl of Carnarvon

britischer Ägyptologe (†26. 6. 1866, Highclere in Berkshire), stirbt am 6. April in Kairo.

Carnarvon finanzierte Ausgrabungen im Tal der Könige bei der oberägyptischen Stadt Luxor, in deren Verlauf der britische Archäologe Howard Carter am 5. November 1922 das Grab Tutanchamuns († 1337 v. Chr.) entdeckte. Am 26. November 1922 öffneten Carnarvon und Carter gemeinsam das noch nahezu unversehrte Pharaonengrab und stießen auf einzigartige Schätze (Thronsessel Tutanchamuns, Goldsarg, Brustschmuck und Goldmaske der Mumie u.a.), die weltweites Aufsehen erregten.

Louis Couperus

niederländischer Schriftsteller (*10. 6. 1863, Den Haag), stirbt am 16. Juli in De Steeg bei Arnheim.

Couperus, der zunächst von Emile Zola und Gustave Flaubert beeinflußt war und sich später einer lyrisch-mystischen Darstellungsweise zuwandte, schuf Familien- und Gegenwartsromane aus Den Haag, phantastisch-symbolistische Romane aus z.T. orientalischer Sagenwelt, Tyrannenromane aus dem Altertum sowie Novellen, Skizzen und Reisebücher. Zentrales Thema ist meist die Dekadenz in Vergangenheit und Gegenwart. Romane und Erzählungen: »Eline Vere« (1889), »Schicksal« (1890), »Majestät« (1893), »Weltfrieden« (1895), »Psyche« (1898), »Stille Kraft« (1900), »Die Lebenskurve« (1900), »Die Bücher der kleinen Seelen« (1901–1903), »Heliogabal« (1905), »Von alten Menschen, den Dingen, die vorübergehen« (1906), »Aphrodite in Ägypten« (1911), »Der Unglückliche« (1915), »Die Komödianten« (1917), »Das schwebende Schachbrett« (1917), »Der verliebte Esel« (1918), »Xerxes oder Der Hochmut« (1919), »Iskander« (1920).

Gustave Eiffel

französischer Ingenieur und Architekt, Erbauer des nach ihm benannten Eiffelturms in Paris (*15. 12. 1832, Dijon), stirbt am 28. Dezember in Paris.

Eiffel errichtete ab 1855 zahlreiche Stahlbauten, u.a. 1867 die Maschinenhalle der ersten Pariser Weltausstellung, 1875 die Douro-Brücke bei Porto in Portugal, 1876 als erstes Warenhaus aus Stahl und Glas die Magasins au Bon Marché in Paris, 1884 die Truyère-Brücke bei Garabit in Frankreich mit einer Spannweite von 165 m. Schon bei seinen frühen Bauten ist die sichelförmige Führung der Stützen vorgebildet, die für den 300,5 m hohen Eiffelturm auf dem Marsfeld in Paris charakteristisch ist. Dieser für die Weltausstellung von 1889 entworfene Turm sollte die Kraft des nach dem Deutsch-Französischen Krieg von 1870/71 wiedererstarkten Frankreich dokumentieren und gilt seither als Symbol für den modernen »Ingenieur-Bau«. 1882 bis 1914 war Eiffel außerdem am Bau der Schleusen für den Panama-Kanal beteiligt.

Warren Gamaliel Harding

29. US-Präsident seit 1921, Republikaner (*2. 11. 1865, Caledonia/Blooming Grove/Ohio), stirbt am 2. August in San Francisco. Nach seinem Tod wird der Vizepräsident Calvin Coolidge als 30. Präsident der Vereinigten Staaten in sein Amt eingeführt.

Den Eintritt der USA in den Völkerbund und die Aufnahme von Handelsbeziehungen zur Sowjetunion lehnte Harding ab. Dafür schuf er innenpolitisch die Voraussetzungen für die wirtschaftliche Blüte der USA während der 20er Jahre (»golden twenties«). Im Winter 1921/22 berief er die Abrüstungskonferenz von Washington zur Begrenzung des Seewettrüstens.

Jaroslav Hašek

tschechoslowakischer Schriftsteller, Autor des Welterfolgs »Die Abenteuer des braven Soldaten Schwejk während des Weltkriegs« (*24. 4. 1883, Prag), stirbt am 3. Januar in Lipnice nad Sázavou in Ostböhmen an den Folgen seiner Trunksucht. Hašek führte ein wechselvolles Leben als Bohemien und Vagabund. Im Ersten Weltkrieg desertierte er in Rußland von der österreichischen Landwehr zur tschechischen Legion und landete schließlich bei den Bolschewiken. Sein Hauptwerk ist der in fast alle europäische Sprachen übersetzte Roman »Die Abenteuer des braven Soldaten Schwejk während des Weltkriegs« (1920–1923). Die Hauptfigur, ein phlegmatischer Zyniker, entlarvt unter dem Deckmantel geistiger Zurückgebliebenheit mit wörtlich ausgeführten Befehlen die Sinnlosigkeit von Krieg und Militarismus und die Fragwürdigkeit von Autorität. Schwejk wurde zu einem Symbol des individuellen Widerstands gegen jede Art von Unterdrückung. – Hašek schrieb außerdem zahlreiche humoristisch-satirische Erzählungen, in denen er die Kirche, die Monarchie und das Spießbürgertum aufs Kreuz nimmt.

Rudolf Havenstein

deutscher Finanzpolitiker und Reichsbankpräsident (*10. 3. 1857, Meseritz), stirbt am 20. November in Berlin.

Havenstein wurde 1908 zum Präsidenten der Deutschen Reichsbank ernannt. Wegen seiner Diskontpolitik nach dem Ersten Weltkrieg war er heftiger Kritik ausgesetzt. Man gab ihr die Schuld am Zerfall der deutschen Währung (Inflation).

Konstantin I.
König von Griechenland 1913 bis zu seinem erzwungenen Thronverzicht durch die Alliierten 1917, erneut König 1920 bis zu seiner Abdankung nach der Niederlage im Griechisch-Türkischen Krieg 1922 (*2. 8. 1868, Athen), stirbt am 11. Januar in Palermo.
Konstantin I. kam 1913 nach der Ermordung seines Vaters Georg I. auf den Thron. Durch seine Heirat mit Prinzessin Sophie von Preußen (1889) war er der Schwager des deutschen Kaisers Wilhelm II. Im Ersten Weltkrieg wollte er sein Land neutral halten. Sein innenpolitischer Gegner, Ministerpräsident Eleftherios Weniselos, erreichte es jedoch mit britischer und französischer Hilfe, daß Griechenland den Alliierten beitrat und Konstantin 1917 außer Landes gehen mußte. 1920 kehrte er nach einer Volksabstimmung auf den Thron zurück, verzichtete aber nach der Niederlage im Griechisch-Türkischen Krieg 1922 endgültig zugunsten seines Sohnes Georg II.

Andrew Bonar Law
britischer konservativer Politiker (*16. 9. 1858, New Brunswick/Kanada), stirbt am 30. Oktober in London.
Law war 1915/16 Kolonialminister und von 1916 bis 1919 Schatzkanzler unter David Lloyd George. Als Premierminister von Oktober 1922 bis zu seinem Rücktritt im Mai 1923 vertrat er die Devise: »Ruhe und Freiheit von Abenteuern.«

Katherine Mansfield

eigentlich Kathleen Mansfield-Beauchamp, britische Erzählerin (*14. 10. 1888, Wellington/Neuseeland), stirbt am 9. Januar in Fontainebleau in Frankreich an einem Blutsturz.
Nach dem Vorbild von Anton Tschechow, dem Meister der russischen Kurzgeschichte, verfaßte Katherine Mansfield impressionistische, episodenhafte Erzählungen, die ihre Spannungsmomente weniger aus der Handlung als aus einer feinfühlig beobachteten Stimmung beziehen, und wurde so richtungweisend für die Short Story in Großbritannien: »Für 6 Pence Erziehung und andere Geschichten« (1920), »Das Gartenfest« (1922). Mansfield, Tochter eines Bankiers, der später geadelt wurde, heiratete 1909 in erster Ehe George Bowden, den sie am Tag nach der Hochzeit wieder verließ. 1911 begegnete sie dem Literaturkritiker und Sozialisten John Middleton Murray, den sie 1918 heiratete, nachdem es ihr endlich gelungen war, von ihrem ersten Mann geschieden zu werden. Ihm verdankte sie zahlreiche Anregungen für ihr Schaffen. Sie war außerdem befreundet mit D(avid) H(erbert) Lawrence, Aldous Huxley und Virginia Woolf.

L. Martow
eigentlich Juli Ossipowitsch Zederbaum, russischer menschewistischer Politiker (*24. 11. 1873, Konstantinopel/Istanbul), stirbt am 4. April in Schömberg im Landkreis Calw.
Martow arbeitete in den 90er Jahren des 19. Jahrhunderts mit Wladimir I. Lenin in Petersburg (Leningrad) zusammen, lebte 1897 bis 1900 in der Verbannung in Turachansk und war Mitbegründer der Zeitschrift »Iskra«, für die er auch im Exil 1901 bis 1905 schrieb. Nach der Teilnahme an der Revolution von 1905 lebte er wieder im Exil. Während des Ersten Weltkriegs hielt er sich in der Schweiz auf und spielte auf dem Kongreß der sozialistischen Internationale in Zimmerwald 1916 eine bedeutende Rolle. Im Mai 1917 kehrte er nach Rußland zurück, das er als Menschewik und erbitterter Gegner Lenins bereits 1920 wieder verließ.

Fritz Mauthner
österreichischer Schriftsteller und Sprachphilosoph (*22. 11. 1849, Hořitz/Ostböhmen), stirbt am 29. Juni in Meersburg am Bodensee.
Mauthner, Mitglied der Berliner Naturalisten und Mitbegründer der »Freien Bühne« in Berlin, begann als sozialistischer Dramatiker und Erzähler von Gesellschaftsromanen und wandte sich später dem historischen Roman und philosophischen Abhandlungen zu. Großen Erfolg erzielte er mit Satiren, in denen er den Stil großer Dichter seiner Zeit parodierte (»Nach berühmten Mustern«, 1878–80). In seinen dreibändigen »Beiträgen zu einer Kritik der Sprache« (1901/02) vertrat er einen strengen Nominalismus und forderte eine sprachkritische Analyse der Philosophie. Weitere Werke sind die Romane »Ahasver« (1882) und »Berlin W« (drei Bände, 1886–1900), der Memoirenband »Prager Jugendjahre« (1918) und das vierbändige Werk »Der Atheismus und seine Geschichte im Abendland« (1920/1923).

Alexandr Sergejewitsch Newerow
eigentlich Alexandr Sergejewitsch Skobelew, russischer Schriftsteller (*24. 12. 1886, Nowikowka/Uljanowsk), stirbt am 24. Dezember in Moskau.
Newerows Erzählungen stehen in der Tradition der revolutionären Narodniki (»Volkstümler«). Während der Oktoberrevolution stand er den Sozialrevolutionären nahe, ging 1919 zu den Bolschewiken über und bekleidete Posten in staatlichen und kulturellen Institutionen. Erst nach dem frühen Herztod dieses Provinzdichters erhöht sich das Interesse an seinem literarischen Schaffen. Sein 1923 erscheinender Roman »Taschkent, die brotreiche Stadt« wird eines der populärsten Jugendbücher der 20er Jahre.

Adolf Oberländer

deutscher Karikaturist und Maler (*1. 10. 1845, Regensburg), stirbt am 29. Mai in München.
Oberländer, der ab 1863 Zeichner bei den »Fliegenden Blättern« war, für die er thematisch vielfältige und populäre Karikaturen schuf, und ab 1869 auch für den »Münchner Bilderbogen« arbeitete, ist neben Wilhelm Busch der bedeutendste deutsche Humorzeichner. Am bekanntesten sind seine anthropomorphen Tierzeichnungen. Vor allem beliebt waren seine Zeichnungen von Löwen, die sich »menschlich« gebärden. Ein Teil dieser Zeichnungen erschien auch im »Oberländer-Album« (12 Bände, 1879–1901). Darüber hinaus schuf er Gemälde.

Vilfredo Pareto
italienischer Nationalökonom und Soziologe (*15. 7. 1848, Paris), stirbt am 19. August in Céligny bei Genf.
Pareto, der als Antidemokrat den Aufstieg des Faschismus begrüßte, gilt als Klassiker der konservativen Sozial- und Wirtschaftslehre und als Ideologe des autoritären Konservatismus. Als Mitbegründer der Lausanner Schule innerhalb der Grenznutzenschule war er ein Vertreter des Prinzips der im Kampf um die gesellschaftliche Macht miteinander konkurrierenden Eliten. Schriften: »Die sozialistischen Systeme« (1902/03), »Abhandlung zur allgemeinen Soziologie« (1916).

Dagobert Peche

österreichischer Zeichner und Kunstgewerbler (*3. 4. 1887, St. Michael/Salzburg), stirbt am 16. April in Mödling bei Wien.
Peche ging 1911 nach Paris und wurde 1915 in die Leitung der Wiener Werkstätte berufen, wo er als Zeichner für Kunstgewerbe und Mode entscheidenden Einfluß hatte. Er schuf Entwürfe für Tapeten, Silbergerät, Schmucksachen, Stickereien u. a. und beeinflußte mit seinem persönlichen dekorativen Stil das gesamte österreichische und deutsche Kunsthandwerk.

Alfons Petzold
österreichischer Arbeiterdichter (*24. 9. 1882, Wien), stirbt am 26. Januar in Kitzbühel.
Petzold lebte zunächst in großer wirtschaftlicher Not als Metallschleifer, Hilfsarbeiter am Bau, Laufbursche, Fabrikarbeiter, Fensterputzer, Kellner und Geschäftsdiener. Ab 1902 bildete er sich autodidaktisch und schrieb seine ersten Verse. Er gilt als Wegbereiter der sozialistischen Literatur Österreichs im 20. Jahrhundert. Der autobiographische Roman »Das rauhe Leben« (1920) ist das ergreifende Zeugnis vom Leben und Leiden eines leidenschaftlich für seine Rechte eintretenden Arbeiters im Kapitalismus. In seiner Lyrik war Petzold von Heinrich Heine und dem deutschen Vormärz beeinflußt, fand jedoch mit seinen schlichten und zugleich mit herber Gefühlsstärke zum Herzen sprechenden Versen einen eigenen Ton. In seinen späteren Werken wird jedoch eine verklärende, religiöse Stimmung deutlich. Gedichtsammlungen: »Trotz alledem« (1910), »Seltsame Musik« (1911), »Der Ewige und die Stunde« (1912), »Krieg« (1914), »Der heilige Ring« (1914), »Der stählerne Schrei« (1916). Weitere Romane: »Erde« (1913), »Der feurige Weg« (1918), »Sevarinde« (1923).

Ernst von Plener
österreichischer Politiker (*18. 10. 1841, Eger), stirbt am 30. April in Wien.
Unter der Führung Pleners, der dem Reichsrat und dem böhmischen Landtag angehörte, erfolgte 1888 der Zusammenschluß des Deutschen und des Deutschösterreichischen Klubs zur Vereinigten Deutschen Linken, deren Obmann Plener wurde. 1890 war er führend an den böhmischen Ausgleichsverhandlungen beteiligt. Als Finanzminister 1893 bis 1895 führte er die Währungsreform weiter. Von 1895 bis 1918 war er Präsident des Obersten Rechnungshofs der Österreichisch-Ungarischen Monarchie.

Raymond Radiguet
französischer Romancier und Lyriker (*18. 6. 1903, Saint-Maur-des-Fossés bei Paris), stirbt am 12. Dezember in Paris.
Radiguet wurde berühmt durch die beiden Romane »Den Teufel im Leib« (1923) und »Der Ball des Comte d'Orgel« (postum 1924). In beiden ist das zentrale Thema die Liebe.

Wilhelm Conrad Röntgen

deutscher Physiker, Entdecker der nach ihm benannten Röntgenstrahlen, erster Physiknobelpreisträger 1901 (*27. 3. 1845, Lennep/Remscheid), stirbt am 10. Februar in München.
In der Nacht vom 8. zum 9. November 1895 machte der damals 50jährige Würzburger Physikprofessor seine sensationelle Entdeckung: Er erzeugte in seinem Labor im Physikalischen Institut Strahlen, die jede Materie durchdrangen, und nannte sie X-Strahlen. Die Auswirkungen dieser Entdeckung gingen über die Physik weit hinaus. Das erste Haupteinsatzgebiet der X-Strahlen war die medizinische Diagnose, und nach und nach fanden die durchdringenden Strahlen – denen der Anatom Albert von Koelliker 1896 den Namen Röntgenstrahlen gab – eine Fülle wissenschaftlicher Anwendungen. Außer zur Diagnose werden die Strahlen bei der Röntgentherapie verwandt, zur Heilung entzündeter Gewebe und Vernichtung schnell wachsender Geschwulstzellen durch Bestrahlung sowie bei der »Umstimmungstherapie« bei schmerzenden Gelenkabnutzungsleiden. In der Technik helfen Röntgenstrahlen, Werkstücke, Maschinenteile, Autoreifen, Schweißnähte usw. – ohne sie zu zerstören – auf verborgene Fehler zu untersuchen.

Albert Leo Schlageter
deutscher Offizier und Freikorpskämpfer (*12. 8. 1894, Schönau im Schwarzwald), wird wegen Beteiligung an Sabotageakten gegen die französische Besatzung im Ruhrgebiet nach der Verurteilung durch ein französisches Kriegsgericht am 26. Mai auf der Golzheimer Heide bei Düsseldorf standrechtlich erschossen.
Nach der Teilnahme am Ersten Weltkrieg und einer kurzen Studienzeit nahm Schlageter von 1919 bis 1921 an Frei-

korpseinsätzen im Baltikum (gegen die Bolschewisten), im Ruhrgebiet (gegen die Kommunisten) und in Oberschlesien teil. 1922 schloß er sich der NSDAP-nahen Großdeutschen Arbeiterpartei an. Während des Ruhrkampfs wurde er 1923 Mitglied der Kampforganisation »Heinz«. Ein Anschlag auf die Eisenbahnstrecke Düsseldorf–Duisburg bei Kalkum gelang, doch fiel Schlageter durch Verrat in die Hände der Franzosen. Am 8. Mai 1923 wurde er vom französischen Kriegsgericht in Düsseldorf zum Tod verurteilt. Dem französischen Ministerpräsidenten Raymond Poincaré wird nach der Vollstreckung des Urteils von deutscher Seite vorgeworfen, das Todesurteil aus innenpolitischen Erwägungen heraus bestätigt zu haben, um seinen parlamentarischen Gegnern die Stärke seines Willens zu beweisen. Vielen Deutschen gilt Schlageter als »Märtyrer des Ruhrkampfs«.

Ernst Troeltsch

deutscher evangelischer Theologe, Philosoph und Historiker (*17. 2. 1865, Haunstetten/Augsburg), stirbt am 1. Februar in Berlin.
Troeltsch wurde 1892 Professor der systematischen Theologie in Bonn, 1894 in Heidelberg (1910 auch für Philosophie) und war ab 1915 Professor für Philosophie in Berlin. Als Vertreter der Universität Heidelberg gehörte er der badischen Ersten Kammer, als Mitglied der Deutschen Demokratischen Partei (DDP), die er 1918 mitbegründete, der preußischen Nationalversammlung an. 1919 bis 1921 war er nebenamtlich Unterstaatssekretär, 1922 Staatssekretär im preußischen Kultusministerium. Troeltsch forderte die strenge Anwendung des historischen Denkens auch in der Theologie (»Die Absolutheit des Christentums und die Religionsgeschichte« 1902) und begründete damit den sog. Neuprotestantismus. Unter dem Einfluß von Max Weber führten ihn seine religionshistorischen Untersuchungen zur Religionssoziologie. Mit »Der Historismus und seine Probleme« (1922) wurde Troeltsch zum führenden Philosophen des Historismus.

Johannes Diderik van der Waals

niederländischer Physiker, Physiknobelpreisträger 1910 (*23. 11. 1837, Leiden), stirbt am 8. März in Amsterdam.
Van der Waals, 1877 bis 1908 Professor in Amsterdam, arbeitete über gasförmige und flüssige Aggregatzustände der Materie. 1873 stellte er die nach ihm benannte thermodynamische Zustandsgleichung realer Gase auf (Van-der-Waalssche-Zustandsgleichung), 1881 entwickelte er das Theorem der korrespondierenden Zustände und formulierte 1889 die Theorie der binären Gemische, 1894 die thermodynamische Theorie der Oberflächenspannung. 1910 erhielt van der Waals den Nobelpreis für Physik verliehen. Nach ihm sind benannt die Van-der-Waals-Kräfte, die Van-der-Waals-Kristalle und das Van-der-Waalssche Gas.

Personenregister

Das Personenregister enthält alle in diesem Buch genannten Personen (nicht berücksichtigt sind mythologische Gestalten und fiktive Persönlichkeiten sowie Eintragungen im Anhang mit Ausnahme des Nekrologs). Die Herrscher und Angehörigen regierender Häuser mit selben Namen sind alphabetisch nach den Ländern ihrer Herkunft geordnet. Kursive Zahlen verweisen auf Abbildungen.

Sachregister

Das Sachregister enthält Suchwörter zu den in den einzelnen Artikeln behandelten Ereignissen sowie Hinweise auf die im Anhang erfaßten Daten und Entwicklungen. Kalendariumseinträge sind nicht in das Register aufgenommen. Während politische Ereignisse im Ausland unter den betreffenden Ländernamen zu finden sind (Beispiel: »Unterhauswahlen« unter »Großbritannien«), wird das politische Geschehen im Deutschen Reich unter den entsprechenden Schlagwörtern erfaßt. Begriffe zu herausragenden Ereignissen des Jahres sind ebenso direkt zu finden (Beispiel: »Dawes-Komitee« eben dort). Ereignisse und Begriffe, die einem großen Themenbereich (außer Politik) zuzuordnen sind, sind unter einem Obergebriff aufgelistet (Beispiel: »Dadaismus« unter »Malerei« und »Literatur«).

Bildquellenverzeichnis

Collection Lisa Jalowetz, Aronson (USA) 1; Bauhaus Archiv, Berlin (3); Verlag S. Fischer, Frankfurt am Main (1); Friedrich-Ebert-Stiftung/Archiv der sozialen Demokratie, Bonn (1); Harenberg Kommunikation, Dortmund (562); Historisches Archiv der Stadt Köln (1); Historisches Museum der Stadt Wien (1); Katholische Nachrichtenagentur, Bonn (1); Keystone Pressedienst, Hamburg (5); Landesarchiv (Bestand H 91 Nr. 1145), Speyer (1); Marlborough Fine Art, London (1); Museum of Modern Art, New York (1); Presseagentur Schirner, Meerbusch (4); David Rennegan, New York (1); Siemens-Museum, München (1); Sprengel-Museum, Hannover (1); St. Louis Art Museum, St. Louis (1); Stadtarchiv Mainz (1); Stadtarchiv Trier (1); Süddeutscher Verlag, München (2); Von der Heydt-Museum, Wuppertal (2); Westermann, Braunschweig (2)

Karten und Grafiken: Harenberg Kommunikation, Dortmund (14)